W0405917

Zu diesem Buch

Dieses Buch ist ein einzigartiges Dokument, auf dem auch das Drehbuch zu dem vieldiskutierten und preisgekrönten Film von Romuald Karmakar »Der Totmacher« basiert (1995, mit Götz George als Haarmann).

In der deutschen Kriminalgeschichte ist der Fall des Fritz Haarmann (1879–1925) ohne Beispiel: zwischen 1918 und 1924, in den Wirren der Nachkriegszeit, tötete er 24 junge Männer, indem er ihnen im Liebesrausch die Halsschlagader durchbiß.

Hier liegt jetzt die umfassendste Darstellung des Lebens, der Krankheit und der Taten des »Werwolfs von Hannover« vor. Sie enthält alle verfügbaren Materialien zur Familien-, Krankheits- und Prozeßgeschichte Haarmanns. Im Zentrum stehen die hier erstmals veröffentlichten Gespräche, die der seinerzeit vom Gericht benannte Psychiater Ernst Schultze mit Haarmann führte.

Die zur Legende gewordene Fallgeschichte wird durch die präzise Genauigkeit dieser Dokumentation neu erzählt.

Die Herausgeber

Christine Pozsár, geboren 1959, Studium der Medizin in Frankfurt am Main; Weiterbildung zur Nervenärztin in Haina (Hessen), Münster (Westfalen) und Göttingen; frühzeitige schwerpunktmäßige Beschäftigung mit dem Gebiet der forensischen Psychiatrie; Arbeiten über Bewußtseinsstörungen, Therapie sexueller Deviationen und Pädagogik in der forensischen Psychiatrie. Seit 1992 ist sie Oberärztin an der Abteilung Forensische Psychiatrie des Landeskrankenhauses Göttingen.

Michael Farin, geboren 1953, Studium der Germanistik und Philosophie; Beiträge für Zeitungen und Rundfunk, Hörspielautor, Übersetzer, Herausgeber, Verleger und Autor u. a. von »Heroine des Grauens, Elisabeth Bathory«, »Leopold von Sacher-Masoch. Materialien zu Leben und Werk«.

Christine Pozsár / Michael Farin (Hg.)

Die Haarmann-Protokolle

rororo

Rowohlt

Der Abdruck der Fotos in diesem Band
geschieht mit freundlicher Genehmigung
der Polizeigeschichtlichen Sammlung
der Polizeidirektion Hannover.

Den Text von Hermann Lange drucken wir mit
freundlicher Genehmigung von Friedhelm Werremeier,
den Text von Horst Giesemann mit freundlicher
Genehmigung von Georg Jahn (Norddeutsche
Familienkunde – NFK – Neustadt/Aisch, 1985).
Trotz sorgfältiger Recherchen ist es dem Verlag
in einigen wenigen Fällen nicht gelungen,
die Rechtsinhaber bzw. -nachfolger zu ermitteln und
Abdruckgenehmigungen einzuholen. Der Verlag
bittet um Verständnis und Benachrichtigung, falls
Anprüche geltend gemacht werden.

Originalausgabe
Veröffentlicht im Rowohlt Taschenbuch Verlag GmbH,
Reinbek bei Hamburg, November 1995
Copyright © 1995 by Rowohlt Taschenbuch Verlag GmbH,
Reinbek bei Hamburg
Umschlaggestaltung: Walter Hellmann
Polizeigeschichtliche Sammlung der Polizeidirektion Hannover/
Götz George als Haarmann in Romuald Karmakar
»Der Totmacher« (1995):
Foto Eva Bertram/Pantera-Film
Satz Garamond Antiqua (AGFA-Compugraphic) von
Typ-O-Graph Fotosatz
Vera Sponner, München
Druck und Bindung Clausen & Bosse, Leck
Printed in Germany
1690-ISBN 3 499 60163 x

Inhalt

Zu diesem Buch

Vieles bleibt meistens verborgen. Ab und zu aber, es mag Jahre dauern, schließt sich ein Kreis.

Da gibt es zum Beispiel die Geschichte von einem Schlachter in Hannover. Großmütter erzählen solche Geschichten. Der hatte einen Laden. Vor seiner Theke befand sich eine Falltür. Betätigte der Schlachter einen Hebel, stürzte ein Kunde hinunter …

Allerdings, die Geschichte des Fritz Haarmann ist eine andere. Sie wird hier, erstmals in dieser Vollständigkeit, dokumentiert.

Ohne die Unterstützung, den Rat, die Bereitstellungen und »freundlichen Genehmigungen« wäre dies nicht möglich gewesen. Herausgeber und Verlag danken insbesondere Prof. Dr. Gunter Heinz vom Niedersächsischen Landeskrankenhaus in Göttingen, dem Niedersächsischen Hauptstaatsarchiv in Hannover und seinen Mitarbeitern, Gerd Haase von der Polizeigeschichtlichen Sammlung / Polizeidirektion Hannover (für die Abbildungen), Georg Jahn / Horst Giesemann (für den genealogischen Aufsatz), Friedhelm Werremeier (für die Genehmigung zum Abdruck der Erinnerungen Hermann Langes sowie für seine großzügige Hilfsbereitschaft) und, last not least, Romuald Karmakar, Götz George, Jürgen Hentsch und Pierre Franckh (für den Film *Der Totmacher*).

Christine Pozsár / Michael Farin

Fritz Haarmann (1879–1925)

Teil 1

Erinnerungen

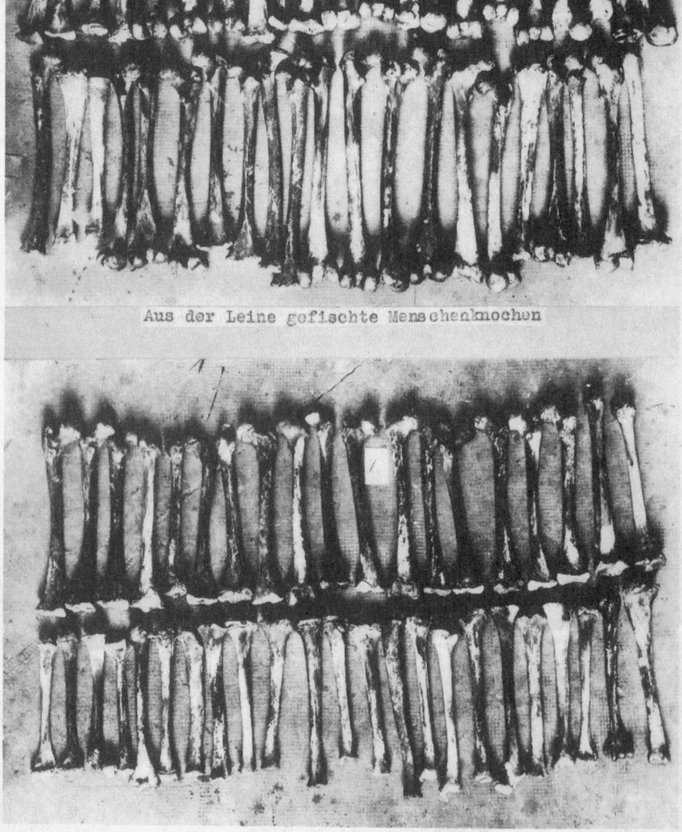

Aus der Leine gefischte Knochen

Hermann Lange
Der Fall Haarmann

Aus den unveröffentlichten Erinnerungen des zuständigen Kriminalinspektors (1961)

Vorweg sei bemerkt, daß ich nach meiner durch die damalige französische Besatzungsbehörde bewirkten Ausweisung aus Bochum im Januar 1924 vom Ministerium in die frei gewordene Stelle des Kriminalinspektors beim Polizeipräsidium in Hannover eingewiesen und befördert worden war. In dieser Stellung war ich ständiger Vertreter des damaligen Kriminaldirektors Eggert, der außer der allgemeinen Dienstaufsicht sich die Leitung von 4 Kriminalkommissariaten vorbehalten hatte, während ich die restlichen 4 leitete.

Im Juni 1924 vertrat ich den Kriminaldirektor während seines 4-wöchigen Urlaubs, hatte also dadurch die gesamte Kripo zu betreuen. Eines Tages stolperte ich bei Durchsicht der Eingänge über eine Anzeige, in der ein Polizeirevier die Landung eines völlig skelettierten Schädels aus der Leine mitteilte. Der zuständige Kommissar des dem Direktor Eggert unterstehenden Mord-Dezernats erklärte mir bei sofortiger Rücksprache, daß in den vorhergehenden Mai-Wochen bereits 2 gleichaussehende Schädel in der Leine angelandet seien, nach deren Herkunft 2 verschiedene Beamte der Dienststelle Ermittlungen mit bisher negativem Erfolg angestellt hatten. Ich war naturgemäß sofort aufs höchste alarmiert und ordnete an, daß der Mordkommissar persönlich die Ermittlungen wegen dieser 3 Köpfe zu führen habe. Man hatte bisher angenommen, daß letztere sich vielleicht von Leichen Ertrunkener, die irgendwo im Flußbett der Leine festsaßen, losgerissen hatten.

Zunächst besprach ich den Fall mit unserem Gerichtsarzt, Dr. Schackwitz, einem klugen, kriminalistisch sehr interessierten Mediziner. Während wir an Hand der Köpfe noch berieten, wurde bereits ein 4. Kopf gleicher Art aus der Leine gefischt. Das gab den Ausschlag. Von gelegentlicher natürlicher Trennung der Köpfe von den Rümpfen Ertrunkener konnte bei dieser Massierung der Fälle keineswegs mehr die Rede sein.

Wir mußten, um möglichst schnell einen Anhaltspunkt für weitere Ermittlungen zu bekommen, wissen, welchem Geschlecht und welchem Alter die Toten angehörten, die offensichtlich Verbrechen in der Nähe zum Opfer gefallen waren, deren Aufklärung durch die völlige Skelettierung der Köpfe, die auch keine besonderen Gebißmerkmale aufwiesen, verhindert werden sollte.

Wir kamen schließlich überein, daß der Gerichtsarzt mit den Köpfen zu einer chirurgischen Kapazität der Universität Göttingen fahren sollte. Inzwischen gab ich eine polizeiliche Pressenotiz, daß sich Angehörige in letzter Zeit vermißter Personen in dringender Angelegenheit sofort melden sollten. Nach 2 Tagen kam Dr. Schackwitz zurück. Mehr in dem Bestreben, uns bei der Aufklärung irgendwie zu helfen, als aus wirklicher Überzeugung, seien der Geheimrat Schulz [Schultze], Göttingen, und auch er selber, erklärte Schackwitz, der Ansicht, daß alle 4 Schädel höchstwahrscheinlich von jungen Männern im Alter von ca. 11–21 Jahren herrührten und daß sie mit scharfen Instrumenten vom Rumpf getrennt wurden. Also keine weiblichen Leichen, wie wir zuerst argwöhnten, sondern junge Männer in einem Alter, in dem ihr Eigentum im Allgemeinen keinen Anreiz zu Verbrechen an ihnen bietet.

Wir kamen so zu der Überzeugung, daß es sich wahrscheinlich um Opfer homosexueller Ausschweifungen handelte, und sahen daraufhin zuerst Hannover und Umgebung an. Etwa 30 Homosexuelle fanden sich in den Karteien aufgezeichnet. Ca. 600 stellten wir im Laufe der Ermittlungen fest. Darunter befanden sich der Inhaber der Homosexuellen-Kneipe, genannt »Die schwule Guste«, ein grober Mensch, dem man Mißhandlungen zutraute, und noch 5–6 andere sogenannt »Scharfe«, darunter auch Haarmann.

Kriminalkommissar Rätz gab dabei an, daß Haarmann mehrfach, darunter auch aus § 175, vorbestraft und im Jahre 1918 bereits in den Verdacht geraten sei, an dem Verschwinden zweier Schüler verbrecherisch beteiligt zu sein. Damals war Rätz als Kriminalschutzmann an den Ermittlungen, die ein Kriminalkommissar führte, beteiligt. Es wurde bald nachgewiesen, daß die beiden Jungen bei Haarmann in letzter Zeit verkehrt hatten, eine Tatsache, die dieser nicht bestritt und auf homosexuelle Neigung zurückführte.

Während einer der Schüler bei der Durchsuchung der Haarmannschen Wohnung gefunden und den Eltern übergeben werden konnte, bestritt Haarmann jede Schuld an dem Verschwinden des 2. Schülers, namens Friedel Rothe. Er wurde seiner Zeit entsprechend den gesetzlichen

Bestimmungen nach 2 Tagen dem Untersuchungsrichter zugeführt und von diesem nach mehrmaligen ergebnislosen Vernehmungen mehrere Monate später mangels ausreichenden Tatverdachts entlassen. Leider gab dieser Vorfall keinen Anlaß zur fortgesetzten Beobachtung Haarmanns.

Auf Haarmann richtete sich jetzt daher unser Hauptverdacht, jedoch wurde eine kurzfristige Beobachtung, etwa 1 Woche, sowohl des Haarmann als auch mehrerer anderer, besonders im Verkehr mit Jugendlichen beobachteter Homosexueller für erforderlich gehalten, um weitere Anhaltspunkte zu erhalten.

Durch je 2 Kriminalbeamte wurden in den nächsten Tagen die besonders Verdächtigen ständig beobachtet, Haarmann aber durch 2 Schupobeamte in Zivil, da er alle Kriminalbeamte kannte, und weil er häufig zur Kripo kam, um sich durch vertrauliche Mitteilungen über andere Verbrecher eine Belohnung zu verdienen. Nach 6 Tagen, am 22. Juni 1924, wurde ich nachts alarmiert, Haarmann hatte einen Halbwüchsigen aus dem Wartesaal zur Kriminal-Bahnhofswache gebracht, der sich als entwichener Fürsorgezögling aus Berlin entpuppte und angab, bei Haarmann mehrmals genächtigt, mit ihm geschlechtlichen Verkehr gehabt zu haben und dabei mit einem Messer von ihm bedroht worden zu sein.

Damit kam die Sache einige Tage früher ins Rollen. Ich ordnete die Festnahme der Beiden an und begann mit Kriminalkommissar Rätz sofort die Vernehmungen, nachdem zuvor eine gründliche Durchsuchung der Wohnung Haarmanns erfolgt war.

Es handelte sich um ein möbliertes Zimmer, Rote Reihe 2. Die Durchsuchung ergab außer Blutspuren am Bett, an den Inletts und an Gebrauchsgegenständen eine Menge teilweise blutbefleckter Bekleidungs- und Wäschestücke, die nach Größe offenbar von jugendlichen männlichen Personen getragen und von Haarmann gelegentlich seines amtlich gemeldeten Handels mit derartigen Sachen erworben waren.

Tatsächlich handelte Haarmann auch mit gebrauchten Textilien. Zum größten Teil waren die blutigen Stücke bereits gewaschen worden und ließen nur noch unklar dunkle Stellen erkennen. – Die Blutspuren erklärte Haarmann mit seinen eigenen, gelegentlichen Blutungen aus Mund und Nase anläßlich von Erregungszuständen.

An den Küchenmessern und in den Dielenritzen fanden wir ebenfalls Blutspuren. Die seriologische Untersuchung der Blutspuren ergab das Vorhandensein aller 4 Blutgruppen, also mußten auch andere Menschen in Haarmanns Wohnung Blut verloren haben. Er selbst bestritt auf das entschiedendste einen Menschen getötet oder verletzt zu haben, und gab nur geschlechtliche Beziehungen zu jugendlichen Männern in der Wohnung zu.

Inzwischen wurden in täglichen Pressenotizen und durch Plakate in Kinos alle Bevölkerungskreise zur Mitarbeit aufgerufen, insbesondere wurde unter Hinweis auf evtl. Mittäterschaft gefordert, daß sich alle sofort meldeten, die von Haarmann irgendwelche Gegenstände gekauft oder sonst erhalten hatten, sowie diejenigen, die mit ihm in der Wohnung oder anderweitig verkehrt hatten oder etwas über einen Verkehr oder seine Lebensgewohnheiten zu sagen vermochten. Auch in den kriminalpolizeilichen Nachrichtenblättern ganz Deutschlands wurde eingehend publiziert und um Veröffentlichungen in den Tageszeitungen ersucht. Alle Bekanntmachungen erfolgten mit Lichtbild Haarmanns, das besonders in den Hannoverschen Tageszeitungen und Kinos gute Erfolge brachte.

Es meldeten sich viele Personen, die Haarmann nur vom Ansehen kannten und ihn an seinen Bewegungen und Gesten, die im Kinolichtbild anschaulich wiedergegeben wurden, sogleich wiedererkannten. – Im Hofe des Polizeipräsidiums ließ ich nach Rücksprache mit dem Polizeipräsidenten die Obdachlosen-Baracke für 300 Menschen räumen und dort Abteilungen für die beschlagnahmten und ständig von der Bevölkerung gebrachten, von Haarmann herrührenden Gegenstände, nach Gattungen getrennt, einrichten.

Sie wurden entsprechend gezeichnet und von einem Sonderbeamten verwaltet. Hierhin führten wir jeden Angehörigen von Vermißten, den wir irgendwie erlangen konnten. Unter den hunderten von Anzügen, Mänteln, Wäscheteilen, Koffern, Schuhen, Messern, Schlüsseln, Werkzeugen pp., die da zusammengekommen waren, erkannten schon in den nächsten 14 Tagen die Angehörigen von 34 Vermißten Eigentum der Letzteren. Im Laufe der nächsten 2 Monate stieg diese Zahl auf 80. Allerdings waren nicht alle diese Vermißten Haarmann zum Opfer gefallen, sondern hatten ihm z. T. die Sachen verkauft und fanden sich nach Monaten wieder ein.

Haarmann sollte nun gesetzmäßig am 3. Tag dem Gericht zugeführt werden. Dagegen wandte ich mich entschieden, um die Panne von 1918 nicht wieder zu erleben. Nur eine intensive Arbeit der Kripo konnte diesmal den seiner Zeit ausgebliebenen Erfolg bringen. Haarmann blieb daher auf meine persönliche Verantwortung im Polizeigefängnis und wurde von dem Kommissar Rätz, dem Kriminalassistenten Reich und mir, z. T. gemeinsam, z. T. getrennt, fortgesetzt in intensiver Weise zur Sache vernommen, vielfach nachts. Allerdings blieben ihm täglich 8 Stunden Ruhe, die z. T. in die Tagesstunden verlegt wurde.

Ich hatte streng verboten, Haarmann irgendwie unkorrekt zu behandeln, um von vorneherein jede Berufung auf unerlaubte Handlungen der Kriminalbeamten bei der mit Sicherheit zu erwartenden Gerichtsverhandlung auszuschließen. Ebenso untersagte ich bis zu dem zu erwartenden Geständnis jede Vergünstigung von Nahrungs- und Genußmitteln.

Haarmann verteidigte sich hartnäckig, wurde äußerst aggressiv und drohte, mich wegen Freiheitsberaubung anzuzeigen, weil er nicht dem Gericht vorgeführt wurde.

Wenn auch zunächst noch direktes Belastungsmaterial fehlte, die Indizien häuften sich und Haarmann wurde sichtlich innerlich unruhig und unsicher. Vor allen Dingen: er redete. Ein alter Verbrecher, wie er, hätte erfahrungsgemäß nicht mehr geantwortet, wenn er sich schuldlos fühlte. Diese Tatsache bestärkte uns in der Überzeugung, den richtigen gefaßt zu haben.

In seiner Zelle hatten wir die 4 gefundenen Köpfe, in jeder Ecke einen hoch oben auf Brettchen befestigt, die Augenhöhlen mit rotem Papier beklebt, dahinter ein Wachslicht, das Nachts brannte. In einer Ecke der Zelle, in einem Sack, lagen Menschenknochen, die wir in unmittelbarer Nähe der vorletzten Wohnung des Haarmann aus der Leine gefischt hatten. Darauf wiesen wir bei den Vernehmungen Haarmann immer wieder hin und brachten zum Ausdruck, daß die Seelen der Toten zu den Gebeinen zurückfinden und ihn nicht mehr zur Ruhe kommen lassen würden, bis er seine Verbrechen gestanden habe.

Dies hat dazu beigetragen, ihn mürbe und geständnisreif zu machen, wie Haarmann, der im Grunde wie viele Homosexuelle eine feige Natur war, mir später nach dem Geständnis erklärte.

Ein Intimus Haarmanns war der 23jährige Kaufmann Grans, der zeitweise mit Haarmann zusammen wohnte. Gegen ihn ergaben sich bei den Ermittlungen erhebliche Verdachtsmomente bezüglich Mittäterschaft, die zu seiner Festnahme am 28.6. führten, als er im Flur der Kripo auf seine Vernehmung wartete und hierbei ein dort stehender Zeuge in dem von Grans getragenen Anzug das Eigentum seines vermißten Bruders erkannte.

Grans war der Zuhälter verschiedener Dirnen in Hannover, verkehrte aber nebenbei mit Haarmann sexuell.

Zunächst stand allerdings der Verdacht gegen ihn noch auf schwachen

Füßen. Er bestritt nicht, von Haarmann wiederholt Kleidungsstücke geschenkt erhalten zu haben, lehnte jedoch jede Kenntnis von den Morden ab. Am 28. Juni wurde Haarmann nach einer mehrstündigen Vernehmung, nachdem ihn die Mutter eines Vermißten bei einer Gegenüberstellung heftig, laut schreiend, den Mörder ihres Jungen genannt hatte, einen Moment weich und weinte. Er war in den letzten Tagen sichtlich matt geworden.

Als wir die Gelegenheit benutzten und ihm eindringlich ein Geständnis nahelegten, meinte er, wenn er die Jungen umgebracht habe, müsse dies im Rauschzustand des Geschlechtsaktes mit diesen geschehen sein. Als wir einhakten und ihn zum Weiterreden ermunterten, »streckte« Haarmann sich plötzlich und sagte, das könne aber doch nicht wahr sein, sonst hätte er doch morgens beim Erwachen die Leichen neben sich finden müssen.

Er hatte sich nochmals zum Kampfe aufgerafft und bereute seine momentane Schwäche. Hinterher erkundigte er sich mehrmals nach der Strafe und meinte, der Tod sei jedenfalls dem Irrenhaus vorzuziehen, in dem er schon viel Prügel bezogen habe.

Tatsächlich war Haarmann vor Jahren gelegentlich eines Strafverfahrens wegen Einbruchs bereits mehrere Monate zur Beobachtung seines Geisteszustandes in der Heilanstalt Hildesheim gewesen.

Haarmann saß nun bereits den 9. Tag in Polizeihaft und ich, allmählich unruhig geworden angesichts des fehlenden Haftbefehls, nahm mit Unterstützung des Staatsanwalts Wagenschiefer Rücksprache mit dem als haftscheu bekannten Untersuchungsrichter, ihm die bisherigen Vernehmungen unterbreitend. Er fand sich schließlich bereit, Haftbefehl zu erlassen, mit dem ausdrücklichen Hinweis, daß er ihn nach 8 Tagen aufheben müsse, wenn nicht weiteres Belastungsmaterial erbracht werde. Die seriologischen Blutuntersuchungen waren noch nicht abgeschlossen. Gleichzeitig genehmigte er, daß Haarmann zunächst weiterhin zu den polizeilichen Vernehmungen im Polizeigefängnis verblieb.

Als Haarmann nach Verkündung des Haftbefehls am 30.6. sah, daß er uns nicht aus den Klauen, sondern wieder zurück in das Polizeigefängnis kam, war er sichtlich enttäuscht und verzagt. Bis zum nächsten Tage, dem 1. Juli setzten wir die Vernehmungen nun ununterbrochen fort und hatten Nachts 12 Uhr endlich das Geständnis, und zwar untermauert.

Plötzlich nahm Haarmann meine und die Hand des Kommissar Rätz und fragte kleinlaut, ob er endlich mal wieder ohne die Lichtköpfe und den Knochensack ruhig in der Zelle schlafen könne, wenn er ein Geständnis ablege. Dies sagten wir mit Handschlag zu und ließen ihn reden, wobei an Hand des Belastungsmaterials jeweils nachgeholfen wurde.

Haarmann gestand zunächst die mit den angeschwemmten 4 Köpfen in Zusammenhang stehenden Morde an 4 Jugendlichen sowie den Fall von dem vermißten Schüler im Jahre 1918, weswegen er damals mehrere Monate in Untersuchungshaft gewesen war, einen 6. Fall eines hannoverschen Jugendlichen und schließlich noch einen 7. Fall, bei dem er mir auf den Leim ging. Ich sagte nämlich nach dem Geständnis der ersten 6 Fälle: »Und wie ist es mit dem Letzten, nachdem die Polizei schon in der Zeitung wegen der 4 Köpfe geschrieben hatte, wo haben Sie den gelassen?« Ich wußte von solchem Falle nichts, sondern folgte lediglich einem inneren Gefühl, weil nach dem Fund des 4. Schädels, vor 6 Wochen diese Serie beendet worden war. Haarmann fiel prompt darauf herein und sagte: »Ja, bei dem riskierte ich nicht mehr, den Kopf in die Leine zu schmeißen, weil nun alle aufpaßten, den habe ich in der Herrenhäuser Allee beim Teich eingebuddelt.«

Ich muß sagen, daß mir das Herz stark zu schlagen begann, denn mit diesem Falle konnten wir das Geständnis so untermauern, daß es jetzt keinen Widerruf - mit einem solchen mußte man bei dem wankelmütigen Haarmann stets rechnen - mehr gab.

Er hatte also Ende Mai 1924 einen weiteren Jugendlichen ermordet, nicht gewagt, die Leine nochmal als Abfallplatz zu benutzen, sondern die Leiche in der folgenden Nacht im Sack von seiner Wohnung ans Ende der Herrenhäuser Allee getragen und dort am Rande des Teiches vergraben. Beinahe unglaublich, ein Leichentransport in einer Großstadt von ca. einer Stunde Dauer, ohne angehalten zu werden.

Wir fuhren nach dieser Schilderung sofort mit Haarmann zur Herrenhäuser-Allee, mit Spaten bewaffnet buddelten wir im Licht des Autoscheinwerfers an der angegebenen Stelle eine bereits leicht verweste männliche Leiche aus und schafften diese nach der Leichenhalle. Haarmann ließen wir in seiner jetzt »von Menschenknochen« befreiten Zelle schlafen und wir 3 Polizeibeamten schliefen auch endlich einmal wieder ruhig und traumlos. Zuvor hatte ich den Staatsanwalt und den Polizeipräsidenten benachrichtigt und beide, besonders letzteren, in ziemliche Aufregung versetzt.

Nach Haarmanns Geständnis hatte er seit 1918 häufig Jünglinge von der Straße, aus Wirtschaften und aus dem Bahnhofswarteraum, die keine Unterkunft hatten, in sein Zimmer mitgenommen und dort mit ihnen in seinem Bett geschlechtlich verkehrt. Mitunter habe er dann den Partner nach dem Geschlechtsakt in seinem Bett tot neben sich vorgefunden, mit Gebißeindrücken an der Kehle. Wahrscheinlich habe er ihm beim Akt vor Geschlechtsgier in die Kehle gebissen, vielleicht auch mit den Händen erdrosselt.

Bei dieser Tötungsdarstellung ist Haarmann auch später bei den vielen polizeilichen und gerichtlichen Vernehmungen geblieben. Die Sachverständigen hielten sie für glaubhaft.

Am folgenden Morgen gestand Haarmann noch einen 8. Mord ein, nachdem wir ihn an Hand einer von ihm verkauften, von Vermißtenangehörigen anerkannten Hose entsprechende Vorhaltungen machten. Die Leichen will Haarmann mit scharfen Küchenmessern zerkleinert, an den Gelenken gelöst und dann das Fleisch von den Knochen geschabt haben. An den bei der Durchsuchung beschlagnahmten Messern hatte man bereits alle 4 menschlichen Blutgruppen festgestellt. Die Knochen wurden von ihm Abends in der Aktentasche zur nahe gelegenen Leine transportiert, das Fleisch warf er zerkleinert in seinen Abort, ebenso die Gedärme und die Bauchinnenteile mit dem dort angesammelten Blut. Die Schädel hatte er anfangs auf einem Pflasterstein, den wir bei der Durchsuchung blutbefleckt mit allen 4 Blutgruppen in seiner Dachbuze fanden, zertrümmert. Als Nachbarn sich über das Klopfen beschwerten, skelettierte er die Köpfe, um sie unkenntlich zu machen, und warf sie in die Leine, bis auf den letzten Toten, den er vergrub, durch die Schädelfunde und deren Veröffentlichung in der Presse ängstlich geworden.

Im Zusammenhang hiermit sei auf das Zeugnis zweier Dirnen hingewiesen, die der Haarmann-Freund Grans gelegentlich der Abwesenheit Haarmanns in dessen Wohnung zum Geschlechtsakt mitgenommen hatte. Die Dirnen wollten hierbei in einem Wandschränkchen in 2 Schüsseln eigenartige Sülze gesehen haben, die sie in Verbindung brachten mit dem plötzlichen Verschwinden eines Berliner Lehrersohnes, der sich bei Haarmann ca. 1 Woche aufhielt und von dem die Dirnen dann nur noch die Kleidung in der Wohnung Haarmanns bemerkten. Die Dirnen brachten Proben dieser Sülze zu dem Kriminalkommissar Müller, der sie sogleich dem Gerichtsarzt Dr. Schackwitz vorlegte, der sie nach kurzem Betrachten als Kalbfleisch bezeichnete. Haarmann hat diesen Mordfall zugegeben, jedoch allgemein Kannibalismus bestritten.

Haarmann gab seiner Wirtin, Frau Engel, auch häufiger Beinfleisch und Würstchen, die er angeblich in der Markthalle gekauft hatte. Auch an andere Hausbewohner gab er häufig von ihm angeblich aus Rindfleisch zubereitete Bouillon umsonst ab. Dies führte zu den Gerüchten,

Haarmann habe Kannibalismus mit dem Fleisch der von ihm Ermordeten getrieben.

Er hat dies stets entschieden bestritten. Beweiskräftige Anhaltspunkte dafür fehlen. Tatsächlich hat Haarmann oft Fleisch und Würstchen in der Markthalle eingekauft, angeblich zum Verzehr für sich und andere.

Am 5.7. konnte endlich eine bisher aus Rücksicht auf Schiffahrt und Mühlenbetriebe zurückgestellte Absuchung des Leinebettes in der Innenstadt nach entsprechender Senkung des Wasserstandes durchgeführt werden, bei der besonders vor den Stadtbrücken im Tang eine größere Menge menschlicher Knochen gefunden werden konnten. Darunter befanden sich nach medizinischen Gutachen die rechten Unterschenkelknochen von 22 jüngeren männlichen Personen.

An Hand dieser Befunde und angesichts weiterer Anerkennung, von Kleidungsstücken pp. aus dem Handel Haarmanns durch Angehörige von Vermißten aus ganz Deutschland setzten wir die Vernehmungen Haarmanns ununterbrochen fort. Da der Kriminalkommissar Rätz an einem Nervenfieber inzwischen 2 Wochen erkrankte, oblag mir zunächst unter Mithilfe des Kriminalassistenten Reich die weitere Bearbeitung des Falles allein. Bis Ende Juli konnten 27 Fälle von Vermißten geklärt werden, die nach dem Geständnis und nach den Beweisstücken einwandfrei als Haarmannopfer zu betrachten waren. Im Ganzen wurden vom In- und Auslande ca. 4000 Vermißtenanzeigen überwiesen, die ich mit meinen Mitarbeiter innerhalb eines halben Jahres durcharbeitete und zu denen wir in geeigneten Fällen Haarmann vernahmen.

Um möglichst vielen Angehörigen von Vermißten Klarheit zu verschaffen, ob es sich in ihren Fällen um Haarmannopfer handelte – für die Gerichtsentscheidung über Haarmann war es bereits belanglos –, gaben wir uns redliche Mühe bei der Bearbeitung. Es gelang in 54 Fällen Haarmann an Hand von Beweisen und in Übereinstimmung mit seinem Geständnis der Tötung zu überführen. In weiteren Fällen konnte er an Hand von Indizien als überführt angesehen werden, obwohl er hartnäckig stritt.

Es waren Fälle, in denen er zum Teil aus einem gewissen Schamgefühl – 2 Jungen im Alter von 13 und 14 Jahren –, zum Teil aus Ablehnung gegen Väter und Mütter, die ihm bei der gewünschten Gegenüberstellung sehr aggressiv gegenübergetreten waren, so daß er unter meinen Tisch kroch und die Tat leugnete.

Im Übrigen war Haarmann bei späteren Vernehmungen in Vermißtensachen, um die Sache abzukürzen, sehr geneigt, Mord auch in Fällen zuzugeben, in denen es sehr unwahrscheinlich war, daß er die Vermißten überhaupt gekannt hatte. Er meinte dann: »Schreiben Sie doch den Fall einfach dabei.« Man mußte also sehr vorsichtig sein, um der Wahrheit nahe zu kommen.

Es ist dem Haarmann zu glauben, daß er vorwiegend aus sexueller Gier in einem sehr großen Erregungszustand die Morde beging. Die einzige vollkommene Leiche, die wir in der Herrenhäuser Allee fanden, war nach ca. 4-wöchiger Lagerung in warmfeuchter Erde bereits so weit verwest, daß die Feststellung der Todesursache nicht mehr gelang.

Zudem konnten in zahlreichen Fällen festgestellt werden, daß die Angabe Haarmanns, er habe Jünglinge hinausgeworfen, weil sie ihm geschlechtlich zuwider waren, der Wahrheit entsprach. Andererseits wurde in verschiedenen Fällen nachgewiesen und durch Geständnis des Haarmanns erhärtet, daß er verschiedene dieser von ihm abgewiesenen Jungen auf Anregung des Grans wieder aufnahm und sie dann ermordete, weil Grans Wert auf Kleidung oder Wertsachen der Opfer legte, also regelrechter Raubmord.

Es ist interessant zu wissen, daß Haarmann zu dem Grans gewissermaßen in einem sexuellen Hörigkeitsverhältnis stand. Dieser war andererseits dem Haarmann geschlechtlich gefügig, obgleich er als Zuhälter mehrerer Dirnen keineswegs homosexuelle Veranlagung erkennen ließ. Er beseitigte sogar an Brust und Bauch dem Haarmann zuliebe seine starke Behaarung, ein regelrechter »Pupenjunge« – im Verbrecherjargon.

Grans wurde nicht nur von Zeugen – Dirnen und anderen Personen aus seinem Umkreise – stark als Mittäter des Haarmann belastet, sondern schließlich auch von letzterem selbst, nachdem er anfänglich bemüht war, Grans zu schonen. Nicht allein, daß er [im Manuskript wieder gestrichen: angeblich] die Leichen in seiner Wohnung zum Teil gesehen habe, und ihm behilflich gewesen sei, die Leichenteile unter das Bett und in den Wandschrank zu legen, behauptete Haarmann, sondern er wollte von Grans direkt auf die gute Kleidung von Besuchern hingewiesen worden sein, an deren Besitz ihm besonders gelegen war.

Erschwerend für die Ermittlungstätigkeit, besonders in den ersten schweren Wochen, waren die Presseberichte mit ihrem meist stark gefärbten Inhalt, besonders die der kommunistischen Presse, die den Polizeipräsidenten und den Oberpräsidenten Noske wegen der Haarmann-Affäre – im Hintergrund stand jedoch die heiße Wut wegen der politischen Gegnerschaft – maßlos angriffen und sie dafür verantwortlich machten, daß Haarmann seit 1918 fortgesetzt sich als Mörder betätigen konnte.

Daneben ging ständig das Telephon. Zeitungen, Behörden, Vermißtenangehörige usw. lösten sich gegenseitig ab, so daß ich schließlich einen besonders gewandten Beamten mit der Telephonbedienung betreuen mußte, der mich oder Rätz nur in unabweisbaren Fällen einschaltete. Daneben erschienen täglich mindestens von einem Dutzend Vermißter die Angehörigen, die persönlich mit Haarmann – und mit uns – Fühlung nehmen wollten. Viele kamen daraufhin laut weinend in Trauerkleidung, obgleich in mindestens 80% solcher Fälle die Vermißten innerhalb Jahresfrist wieder auftauchten und Haarmann nie gesehen hatte. Viele von ihnen beschimpften uns, die ganze Polizei und besonders Haarmann laut schreiend als Mörder, durch entstellende Pressenotizen der Hannoverschen-kommunistischen-Zeitung in größte Aufregung versetzt. Eine Gegenüberstellung mit Haarmann wurde nur ausnahmsweise, bei erhofftem Erfolg, genehmigt, besonders auch deswegen, weil Haarmann durch das laute und drohende Gebaren vieler Eltern völlig eingeschüchtert wurde, und mitunter unter meinen Tisch kroch, wenn ihm z. B. ein vierschrötiger Vater drohend gegenübertrat mit den Worten: »Der Hund hat meinen Jungen aufgefressen, und nun will er noch lügen.«

Das Innenministerium in Berlin entsandte 3 Tage nach dem ersten Geständnis eine Sonderkommission zur Prüfung der Sachlage nach Hannover. Der Polizeivizepräsident Weiß, ein Kriminalkommissar und ein Sachbearbeiter für Homosexuelle erschienen. Sie ließen sich von mir eine Stunde berichten, sahen die Akten einen halben Tag durch und verabschiedeten sich Abends mit dem Bemerken: »Besser hätten die Berliner den Fall auch nicht bearbeiten können.« Trotzdem hätte Berlin aber die weitere Bearbeitung übernommen, wenn ich nicht zufällig erst kürzlich nach Hannover gekommen wäre, weshalb ich als neutraler Bearbeiter gelten könne, von dem nicht zu erwarten sei, daß er zutage tretende Mängel früherer Sachbearbeiter betreffs Haarmann vertuschen werde. Das war die ministerielle Inspizierung.

Einige Disziplinarstrafen konnte ich dann auch nicht abwenden. Wegen mangelhafter Bearbeitung einer Vermißtenanzeige und dadurch bedingter mehrmonatiger Verzögerung der Aufklärung eines Haarmannopfers wurden ein Kriminalkommissar und ein Kriminalsekretär mit Geldstrafen belegt und nach Oberschlesien versetzt. 2 Beamte der Kriminal-Bahnhofswache erhielten Geldstrafen, weil sie gelegentlich von Haarmann, der täglich der Wache sogenannte Spitzel-Fahndungshilfe leistete, 2 Kleidungsstücke von Haarmannopfern gutgläubig als Handelsobjekte betrachteten und als Geschenk angenommen hatten. Bei anderen Beamten übersah ich kleinere Verfehlungen, die im Laufe der Ermittlungen zutage traten und auf Gutgläubigkeit gegenüber Haarmann, der eben allgemein der Kripo Agentendienste geleistet hatte, zurückgingen.

Man hätte in den zurückliegenden Jahren, bei genügender kritischer Einstellung gegenüber Haarmann und sorgfältiger Prüfung aller in dieser Zeit an die Kripo gelangten Hinweise auf diesen, schon früher auf die Entdeckung seiner Straftaten kommen müssen. Er hätte besonders nach dem ungeklärten Vermißtenfall Rothe im Jahre 1918 ständig beobachtet werden sollen.

Den erheblichsten Vorwurf, daß Haarmann sein Treiben solange ungehindert fortsetzten konnte, muß man aber seinen Mitbewohnern machen, mit denen er in 3 verschiedenen Wohnungen seit 1918 z. T. Wand an Wand wohnte, und die durch viele Erscheinungen auf die Vorgänge in Haarmanns Zimmer mißtrauisch gemacht wurden. Z. B. folgendes: Haarmann brachte regelmäßig das Blut und das Bauchinnere in einem mit blauer Schürze verdeckten, stark riechenden Eimer in das von 3–4 Mietern der gleichen Etage benutzte WC, das sich dabei oft derart verstopfte, daß Haarmann mit einem Draht nachhelfen mußte. Die Köpfe der Ermordeten klopfte er in den ersten Jahren spät abends auf einem Pflasterstein in seiner Wohnung entzwei, um sie in der Aktentasche transportieren zu können. Beschwerden über dadurch verursachte Ruhestörung tat er mit dem Hinweis auf Selbstbesohlung seiner Schuhe ab.

Mehrmals in der Woche kamen Jugendliche mit Haarmann in dessen Zimmer, oder sie fragten nach ihm. Niemand nahm Anstoß an solchen Gästen des Haarmann, obwohl die Angehörigen der Jungen bei den Hausbewohnern Nachfrage hielten. Besonders die letzte Wirtin, Frau Engels, Rote Reihe, war mit Haarmann und seinem Verkehr vertraut. Sie erhielt Kleidung und Wäsche Jugendlicher von ihm und ließ dadurch wohl Kritikfähigkeit und Mißtrauen einschläfern. Zu dem Strafverfahren wegen Begünstigung reichte das Material nicht aus.

Haarmann wurde zum Tode verurteilt wegen Sexual- und Raubmord. Er hat sicher außer den 54 [sic! richtig: 24] nachgewiesenen Fällen noch zahlreiche weitere auf dem Gewissen gehabt. Z. B. aus den Jahren 1919–21 ist Belastungsmaterial gegen ihn nicht erbracht worden. Angeblich hat er wegen ungeeigneter Wohnverhältnisse in das damals Welfenstr. 7 innegehabte Zimmer Männer zum homosexuellen Verkehr nicht mitgenommen.

Rein gefühlsmäßig möchte ich im Vergleich zu den nachgewiesenen Fällen die Gesamtzahl der von Haarmann ermordeten Jungen auf über 100 beziffern, zumal man ihm von 1919–21 nichts nachweisen konnte. Schwer zu glauben, daß er in dieser Zeit – 1918 – nur den Friedel Rothe getötet hat – Cellerstraße –.

Auch sein Vorleben dürfte kurz interessieren. Die Eltern waren ehrbare Menschen. Der Vater war Lokomotivführer, der außer Dienst allerdings starker Alkoholiker war. Drei Schwestern sind wegen Abnormitäten im Geschlechtsleben geschieden worden.

Haarmann entlief zweimal aus der Lehre, weil er gern bummelte und nicht regelmäßig arbeiten wollte. Von der Unteroffiziersvorschule Neu-Breisach wurde er nach einem halben Jahr untauglich entlassen, beim Kaisergeburtstagsschießen der Artillerie war er unter den Stubentisch gekrochen.

Zuerst verkehrte er geschlechtlich mit Dirnen, die ihn angeblich anekelten und so zur Homosexualität brachten. Dieser Verkehr brachte auch die Verbindung mit Kriminellen und dadurch Gelegenheit zu strafbaren Handlungen durch ihn, wie: Einbruch, Diebstahl, Hehlerei, Falschmünzerei usw.

Grans war zuerst als Mittäter bei 3 Morden angeklagt, jedoch mußte die Anklage im Wiederaufnahmeverfahren geändert werden, weil Haarmann schriftlich seine Belastung widerrief. So erhielt Grans nur 12 Jahre Zuchthaus wegen Beihilfe zum Mord, unter Zugrundelegung sonstiger Beweismittel. Er war ein völlig unmoralischer, kriminell veranlagter Mensch.

Haarmann, der am 15.4.1925 auffallend ruhig und gefaßt, nach entsprechendem geistlichen Zuspruch in der Nacht zuvor zum Schafott ging, – Rätz und ich hatten ihm versprechen müssen, zugegen zu sein, damit die Scharfrichter ihn nicht mißhandelten –, hatte mir einige Tage zuvor noch gebeichtet, daß seine ursprüngliche Belastung des Grans wohl richtig gewesen sei, jedoch wollte er nicht, daß auch er geköpft würde, weil er noch so jung sei. Eine gewisse sexuelle Hörigkeit bei Grans hatte hier wohl den Ausschlag zum Widerruf gegeben.

Über einen unangenehmen Vorfall muß ich hier noch berichten. Vor Zuführung des Haarmann zum Gericht, zwecks Erlaß eines Haftbefehls – es war ein Sonntag – hatten wir zum ersten Mal die Vernehmungen ausgesetzt, da bei Haarmann, der am Sonnabendabend spät ein Quasi-Geständnis abgelegt hatte, sich unsere letzten ernstlichen Vorhaltungen auswirken sollten.

Diesen Umstand hatten sich die Kriminalsekretäre Wickbold und Lanzendorfer, 2 Beamte, die mit dem Fall Haarmann überhaupt nicht befaßt waren, denen Haarmann aber früher Zuträgerdienste geleistet hatte, zunutze gemacht und Haarmann am Sonntagvormittag aus dem Polizeigefängnis in ihr Büro geholt, wo sie 2 Stunden lang unter Mißhandlungen mit einem Lineal auf ihn einwirkten, bis er gestand, 6 oder 7 Morde an Jugendlichen begangen zu haben, natürlich ohne nähere Angaben und Glaubhaftmachung. Es war pure Wichtigtuerei der beiden Beamten, die es wohl nicht verwinden konnten, daß sie zu den Ermittlungen nicht herangezogen worden waren.

Sie erwiesen der ganzen Behörde einen schlechten Dienst, denn Haarmann widerrief natürlich am nächsten Morgen, als ich ihn befragte, alles und gab an, er hätte das Geständnis nur abgelegt, um weiteren Mißhandlungen zu entgehen. Es kostete Rätz und mir große Mühe, Haarmann zu beruhigen und ihn davon abzubringen, die Mißhandlungen bei der am gleichen Tage erfolgenden Vorführungsvernehmung durch den Richter zu berichten.

Ich sah davon ab, auf die Bestrafung der beiden Beamten zu dringen, weil dann die ganze Angelegenheit auch in der Öffentlichkeit breit getreten worden wäre, die Hannoversche Polizei aber gerade in jenen Tagen der enormen Zeitungshetze alle Ursache hatte, weitere Skandale in der Haarmann-Affäre zu vermeiden. Beide Beamten wurden vom Polizeipräsidenten ernstlich verwarnt, und es wurde nochmals allen Beamten verboten, sich ohne Auftrag, mit Haarmann zu befassen. Bis zur Hinrichtung verließ mich die Sorge aber nicht, Haarmann könnte diesen, für die gesamte Polizei unangenehmen Vorfall in der Öffentlichkeit verbreiten. Damit wäre auch ich in eine sehr schiefe Lage gekommen, weil ich pflichtgemäß eine entsprechende Strafanzeige gegen die Beamten hätte erstatten müssen.

Abgesehen von diesem Vorfall ist Haarmann während der mehrmonatigen Vernehmungen nie mißhandelt worden. Er hätte es mir, bei dem großen Vertrauen zu mir, sicher nicht verschwiegen, zumal ich fast täglich mit ihm in Berührung kam. Hatte er Rätz und mir doch sogar zugemutet, wir sollten ihm als Vergünstigung nochmal einen »Jungen« mit ins Gefängnis bringen, weil er soviel Fälle gestanden habe. Nicht zuletzt auf die Erfahrungen im Falle Haarmann war es zurückzuführen, daß seiner Zeit die zentralen Richtlinien für Vermißte und unbekannte Tote in Preußen und anderen Ländern eingehender und zweckmäßiger abgefaßt wurden. Bis dahin wurden sie überall mehr oder weniger lax gehandhabt.

Interessant sind noch folgende beide Vorfälle:

1) Als der Vater des nachweisbaren ersten Haarmann-Opfers Rothe im Herbst 1918 wegen seines vermißten Sohnes bei dem Polizeirevier seiner Wohnung um Hilfe fragte, durchsuchten mehrere Beamte des Polizeireviers die Wohnung des mehrmals in Begleitung des Jungen gesehenen Haarmann in der Cellerstraße nach dem Verschwundenen.

Haarmann erklärte mir 1924 bei den Vernehmungen, er habe damals bei dieser Wohnungsdurchsuchung große Angst ausgestanden und sei froh gewesen, als die Beamten wieder fort waren, denn in einem Hand-Koffer habe noch der Kopf des kurz zuvor von ihm zerstückelten Rothe gelegen. Die Revierbeamten hatten tatsächlich nur nach einem »Lebenden« gesucht und an eine Tötung nicht gedacht. Deswegen ließen sie den fraglichen Handkoffer unbeachtet.

2) Von verschiedenen Zeugen war bei den Vernehmungen erwähnt worden, Haarmann habe einen mit Stempel versehenen Ausweis der Kriminalpolizei, der die Unterschrift des Kriminalkommissars Müller trug, besessen. Bei Nachprüfung stellte sich jedoch die Haltlosigkeit dieser Behauptung heraus. Haarmann hatte sich, wie er selbst angab, einen primitiven Ausweis mit der Unterschrift »Detektei Lasso« angefertigt, um damit zu imponieren. Wahrscheinlich benutzte er diesen Ausweis auch bei seiner Suche nach homosexuellen Partnern.

Fritz Haarmann (1879–1925)

Erich Frey
Fritz Haarmann

Aus den Erinnerungen eines Strafverteidigers (1959)

Keinem Mörder, den ich vor Gericht verteidigte, sah man je an, daß er ein Mörder war. Schon gar nicht jener schrecklichen Spezies von Verbrechern, die man gemeinhin als Lustmörder bezeichnet. Darum glaube ich auch nicht an die Physiognomik, an die Lehre, daß sich der Charakter des Menschen im Gesicht ausdrückt.

Ich habe viele Mörder verteidigt, habe dabei tiefe Blicke in ihr Inneres werfen können und ihre Physiognomien studiert. Und ich habe keinen einzigen unter ihnen gefunden, dem ich seine Taten auf den Kopf zugesagt hätte.

So war es mir bei den ersten beiden Massenmördern meiner Laufbahn ergangen. Friedrich Schumann, der Schrecken des Falkenhagener Sees, war mir als schüchterner, versonnen dreinblickender Durchschnittsmensch erschienen. Und Carl Grossmann, der Blaubart vom Schlesischen Bahnhof, hatte bei der ersten Begegnung wie ein gutmütiger alter Penner auf mich gewirkt. Nun sollte ich zum drittenmal einen Menschen jener Kategorie kennenlernen: Fritz Haarmann.

***

Es war Anfang August 1924, und in ganz Deutschland wurde der Name Fritz Haarmann mit Schrecken genannt.

Am 3. Juni des Jahres war er von der hannoverschen Polizei verhaftet worden. Nach langem, hartnäckigem Leugnen hatte er gestanden, junge Männer auf eine fürchterliche Weise ermordet zu haben.

Über die Zahl seiner Opfer wurden die phantastischsten Vermutungen geäußert. Haarmann selber war nicht in der Lage, die Zahl auch nur annähernd anzugeben. Doch es war gar nicht die Zahl seiner Untaten, die den Nimbus des Noch-nie-Dagewesenen um den Fall Haarmann breitete, sondern es waren die grausigen Umstände, die schon bei seinen ersten

Geständnissen ans Licht kamen. Was Haarmann getan hatte, war so furchtbar, daß viele Menschen es einfach nicht glauben konnten. Und doch stand es in nüchternen Worten in den Berichten der Polizei ...

Hier trat nun eine merkwürdige Fähigkeit der menschlichen Seele zutage: Der Mensch, der plötzlich etwas unfaßbar Schrecklichem gegenübergestellt wird, treibe eine Art Vogelstraußpolitik. So flüchtet sich der Soldat im Trommelfeuer in Flüche und Zoten. Er legt eine neutrale Zone zwischen sich und das Schreckliche – eine Zone, die ihn vor dem Irrsinnigwerden bewahrt.

Ähnlich war die öffentliche Reaktion auf den Fall Haarmann. Nachdem die Schrecksekunde überwunden war, wurden über ihn – Witze gemacht.

An den Straßenecken, in Küchen und Lokalen sang man zu der populären Schlagermelodie meines Freundes Walter Kollo »Warte, warte nur ein Weilchen, bald kommt auch das Glück zu dir« einen neuen Text.

Er heißt:

»Warte, warte nur ein Weilchen,
bald kommt Haarmann auch zu dir.
Mit dem kleinen Hackebeilchen
macht er Leberwurst aus dir.«

Viele hielten das für finstere Blasphemie und Geschmacklosigkeit. Und es war ja auch nicht gerade geschmackvoll. Aber es war eine verständliche Abwehrreaktion. Der Mensch des zwanzigsten Jahrhunderts wehrte sich gegen die Erkenntnis, daß in seiner Mitte der Mensch als Raubtier, der Kannibale, der Wolf in Menschengestalt wiederauferstanden war ...

Nun sollte ich selbst Haarmann gegenübertreten.

Mein Freund, der Kriminalschriftsteller Hans Hyan, hatte den Massenmörder besuchen dürfen, und dabei war mein Name genannt worden. Haarmann hatte um meinen Besuch gebeten. Eigentlich war ich anfangs fest entschlossen, die Verteidigung Friedrich Haarmanns nicht zu übernehmen. Massenmörder – diese Lehre hatte ich aus der Verteidigung Friedrich Schumanns und Carl Grossmanns gezogen – waren klinische und keine juristischen Fälle. Trotzdem hatte ich mich auf die Reise nach Hannover gemacht.

Ich war Strafverteidiger. Und Haarmann saß in Untersuchungshaft. Dreißig Morde wurden ihm vorgeworfen. Ich konnte seine Bitte, ihn zu verteidigen, nicht mit gutem Gewissen ablehnen, ohne zum mindestens einmal mit ihm gesprochen und mir selber ein Bild von seinem Charakter gemacht zu haben ...

Es war ein heißer Spätsommermorgen, als ich hinter einem Oberwachtmeister den langen Zellengang des hannoverschen Gerichtsgefängnisses hinunterschritt.

»Ich habe Anweisung, während der Unterredung in der Zelle zu bleiben«, sagte der Beamte. »Haarmann hat verschiedentlich Selbstmordabsichten geäußert. Er darf nicht aus den Augen gelassen werden.«

Ein Beamter, der duch das Guckloch in der Zellentür Haarmann ständig zu überwachen hatte, trat zurück, als der Oberwachtmeister die schwere Eisentür aufschloß.

»Besuch für Sie, Herr Haarmann«, sagte der Beamte und ging vor mir in die Zelle.

Bevor ich etwas sah, hörte ich ein metallisches Klirren. Der mittelgroße gutgenährte Mann, der sich von einem Klapptisch an der Wand erhob, trug Fesseln an Händen und Füßen. Von jeder Fessel führte eine Kette zu einem in die Wand eingemauerten Ring.

Haarmann schien sich daran bereits gewöhnt zu haben. Jedenfalls bewegte er sich auf dem knappen Spielraum, den ihm seine Ketten ließen, völlig ruhig und selbstsicher.

»Frey.«

»Hocherfreut, Haarmann.« Mit einer Geste lud er mich zum Sitzen ein. Er tat ganz wie ein mittlerer Kaufmann, der in seinem Privatkontor einen wichtigen Kunden zum Abschluß eines größeren Geschäftes empfängt. Mit einigem Widerwillen ließ ich micht auf der schmalen harten Bettstatt nieder.

»Ich hoffe, Sie haben eine angenehme Reise gehabt«, sagte er. »Was gibt's denn Neues in Berlin?«

Er sprach in unverkennbar hannoveranischem Tonfall. Offenkundig war er um eine gepflegte Ausdrucksweise bemüht.

Wie viele Verbrecher wollte auch er mir beweisen, daß ich es mit einem gebildeten Menschen zu tun hätte.

Sein Gesicht war rund, ein bißchen zu voll und teigig. Ein rechtes Durchschnittsgesicht ohne Absonderlichkeiten oder gar Mißbildungen. Die Lippen unter dem sorgfältig gestutzten englischen Schnurrbart waren voll, die Zähne kräftig und weiß. In den graubraunen Augen schimmerte ein verhaltener Glanz. Der Blick schien großer Wandlungen fähig, doch jetzt ruhte er neugierig prüfend, beinahe versonnen auf mir.

Da ich nicht mit der Absicht gekommen war, Haarmann eine angenehme Unterhaltung zu verschaffen, ging ich gleich auf den Kern der Sache los.

»Sie haben ein Geständnis abgelegt«, sagte ich. »Halten Sie dieses Geständnis aufrecht?«

Ich habe sieben zugegeben … hahahaha!«

Ich zuckte zusammen bei diesem unheimlichen Lachen und sagte kalt: »Sieben Morde … Ich weiß nicht, was es da zu lachen gibt.«

Er lachte wieder, diesmal klang es entschuldigend. Er sagte: »Ich weiß doch gar nicht, wie viele es waren. Nun sagen die Kriminalbeamten, es waren siebenundzwanzig. Sie zeigen mir Bilder und sagen, den hast du auch aufm Gewissen. Aber ich kenne den nicht. Und dann sage ich: „Vielleicht habe ich nicht siebenundzwanzig umgebracht, sondern dreißig oder vierzig. Aber den auf dem Bild da bestimmt nicht. Doch wenn es Sie beruhigt“, sage ich, „dann schreiben Sie ihn dazu.“ Hahaha!«

Dieses Lachen zerrte an meinen Nerven. »Wenn es Ihnen egal ist, wie viele Morde man Ihnen zur Last legt, wozu brauchen Sie dann überhaupt einen Verteidiger?« sagte ich und stand auf.

Haarmanns Ausdruck verwandelte sich jäh. Er sprang so heftig auf, daß ihn die hemmenden Ketten zurückrissen.

»Lassen Sie mich nicht allein«, flehte er mit hoher Fistelstimme. »Ich habe Angst!«

»Wovor haben Sie Angst? Vor der Todesstrafe?«

Er schüttelte den Kopf: »Ach nein, davor nicht. Sehen Sie mal … « Er trat an seinen Tisch und beugte sich weit darüber. Mit seiner breiten fleischigen Hand schlug er sich ins Genick und sagte: »Putsch, is der Kopf weg. Das geht so rasch!«

Dann richtete er sich auf und lächelte mich an. War dieser Mann irrsinnig, oder simulierte er?

»Wovor fürchten Sie sich denn sonst?«

Er druckste und rieb verlegen seine kräftigen Hände: »Die Leute sind so böse auf mich … Natürlich, das kann man sich denken, wenn solche Eltern, nicht wahr … daß die nun traurig sind und wütend … Aber der is doch nun tot … der Mensch is doch tot … Und dafür können sie mich auch ruhig köppen … Ja … aber doch nicht totschlagen!«

Ich setzte mich wieder hin. Haarmanns Furcht vor der Lynchjustiz, vor einem blutigen Vergeltungsakt der aufgewühlten Volksseele, war echt – und, wie ich wußte, auch nicht ganz unberechtigt. Die Stadt Hannover war in jenen Tagen ein Hexenkessel. Seit Haarmanns Verhaftung durchzogen fast täglich Demonstrationszüge die Straßen. Vor Geschäften und Häusern, in denen Haarmann verkehrt hatte und wo man Helfershelfer von ihm vermutete, rotteten sich Menschenmassen zusammen, schlugen Fensterscheiben ein und bedrohten Leib und Leben der Bewohner sowie der sie beschützenden Polizei.

Diese gefährliche Gewalttätigkeit war nur aus der Vorgeschichte des Falles Haarmann zu erklären. Bevor ich daher die Lebensbeichte wiedererzähle, die Haarmann vor mir ablegte, will ich kurz die mehr als merkwürdigen Umstände seiner Entdeckung schildern.

***

Ich erinnere mich noch ganz genau der Aufregung, die in den Pfingsttagen des Jahres 1924 von Hannover her ihre Wellen bis nach Berlin geschlagen hatte. Am 17. Mai hatten spielende Kinder an der Wasserkunst beim Schloß Herrenhausen einen Menschenschädel gefunden. Zwölf Tage später war mitten in der Stadt vom Leinefluß ein weiterer Schädel ans Ufer gespült worden. In der Bevölkerung hatte man sofort etwas von Mord geraunt. Aber die Polizei winkte ab. Bei der gerichtsärztlichen Untersuchung war aufgefallen, daß die Schädel mit einem scharfen Instrument und vollendeter anatomischer Technik vom Rumpf getrennt worden waren.

Man nahm deshalb an, daß sie auf irgendeine Weise aus der Anatomie der Universität Göttingen entwendet und in die Leine geworfen worden wären. Aber in der Göttinger Anatomie fehlten keine Schädel.

Nun brachte man die Schädelfunde in Zusammenhang mit einer Typhus-Epidemie, die zu jener Zeit in der Gegend von Alfeld an der Leine herrschte. Und als auch das sich als nicht zutreffend herausstellte, machte man eine Grabschändung im Engesohder Friedhof verantwortlich.

Nun aber wurde die Bevölkerung rebellisch. In Hannover war im Jahr 1924 die Zahl der vermißten Personen ungewöhnlich hoch. Daran mochten die Wirren der Nachkriegszeit und der eben erst überwundenen Inflation schuld sein. Auch kam hinzu, daß Hannover – im Schnittpunkt der nordsüdlichen und ostwestlichen Verkehrssachen Deutschlands gelegen – ein Mittelpunkt aller finsteren Schieber- und Schmuggelgeschäfte jener konfusen Zeit war und ... ein Umschlagplatz sämtlicher Laster.

Auf jeden Fall brachte die Bevölkerung von Hannover die grausigen Knochenfunde mit der Zahl der Vermißten in Verbindung. Am Pfingstsonntag 1924 erreichte die Hysterie ihren Höhepunkt. Anstatt das liebliche Fest traditionsgemäß bei Kaffee und Kuchen unter den blühenden Bäumen der Eilenriede und des Herrenhauser Parks zu begehen, strömten Tausende von Hannoveranern an die Ufer der Leine. Im Feiertagsgewand warfen sie von den Ufern, Brücken und Stegen aus Netze und mit Steinen beschwerte Rechen in das schwarze, brackige Wasser.

Die grausige pfingstliche Suche blieb ohne Erfolg. Doch nur fünf Tage später wurden wieder zwei Schädel gefunden. Und zwar an den gleichen Stellen wie beim erstenmal: einer im Park von Herrenhausen, einer an der Brückenmühle. Fast gleichzeitig hatten im Südosten der Stadt spielende Kinder einen ganzen Sack voller menschlicher Gebeine entdeckt ... Jetzt gab es auch für die Polizei keinen Zweifel mehr: Hier lag Mord vor.

In den gerichtsärztlichen Laboratorien wurden nächtelang Gewebeschnitte mikroskopiert, Knochen und Schädel anthropometrisch vermessen. Das traurige Ergebnis: Die Überreste stammten sämtlich von jungen Männern.

Die Gleichartigkeit der Opfer hätte eigentlich die Vermutung nahelegen sollen, daß auch ihr Mörder in einem bestimmten Personenkreis zu suchen sei – wenn nicht sogar in einer einzigen Person.

Dieser Gedanke entstand jedoch nicht bei der für die Funde zuständigen Mordkommission, sondern in einer anderen Abteilung des hannoverschen Polizeipräsidiums – im Unzuchts-Dezernat. In diesem Dezernat führte man eine Kartei über alle Personen, die als Verführer junger Mädchen oder Männer polizei-, wenn nicht sogar stadtbekannt waren. Unter ihnen konnte sich der Mörder befinden.

Kriminalkommissar Lyss vom Unzuchts-Dezernat suchte sich also die Karten all derer heraus, die schon einmal vorbestraft oder gegen die bereits früher gröbere Verdächtigungen geäußert worden waren. Dabei fiel ihm die Karte eines gewissen Fritz Haarmann besonders auf.

Dieser Fritz Haarmann war dem Kommissar als einer der mißratensten Söhne der ordentlichen Stadt Hannover bekannt. Er war am 25. Oktober 1879 geboren, stand damals also im fünfundvierzigsten Lebensjahr. Von den letzten zwanzig Jahren seines Lebens hatte er mehr als ein Drittel hinter Gittern zugebracht und war wegen Diebstahls, Unterschlagung, Betrug, Sittlichkeitsdelikten und Körperverletzung verurteilt worden.

Als vor sechs Jahren, im letzten Kriegsjahr 1918, einmal zwei Knaben vermißt wurden, die man vorher mit Haarmann gesehen hatte, war er etwas näher unter die Lupe genommen worden. Haussuchung, Beobachtung – aber leider kein Ergebnis.

Obwohl er der Polizei als Jugendverführer bekannt war, hatte man ihn in der letzten Zeit unbehelligt gelassen. Er lieferte als Spitzel des Einbruch-Dezernates junge Männer ans Messer, die mit ihrer Diebesbeute zum »guten Onkel Fritz« gekommen waren ...

Um ihn auf frischer Tat zu ertappen, setzte Kriminalkommissar Lyss zwei Beamte aus Berlin auf Haarmanns Spur. Hannoveraner Beamte wären dem Polizeispitzel Haarmann bekannt gewesen. Den beiden Polizisten gelang es wirklich, Fritz Haarmann dabei zu erwischen, wie er einen jungen Berliner Burschen in seine Wohnung lockte.

Ich fragte also Haarmann, als ich ihm in der Gefängniszelle gegenübersaß: »Haben Sie eigentlich gewußt, daß Sie vor Ihrer Verhaftung bereits von der Kriminalpolizei beschattet wurden?«

Er schüttelte den Kopf, fuhr sich mit einer raschen Bewegung seiner fleischigen Hände über das volle, sauber gescheitelte Haar: »Wer wird denn annehmen, daß die so gemein sind und mir heimlich nachstellen!«

»Nanana«, sagte ich. »Sie standen immerhin unter Mordverdacht ... Aber diesen jungen Berliner haben Sie nicht umgebracht, obgleich er eine ganze Nacht bei Ihnen in der Wohnung war ...«

Haarmann blickte mich forschend an, als fürchte er eine Falle. Dann zogen sich seine dichten dunkelblonden Augenbrauen zusammen. Er dachte scharf nach und sagte: »Sie stellen sich das viel einfacher vor, als es ist ... einen Menschen umbringen ... Das habe ich doch nur getan, wenn ich meine Tour hatte.«

»Wie war das denn, wenn Sie Ihre Tour hatten?«

»Das weiß ich nicht«, sagte er. »Plötzlich wurde es Morgen ... Ich wachte auf ... Ich erinnerte mich, daß ich am Abend vorher einen von den armen obdachlosen Burschen vom Bahnhof mit auf mein Zimmer genommen hatte ... Und dann lag er da ... tot ...«

»Jedesmal, wenn Sie einen mit 'raufnahmen auf Ihre Bude?«

»Neinneinnein ...« Haarmann machte eine abwehrende Handbewegung. »Nicht immer ... nicht gleich ...«

»Haben Sie das vorher gemerkt, wenn Sie „Ihre Tour" hatten?« fragte ich.

»Manchmal habe ich es rechtzeitig bemerkt ... Da habe ich gewußt: Wenn der noch einmal auf deine Bude kommt, dann ist er auch hin ... Und dann habe ich sie fortgejagt, damit's nich passiert ...«

»Deshalb haben Sie also den Berliner laufenlassen?«

Haarmann nickte und sah eine Weile dumpf brütend vor sich hin. Vergeblich suchte ich in seinem Gesicht zu lesen, ob er mir die Wahrheit gesagt hatte.

Sollte er wirklich einen Rest von moralischer Hemmung besessen haben, der gegen das Tier in ihm angekämpft hatte? Oder war das nur Schauspielerei? War das angebliche Mitleid mit dem Berliner nachträglich ausgedacht, darauf berechnet, ihn selbst, Haarmann, als ein unglückliches Opfer von Geistesverwirrung erscheinen zu lassen?

»Zweimal hat der Bengel bei mir in der Wohnung übernachtet«, erzählte Haarmann. »Jedesmal habe ich ihm morgens drei Mark geschenkt … Und dann wußte ich, wenn er noch einmal kommt, mach' ich ihn hin … Da hab' ich ihm gesagt, er soll ins Obdachlosenasyl schlafen gehen. Seine Papiere waren zwar falsch, aber gut … Drei Tage lang habe ich ihn dann nicht gesehen. Und dann, am zweiundzwanzigsten Juni war's wohl, treffe ich ihn nachts vor dem Bahnhof. Er ist mit einer Horde von Bengels zusammen, alle von dem Gesocks, das sich in der Bahnhofshalle und im Wartesaal herumtreibt.

Er kommt auf mich zu und sagt: ›Fritze, gib mir zehn Mark.‹ Ich sage nein, und er soll machen, daß er wegkommt. Da fängt er zu schimpfen an.

Ich sage ihm, wenn er nicht gleich ruhig ist, kriegt er ein paar hinter die Ohren. Da spuckt der Lausebengel mich doch an. Darauf packe ich ihn am Schlafittchen und sage: ›Jetzt kommst du mit mir auf die Wache.‹ Er hat geschrien und die anderen aufgehetzt, sie solln ihm helfen. Aber die wußten ja alle, daß ich mit der Polizei gut bin, und haben sich nicht getraut.

Ich also rein mit dem Bengel in die Bahnhofswache. ›Na, Herr Haarmann, was ist denn los?‹ fragt der Wachhabende … Die kennen mich da ja alle.

›Der Bengel hier reist auf falsche Papiere und belästigt Passanten auf der Straße.‹

›Dann gleich 'rüber auf die Kriminalwache‹, sagt der Beamte und gibt uns einen Schupo mit. ›Sie gehen als Zeuge mit 'rüber, Herr Haarmann.‹ Natürlich bin ich mit 'rüber in die Waterloostraße, ins Präsidium.

Wie ich drüben erzähle, was mit dem Bengel los ist, geht die Tür auf, und der Kriminalkommissar Lyss kommt 'rein. Der wollte eigentlich nur mal rasch telefonieren. Aber wie er mich sieht, bleibt er da und hört sich die Sache mit dem Bengel an. Und plötzlich mischt er sich ein. Er fragt den Jungen:

›Sag mal, Junge‹, fragt er, ›du hast also bei Herrn Haarmann übernachtet. Das war doch sehr nett von ihm ... Und jetzt rempelst du ihn zum Dank dafür auf der Straße an. Warum bist du denn überhaupt weggegangen von Herrn Haarmann?‹

Da druckst der Bengel, und dann sagt er: ›Weil ich mich vor ihm gefürchtet habe.‹

Nun lacht der Lyss und meint: ›Na, na, erzähl mal keinen Unsinn, Junge. Wir kennen hier alle den Herrn Haarmann. Das ist ein sehr guter Mensch, vor dem braucht sich niemand zu fürchten.‹

›Wenn er mir doch aber mit'm Messer gedroht hat!‹ sagt der Junge.

›Stell keine dummen Behauptungen auf, Bengel‹, schimpft Kriminalkommissar Lyss.

›Das sind keine Behauptungen‹, sagt das freche Aas aus Berlin. ›Einen Morgen, als Herr Haarmann Brot geschnitten hat, ist er plötzlich auf mich losgegangen und hat mir das Brotmesser an die Kehle gesetzt.‹

›Die Kröte lügt‹, habe ich dazwischengerufen.

›Lassen Sie den Jungen ausreden‹, sagte der Herr Kriminalkommissar Lyss zu mir.

Und dann meint der Bengel: ›Als das mit dem Messer war, hat er mich gefragt, der Herr Haarmann, ob ich Angst habe vor dem Tod ... Aber ich hab' vor Schreck nichts sagen können. Und da hat er gelacht, der Haarmann, und hat gemeint, daß es diesmal noch Spaß gewesen is, und ich soll machen, daß ich wegkomme ...‹

›Sehn Sie, Herr Haarmann, das hat man nun davon, wenn man solchen Lausebengels was Gutes antun will‹, sagt der Herr Lyss zu mir.

›Undank ist der Welt Lohn‹, sag' ich und nehme meinen Hut. Aber da meint der Herr Lyss plötzlich: ›Nein, Herr Haarmann, Sie müssen leider auch hierbleiben.‹

Ich denke, ich höre nicht recht ... Ja, und seit dem Tag bin ich verhaftet.«

Der beleidigte Tonfall, in dem Haarmann mir diese Geschichte erzählte, klang echt. Er schien ehrlich davon überzeugt, das Opfer seiner Gutmütigkeit geworden zu sein. Und es war ja auch wirklich eine merkwürdige Fügung des Schicksals.

Zahllose Male hatte dieser Mann gemordet und war niemals ertappt worden. Nun hatten einmal, im Falle des Berliner, seine besseren Instinkte die Oberhand behalten. Vielleicht hatte er sogar den Jungen nur deshalb der Polizei übergeben, um ihn ganz sicher aus der Gefahrenzone zu schaffen. Und ausgerechnet dabei war er gescheitert ...

Ich gebe diesen Vorgang so wieder, wie ihn mir Haarmann selber erzählt hat.

Später, vor Gericht, hat er sein angebliches menschenfreundliches Motiv nicht mehr erwähnt. Ich maße mir nicht an, darüber zu urteilen, ob er wirklich über den letzten in ihm noch vorhandenen Rest von Anständigkeit gestrauchelt ist. Darin, daß er mit dem Berliner zur Polizei ging, kann man ebensogut einen Beweis maßloser Frechheit oder grenzenloser Dummheit sehen.

Eins aber scheint mir festzustehen: Wenn in jener Nacht nicht zufällig Kriminalkommisar Lyss auf der Wache erschienen wäre, hätte man den braven Herrn Haarmann ruhig nach Hause gehen lassen. Denn Lyss war der einzige im Polizeipräsidium, der Haarmann von Anfang an für dringend verdächtig hielt.

Vielleicht hätte Haarmann auf dem Nachhauseweg ein neues Opfer gefunden. Vielleicht hätten ihn dann die Berliner Beamten doch noch bei einem Mord ertappt. Vielleicht aber hätte er auch mit seinem Raubtierinstinkt die drohende Gefahr gewittert und sich ruhig verhalten, bis die Aufmerksamkeit der Polizei erlahmte.

Das letztere hat durchaus im Bereich des Möglichen gelegen. Denn noch acht Tage nach Haarmanns Verhaftung konnten die Kriminalkommissare Lyss und Raetz nur mit Mühe verhindern, daß Haarmann vom Untersuchungsrichter in Freiheit gesetzt wurde. Starke Kräfte in der Hannoveraner Polizei, an erster Stelle der Leiter des Einbruch-Dezernates, waren nach wie vor von der Unschuld ihres wertvollen Spitzels überzeugt ...

Und wieder sollte es nur ein Zufall sein, der schließlich die Wende herbeiführte.

Eine der merkwürdigsten Eigenschaften, die ich an Friedrich Haarmann feststellen konnte, war seine schauspielerische Begabung. Sowie er auf ein Thema kam, das ihn stärker beschäftigte, geriet er in Bewegung. Zuerst waren es seine kräftigen, fleischigen Hände, die mit hastigen Bewegungen seinen Worten Eindringlichkeit verliehen. Je mehr ihn das Thema hinriß, um so heftiger trat sein ganzer Körper in Aktion. Er sprang auf, lief hin und her, soweit es ihm seine Ketten gestatteten. Gespräche, über die er berichtete, gab er nicht inhaltlich wieder, sondern in dramatischer Rede und Gegenrede. Dabei änderte er seinen Standort wie ein Schauspieler, der abwechselnd die verschiedenen Rollen eines Stückes spricht. Er nahm die Haltung des Gesprächspartners an, äffte ihn in Mienen und Gestik nach, ja er sprach sogar mit verschiedenen Stimmen und Dialekten.

Auf diese grausig realistische Weise schilderte er mir auch, wie er nach tagelangem, hartnäckigem Leugnen schließlich ein Geständnis abgelegt hatte.

Es war am siebenten Tage nach seiner Verhaftung gewesen. Im Korridor des Polizeipräsidiums hatte sich soeben eine heftige Szene abgespielt. Dort war nämlich einem Ehepaar namens Witzel, das wegen seines vermißten Sohnes Robert ergebnislos bei der Mordkommission vorgesprochen hatte, ein junger Mann in einem gelblich-braunen Jackett aufgefallen.

Mit dem Schrei »Das ist ja die Jacke von unserem Robert!« war Frau Witzel hinter dem jungen Menschen hergestürzt.

Und nun hatte sich etwas Erschütterndes herausgestellt: Der junge Mann war zufällig an jenem Tag mit seiner Mutter wegen einer Renten-Angelegenheit auf dem Präsidium gewesen. Er hieß Theo Hartmann und stammte aus einer früheren Ehe seiner Mutter, einer Frau Engel. Diese Frau Engel jedoch war die Besitzerin des Hauses Rote Reihe 4, in dem der verhaftete Fritz Haarmann wohnte.

Theo Hartmann gab an, er habe die Jacke vor einiger Zeit von Herrn Haarmann für billiges Geld gekauft. Er erinnerte sich, in der Brusttasche einen Personalausweis auf den Namen Robert Witzel gefunden zu haben. Er habe diesen Ausweis Herrn Haarmann zurückgegeben, der ihn zerrissen habe ...

Kriminalkommissar Raetz ordnete sofort die Vorführung Haarmanns an.

Was dann geschah, will ich in Haarmanns Worten wiedergeben:

»Ich sitze in meiner Zelle und denk' mir nichts Schlechtes«, begann er. »Da wird die Tür aufgeschlossen. Und ich denk', jetzt wirst du entlassen. Aber der Wachtmeister sagt nur: „Mitkommen zum Verhör." Und ab geht's in das Zimmer vom Kriminalkommissar Ractz. Das Zimmer ist ganz voll. Eins, zwei, drei, vier Leute zähle ich außer dem Kommissar und zwei andern Beamten.

Zuerst erkenne ich meine Hauswirtin, die Frau Engel. Was macht denn die alte Hexe hier, denke ich. Und dann ist auch noch der Theo Hartmann da, ihr Sohn. Er hat eine schicke Jacke an, gelbbraun meliert.

Ich erkenne die Jacke gleich, weil ich sie dem Theo verkauft habe. Die anderen beiden Leute kenn' ich nicht. Ein Herr und eine Dame, ältere Leute, schwarz gekleidet. Die haben wohl Trauer, sage ich mir.

›Haben Sie diesen Herrn schon einmal gesehen?‹ fragt Kriminalkommissar Raetz die beiden und deutet so mit dem Finger auf mich.

›Wollen Sie mich den Herrschaften nicht erst einmal vorstellen?‹ sage ich, aber der Raetz nimmt keine Notiz davon. Da verbeuge ich mich ... so ... und stelle mich vor: „Haarmann, mein Name".

Die Frau hat immerfort ihr Taschentuch vorm Mund und weint vor sich hin. Der Mann sieht mich genau an und sagt: ›Nein, diesen Mann kenne ich nicht.‹

›Aber Sie kennen den Herrn‹, sagt der Raetz zu der Engel und ihrem Sohn. Dämliche Frage, wo ich doch schon ein Jahr bei denen wohne.

›Haben Sie dieses Jackett schon einmal gesehen, das der junge Herr trägt, Haarmann?‹ fragt mich der Raetz.

›Werde ich wohl‹, sage ich. ›Das habe ich ja dem Herrn Theo billig verkauft, weil er immer nicht recht was zum Anziehen hatte.‹

›Und wo hatten Sie dieses Jackett her?‹

›Herr Kommissar, ich mach in gebrauchten Kleidern‹, sage ich. ›Wie kann ich da wissen, woher jedes einzelne Stück Ware gekommen ist?‹

Die ganze Zeit über weint die Frau in Schwarz, und das macht mich ganz fusselig. Ich frage den Raetz: ›Was fehlt denn der Dame?‹

Aber der tut so, als hört er schlecht, und fragt mich: ›Kommt es vor, daß sich in Kleidungsstücken, die Sie kaufen, noch Ausweise des Verkäufers finden?‹

›Das kommt schon vor.‹

›Und was machen Sie dann damit?‹

›Wenn ich den Mann noch kenne, geb' ich ihm das Papier zurück. Oder ich bewahre es auf.‹

›Zerreißen würden Sie solche Ausweispapiere nie?‹

›I, wo werd' ich denn‹, sage ich.

Da guckt mich der Raetz so hinterhältig an und fragt den Theo: ›Was hat der Herr Haarmann doch noch gleich mit dem Ausweis gemacht, den Sie in der Jacke da gefunden haben?‹

›Zerrissen hat er ihn.‹

›Aber, Herr Theo, wie können Sie so etwas Falsches hier vor der Polizei auf Ihr Gewissen nehmen‹, sage ich. ›Sie können es doch gar nicht gesehen haben.‹

›Was kann er nicht gesehen haben?‹ Der Raetz fährt hoch und stellt sich ganz dicht vor mich hin. ›Wie Sie den Ausweis zerrissen haben?‹

›Nicht doch‹, sage ich. ›Ich meine nur, der Herr Theo hat mir den Ausweis gebracht, ich hab' mich dafür bedankt, und dann ist er wieder gegangen.‹

›Sie erinnern sich ja plötzlich merkwürdig genau‹, meint der Raetz. Und zum Theo: ›Sie wollen doch aber gesehen haben, daß er den Ausweis zerrissen hat?‹

Da wird der Theo ganz rot und sagt: ›Ja, wie ich 'raus war, habe ich durchs Schlüsselloch geguckt. Und da hab' ich gesehen, wie er ihn zerrissen hat.‹

›Also, Frau Engel‹, sage ich, ›das sind ja schöne Sachen, die man sich in Ihrem Haus bieten lassen muß. Ich werde mir überlegen, ob ich nicht ausziehe ...‹

Doch der Raetz fährt mir übers Maul: ›Ich will Ihnen auch sagen, Haarmann, warum Sie den Ausweis zerrissen haben.‹

›Darauf bin ich gar nicht mehr neugierig‹, sage ich, ›wenn Sie diesem jungen Mann da mehr Glauben schenken als mir.‹

›Der Ausweis aus dem Jackett lautete auf den Namen Witzel, Robert, geboren am 18. März 1906. Es war ein Werkausweis von den Excelsior-Gummiwerken.‹

›Das mag schon sein‹, sage ich.

›Hier sind die Eltern dieses jungen Mannes.‹ Die Frau in Schwarz weint noch lauter los. ›Ihr Sohn ist am 26. April, das war ein Sonntag, in den Zirkuss Sarrasani gegangen. Er ist seitdem nicht mehr nach Hause zurückgekehrt. Er trug seinen besten Anzug, den da.‹ Er zeigt auf die Jacke von dem Theo Hartmann. ›Wie sind Sie zu dieser Jacke gekommen?‹

Wie ich nun so da stehe und überlege, was ich darauf sagen soll, springt plötzlich die Frau auf. So mir nichts dir nichts springt sie auf und geht auf mich los. Na, ich bekomme doch einen Schreck und fahr' zurück. Aber da hat sie schon die Finger in meinem Gesicht und schreit immer: ›Mörder! Mörder!‹

Da an der Backe, da hat sie mich gekratzt mit ihren scharfen Nägeln. Und wenn ihr Mann sie nicht hätte zurückgerissen, wer weiß ...

Also ich sage zu dem Raetz: ›Ich bin hier ein schutzloser Mensch. Diese Dame bedroht mich. Das gehört sich doch nicht. Ich sage hier kein Wort mehr, wenn man mich durch Gewalt nötigt, die Unwahrheit zu sagen ...‹

›Wollen Sie etwa einen Anwalt?‹ fragt der Raetz wütend.

›Nein, aber ich bitte, meine Schwester, Frau Emma Burschel, hierherzuholen …‹

Nun war aber die Frau Witzel schon ganz schwach. Und der Raetz kriegte dauernd Telefonanrufe, wohl von oben. Da hat der schließlich gesagt: „Also machen wir morgen weiter" …«

Haarmann ließ sich erschöpft auf seinen Schemel zurückfallen.

»Hatten Sie damals das Gefühl, daß es Ihnen nun an den Kragen gehen könnte?« fragte ich.

»Überhaupt nicht.« Er lachte großspurig. »War ja schließlich nicht das erste Mal, daß die Kriminals bei mir Sachen von verschwundenen Bengels gefunden hatten. Und kein einziges Mal haben die mir was nachweisen können.«

»Das ist doch nicht möglich!« Mir stockte der Atem. Ich mußte an die Anklagen denken, die in der Presse gegen die hannoversche Polizei erhoben wurden. Da wurde nicht mehr und nicht weniger behauptet, als daß die Kriminalpolizei Haarmanns Mordtaten begünstigt habe.

»Beim erstenmal war noch Krieg«, sagte Haarmann. »Da war im September achtzehn der Friedel Rothe verschwunden. Zwei Freunde von ihm hatten den Friedel mit mir gesehen. Sie haben mir nachspioniert, bis sie meine Wohnung 'raushatten. Ich wohnte damals Celler Straße 27 bei Witwe Schildt. Sehr schöne Wohnung, Laden mit Hinterzimmer. Eines Nachts klopft es. Kriminalpolizei. Ich habe einen Jungen vom Bahnhof bei mir einquartiert. Der Beamte fragt, ob ich einen Friedel Rothe kenne. Ja, sage ich, der hat auch schon bei mir genächtigt, aber ich habe ihn 'rausgeschmissen.

Dann soll ich mitkommen, sagte der Kriminal, und der Junge den ich bei mir habe, auch … Dann hat der Kriminal – Brauns war sein Name – sich in der Wohnung umgesehen … In 'n Schrank hat er geguckt und ins Schubfach vom Tisch … Aber hinter den Ofen hat er nicht gesehen … hahaha …«

»Bitte, können Sie nicht Ihr Lachen unterlassen«, sagte ich gequält. Haarmann sah mich teilnehmend an und sagte: »Jaja … ich sehe, Sie sind sehr überarbeitet … Nerven, verstehe … Aber sehen Sie, das ist doch auch komisch … Wenn der Beamte … wenn der hinterm Ofen nachgesehen hätte … Na, der hätte schön gestaunt … Dann hätte er gewußt, daß ich den Friedel Rothe hingemacht habe …«

»Bitte, hören Sie auf!«

»Und so ging das noch drei-, viermal. In der Neuen Straße 8 und in der Roten Reihe 4. Überall gab's Leute, die mich verpetzt haben bei der Polizei. Dreimal Haussuchung oder viermal. Und wie stand der gute Onkel Fritze nachher da? ... So!« Er reckte sich auf und schlug sich mit einer triumphierenden Geste an die Brust.

»Wie war das nur möglich?«

»Das kommt davon, wenn man reinlich ist«, sagte Haarmann. »Sie glauben gar nicht, was ich geschrubbt habe ... und gefegt und geputzt und gewaschen ... Wenn ich ausging, bin ich immer wie aus dem Ei gepellt gewesen, wissen Sie ... Auf Kleidung halte ich nämlich viel ... Wenn ich bei mir reinegemacht habe, dann immer nur im Hemd, damit die Sachen nicht leiden ...«

Die Augen des reinlichen Ungeheuers glänzten stolz. Noch sechs Wochen nach seiner Verhaftung genoß er die Befriedigung, daß er jahrelang die Polizei und die Bevölkerung von Hannover an der Nase herumgeführt hatte.

Und ich halte es für gut möglich, daß er auch im Falle Witzel wieder davongekommen wäre, wenn nicht zum zweitenmal der Zufall seine Hand im Spiel gehabt hätte.

Ein junger Bursche hatte der Polizei mitgeteilt, daß der Haarmann gegen Entgelt Freunde zugeführt habe, unter ihnen auch Robert Witzel. Unter der Last der Beweise und der Furcht vor einer Gegenüberstellung mit der aufgebrachten Bevölkerung war Fritz Haarmann dann endlich zusammengebrochen.

Er hatte gestanden. Er wußte nicht mehr, wieviel Morde er eigentlich begangen hatte. Er kannte oft nicht einmal die Namen seiner Opfer ... Dieses Geständis Haarmanns lag bereits vier Wochen zurück, als ich ihn zum erstenmal in seiner Zelle besuchte. Fast zwei Stunden hatte er gebraucht, um mir die Geschichte seiner Verhaftung und seines Geständnisses in seiner theatralischen Art zu erzählen.

Die Sprechzeit war um. Ich hatte nur einen Bruchteil von dem erfahren, was ich wissen mußte, um mir über den Fall klarzuwerden.

Der Gefängnis-Oberwachtmeister, der bei der Unterhaltung stumm und scheinbar unbeteiligt in der Nähe der Tür gesessen hatte, stand auf.

»Die Sprechzeit ist abgelaufen.«

Ich erhob mich von der schmalen Bettstelle des Massenmörders. Auch Haarmann stand von seinem Schemel auf, dessen drei Beine in den Fußboden zementiert waren. Er sah mich mit verlegenem Lächeln an, fast wie eine Primadonna, die einem Operndirektor vorgesungen hat und nun ein schmeichelhaftes Urteil erwartet.

»Nun, wie isses«, sagte er, »wann machen wir Vertrag?«

»Was für einen Vertrag?« fragte ich.

Er lachte verschmitzt: »Na, daß wir beide zusammen vor Gericht gehen ... hahaha. Denken Sie daran, ich bin der Massenmörder Haarmann. Von mir wird man nach hundert Jahren noch sprechen. So was wird Ihnen nicht alle Tage geboten.«

Da weinten unzählige Mütter, weil er ihnen das Liebste geraubt hatte. Und er brüstete sich noch damit. Er segelte auf einer Woge von Größenwahn, er träumte von Unsterblichkeit.

»Sie hören wieder von mir«, sagte ich mit trockener Kehle. Mein Ton machte ihn stutzig.

»Sie kommen doch wieder?«

Alle Pose war plötzlich von ihm gewichen. Er rieb nervös seine Hände, fuhr sich dann mit der Rechten an seinen Schädel und rieb an einer bestimmten Stelle, als empfände er dort einen Schmerz.

»Ja, ich komme wieder.«

»Und Sie werden mich verteidigen?« fragte Haarmann, fast flehend.

»Gut, Herr Haarmann, dann schreiben Sie mir eine Vollmacht aus«, sagte ich.

Fritz Haarmanns Augen leuchteten auf. Er schrie den Strafanstalts-Wachtmeister an: »Wo ist Papier, wo ist mein Federhalter!«

Der Beamte rannte, um Haarmanns Wunsch zu erfüllen.

Papier und Federhalter lagen vor Friedrich Haarmann. In seiner gleichmäßigen, schräg nach rechts geneigten Schrift fing er an: »Vollmacht...«

Ich diktierte ihm den Text, und er schrieb gehorsam wie ein Schüler. Mit einem großen Schwung setzte er schließlich seine Unterschrift unter das Schriftstück.

Als er es mir übergab, leuchteten seine Augen. Er sagte: »Nüch wahr, das iss ein großer Moment für Sie! Der Massenmörder Friedrich Haarmann ernennt Sie hiermit zu seinem Verteidiger ... Eigentlich brauche ich ja keinen. Wenn das große Theater losgeht im Gericht, dann trete ich an die Barriere und sage: „Nu macht man schnell und köppt mich ..." Und dann ...«

Er legte die beiden Hände an die Hosennähte, schritt zu seinem Tisch, beugte sich vor:

»Auf dem Klagesmarkt werden sie mich köppen, nüch wahr. Viele

Leute werden da sein ... Es ist ein kalter Tag ... Aber die Sonne wird scheinen. Und dann isser wech, der Kopf. Und auf dem Friedhof werden sie mir einen Grabstein setzen ... iss schon bezahlt von der Sterbekasse ... Und da steht drauf: „Hier ruht der Massenmörder Haarmann".«

Ich nahm ihm das Papier aus der Hand und ging ohne ein Wort aus der Zelle.

Draußen auf dem Zellengang atmete ich auf. Es war dieselbe verbrauchte, von undefinierbaren Gerüchen geschwängerte Gefängnisluft wie in Haarmanns Zelle. Doch mir kam sie vor wie die Luft von Bad Reichenhall ...

***

Daß es im Falle des Massenmörders Haarmann nicht viel zu verteidigen geben würde, war mir schon klar gewesen, bevor ich mich zu dem Besuch im Gerichtsgefängnis von Hannover entschlossen hatte. Von den dreißig Morden, die ihm die Kriminalpolizei nachweisen zu können glaubte, hatte er zwar erst sieben in aller Form gestanden. Aber er stritt die restlichen Untaten nicht rundweg ab, sondern behauptete nur, sich in einigen Fällen nicht mehr erinnern zu können.

Tag für Tag erschienen auf dem Polizeipräsidium Angehörige von vermißten jungen Leuten. Dabei kam es zu so makabren Szenen, wie sie z. B. in der *Vossischen Zeitung* vom 31. Juli 1924 von den Angehörigen eines Opfers geschildert wurden:

»Auf dem Polizeipräsidium wurden wir vom Präsidenten empfangen. Im Hof befand sich eine fünfzehn Meter lange Halle, in der vier Reihen Tische aufgestellt waren. Auf diesen Tischen lagen die mit Nummern versehenen Kleidungsstücke. Das Präsidium hatte die Bevölkerung gebeten, alle von Haarmann gekauften Kleidungsstücke zur Aufklärung abzuliefern. Hieraus erklärt sich die Unmenge der auf den Tischen liegenden Sachen.

Wir fanden einen Hut und eine Mütze, die wir als Eigentum unseres vermißten Jungen erkannten. Diese beiden Kleidungsstücke waren in Haarmanns Wohnung selbst gefunden worden. Diejenigen Sachen, die von den Eltern und Angehörigen wiedererkannt wurden, werden sofort einen Nebenraum gebracht, da sie von der Staatsanwaltschaft beschlagnahmt werden. Darunter befand sich während unserer Anwesenheit auch ein Kindersweater, ein Zeichen, daß Haarmann sich auch Kinder als Opfer ausgesucht hat. Der vorgezeigte Sweater rührt von einem zehnjährigen Knaben her und wurde von den Eltern auch wiedererkannt. Als wir uns auf dem Korridor befanden, kamen immer noch weinende Angehörige von Vermißten.

Um die Mittagsstunde wurden wir in Begleitung eines Polizeikommissars und eines Kriminalwachtmeisters zum Gerichtsgefängnis geführt, in dem sich Haarmann in Untersuchungshaft befindet. Wir wurden in ein Zimmer geleitet, wo der Untersuchungsrichter seines Amtes waltet. Darauf wurde Haarmann hereingeführt und hinter die Tische gestellt, damit er von den erbitterten Angehörigen der Opfer nicht angegriffen werden konnte.

Der Untersuchungsrichter zeigte Haarmann die Fotografie unseres Sohnes.

Haarmann betrachtete das Bild mit Wohlgefallen und sagte: ›Sehr hübscher Junge ... Schade, wenn er dabei ist.‹

Der Untersuchungsrichter forderte ihn auf, sich das Bild nochmals genau anzusehen. Die Eltern seien sehr beunruhigt. Vielleicht könne er sich doch noch besinnen.

Aber Haarmann schüttelte den Kopf.

Erst als der Untersuchungsrichter ihm vorhielt, daß doch die Sachen bei ihm gefunden worden sind, sagte Haarmann:

›Es kann möglich sein.‹ Dann meinte er noch: ›Schade um den Jungen. Wenn es die Mutter beruhigt, setzen Sie ihn auch auf die Liste ...‹

Diese Gegenüberstellungen fürchtete Haarmann besonders. Nie sah er den unglücklichen Angehörigen ins Auge. Mit offensichtlichem Widerwillen nahm er die Fotos der vermißten Jungen in die Hand, streifte sie aber nur flüchtig mit scheuem Blick.

In manchen Fällen verbarg er seine unheimliche Angst hinter besonders forschem Auftreten.

Da erschien eines Tages beim Untersuchungsrichter ein Elternpaar. Es waren ganz arme Leute. Unter Flickresten, die Haarmann einer Nachbarin geschenkt hatte, hatten sie den Westenstoff ihres seit acht Monaten vermißten Jungen erkannt.

»Da kann gar kein Zweifel bestehen«, sagte die Mutter und deutete auf einen Flicken. »Die Westenschnalle hier habe ich selber genäht.«

Im gleichen Augenblick entstand ein Tumult. Der Vater des Vermißten war blitzschnell auf den Tisch gesprungen und stürzte sich auf Haarmann. Ehe die Beamten dazwischenfahren konnten, hatte der unglückliche Mann Haarmann bei der Kehle gepackt. Er würgte ihn und schrie: »Mörder! Schwein! Satan!«

»Au, au, au!« winselte Haarmann.

Dann befreiten ihn die Beamten. Keuchend trat der Vater hinter den Tisch zurück.

Haarmann war wachsbleich geworden. Er wich ganz zurück an die Wand, aus seinen Augen funkelte eine Mischung von Furcht und Haß.

»Was bildet ihr euch denn ein! Einen so häßlichen Jungen wie den da hätte ich doch nie mit zu mir genommen.« Er zeigte auf die vor ihm liegende Fotografie. »Ihr sagt, daß euer Junge nicht mal ein Hemd unter der Weste anhatte. Und die Hosen waren unten mit Bindfaden zugebunden ... Pfui Deibel! Schämt euch, daß ihr den Jungen so lodderig 'rumlaufen laßt. Stoffreste wie eure da gibt's viele. Bildet euch mal nichts ein. Euer Junge war mir lange nicht gut genug.«

Haarmann selber hat mir diese Szene erzählt, als ich ihn zum zweiten Male im Gerichtsgefängnis besuchte.

Vorher hatte ich bis spät in die Nacht mit meinem Freunde, dem Kriminalschriftsteller Hans Hyan, und dem Psychologen Professor Theodor Lessing aus Hannover über den Fall diskutiert.

Professor Lessing, Mediziner und Dozent für Psychologie an der Technischen Hochschule Hannover, kannte den Fall Haarmann wie kein anderer.

»Können Sie mir auch nur einen einzigen Umstand nennen, den ich in der Verhandlung zu Haarmanns Gunsten vorbringen könnte?« fragte ich.

»Darum geht es doch gar nicht«, sagte Professor Lessing.

»Und um was geht es Ihrer Meinung nach?«

Umständlich putzte der Gelehrte seine Brille und sagte langsam, jedes Wort abwägend:

»Daß dieses Ungeheuer unschädlich gemacht werden muß, steht wohl für jeden fest. Und das wird auch geschehen, verlassen Sie sich darauf. Sie können das nicht verhindern, dürften es meiner Meinung nach auch gar nicht ... Aber verhindern müßten Sie, daß die ungeheure Schuld verschwiegen wird, die unsere Gesellschaft an dem Fall Haarmann trifft.«

»Sie meinen die Polizei?« fragte ich.

»Auch die Polizei, unter deren Augen und in deren Dienst Haarmann seine Opfer angelockt hat«, sagte Professor Lessing. »Auch die Psychiater, die den mehrfach wegen Sittlichkeitsverbrechen Vorbestraften immer wieder für normal erklärt und auf die Menschheit losgelassen haben

... All das wird man in der Verhandlung ängstlich zu vertuschen suchen. Und das gilt es zu verhindern ... Aber das sind ja nur Randerscheinungen. Ich meine eigentlich die Schuld, die uns alle trifft, unsere gesamte Kultur, unsere Gesellschaftsordnung ...«

»Gehen Sie da nicht etwas zu weit?«

»Leider nein. Sehen Sie, dieser Haarmann ist doch ein Rückfall in einen urmenschlichen Zustand. Der Wolfsmensch, der Blutsauger, der Kannibale – nur noch in unseren Sagen, in fernen Erinnerungen glaubt der Mensch von heute sie zu kennen. Und plötzlich ist er da ... Wie? fragt sich der Kulturmensch. Raubtiere gibt es doch nur noch in der Wüste ... Aber sehen Sie doch einmal hinaus in die Straßen dieser Stadt, die Straßen aller Städte. Diese grauen, elenden Steinkästen der Häuser, die Höhlenwohnungen, der Asphalt, auf dem keine Blume wächst und kein Graßhalm ... Ist das etwa keine Wüste? Und so kahl wie in den Steinschluchten der Straßen sieht es doch auch in der Seele der Menschen aus, die darin zu leben verdammt sind ... So weit haben wir es gebracht, die wir die Wüsten kultiviert und die Urwälder gerodet haben ... Wir haben neue Wüsten geschaffen. Wüsten, in denen neue Raubtiere wachsen. Raubtiere in Menschengestalt ... mit Radio, Elektrizität und seidener Wäsche. Heute ist die Menschheit entsetzt über Haarmann. Dieselbe Menschheit, die nach Materialschlachten mit fünfhunderttausend Toten ihre Feldherrn mit Orden schmückte, ist über einen Mann entsetzt, der vielleicht zwanzig, vielleicht dreißig Menschen umgebracht hat ... Sehen Sie, das meine ich mit unserer Schuld, von der in diesem Prozeß gesprochen werden muß. Denn sonst ... sonst wird man sich bald über Massenmörder nicht mehr so aufregen wie heute. Sonst bricht vielleicht eine Zeit an, in der man Leute wie Haarmann als mindere Stümper belächelt ...«

Der Professor schwieg. Er atmete schwer. Was er sagte, war mir ins Herz gedrungen. Ich ahnte damals noch nicht, wie sehr sich seine prophetischen Worte bewahrheiten sollten. Ich ahnte vor allem nicht, daß Professor Theodor Lessing selbst eines der ersten Opfer des Mordwahns werden sollte, der nach 1933 ausbrach. In der Tschechoslowakei, wohin er sich gerettet hatte, spürte ihn ein Kommando der SS auf. Am 31. August 1933 wurde er in Marienbad ermordet ...

Aber damals, Anfang August 1924 in Hannover, wußte ich mit seiner philosophischen Auslegung des Falles Haarmann nicht viel anzufangen. Mir wurde in den folgenden Wochen immer klarer, daß es ein hoffnungsloses Unterfangen sein würde, den Haarmann-Prozeß zu jenem Fanal zu machen, an das Professor Lessing gedacht hatte ...

Anfang November teilte ich Fritz Haarmann mit, daß ich von dem Mandat zurücktreten müsse, das er mit erteilt hatte.

Ich bekam keine Antwort. Aber durch Freunde wurde mir Haarmanns Reaktion mitgeteilt: Er war zunächst betroffen gewesen. Dann hatte er gesagt:

»Dieser Rechtsanwalt aus Berlin ist ein Kommunist. Frey wollte mich nur an die Kommunisten verraten ... Ich brauche überhaupt keinen Anwalt.«

Von Gerichts wegen hatte man ihm einen Offizialverteidiger gestellt, einen alten, versierten Anwalt aus Hannover.

An den hatte sich Professor Lessing gewandt, ihn beschworen, die besten psychologischen Gutachter für diesen Fall zu berufen. Die Antwort hatte gelautet: »Ich wüßte nicht, was man Psychologisches fragen sollte.«

Statt auf die Sachverständigen-Bank war Professor Theodor Lessing auf die Presse-Bank verwiesen worden. Nach den ersten Tagen des Prozesses wurde er durch den Gerichtsvorsitzenden auch dort ausgeschaltet mit der Begründung:

»Sie sind hier als Reporter zugelassen, nicht als Schriftsteller. Wir können hier keinen Herrn dulden, der Psychologie treibt ...«

Als ich diesen Satz in der Zeitung las, wußte ich, daß ich mit der Rückgabe des Falles Haarmann einen großen Irrtum begangen hatte ... Am 19. Dezember 1924 wurde Friedrich Haarmann in vierundzwanzig Fällen zum Tode verurteilt. Am 15. April 1925 wurde er hingerichtet.

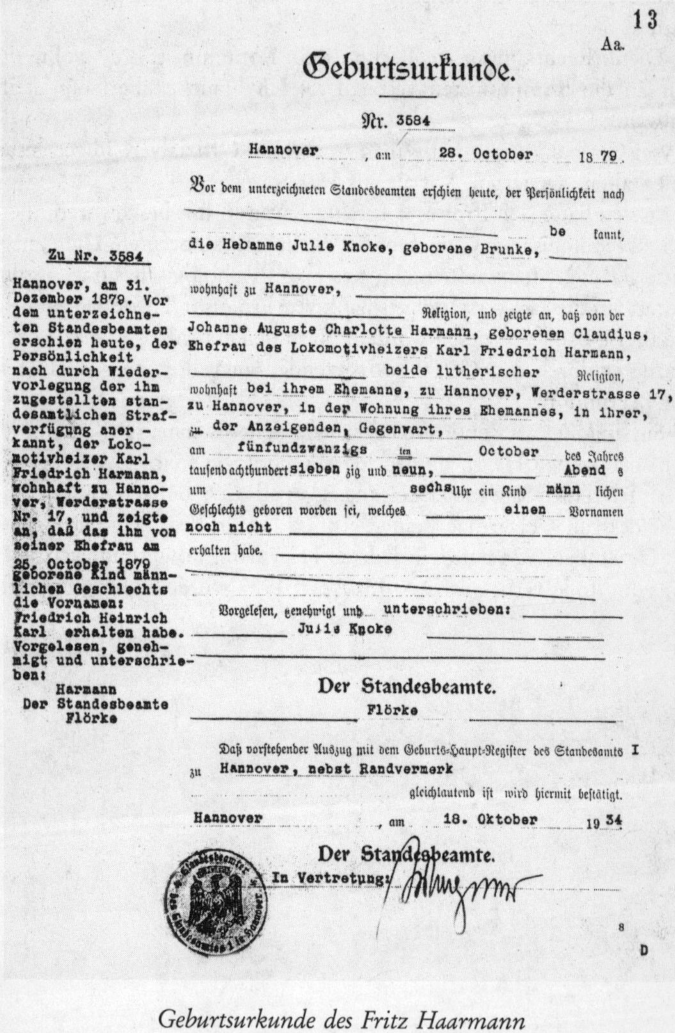
13

Aa.

Geburtsurkunde.

Nr. 3584

Hannover, am 28. October 1879.

Vor dem unterzeichneten Standesbeamten erschien heute, der Persönlichkeit nach

bekannt,

die Hebamme Julie Knoke, geborene Brunke,

wohnhaft zu Hannover,

Religion, und zeigte an, daß von der Johanne Auguste Charlotte Harmann, geborenen Claudius, Ehefrau des Lokomotivheizers Karl Friedrich Harmann, beide lutherischer Religion, wohnhaft bei ihrem Ehemanne, zu Hannover, Werderstrasse 17, zu Hannover, in der Wohnung ihres Ehemannes, in ihrer, der Anzeigenden, Gegenwart, am fünfundzwanzigsten October des Jahres tausend achthundert siebenzig und neun, Abends um sechs Uhr ein Kind männlichen Geschlechts geboren worden sei, welches einen Vornamen noch nicht erhalten habe.

Vorgelesen, genehmigt und unterschrieben:
Julie Knoke

Der Standesbeamte.
Flörke

Zu Nr. 3584

Hannover, am 31. Dezember 1879. Vor dem unterzeichneten Standesbeamten erschien heute, der Persönlichkeit nach durch Wiedervorlegung der ihm zugestellten standesamtlichen Strafverfügung anerkannt, der Lokomotivheizer Karl Friedrich Harmann, wohnhaft zu Hannover, Werderstrasse Nr. 17, und zeigte an, daß das ihm von seiner Ehefrau am 25. October 1879 geborene Kind männlichen Geschlechts die Vornamen: Friedrich Heinrich Karl erhalten habe. Vorgelesen, genehmigt und unterschrieben:
Harmann
Der Standesbeamte
Flörke

Daß vorstehender Auszug mit dem Geburts-Haupt-Register des Standesamts I zu Hannover, nebst Randvermerk gleichlautend ist wird hiermit bestätigt.

Hannover, am 18. Oktober 1934

Der Standesbeamte.
In Vertretung: [signature]

8

D

Geburtsurkunde des Fritz Haarmann

Teil 2

Lebenslauf

Register Nr. 799/25 12

Sterbeurkunde.

~~(Nur gültig in Angelegenheiten der Kranken-, Unfall-, Invaliditäts- und Altersversicherung sowie der Hinterbliebenen-Fürsorge.)~~

Vor- und Zuname sowie Stand des Verstorbenen: Händler Friedrich Heinrich Karl Harmann

Todes-Tag (in Buchstaben anzugeben) und -Ort: fünfzehnten April tausendneunhundertfünfundzwanzig zu Hannover

Vor- und Familienname des Ehegatten: ledig

Vor- und Zuname sowie Stand des Vaters: ///

Vor- und Geburtsname der Mutter: ///

Sofern der Verstorbene eine Witwe nicht hinterlassen hat: Minderjährige Kinder des Verstorbenen sind ...... vorhanden.

Hannover I, den 16. Oktober 1934.

Der Standesbeamte

In Vertretung

(Siegel) des Standesamtes I in Hannover

18

Sterbeurkunde des Fritz Haarmann

Horst Giesemann

Vor 60 Jahren starb in Hannover Friedrich Heinrich Karl Haarmann unter dem Fallbeil

Genealogische Ergänzungen zu Veröffentlichungen in niedersächsischen Tageszeitungen (1985)

Eine der wohl merk- und denkwürdigsten Personen, die im ersten Viertel unseres Jahrhunderts in Hannover lebte, war zweifellos der am 15. April 1925 im Gerichtsgefängnis zu Hannover durch das Fallbeil hingerichtete »Fritz Haarmann«, oder Friedrich Heinrich Karl Harmann, wie er lt. standesamtlicher Geburtsurkunde hieß.

Jedem Genealogen ist vertraut, daß eine graphische Darstellung des sog. Generationsschicksals einer Familie nur selten über Jahrhunderte hin in einer geraden Linie verläuft, sie schlägt im Gegenteil häufig unerwartet kräftig nach oben oder nach unten aus. Das widerfährt alten, arrivierten Familien ebenso wie unauffälligen Normalfamilien. Versuche, dieses Phänomen aus der Struktur oder der Erbmaterie der Vorfahren zu ergründen, geben nur selten darüber Aufschluß, weshalb plötzlich aus einem bisher unauffälligen Familiengefüge eine hochgeniale oder eine verbrecherische Veranlagung eines Nachfahren entsteht. Diese Frage bleibt auch im Falle Harmann offen.

Der Vater Harmanns stammte aus Apricke, einem Dorfe am Rande des Sauerlandes. Er dürfte Schlosser gelernt haben, ging zur Eisenbahn, wo er zunächst in Göttingen als Bahnhofsschlosser, dann als Lokomotivheizer und später als Lokführer tätig war, jedoch schon relativ früh (um 1886) aus dem Dienst entlassen wurde. Später eröffnete er in Hannover auf den Namen seiner Ehefrau eine kleine Zigarrenmanufaktur.

Die Eltern des Mörders heirateten 1868 in Göttingen, wo auch die ältesten 3 Geschwister geboren sind. Nach kurzen Zwischenaufenthalten in Northeim (1875) und Nordstemster (1877/78) zogen die Eltern um 1878/79 nach Hannover, wo der Proband als jüngstes Kind am 25.10.1879 geboren wurde. Sein Lebenslauf ist von Prof. Dr. Theodor

Lessing in einem 1925 erschienenen Buch ausführlich beschrieben worden.

Nachdem Harmann im April 1918 nach einer 5jährigen Strafe wegen Diebstahls aus dem Zuchthaus entlassen wurde, begann er eine Mordserie an Knaben und jungen Männern. Ihm konnten 26 Morde nachgewiesen werden, wobei die tatsächliche Zahl der von ihm begangenen Morde wohl etwas höher liegen dürfte.

Harmann wurde am 23. Juni 1924 verhaftet und war vom 16. August bis 25. September 1924 zur Untersuchung seines Geisteszustandes in Göttingen. Am 4. Dezember 1924 begann vor dem Landgericht Hannover der Prozeß gegen ihn, in dem er am 19. Dezember 1924 zum Tode verurteilt worden ist.

Nachfolgende Ahnentafel zeigt, was bisher über die Vorfahren Harmanns in Erfahrung gebracht werden konnte. Trotz intensiver Suche konnte der Geburtsort des mütterlichen Großvaters immer noch nicht ermittelt werden. Die Beschaffung der Daten der väterlichen Vorfahren ist Herrn Herbert Schulte, Zollernstraße 2, 5860 Iserlohn, zu verdanken.

Ahnenliste Harmann (Haarmann)

I

1. Harmann, Friedrich Heinrich Karl, * 25. Oktober 1879 (St. A. I Hannover 3584 / 1879), † 15. April 1925 (Gerichtsgefängnis; St. A. I Hannover 799 / 1925).

II

2. Harmann, Friedrich Carl, * 4. September 1844 zu Apricke im Kirchspiel Deilinghofen, jetzt Stadt Hemer, früher Landkreis Iserlohn, † 25. Dezember 1921 Hannover, Asternstr. 45 (St. A. I Hannover 2603 / 1921); ∞ 13. Dezember 1868 Göttingen (St. Johanniskirche).
3. Geburtsname unterschiedlich mit »Wisch« und »Claudius« angegeben, Hanne Auguste Charlotte, * 16. Januar 1837 (vorehelich) zu Willershausen, früher Landkreis Osterrode, jetzt Gemeinde Kalefeld, Kreis Northeim, † 5. April 1901 Hannover, Asternstr. 45 (St. A. I Hannover 1061 / 1901)

III

4. Harmann, Melchior Diedrich, Fabrikarbeiter, * 12. Juni 1811 Apricke, † nach 1868; ∞ 18. November 1838 Deilinghofen.

5. Wilke, Elisabeth, * 18. Dezember 1818 Deilinghofen, † 23. November 1868 Apricke (hinterläßt einen Gatten und 4 Kinder).
6. Familienname unterschiedlich mit »Claudius / Klodius«, aber auch »Claudius rectus (bzw. natus Gloth)«, selten »Gloth« (? Glodt) angegeben, Heinrich Christoph, * angeblich 20. Januar 1808 in Sudheim bei Northeim, † 21. November 1874 Willershausen (die Angabe »Geburtsort Willershausen« in der Sterbeurkunde 4 / 1874 St. A. Willershausen ist falsch.) [∞ II. Willershausen 17. August 1845 Schnäcker (genannt Sievers), Wilhelmine Marie, * 10. November 1824 ... (Konfirmiert 1839 in Kirchberg / Harz), † 23. Januar 1882 Gittelde-Teichhütte (Harz); ∞ II. 23. März 1879 (St. A. Westerhof 3 / 1879) A. Kramm] ∞ I. 1. Januar 1843 Willershausen.
7. Wisch (Wische), Hanne Caroline, *16. Oktober 1810 Willershausen, † 17. Februar 1844 Willershausen.

IV

8. Harmann, Caspar Diedrich, Bauer zu Apricke, * 23. November 1776, † 11. Juni 1836 Apricke; ∞ 8. Dezember 1802 Deilinghofen.
9. Düings (auch (auch Ekaemper und Rievel), Anna Margarete, * 30. Juni 1780 (unehelich) Deilinghofen, † 11. Mai 1868.
12. Claudius (auch »Claudius rectus Gloth«), Johann Christian, * ... um März 1784 (err.), † 23. Dezember 1819 Willershausen (an Auszehrung), Leineweber in Willershausen (zuvor anscheinend Brinksiter), seit etwa 1818/19 in Willershausen; ∞ ... (wann/wo?)
13. Rune Anne Cath. Louise, * ... um 1778, † 23. Dezember 1844 Willershausen.
14. Wisch (Wische), Heinrich Ludwig, Mühlen-Gesell zu Willershausen, * ... um 1760 ..., † 3. November 1810 Willershausen; ∞ 11. Juni 1810 Willershausen.
15. Müller, Hanne Wilhelmine, * ... um 1778 ..., † 19. August 1852 Willershausen.

V

16. Harmann, Johann Wilhelm, Colon (Erbpächter) zu Apricke, * 31. März 1748 Apricke, † 9. Mai 1807 Apricke; [∞ II. 20. April 1799 ...]; ∞ I. 23. April 1774 ... vermtl. Menden).
17. Wiemann, Elis(abeth), (aus Menden), * ..., † 24. April 1798 Apricke, 47 J.
18. ? Koch / Düings, Franz Diedrich, Leineweber zu Apricke, * 27. Januar 1764, † nach 26. März 1846 ...; ∞ 13. August 1782 Deilinghofen.
19. Platthaus / Hueck, Anna Margarethe, * 25. Januar 1752 Brenolen b. Hemer, † 26. März 1826 Apricke.
30 / 31. ? Müller, vielleicht um 1780 nach Willershausen gezogen.

VI

32. Harmann, Johann Hermann, Kötter (Kleinbauer) zu Apricke, * 10. Dezember 1707 Apricke, † 3. Juni 1753 Apricke; ∞ 24. September 1736 …
33. Barenhoff, Catharina Els, (aus Lünen b.. Unna), * …, † … nach 1780.
38. Platthaus gt. Hueck, Johann, zu Brenolen b. Hemer, * …, † …; ∞ …
39. Hueck, Elisabeth, * …, † …

VII

64. Harmann, Johann, Kötter zu Apricke, * … um 1677, † 7. Mai 1750 Apricke.

VII

128. Harmann, Rötger, Kötter zu Apricke, urkundlich 1676 als Milizsoldat erwähnt, * … etwa 1650, † vor 1713.

Geschwister Haarmanns
(Angeblich ein unehelicher Sohn der Mutter, Vorname Carl)

1a) Adolph Heinrich Dietrich, * 30. Juli 1869 zu Göttingen, † 24. September 1944 Hannover; ∞ 21. 10. 1890 Hannover — Forthmüller, Sophie, * 10. April 1869 Hannover, † nach 1944.
1b) Wilhelm Heinrich Friedrich, * 17. April 1871 Göttingen, † 18. März 1932 Hannover; ∞ 17. Sept. 1896 Hannover – Specht, Marie, * 28. August 1870 Hannover, † nach 1943.
1c) Anna Helene Alwine Wilhelmine, * 28. August 1872 Göttingen, † 21. August 1918 (St. A. I Hannover 3693/1918); ∞ 18. Oktober 1898 (St. A. I Hannover 1718/1898) – Rüdiger, Andreas Karl Wilhelm, * 11. November 1875 Stolberg a. Harz, † … – ∞ durch Urteil des Landgerichtes Hamburg, rechtskräftig geworden am 14. Juni 1915.
1d) Minna Johanne Elise, * 19. Februar 1875 Northeim, † angeblich nach 1945, ∞ angeblich Hannover-Stöcken;
∞ … 9. Mai 1896 … E., Buchdrucker, – Ehe o/o.
1e) (Tochter), * 28. November 1877 …, † 26. Februar 1964 (St. A. I Hannover 534/64); ∞ …
1f) Der Proband (s. Ahnenliste I).
Den o. a. Brüdern Adolph und Wilhelm ist 1925 eine Änderung des Familiennamens genehmigt worden. Auf Wunsch der Angehörigen der beiden jüngeren Schwestern werden zu diesen nur Kurzangaben gemacht.

Friedrich Haarmann – Eine Krankengeschichte

Aus in der Krankenakte der Göttinger Heil- und Pflegeanstalt befindlichen Abschriften

Im folgenden wird der Inhalt von Akten wiedergegeben, von denen zum Zwecke der Begutachtung Abschriften angefertigt wurden. Sie sind in der Krankenakte Haarmanns enthalten. Das Material wurde chronologisch geordnet, um es mit der Biographie Haarmanns in Beziehung setzen zu können, und, wo es sinnvoll schien, zusammengefaßt bzw. gekürzt. Die Originalakten existieren zum größten Teil nicht mehr. Ihre Überlieferung ist dem Umstand zu verdanken, daß sie für Prof. Dr. Ernst Schultze abgeschrieben worden sind.

Im Rahmen der staatsanwaltschaftlichen Ermittlungen 1924 gelang es, ein Zeugnisbuch der Bürgerschule IV am Engelbostelerdamm aufzufinden, in dem die Zensuren Haarmanns aufgeführt waren, die seine Leistungen in der Klasse IIIB im Jahre 1892/93 wiedergeben. Die Noten wurden vierteljährlich erteilt. Während Haarmann jeweils durchgängig im Lesen die Note 3, in Gesang die Note 3, in Zeichnen die Note 2 und im Turnen die Note 3 erhielt, waren die Leistungen in den anderen Fächern, wie Rechnen, Deutsch, Geographie und Geschichte überwiegend schlecht (Note 5). (Bl. 766)

Am 14.4.1895 wurde Haarmann in die Unteroffiziers-Vorschule der Garnison Neubreisach aufgenommen. Die Göttinger Aktenunterlagen enthalten Abschriften des Krankenblattes des Garnisonlazaretts Neubreisach über Haarmann. Hier wurde er zunächst vom 29.4. bis 5.5.1895 wegen Bronchialkatarrh behandelt. Über eine Behandlung vom 3.9. bis 18.9.1895 finden sich folgende Eintragungen (Bl. 796–797):

»*Vorgeschichte:*

Patient wurde mir heute nachmittag mit der Meldung zugeführt, er sei geisteskrank. Die Anamnese von Seiten seiner Vorgesetzten ergab, daß Pat. zwar etwas beschränkt gewesen, daß aber noch nie eine Geistesstörung bei ihm beobachtet sei. Er wurde sofort dem Lazarett zur Beobachtung zugeführt, wohin er auch freiwillig folgte.

Befund bei der Aufnahme:

Mittelkräftiger Patient mit gerötetem Gesicht und heißem Kopfe, Gesichtsausdruck vergnügt, zuweilen etwas ängstlich, manchmal auch kindisch neugierig. Auf Befragen gibt er an, Fritz Haarmann zu heißen. Er erzählt auf die Frage, ob er nicht Vorschüler sei, sofort, er habe die Kantine gekauft und müsse jetzt Bier machen. Gefragt, wie er das mache, stößt er mit beiden Armen aus nach unten. Die anwesenden Bekannten kennt er nicht. Den Oberlazarettgehülfen kennt er nicht, er hält ihn für den Kompagnieführer. Er weiß auch nicht, daß er sich im Lazarett befindet, er glaubt im Kloster zu sein, die anwesenden im Garten gehenden Kranken hält er für Pastore. Des öfteren bittet er in die Kantine gehen zu dürfen, um diese übernehmen zu können. In das Bett gebracht, betrachtet er alles mit großer Neugier, schaukelt sich auf dem elastischen federnden Lager, spielt mit der an dem Kopfgestelle hängenden Kopftafel, indem er dieselbe fortwährend hin und her schaukelt, sieht öfters unter das Bett, betastet alles ihm Erreichbare und erscheint äußerst vergnügt. Den auf den Kopf gehängten Eisbeutel wirft und stößt er stets zur Seite, öfters versucht er auch, einen der Nebenstehenden zu fassen und kräftig zu drücken.

Die Pupillen reagieren auf Lichteinfall, sie sind gleichmäßig ziemlich weit. Am Kopfe hat Pat. keine Narben, auch nicht am übrigen Körper. Augenlider und Bulbi sind frei beweglich, zuweilen sehen die Augen etwas starr aus. Gehör und Geruch normal, keine Motilitätsstörungen.

Tast-, Temperatur- und Ortssinn sind normal. Patellarreflexe usw. erhalten. Es besteht leichte Schweißsekretion, besonders an der Stirne, es ist heute auch ein sehr heißer Tag.

Anamnestisch muß noch hinzugefügt werden, daß gestern bei sehr heißer Temperatur ein großer Ausflug von der ganzen Schule nach der Schlucht gemacht wurde. Der Marsch war etwas anstrengend, bei Haarmann wurde aber während des ganzen Tages nichts Auffallendes bemerkt. Heute früh war dienstfrei und es wird angegeben, Pat. habe sich während der Sonnenhitze auf dem Walle herumgetrieben.

Krankheitsverlauf:

4. 9.: Bettruhe, Eisbeutel auf dem Kopf, ständige Bewachung. Heute Nachmittag 4 Uhr wachte er plötzlich wie aus einem tiefen Schlafe auf, glaubt geträumt zu haben, er kennt nicht seine Umgebung, die anderen Kranken erzählen ihm, daß er sich im Lazarett befinde, auch erkennt er den Anstaltsarzt und den Lazarettgehülfen der Schule.

5. 9.: In der Nacht hat Pat. ruhig geschlafen, er fühlt sich wohl, verlangt zu essen und aufzustehen, zuweilen hat er noch etwas Kopfschmerzen. Die Eisblase wird, weil unangenehm, entfernt.

7. 9.: Pat. hat sich ruhig verhalten, geht im Garten spazieren und hilft bei der Arbeit mit.

11. 9.: Status idem

15. 9.: Die ganze Zeit über ist Haarmann vernünftig, er bittet entlassen zu werden.

18. 9.: Pat. wird nach geschlossener Beobachtung gesund zur Schule entlassen.«

Haarmann wurde am 11. 10. 1895 erneut im Lazarett Neubreisach aufgenommen. Im zugehörigen Krankenblatt finden sich folgende Angaben (Bl. 798):

»*Aufgenommen:* am 11. 10. 1895

Entlassen: am 3. 11. 1895 als dienstunbrauchbar in die Heimat.

Krankheit: Epileptisches Irresein.

Haarmann wurde heute wieder dem Lazarett zugeführt, weil er am 10., dem Tage nach der nächtlichen Belagerungsübung, wirre Reden geführt haben soll. In der Nacht vom 9. auf den 10., als von der Fußartillerie heftig geschossen wurde und Feuerwerkskörper geworfen wurden, war Haarmann unter das Bett gekrochen, hatte um Hülfe gebeten in dem Glauben, die Franzosen kämen und wollten ihn umbringen. Am anderen Morgen zeigte er ein sehr aufgeregtes Wesen, war mürrisch und jähzornig und fing mit seinen Kameraden Streit an.

11. 10.: Das Gesicht ist etwas gerötet, Fieber besteht nicht, Pupillen normal, Pat. gibt an, gereizt worden zu sein, deshalb sei er aufgeregt gewesen, die Kameraden lachten ihn stets aus, auch sei er aus Angst vor dem Schießen unter das Bett gekrochen. Er gibt auf alles vernünftige Antwort, ist nur noch wenig erregt.

12. 10.: Pat. hat heute gut geschlafen, fühlt sich wohl, geht zum Kartoffelschälen in die Küche und zeigt sich willig. Gegen die Kameraden auf derselben Stube ist er zunächst noch mißtrauisch.

16. 10.: Pat. hat keine Beschwerden, er bittet um die Entlassung nach seiner Heimat, da es ihm auf der Schule nicht mehr gefiele.

20. 10.: Status idem

26. 10.: Pat. hat bis jetzt keinen Anfall mehr gehabt.

30. 10.: Keine Beschwerden.

3. 11.: Pat. wird als ungeheilt in die Heimat entlassen.«

Gemäß Beschluß der Strafkammer II b des Landgerichts Hannover vom 23. 1. 1897 war Haarmann vom 8. 2. bis 25. 3. 1897 zur Beobachtung seines Geisteszustandes in der Heil- und Pflegeanstalt Hildesheim untergebracht. Das Göttinger Krankenblatt enthält als Auszug aus den Akten der Hildesheimer Anstalt die dort erhobene Anamnese (Bl. 776–777):

»Haarmann soll sich normal entwickelt haben. Januar 1895 kam er auf die Unteroffizierschule Neu-Breisach. Am 3. September 1895 trat dort nach einem anstrengenden Marsch eine bis zum Abend des folgenden Tags dauernde Bewußtseinsstörung ein, die sich in Wahnvorstellungen, starker Reizbarkeit des Gemüts und darauf folgenden blödsinnigem Benehmen äußerte. Für diese Zeit zeigt sich Amnesie. Später war er immer reizbar, heftig, machte auch einmal einen törichten Selbstmordversuch. Oft klagt er über Kopfschmerzen. Wegen einer Art von epileptischem Irresein wurde er nach Hause entlassen.

Im Juni und Juli ds. Js. [1896] machte er sich verschiedener unzüchtiger Handlungen mit Kindern, die er in einen Keller lockte und denen er Geld gab, schuldig.

Haarmann gibt an: »Als ich jenes mit den Jungen vornahm, habe ich mir nichts dabei gedacht.«

Med. Rat. Schmalfuß hält eine genaue Beobachtung, wie sie nur in einer Anstalt ausgeführt werden kann, für notwendig.«

Im Göttinger Aktenauszug wird aus dem in Hildesheim erstellten Gutachten des Sanitätsrates Gerstenberg leider nur folgender Satz zitiert (Bl. 899–900):

»Ich komme daher zu dem Schlusse, daß der Angeschuldigte zur Zeit der Begehung der Handlung, Frühling und Sommer 1896 sich in einem Zustande krankhafter Störung der Geistestätigkeit befand, durch welche seine freie Willensbestimmung ausgeschlossen war.«

Am 27. 3. 1897 erließ die Strafkammer II b des Landgerichts Hannover im Verfahren mit dem Aktenzeichen II J. 879 / 96 folgenden Beschluß (Bl. 900):

»In der Strafsache gegen den Haussohn Fritz Haarmann aus Hannover wegen Vornahme unzüchtiger Handlungen wird der Antrag auf Eröffnung des Hauptverfahrens gegen den Angeschuldigten wegen der Anklage, in Hannover im Jahre 1896 mit den Schulknaben Willy und Fritz Ketil und Eduard Störmer, Personen unter 14 Jahren, unzüchtige Handlungen vorgenommen zu haben, auf Kosten der Staatskasse abgelehnt, da nach dem Gutachten des Direktors der Prov. Heil- und Pflegeanstalt in Hildesheim, Sanitätsrat Gerstenberg, der Angeschuldigte sich zur Zeit der Begehung dieser Handlungen in einem Zustande krankhafter Störung der Geistestätigkeit befunden hat, durch den seine freie Willensbestimmung ausgeschlossen war.«

Am 19. 3. 1897 hatte das Polizeipräsidium bereits verfügt, daß Haarmann aus der Provinzial-Heil- und Pflegeanstalt Hildesheim abzuholen und im Stadtkrankenhaus III (Abteilung für Geisteskranke) einzuliefern sei. Seine Aufnahme dort wurde wegen Gemeingefährlichkeit gegen den Willen des Vaters beantragt. Grundlage war ein Gutachten des »Stadtphysikus« Medizinalrat Dr. Schmalfuß. Die Verlegung in das Stadtkrankenhaus erfolgte am 25. 3. 1897. Dort wurde als Aufnahmediagnose »Dementia« genannt. Das Göttinger Krankenblatt gibt aus den Aufzeichnungen des Stadtkrankenhauses III folgendes wieder (Bl. 777–780):

»*Angaben des Vaters:*

Keine erbliche Belastung. Ist in der Schule schon sehr zurückgeblieben (von der 3. Klasse konfirmiert). Soll einem 5jährigen Knaben an den Geschlechtsteilen gespielt haben.

Pat. [Patient] wird heute Mittag von einem Kriminalschutzmann von der Irrenanstalt in Hildesheim auf Veranlassung der hiesigen Staatsanwaltschaft eingeliefert. Aus der Akte geht hervor, daß Pat. infolge Vornahme unzüchtiger Handlungen von der Strafkammer hiesigen Landgerichts II zur Feststellung seines Geisteszustandes auf 6 Wochen der Provinzial-Irrenanstalt Hildesheim überwiesen ist vom 8. II.–25. III. 1897. Infolge eines Gutachtens des S. R. Gerstenberg, Hildesheim, daß Pat. zur Zeit der Vornahme der unzüchtigen Handlungen an Geistesstörung gelitten habe und unzurechnungsfähig sei, wird er von der Staatsanwaltschaft wegen Gemeingefährlichkeit in die hiesige Anstalt eingeliefert.

Kräftig gebauter, gut genährter, für sein Alter sehr gut entwickelter Mensch von blühender Gesichtsfarbe. Keine Abnormitäten im Schädelbau, Pupillen, Reflexen, keine sensiblen, motorischen, vasomotorischen Störungen. An den großen Körperhöhlen und ihren Organen keine Abnormitäten. Phimose des gut entwickelten Penis, am After keine Abnormitäten. Urin frei von E. [Eiweiß] und Z. [Zucker].

Pat. macht einen schwachsinnigen, kindlichen Eindruck, hat von seiner Lage und von der moralischen Seite der ihm zur Last gelegten Handlungen kein Verständnis. Im Sommer 1896 will er mit mehreren jüngeren Freunden im Keller seines Vaters an seinen und seiner Freunde Geschlechtsteilen gespielt haben, von Onanie etc. weiß er nichts. Er sei dann vor die Polizei geladen und von dieser deswegen befragt. Im Februar 1897 sei ein Mann zu seinen Eltern gekommen und habe ihn mitgenommen nach Hildesheim zur Untersuchung. Hier sei er in ein Kloster gebracht, dort sei eine Krankenstube gewesen, ein Verrückter, alle die Menschen im Kloster hätten heraus wollen und über das Essen geklagt, ihm habe es auch dort nicht gefallen, er sei immer im Garten umhergegangen und habe Herrn Toorf (einem Krankenwärter) öfter geholfen.

Er erzählt alles in einem naiven kindlichen Tone, freut sich sehr, lacht oft blöde auf, wiederholt sich oft. Kreiselt dem Arzt oft die Hand bei der Examinierung. 6x2/3, 10x10, 7x6 kann er nicht ausrechnen. Von den 10 Geboten kann er keins aufzählen, ebenso nicht von den Glaubensartikeln. Zu den Erdteilen rechnet er Frankreich und Rußland. Als jetzigen Kaiser bezeichnet er Wilhelm I, der neulich seinen Geburtstag gefeiert habe.

Von seinem 16. Jahre ab will er auf der Unteroffizierschule in Neubreisach gewesen, 3 Monate infolge eines Sonnenstiches im Lazarett gewesen sein. In dieser Zeit sei sein Krankenwärter oft zu ihm ins Bett gekommen, habe ihm an den Geschlechtsteilen gespielt und ihm dann, wenn er habe schreien wollen, Zucker gegeben. Dieses solle er jedoch keinem sagen.

27. 3.: Verhält sich ruhig, Schlaf, Appetit gut. Glaubt, er wird wieder entlassen zu seiner Mutter.

30. 3.: Pat. erzählt in einer naiven kindlichen Weise, macht in seinem Benehmen den Eindruck eines 3jährigen Kindes. Vom Sonnenstich will er während einer Vergnügungstour befallen sein. Dabei erzählt er mit kindlichem Stolz, daß er auch über die französische Grenze gelaufen sei.

3. 4.: Nach den Angaben des Vaters ist die oben erwähnte Scene im Keller von einem ihm übelgesinnten Zuhälter beobachtet und angezeigt worden. Pat. sei auch früher sehr wenig beanlagt gewesen und von der 3. Klasse aus konfirmiert worden.

6. 4.: Hilft im Garten graben und zeigt mit Stolz seine Arbeitshände. Derselbe Schwachsinn, der sich vorwiegend in stereotypen mit blödem Lächeln hervorgebrachten kindlichen Redensarten äußert.

10. 4.: Psychischer Zustand derselbe. Pat. ist fleißig und ruhig, entwickelt regen Appetit und schläft gut.

22. 4.: Bringt jeden Morgen in weinerlichem Tone seinen Wunsch vor entlassen zu werden. Zustand unverändert.

30. 4.: Ein kleines Examen ergibt die Dürftigkeit seiner allgemeinen Kenntnisse. (Wie heißen die Erdteile? »Europa, Deutschland«. Hauptstadt in Österreich? »Österreich«). 7x8=48.

Die rechte Pupille ist öfters weiter als die linke, ebenso ist die rechte Gesichtshälfte anscheinend schlaffer und weniger innerviert. Die Schädelform ist auffallend hoch und hinten steil zum Nacken abfallend.

10. 5.: Nach den gerichtlichen Akten soll Pat. 3–4mal Kinder nach abgelegenen Orten gelockt haben. Dort hat er an ihren Geschlechtsteilen gespielt und ihnen sein Glied in den Mund gesteckt.

17. 5.: Pat. befindet sich körperlich sehr wohl, am physischen Zustande hat sich nichts geändert.

27. 5.: Pat. wird ungeheilt nach Hildesheim entlassen.«

Die Übernahme dort erfolgte am 28. 5. 1897.

Ein Aktenauszug (Bl. 901) gibt einen Brief aus der Heil- und Pflegeanstalt Hildesheim vom 14. 10. 1897 wieder:

»Kgl. Polizeidirektion teilen wir ergebenst mit, daß der am 28. Mai ds. Js. in unsere Anstalt aufgenommene Fritz Haarmann aus Hannover gestern Mittag aus unserer Anstalt von der Gartenarbeit entwichen ist. Haarmann war wegen Sittlichkeitsvergehen in Untersuchung, das Verfahren wurde jedoch wegen Geisteskrankheit des Haarmann eingestellt. Er kam sodann als gemeingefährlicher Geisteskranker gegen den Willen des Vaters in die Irrenanstalt. Haarmann wird sich höchst wahrscheinlich nach Hannover zu seinem Vater, dem Lokomotivheizer a. D. Fritz Haarmann in Hannover, Engelbostelerdamm 21, begeben. Da sich in dem Zustande des Haarmann nichts geändert hat, er also nach wie vor als gemeingefährlich zu betrachten ist, so bitten wir, den Haarmann dort festnehmen und auf unsere Kosten unserer Anstalt wieder zuführen zu lassen. Auf die Mithilfe des Vaters ist dabei nicht zu rechnen, er wird im Gegenteil der Rückführung seines Sohnes in die Irrenanstalt wahrscheinlich Schwierigkeiten in den Weg legen.

gez. Gerstenberg, Nöldek«

Am 16. 10. 1897 wurde Haarmann in der Wohnung seines Vaters verhaftet. Aus einem Bericht eines Kriminalbeamten vom 17. 10. 1897 (Bl. 902):

»Haarmann hat erklärt, daß, wenn er wieder nach Hildesheim transportiert werden solle, ihn keine 10 Pferde ziehen würden. Seine Festnahme durch die Krim.Schutzleute Kümmerle und Schünhoff bereitete sehr viel Schwierigkeiten, so daß es unbedingtes Erfordernis ist, den Haarmann durch Beamte transportieren zu lassen.«

Am 18. 10. 1897 wurde H. von zwei Kriminalschutzleuten in die Heil- und Pflegeanstalt Hildesheim zurückgebracht.

Am 30. 11. 1897 richtete der Vater Haarmanns ein Gesuch an die Direktion der Provinzial-Heil- und Pflegeanstalt Hildesheim (Bl. 780–781):

»Mein Sohn Fritz ist angeblich wegen krankhafter Neigung zu unzüchtigen Handlungen in der dortigen Anstalt untergebracht. Nach meinem Dafürhalten liegen keine Umstände und Tatsachen vor, welche jene Annahme rechtfertigen. Nachdem der Beschwerdeweg von mir erfolglos beschritten ist, stelle ich unter Bezugnahme auf § 28 des Regl. vom 24. April / 14. Mai 1897 in Verbindung mit § 9 des zur Ausführung des § 31b des Gesetzes vom 11. Juli 1891 erlassenen Reglements vom 30. März 1893 den Antrag:

Die Direktion wolle meinen Sohn Fritz aus der Anstalt entlassen.

Ich gebe hiermit die Versicherung ab, daß mein Sohn nach seiner Entlassung einer genügenden Beaufsichtigung unterworfen werden wird, damit Fremde vor seinen krankhaften Angriffen vollkommen geschützt sind.

Ich beabsichtige, meinem Sohn eine Beschäftigung zu geben, bei welcher er fortgesetzt unter meinen Augen arbeitet und unausgesetzt von mir beobachtet werden wird. Ich betreibe nämlich die Fabrikation von Zigarren, deren Sortierung und Verpackung von mir in meiner Wohnung vorgenommen wird. Zu dieser Arbeit werde ich meinen Sohn heranziehen.

Zur noch strengeren Beobachtung werde ich meinen Sohn dem Herrn Dr. med. Rusche, praktischer Arzt, welcher in dem von mir bewohnten Hause wohnt, in Pflege und Behandlung geben.

Auch wird der gleichfalls mit mir zusammen wohnende Oberlehrer Rusche auf das Tun und Treiben meines Sohnes ein strenges Auge werfen. Jener wird auch bekunden, daß ich mir die strenge Beaufsichtigung meines Sohnes angelegen sein lassen werde. Daß ich ernst bestrebt bin, meine in dieser Richtung gegebenen Versprechungen voll und ganz zu erfüllen, werden sowohl Herr Pastor Hardeland wie auch der Bezirksvorsteher Herr Kaufmann Biester, Engelbostelerdamm 21, hier bekunden.

Hiernach gebe ich mich der Hoffnung hin, daß meine inständige Bitte, bei der ich nur das Wohl meines Sohnes im Auge habe, bei der Direktion Erhörung finden möge.

Friedrich Haarmann.«

Der Magistrat der Stadt Hannover teilte am 7.12.1897 der Direktion der Heil- und Pflegeanstalt Hildesheim mit:

»Diesseits liegen Bedenken gegen die Entlassung des p. Haarmann aus dortiger Anstalt nicht vor, da derselbe in seinem elterlichen Hause hinreichend beaufsichtigt werden kann.« (Bl. 781–782)

Am 13. 12. 1897 wurde jedoch aus Hildesheim geantwortet:

»Mit der Entlassung des Haarmann können wir uns nicht einverstanden erklären, da er als gemeingefährlich gegen den Willen des Vaters unserer Anstalt zugeführt ist und keine Garantie gegeben ist, daß seine Beaufsichtigung jetzt besser sein wird als früher.« (Bl. 782)

In den Göttinger Unterlagen ist hierauf kurz notiert, daß Haarmann wegen Überfüllung am 21. 12. 1897 in die »Idiotenanstalt Langenhagen« verlegt wurde. Dann wird die Krankengeschichte der Anstalt Langenhagen wiedergegeben (Bl. 782):

»*22. 12.:* Pat. macht einen verständigen ruhigen Eindruck, beschäftigt sich tagsüber fleißig in der Gärtnerei.

23. 12.: Er entfernt sich des Morgens zwischen 6 und 7 Uhr von seiner Abteilung mit der Angabe, das Klosett, das außerhalb des Hauses liegt, aufsuchen zu müssen und kehrt nicht wieder zurück. Er ist nirgends zu finden, auch bei den Eltern nicht. Er soll angeblich nach der Schweiz oder nach Holland entwichen sein. Für den Fall seiner Ergreifung wird er in die Irrenanstalt Hildesheim zurückgeführt.

Auf Anordung des Landesdirektoriums am 23. XII. als entlassen zu betrachten.«

Am 31. 12. 1897 schrieb die Direktion der Heil- und Pflegeanstalt Langenhagen an die Polizeidirektion Hannover (Bl. 783):

»Wie wir der Kgl. Polizeidirektion bereits unterm 24. Dezember ds. Js. mitteilten, ist der aus der Anstalt Hildesheim hierher überführte Fritz Haarmann aus Hannover am 23. ds. Mts. von hier entwichen. Haarmann war wegen Sittlichkeitsverbrechen in Untersuchung, das Verfahren wurde jedoch wegen Geisteskrankheit des Haarmann eingestellt. Er kam alsdann als gemeingefährlicher Geisteskranker gegen den Willen seines Vaters in die Irrenanstalt. Haarmann wird wahrscheinlich zu seinem

Vater, dem Lokomotivheizer a. D. F. Haarmann in Hannover, Engelbostelerdamm 21 oder Warstr. 17 gegangen sein und wir vermuten, daß er sich dort verborgen hält.

Da sich in dem Zustande des Haarmann nichts geändert hat, er also nach wie vor als gemeingefährlich zu betrachten ist, so bitten wir die Polizeidirektion nochmals, nach dem Verbleiben des Haarmann forschen und ihn unserer Anstalt wieder zuführen zu lassen. Auf die Mithilfe des Vaters ist nicht zu rechnen, vielmehr (ist) im Gegenteil auf Schwierigkeiten, die er der Rücklieferung in den Weg legen wird, zu rechnen.«

In einem Polizeibericht vom 6. 1. 1898 heißt es (Bl. 783–784):

»Wie bereits schon berichtet, war der Fritz Haarmann bei Revision der Haarmannschen Wohnung Warstraße 17 nicht anzutreffen, auch ließ sich über seinen jetzigen Verbleib Näheres nicht ermitteln. Nach Angabe des Vaters ist Fritz Haarmann nach dem Entweichen aus dortiger Anstalt ins Ausland gegangen, angeblich nach Holland. Es erscheint dieses umsomehr wahrscheinlich, da Fritz Haarmann bei seinem vorletzten Entweichen aus der Irrenanstalt (Michaeliskloster) in Hildesheim dem Unterzeichneten gegenüber geäußert hat, wenn er dem Wunsche seines Vaters nachgekommen sei, wäre er bereits in Holland gewesen und von mir nicht wieder ergriffen. Fr. Haarmann würde dieses bei seinem demnächstigen Wiederentweichen zur Ausführung bringen.

Die Hausbewohner, welche über das Entweichen des Haarmann informiert sind, wollen ihn nach dem 23. 12. v. Js. auch noch nicht wieder im Hause Warstr. 17 gesehen haben. Es dürfte sich empfehlen, einen Steckbrief gegen denselben zu erwirken. Recherchen werden eifrigst fortgesetzt.«

Am 17. 1. 1898 schrieb die Heil- und Pflegeanstalt Hildesheim ihrer vorgesetzten Behörde, dem Landesdirektorium Hannover (Bl. 784–785):

»Zur Verfügung vom 13. / 15. Januar 1898.

Die Akten des Fritz Haarmann aus Hannover können wir nicht übersenden, weil sie der Anstalt in Langenhagen übergeben worden sind. Haarmann wurde am 21. Dezember v. Js. nach dort überführt.

Aus demselben Grunde können die folgenden Angaben zum großen Teil nur nach der Erinnerung gegeben werden.

In der Berufungsschrift des Lokomotivführers a. D. Haarmann findet sich die unrichtige Angabe, sein Sohn, der geisteskranke Fritz Haarmann, sei bei Gelegenheit seines Transportes aus unserer Anstalt nach Langenhagen entwichen. Er ist vielmehr von Langenhagen entwichen, nachdem er dort schon einige Zeit gewesen war.

Im Juni und Juli 1896 kam Fritz Haarmann in Untersuchung, weil er in zahlreichen Fällen kleine Kinder in einen Keller lockte und dort unzüchtige Handlungen vornahm, besonders ihnen seinen Penis in den Mund steckte. Das strafrechtliche Verfahren gegen ihn wurde eingestellt, weil er als geisteskrank erkannt wurde.

Er ist von Jugend auf Imbeciller.

Er kam nun auf Betreiben der Kgl. Polizeidirektion zu Hannover gegen den Willen des Vaters als gemeingefährlicher Geisteskranker in die hiesige Anstalt, in die er am 28. Mai 1897 aufgenommen wurde. Er verhielt sich hier im Ganzen ruhig, half auch mit bei der Arbeit. Aufregungen sind hier nicht zur Beobachtung gekommen.

Dem Wunsche des Vaters nach Entlassung seines Sohnes konnten wir nicht entsprechen, da sich in dem geistigen Verhalten des Kranken, der an angeborenem Schwachsinn leidet, nichts geändert hat und auch kaum eine wesentliche Änderung zu erwarten ist. Der Vater stellt jedes unsittliche Verhalten seines Sohnes in Abrede, wird also wohl nichts tun, um die Wiederholung der früheren Vorkommnisse zu verhindern, selbst wenn man annehmen will, daß er dazu auf die Dauer im Stande sein würde. Die Eltern der geschädigten Kinder werden aber den berechtigten Wunsch haben, sie vor weiteren Angriffen des Haarmann geschützt zu sehen.

Der Bericht des Vaters über die angebliche Flucht seines Sohnes in die Schweiz scheint uns nicht sehr glaubhaft zu sein.«

Am 26.3.1900 übermittelte ein Polizeikommissar in Hannover einen Antrag Haarmanns auf Ausstellung eines Führungszeugnisses (Bl. 903):

»Der Arbeiter Friedrich Haarmann, Sohn des Lokomotivführers a.D. Friedrich Haarmann, geb. am 4.9.44 zu Aprike, geboren am 25.10.79 zu Hannover, wohnhaft Asternstr. 45 hat gebeten, ihm behufs Eintritt in den Militärdienst als Zweijährig-Freiwilliger ein Führungszeugnis auszustellen. Berichtet wird hierzu, daß Antragsteller am 15. April 1899 aus Zürich im diesseitigen Revier zuzog, und daß Nachteiliges über ihn hier nicht bekannt geworden ist.«

Am 12.10.1900 wurde Haarmann im Hannoverschen Jäger-Bataillon Nr. 10 aufgenommen.

Unter dem Stichwort »Personalbeschreibung« ist in den Akten des Bezirkskommandos II in Hannover (Bl. 789) vermerkt:

»Größe: 1,62 5
Gestalt: stark
Kinn: kl. Grube
Nase: gew. [bedeutet wohl: gewöhnlich]
Mund: –
Haar: dunkelbl.
Bart: Schnur
Bes. Kennzeichen: Narbe in der inneren rechten Hand.«

In einer »Dienstbeschädigungsliste« (Bl. 793–794) finden sich folgende Angaben:

»1. Art der Körperverletzung bezw. Erkrankung:

Nervöse Herzstörung. Zur Beobachtung auf Nervenleiden Lazarett.

2. Tag der Aufnahme in ärztliche Behandlung:

Vom 9.11.01–20.11.01 Lazarett. Am 4.12.01 Lazarett.

3. Äußerung des Kompagnie-Chefs über den Tatbestand der Dienstbeschädigung:

Jäger Haarmann führt die verstärkte Wiederkehr des bei ihm bereits vor ca. 4 Jahren aufgetretenen aber z.Zt. geheilten Nervenleidens – von dem im Übrigen die Kompagnie keine Kenntnis hatte – auf große Anstrengungen beim Dienst, insbesondere während der letzten Herbstübungen, zurück. Tatsächlich festgestellt und mir persönlich in Erinnerung ist, daß p. Haarmann auf dem Marsche am 7.9.01 vom Übungsplatz Hagenau nach Reichshofen und am 9.9.01 von dort nach Lichtenberg beide Male Ohnmachtsanfälle bekam. Auch ist p. H. nach dem Manöver sowohl als Wachtposten, wie auch beim Exerzieren je einmal ohnmächtig geworden. Über sein schlechtes Befinden hat sich p. H. verschiedentlich Kameraden und besonders Stubenbewohnern gegenüber geäußert. Jäger H. war vom 9.–20.11.01 wegen nervöser Herzstörung im Lazarett und wurde am 4.12.01 abermals wegen desselben Leidens dorthin überführt.

Die Angaben über Ursachen der Rückkehr eines alten Leidens erscheinen mir glaubhaft, sind außerdem auch durch Zeugen bestätigt. Da anderseits p. H. vor den Herbstübungen 1901 nichts über derartige

Schmerzen geäußert hat, so bin ich für Annahme innerer Dienstbeschädigung.

gez. Unterschrift

4. Gutachten über den ursächlichen Zusammenhang des Leidens mit der angeschuldigten dienstl. Verrichtung, sowie über Art und Folgezustände des Leidens.

Bitsch, den 14. März 1902

H. hat vor dem Diensteintritt mehrfach an Geisteskrankheiten gelitten. Er gibt jedoch an, in den letzten Jahren vor dem Diensteintritt geheilt und erwerbsfähig gewesen zu sein. Dies erscheint durchaus glaubhaft, da H. während des ersten Dienstjahres bis zum Manöver geistig wie körperlich den Anforderungen des Dienstes gewachsen gewesen ist.

Jetzt leidet er an Nervenschwäche (Neurasthenie).

Ich nehme an, daß bei H., dessen Nervensystem durch die Vorkrankheiten geschwächt, der jedoch sonst völlig genesen war, durch die Anstrengungen des Manövers, welche mehrfach bis zur Ohnmacht führende Erschöpfungszustände herbeigeführt haben, die jetzige Nervenkrankheit herbeigeführt worden ist, so daß innere Dienstbeschädigung vorliegt.

H. ist zu einer Badekur in Nauheim eingegeben, von deren Erfolg das Weitere abhängt.

Dr. Franz.«

Am 11.1.1902 gab Haarmann im Garnisonlazarett Bitsch folgendes zu Protokoll (Bl. 795):

»I. Zur Person: Ich Friedrich Haarmann bin geboren am 25. Oktober 1879 in Hannover.

II. Z.S.: Von meinem 15. bis 17. Jahre war ich nervenleidend, wurde jedoch von diesem Leiden, drei Jahre vor meinem Dienstantritt, völlig wieder hergestellt.

Ich führe die verstärkte Wiederkehr dieses Leidens auf große Anstrengungen, die ich besonders im Manöver zu ertragen hatte, zurück.

Im besonderen führe ich an, den Marsch von Hagenau nach Reichshofen, den Marsch von Reichshofen nach Lichtenberg, wo ich beide Male ohnmächtig wurde. Dies kam noch mehrmals während des Manövers vor, ich kann mich aber nicht mehr auf den Tag besinnen. Während ich vor dem Manöver gar keine Beschwerden hatte, bin ich auch nach demselben mehrmals ohnmächtig geworden, insbesondere einmal während ich auf Posten stand und öfter beim Exerzieren und Turnen.

Ich fühle jetzt bei jeder Anstrengung heftige Kopfschmerzen, Schwindel und Erbrechen.

III. Als Zeugen führe ich an für den Marsch Hagenau – Reichshofen und Reichshofen – Lichtenberg: Oberj. Alexander, und für das Ohnmächtigwerden auf Posten den Jäger Peitzmeyer und Oberjäger Pestrup, außerdem für mein sonstiges Befinden meine Stuben-Kameraden.

Sonst habe ich nichts hinzuzufügen.

Fritz Haarmann.«

Aus dem Krankenblatt über den letzten Aufenthalt Haarmanns im Garnisonlazarett Bitsch geht folgendes hervor (Bl. 799–802):

»*Aufgenommen* am 4. 12. 01

Entlassen am 14. 5. 02 als dienstuntauglich, zum Garnisonlazarett I Straßburg.

Krankheit: Neurasthenie.

Vorgeschichte:

H. ist im Jahre 1895 von der Unteroffizier-Vorschule Neubreisach wegen Geisteskrankheit entlassen worden. Im Jahre 1897 war er wegen Sittlichkeitsvergehen in Untersuchung und zur Beobachtung seines Geisteszustandes in der Provinzial-Irrenanstalt in Hildesheim. Da er nicht bestraft wurde, dürfte er für unzurechnungsfähig erklärt worden sein. In derselben Anstalt ist er vom Mai bis Dezember 1897 wegen Geisteskrankheit gewesen und ungeheilt der Idiotenanstalt in Langenhagen b. Hannover überführt worden.

Während seiner Dienstzeit galt er als etwas stiller Mensch mit scheuem Wesen, in der Instruktion, an der er mit gutem Verständnis teilnahm, war er häufig unaufmerksam und in Gedanken versunken. Im Sommer d. J. hatte er beim Schießen eine Sinnestäuschung, indem er angab, es stehe ein Mann vor der Scheibe. Im Manöver wurde er einmal in Reichshofen auf dem Marsche ohnmächtig. Nach seiner Erkankung an Bronchialkatarrh (28. 10.–7. 11.) wurde er auf Wache ohnmächtig und wurde vom 9.–20. 11. wegen nervöser Herzstörung behandelt. Seitdem hat er mehrfach an Schwächezuständen, Schwindelanfällen und linksseitigen Kopfschmerzen gelitten. Er wird heute zur Beobachtung dem Lazarett überwiesen.

Aufnahmebefund:

Mäßig kräftiger Mann mit bekümmertem Gesichtsausdruck, trüben

Augen, etwas schlaffer Haltung. Lungen und Herz zeigen nichts Abweichendes, Appetit gering, Fieber besteht nicht. Klagen über Kopf- und Seitenschmerzen, Schwindelgefühl, namentlich nach dem Bücken und beim Lesen. Pupillen mittelweit, beiderseits gleich, reagieren prompt auf Lichteinfall. Beim Romberg kein auffälliges Schwanken. Sprache unbehindert. Intelligenz intakt.

Krankheitsverlauf:

Verordnung: Bettruhe. Kali-brom 0,5 abends 1 Pulver.

8. 12.: Beschwerden geringer. Pat. steht 1/2 Tag auf. Ohnmachtsanfälle im Lazarett nicht aufgetreten. Wesen niedergeschlagen, Stimmung gleichmäßig, Wahnideen oder Sinnestäuschungen treten nicht auf.

17. 12.: Klagen über Stiche im Hinterkopf in Gegend der großen Fontanellen. Schlaf besser. Urteilskraft zeigt keine Trübung. H. ist vollkommen orientiert. Schwindel beim Kartoffelschälen infolge der gebückten Haltung.

21. 12.: Angeblich Schmerzen in der Herzgegend. Nichts Abnormes festzustellen. Kein Husten.

24. 12.: Druckgefühl in Herzgegend soll noch vorhanden sein.

28. 12.: Druckgefühl soll immer gegen Abend auftreten, um nach dem Schlaf verschwunden zu sein.

31. 12.: Keine Änderung.

4. 1. 02: Ab und zu Klagen über juckende oder brennende Schmerzen auf der linken Seite des Scheitels und über Druckgefühl in der Herzgegend.

6. 1.: Beim Bettmachen soll wieder ein Druckgefühl in der Herzgegend aufgetreten sein.

8. 1.: Keine Änderung.

10. 1.: Gesicht heute weniger gerötet, Augen klarer. Gibt an, bei geistiger Anstrengung leicht zu ermüden, z. B. nicht imstande zu sein, einen Brief an die Angehörigen zu beenden.

15. 1.: Pat. ist durchaus orientiert, beurteilt richtig, beim Rechnen von Regeldetriexempeln macht er richtige Ansätze, beim Ausrechnen kommt jedoch seine Unfähigkeit, die Gedanken zu konzentrieren, zum Vorschein, indem er z. B. beim Multiplizieren und Dividieren Zahlen, die im Rest geblieben sind, vergißt.

17. 1.: Schlaf nachts schlecht, heute früh Erbrechen, Kopfschmerz, Schwindel, beim Romberg'schen Versuch tritt starkes Schwanken ein, Augen trübe, Zittern namentlich der rechten Hand.

Verordnung: Bettruhe, abends 0,5 gr. Kalibrom.

18. 1.: Reflexe erhöht. Pupillen gleichweit, reagieren prompt. Klagen über linksseitigen Kopfschmerz, Rückenschmerzen, Druck in der Herzgegend. Keine Sprachstörungen.

25. 1.: Übelkeit und Symptome wie am 17., Zunge nicht belegt.

31. 1.: Gang schlapp und unsicher, nach längerem Stehen, aufrechtem Sitzen Kreuzschmerzen. Erbrechen, Übelkeit, Schwindel, namentlich beim Sitzen und Stehen.

3. 2.: Beim Kartoffelschälen infolge der gebückten Haltung Schwindelgefühl, ebenso beim Lesen. Die Buchstaben verschwimmen bald, so daß H. nicht weiterlesen kann. Niedergeschlagenes leicht reizbares Wesen, H. vergißt bei einem Oberjäger den einem Vorgesetzten gegenüber passenden Ton, muß deshalb zurechtgewiesen werden, ist sehr aufgeregt.

7. 2.: Sensibilitätsprüfung ergibt keine anästhetischen Zonen. Bei Berührung mit der Nadel zuckt H. am ganzen Körper zusammen, ist durch die Untersuchung sehr aufgeregt, Blutandrang zum Kopfe, gerötete Conjunktiven den ganzen Tag hindurch, überhaupt erschrickt H., z. B. durch laute Geräusche, leicht.

9. 2.: Unruhiger Schlaf, Kopfschmerzen.

11. 2.: Übelkeit, kein Erbrechen. Bettruhe.

20. 2.: Beim Kartoffelschälen wieder Schwindel, Parästhesien der Haut, Herzklopfen. Am Herzen keine organische Veränderung nachweisbar.

22. 2.: Puls beschleunigt, subjektive Herzbeschwerden. Kopfschmerzen. Augen trübe, Gesichtsfarbe fahl, schlechter Schlaf.

2. 3.: Infolge psychischer Erregung Unwohlsein, Erbrechen, Appetitlosigkeit, Blutandrang zum Kopf, Schwindel, trübe Augen, schlechtes Aussehen.

5. 3.: H. wird zu einer Badekur in Nauheim eingegeben.

9. 3.: Heute morgen 4mal Erbrechen, Übelkeit, Kopfschmerzen. Bettruhe, kalte Umschläge.

10. 3.: H. sieht sehr schlecht aus, Gesichtsfarbe gelblich blaß.

14. 3.: Klagen über Beklemmung in der Herzgegend. Befund negativ.

31. 3.: In dem Krankenbilde ist eine Änderung nicht eingetreten.

5. 4.: Stets blasses, mattes Aussehen. Bewegungen langsam. Klagen über anfallsweise auftretendes Herzklopfen.

8. 4.: Klagen über linksseitigen Kopfschmerz. Phenacetin 10 g d.

12. 4.: Seit gestern Kopfschmerz aufgehört.

16. 4.: Etwas Schwächegefühl, fast keine Klagen.

19. 4.: Kopfschmerz nicht wieder aufgetreten.

24. 4.: Ab und zu tritt ein Druckgefühl in der Herzgegend auf.

30. 4.: Pat. klagt wieder über vermehrte Beschwerden: allgemeine Unruhe, Druckgefühl in der Herzgegend mit Angstanfällen verbunden, unruhigen, oft unterbrechenden Schlaf und heftigen, anfallsweise auftretenden linksseitigen Kopfschmerz. Appetit gering. Gesichtsfarbe sehr blaß. Objektiver Befund im übrigen nicht zu erheben.

5. 5.: Die Klagen sind geringer, doch bestehen die Beschwerden sämtlich fort.

Es wird der Antrag auf Überführung in das Garnison-Lazarett I Straßburg gestellt.«

Während des Aufenthaltes von Haarmann im Lazarett stellte der Stabs- und Bataillonsarzt Dr. Franz am 4. 3. 1902 beim Generalkommando in Straßburg mit folgendem Gutachten den Antrag auf eine Badekur für Haarmann (Bl. 802–805):

»Auf Befehl des Kgl. Kommandos Hannoverschen Jäger-Batls. No. 10 habe ich heute den im anliegenden Nationale näher bezeichneten Jäger der 3. Komp. dieses Batls.

Friedrich H a a r m a n n

behufs Feststellung der Notwendigkeit einer Kur in Nauheim militärärztlich untersucht. In der Nationalliste desselben war nur 1 s gering notiert, bei der Einstellung wurde ein Fehler nicht vermerkt. Haarmann ist im ersten Dienstjahre nur einmal wegen Bronchialkatarrhs kurze Zeit in Revierbehandlung gewesen; sonst war er stets gesund und allen Anforderungen des Dienstes in körperlicher wie geistiger Beziehung gewachsen. Im Manöver brach er nach einem anstrengenden Marsche beim Einrücken in das Quartier in Reichshofen ohnmächtig zusammen, den Rest des Manövers will er nur mit größter Anstrengung ausgehalten haben. Am 8. November wurde er auf Posten ohnmächig vorgefunden, er wurde vom 9. bis 20. November 1901 wegen nervöser Herzstörung im Lazarett behandelt. Nach seiner Entlassung traten von neuem ohnmachtähnliche Schwächeanfälle, Schwindel, Kopfschmerzen auf, so daß er am 4. Dezember von neuem dem Lazarett überwiesen wurde, wo er sich noch jetzt befindet. Die nun angestellten Erhebungen in der Heimat haben folgendes Ergebnis gehabt.

Haarmann ist wegen Geisteskrankheit von der Utffz. Vorschule Neubreisach entlassen worden, es scheint sich um Zustände von akuter Verwirrtheit gehandelt zu haben. Später ist er fast 1 Jahr wegen Idiotie in der Provinzialirrenanstalt zu Hildesheim behandelt worden, dann aber ist er bei einer Schiffsbaufirma in Zürich (in kaufmännischer Stellung) tätig gewesen und hat sich seinen Lebensunterhalt selbst verdient, in der Zeit vor seinem Diensteintritt half er seinem Vater in dessen Cigarrengeschäft.

Haarmann ist ein mäßig kräftiger Mann mit blasser Gesichtsfarbe, bekümmertem Ausdruck, trüben Augen, in schlaffer Haltung. Der Appetit ist gering, mehrfach wurde, namentlich nach Aufregungen, Erbrechen beobachtet, die Zunge ist nicht belegt, eine organische Ursache für die Magenbeschwerden ist nicht nachweisbar. Die Herztätigkeit ist etwas beschleunigt, namentlich bei psychischer Erregung, Patient klagt über Herzklopfen, Druckgefühl und Schmerzen in der Herzgegend. Die Herzdämpfung ist nicht vergrößert. Die Herztöne sind rein, schon bei leichter körperlicher oder geistiger Arbeit verzagt der Untersuchte bald, er empfindet Kopf- und Kreuzschmerzen, Schwindel, Blutandrang zum Kopfe, letzterer ist durch Rötung des Gesichtes und der Augenbindehäute objektiv nachweisbar. Es besteht Überempfindlichkeit der Hautnerven, bei Prüfung der Sensibilität zuckt Haarmann bei jedem leichten Nadelstich zusammen. Der Schlaf ist unruhig, häufig unterbrochen. Ohnmachtsanfälle sind im Lazarett nicht wieder beobachtet worden. Die Pupillen sind gleichweit, reagieren prompt auf Lichteinfall, die Reflexe sind etwas erhöht; es besteht kein Anzeichen einer organischen Gehirn- oder Rückenmarkskrankheit. Haarmann liest und schreibt geläufig, die Sprache zeigt keine Störungen, bei Regeldetrieexempel macht er durchaus richtige Ansätze, bei der Ausrechnung kommen, da es ihm schwer fällt, seine Gedanken andauernd zu konzentrieren, häufig Rechenfehler vor. Der Untersuchte ist durchaus orientiert, zeigt gute Schulkenntnisse, leidliches Gedächtnis, richtiges Urteil, Sinnestäuschungen oder Wahnvorstellungen sind nicht beobachtet worden.

Nach Vorstehendem leidet der Untersuchte an

Nervenschwäche (Neurasthenie).

Haarmann würde zunächst, ohne die jetzige Erkrankung, nach Beil. IIb No. 17 d. D.A. vom 1.2.94 wegen (vor dem Dienstantritt) überstandener Geisteskrankheit für dienstunbrauchbar zu erachten sein. Jetzt ist er aber nicht geisteskrank, am wenigsten Idiot, sondern Neurastheniker, als solcher mindestens teilweise erwerbsunfähig. Während des ersten Dienstjahres war er vollkommen dienstfähig, so daß gegen seine Angaben, in den letzten Jahren vor dem Dienstantritt völlig erwerbsfähig gewesen zu sein, ein Einwand nicht erhoben werden kann. Es ist anzunehmen, daß bei dem neuropathisch durch Vorkrankheiten schwer belasteten, aber doch zur Zeit des Diensteintritts wieder genesenen Manne durch die Anstrengungen des Manövers seine jetzige Krankheit hervorgerufen ist. Daher hat der Truppenteil innere Dienstbeschädigung als vorliegend angenommen, es würde mithin Invalidität in Frage kommen, wenn es nicht gelänge, das bestehende Leiden so weit zu bessern, daß die Erwerbsfähigkeit wieder hergestellt würde, dies erscheint aber keineswegs aussichtslos. Schon die Lazarettbehandlung, welche zuerst in Bettruhe, dann in Gewährung angemessener Bewegung, reichlicher Ernährung, psychischem Einfluß und Darreichung von Brom-Präparaten bestand, hat den Zustand gebessert. Es ist zu erwarten, daß der Gebrauch der kohlensäurehaltigen Thermalsolbäder, Douche- und Wellenbäder von Nauheim, ferner die dort angewendete Heilgymnastik und Massage das funktionelle Nervenleiden zu beheben vermögen werden.

Ich erachte daher für den Haarmann zur Wiederherstellung seiner Erwerbsfähigkeit eine

Badekur in Nauheim

für notwendig.

Derselbe hat eine solche bisher nicht gebraucht.

Ich füge noch hinzu, daß er von recht guter Führung und niemals bestraft ist, so daß Unzuträglichkeiten in disziplinarer Beziehung während des Badeaufenthalts nicht zu erwarten sind.

Die Kur könnte sofort angetreten werden.

Dr. Franz
Stabs- & Batls.Arzt.«

Hierauf wurde vom Straßburger Generalkommando am 18.3.1902 folgendes geantwortet (Bl. 805):

»Wegen überstandener Geisteskrankheit hätte Haarmann überhaupt nicht eingestellt werden dürfen. Als solcher war er auch damals mindestens teilweise erwerbsunfähig, trotzdem er »angeblich« sich seinen Lebensunterhalt selbst verdient hat. Diesseits kann der p. H. bei seinem Diensteintritt nicht als »wieder genesener Mann« (von Geisteskrankheit und Idiotie) angesehen werden. Daß die jetzt bestehende Nervenschwäche auf die Anstrengungen im Manöver zurückzuführen ist, würde durch Einsichtnahme in die Dienstbeschädigungsliste zu erweisen sein; soviel kann aber schon jetzt gesagt werden, daß durch eine Badekur in Nauheim volle Erwerbsfähigkeit nicht erzielt werden wird, auch nicht mit Wahrscheinlichkeit nach § 71.7 D.A. zu erwarten ist. Dazu kommt, daß nach eigener Erfahrung Nauheim für den vorliegenden Fall durchaus nicht geeignet ist; höchstens Dürrheim könnte in Frage kommen, am besten aber eine Kaltwasser-Behandlung in der Wilhelm-Heilanstalt in Wiesbaden.«

Am 4.5.1902 schrieb Stabsarzt Pillath (Bl. 806–807):

»Betrifft: Überführung des Jägers Haarmann in das Garnisonlazarett I Straßburg behufs Feststellung des zweifelhaften Krankheitszustandes und der erhobenen Versorgungsansprüche.

Der Jäger Haarmann der 3. Komp. Jäger Batl. 10 wurde am 4.12.01 in das hiesige Garnison-Lazarett zur Beobachtung auf Geisteskrankheit aufgenommen. Anlass dazu gab das Auftreten von Krankheitserscheinungen mannigfacher Art, Halluzinationen, Schwindelgefühl, linksseitigem heftigen Kopfschmerz. Durch Erhebungen konnte festgestellt werden, daß p. Haarmann im Jahre 1895 von der Utffz. Vorschule Neubreisach wegen epileptischen Irreseins dienstunbrauchbar entlassen und vom 28. Mai bis 21. Dezember 1897 in der Prov. Heilanstalt zu Hildesheim wegen Idiotie behandelt worden ist, überwiesen darauf an die Prov. Heilanstalt Langenhagen, entwich er von dort nach 2 Tagen. Er hielt sich dann in der Schweiz, im Auslande, auf und war als Handlanger in der Schiffbaufabrik von Escher-Wyss in Zürich vom 7. Mai 1898 bis 30. März 1899 beschäftigt. Er hat dort 82,40 Mark pro Monat verdient. Am 12.10.00 wurde er beim Hann. Jäger-Batl. 10 als Ersatzrekrut eingestellt und tat Dienst, ohne daß irgend etwas von einer überstandenen Geisteskrankheit bei ihm zu bemerken gewesen wäre. Bei den Herbstübungen 1901 wurde er dann infolge Überanstrengung zweimal ohnmächtig. Die später auftretenden krankhaften Erscheinungen, deretwegen er, wie eingangs bemerkt, am 4.12.01 zur Beobachtung ins Lazarett aufgenommen wurde, wurden auf diese Unfälle ursächlich zurückgeführt. Während des Aufenthalts im Lazarett wurden hauptsächlich Symptome von schwerer Neurasthenie festgestellt, die bis in die letzte Zeit, wenn auch sehr abgeschwächt, aufgetreten sind. Ein Antrag auf eine Badekur in Nauheim ist seitens des Sanitäts-Amtes nicht genehmigt worden. Die Behandlung hierselbst hat einen wesentlichen Einfluß auf das Leiden nicht auszuüben vermocht.

Euer Hochwohlgeboren bittet daher das Lazarett, die Überführung des p. Haarmann in das Garnison-Lazarett I Straßburg behufs Feststellung des zweifelhaften Krankheitszustandes und der erhobenen Versorgungsansprüche höheren Ortes erwirken zu wollen.

Der Chefarzt Pillath, Stabsarzt«

Im Krankenblatt des Garnisonlazaretts I in Staßburg, Nervenstation, ist vermerkt (Bl. 807–809):

»*Aufgenommen* am 14.5.02

Krankheit: Überstandene Geisteskrankheit

Vorgeschichte:

14. 5.: H. gibt an, daß er im Jahre 1895 nach einer Gebirgstour einen Anfall bekommen habe. Genaues weiß er nicht zu berichten. Er wurde aus dem Lazarett in Neubreisach als Unteroffizierschüler dienstunfähig wegen Geisteskrankheit entlassen. In der Heimat war er noch eine Zeitlang krank. Im Jahre 1897 war er in der Irrenanstalt zu Hildesheim wegen Geistesschwäche in Behandlung. Nachher im Jahre 1898 will er völlig gesund gewesen sein. Er arbeitete bei seinem Vater in einer Zigarrenfabrik und war angeblich auch über ein Jahr im Ausland (Zürich etc.) in Stellung. Während seines 1. Dienstjahres war er wegen Bronchialkatarrhs einige Zeit in Revierbehandlung, sonst war er stets gesund. Nach einem anstrengenden Marsch im Manöver 1901 brach er zusammen; er erholte sich schnell und machte das Manöver über Dienst mit, hatte aber angeblich Schmerzen in der linken Brusthälfte. Im November 1901 bekam H. einen Ohnmachtsanfall und wurde im Lazarett wegen nervöser Störung der Herztätigkeit behandelt. Später bekam er erneute Anfälle und wurde am 4.12.01 dem Lazarett (Bitsch) überwiesen. Dort wurde er wegen Nervenschwäche behandelt. Vom Lazarett in Bitsch wurde er behufs Feststellung des zweifelhaften Krankheitszustandes und der erhobenen Versorgungsansprüche dem Garnisonlazarett I überwiesen.

Befund:

Kleiner Mann in gutem Ernährungszustand mit frischer Gesichtsfarbe und gut gefärbten Schleimhäuten. Wesen leicht gedrückt, klagt über Druckgefühl in der Herzgegend. Pupillen gleich, mittelweit, von prompter Reaktion. Schädel ohne Abweichungen, nicht empfindlich. Zunge gerade, zittert kaum, Gaumen- und Rachenreflexe prompt. Die Reflexe an den oberen und unteren Gliedmaßen lebhaft, auch die direkte Erregbarkeit der Muskulatur lebhaft, ohne gesteigert zu sein. Deutliche Dermographie, noch im Normalen liegend. Bei Nadelstichen zuckt er regelmäßig zusammen, eine eigentliche Hyperästhesie ist nicht vorhanden, kein fibrilläres Zucken und Wogen der Muskulatur, keine hysterogenen Zonen. Schlaf etwas unruhig, leicht reizbarer, etwas erregbarer Mensch, Angstzustände, Zwangsgedanken, Zwangshandlungen bestehen nicht. Tägliche Galvanisation. Ruhe und reichliche Ernährung.

24. 5.: Fühlt sich wesentlich ruhiger, gleichmäßiger, arbeitet in der

Haushaltung mit, will beim Bücken Druck im Kopf verspüren, objektiv keine Veränderung danach.

Soll von 100 fortgesetzt 7 abziehen und nennt folgende Zahlen: 93, 86, 78, 61, 56, 49, 42, 35, 28, 21, 14, 7, meistens in ziemlichen Pausen. 6 x 15=95, 7 x 13 nach langem Rechnen = 84.

Kaiser? »Wilhelm II«, regiert seit? »etwa 12 Jahr«. Kaiser Wilhelm I Kaiser seit? »o«; vorher König seit? »o«. Im Krieg 1870/71 Schlachten? »Königgrätz«. Datum der Schlacht bei Sedan? »o«. Wer wurde gefangen genommen? »Napoleon«, »er kam nach einer Insel«, »St. Helena liegt bei Schweden«, weiß nichts von der Gefangennahme der Buren, Buren sind in Amerika, weiß nicht, ob der Krieg beendet ist.

Es liegt ein sicher schon lange bestehender Intelligenzdefekt vor, der allerdings nur bei systematischer Intelligenzprüfung zu Tage tritt, da H. sonst keinen schwachsinnigen Eindruck macht. Es scheint sonach die höchste Wahrscheinlichkeit vorzuliegen, daß H. vor 7 Jahren an Hebephrenie erkrankte, sich an die akuten Erscheinungen ein erheblicher Schwachsinn anschloß, der eine angeborene Idiotie vortäuschte und allmählich eine gewisse Besserung wieder eintrat; also Heilung mit Defekt. Für den hebephrenen Charakter einer Psychose spricht auch ein gelegentlich deutlich zu Tage tretender alberner Zug in seinem Wesen.

26. 5.: Fühlt sich ganz wohl, will nur mitunter beim Treppensteigen einen Druck in der Herzgegend verspüren. Puls in der Ruhe zwischen 80 und 84, steigt nach Herumlaufen auf 100, ohne daß Dyspnoe eintritt, beruhigt sich bald wieder.

7 x 21 = 147 (nach langem Besinnen)
6 x 18 = 108 (nach 1,5 Minuten)
94 x 6 = –
38–24 = 14 (1/2 Minute)
97–33 = 64 (2 Minuten)

Alphabet unrichtig. Monate richtig. Vaterunser ziemlich richtig. In seinem Geschäft hatte er im Lager das Verlangte einzupacken und das Gelieferte zu notieren und abzuwiegen; keine Büroarbeit.

Dr. Becker«

Der Stabsarzt Dr. Becker verfaßte am 28. 5. 1902 einen »Bericht über den Jäger Friedrich Haarmann der 3. Komp. Hann. Jäger-Batl. 10« (Bl. 810–811):

»Auf Befehl des Kgl. Generalkommandos 15. Armeekorps Sect. IV b No. 5618 vom 10. 5. 02 wurde der Jäger Friedrich Haarmann der 3.

Komp. am 14.5.02 auf die Nervenstation des Garnisonlazaretts I aufgenommen, wo er sich noch befindet.

Die Beobachtung ergab das Vorhandensein leichter neurasthenischer Erscheinungen, die an und für sich nicht so bedeutend sind, daß sie die Dienstfähigkeit verhindern würden.

In seelischer Beziehung ist bei der eingehenden Intelligenzuntersuchung festgestellt worden, daß ein Intelligenzdefekt besteht, ein gewisser Schwachsinn vorliegt.

Nach der Vorgeschichte des Mannes, der im Jahre 1895 unter den Zeichen einer akuten Seelenstörung erkrankte, im Jahre 1897 wegen Geisteskrankheit fast ein Jahr lang in der Prov. Heil- und Pflegeanstalt Hildesheim behandelt und der Idiotenanstalt Langenhagen bei Hannover als Idiot überwiesen wurde, sowie nach dem jetzt noch bestehenden mäßigen Schwachsinn und einem gewissen gelegentlich zu Tage tretenden albernen Wesen läßt sich mit höchster Wahrscheinlichkeit Folgendes schließen:

Haarmann ist an Jugendirresein (sog. Hebephrenie) erkrankt, das fast regelmäßig eine gewisse, mehr oder weniger große Verblödung zur Folge hat; diese letztere hat angeborenen Schwachsinn, der bei den noch vorhandenen Kenntnissen mit Sicherheit auszuschließen ist, also Idiotie vorgetäuscht. An den Folgen jener geistigen Erkrankung leidet p. Haarmann noch jetzt.

Nach den eigenen Angaben des Mannes wurde er vor seinem Diensteintritt im Geschäft mit Arbeiten beschäftigt, die keine besondere geistige Leistungsfähigkeit erforderten, so daß hierbei sein geistiger Defekt nicht zu Tage zu treten brauchte.

Von den infolge des Manövers hinzugetretenen akuten Erscheinungen erhöhter Reizbarkeit des Herzens und Nervensystems sind keine wesentlichen nachteiligen Folgen zurückgeblieben.

Nach diesseitiger Ansicht ist Haarmann wegen überstandener Geisteskrankheit, die einen gewissen Schwachsinn hinterlassen hat, für dienstunbrauchbar und teilweise erwerbsunfähig zu erachten, wie vor seiner Einstellung.«

Der stellvertretende Korpsgeneralarzt Ott meinte hingegen hierzu am 26.6.1902 (Bl. 811–812):

»Mit dem Schlußurteil kann ich mich nicht einverstanden erklären. Bei dem p. Haarmann ist wegen Schwachsinn nach überstandener Geisteskrankheit die Feld- und Garnisondienstfähigkeit aufgehoben.

Die Dienstbeschädigungsfrage bedarf nachstehender Erörterung. Haarmann wurde 1895 und 1897 an Geisteskrankheit behandelt und dann in die Idiotenanstalt übergeführt; aus dieser ist er nach wenigen Tagen entwichen (Seite 25, 52 und 55 der Akten). Im Jahre 1898/99 hat er als Handlanger in Zürich monatlich 103 fr. verdient (S. 61).

Nachdem er von seiner Einstellung im Oktober 1900 an bis zu den Herbstübungen 1901 geistig wie körperlich den Anstrengungen des Dienstes gewachsen war und an der Instruktion mit gutem Verständnis teilgenommen hatte (S. 14, Spalte 4 und S. 30), erkrankte er im Manöver an Ohnmachtsanfällen, die sich später im Dienst wiederholten und die Aufnahme des p. Haarmann in das Lazarett erforderten.

Kompagniechef wie Truppenarzt nahmen das Vorliegen von innerer Dienstbeschädigung an (S. 14/15).

Die beobachteten Krankheitserscheinungen wurden als Neurasthenie aufgefaßt, außerdem aber auch Schwachsinn festgestellt (S. 29 ff.).

Aus Vorstehendem geht hervor, daß sich der Krankheitszustand des p. Haarmann nach dem Entweichen aus der Idiotenanstalt ganz wesentlich gebessert haben mußte, denn sonst wäre er wegen Schwachsinns schon bald nach der Einstellung in der Kompagnie aufgefallen und hätte als Jäger nicht jeden Dienst tun können. Aber erst im Manöver, als sich die dienstlichen Anstrengungen steigerten, traten bei ihm Krankheitserscheinungen auf.

Auf Grund der ärztlichen Erfahrung und bei der Natur des Leidens unterliegt es nach meinem Dafürhalten keinem Zweifel, daß das frühere Leiden durch die Eigentümlichkeiten des Militärdienstes, insbesondere durch die Anstrengungen der Herbstübungen erheblich verschlimmert worden ist. Die Annahme von innerer Dienstbeschädigung – Verschlimmerung durch den Dienst im Sinne des § 20 7 b der D.A. – erscheint daher gerechtfertigt.

Der p. Haarmann ist deswegen dauernd ganzinvalide, dauernd untauglich zur Verwendung im Civildienst und zeitig teilweise erwerbsunfähig, zunächst auf 2 Jahre.«

Der kommandierende General trat diesem Gutachten bei und erkannte bei Haarmann innere Dienstbeschädigung (Verschlimmerung eines vorbestehenden Leidens durch den Dienst) an (Bl. 812).

Am 2.7.1902 wurde dann ein militärärztliches Gutachten durch den Stabs- und Bataillonsarzt Pillath in Bitsch erstellt (Bl. 813–815):

»Auf Befehl des Königlichen Kommandos Hannoverschen Jäger-Bataillons No. 10 habe ich heute den aus dem 1. Bezirk der 38. Inf. Brig. ausgehobenen und in anliegender Invalidenliste näher bezeichneten Jäger der 3. Komp. dieses Batls.

Friedrich Heinrich Karl H a a r m a n n

behufs Feststellung seiner Invalidität militärärztlich untersucht.

Derselbe gibt an, Vater und 5 Geschwister leben und sind gesund, die Mutter ist an Asthma gestorben. In der Nationalliste ist vermerkt: 1 s gering; bei der Einstellung wurden Fehler nicht gefunden.

Haarmann trat am 14. April 1895 als Zögling in die Unteroffizier-Vorschule Neu-Breisach ein und wurde am 3. September desselben Jahres zur Beobachtung auf Geistesstörung in das Lazarett daselbst aufgenommen, jedoch schon am 18. September wieder zur Schule entlassen, da nur ein vorübergehender Zustand von Halluzination festgestellt werden konnte; schon am 11. Oktober jedoch mußte Haarmann von neuem dem Lazarett zugeführt werden und zwar wegen einer akuten Seelenstörung, welche sich als Jugendirresein äußerte; er mußte am 3. November 1895 als ungeheilt in die Heimat entlassen werden. Wie aus den Anlagen ersichtlich, wurde Haarmann vom 28. Mai bis 21. Dezember 1897 in der Provinzial-Heilanstalt zu Hildesheim wegen Idiotie behandelt, von dort wurde er der Provinzial-Heilanstalt Langenhagen überwiesen, aus welcher er flüchtete, um sich längere Zeit im Auslande aufzuhalten. Am 12. Oktober 1900 wurde er beim Bataillon eingestellt und sind damals Zeichen einer bestehenden geistigen Störung nicht wahrgenommen. Während seiner Dienstzeit zeigte er sich von scheuem und unaufmerksamem Wesen und es wurden verschiedentlich Schwindelanfälle, linksseitiger Kopfschmerz und Halluzinationen bei ihm beobachtet; am 4. Dezember 1901 wurde er deshalb dem Garnisonlazarett Bitsch überwiesen. Ein objektiver Befund an den Organen konnte nicht nachgewiesen werden, doch bestanden schwere neurasthenische Erscheinungen, welche sich in beschränktem Maße während des 5monatlichen Aufenthalts besserten. Die Klagen über Schwindelgefühl, Kopfschmerzen und Halluzinationen verloren sich jedoch nicht ganz und wurde Haarmann, da ein Defekt der Intelligenz zweifelsohne mitbestand, mit Rücksicht auf die früher überstandenen Affektionen am 14. Mai auf die Station für Nervenkranke des Garnisonlazaretts I Straßburg übergeführt. Daselbst wurde festgestellt, daß Haarmann an den Folgen von Jugendirresein, welche sich in einem gewissen Schwachsinn äußern, leidet. Nach dem Bericht der Station für Nervenkranke sind keine wesentlichen nachteiligen Folgen von den während des Manövers aufgetretenen akuteren Erscheinungen erhöhter Reizbarkeit des Herzens und Nervensystems zurückgeblieben.

Nach Entscheidung des Generalkommandos liegt innere Dienstbeschädigung durch Verschlimmerung vor.

Die Untersuchung ergibt: Mittelgroßer Mann in mäßigem Ernährungszustande; Gesichtsfarbe blaß. Brustumfang 87 / 93 cm, Gewicht 65 kg, gegen 64 bei der Einstellung. Der Schädel zeigt keinerlei Abweichungen. Die inneren Organe lassen nichts Krankhaftes erkennen. Die Reflexe und die Erregbarkeit der Muskulatur weder gesteigert noch herabgesetzt; keine Überempfindlichkeit; der Schlaf ist unruhig; Haarmann ist leicht reizbar und erregbar und klagt hauptsächlich über Druck- und Angstgefühle, die von der Herzgegend ausgehen sollen. Die Prüfung der Intelligenz ergibt einen deutlichen Defekt derselben insofern, als Haarmann nicht imstande ist, einfache Rechenexempel richtig zu lösen und über die bekanntesten und wichtigsten Ereignisse und Taten aus der gegenwärtigen Geschichte keinerlei Kenntnis besitzt.

Demnach leidet p. Haarmann an den Folgen von Jugendirresein in der Weise, daß sich an die akuten Erscheinungen ein erheblicher Schwachsinn angeschlossen hat, welcher allmählich in geringerem Grade sich gebessert hat.

Haarmann ist nach Beil. II b No. 17 der D. A. wegen überstandener Geisteskrankheit, die einen gewissen Schwachsinn hinterlassen hat, dauernd ganzinvalide, dauernd untauglich zur Verwendung im Civildienst sowie zeitig (2 Jahre) teilweise erwerbsunfähig.«

Im Dezember 1902 verklagte Haarmann seinen Vater Friedrich Haarmann auf eine Unterhaltszahlung von vierteljährlich 180 Mark im voraus. Dies begründete er damit, daß er sich, nachdem er ein Jahr beim Militär gedient habe, dort ein Nerven- und Herzleiden zugezogen habe. Er könne deshalb jetzt nicht arbeiten und sei außerstande, sich selbst zu unterhalten. Er rechnete vor, wie hoch der Nießbrauch des Vaters an dem Nachlaß der Ehefrau sei, die neben der Zigarrenfabrik ein Grundstück und Bargeld hinterlassen habe.

Im Januar 1903 wies das Kgl. Landgericht in Hannover die Klage ab (Aktenzeichen 3 O. 515 / 02). In der Urteilsschrift (Bl. 830–832) wird ausgeführt, daß der Vater Haarmanns den unsittlichen Lebenswandel seines Sohnes rügte, der schon mit 16 Jahren wegen Sittlichkeitsverbrechens von der Staatsanwaltschaft angeklagt gewesen sei. Es sei damals das Verfahren eingestellt worden, da der Kläger zur Untersuchung seines Geisteszustandes in die Heil- und Pflegeanstalt Hildesheim geschickt worden, dort aber entsprungen und in die Schweiz geflüchtet sei. Über ein Herz- und Nervenleiden seines Sohnes wisse er nichts:

»Beklagter behauptet, daß Kläger beim Militär seine Krankheit simuliert habe, um vom Militär loszukommen und sein Liebesverhältnis mit einer Erna Löbert fortzusetzen und daß Kläger sehr wohl fähig gewesen sei, seine Dienstzeit zu Ende abzudienen. Jetzt sei Kläger jedenfalls ganz gesund und völlig zur Arbeit und zum Erwerbe seines Lebensunterhalts fähig.

Kläger betreibe auch einen Kaffeehandel, sei aber sonst zu träge, um ordentlich zu arbeiten. Daß Kläger kräftig und gesund sei, gehe schon daraus hervor, daß er sein Liebesverhältnis mit der Erna Löbert jetzt noch fortsetze. Er halte sich bei der Löbert täglich auf.«

Auch habe sein Sohn die Vermögensverhältnisse nicht richtig angegeben, der Nießbrauch aus dem Nachlaß der Ehefrau sei wesentlich geringer. Weiter heißt es im Urteil:

»Kläger, der zugibt, von der Staatsanwaltschaft wegen Sittlichkeitsverbrechens angeklagt gewesen zu sein, bestreitet, aus der Pflegeanstalt in Hildesheim entsprungen zu sein, er sei als geheilt entlassen worden. Seinen Kaffeehandel habe er seiner Krankheit wegen aufgeben müssen. Ein Liebesverhältnis mit der Erna Löbert habe er zwar, doch sei er schon vor seiner Dienstzeit mit ihr verlobt gewesen und er habe das Verhältnis jetzt nicht lösen wollen.« ....

»Kläger stellt offenbar sein Leiden schlimmer dar, als es in der Tat ist. Er hat in der mündlichen Verhandlung bei Gelegenheit eines Sühneversuchs den Eindruck eines geistig wie körperlich gesunden Menschen gemacht. Mag er auch zeitweise durch sein Leiden in seiner Erwerbsfähigkeit gehindert sein, so muß er für die übrige Zeit als völlig erwerbsfähig angesehen werden.

Es ist darauf hinzuweisen, daß Kläger sich kräftig genug fühlt, sein Liebesverhältnis mit der Erna Löbert aufrecht zu erhalten. Das Bestreben des Klägers, sein Leiden schlimmer darzustellen als es ist, erhellt auch daraus, daß er behauptet, er habe bei seiner Entlassung vom Militär einen Pass erhalten, wonach er dauernd invalide und erwerbsunfähig sei. Dies entspricht nicht der Wahrheit; denn der vom Kläger selbst überreichte Pass enthält die Bemerkung, daß Kläger zwar dauernd invalide, aber nur zeitig teilweise erwerbsunfähig ist.

Berücksichtigt man weiter, daß Kläger nach seinem Vorleben ein sittlich nicht sehr hochstehender Mensch ist, so liegt die Annahme nahe, daß er nur aus Arbeitsunlust die Zeiten, in welchen er nicht krank ist, nicht zur Arbeit und Erwerbung des Lebensunterhalts benutzt, während er bei gutem Willen wohl im Stande wäre, sich selbst die noch zum Lebensunterhalt erforderlichen 30 bis 40 Mark monatlich zu verdienen. Ist die Erwerbsgelegenheit für einen Mann, der nur zeitweise erwerbsfähig ist, naturgemäß schwieriger als für einen ununterbrochen arbeitsfähigen, so gibt es dennoch auch für den Kläger eine große Zahl von Gewerben, die eine zeitweilige Ausübung ohne feste Anstellung zulassen.

Die zum Verfolg seines Anspruchs erforderlichen Voraussetzungen des § 1602 Abs. 1 BGB liegen demnach nicht vor.«

Gegen das Urteil legte Haarmann Berufung ein, erschien jedoch beim Termin zur mündlichen Verhandlung am 25. 5. 1903 nicht, so daß er im Urteil vom gleichen Tage vom Kgl. Oberlandesgericht Celle der Berufung für verlustig erklärt wurde (Bl. 832).

Am 14. 2. 1903 wandte sich der Vater Friedrich Haarmann mit folgendem Schreiben an die Polizei in Hannover (Bl. 904–905):

»Da mein Sohn Fritz Haarmann, Windthorststr. 2, im Jahre 1897 wegen Gemeingefährlichkeit in der Irrenanstalt zu Hildesheim war, damals aber von dort entsprungen ist nach der Schweiz, zeigen sich jetzt Zeichen, daß es mit seinem Verstande nicht ganz richtig ist, denn er bedroht mich mit Mord und Totschlag, auch hat er seine Schwester Emma Burschel mit Totschießen bedroht, daß dieselbe hat aus ihrer Wohnung flüchten müssen. Ich werde auch von meinen Schwiegertöchtern Adolfine Haarmann, Engelbostelerdamm 104, von Dora Haarmann, Asternstr. 16, von meinem Sohn Adolf Haarmann, Asternstr. 16, von der Frau Fortmüller, Heisenstraße 30 (Schwiegermutter meines Sohnes Adolf), von welcher er hat Geld erpressen wollen, und welche er jetzt mit Mord und Todschießen bedroht, gebeten, die Sache doch hochlöblicher Behörde zur Anzeige zu bringen, ehe derselbe ein Unglück angerichtet hat. Auch bringt derselbe Gespräch, ich hätte meine Frau, welche vor 2 Jahren gestorben, vergiftet. Auch ist mir eben von meiner Schwiegertochter gesagt worden, mein Sohn Fritz hätte gesagt, ich hätte den Lokomotivführer Schröder, welcher vor 16 Jahren in der Nikolaistraße von Soldaten totgeschlagen ist, ermordet. Hierüber bitte ich hochlöbliche Behörde, über beide Fälle die Untersuchung einzuleiten. Ich bitte nun, um ein klares Bild von meinem Sohn zu bekommen, folgende Akten nachzusehen: I. Akte II J. 879/96, II. Akte C.K. III 3.6. 575/02. Ich bitte nun hochlöbliche Behörde meinen Sohn zur Feststellung seines geistigen Zustandes einer Beobachtung zu unterstellen und zeichne ganz ergebenst

Friedrich Haarmann.«

Am 25.2.1903 wurden Friedrich Haarmann, Adolf Haarmann und dessen Ehefrau Dora Haarmann polizeilich vernommen (Bl. 926, 922–923). Letztere beiden stützten die Darstellung von Friedrich Haarmann nicht.

Mit Datum vom 26.2.1903 ist vermerkt (Bl. 923):

»Die Lokomotivführer-Witwe Henriette Schröder geb. Scharnhorst, Asternstr. 3 wohnhaft, welche krank ist und dieserhalb in ihrer Wohnung befragt wurde, erklärte:

Ihr Mann, Eisenbahn-Lokomotivführer Wilhelm Schröder, am 7. Oktober 1843 zu Stolzenau im Kreise Nienburg geboren, wäre in der Nacht zum 21. Februar 1887 schwer verletzt in der Nordfelderreihe aufgefunden und wäre infolgedessen am 22. Februar 1887 im städtischen Krankenhause zu Linden verstorben. Derzeitige polizeiliche und gerichtliche Vernehmungen hätten ergeben, daß ihr Mann mit Soldaten des Inf. Regts. 74 in Streit geraten, und daß solche ihm die Verletzungen beibrachten. Gegen diese Soldaten habe ein militärgerichtliches Verfahren stattgefunden. Haarmann hätte nie mit ihrem Mann Streit gehabt, infolgedessen glaube sie nicht, daß derselbe in irgendeiner Weise am Falle beteiligt gewesen sei.«

Am 28.2.1903 wurde Haarmann vorgeladen, der erklärte (Bl. 924):

»Die Anzeige meines Vaters ist lediglich ein Racheakt, weil ich ihn wegen Herausgabe meines mütterlichen Erbteils verklagt habe. Es ist nicht wahr, daß ich meinen Vater mit Totschlag bedroht und das Gerücht verbreitet habe, er hätte meine Mutter vergiftet und den Lokomotivführer Schröder totgeschlagen. Diese Angaben sind völlig aus der Luft gegriffen. Ebenso bestreite ich meine Geschwister bedroht zu haben. Ich habe von Oktober 1900 bis August 1902 beim 10. Jäger-Batl. in Bitsch gedient und bin wegen eines Herzleidens entlassen worden.«

Unter der Aussage Haarmanns ist notiert: »Haarmann macht einen durchaus günstigen und geistig gesunden Eindruck.«

Die am gleichen Tage vorgeladene Schwester Haarmanns, die damals 25jährige Emma Burschel, sagte aus (Bl.924–925):

»Ich bin durch meinen Bruder, der bei mir vom 1.8. bis 1.9. v.Js. auf Logis wohnte, nicht bedroht worden. Er ist infolge seines Herzleidens wohl leicht erregbar, aber sonst durchaus geistig gesund. Mit meinem Vater, der nach dem Tode meiner Mutter eine mir unsympathische Frauensperson zu sich genommen hat, verkehre ich nicht, ich kann ihn daher auch nicht zur Anzeigeerstattung bewogen haben. Die unerquicklichen Verhältnisse zwischen Vater und Sohn sind lediglich durch die Erbschaftsregulierung entstanden.«

Die Fuhrmannswitwe Wilhelmine Fortmüller bestritt, daß Haarmann von ihr habe Geld erpressen wollen oder sie in irgendeiner Weise bedroht habe: »Fritz Haarmann hat von mir auch niemals Geld verlangt und ist mir gegenüber auch stets sehr höflich und anständig gewesen.« (Bl. 925)

Hierauf ersuchte das Polizeipräsidium den Königlichen Kreisarzt Medizinalrat Dr. Andree, Haarmann zu untersuchen und sich gutachterlich zu äußern »über die Notwendigkeit der Unterbringung desselben in eine Irrenanstalt von Amtswegen«. Dieser erstattete folgendes Gutachten (im Aktenauszug ohne Datumsangabe, Bl. 905–909):

»Auf das Ersuchen vom 11. März 1903 habe ich am heutigen Tage den Fritz Haarmann in Hannover in bezug auf seinen Geisteszustand ärztlich untersucht und folgendes festgestellt:

Derselbe ist am 25. Okt. 1879 in Hannover geboren. Er besuchte von 1885 bis Ostern 1894 die Bürgerschule und wurde aus Klasse IV konfirmiert.

Im Oktober 1894 kam er in die Lehre zum Spitzenfabrikanten Spengler. Ostern 1895 wurde er zur Unteroffiziervorschule in Neubreisach einberufen, zu der er schon früher von seinem Vater angemeldet war. Dort war er aber nicht zu gebrauchen und wurde nach einem halben Jahre wieder entlassen.

Er sollte dann bei seinem Vater in der Zigarrenfabrik arbeiten, war aber nie am Platze, sondern trieb sich meist im Hause und in der Nachbarschaft herum.

Im Winter 1895/96 hatte er auf dem Boden des Hauses geschlechtliche Handlungen mit einem etwa 5 Jahre alten Mädchen vorgenommen. Dasselbe Vergehen hat er im Frühjahr 1896 mit kleinen Knaben aus der Nachbarschaft sich zu Schulden kommen lassen.

Die Sache wurde denunciert und Fritz Haarmann zur Beobachtung seines Geisteszustandes in die Irrenanstalt zu Hildesheim gebracht, weil Zweifel an seiner geistigen Zurechnungsfähigkeit gehegt wurden. In der

Irrenanstalt wurde er für strafrechtlich nicht verantwortlich erklärt und 6 Monate da behalten, dann nach Langenhagen überwiesen.

Von dort entwich er und flüchtete in die Schweiz. Hier will er angeblich in einer Schiffsbauanstalt beschäftigt gewesen sein, schrieb aber fortwährend um Geld an seine Mutter, so daß anzunehmen ist, daß seine Leistungen sehr mangelhaft waren.

Ostern 1899 kam er zurück. Er führte in Hannover ein Bummelleben, war frech gegen seine Eltern, suchte Streit mit den Hausgenossen und machte sich äußerst lästig.

Er sollte dann in einem Geschäft für elektrische Lichtanlagen lernen, wurde aber nach 4 Wochen als unbrauchbar entlassen.

Er fing nun sein altes Leben wieder an, verlobte sich auch mit einem Mädchen, an der seine Eltern in mehrfacher Beziehung Anlaß [wohl: Anstoß] nehmen mußten.

Im Oktober 1900 wurde er beim 10. Jäger-Batl. eingestellt. Im November 1901 meldete er sich krank und lag lange Zeit im Lazarett. Im Juli 1902 wurde er als Invalide mit einer Pension von monatlich 21 Mk. entlassen, weil er herzleidend sein sollte.

Er kam wieder nach Hannover, ging aber nicht zu seinem Vater, sondern zu seiner Schwester. Eine Beschäftigung suchte er sich nicht, sondern hielt sich den ganzen Tag bei seiner Braut auf.

In dieser Zeit hat er nun verschiedene gerichtliche Klagen gegen seinen Vater gerichtet. Zunächst klagte er auf Gewährung von Lebensunterhalt. Die Klage wurde abgewiesen. Dann klagte er auf Rechnungsablage resp. Herausgabe des mütterlichen Vermögens.

Seinem älteren Bruder, der seit Jahren Angestellter einer großen Fabrik ist, drohte er mit einer Anzeige, daß jener in früheren Jahren sich Briefmarken aus den Beständen der Fabrik angeeignet und in seinem Interesse verwendet habe. Er hatte dabei lediglich die Absicht, Geld von seinem Bruder zu erpressen.

Dieser hat ihm dann auch einmal 900 Mk., einmal 600 Mk. als Abschlag auf sein mütterliches Erbe ausbezahlt, um keine Unannehmlichkeiten zu haben.

Als er das Geld in der Tasche hatte, schrieb er trotzdem einen Brief an die Fabrikleitung, in dem er seinen Bruder verdächtigte.

Fritz Haarmann ist ein mittelgroßer Mann von gutem Ernährungszustande und kräftiger Muskulatur. Der Gesichtsausdruck zeigt weder das Herrschen eines Affekts noch Stupidität, derselbe ist vielmehr ein dreister. Das Gesicht ist gerötet.

Haarmann klagt über Herzklopfen und Kurzatmigkeit, wenn er sich anstrengt, beim Militär will er außerdem öfter an Ohnmachten gelitten haben, zuweilen auch an Erbrechen.

Intoleranz gegen Alkohol wird negiert. Außer einer Pulsfrequenz – 102 Schläge p. Minute – sind an dem Körper des H. keine Zeichen von krankhaften Störungen zu bemerken. Das Herz ist nicht vergrößert, die Herztöne sind rein. Die Pupillen reagieren gut auf das einfallende Licht usw.

Es sind auch keine körperlichen Zeichen von Entartung wahrzunehmen.

Die Stimmung des p. Haarmann ist für gewöhnlich nicht alteriert, er soll nach Aussage seiner Geschwister sehr leicht reizbar sein.

Eine große Gemütsrohheit läßt sich bei Haarmann nicht verkennen. Er ist undankbar im höchsten Grade; er spricht in den unpassendsten Ausdrücken von seinem Vater und erzählt alle möglichen Schlechtigkeiten von demselben, an denen jedenfalls ein wenig wahres ist. Er ist ferner ein großer Egoist, der ohne Rücksicht die Erfüllung seine Wünsche verfolgt. Dabei ist er auch rachsüchtig und boshaft und arrogant.

Seine Intelligenz ist eine mangelhafte. Die allgemeinen Begriffe sind bei ihm zwar richtig vorhanden, aber seine Auffassungsgabe ist entschieden eine mangelhafte, um so mehr, als er sehr fleißig in der Aufmerksamkeit ist.

Einige Beispiele mögen dieses Urteil stützen. Haarmann behauptet z. B. durch Urteil des Landgerichts falle seinem Vater 1/4 und jedem der sechs Kinder 1/3 des Vermögens der Mutter zu.

Ferner will er mit dem von seinem Bruder erhaltenen Gelde ein Delikatessengeschäft anfangen und sich verheiraten, hat auch angeblich schon einen Laden in der Nähe der Lutherkirche zu dem Zwecke gemietet. Dann hat er sich noch nicht einmal vergewissert, ob seine Braut, deren Eltern bei König und Ebhard beschäftigt sind, Vermögen mit in die Ehe bringt.

Die Beschuldigungen gegen den Vater und den Bruder zeugen ebenfalls von großer Urteilslosigkeit und Leichtgläubigkeit.

Schließlich sprechen auch für die mangelhafte Intelligenz die schlechten Erfolge des Schulbesuchs und der Umstand, daß Haarmann überall als unbrauchbar wieder entlassen wurde.

Auch die Trägheit und die mangelhafte Ausdauer des p. Haarmann sind zum Teil Folgen einer geistigen Minderwertigkeit.

Für geisteskrank im eigentlichen Sinne des Wortes wird Haarmann nicht erachtet. Dagegen ist er ein auf allen Seelengebieten minderwertiger, moralisch defekter, wenig intelligenter, träger und gänzlich egoistischer Mensch, der seine vermeintlichen Interessen ohne jede Rücksicht auf andere verfolgt.

Die Minderwertigkeit des p. Haarmann ist teils eine angeborene, teils durch schlechte Erziehung erworben.

Denselben von Amts wegen in einer Irrenanstalt unterzubringen, liegt meiner Überzeugung nach kein Anlaß vor. Wenn er wirklich derartige Drohungen ausgestoßen hat, wie der Vater behauptet, so sind dieselben nicht ernst zu nehmen.«

Bei der Verhandlung vor dem Königlichen Amtsgericht am 14.4.1903 sagte der Bruder Adolf Haarmann aus (Bl. 911):

»Ich bin als Kaufmann bei der Continental Kautschuk und Guttapercha-Compagnie in Stellung. Am 13. Februar ging bei meiner Firma ein anonymer Brief ein, in welchem ich nach Angaben des Prokuristen Aug. Schubert, Vahrenwalderstr. 100 schwer kompromittiert wurde. Der Brief wurde mir von weitem gezeigt und ich erkannte sofort an der Schrift, daß er von meinem Bruder Fritz verfaßt worden war. Tags zuvor war mein Bruder Fritz bei mir gewesen und hat von mir 200 Mk. leihen wollen, die ich ihm jedoch verweigert hatte. Aus Rache dafür hat er augenscheinlich den anonymen Brief geschrieben. Ich war über die Handlungsweise meines Bruders Fritz sehr erregt und schickte am 17. Februar cr. vormittags zu meinem Vater, um ihm die Sache mitzuteilen. Ich habe dann auch meinem Vater den Sachverhalt mitgeteilt, ohne ihn jedoch zu ersuchen, hiervon bei der Staatsanwaltschaft Anzeige zu machen.«

Es wurden desweiteren der Bruder Wilhelm Haarmann, die Schwägerinnen Dora Haarmann und Adolfine Haarmann und die Schwester Emma Burschel vernommen, wobei sich nicht erhärten ließ, daß Haarmann seinen Vater tatsächlich mit Mord und Totschlag bedroht hatte (Bl. 911–915). Haarmann selbst räumte ein, einen anonymen Brief an den Arbeitgeber des Bruders Adolf geschrieben zu haben:

»Ich wollte mich damit an meinem Bruder Adolf rächen, weil er sich bei den Vermögensstreitigkeiten zwischen meinem Vater und mir auf die Seite meines Vaters gestellt hatte.« Und: »Ich habe von meinem Vater niemals erzählt, er hätte seine Frau vergiftet und einen Lokomotivführer Schröder erschlagen.« (Bl. 915–916)

Das Verfahren wurde eingestellt. Dem Vater Haarmanns wurde folgendes Schreiben zugesandt:

»Auf die Anzeige vom 14. Februar d. J. gegen Ihren Sohn, den Invaliden Fritz Haarmann, hier wegen Bedrohung und Beleidigung.

Das Verfahren habe ich nach Abschluß der Ermittelungen eingestellt. Ihre Anzeige hat sich als völlig grundlos erwiesen. Ganz abgesehen davon, daß Ihr Sohn, der nach polizeilichem Berichte einen durchaus gesunden Eindruck macht, sämtliche Beschuldigungen in Abrede nimmt, weiß niemand von den in Ihrer Anzeige benannten, auf meine Veranlassung vernommenen Personen Ihre Behauptungen wahrzuhalten. Soweit Sie in Ihrer Anzeige um Untersuchung Ihres Sohnes und dessen etwaige Unterbringung in einer Irrenanstalt gebeten haben, wird seitens des Kgl. Pol.Präsidiums das Erforderliche veranlaßt werden. Ein Einschreiten gegen Sie wegen Ihrer unbegründeten Anzeige behalte ich mir vor.« (Bl. 909)

Am 12. 8. 1903 vermerkte das IV. Polizeirevier:

»Weitere Spuren von Geistesgestörtheit haben sich bei Haarmann inzwischen nicht gezeigt. Er ist nur sehr aufgeregt und nervös. Derselbe ist am 1. 5. 03 von Windthorststr. 2 nach Lutherkirche 9 verzogen.«

Und am 20. 8. 1903:

»Der p. Haarmann wohnt Kornstr. 38 und wird weiter beobachtet werden.« (Bl. 910)

Im Frühjahr 1904 stellte die Polizei auf Ersuchen des Bezirkskommandos Hannover Erkundigungen über den Verbleib und die Einkommensverhältnisse Haarmanns an (Bl. 815–816). Anlaß war, daß die Erwerbsunfähigkeitsrente, die Haarmann im Sommer 1902 zuerkannt wurde, zunächst auf zwei Jahre befristet war.

Mit Datum vom 21. 4. 1904 ist vermerkt:

»Haarmann hat bei dem Schneidermeister Heinrich Kleinholz, Striehlstr. 3, ein möbliertes Zimmer inne. Über seine Verhältnisse ist dem Wohnungsgeber nichts bekannt. Er soll morgens weggehen und abends wiederkommen und dann Zeitung lesen. Er habe nur bei Bezahlen der Miete mit ihm gesprochen, außerdem spreche er mit niemand im ganzen Hause. Über die persönlichen Verhältnisse Haarmanns ist deshalb ohne direkte Befragung nichts zu ermitteln.«

Notiz vom 6. 5. 1904:

»Der p. Haarmann will innerhalb des letzten Jahres dauernd krank gewesen sein, konnte sich aber nicht in ärztliche Behandlung begeben, da ihm hierzu die Mittel fehlten. Er leidet an Herzfehler und Nervenkrankheit. Er will infolge seines Leidens keine dauernde Stellung annehmen können. Er ist z. Z. Agent. Er schließt ab und zu Versicherungen ab, wodurch er monatlich ca. 25 Mk. verdienen will. Er ist angeblich von seinem Vater schon mit 1500 Mk. unterstützt worden, um den notwendigsten Lebensunterhalt bestreiten zu können.«

Am 27. 5. 1904 erstellte das Bezirkskommando Hannover dann folgende »Invaliden-Nachliste« über Haarmann (Bl. 816–818):

»*Kurze Angabe des Invaliditätsleidens und Entstehung desselben:*

Überstandene Geisteskrankheit, die einen gewissen Schwachsinn hinterlassen hat. Innere Dienstbeschädigung.

Stand oder Gewerbe:

Arbeiter.

Ergebnis der Feststellungen des Bezirkskommandos über Krankheitszustand, ärztliche Behandlung und Erwerbsverhältnisse:

Will innerhalb des letzten Jahres dauernd krank gewesen sein und keine dauernde Stellung annehmen können. Ist z. Zt. Agent und verdient monatlich 25 Mark.

Urteil des untersuchenden Arztes:

Befindet sich besser wie früher, nämlich im Vergleich zu der Zeit in Langenhagen. Hat völlige Krankheitseinsicht, weiß, daß er damals geistesgestört war, hat im einzelnen aber keine Erinnerung. Seitdem kein Erinnerungsausfall, nur ab und zu Zustände von Aufregungen oder Verstimmung mit Selbstmordgedanken, Schwindel, Erbrechen. Kann ohne erregt zu werden nicht allein sein, bedarf steter Anwesenheit Angehöriger.

Körperzustand gut, gesundes Aussehen, Ernährung gut, Organe gesund. Unterhaltung mit ihm ergibt gewissen Rededrang, leichte Erregung, dabei psychische Schwäche, kennt die Provinzen nicht, Württemberg, Mecklenburg sind Provinzen von Deutschland, die Monatsnamen rückwärts aufzuzählen ist unmöglich, einfache Rechenexempel werden richtig, wenn auch nach Fehlern gelöst.

Daher dauernd größtenteils erwerbsunfähig.

Erwerbsunfähigkeit 75%.

Unterschr. Oberstabsarzt

Urteil des Vorsitzenden der Invaliden-Prüfungskommission:

Einverstanden.

Prüfungsvermerk des Korps-Generalarztes:

Einverstanden. 75%.

Tag und Inhalt der zuletzt ergangenen Entscheidung:

23.7.02. Dauernd ganzinvalide, zeitig teilweise erwerbsunfähig und dauernd untauglich zur Verwendung im Zivildienst. Invalidenpension 4. Kl. = 9 Mk. und Zulage für Nichtbenutzung des Zivilversorgungsscheins = 12 Mk. monatlich bis Ende Oktober 1904.

Hannover, den 27. Mai 1904

I.A. v. Dankbahr

Oberstleutnant & 2. Stabsoffizier.«

Am 7.7.1905 wurde Haarmann wegen Diebstahls vom Landgericht Hannover zu 6 Wochen Gefängnis verurteilt (Bl. 863).

Am 22.9.1905 wurde Haarmann wegen Diebstahls und wegen Unterschlagung zu einer Gefängnisstrafe von 6 Wochen verurteilt. Ihm wurde zur Last gelegt, im März 1905 ein Fahrrad aus einem Hausflur entwendet zu haben sowie im Januar 1905 Frau Elisabeth Thamm einen goldenen Ring vom Finger gezogen, ihn sich selbst angesteckt und behalten zu haben (Bl. 833).

Am 19.10.1905 wurden Haarmann und die ebenfalls bereits einschlägig vorbestrafte Frau Luise Guhlich wegen schweren Diebstahls verurteilt, und zwar wurde Haarmann unter Einrechnung einer weiteren durch Urteil vom 12.9.1905 wegen schweren Diebstahls gegen ihn erkannten viermonatigen Gefängnisstrafe zu sechs Monaten Gefängnis verurteilt. Haarmann hatte gemeinsam mit seiner Bekannten Frau Guhlich verschiedene Gegenstände, wie Figuren, ein Stereoskop, Puddingformen und Schüsseln aus zwei Kammern entwendet, in denen der Vermieter von Frau Guhlich entsprechende Dinge aufbewahrte, indem er die Schlösser aufbrach (Bl. 834–838).

Am 22.10.1906 wurde Haarmann wegen Betrugsversuchs zu einer Gefängnisstrafe von 2 Wochen verurteilt. In der Urteilsschrift heißt es:

»Am 4. Juli 1906 war die Ehefrau des Zeugen Behrens gestorben. Am 6. Juli erschien Angeklagter – welcher seinem Geständnis zufolge den Todesfall in einer hiesigen Zeitung gelesen hatte, in der Wohnung des Zeugen. Angeklagter erklärte: ›Ich bin Beamter der städtischen Desinfektionsanstalt und bin vom Friedhofsamte benachrichtigt nachzufragen, ob eine Desinfektion der Krankenräume erforderlich ist.‹ Als der Zeuge Behrens entgegnete, daß es sich um keine ansteckende Krankheit handele, sagte Angeklagter, eine Desinfektion sei bei einem Todesfalle immer angebracht. Als Behrens nach dem Preise fragte, meinte Angeklagter, er werde nur 4,50 Mk. nehmen, auf dem Büro möge man wohl etwas höhere Sätze haben, er werde aber schon dafür sorgen, daß der Zeuge nur 4,50 Mk. zu zahlen habe. Zeuge Behrens glaubte der Zusicherung des Angeklagten, daß dieser städtischer Beamter sei und übertrug dem Angeklagten die Desinfektion der Wohnung. Als der Zeuge hierauf dem Angeklagten ein Glas Bier vorsetzte, sagte Angeklagter, daß er als Beamter eigentlich kein Geschenk annehmen dürfe. Trotz dieser Äußerung trank er aber das Bier aus.

Da dem Zeugen Behrens das ganze Auftreten des Angeklagten bei längerer Überlegung doch etwas verdächtig vorkam, erkundigte er sich bei der städtischen Desinfektionsanstalt und erfuhr, daß der Angeklagte ihn beschwindelt habe.

Angeklagter räumt selbst ein, kein städtischer Beamter zu sein. Wie er ausführt, will er in der Eichstr. No. 23 seit einigen Monaten eine Bettfeder-Reinigungsanstalt eröffnet haben. Angeklagter gibt weiter zu, daß er auf die Todesanzeigen hin, welche er in den Zeitungen liest, zu den Leuten in die Wohnungen geht und sie zur Desinfektion der Wohnungen zu überreden sucht.« (Bl. 839)

In einem Schreiben vom 8.11.1906 wandte sich der Vater Friedrich Haarmann wiederum an das Polizeipräsidium in Hannover (Bl. 916–918):

»Ich Endesunterzeichneter erlaube mir Kgl. Polizei-Präsidium folgendes zu unterbreiten. Mein Sohn Fritz Haarmann, wohnhaft jetzt Bronsartstr. 4, geb. 25.10.79, welcher bereits 4mal wegen Diebstahl bestraft ist, am 22. Okt. d.J. wieder mit 2 Monaten wegen Betrugs bestraft ist, am 1. Nov. ds. Js. wieder wegen Diebstahl verhaftet wurde, hat seit vergangenen Sommer wo derselbe aus dem Gefängnisse entlassen würde einen 12jährigen Schüler Georg Gulig [sic] in der II. Classe Burgstraße bei sich, es ist der Sohn einer geschiedenen Frau Gulig, zur Zeit im Continental-Hotel in Stellung, mit der mein Sohn Fritz Haarmann gemeinschaftlich in der Ultramarin Fabrik in Theodor, wo dieselben beide in Arbeit waren, die ersten Diebstähle ausgeführt hat. Er gibt diesen Jungen, wenn er sich eine möblierte Wohnung mietet, als Sohn seiner Kusine aus, welche nicht gut verheiratet wäre, und er denselben deshalb bei sich hätte. Da nun mein Sohn doch früher wegen unsittlichen Handlungen begangen an kleinen Kindern als gemeingefährlich in der Irrenanstalt interniert war, aber seinerzeit aus derselben entsprungen und ins

Ausland geflüchtet ist, sonst vielleicht noch in der Irrenanstalt wäre, so geht meine Bitte dahin, doch diesen 12jährigen Georg Gulig von meinem Sohn wegzunehmen und denselben in Fürsorgeerziehung zu geben, damit derselbe nicht in die Fußstapfen meines ungeratenen Sohnes tritt. Ich bitte als Vater dieses ungeratenen Sohnes hochlöbliches Polizei-Präsidium meine Bitte zu gewähren, da dann dieser Junge noch zu retten ist.

zeichne ganz ergebenst

Friedrich Haarmann, Asternstr. 45 I

Nachtrag.

Mein Sohn ist ein arbeitsscheuer Mensch, welcher noch nie hat arbeiten wollen, wo er 1902 vom Militär als Invalide 4. Klasse entlassen wurde, hat er mich später verklagt, er wolle 60 Mk. monatlich von mir haben, wurde am 30. Januar 1903 vom Landgericht abgewiesen, darauf habe ich ihm trotzdem 1500 Mk. gegeben, womit er im März 1903 ein Fischgeschäft eröffnet hat, aber im Sept. 1903 war alles durchgebracht und hatte noch viele Schulden gemacht. Er ist ein großer Simulant, und die Pension, die er bekommt, hat er sich erschwindelt, welches ich durch Briefe, die er in der Zeit an mich schrieb, nachweisen kann, er ist kerngesund, und will nicht arbeiten, ebenso wollte er in der Schule nicht lernen, und ist aus der 4. Klasse konfirmiert.

D. O.«

Am 17. 11. 1906 notierte ein Kriminalschutzmann (Bl. 918):

»In Frage kommt der 4mal wegen Diebstahls vorbestrafte Kaufmann Fritz Haarmann, geboren am 25. 10. 79 zu Hannover, welcher seit dem 2. 11. cr. Bronsartstr. 4 III wohnt, ein Zimmer mit 2 Betten inne hat und den Schüler Georg Guhlich, geboren den 11. 8. 1894 zu Hannover, bei sich hat, letzterer ist der Sohn der geschiedenen Wäscherin Louise Guhlich geb. Schrader. Frau Guhlich, welche Haarmann angeblich heiraten will, war bis vor wenigen Tagen im Continental-Hotel tätig, sie hält sich augenblicklich Bronsartstr. 4 auf, hat aber in dem Hause Schützenstr. 4 eine Wohnung gemietet, wohin sie mit ihrem Sohne in wenigen Tagen ziehen will. Der Knabe besucht die 2. Klasse der Bürgerschule in der Burgstraße (Lehrer Knust), er macht einen gesunden und auch sauberen Eindruck; erklärte ferner auch, daß er von Haarmann gut behandelt würde, eine strafbare Handlung, wie Sittlichkeitsvergehen, ließ sich nicht feststellen. Haarmann hat den Knaben mehrere Monate bei sich gehabt und wäre zunächst der einzige Übelstand, daß der Knabe, wenn er allein bei Haarmann bliebe, keine richtige Pflege hätte. Es dürfte erst zu prüfen sein, in welcher Weise für den Knaben gesorgt werden wird, wenn er mit der Mutter die neue Wohnung bezogen haben wird.«

Am 30.11.1906 wurde von der Polizei notiert (Bl. 919):

»Die Guhlich wohnt mit ihrem Sohne seit dem 21.1. cr. von Georgstraße kommend in Schützenstraße 4 und sind beide gemeldet. Sie hat eine kleine Dachwohnung in der 4. Etage, bestehend aus Stube, Kammer und Küche inne. In der Kammer steht ein großes Bett, in welchem die Guhlich und ihr Sohn nächtigen, ein zweites Bett, evtl. für Haarmann ist nicht vorhanden. Im Haushalt sieht es schlicht, aber sauber und geordnet aus. Die Guhlich gibt auf Befragen an, daß sie jetzt tagsüber viel nähe für andere Leute und zwar meistens in ihrer Wohnung. Der Sohn sei daher stets nach Schulschluß unter ihrer Aufsicht.«

Es wurde veranlaßt, dem Vater Haarmanns zu eröffnen, daß z.Zt. kein Grund vorliege, gegen seinen Sohn in dieser Sache etwas zu veranlassen.

Haarmann wurde durch Urteil des Kgl. Schöffengerichts Hannover am 22.4.1907 wegen Diebstahls mit 6 Wochen Gefängnis bestraft, die er am 7.6.1907 verbüßt hatte (Bl. 31 und 840):

»Auf Grund des glaubhaften Geständnisses des Angeklagten ist erwiesen, daß er vor dem 22. Okt. 1906 einen Topf mit 103 Eiern, dem Maler Jorpsnuter gehörig, bei dem er in Logis lag, demselben in der Absicht rechtswidriger Zueignung weggenommen hat.«

Am 24.6.1907 wurde Haarmann wegen Körperverletzung zu einem Monat Gefängnis verurteilt. Als Gründe wurden im Urteil genannt:

»Der Angeklagte, welcher vor 12 Jahren einer nervösen Störung wegen von der Unteroffizierschule entlassen worden ist und sich jetzt Kaufmann nennt und wegen Diebstahls mehrfach vorbestraft ist, ist mit seinem Vater verfeindet. Letzterer gibt an, daß er seinem Sohn 1500 Mark für ein Geschäft gegeben, dieser sich aber an eine Frauensperson gehängt habe, wobei das Geld verbraucht sei, sowie daß die Bestrafungen des Sohnes, die er durch die Schuld der Frau erlitten habe, ihn dem Sohn weiter entfremdet haben. Er habe nach dem langen Siechtum seiner verstorbenen Frau sich jetzt eine Haushälterin genommen und sei nicht in der Lage, den Kindern ein Muttererbe, wie sie verlangen, herauszugeben, weil ein solches nicht vorhanden sei. Aus allen diesen Gründen sei das Verhältnis zu einigen seiner Kinder, namentlich zum Angeklagten, ein schlechtes. Am 1. November 1907 [soll wohl heißen 1906] ist der Angeklagte in der Wohnung einer verheirateten Schwester gewesen, der Vater ist hinzugekommen und beide haben sich auf dem Flur gegenüber gestanden. Der Vater gibt glaubhaft an, daß der Angeklagte ihn am Halse gewürgt, auf die Arme geschlagen, und, als er sich zum Gehen wandte, hinter ihm hergelaufen sei, ihn ein Stück die Treppe hinuntergestoßen und mit dem beschuhten Fuß in das Kreuz in den Rücken getreten habe. Diese Angaben werden durch das ärztliche Attest vom 3. XI. 06 und die Angaben der Schulknaben Erfurt und Guhlich derart unterstützt, daß das Gericht sie für der Wahrheit entsprechend hält. Das Gericht hat nicht angenommen, daß mit einem gewöhnlichen Stiefel, wie ihn der Angeklagte nach seiner Angabe getragen hat, einem laufenden Menschen eine gefährliche Verletzung beigebracht werden kann, wohl aber erschien bei der Grundlosigkeit des Verhaltens des Angeklagten die in § 223 Abs. 2 StGB festgesetzte niedrigste Strafe durchaus angemessen.« (Bl. 841)

Am 5. 5. 1908 wurde Haarmann durch Urteil des Kgl. Landgerichts Hannover wegen Diebstahls im wiederholten Rückfalle in drei Fällen, begangen am 24. 3. 1908, mit 6 Monaten Gefängnis bestraft (verbüßt am 5. 11. 1908) (Bl. 31, Bl. 842–843). Es wurde ihm vorgeworfen, er habe im März 1908 »zunächst an einem Hause in der Langenlaube hier und später an zwei Häusern in der Herrenhäuserstraße je einen Türdrücker abgenommen. Hierbei ist er beobachtet und einige Zeit später von einem Mann angehalten. Er lief jedoch fort und warf die beiden zuletzt abgenommenen Türdrücker von sich. Den zuerst abgenommenen hat er seiner Angabe nach schon vorher fortgeworfen. Er behauptet, er habe die Türdrücker in seiner Wohnung verwenden wollen und gehöre nicht zu denen, die darauf ausgingen, die Türdrücker von den Häusern abzunehmen und zu verkaufen.«

Am 20. 7. 1909 wurde Haarmann vom Kgl. Landgericht Hannover wegen Rückfalldiebstahls in zwei Fällen in Idealkonkurrenz mit qualifizierter Sachbeschädigung zu einem Jahr und 6 Monaten Zuchthaus und 5 Jahren Ehrverlust verurteilt. Haarmann hatte gemeinsam mit dem 1894 geborenen Fürsorgezögling Georg Guhlich auf dem Engesohder Friedhof (die beiden waren hierbei mit langen Pelerinen bekleidet) mehrfach Bronzebeschläge bzw. -figuren von den Grabmalen gestohlen (Bl. 28–32). Haarmann verbüßte die Strafe bis zum 20. 1. 1911. Georg Guhlich wurde zu einer zweimonatigen Gefängnisstrafe verurteilt.

Am 10. 1. 1911 wandte sich die Mutter von Georg Guhlich, Frau Louise Guhlich (mit der Haarmann 1905 ja bereits einmal gemeinsam verurteilt wurde), mit folgendem Schreiben an das Poizeipräsidium in Hannover (Bl. 919–920):

»Unterzeichnete sieht sich veranlaßt, folgende Bitte vorzutragen:

Am 20. ds.Mts. wird der Fritz Haarmann, welcher früher bei mir gewohnt hat, aus dem Zuchthause in Celle entlassen. Zwei Koffer mit Kleidungsstücken u.s.w., welchen er in meiner Wohnung stehen hatte, habe ich dem Spediteur Drangemeister, hier Friesenstr. 1 zur Aufbewahrung übergeben, solches auch unter Beifügung der betreffenden 3 Schlüssel seinerzeit der Direktion in Celle angezeigt. Der p. Haarmann, welcher meinem Sohne das Stehlen leider gelernt hat, wodurch letzterer einer Erziehungsanstalt zugewiesen ist, durch die Behörde, ist ein gefährlicher Mensch, der zu allem, nur nichts guten fähig ist. Es liegt mir daran, daß der Haarmann nie wieder in meine Wohnung kommt, auch mich nicht auf der Straße belästigt. Aus angegebenen Gründen wende ich mich hülfesuchend an diese verehrte Behörde, mit der gewiß nicht ungerechtfertigten Bitte: Kgl. Polizei-Präsidium wolle geneigtest veranlassen bezw. dem p. Haarmann streng untersagen lassen, meine Wohnung aufzusuchen oder mich sonstwie zu belästigen.

Ganz ergebenst

Frau Louise Guhlich, Hallerstr. 13«

Polizeilicherseits wurde am 24. 1. 1911 notiert (Bl. 920):

»Es kommt ein Kaufmann Fritz Haarmann, geb. am 25. 10. 79 in Hannover, Wohnung unbekannt, in Frage. Haarmann hat sich am 20. d. Mts. hier gemeldet und bei der Polizei seinen Arbeitsverdienst von 10 Mk. in Empfang genommen. Mit Bezug auf den vorl. Brief liegt eine strafbare Handlung bislang nicht vor. Die Ehefrau Louise Guhlich hat Anweisung erhalten, daß sie den Benannten (Haarmann) evtl. wegen Hausfriedensbruch zur Anzeige bringen könne.«

Am 4. 4. 1911 wurde Haarmann wegen Rückfalldiebstahls und Sachbeschädigung vom Landgericht Hannover zu neun Monaten Gefängnis verurteilt. Durch die Untersuchungshaft war bereits ein Monat verbüßt, so daß die Gefängnisstrafe bis zum 4. 12. 1911 andauerte. In der Urteilsbegründung heißt es:

»Am 13. Februar begab er sich, da er ohne Mittel war, auf den Friedhof der früheren Dorfgemeinde Herrenhausen, um dort von Denkmälern wertvolle Metallteile zum Zweck der Veräußerung zu entwenden.« ...

»Auf dem Friedhof steht am Grabe des Hofmarschalls von Malortie ein fest in die Erde eingelassenes Steindenkmal, das Zierrate von edlerem Metall an sich trägt; die gesamte Anlage steht noch im Eigentum der v. Malortie'schen Erben. Der Angeklagte hat von demselben zunächst eine Metalltafel, die zwei Genien an der Vorderseite des Steins in den Händen trugen, abgenommen. Dies war ohne Beschädigung möglich, da die Tafel nicht befestigt, sondern lose in die Hände der Figuren gesteckt war. Nach seinem nicht widerlegten Vorbringen hat er die Tafel zunächst nur auf ihren Wert hin besichtigen wollen, hat dies getan und die dabei für Zinkblech gehalten, weshalb er sie zur Seite in den Efeu gelegt hat. Hiernach liegt insoweit weder eine Beeinträchtigung der Unversehrtheit des Denkmals noch eine Wegnahme in der Absicht rechtswidriger Zueignung erweislich vor.

Dann hat Haarmann jedoch auf der Rückseite des Grabsteins eine dort angebrachte wertvolle Wappentafel teils durch Losschrauben einer sie mit dem Stein verbindenden Schraube, teils durch Schläge mittels eines Stücks Backstein, den er an Ort und Stelle zurückgelassen hat, gewaltsam abgetrennt. Er steckte sie, die dabei in mehrere Stücke zerbrochen war, zu sich und entfernte sich. Sein Tun war aber bemerkt worden, und als er eins der Bruchstücke verlor, wurde er verfolgt. Auf der Flucht entledigte er sich der übrigen, indem er sie in die Leine warf.« ...

»Haarmann war bei der Tat nicht geisteskrank. Er ist aber durch einen starken Hitzschlag in seiner Militärdienstzeit geistig minderwertig und nervenleidend geworden, deshalb gegen strafbare Gelüste in erheblich geringerem Maße widerstandsfähiger als gesunde Personen.« ...

»Bei der auf § 244 ff. zu verhängenden Strafe sind im Hinblick auf die geistige Minderwertigkeit des Angeklagten trotz seiner mehrfachen Vorbestrafungen gleicher Art mildernde Umstände vorhanden. Eine 9monatige Gefängnisstrafe erschien angemessen.« (Bl.844–846)

Bl. 847–878 umfassen einen Auszug aus der Strafakte der Staatsanwaltschaft Hannover über ein Verfahren gegen Haarmann wegen schweren Diebstahls (Aktenzeichen 6J. 1627/12). Aus diesem Auszug geht hervor, daß Haarmann am 13. 12. 1912 wegen Verdachts des Einbruchsdiebstahls verhaftet wurde. Der Arbeiter Heinrich Buerschaper hatte Haarmann kurz zuvor im Keller des Hauses Rühmkorffstr. 6 angetroffen, wo dieser offenbar die Absicht hatte, einzubrechen. Buerschaper verfolgte

Haarmann bis zur Eilenriede, versetzte ihm einen Schlag und übergab ihn dann einem Schutzmann. Auf der Flucht warf Haarmann einen Dietrich fort. Haarmann bestritt eine Einbruchsabsicht; er habe nur austreten müssen. In der Wohnung Haarmanns wurden einige Flaschen Wein, Dosen mit Spargel, Apfelmus und Mirabellen sowie Äpfel gefunden. Von Seiten der Polizei wurde vermerkt, daß in den letzten drei Monaten unzählige Kellereinbrüche ausgeführt worden seien, bei denen Wein und eingemachte Früchte sowie Obst und Eier gestohlen worden seien. Die Ermittlung der Täter sei bisher nicht gelungen.

Ein Bekannter Haarmanns, der 1895 geborenene Kaufmann Willy Algermissen, sagte bei der Polizei aus, daß Haarmann ihm und seinen Eltern seit August ca. 40–50 Flaschen Wein, Sekt, Rum und Cognac geschenkt habe, außerdem in größeren Mengen Äpfel, Birnen, Marmelade, Honig und Eier. Er habe ihm erzählt, daß er von Beruf Chemiker sei und einen Weinkeller besitze. Auch habe er Algermissen ein Fahrrad geschenkt, es aber etwa 8 Tage später unter der Angabe, es reparieren lassen zu wollen, wieder abgeholt. Weiter berichtete Algermissen: »Haarmann hat mir auch ab und zu unsittliche Anträge gestellt, er hätte keine große Lust, mit Mädchen zu verkehren, er befriedigte sich selbst, oder er ginge die Georgstraße entlang und nehme sich manchmal einen Jungen mit, der ihm einen abwichsen mußte, oder aber er ließe sich von Freunden einen ablutschen. Auch mit mir wollte Haarmann unsittliche Sachen machen, indem er mir an meinen Geschlechtsteil faßte. Ich wehrte mich aber immer dagegen, so daß ihm sein Vorhaben nicht gelungen ist.« Haarmann bestritt dies, sagte aber aus: »Es ist richtig, daß ich schon mit Jungen unsittliche Sachen gemacht habe. Ich bin homosexuell veranlagt durch einen Nervenschlag, den ich beim Militär erlitten habe. Ich muß mich berichtigen – mit Jungen habe ich noch keine unsittlichen Sachen gemacht, es waren immer ältere Leute.«

Haarmanns damalige Logiswirtin, Frau Auguste Hühne, bei der er seit dem 15. 9. 1912 in der Tellkampstr. 15 wohnte, sagte aus, daß Haarmann ihr zahlreiche Lebensmittel (Wein, Eier, Äpfel, Erdbeermarmelade und Apfelmus) und verschiedene Gegenstände, wie einen Straßenrenner für Kinder, Teppiche und Puppen, zum Verkauf angeboten oder geschenkt habe. Sie habe geglaubt, daß Haarmann »Agenturen hatte und Reisender auf Lebensmittel« sei.

Haarmann gab zwar zu, sich der Hehlerei schuldig gemacht zu haben, bestritt jedoch, gestohlen zu haben. Da man ihn für überführt hielt und von Fluchtgefahr ausging, wurde er am 16. 12. 1912 vom Polizeigefängnis in das Gerichtsgefängnis in Hannover verbracht. In den Ermittlungsakten sind 13 Kellereinbrüche und Türdrückerdiebstähle in Hannover-Linden zwischen Juni und Dezember 1912 aufgeführt, wobei vermutet wurde, daß Haarmann in allen oder zumindest mehreren Fällen der Schuldige wäre.

Gemäß Urteil des Landgerichts Hannover vom 25.2.1913 (Bl. 873–878) wurde Haarmann des schweren Rückfalldiebstahls in 10 Fällen und des Versuchs desselben Verbrechens in einem Falle für schuldig erklärt. Er wurde zu 5 Jahren Zuchthaus und Verlust der bürgerlichen Ehrenrechte für die Dauer von 10 Jahren sowie Zulässigkeit von Polizeiaufsicht verurteilt.

Aus der Urteilsbegründung:

»In der Zeit von Ende September bis 12. Dezember 1912 sind aus den Kellern folgender Häuser der Stadt Hannover folgende Sachen gestohlen worden, die den je beigefügten Wohnungsinhabern gehörten:

1) am 20. Oktober Gretchenstr. 28 mehrere Flaschen Rotwein des Generalagenten Schröder,

2) im Oktober oder November Wedekindstr. 26 ein Fahrrad des Kaufmanns Otto Amann, im Werte von 40–50 Mk.,

3) am 28. Oktober Volgersweg 35 4 ganze, 2 halbe Flaschen Sekt des Dr. med. Busalla, Wert 36 Mk.,

4) am 15. November Heinrichstr. 43 ein Fahrrad des Füsiliers Wilhelm Stucke, Wert 50 Mk.,

5) am 26. November Bödekerstr. 42 6 Flaschen Kupferberg Gold, einige Flaschen Elmendörfer, mehrere Töpfe Gelee und 2 Körbe, Wert 18 Mk., des Subdirektors Ch. Mühe,

6) am 1. Dezember Bödekerstr. 35 3 Flaschen Sekt, 3 Flaschen Rotwein, 1 Flasche Rum, 2 Fl. Arrak, 2 Schock Eier, 1/2 Ctr. Kartoffeln, 1/3 Ctr. Äpfel des Hauptmanns a.D. Ludewig, Wert 54 Mk.,

7) am 4. Dezember Bödekerstr. 23 5 Dosen Spargel, 1 Dose Champignons, 2 Dosen Apfelmus, 3 Dosen Erdbeeren, 5 Dosen Mirabellen, 2 Dosen Marmelade, 6 Fl. Weißwein, 4 Fl. Rotwein, 6 Fl. Rheinwein, 10–12 Fl. Liköre, Wert 120 Mk. des Kaufmanns Eduard Israel,

8) am 5. Dezember An der Markuskirche 4 6 Fl. Sekt, 2 Fl. Schnaps, 6 Pfd. Speck, 1 Stück Schinken, Wert 100 Mk. des Kohlehändlers Otto Fuss,

9) am 7. Dezember Hubertusstr. 2 3 Fl. Portwein, 1 Fl. Schnaps, 1 Fl. Curacao, 1 Fl. Sauerbrunnen, 40 Eier, 2 Pfd. Honig, Wert 25 Mk. der Witwe Rümekorff,

10) am 11. Dezember Bödekerstr. 27

a) 1 roten Teppich mit grünen Streifen, 7 Fl. Sekt, 6 Fl. Brauneberger, 10 Fl. Erdener, 6 Fl. Rüdesheimer, 1 Fl. Cognac, 2 Fl. Sherry, 2 Fl. Himbeersaft, 75 Pfd. Äpfel, Wert 120 Mk. des Bankiers Blumenthal,

b) 2 Fl. Sherry, 1–2 Fl. Wein, 30–40 Pfd. Äpfel, 91 Eier, Wert 75 Mk. des Dr. med. Feige,

11) am 12. Dezember An der Markuskirche 2

a) 2 Fl. Sekt, 1 Fl. Madeira, etwa 10 Fl. Rotwein, 30 Pfd. Äpfel, Wert 42 Mk. des Kaufmanns Strauss,

b) 3 Fl. Rotwein, 2 Fl. Sekt der Frau v. Alten.

In allen Fällen ist der Dieb dadurch in den Keller gelangt, daß er die verschlossene im Innern des Hauses befindliche Kellertür mittels eines falschen Schlüssels oder Dietrichs oder eines anderen, für ordnungsgemäße Eröffnung nicht bestimmten Werkzeugs eröffnet hat.« …

»In allen Fällen, mit Ausnahme des Falls 5, ist der Angeklagte der Täter oder doch ein Mittäter gewesen.

Zu dieser Überzeugung führten folgende weitere Ergebnisse der Hauptverhandlung:

a) im Fall 1) hat das in den Keller eintretende Schröder'sche Dienstmädchen Wellhausen den Dieb noch im Keller angetroffen. Er lief an ihr vorbei weg, wobei Flaschen klirrten, die er offenbar in den Taschen trug. Sie erkennt in dem Angeklagten den Dieb wieder.

b) in allen Fällen, mit Ausnahme des Falles 5, sind einzelne der gestohlenen Sachen bei einer am 13. Dez. 1912 vorgenommenen Durchsuchung der Wohnung des Angeklagten vorgefunden worden.« …

»Das Rad im Fall 2 ist vom Angeklagten dem Zeugen Benseler zum Kauf angeboten und dort von Amann, das Rad im Fall 4 ist vom Angeklagten dem Zeugen Stickler verkauft und bei diesem von Stuck als ein Eigentum wiedererkannt worden.« …

»Der Antrag des Angeklagten, ihm mildernde Umstände zu bewilligen, ist bei der großen Anzahl der Diebstähle, die auf seinen Plan schließen läßt, die Keller der ganzen wohlhabenden Stadtgegend auszuplündern, bei seinen vielen einschlägigen Vorstrafen und bei seinem Mangel an Reue, der in seinem Leugnen zum Ausdruck kommt, ungerechtfertigt.«

Am 16. 11. 1912 hatte der Glasreiniger Otto Dörries Anzeige wegen Beleidigung seines 13jährigen Sohnes Otto erstattet, dem Haarmann unsittliche Anträge gemacht habe (Aktenzeichen 6 J. 1585/12., Bl. 879–884). In der Anklageschrift vom 20.1.1913 heißt es:

»Am Donnerstag, den 14. November 1912 besuchte der am 3. Oktober 1899 geborene Schüler Otto Dörries den Nachhilfeunterricht im Arbeiterverein Burgstr. 30. Als er sich nach Beendigung des Unterrichts nach 8 Uhr abends auf dem Heimwege befand, wurde er von einem ihm unbekannten Manne, dem homosexuell veranlagten Beschuldigten an der Ecke Georgstr. und Nikolaistr. angesprochen.

Durch die Frage, ob er in einem Kino gewesen sei, verknüpfte der Beschuldigte den Jungen in ein Gespräch. In diesem suchte er zunächst die Begehrlichkeit des Knaben anzureizen durch die Fragen, ob er gerne Zigaretten rauche, ob er sonstige Liebhabereien habe, wieviel Taschengeld er erhielte und dergleichen. Indem er dann im Weitergehen die Richtung auf seine Wohnung, damals in der Tellenkampstraße gelegen, nahm, suchte er den Knaben durch folgende Versprechungen für unzüchtige Zwecke gefügig zu machen. Bei ihm – dem Beschuldigten – könne er ein schönes Geld verdienen, wenn er regelmäßig zu ihm kommen wolle. Sein früherer kleiner Freund, ein Schüler einer höheren Lehranstalt, sei versetzt. Deswegen müsse er sich einen neuen Freund anschaffen. Als der kleine Dörries ihn offenbar immer noch nicht verstand, wurde der Beschuldigte deutlicher und fragte direkt, ob er denn auch gute Freunde hätte, mit denen er »Kille Kille« mache. Auf die Frage des Jungen, was das heiße, erwiderte er dann: »Mit der Hand liebhaben«. Auf die Antwort des Jungen, er verstände das nicht, ging der Beschuldigte nunmehr zur eindeutigen Offenheit über und sagte: »Man sagt doch mal, zeig mal her, was hast Du für einen Dicken.« Das würde er bei ihm noch lernen. Er könne jetzt gleich mal mitkommen. Er erhalte 0,50 M, Äpfel und Birnen und ein Buch zum Lesen.

Als die beiden dann vor der Wohnung des Beschuldigten angekommen waren, sagte der Beschuldigte: »Wenn Du mich wieder besuchst, mußt Du an ein Fenster des Erdgeschosses klopfen« und indem er die Haustür öffnete: »Komm mit herein, es dauert nur 5 Minuten.« Als der Knabe trotzdem auf der Straße stehenblieb, sagte er, indem er seine Hand auf den Kopf des Jungen legte: »Komm Otto, mach' doch keine Umstände.« In diesem Augenblick lief der Junge fort, eilte nach Hause und erzählte seinem Vater den Vorfall, der Anzeige erstattete.«

Am 8.3.1913 wurde Haarmann wegen Versuchs des Verbrechens nach § 176,3 StGB und Beleidigung vom Landgericht Hannover schuldiggesprochen. Er wurde unter Einschluß der gegen ihn am 25.2.1913 erkannten fünfjährigen Zuchthausstrafe zu fünf Jahren und zwei Monaten Zuchthaus verurteilt.

In der Urteilsschrift ist die Darstellung Haarmanns wiedergegeben:

»Der Angeklagte gibt den geschilderten Sachverhalt im allgemeinen zu, behauptet aber, ihm habe jede unsittliche Absicht fern gelegen. Er habe Dörries nur zu Besorgungen anstellen wollen. Seine Äußerung, ob Dörries gute Freunde habe, habe sich auf Mädchen bezogen. Er habe auch nicht geäußert, man sage manchmal, zeige mal her, was hast Du für einen Dicken, vielmehr habe er dem Dörries, als dieser ihn nicht verstanden hätte, vorgehalten, das müsse er doch verstehen, er habe doch einen so dicken Kopf.«

Am Schluß dieses Aktenauszuges heißt es:

»Danach wurde Haarmann März 1913 in der Strafanstalt Celle aufgenommen, am 10. April 1913 nach Lüneburg, am 2. Oktober 1916 Strafanstalt Rendsburg, später Strafanstalt Rawitsch.«

Am 4. 10. 1918 erstattete der Schankwirt Oswald Rothe beim Kriminal-Kommissariat Hannover Vermißtenanzeige. Seit dem 25. 9. 1918 vermisse er seinen Sohn Fritz Rothe, geb. am 17. 7. 1901. Zu den mutmaßlichen Gründen des Verschwindens ist in der Anzeige unter der Rubrik »Verbrechen?« vermerkt: »Vermutlich Verborgenhalten durch den Kaufmann Fritz Haarmann, Cellerstraße 27 wohnhaft, welcher mit dem Jungen gesehen sein soll. (Anm.: Ist nicht zutreffend).« (Bl. 32–35)

Am 7. 11. 1918 erschien die Gastwirtsehefrau Hermine Rothe bei der Staatsanwaltschaft Hannover, nachdem menschliche Hände und Füße gefunden worden waren. Sie erklärte: »Mein Sohn, der Schüler Fritz Rothe, 17 Jahre alt, ist seit 6 Wochen spurlos verschwunden. Er ist vor seinem Verschwinden in Begleitung eines gewissen Kaufmanns Haarmann, Cellerstr., gesehen worden von dem Schüler Paul Montag, Hildesheimer Chaussee 11 II. Dieser Haarmann, der der Polizei bekannt ist, soll junge Leute an sich locken und mehrere von diesen jungen Leuten sollen seitdem spurlos verschwunden sein, so außer meinem Sohne der Schüler Koch, Weidendamm 3 II und noch einer, von dem die Polizei hier schon weiß. Mein Sohn hatte sehr kleine gepflegte Hände. Ich werde mir die hier asservierten Hände ansehen, ob sie wohl von meinem Sohne herrühren können.«

Weiter vermerkte der Staatsanwalt: »Frau Rothe hat die ihr vorgezeigten Hände nicht als die ihres Sohnes wiedererkannt.« (Bl. 37)

Im Bericht eines Kriminalschutzmannes vom 18. 11. 1918 wird festgestellt, daß die Schüler Hermann Koch, Weidendamm No. 3 und Großsohn Gerhard Rumpf, wh. Gummistraße 4, ebenfalls vermißt werden. Weiter heißt es: »Haarmann ist heute festgenommen und wird vermutlich am 19. ds. Mts. in das hiesige Gerichts-Gefängnis eingeliefert. Es schwebt bereits gegen H. ein Verfahren wegen widernatürlicher Unzucht bei der hiesigen Staatsanwaltschaft 6 J. 1847 / 18. Nach Angabe des Kaufmannslehrling Paul Montag, am 27. 6. 03 in Hannover geboren, Hildesheimer Chaussee 11 wohnhaft, soll Haarmann auch mit Rothe unzüchtige Handlungen vorgenommen haben, als er im September ds. Js. in der Wohnung des Haarmann gewesen ist und auch den Rothe dort bei seiner Ankunft getroffen haben will.« (Bl. 38)

In einem Aktenauszug zu dem anhängigen Verfahren wegen Beleidigung (Bl. 52–53) mit dem Aktenzeichen 13 J. 1692 / 18 ist vermerkt:

»Bl. 1: Am 12. 10. 18 eingeliefert, weil er junge Burschen anlockt und bei sich beherbergt. Hatte letzte Nacht Paul Braun, 15 Jahre alt, bei sich in seinem Bett. Mit ihm unzüchtige Behandlungen.

Bl. 1 v: H. gibt zu, mit jungen Burschen Bekanntschaften angeknüpft zu haben. Verschiedene in seiner Wohnung. Einzelne bei ihm geschlafen.

Braun nach seiner Angabe von H. am Bahnhof angesprochen. Bot ihm an, bei ihm zu essen. Abends im Bett gegenseitige Onanie. Geschlafen bis morgens 9 1/2 Uhr. Dann fragte ihn H. nach Päderastie. Abgelehnt. H. ließ es und sagte, alles was weh tue, solle man lassen. Nochmals mutuelle Onanie, ebenso am nächsten Tage.

12. 10. 18. H. bestreitet die Angaben Brauns. Sieht darin nichts Strafbares. Hat nur gefragt nach Päderastie, weil Braun ihm erzählte, in Frankfurt habe jemand mit ihm ein derartiges Verbrechen begangen. Er hatte nicht die Absicht.

H. bestreitet Verbrechen nach § 175, ebenso unzüchtige Handlungen mit Personen unter 14 Jahren.

Erkennt Hermann Koch nach dem Lichtbilde. Hat ihn in seiner Wohnung gehabt. Mag sein, daß er ihn auf dem Jahrmarkt getroffen und ihm Geld gegeben. Ist aber unschuldig an seinem Verschwinden. Kennt seinen Aufenthalt nicht.

Koch seit 17. 9. 1918 verschwunden. Wenn auch der Verdacht besteht, daß Haarmann außer den zugegebenen unzüchtigen Handlungen Verbrechen nach § 175 mit den angelockten Burschen begangen hat, so konnte doch ein Beweis in dieser Richtung nicht erbracht werden.

Wegen mangelnden Beweises am 14. 10. 1918 entlassen.

Bl. 28 v: Weitere Ermittelungen nach den Händen und Füßen ohne Ergebnis.

H. wohnt bei seiner Schwester, Frau Burschel. Wohnung der Burschel von dieser freiwillig zur Verfügung gestellt. Durchsicht ohne Erfolg. Auch der Keller ist durchsucht, Kohlen umgeschaufelt, ohne Erfolg. Nach Frau Burschels Angabe bringt er, Haarmann, männliche Personen nicht in ihre Wohnung. Nochmalige Durchsuchung der Wohnung der Schwester ohne Erfolg. (12. 2. 1919)

Bl. 31 v: Die beiden Schüler werden noch vermißt.

Bl. 33: Anklageschrift.

Bl. 40 ff: Verhandlung am 2. 4. 19.«

Am 28. 4. 1919 wurde Haarmann vom Landgericht Hannover wegen Beleidigung in zwei Fällen zu neun Monaten Gefängnis verurteilt (Bl. 39–45). Es wurde ihm vorgeworfen, den Kaufmannslehrling Paul Montag und den Schüler Fritz Rothe im September 1918 mit dem Versprechen, ihnen Geld zu geben, zur wechselseitigen Onanie mit sich verleitet zu haben. Fritz Rothe wurde zu diesem Zeitpunkt nach wie vor vermißt.

In der Urteilsschrift heißt es: »Der Angeklagte beruft sich auf den Schutz des § 51 StGB. Die vorgeschützte Unzurechnungsfähigkeit begründet er wie folgt: Vor Jahren habe er bei Erfüllung seiner militärischen Dienstpflicht in Kolmar einen Schlaganfall oder Samenstich [sic] erlitten, vielfach Krämpfe gehabt und sei schließlich unter Gewährung einer Rente als geisteskrank vom Militär entlassen. Seitdem habe er allerdings Krämpfe lange nicht mehr gehabt. In der hier in Rede stehenden Zeit sei er tripperkrank gewesen, habe furchtbare Schmerzen und großen Geschlechtstrieb gehabt. Gegen letzteren habe er vergeblich angekämpft. Er sei daher unzurechnungsfähig bei Begehung der Taten gewesen. Der Angeklagte hat für den Fall, daß er nicht freigesprochen würde, beantragt, einen Nervenarzt darüber als Sachverständigen zu vernehmen, daß er bei Begehung der Taten unzurechnungsfähig gewesen sei. Der Vernehmung eines Sachverständigen bedurfte es indessen nicht. Denn die Strafkammer hat auf Grund der Hauptverhandlung die Überzeugung erlangt, daß der Angeklagte bei Verübung der Beleidigungen im Vollbesitz seiner Geistes-und Willenskraft war. Das ergibt sich allein schon daraus, daß der Angeklagte, wie der oben geschilderte Sachverhalt lehrt, durchaus überlegt und planmäßig vorgegangen ist. Er hat auch an die Vorgänge, soweit er sie zugegeben hat, lückenhafte Erinnerung. Es kann daher keine Rede davon sein, daß der Angeklagte sich in einem Zustande von Bewußtlosigkeit oder krankhafter Störung der Geistestätigkeit befand, durch den seine freie Willensbestimmung ausgeschlossen war. Hiernach entfällt die Anwendbarkeit des § 51 a. a. O.«

Und: »Mag der Angeklagte auch homosexuelle Neigungen haben und deshalb als minderwertig anzusprechen sein, so war er, der schon vielfach und schwer, einmal auch einschlägig vorbestraft ist, strenge zu bestrafen, da er eine Gefahr für die heranwachsende Jugend bedeutet.«

Gegen das Urteil wurde Revision eingelegt (Bl. 46–47), die der Rechtsanwalt Dr. Mähnz (Hannover) mit der Einwilligung der Beteiligten in die sexuellen Handlungen begründete. Auch führte er aus, daß mindestens ein Sachverständiger über den vom Beklagten gestellten Beweisantrag hätte gehört werden müssen: »Letzten Endes mag erwogen werden, ob nicht die Amnestie in Frage kommt, da doch Verführung des Angeklagten, wenn auch nicht durch andere dritte Personen, so doch durch eigene Veranlagung vorgelegen hat.« Die Revision wurde am 10. 7. 1919 verworfen (Bl. 47–49).

Am 27. 8. 1919 richtete Haarmann ein Gnadengesuch an das Gericht (Bl. 50–51):

»Durch Urteil des Landgerichts Hannover vom 28. April 1919 bin ich zu 9 Monaten Gefängnis verurteilt worden. Wie schon in der mündlichen Verhandlung hervorgehoben wurde, bin ich für meine Handlungen nicht verantwortlich zu machen.

Ich wurde am 25. Oktober 1879 zu Hannover geboren. Ich besuchte daselbst die Bürgerschule und wurde mit dem 14. Jahre konfirmiert. Mit 15 Jahren trat ich in die Unteroffizierschule Neubreisach ein, wurde aber nach einem Jahre, da ich nervenleidend wurde, entlassen. Bis zu meinem 21. Lebensjahre blieb ich dann im elterlichen Hause und beschäftigte mich im Geschäft meiner Mutter.

Im Jahre 1900 wurde ich Soldat beim Jäger-Batl. Nr. 10 in Kolmar. Bei dem Manöver im Jahre 1901 bekam ich einen Hitzschlag. Dieser wirkte derartig auf mein Nervenleiden, daß ich nach 6monatiger Behandlung als geisteskrank entlassen werden mußte und zwar mit einer jährlichen Pension von 324 Mk.

Nach meiner militärischen Entlassung richtete ich mir ein Konserven- und Lebensmittelgeschäft ein, mußte aber das Geschäft wieder verkaufen, da ich wegen meines Nervenleidens die in Frage kommenden Arbeiten nicht verrichten konnte.

Durch meine fortwährend erschütternde [sic] Gesundheit kam ich in Geldverlegenheit. Auf diese Weise kam ich mit Elementen in Berührung, die mir Ware verkauften, welche nicht auf reellem Wege erworben waren. Aus diesem Grunde wurde ich bestraft.

Nach verbüßter Strafe stand ich als geächtete Person ohne jegliche Geldmittel da, die Not zwang mich mehrere Male mit dem Strafgesetzbuch wegen Eigentumsvergehens in Konflikt zu kommen.

Ich hatte stets das Verlangen, als ehrlicher Mensch mein Leben zu verbringen.

Im Jahre 1918 zog ich mir ein Geschlechtsleiden zu. Durch die damit verbundenen furchtbaren Schmerzen wurde ich wieder nervenleidend, so daß ich teilweise vor Schmerz besinnungslos war. Mein Geisteszustand verschlimmerte sich immer mehr. Vor dem Geschlechtsverkehr mit Frauen hatte ich Angst, weil ich glaubte, wieder geschlechtskrank zu werden. Aus diesem Grunde suchte ich nach Auswegen. Gegen diesen Trieb konnte ich beim besten Willen nicht ankämpfen, dies um so weniger, weil mein Geisteszustand sich noch verschlechterte.

Von einer Beleidigung kann im vorliegenden Falle nicht die Rede sein, da sich der Zeuge Montag mit mir eingelassen hat. Den Fall mit Rothe bestreite ich. Selbst wenn aber die Aussage von Rothe richtig sein sollte, so bin ich für diese Tat nicht verantwortlich zu machen, da ich, wie schon erwähnt, infolge meines Geisteszustandes nicht über freien Willen verfügte.

Sollte ich meine 9monatige Gefängnisstrafe verbüßen müssen, so würde sich mein augenblicklich gehobenes Nervenleiden mit voller Wucht wieder von neuem einstellen, so daß ich nach Verbüßung der Strafe voraussichtlich meinem früheren Leiden wieder ausgeliefert sein würde.

Ich bitte daher gehorsamst, die mir auferlegte Gefängnisstrafe zu erlassen, bezw. dieselbe in eine Geldstrafe umzuwandeln. Gehorsamst Fritz Haarmann.«

Ende des Jahres 1919 ermittelte die Staatsanwaltschaft Hannover gegen Haarmann wegen Körperverletzung (29 D. 559 / 19., Bl. 885–890). Nachdem sein Aufenthaltsort vorübergehend unbekannt war, wurde er am 28. 2. 1920 ins Polizeigefängnis eingeliefert und am 2. 3. 1920 dem Gerichtsgefängnis zugeführt (s. u.).

Am 25.3.1920 wurde Haarmann wegen gefährlicher Körperverletzung zu 30 Mark Geldstrafe, im Falle des Unvermögens zu 3 Tagen Gefängnis verurteilt. Aus der Urteilsbegründung:

»Die Schwester des Angeklagten, Frau Burschel in Hannover, war mit der Zeugin Lichtenstein über die Rückzahlung von Geld in Streit geraten, das die Lichtenstein für einen der Tochter der Burschel gelieferten Mantel erhalten hatte. Am 4. Oktober 1919 nahm sich die Burschel ihren Bruder, den Angeklagten, mit in das Hoffmann'sche Geschäft, wo die Lichtenstein angestellt war. Dort versetzte der Angeklagte der Lichtenstein ohne weiteres mit einem auf dem Tresen liegenden Lineal mehrere Schläge ins Gesicht und auf den Arm. Daß er sie auch eine Schere ergreifend bedroht hat, ist nicht erwiesen.«

Am 15.10.1919 hatte Frau Emma Burschel, die Schwester Haarmanns, ihrerseits Anzeige gegen die Schneiderin Selma Lichtenstein wegen Betruges erstattet.

Am 6.11.1920 schrieb Haarmann an das Amtsgericht Hannover (der Aktenauszug gibt auch die Schreibfehler Haarmanns wieder):

»Ich wurde vom Amtsgericht Hannover zu 30.– M Geldstrafe verurteilt im Monat März. Ich bitte höflich, die 30.– M Geldstrafe bei meiner Schwester Frau Emma Burschel, Hannover, Vahrenwalderstr. 112 Cigarren-Handlung, einziehen zu wollen, da ich selbieger 30.– M von meiner Militärrente zur Bezahlung der Geldstrafe aushändige. Ich hätte die Geldstrafe schon längst bezahlt, aber da ich hier im Gerichtsgefängnis eine Freiheitsstrafe wegen Beleidigung verbüße und meine Strafe am 2. Dezember 1920 abgelaufen ist und mir bei meiner Entlassung keine Haftstrafe treffen soll, so bitte ich höflich, hier der Direktion von der Bezahlung Mitteilung zu machen. Indem ich mich für Ihre Bemühungen höflichst dankend

hochachtungsvoll
gez. Fritz Haarmann
z. Zt. Gerichtsgefängnis"

Auszug aus der Strafakte der Staatsanwaltschaft Hannover gegen Haarmann wegen Körperverletzung pp. (Aktenzeichen 6 J. 295/20), hier Bl. 55–56:

»Am 2.2.1920 erstattet Birnstiel Anzeige wegen Mißhandlung. Am 28.2.1920 wird Haarmann eingeliefert, der von der K.J. gesucht wird. Es war Anzeige gegen ihn erstattet wegen Verdachts des Einbruchsdiebstahls. Außerdem wird er gesucht zur Strafverbüßung von 9 Monaten

Gefängnis 13 J. 1692/18. Haarmann hält sich dauernd verborgen, nach seinen Vorstrafen gemeiner Verbrecher, daher Gerichtsgefängnis.

Bl. 10 d. A., Ger. Vernehmung des Haarmann:

Bis 15. 11. 19 wohnte ich bei meiner Schwester Frau Burschel, Spittastr., deren Laden sich Vahrenwalderstr. 112 befindet. Sie ist Eigentümerin des Hauses. Ich half meiner Schwester in ihrem Geschäfte, ohne im Besitz eines Haus- und Ladenschlüssels zu sein. Ohne Vorwissen meiner Schwester nahm ich Abdrücke vom Haus- und Ladenschlüssel und ließ mir danach von einem Schlosser Schlüssel machen. Ich gab aber meiner Schwester auf ihren Wunsch diese Schlüssel 3 Tage später heraus. Ich zog dann am 15. November zu Frau Birnstiel. Dort habe ich keine Schlüsselabdrücke gemacht, wohl nahm ich die Seife mit den Abdrücken des Laden- und Hausschlüssels in das Logis zu Frau Birnstiel mit. Nach Mitteilung des Gastwirts Wedemeyer, Vahrenwalderstr. sollte Frau Birnstiel mich beschuldigt haben, mehrere Kinder gemordet zu haben. Als ich sie dieserhalb am 2. v. Mts. im Laden meiner Schwester zur Rede stellte, nannte sie mich Mörder, worauf ich ihr einen Schlag auf den Mund versetzte. Sie hatte mir verschiedentlich Geld gegeben, um mich zu veranlassen, mit ihr in geschlechtlichen Verkehr zu treten. Ich logiere z. Zt. im Wiener Hof. Ich bestreite, bei Frau Birnstiel einen Einbruch verübt zu haben.

gez. Fritz Haarmann.

Vom Erlaß eines Haftbefehls wird abgesehen.

Bl. 12 d. A., Angabe der Schwester:

Die Schwester des Beschuldigten machte auf Befragen die gleichen Angaben. Die Abdrücke passen genau zu dem Laden und der Wohnung der Ehefrau Burschel und stimmen nicht zu den Wohnungsschlüsseln der Frau Birnstiel. Die Schwester hat die von Haarmann beschafften Schlüssel auch im Besitz.

Wie festgestellt, handelt es sich um einfache Körperverletzung. Haarmann hat die Birnstiel mit der Hand mehrmals ins Gesicht geschlagen, irgendwelche Verletzungen hat sie nicht davon getragen.

Sonst konnten Beweise über von Haarmann ausgeführte strafbare Handlungen nicht erbracht werden.

gez. Bethe, Pol. Wachtmeister.

Birnstiel wird auf die Privatklage verwiesen (Bl. 13).

Verfahren wegen Übertretung des § 369,1 StGB wird wegen Verjährung der Strafverfolgung eingestellt. Nachricht von der Einstellung, ohne Gründe, an den Beschuldigten.«

Am 2. 1. 1921 erstattete der Kaufmann Beyme Anzeige gegen Haarmann. Dieser habe bei ihm gebettelt, indem er sich als vertriebener Oberschlesier ausgegeben habe, der auch noch für seinen 76 Jahre alten Vater sorgen müsse. Am 10. 1. 1921 wurde Haarmann verhaftet, da er im Verdacht stand, für die Herberge zur Heimat Kleidungsstücke eingesammelt zu haben, die er dort nicht abgeliefert habe. Haarmann wurde zusammen mit Hans Grans angeklagt, in Hannover im Dezember 1920 und Januar 1921 gebettelt sowie im Jahre 1920 »widernatürliche Unzucht« getrieben zu haben. Im Aktenauszug der Heil- und Pflegeanstalt Göttingen heißt es:

»H. wegen Bettelns zu 3 Wochen Haft verurteilt, sonst freigesprochen, vom Schöffengericht Hannover am 25. 4. 21. Es kann nicht festgestellt werden, daß der Angeklagte Grans gebettelt hat. Er bestreitet, gebettelt zu haben, und hat dies auch früher nicht zugegeben. Beweise fehlen. Beiden Angeklagten kann auch nicht nachgewiesen werden, daß sie sich gegen § 175 vergangen haben. Nach ihren früheren Angaben haben sie 1920 homosexuell miteinander verkehrt. In der Hauptverhandlung stellen beide Angeklagten diesen Verkehr so dar, daß sie nur gegenseitige Onanie getrieben haben. Hierin kann aber kein Vergehen gegen § 175 gefunden werden.« …

»Haarmann legt Bl. 34 Berufung ein. Er hat aus Mildtätigkeit für arme Bedürftige, welche ihn um etwas Zeug baten, gehandelt. Er hat die Sachen dem damals bedürftigen Grans gegeben, ebenso der Frau eines Arbeiters. Er hat nicht für sich, sondern für seine bedürftigen Mitmenschen gesammelt. Das ist nicht strafbar. Als ihm nachher mehr angeboten wurde, hat er die Leute an die Herberge verwiesen, sie möchten dort antelephonieren, dann würden die Sachen schon abgeholt. »Dieses war mein Pflichtgefühl.« Er macht das Gericht darauf aufmerksam, daß das, was er getan, jeder gebildete Mensch auch tun würde, jeder Pastor, jede Gesellschaft. Berufung abgelehnt, weil zu spät eingelegt, ebenso Klage auf Wiedereinsetzung des Verfahrens abgelehnt.« (Bl. 896–898)

Frau Burschel äußerte am 22. 3. 1921 gegenüber der Polizei den Verdacht, daß ihr Bruder Fritz Haarmann und Hans Grans in der vorherigen Nacht aus ihrem Zigarrenladen »mehrere Mille« Zigarren und Zigaretten gestohlen hätten. Am 4. 4. 1921 wurde Haarmann gefaßt. Eine Durchsuchung seiner Wohnung verlief ohne Ergebnis. Im Aktenauszug der Heil- und Pflegeanstalt Göttingen heißt es:

»Haarmann gerichtlich vernommen (Bl. 14). Führte früher das Geschäft seiner Schwester, hatte mit ihr Differenzen. Anzeige Racheakt. Er hat ihr zu Ostern eine Karte geschickt, darin findet Schwester Niederträchtigkeit ... Entlassen mangels jeglichen Tatverdachts. Grans später vernommen, bestreitet jede Teilnahme, weiß nichts davon, ob Haarmann den Einbruch ausgeführt hat.« (Bl. 891)

Am 24.10.1921 wurde Haarmann wegen Rückfalldiebstahls zu einer Gefängnisstrafe von 5 Monaten verurteilt (Bl. 894–895):

»Der Angeklagte hat am 31. August 1921 zu Hannover nachm. vom Hofe des Hauses Bödekerstr. 67 Wäschestücke der Frau Ferdinand Salberg, die zum Trocknen aufgehängt waren, nämlich 3 Oberhemden, 2 Damenhemden, 1 Kissenbezug entwendet. Bei seiner Festnahme fanden sich noch 2 Damenhemden in seinem Besitz. Der Angeklagte gibt unwiderlegt an, daß er diese 2 Hemden gleichzeitig mit der Wäsche der Frau Salberg gestohlen habe; diese Stücke hätten auf dem Nachbargrundstück, das von dem Hofe des Hauses 67 nur durch ein niedriges Staket getrennt sei, gehangen, so daß er sie in derselben Wegnahmehandlung sich habe zueignen können ... Wegen der Dreistigkeit, mit der der Angeklagte vorgegangen ist, erschien eine Gefängnisstrafe von 5 Monaten angemessen.«

Zuvor hatte sich Haarmann in einem Schreiben zu der Anklage folgendermaßen geäußert (Bl. 893–894):

»An das Amtsgericht 30.

Höflichst auf die Anklage zu erwidern habe ich Folgendes:

Ich wurde Ende Juli, da ich feste Wohnung und Stellung hatte, von der Polizei 4 Beamte des Morgens aus dem Bette verhaftet, es stellte sich aber sofort heraus, daß ich garnicht in Frage kam. Da solche belästigung schon mehrere male vorgekommen waren und ich Stellung und Wohnung dadurch habe einbüsen müssen, sah ich mich veranlaßt mich zu beschwerden und das bei den Herrn Comissar Müller. Herr Comissar Müller machte auch gleich anstalten und hat bei Herrn Wiedemann wo ich wohnte und arbeitete den in Kenntnis gesetzt das ich überhaupt nicht in Frage und ein Versehen vorlege. Da aber ein Beamter Getke schon vorher Herrn Wiedemann über mein Vorleben unterrichtet hatte, so war ich wieder Brot und Wohnungsloss. In meiner Not habe ich dann gehandelt mit Seife, ging dann nach Hamburg und kam am 30. August hier mittellos an. Da ich Leuse hatte und ich an den Garten vorbei kam da wollte ich mir dann einige Hemden für mich nehmen. Sie sehen Herr

Richter ich habe mich Jahrelang keinen Diebstahl zu schulden kommen lassen, aber durch dumme Verhaftung alles verloren. Ich bitte Herrn Comisar Müller zu fragen.

Ich zeichne hochachtungsvoll

gez. Fritz Haarmann.«

Haarmann verbüßte die Strafe im Müggenburger Moor bei Celle.

Eine Aktennotiz zu 6 J. 314/22 (Bl. 54) des Polizeipräsidiums, Kommissariat V in Hannover, bezieht sich auf eine Anzeige der Frau Klara Rehbock (ohne Datumsangabe). Sie gab an, daß Haarmann in ihrem Hause ein Kontorzimmer gehabt habe. Sie habe ihm gekündigt, »weil er andauernd lichtscheues Gesindel beherbergt hat«. Es schwebe ein Verfahren beim Mieteinigungsamt. Nachdem Haarmann am 1. 3. 1922 aus dem Gefängnis entlassen worden sei, habe er abends die Tür aufgebrochen. Im Laufe von Auseinandersetzungen zwischen Haarmann und Frau Rehbock habe er sie mit der Faust ins Gesicht geschlagen, beschimpft und gerufen: »Sie Dirne Sie.« Weiter heißt es in der Aktennotiz:

»Haarmann (Bl. 2) hat nach seiner Erklärung die Rehbock aufgefordert, das gemietete Inventar wieder ins Zimmer zu stellen. Vor seinem Zimmer schimpfte sie, er kann die Worte nicht mehr angeben, hat nur noch das Wort »Einbrecher« in Erinnerung. Diesen Ausdruck hat sie deshalb gebraucht, weil er am 1. nach seiner Rückkehr aus dem Gerichtsgefängnis sein Zimmer durch einen Schlosser aufmachen ließ. Er verbat sich die Redensarten der Rehbock »Einbrecher, Verbrecher« und sagte, sie solle sich nicht wie eine Dirne benehmen. Sie wiederholte die Beleidigungen. Er schlug sie mit der flachen Hand in das Gesicht. Haarmann stellte Antrag wegen Beleidigung.

Die Rehbock (Bl. 3) widersprach der Angabe Haarmanns. Hat ihn nicht Einbrecher und Verbrecher genannt. Als er sie geschlagen und Dirne geschimpft hatte: »Von einem solchen Verbrecher soll ich mich Dirne ausschimpfen lassen.« Darauf hat Haarmann sie nochmals ins Gesicht geschlagen. Stellt Strafantrag wegen Körperverletzung.

Grans von Haarmann als Zeuge angegeben, konnte nicht vernommen werden.

Rehbock auf ihren Antrag gegen Haarmann wegen Beleidigung und Körperverletzung nach Formular zur Privatklage verwiesen, ärztliches Zeugnis zurückgegeben, ebenso Haarmann. Rehbock wird nachdrücklich noch mitgeteilt, daß ein öffentliches Interesse an der Strafverfolgung nicht vorliegt, zumal Haarmann zuerst von ihr beleidigt sein will.«

Am 28.5.1922 schrieb Haarmann an das Versorgungsamt Hannover in Ergänzung der Beantwortung eines Fragebogens, den er »zum Zwecke der Umanerkennung Ihrer Versorgungsgebührnisse nach dem vom 1.1.1921 ab geltenden Altrentnergesetz« noch in Strafhaft ausfüllte (Bl. 820):

»Auf Ihre Anfrage welches Einkommen ich im Jahre 1920 gehabt habe so teile ich folgendes mit. Ich hatte 1901 mein Mütterliches Erbe erhalten und habe damit eine Conserven Handlung angefangen. Mein Leiden der Nerven ist aber mitunter der Art sodas ich mich nur noch auf fremde Leute verlassen mußte und diese sorgten in Ihren Taschen sodas ich mein Geschäft Verkaufen mußte mit Verlusst. In den Jahren habe ich mein Erbe Verbraucht und zugesetzt betrefs meines Leidens. Festes Einkommen habe ich niemals gehabt solange ich als Militär-Invalide bin und meine Verwanten haben mich größtenteils mit durchgeholfen. Ich habe auch 1920 kein festes Einkommen gehabt da ich wegen mein Nervenleiden nur ab und zu tätig sein kann und manchmal auch in großer Not bin, betrefs Nahrungssorgen.

Ich zeichne hochachtungsvoll
Friedrich Haarmann
hier, Neuestr. 8 pt.«

Bl. 821–824 umfaßt die Abschrift eines Befundes einer ärztlichen Untersuchung beim Versorgungsamt Hannover vom 12.12.1922:

»*Vorgeschichte:*

H. ist bald nach seinem Eintritt in den aktiven Militärdienst (1895) geisteskrank geworden (s. Seite 9 d. A.). Zunächst verlief die Krankheit in einzelnen Schüben und wurde auf Grund von hypochondrischen Sensationen als Neurasthenie aufgefaßt. 7 Jahre später wurde die Erkrankung als abgelaufene Hebephrenie erkannt (Seite 71 ff.). Später hat H. verschieden lange Gefängnisstrafen verbüßen müssen, z. B. (S. 130) in der Strafanstalt Rawitsch vom 25.2.1913 bis 25.3.1918 und noch eine im Jahre 1921/22.

Eigene Angaben:

Kann über seine Vorgeschichte nicht viel Angaben machen, insbesondere scheint er niemals während der Strafhaft oder bei den gerichtlichen Verfahren auf seinen Geisteszustand untersucht zu sein. Er gibt zu, in den Irrenanstalten Langenhagen und Hildesheim gewesen zu sein und die angeführten Strafen verbüßt zu haben.

A. Gegenwärtige Klagen:

Im ganzen ohne Beschwerden. Zeitweise Druck im Kopfe und in der Brust und dann »ganz dumm«, könne weder lesen noch schreiben. Wie oft diese Zustände auftreten, wie lange sie dauern usw. könne er nicht angeben.

Seine verschiedenen Erbteile, die zusammen die Summe von mehreren 100 000 Mark überschreiten, habe er im Laufe der Zeit verbraucht, sei auch um einen großen Teil betrogen worden.

B. Befund

Alter 42 Jahre, guter Ernährungszustand, gesundes Aussehen, mittelkräftig entwickelte Muskulatur.

Puls 84, Herz o. B.

Pupillen gleich, mittelweit, verengern sich gut bei Lichteinfall und Nahesehen. Augenbewegungen frei und ruhig.

Motorische und sensible Hirnnerven o. B.

Der übrige körperliche und neurologische Befund regelrecht, insbesondere auch keine Zeichen für Befehlsautomatie oder andere katatonische Symptome.

Psychisch: kindlich zutrauliches Wesen, kommt leicht bei Schilderung seines Lebensganges in Tränen, beteuert dabei seine Abstammung aus guter Familie. Fragen faßt er ziemlich prompt auf, beantwortet sie aber etwas weitschweifig, ohne ihren Kern richtig zu erfassen; Stimmungslage – abgesehen von der affektiven Labilität – mittel.

Örtliche Orientierung gut, zeitliche mangelhaft, kann aber das Datum ausrechnen. Die Umgebung wird richtig kritisiert. Sinnestäuschungen auf allen Gebieten werden für die Gegenwart bestritten. Für die in der Vergangenheit festgestellten fehlt die Erinnerung.

Keine Verfolgungs- oder Wahnideen.

Intelligenz: 7 x 8 = *64,* 7 x 15 = 105, 6 x 18 = 108, 7 x 8 = *52.* 17 + 18 = 35, 47 + 36 = 83, 27 – 14 = 13. 32 – 17 = 0, 27 : 3 = 0. Rechnet sehr langsam und unter ersichtlicher Anstrengung. Wenn er im Kopfe nicht fertig wird, versucht er es schriftlich auszurechnen. Rechenfähigkeit also erheblich herabgesetzt.

Das Jahr gleich 12 Monate, zählt sie vorwärts richtig auf. Den kürzesten kann er zunächst nicht angeben, später fällt ihm ein, daß es der Februar sei, welcher 28 Tage habe und zwar ständig (Schaltjahr also unbekannt). Als längsten Monat gibt er den Dezember an, der zwar auch nur 31 Tage habe, aber weil er der letzte sei und in ihn Weihnachten falle, würde er als der längste angegeben.

Die Sonne gehe im Osten auf und im Westen unter. Entstehung von Tag und Nacht unbekannt, Erdbewegungen unbekannt, Kugelgestalt der Erde bekannt.

Als größten Fluß Deutschlands führt er den Rhein an, als andere größere Flüsse die Leine. Nach der Hilfsfrage, an welchem Fluß Hamburg liegt, gibt er auch noch die Elbe an. Hauptstadt von Deutschland sei Berlin, Provinz unbekannt. Der frühere Herrscher von Deutschland sei Kaiser Wilhelm II gewesen, den gegenwärtigen kennt er nicht. Den Unterschied von Deutschland und Preußen kennt er nicht, gibt an, Preußen sei vom alten Fritz gegründet, daraus sei Deutschland entstanden.

Die Kosten einer Zigarre und die Höhe des Briefportos kann er nicht angeben. Die rückläufigen Assoziationen sind schwer gestört, bei der rückläufigen Aufzählung der Monate kommt er nur bis zum Oktober.

Unterschiedliche Begriffsbestimmungen: Irrtum – Lüge: »Man kann sich wohl irren, aber man darf nicht lügen.« Arm und elend: 0. Sprichworterklärung: Was Hänschen nicht lernt, lernt Hans nimmermehr: 0.

Als seine Unkenntnisse ihm klar werden, bricht er in lebhaftes Weinen aus und versichert, er habe früher alles gekonnt.

C. Urteil

Die heutige Untersuchung hat einen schweren Intelligenzdefekt ergeben und zwar sowohl in Beziehung auf das erworbene Schulwissen als auch noch einen viel größeren bei der Verwertung der an und für sich geringen Kenntnisse. Hinzu kommt eine hilflose Gutmütigkeit, die sich auch während der Untersuchung geäußert hat.

Trifft die frühere Feststellung zu, daß H. vor seinem Eintritt in den aktiven Heeresdienst vollwertig gewesen ist, so muß angenommen werden, daß dieser Defekt ein erworbener ist. Ursache für diesen Defekt sind die verschiedenen vorübergehenden Geistesstörungen, welche während des aktiven Heeresdienstes beobachtet wurden. Auf Grund von Beobachtungen im Jahre 1902 (S. 71/74) ist angenommen worden, daß es sich um Hebephrenie handelt.

Auch wir halten den gegenwärtigen Zustand für die Reste einer damals durchgemachten Hebephrenie.

Die Erwerbsminderung besteht nicht nur auf dem Intelligenzdefekt als solchem, sondern wird noch vermehrt durch die Hilflosigkeit, Urteilslosigkeit, leichte Beeinflußbarkeit.

Diese Eigenschaften haben veranlaßt, daß H. nicht nur sein ganzes

Vermögen verloren hat, sondern auch noch mehrfach in erheblichem Grade mit dem Stafgesetzbuch in Konflikt gekommen ist und lange Freiheitsstrafen hat verbüßen müssen.

Demnach erachten wir den H. als 80% in seiner Erwerbsfähigkeit geschädigt.

Es fällt auf, daß H. noch nicht wegen Geisteskrankheit entmündigt ist.

Innere D.B. ist früher angenommen worden, meiner Ansicht aber zu Unrecht; denn irgendwelche schwere seelische Erschütterungen oder körperliche Erkankungen, welche geeignet gewesen wären, die Hebephrenie – eine an und für sich durchaus endogene Erkrankung – auszulösen, sind nicht nachgewiesen worden.

Dr. Bartsch, Nervenarzt.

Urteil: Deutliche Verschlimmerung nachgewiesen.
D.B. ist bereits anerkannt.
E.M. vom 1.1.21 bis Vak. = 70%
(größtenteils erwerbsunfähig)
ab Vak. = 80%
(erwerbsunfähig) wegen Verschlimmerung.
Nachuntersuchung 1925.
Unterschrift
Reg. Med. Rat.«

Am 17.1.1923 erhielt Haarmann einen Rentenbescheid des Versorgungsamtes Hannover (Bl. 825–828), in dem ihm mitgeteilt wurde, daß aufgrund des Altrentnergesetzes (A.R.G.) vom 18.7.1921 eine Neufeststellung seiner Versorgungsansprüche ab 1.1.1921 erfolgte. Die Minderung seiner Erwerbsfähigkeit betrage vom 1.1.1921 bis 30.11.1922 70 v.H. und ab 1.12.1922 80 v.H. »und zwar infolge Ihres Versorgungsleidens – überstandene Geisteskrankheit, die einen gewissen Schwachsinn hinterlassen hat – verschlimmert durch den Dienst.« Nach der Aufstellung des Versorgungsamtes betrug die damalige aktuelle Rente 382,75 Mark monatlich.

Das Versorgungsamt Hannover wollte sogleich die Einleitung eines Entmündigungsverfahrens veranlassen, wurde aber darauf hingewiesen, daß es den Angehörigen Haarmanns raten solle, beim zuständigen Amtsgericht die Entmündigung zu beantragen. Am 26.3.1923 schrieb das Versorgungsamt an den Bruder Adolf Haarmann (Bl. 774):

»Im eigenen Interesse Ihres Bruders, des Schwerbeschädigten Friedrich

Haarmann, hier, Neuestraße 8 part. wohnhaft, erteilen wir Ihnen den Rat, seine Entmündigung beim zuständigen Amtsgericht zu beantragen, weil er infolge seiner Schwachsinnigkeit hilf- und urteilslos und leicht beeinflußbar ist.

Das Versorgungsamt läßt sich in dieser Angelegenheit nur von den Richtlinien der allgemeinen Fürsorge leiten, die es als notwendig erscheinen lassen, Ihren Bruder vor weiteren Konflikten mit dem Strafgesetzbuch, in die er infolge seiner auf Dienstbeschädigung beruhenden Schwachsinnigkeit leicht gerät, zu bewahren.«

Die Frage der Entmündigung Haarmanns scheint dann nicht weiter verfolgt worden zu sein.

Notiz der Kriminalpolizei vom 24.2.1923 (Bl. 921):

»Vornahme unzüchtiger Handlungen.

Wie mir von ärztlicher Seite vertraulich mitgeteilt wurde, hat vor kurzem ein F.R. Haarmann, wohnhaft Neuestr. 8 in einer hiesigen Badeanstalt einen 13jährigen Schüler an sich gelockt und unter Geldversprechungen nach seiner Wohnung bestellt. Dort ist es auch auf Veranlassung des Haarmann zu unsittlichen Handlungen gekommen, die in Berühren der Geschlechtsteile und gegenseitiger Onanie bestanden haben. Der Schüler hat sodann auf diesen schändlichen Gelderwerb noch einen anderen etwa gleichalterigen Knaben hingewiesen, der sich auch dem Haarmann angeboten hat. Letzterer ist aber mißtrauisch geworden und hat sich ablehnend verhalten.

Pietz, Krim. Kommissar.

– Fraglicher Arzt konnte den Namen des betreffenden Knaben infolge Schweigepflicht nicht angeben.«

Mit Datum vom 1.8.1924 verfaßte Kriminalkommissar Rätz einen Bericht unter der Überschrift »Persönliche Verhältnisse des Haarmann« (Bl. 770–772):

»Nach der Entlassung des Haarmann aus dem Zuchthause im März 1918 zog er zunächst bei seiner Schwester, der Frau Burschel, wohnhaft Spittastr. 31 hier zu. Er wurde von seiner Schwester verpflegt unter der Voraussetzung, daß er ein ordentlicher Mensch werden wolle.

Haarmann mietete sich dann in der Cellerstraße 27 ein Zimmer mit kleinem Laden mit der Absicht, dort ein Zigarrengeschäft zu eröffnen. Sein Vorhaben kam aber nicht zustande; er legte sich vielmehr wieder auf die verbrecherische Laufbahn. Junge Burschen brachten ihm gestohlenes Geflügel, Kaninchen usw., das er für sich verbrauchte und auch weiter vertrieb. Auch trieb er im Schleichwege einen schwunghaften Handel mit Fleisch, so daß er für seine Verhältnisse ein gutes Auskommen hatte.

Anfang 1919 lernte H. auf dem hiesigen Bahnhofe den Kaufmann Grans kennen. Er legte sich nun mit Grans zusammen aufs Betteln und führten dieses beide mit gutem Erfolge durch. Seine Beute bestand aus Geld und Kleidungsstücken. Sein Verdienst betrug nach seiner eigenen Angabe aus dieser Tätigkeit täglich ca. 10 Mark. Grans veräußerte in Herbergen und Kellerwirtschaften die Kleidungsstücke und teilte sich mit Haarmann den Erlös des Bettelns.

H. wurde schließlich dabei ertappt und zu einer Haftstrafe von 3 Wochen verurteilt.

Nach Verbüßung dieser Strafe legte sich H. aufs Stehlen von frischgewaschener Wäsche, die auf Höfen zum Trocknen aufgehängt war. Grans entfernte aus den gestohlenen Wäscheteilen die Monogramme und veräußerte die Wäsche. Auch hierbei hat H. nach eigener Angabe erfolgreich gearbeitet; er hatte soviel zusammengestohlen, daß Grans und er ein gutes Leben dabei führen konnten. Während dieser Zeit wohnte H. in der Wirtschaft Wiedemann, Osterstraße und Neuestr. 8. Schließlich wurde H. auch bei diesen Wäschediebstählen entlarvt und zu einer mehrmonatigen Gefängnisstrafe verurteilt. Grans wohnte während der Strafverbüßung des H. in dessen Zimmer und hat nach und nach sämtliches Mobiliar des H. verkauft. Nach der Strafverbüßung suchte H. in der Bedrängnis seinen hier wohnhaften Bruder Adolf auf und bat ihn, auf Konto seiner Erbschaft die notdürftigsten Möbelstücke für ihn zu beschaffen. Nach langem Zögern gab ihm der Bruder eine größere Summe. Nach Angabe des H. seien es wohl ca. 1000 Goldmark gewesen. H. will sich von diesem Geldbetrage ein Bett, einen Tisch, Stuhl pp. angeschafft und den übrigen Betrag zum Lebensunterhalt verbraucht haben.

Als Grans erfuhr, daß H. wieder entlassen und eingerichtet war, gesellte er sich wieder zu ihm.

Inzwischen war dem H. eine Militärrente von 80% auf Grund von Dienstbeschädigung während seiner Dienstzeit im Jägerbataillon No. 10 zugebilligt worden. Den Ausweis als Militär-Rentenempfänger benutzte H. für seine von neuem wieder in besseren Stadtteilen hiesiger Stadt aufgenommenen verkappten Betteleien, die er mit gutem Erfolge durchführte. Er erhielt wieder Geld und Kleidungsstücke, die Grans verkaufte.

Wenn man bedenkt, daß H. für seine Wohnung Neuestr. 8 eine Friedensmiete von monatlich etwa 18 Mark und nach seiner eigenen Angabe ein monatliches Einkommen von durchschnittlich 250 - 300 Mk. erzielte, so blieb doch ein größerer Betrag für den Lebensunterhalt des Gr. und H. übrig. Das Essen haben beide sich z. Teil selbst zubereitet und z. Teil in Wirtschaften eingenommen.«

Am 1. 8. 1924 wurde der frühere Grenzpolizeikommissar August Olfermann polizeilich vernommen. (Bl. 766–770):

»Bis zum Jahre 1908 war ich uniformierter Schutzmann in Breslau, danach bis 1911 bei der Landespolizei in Südwest-Afrika, kam krankheitshalber zurück und wurde 1912 als Schutzmann in Breslau pensioniert. Während des Krieges war ich bis 1918 Feldpolizeikommissar beim Generalgouvernement Warschau, dann Militärpolizeikommissar beim Oberkommando Süd in Breslau und wurde 1920 leitender Grenzpolizeikommissar und Vorsteher des Landeskriminalpolizei-Kommissariats in Prosken (Ostpr.). Im Jahre 1922 schied ich wegen Krankheit aus dieser Tätigkeit aus und zog nach Hannover, wo meine Familie schon seit 1914 wohnte.

Ich trat dann, wie ich in meiner Eingabe Bl. 41 des Sonderbands B. vom 1. 7. 24 geschildert habe, bei der Detektiv-Zentrale pensionierter Polizeibeamten Deutschlands, die hier eine Zweigstelle unter Leitung eines Herrn v. Moers unterhielt, als Leiter der hiesigen Kriminalabteilung ein.

Ende 1922 wurden bei der Firma Edler & Krische hier falsche 50 Mk. Scheine entdeckt, die in den Räumen der Firma hergestellt sein mußten. Wir erhielten den Auftrag, die Täter zu ermitteln. Etwa 4 Wochen später teilte uns die Firma mit, daß Haarmann einen Diebstahl von Notendruckpapier in ihrem Betriebe aufgedeckt habe und empfahl uns, Haarmann auch in der Notenfälschungsangelegenheit heranzuziehen. V. Moers beauftragte mich daher, mit H. in Verbindung zu treten, der von dem Dr. Edler uns als ein »ganz ausgekochter Junge« bezeichnet war.

Ich traf mit Haarmann in der Wirtschaft »Herrenhäuser Pilsener« in der Ständehausstr. zusammen. Er schnitt sehr auf mit seinem Erfolge bei Edler & Krische, bemängelte aber, daß er zu wenig Belohnung dafür erhalten habe. Er erklärte sich dann bereit, uns bei den Nachforschungen nach den Notenfälschern zu unterstützen. Ich gab ihm als Anzahlung für seine Bemühungen 10.000 Mk. Er sagte, er befolge seine eigene Methode, er rücke den Verdächtigen direkt auf den Leib, spiele einen gegen den anderen aus und könne sie so überführen. Er hat uns dann in der Folgezeit Dienste in der Notenfälschungsangelegenheit geleistet und von mir im ganzen etwa 50 – 60.000 Papiermark erhalten. Ich schloß im Auftrage von Moers schließlich einen schriftlichen Vertrag mit Haarmann, wonach er 500.000 bis 1 Million [Inflation!] erhalten solle, falls er die Täter entdecke.

Am 1. April 1923 schied ich aus der Detektiv-Zentrale aus. Haarmann trat nunmehr mit dem Vorschlage an mich heran, wir beide wollten zusammen eine Detektei gründen. Ich ging zum Schein auf diesen Vorschlag ein, weil ich während der früheren Besprechungen mit Haarmann ein Interesse daran gewonnen hatte, zu erfahren, was er eigentlich triebe. Ich hielt ihn insgemein für einen Schieber, konnte aber nicht herausbekommen, womit er sich befaßte. Er erzählte mir noch, daß er von gutem Herkommen sei, mit seinen Geschwistern zusammen mehrere Häuser in der Asternstraße besitze und so gut gestellt sei, daß er auch bei weiterer Verschlechterung des Markstandes nicht zu Grunde gehen werde. Ich wollte die Verbindung zu ihm nicht abbrechen, weil ich dachte, einen Teil des ihm von v. Moers zugesagten Betrages zu bekommen, auf den ich Anspruch zu haben glaubte, weil ich für Edler & Krische ja auch sehr tätig gewesen war. Als Haarmann nun vorschlug, daß wir beide die Detektei gründen wollten, meinte er, die Sache müsse »amerikanisch« aufgezogen werden, damit es als etwas Besonderes erscheine. Wir berieten uns dann über den Namen und einigten uns auf »Lasso«. Wer von uns diesen vorgeschlagen hat, weiß ich nicht mehr.

Ich habe dann einen Stempel etwa: Amerikanische Detektei »Lasso« anfertigen lassen. Diesen Stempel hat Haarmann nicht in die Hände bekommen. Ich betrachtete diese ganze Gründung nicht als ernst. Die Detektei ist als solche auch gar nicht nach außen in Erscheinung getreten. Es war kein Geschäftslokal, kein Personal vorhanden, Reklame wurde nicht gemacht. Ich selber habe auch nie eine Tätigkeit für »Lasso« ausgeübt, sondern lebte von meiner Pension. Haarmann erklärte, daß er sich seine Tätigkeit so denke: Er kenne sich seit 20 Jahren in den Verbrecherkreisen aus, verkehre in den Kaschemmen usw. und erfahre so, wer als Täter bei den Einbrüchen usw. in Frage komme. Diese wolle er der Polizei verraten und dann an die Bestohlenen oder Geschädigten herantreten und sich Belohnungen von ihnen zahlen lassen.

Eine Abrechnung darüber, was er auf diese Weise erhielt, habe ich nie von H. gefordert oder erhalten. Ich weiß auch nicht, ob und was er auf diese Art verdient hat. Nur in einem Falle ließ er mich einmal plötzlich schnell herbeiholen mit der Begründung, es wollten Leute zu ihm kommen, die ihm gestohlene Treibriemen verkaufen wollten; ich solle beobachten, ob sie kämen und dann die Polizei veranlassen, daß die die Verkäufer festnähme. In diesem Falle ist die Festnahme der Täter auch gelungen.

Haarmann lebte in dieser Zeit, soweit ich wahrnehmen konnte, ganz gut; mir fiel auf, daß er viel und gute Zigarren rauchte, die er auch freigiebig verschenkte. Er sagte, das könne er sich leisten, weil er von Haus aus gut gestellt sei, eine hohe Rente beziehe und dergl.

Hierzu bemerke ich, daß meine Bekanntschaft mit Haarmann nur so lange dauerte, wie er in der Neuenstraße wohnte, also bis Anfang Juni 1923. Seit er in der Rotereihe wohnte, habe ich nichts mehr mit ihm zu tun gehabt.

Gerade zu der Zeit, als er umzog, hatte ich nämlich von Krim. Komm. Müller, mit dem ich gelegentlich zusammentraf, erfahren, daß Haarmann vorbestraft sei. Müller hatte wohl gehört, daß ich mit Haarmann bekannt war und warnte mich, mit ihm mich zu viel einzulassen. Er erzählte mir auch, daß Haarmann Päderast sein solle und vor längerer Zeit einmal im Verdacht gestanden habe, einen jungen Mann beseitigt zu haben.

Mir war dieses alles unbekannt und ich ging darauf zu Haarmann in die Neuestr., um ihn darüber auszuhorchen. Haarmann war sehr aufgeregt und schimpfte, ohne daß ich auf die Mitteilungen Müllers angespielt hätte, auf die Weiber, die jetzt wieder dasselbe Gerücht über ihn aufgebracht hätten, wie vor einem Jahre, daß er nämlich einen jungen Mann beseitigt haben sollte. Das sei ein gemeiner Racheakt von Dirnen, denen er früher Unterkunft und Unterhalt gewährt habe.

Ich habe ihm dann, wie Bl. 42 Bd. B erwähnt, durch eingeschriebenen Brief mitgeteilt, daß ich eine weitere Zusammenarbeit mit ihm nicht mehr wünsche und mit dem Namen »Lasso« nicht mehr in Verbindung gebracht werden dürfe. Den Stempel »Lasso« habe ich gleichzeitig vernichtet.

Seitdem habe ich mich mit Haarmann nie mehr eingelassen. Mir ist während der Zeit, in der ich mit ihm zusammen war, nicht aufgefallen, daß er sich anders wie alle Menschen benommen hätte. Er kam mir allerdings außerordentlich schlau und gerissen vor und hatte eine ausgezeichnete Beobachtungsgabe sowie ein vorzügliches Personengedächtnis.«

Haarmanns Hackebeil / Der letzte Wohnort: Rote Reihe 2

Teil 3

Psychiatrische Gespräche

Wohnungsflur a) geradeaus, Eingang zur Wohnung von Frau ENGEL - HAARMANNS Wirtin
b) rechts ← Eingang zu Haarmanns Zimmer
c) Vordere Zimmertür - Eingang zur Nachbar-Wohnung

Rote Reihe 2: Zugang zum Haarmann-Zimmer

Gespräche in Hannover

26. Juli – 9. August 1924

Neue Straße 8: Das Haarmann-Zimmer

[676 / 1]

Sonnabend, den 26. Juli 1924 - Hannover

Ich lag eben schon im Bette! Es ist frisch heute. *(reibt sich die Hände) Geboren 25. Oktober 1879 in Hannover. Vater lebt nicht,* »ist nun tot«. *Gestorben? (besinnt sich)* Die Mutter ist gestorben, als ich von den Soldaten kam. 1900 ist es gewesen.
Vater?
Muß wohl 3 Jahre tot sein. Genauer weiß ich es nicht. Ich war nicht mit zur Beerdigung, ich wollte nicht mit.
Warum?
(lächelt, meint) He he, der wollte mich immer nach Hildesheim schicken.
Wenn gestorben, doch nicht mehr möglich.
Nein, nein; den mochte ich nicht leiden.
Vater von Beruf?
Der hat gar nichts getan. Ganz früher, wie er noch nicht verheiratet war, war er Lokomotivführer, da ist er davon gegangen, von der Bahn. Die Mutter hatte so'ne lüttge Cigarrenfabrik. Die hat wohl 10 Mann beschäftigt. Schon als Junge habe ich helfen müssen arbeiten. Deshalb mochte ich ihn nicht leiden. Und dann schimpfte er immer noch, wenn er kam. »Der olle Hosenscheißer«, sagte er. Da konnte ich doch nichts für, wenn ich was in die Hose machte, das wollte ich doch nicht. *(spontan)* Haben Sie sich da verbrannt, die Finger, Herr!
Wann gestorben?
Der ist alt geworden, über 80! *(Lacht)* Hat einen Schlag bekommen. Lebte noch, wenn er nicht gestorben wäre. Ich bin immer ausgekniffen, der wollte mich wieder haben, der wollte mich doch nach - *(zeigt mit ausgestrecktem Daumen in die Luft)* - Hildesheim haben.

[676 / 2]

Vater von Charakter?
Mit Mutter hat er sich nicht geschimpft. Mutter weinte nur. Er poussierte mit einer andern, hatte mit der mehrere Kinder, und von Mutter ihrem Gelde hat er den Haushalt bezahlt, sagte mir die Mutter immer. Deshalb mochte ich ihn nicht leiden. Sie schimpften sich nicht. Aber sie weinte, wenn er weg war. Dann sagte sie immer: mit dieser Frau, das müßte er nicht machen.

Wie alt, als Mutter gestorben?
Da kam ich vom Jägerbataillon, 1900.
Wieviel Jahre?
22 oder 20, so was war ich.
Wann geboren?
1879.
Also wie alt?
(rechnet an den Fingern) 20, nicht, – da muß ich doch schon älter gewesen sein – da kommt es auf 1 Jahr nicht an, nein – nee.
Woran Mutter gestorben?
Die konnte keine Luft kriegen. Die hatte Asthma, sagte man doch. Dann kochte ihr meine Schwester Kaffee – dann lag sie im Fenster, wenn sie keine Luft kriegen konnte. Meine Schwester, Frau Burschel, sagte, er hat sie vergiftet. Ob das wahr ist, weiß ich nicht. Damals hat sie das gesagt. Ob das wahr ist, weiß ich nicht. Heute sagt sie: nein, meine Mutter war so gut. Da bin ich jede Woche 3 mal zum Kirchhof gewesen, habe alles schön gemacht. Wir haben ein Erbbegräbnis da.
Wie lange immer Kirchhof besucht?
Bis er tot war. Dann bin ich nicht mehr hingewesen, nein, nein, das habe ich meinem Bruder gesagt.

[677 / 1]

Warum denn?
Den mochte ich nicht leiden. Wenn ich da betete, betete ich doch für den mit, und das will ich nicht, habe doch immer schöne Blumen gepflanzt, habe immer alles so schön gemacht. Ob das heute noch so ist, weiß ich nicht. Die war immer so gut, meine Mutter *(weint, schluchzt)*, darf gar nicht daran denken, an meine Mutter, die hatte ich immer gern. – Vor allem *(flüstert mir geheimnisvoll zu)* ich wollte nicht, daß er ins Erbbegräbnis kam, da gehörte er nicht hin; haben sie ihn doch beerdigt.
Mutter geborene?
Johanne Claudius.
Geburtstag?
Weiß ich auch nicht mehr, feierte immer mit meiner Schwester zusammen, meine andere Schwester ist jetzt auch gestorben, die Minna.
Zu wieviel Kinder?
Minna

Adolf
Willy
Henny
Emma
und dann komme ich, ich heiße Fritz, »der lüttge«, das sagten sie immer zu mir. Das ist die beste, die Emma.

1. Minna ist schon lange gestorben, wie die Revolution gewesen ist. Die hat es immer mit dem Kopf gehabt. Die hatte Kopfschmerzen und dann war sie tot. Verheiratet mit Rüdiger. Der hatte in Stolberg im Harz einen Gasthof. Der hat 30 Fremdenbetten. Nie besucht. Die war doch immer hier, bei meiner Mutter; die war krank im Kopf. Die haben einen Jungen. Fritz, der ist doch verrückt. Wo er ist, weiß ich nicht.

[677 / 2]

Weiß nicht, ob Schwager noch lebt oder ob er im Felde geblieben ist. Nur den einen Jungen. Der hatte einen Wasserkopf, sagten sie immer. Der muß wohl 20, 25 sein, so alt ist der wohl schon. Der ist gar nicht mehr da. Meine Schwester wird es wohl wissen, wo er ist.

2. Adolf. Der ist alt. Der ist doch der älteste, der muß schon 60 sein. Lebt hier in der Asternstraße 16 *(schreibt buchstabierend) - die andern haben alle ein Haus geschenkt gekriegt, nur ich nicht. - Verheiratet. 5-6 Kinder. Kenne sie gar nicht alle, bin gar nicht hingewesen. Einer heißt auch Adolf. - Bruder Adolf ist auf Continental Abteilungschef, der hat doch die Kasse, der steht sehr gut. Der ist schon so lange da, wie er alt ist. Die verteilen jedes Jahr so viel, da kriegt er auch immer etwas - ich weiß nicht, was das ist - meine Mutter gratulierte, wenn das Jahr um war.*
Von Charakter?
Der ist so ruhig, wie ein Pastor, so ruhig ist er. Der hat mich entmündigen wollen, deshalb ging ich nicht zu ihm.
Grund der Entmündigung?
Weil der Grans immer bei mir war. Der Bengel, der 4-5 Jahre bei mir war. Der hat mir doch immer die Jungens besorgt.

3. Willy. Da spreche ich auch schon lange nicht mit. Das Haus, was er geschenkt gekriegt hat, sollte ich kriegen. Das kostete damals 110.000

Mark. In der Marschnerstraße, an der Christuskirche 12. – Das große Eckhaus – groß ist das. – Elektrotechniker – für sich, so selbständig – hatte einen Gehülfen. – War nicht bei ihm, seit Mutter gestorben. Verheiratet, Kinder. Kenne sie nicht alle. Der ist gerade so leichtsinnig wie mein Vater. Der hat auch mehrere Mädchen mit Kindern, deshalb mochte ich ihn nicht.

[678 / 1]

4. Henny. Verheiratet, aber geschieden. Da hat auch mein Vater Schuld. Weiß nicht, was da vorgekommen ist. Frau Erfurdt. Hier in Hannover. *(Wo, weiß er nicht.)* Früher immer hingegangen. Mit einem Mal ging mein Vater hin, da bin ich nicht mehr hingegangen. Da sollte ich nach Hildesheim.
Kinder?
Bernhard – Hanny – ich glaube 4. Adolf heißt der eine. August – ich habe das so vergessen – viere sind es.

5. Emma. Frau Burschel, Spittastraße 3. Verheiratet. Der ist doch am Continental. *(geheimnisvoll)* Der muß Sekretär bei Seligmann sein, so was ist er. Hat eine gute Stellung, hat viel Geld von Haus. Vater war Bürgermeister von Witzenhausen, der hatte große Mühle. –
Emma 2 Kinder: Gertrud – Bertchen.
Habe doch da immer gewohnt. Der Grans hat mich da doch weggelotst, und nach Hamburg sind wir gefahren, und dann haben wir geklopft, *(klopft auf den Tisch)* gebettelt habe ich für ihn, der hat mich doch betteln geschickt. Das war vor ein paar Jahren. Seit der Zeit nicht mehr bei Emma gewesen. – Bei Adolf war ich noch vor einigen Monaten, da hat er mir Geld gegeben. – Sie können aber schnell schreiben. Sie waren aber gestern hier, meine ich. Sind Sie hier auch am Gericht? Weil Sie so viel geschrieben haben.

Sonntag, den 27. Juli 1924

Ich dachte, Sie wären nicht wiedergekommen. Neulich war auch einer hier, der wollte wiederkommen, einer mit so langen Haaren, - der ist nicht wiedergekommen. Der war bloß neugierig. Der hat

[678 / 2]

mir ganz bestimmt gesagt, ich komme wieder, und kam doch nicht wieder. - Wollen Sie verreisen? *(zeigt dabei auf meine Handtasche)*

(steht mit allen seinen Verwandten schlecht.) Grans hat doch die Schuld, der hat doch die Cigaretten gekauft.

Geboren 25. Oktober 1879. - Krankheiten? Als Kind mal Rose, sonst weiß er nichts. Auch mal Zahnschmerzen. - Schule: Wann zur Schule?
(kratzt sich hinter den Ohren) Wenn andere auch zur Schule kommen, mit 6 oder 7 Jahren.
Welche Schule?
Engelbosteler Damm. Gerade so gegenüber unserer Wohnung.
Wie lange?
Bis 14 Jahre oder etwas mehr.
Bis zu welcher Klasse?
In der 2. bin ich gewesen.
Wie lange?
Ich bin sitzen geblieben in der Schule.
Wie oft?
Das kann ich auch nicht mehr so genau sagen. Der Beste war ich nicht.
(Etwas selbstgefällig)
Sie werden doch wissen, wie oft?
(besinnt sich) Das kann ich nicht sagen.
Fiel Ihnen das Lernen schwer?
Ich war nicht der Beste. Ob mich der Lehrer nicht leiden mochte - oder was? Aber ich habe keine Schule gelaufen, ich rückte nicht aus, das habe ich nie gemacht. *(Dienstbereit: Löschblatt legt er zurecht)* Sie können aber schnell schreiben. *(bewundernd)* Ich schreibe auch schön! Meine Handschrift ist schön, ich kann nur nicht lange schreiben, so wie Sie!

[679 / 1]

Was nach der Schule?
So, da bin ich auf die Unteroffizierschule gegangen, nach Neubreisach.
Wo liegt das?
Da am Rhein, da haben wir geschwommen, *(macht die entsprechenden Handbewegungen)* ich bin immer gern Soldat gewesen. *(selbstgefällig lächelnd)*
Warum denn?
Ich wollte immer gern Soldat bleiben, und da haben sie mich doch weggejagt.
Wo in der Zwischenzeit?
Zuerst noch etwas zu Hause.
Was gemacht?
Tabak gerissen. *(mit entsprechender Bewegung der Hände)*
Neubreisach in welcher Provinz?
Donnerwetter, *(leise vor sich hin)* am Rhein, *(laut)* das weiß ich bestimmt, da haben wir gebadet.
In Elsaß-Lothringen?
Das kann ich nicht sagen. Auf der Handkarte, meinen Sie, das können wir mal sehen!
Was wurde dort gesprochen, deutsch oder französisch?
Richtig, so wie wir hier.
In welchem Jahr?
Das kann ich so nicht sagen.
Monat?
Um Ostern. Ostern kommen die neuen hin, da haben sie uns hier weggeholt, ja, das war Ostern.
Wie lange?
Oh, da bin ich ein ganzes Jahr da gewesen. Die mochten mich alle gern haben. Da muß ich wohl gefallen sein – vom Querbaum – oder so was. *(Gähnt)*
Sind Sie müde?
Ich kann immer schlafen. So liege ich denn, *(zeigt dann, wie er Kopf auf die übereinander gekreuzten Arme legt)* oder ich lege mich auch so lang weg hin.
Wieviel Schüler?
Oh, das war eine große Kaserne, das waren viel – richtig wie eine Ka-

serne. In welcher Kompagnie ich war, weiß ich nicht mehr, das ist schon lange her.

[679/2]

Was gelernt?
(besinnt sich) Vom Gewehr – alles so wie beim Militär – ja, ja!
Was für Unterrichtsstunden?
Turnen, exercieren. Unterricht wie auf der Schule. Es waren richtig Lehrer da. Wenn es schön war, gingen wir auch mal aus.
Wie lange?
So ein Jahr, ja.
Warum weggegangen?
Ich weiß nicht, ich bin wohl vom Querbaum gefallen, oder so was – oder sie sagten, ich könne die Sonne nicht vertragen; wenn ich hinausging, mußte ich mir eine Mütze aufsetzen. Im Lazarett haben sie mir einen Eisbeutel auf den Kopf gelegt. Den wollte ich nicht drauf haben, der war immer so kalt, das weiß ich noch. Geschnitten haben sie mich auch, das weiß ich nicht mehr so bestimmt.
Wie lange im Lazarett?
Och, da haben sie mich lange hineingebracht – und dann haben sie mich nach Hannover gebracht.
Unterricht gut folgen können?
Das kann ich nicht mehr sagen. – Die hatten mich aber gerne – bloß der eine, der hat mich mal so furchtbar verhauen, Vetter, der war Gefreiter – da hauten sie überhaupt immer so, da hatte ich die Spindtür aufgelassen – oder so was ist es gewesen.
Was damals gemacht?
Dann haben sie mich nach Hause gebracht – so'n rothaariger – so'n Sergeant – wie der heißt, weiß ich nicht mehr.
Was dann zu Hause gemacht?
Ich mußte zu Hause arbeiten.
Was denn?
Den Hof gefegt, die Hühner gefüttert – wenn ich mal was holen mußte vom Kaufmann, habe ich das dann gemacht. Und dann – mit einem Male war ich in Hildesheim – da war Herr San. Rat. Gerstenberg,

[680/1]

mit einem langen Bart – das weiß ich ganz genau – und dann Dr. Snell.
Wie kamen Sie dahin?
Die haben mich dahin gebracht – mein Vater – da mußte der mich doch nicht hinbringen, nach Hildesheim.
Nicht auf Veranlassung des Gerichts?
Nee, ich hatte doch nichts gemacht.
Besinnen Sie sich mal!
(lachend) Nee, ich hatte doch nichts gemacht.
Nicht mit Kindern?
Das kann wohl sein. Meine Mutter sagte mir immer: »Wo ist dein Junge?«
Was soll das heißen?
Das muß wohl mein Freund sein, mit dem ich gespielt habe. Den haben wir öfter poliert – so mit der Hand gemacht – das nennt man auch onanieren.
Darf man das?
Das schadet doch nichts.
Penis in Mund?
Och was, nee – das habe ich doch jetzt erst gelernt. Warum schreiben Sie das auf? Es kommt doch nichts ins Blatt? – sonst erzähle ich auch nichts mehr. Die wollen mich doch verhauen – da draußen. *(Zeigt mit dem Finger nach außen)*
Wie lange in Hildesheim?
Da muß ich lange gewesen sein, da habe ich im Garten gearbeitet – Erdbeeren gepflückt – hm, hm!
Was noch?
Äpfel und Birnen von den Bäumen geholt – und dann Mist gefahren – ja! und die Wege gemacht.
Auch vom Obst gegessen?
Ja, ja! *(lacht sehr zufrieden)* Das konnten wir – das war nicht gestohlen.
In Hildesheim zuerst 6 Wochen?
Nein, lange bin ich da gewesen. Ja – ich glaube, wohl auf ein Jahr – und dann bin ich *(lacht sehr selbstzufrieden)* ausgekniffen.

[680/2]

Wohin denn?
Nach Hause – und dann haben sie mich wieder hingebracht.

Gern mitgegangen?
Nee – da wollte ich nicht wieder hin – da habe ich geschrien und geweint – die Verrückten, die schlagen einen doch da immer.
Sind Sie nicht verrückt gewesen?
Nein. Gerade, daß sie mich hingebracht haben, dadurch wird man doch verrückt. –
Nicht auch in anderer Anstalt?
Nee – ich weiß nicht, ob das vorher oder nachher war – in Langenhagen war ich auch – da bin ich aber nicht lange gewesen – nee, sonst wüßte ich das ganz genau. *(sehr selbstzufrieden)*
Nicht zweimal in Hildesheim?
Das weiß ich nicht mehr so genau.
Vom Gericht hingeschickt?
Och was. Das ist Schwindel, ich bin nicht auf dem Gericht gewesen – da hat mich der Alte hingebracht – da wollte er mich jetzt wieder hin haben.
Nicht auch auf der Bult?
Ja, das stimmt, da bin ich auch gewesen.
Wer dahin gebracht?
Das kann ich nicht mehr sagen, ich weiß nur, daß ich da war.
Wie lange?
Das kann ich gar nicht mehr sagen – da bin ich auch gewesen – doch! doch! – das ist schon lange her, – ich habe mich eben benommen – das kann ich nicht sagen.
Nicht auch in Idiotenanstalt Langenhagen?
Nee, Idiot bin ich doch nicht, nee – *(leise, selbstgefällig vor sich hin)*
Nicht ausgerückt aus Langenhagen?
Nee, ich bin doch von Hildesheim ausgekniffen.

[681 / 1]

Das ist ein Irrtum!
Ja, da haben sie schön nach mir gesucht – *(lacht dabei sehr vergnügt – stolz auf sein Abenteuer – schlägt mit der Hand auf die Knie)* ich konnte den Weg nach Hause nicht finden.
Wie lange weg?
Kann ich nicht sagen.
Bald danach zurückgebracht?

Sie haben mich doch wieder hingebracht – ich bin erst zu Hause gewesen.
Wie lange?
Och nicht lange – mit der Droschke bin ich hingefahren – das war schön – die Herren waren freundlich. – Wie ich wieder nach Hildesheim kam, dachte ich, sie hätten mich verhauen, *(spuckt in Hände und macht Miene des Schlagens)* das haben sie nicht getan, haben sich gefreut, daß ich wieder da war – und dann haben wir gekegelt.
Von Langenhagen ausgerückt?
Nee, da bin ich gar nicht gewesen, das ist wohl die Bult!
Aus Langenhagen ausgerückt und nach Holland?
Nee, bei Mayer hat mich meine Mutter versteckt – das war ein Freund von meiner Mutter – der hatte das Neustädter Gesellschaftshaus bei der Christenkirche.
Wie lange?
Nicht lange – und dann bin ich nach der Schweiz gereist, ganz allein, nach Tappen, das waren Freunde von meiner Mutter.
Wo war das?
In Chur. Das war schön – wenn ich aus dem Fenster guckte, dann sah man die Berge, ganz hoch – da konnte man gar nicht die Spitzen sehen. *(steht auf, läßt sich in die Knie, streckt Arme aus, daß innere Handflächen einander gegenüberstehen und steht auf, hebt dann noch die Hände, um so anschaulich die Höhe der Berge zu schildern)*

[681/2]

Warum nach der Schweiz?
Ich wollte doch nicht wieder nach Hildesheim – nee.
Warum nicht?
Nee, nee, *(leicht verächtlich)* da will ich nicht. Haben Sie sich das schon mal angesehen? Das müßten Sie mal tun. Da sind alle die Verrückten. – Gibt es noch Regen heute? Es sieht so aus!
Ich will mal Pause machen.
Ruhen Sie sich doch aus!
Wie lange in Chur?
Da bin ich wohl lange gewesen – das kann ich heute nicht sagen – dann bin ich nachher wieder zu Hause gewesen.
Was in der Schweiz gemacht?

Da war ich bei Tappen – der ist jetzt gestorben – der hatte die Schwindsucht – das war so'n Künstler.

(Ich fülle den Federhalter; die Tinte läuft nicht aus! Macht Bewegung, als ob man durch Schlenkern des Federhalters die Tinte entfernen wollte.)

Wovon gelebt?
Das hat doch meine Mutter bezahlt – das wird sie wohl mit Mayers gemacht haben. Mayer hatte große Wirtschaft und verkaufte die Cigarren aus der Cigarrenfabrik von meiner Mutter.
Ein paar Wochen, Monate oder Jahr?
Da bin ich ganz schön lange gewesen.
Gar nichts gearbeitet?
Der war doch Kunstmaler – da haben wir Streifen geschnitten und darauf geklebt – das konnte ich nicht – dann hat er es wieder weggenommen – und dann bin ich viel mit der Frau spazierengegangen und in die Berge gewesen.
Frau hübsch?
Das kann ich nicht mehr sagen – es ist schon lange her – es war hübsch.

[682 / 1]

Tappen mit Ihnen verwandt?
Nein, befreundet, so dicke Mettwürste *(zeigt sie mit Händen an)* habe ich damals mitbekommen auf die Reise – und mit ihm bin ich im Theater gewesen – Konzert.
Von Haus aus Geld?
Jaaa – jaa, das hat die Mutter geschickt. – Und dann bin ich wieder hierher nach Hannover gekommen und habe unserer Mutter im Geschäft geholfen – den Morgen habe ich alles schön gemacht und des Nachmittags ging ich spazieren – und da bin ich Soldat geworden.
Wann war das?
Im Herbst.
Welches Jahr?
1900 glaube ich, war es, ich weiß nicht, wann ich vom Militär kam, ob 1900 oder 1901 – das stimmt doch nicht.
Bei welchem Regiment?
Bei den Goslarer Jägern gedient – die waren damals in Colmar – bei dem

10. Bataillon der 3. Kompagnie – bei dem 10. Jägerbataillon – der Hauptmann hieß von Godberg.
Buchstabieren Sie mal!
Wie es sich schreibt, weiß ich nicht. Der Oberleutnant hieß: Oberleutnant v. Bodelschwingh – der hat mich im Lazarett besucht und hat mir zu meinem Geburtstag etwas mitgebracht, und sagte, ich wäre ein altes Inventar vom Lazarett. Er klopfte mich auf die Schulter und nahm mich in den Arm. Die hatten mich alle so lieb.
Warum ins Lazarett?
Im Manöver bin ich doch gefallen. Ich wollte bei den Jägern bleiben – da ging die alte Kopfgeschichte wieder los – mit den Kopfschmerzen.
Was ist das für eine alte Kopfgeschichte?
Von der Unteroffizierschule das – wir haben doch immer die alten Beutels darauf gelegt – ja, mit dem Eis drin – nicht bloß Beutel.

[682 / 2]

Wie lange gedient?
Och, da bin ich auch 1 Jahr gewesen.
Bestraft?
Nee, nicht eine Stunde bestraft – das ist doch schön, *(mit lauter Stimme, selbstgefällig)* nicht mal Arrest – bin sogar auf Urlaub gewesen, weil ich gut geschossen habe.
Wie lange auf Urlaub?
Zweimal bin ich in dem Jahre hier gewesen in Hannover, weil ich ein guter Jäger war. Der Hauptmann hat mich auf die Schulter geklopft – jaa – gleich könnte ich fahren, sagt er mir, hat mir noch Geld gegeben – ich bin nicht bestraft – gut war ich da!
Wo geschossen?
Auf Schießstand. Ich habe immer schön geschossen, 10 auf 11 und 12.
Freiwillig gedient?
Nein.
Eingezogen worden?
Ja. Da haben sie mich gefragt, ob ich gern Jäger werden wollte. Da habe ich gesagt, ja, ich wollte gern Jäger werden, da haben sie mich zu den Jägern geschickt. Das war doch schön bei den Jägern. *(Dabei hellen sich seine Gesichtszüge auf, lächelt höchst vergnügt drein. – Putzt auf einmal Staub von den Lehnen des neben ihm stehenden Stuhls. Gefragt, was er*

macht, erwidert er etwas ärgerlich:) Ich mache nichts kaputt.
Wie wurden Sie krank?
Das weiß ich auch nicht. Da haben sie mich ins Lazarett gebracht. Wie sie mich hineingebracht haben, weiß ich auch nicht mehr.
Wie kam das?
Ob ich da vielleicht ohnmächtig gewesen? Vielleicht auch Krämpfe gehabt.
Was für Krämpfe?
Ich denke mir das nur so, sonst könnte ich nicht sagen.
Haben Sie mal Krämpfe gehabt?
Wie ich hier meine Strafe gesessen habe, habe ich sie immer wieder gehabt.

[683 / 1]

Wer hat die gesehen?
Der Aufseher Albst sagte mir das vor ein paar Tagen wieder.
Was haben Sie darauf gesagt?
Soo – soo – vor ein paar Tagen hat man mich aufs Bett gelegt, und man hat mir was zu trinken gegeben.
Nach Vernehmung?
Nein. *(sofort, kurz)*
Wer war denn bei Ihnen?
Der Wachtmeister. Wie der heißt, weiß ich nicht, ich will ihn mal fragen. Der wollte mich krank melden. Nein, nein, habe ich gesagt, ich werde wieder gesund. Das braucht halb Hannover nicht zu wissen – dem traue ich nicht so recht – der hat mir mal gesagt, wenn ich mal nicht schlafen könnte, dann wollte er mir mal was eingeben. *(zeigt dabei die Miene, als ob er aus einem Glase trinkt)* Ich denke mir, der will mich vielleicht vergiften – und das will ich nicht, vergiftet werden – nee, nee, das will ich nicht – ich habe ihm gesagt, er soll dem Doktor nichts sagen.
Das muß er aber doch sagen!
Och was, *(erschrocken)* es geht mir doch jetzt wieder gut.
Seit wann Krämpfe?
Im Bergwerk – in Königslutter habe ich die doch gehabt.
Wann war das?
Wie sie mich ins Zuchthaus gesteckt haben.
Waren Sie mal im Zuchthaus?

Das wußten Sie nicht? Dann brauchte ich es Ihnen ja gar nicht zu sagen.
Was wissen Sie von den Krämpfen?
Dann bin ich schlecht, dann haben sie mich weggetragen – erst kann ich gar nicht so richtig gehen – nachher kommt alles so schön wieder.
Wie lange dauern Krämpfe?
Das weiß ich nicht – mitunter wochenlang, wo ich nichts mache – dann mitunter ist es da – wenn es so schwül ist.

[683/2]

Merken Sie es vorher?
Ein bißchen vorher – dann werde ich so durstig.
Und dann?
Dann weiß ich das nicht.
Was heißt das?
Wenn ich dann durch bin, dann haben sie mich so hingelegt.
Was merken Sie dann?
Dann tut mir alles so weh – dann muß ich mich langsam erholen.
Merken Sie sonst noch etwas?
Das muß wohl mit dem Herzen zusammenhängen.
Hingefallen sind Sie nicht?
Doch – das letzte Mal kam ein Beamter und sagte mir, ich sollte den Schaum wegmachen. Den mach ich sonst immer weg. Das hatte ich vergessen. Ich war schon durch – der Schaum war so hinten rüber gerutscht. *(zeigt auf die Haare)*
Wie sieht der Schaum aus?
Wenn ich so allein gewesen bin, habe ich mich mitunter auch gebissen.
Wo?
Auf die Zunge, *(reißt Mund weit auf, zeigt auf den rechten Rand)* wenn ich mal draußen war und allein war. Wenn so einer bei mir ist, die helfen mir schon und heben mich auf und wischen das alles schön ab.
Sonst noch was bei den Anfällen passiert?
Nee.
Hose naß gemacht?
Das kann wohl mal passieren, daß man sich vollmacht, aber doch nicht immer.
Von den Krämpfen nie was erzählt?
Wem sollte ich das denn sagen?

So viele Herren haben doch mit Ihnen gesprochen, warum nie erzählt?
So was erzählt man doch nicht gerne. So was sieht doch nicht schön aus.

[684 / 1]

Warum aber erzählen Sie es mir?
Haben Sie denn nicht danach gefragt? – Ja, ich weiß nicht, wie komme ich dazu – dem Dr. Brandt habe ich es auch gesagt – zu Hause spricht man da nicht drüber – der wollt mir was eingeben.
Wie nennt man die Krämpfe?
Die sagen Krämpfe.
Ohnmächtig geworden?
Das kann ich nicht sagen.
Was getan, wovon Sie nachher nichts wissen?
Nee, wußte ich gar nichts – das hat doch mit den Krämpfen nicht zu tun – wenn man Krämpfe hat, kann man doch nichts machen.
Wie lange die Krämpfe?
Das muß ich doch erst nach der Militärzeit gekriegt haben – beim Militär habe ich nichts davon bemerkt – das muß ich erst im Zuchthaus bekommen haben.
Geschlechtskrank?
Jaa! *(freudig lächelnd)* Tripper – ich wußte gar nicht, daß das Tripper war.
Wann?
Als die Revolution war. Da sagte meine Schwester, wie siehst Du aus. Ich ging zum Arzt, da sagte der ahaa! Tripper!
Wie heißt der Arzt?
Der wohnt am Engelbosteler Damm.
Wie heißt er?
Dr. Duderstadt – und bin ich nachher so schwer krank gewesen – so dick bin ich gewesen – da hat meine Schwester Dr. Bertram geholt – da wollte ich gerne sterben.
Öfter Schwindel?
Das ist schon früher – das ist nicht so schlimm – ich darf mich nicht so viel bücken – am Kopfe kann ich gar nichts vertragen.
Alkohol vertragen?
2 Glas Bier – das ist ganz schön – aber wenn ich Schnaps trinke, dann bin ich richtig krank – ein paar Tage lang lieg ich dann im Bett – in den

letzten Jahren habe ich fast gar nichts getrunken – ganz früher – habe ich mal was getrunken.

[684 / 2]

Wieviel vertragen?
Wenn 2 Glas Bier und großen Schnaps, dann ist es vorbei – aber eine schöne Cigarre rauche ich gerne.
Cigaretten?
Nein, da werde ich duselig von. Weiß nicht, woran das liegt. Die habe ich nie geraucht – wenn ich mal Cigaretten geschenkt bekomme – die mag ich nicht haben.
Vom Militär entlassen?
1900 oder 1901. Meine Mutter war gestorben. Da haben sie mich nach Hause gebracht aus dem Lazarett.
Was fehlt Ihnen?
Der Kopf war nicht in Ordnung, sagten sie, ich würde nicht besser.
Selbst gemerkt?
Och nee, die wollten mich nur gern los haben, ich wollte gerne bleiben – man wollte mich abschieben – ich habe nichts gemerkt! Keine Strafe nicht.

[685]

26. Juli 1924

(damals war Haarmann noch in Hannover! Verhaftung war am 23. Juni.)

[686 / 1]

Ich hatte solche Kopfschmerzen heute morgen.
Sind Sie vernommen worden?
Och – nee – es ist genug. *(macht ablehnende Bewegung mit Händen)*
Nach der Militärzeit?
(besinnt sich) Was denn – ach nee –
Vom Militär?
1900 freigekommen.
Warum?
Ja, ich wollte doch da bleiben; da haben sie mich nach Hause gebracht.
Warum?
Ich war im Lazarett gewesen.
Warum im Lazarett?
Das – war – von – die – Manövergeschichte, da bin ich doch ohnmächtig geworden – haben sie mir gesagt.
Wissen Sie nichts davon?
Nee, *(lacht)* haben ja mich erzählt, ich wäre umgefallen.
Wie lange ohnmächtig?
Das weiß ich nicht mehr. Da war ich lang im Lazarett – dann haben sie mich nach Straßburg geschickt – dann hat mich einer von Straßburg wieder nach Bitsch gebracht – und dann bin ich lange in Bitsch gewesen, und habe Mariechen mit geholfen.
Wer war Mariechen?
Das war die Köchin – da war ich doch ganz schön mit befreundet – der Unteroffizier war neidisch, dachte, ich poussierte mit Mariechen, ich denke das, er hat es nicht gesagt, und da hat er mich herausgeworfen aus der Küche.
Mit ihr verkehrt?
Nee – ich habe geholfen aufwaschen – und da sagte Stabsarzt Franz: Du kannst ruhig hineingehen und Mariechen helfen. Da hat er sich geärgert

he he – *(lacht leicht schadenfreudig)* der Sergeant – da war es ganz schön. *(Spontan)* Ich schreibe auch schnell – aber so schnell nicht.

[686 / 2]

Warum so lange im Lazarett?
Die haben mir immer Eisblasen auf den Kopf gelegt – ich lag im Bett – da hat mir Mariechen besucht – das ist die Köchin da – die konnte es nicht.
Phantasiert?
Och was, phantasiert.
Stimmen gehört?
Nee – nee. *(meckernder Stimme)*
Krampfanfälle?
Och was.
Waren Sie überhaupt krank?
Es ging mir ganz gut hinterher – die ärgerten sich alle, weil es mir so gut ging da.
Inwiefern?
Ich konnte spazierengehen im Garten – naja! *(wichtigtuerisch)* – und die Feldwebels, die da waren, wollten mich immer ärgern.
Warum denn?
Das war der Kunze, der sagte, ich hätte keinen Schick.
Wie kam der dazu?
Das habe ich dem Stabsarzt Franz gesagt – und da haben sie mich weggelegt – die wollten mich nur ärgern. 50 % Rente.
Haben Sie die nötig?
Ich war immer so'n bißchen dumpf im Kopf, *(macht dummes Gesicht)* und dann ging es ganz schön – und dann legte ich mich so hin, eine Zeitlang.
Konnten ebenso gut arbeiten wie früher?
Nee, ich konnte nicht so rechnen – das alte Rechnen – das kann ich heute auch nicht – das will nicht mehr – schreiben kann ich – lesen tue ich auch nicht mehr – ich habe zu Hause eine Brille – durch die kann ich besser lesen – wenn ich lange lese, dann krieg ich immer Kopfschmerzen, und dann läuft mir alles durcheinander. Nicht einmal die Zeitung lese ich. Nur wenn einer mal gestorben ist in der Zeitung, dann gucke ich herein.

[687 / 1]

Wo dann?
Zuerst bei dem Vater, der wollte mich wieder haben - blieb aber höchstens 8 Tage - dann sagte er zu meiner Schwester Emma, der Frau Burschel, er wollte mich nach Hildesheim bringen - *(streckt Daumen aus und winkt mit ihm hinter sich)* - das durfte er doch nicht tun, so was!
In Hildesheim waren Sie doch gewesen?
Deshalb wollte er mich immer hinbringen. - Ich glaube, das hat er auch den Soldaten hingeschrieben - es ist ganz gut, daß er tot ist - *(lächelnd, winkt mit ausgestreckter Hand zu Boden)*
Warum nach Hildesheim?
Da hat der Alte Schuld.
Nicht Dummheiten gemacht?
Och was - hat er doch bloß immer gemacht *(dreht sich schnell mehrfach zur Seite)* - deshalb bin ich ausgekniffen.
Nicht mit Kindern etwas gemacht?
Och was, das hätte meine Mutter mir gesagt.
Nicht - in den Mund gesteckt?
Das habe ich jetzt gemacht, mit den Großen - das sind doch keine Kinder mehr - 17 - 18 - das haben wir so gemacht, wie sie wollten.
Sie waren doch damals angeklagt?
Was?! Da bin ich doch bestraft - wegen Beleidigung.
Wohin ausgerückt?
(lacht sehr vergnügt und stolz) Zu meiner Schwester Emma - da bin ich lange gewesen.
Wie lange?
Lange - ich war doch ungebunden - und da hat mir Bruder Adolf mein Geld gegeben, da sollte ich ein Geschäft von anfangen.
Fischgeschäft?
Ja, da haben sie mich bemogelt.
Noch anderes Geschäft?
Nee - das Geld war alle geworden. *(mit schlauem Lächeln)*

[687 / 2]

Waren Sie in Stellung?
Nee - warten Sie mal. - Wie ich da weg ging, hatte ich noch etwas Geld,

etwa 100 Mark, da habe ich etwas gekauft, das wollte ich wieder verkaufen, und da haben sie mich eingesperrt, weil sie sagten, es wäre gestohlen. *(selbstzufrieden)* Jetzt ist es vorbei mit dem Einsperren, hm hm.
Bestraft wegen Diebstahls?
Och - och - oft - haben sie gesagt.
Haben Sie nicht gestohlen?
Nee - nee - doch mit Grans, jetzt mit Grans habe ich die Wäsche geklaut.
Früher nicht?
Nee.
Nicht 17 mal bestraft?
Hohoo - soviel doch nicht - weil ich immer was kaufte. *(schreibt auf Papier)* Wollte bloß einen Strich ziehen - ich lege ihn *(Federhalter)* wieder hin. *(hustet)* Habe mich doch ein bißchen erkältet. Der Doktor gibt mir ein bißchen ein, dann gehe ich tot, das will ich nicht.
Will der Doktor Sie vergiften?
Das glaube ich nicht. Wenn ich Kopfschmerzen habe, will er mir etwas geben, das hat er mir versprochen. Aber wenn der Kommissar Herr Rätz kommt, dann will ich ihm mal sagen, daß er mir was mitbringt. Heute morgen im Kopf - da war es ganz heiß - hier, fühlen Sie mal. *(hält mir seine Stirn hin)*
Sie waren doch mal im Zuchthaus?
(schüttet sich aus vor Lachen) Da haben sie mich hineingesteckt, da hatte ich so viel Wein geklaut und Sekt und Krams.
Was ist Sekt?
Das ist doch Wein - richtig - diese Pullen. *(zeigt deren Umfang mit den Händen)* Die dicken Flaschen mit den dicken Flaschen [sic!] mit den dicken Stopsen - das ist schon lange her - vor dem Kriege.

[688 / 1]

Was kostet Flasche doch?
Das weiß ich nicht mehr. Was die jetzt kostet, weiß ich erst recht nicht mehr. Dann haben sie mir alles weggeholt und haben mich eingesperrt.
Wie oft im Zuchthaus?
5 Jahre haben sie mir doch gegeben.

(Rätz: Oft niedergeschlagen, wenig redselig - bis er Geständnis abgelegt hatte) Entdeckung des Lederdiebstahls - als Detektiv - gut combiniert. Ganze Portion haben wir schon wieder fertig! [Unkommentierte Notiz!]

Rote Reihe 2: Haarmann-Bett

2. August 1924

Haben Sie schon lange gewartet? Da war eben eine Frau bei mir – aber der Junge war es nicht, der war schon 25 Jahr alt, schon Soldat gewesen. *(setzt verächtliche Miene auf, macht ablehnende Bewegung mit den Händen)* Die eine gab mir die Hand. Die andere – nee – nee. *(lacht, spricht mit affektierter weiblicher Stimme)* Ach – ich weiß nicht, *(dann im vertraulichen Tonfall fortfahrend)* na, dann laß es; ich wollte die doch nicht quälen.

Auf Schule nicht gut gelernt?
Och doch – wer hat das gesagt?
Sie.
Och – och – Ich saß immer unten, weil ich immer was in die Hose gemacht hatte.
Was denn?
Meine Mutter sagte, wenn ich einen neuen Anzug kriegte: Hast du ihn schon eingeweiht? und faßte hinten hin. Heute *(lächelt selbstgefällig)* tue ich das nicht mehr. Das wollte ich auch nicht – war mit einem Male drin. Hosenscheißer sagten sie zu mir.
Wer?
Das sagte meine Mutter zu mir, das durfte sie doch nicht sagen.

[688 / 2]

Sie sagten mir, Sie könnten schlecht rechnen?
Ja, das stimmt. Jetzt rechne ich nicht mehr gern.
7 x 8?
Ja, dann müssen Sie mal warten – das müssen Sie nicht immer gleich zu fragen – Was haben Sie gefragt *(mit dünner hoher Stimme)* Herr –?
7 x 8?
Lassen Sie mal mit dem Rechnen. *(zutraulich)* Ich habe mich früher immer geärgert, wenn ich das 1 x 1 lernen mußte. Nachher ging es ganz schön, als ich auf der Unteroffizierschule war. Schreiben *(ahmt Bewegung des Schreibens nach)* tue ich gern.
Gute Aufsätze?
(besinnt sich) Wie meinen Sie das? *(fragt er, traumverloren, wie erwachend)* Sie meinen, ob ich schön schreiben kann. – Ja, schöne Briefe kann ich schreiben.

Jahr wieviel Monate?
12 Monate.
Richtig.
Weiß ich doch, *(ein wenig stolz lächelnd)* soll ich sie mal hersagen?
Ja!
(unter Benutzung der Finger, läßt Juli aus – Auf Vorhalt:) Juli, August, September, Oktober – da ist mein Geburtstag, November, Dezember.
Was feiern wir im Dezember?
Was?*(fast leicht erschrocken zusammenfahrend)* Nee, meinen Geburtstag haben wir doch im Oktober gefeiert – weiß ich auch nicht mehr.
Welches christliche Fest?
Weihnachten – da habe ich ja eben nicht dran gedacht – dann kommt Neujahr – dann backte meine Mutter immer Krapfen.
Wieviel konnten Sie denn essen?
Da weiß ich nicht mehr. Die konnten wir so viel essen, wie wir wollten. Ich aß immer gern Käse.

[689 / 1]

Welchen?
Harzkäse aß ich gern – Käsefritze nannte man mich immer. Morgens fragte mich meine Mutter, was ich essen wollte. – An dem Tag, an dem ich hingerichtet werde, da sorgen Sie doch, daß ich Käse kriege, nicht? *(eindringlich auf mich einredend)* Können wir das nicht auf dem Klagesmarkt machen? – Schreiben Sie das auf – dann vergessen wir das nicht.
Was denn?
Nicht Köpfen – das können wir doch besser mit dem Kino, *(dreht mit der rechten Hand)* dann sehen doch alle Leute, daß ich tot bin – in Amerika – da bin ich auch im Kino *(dreht schnell mit rechten Hand)* – ich bin doch ganz berühmt. *(stolz, selbstbewußt)* – Wenn er mich nur nicht vergiftet mit den Pulvern – der Herr Kommissar, er hat es gestern noch gesagt – das Husten tut mir immer so weh im Kopf.
Wieviel Tage die Woche?
Die Woche? – Montag ... Sonntag, das sind 7 Tage.
Wieviel Tage das Jahr?
Die habe ich noch nicht gezählt – ich kann das ja bis morgen zählen.
Warum Weihnachten gefeiert?
Weil man einen schönen Weihnachtsbaum – und dann haben wir die

Lichter angemacht und gesungen: O Tannenbaum – O Du fröhliche – Ach, das war schön, Weihnachten. Jetzt ist sie tot, die Mutter *(weint sehr);* dann sang sie so schön, unsere Mutter. Er war nie da.
Er?
Der Vater, der war immer mit seiner andern Braut weg – und dann hat sie auch geheult – och, wenn ich hinkomme, dann werde ich es ihm zeigen – wenn ich hingerichtet werde, komme ich oben hin – dann sage ich zu meiner Mutter, daß er mich *(unter Heulen und Schluchzen)* hinhaben wollte nach Hildesheim. Den Kopf kriege ich doch mit – da hat mir einer er-

[689 / 2]

zählt, der bliebe hier. Den muß ich doch mitnehmen.
Wo soll der Kopf bleiben?
Mir sagte einer, der bliebe hier. Dann wäre ich doch ohne Kopf oben im Himmel – den kriege ich doch mit. *(mir vertraulich auf den Arm klopfend)* Den ließ ich mir sonst nicht abhacken – das sage ich, daß sie den mit beerdigen.
Weihnachten nicht kirchliches Fest?
Unser Christus ist geboren. »Freue dich, freue dich, o Christenheit« – *(mit erhobener Stimme)* – und es begab sich zu der Zeit – wie sagten wir doch immer – und die Weisen aus dem Morgenlande. – Ich kann es nicht mehr so sagen – ich wußte es früher. – *(steht auf, setzt feierliche Miene auf)* – und es begab sich zu der Zeit – *(spricht pastoral)* – ist geboren in Jerusalem – nein, in Bethlehem – und dann sind die Weisen gekommen aus dem Morgenlande und haben Gold gebracht und haben gebetet.
Wer ist Christus?
Unser Heiland – wir gehen doch immer zur Kirche – da hängt er doch am Kreuze – haben Sie ihn noch nicht gesehen? – Gehen Sie mal hin. – Ich lasse mich hinrichten, wenn es warm ist, sonst friere ich so, wenn es kalt ist, das will ich nicht.
Was passiert Ihnen, wenn Kopf abgeschlagen wird?
Dann bin ich doch bei unserer Mutter, *(vergnügt lächelnd)* – da will ich doch hin – nun darf mich keiner schlagen – die wird sich auch freuen, wenn ich oben bin.
Warum Ostern?

Ostern – da ist es [sic] ans Kreuz gekommen – der Herr Jesus – da haben die Jueden [sic] geschrieen: Kreuzige ihn, kreuzige ihn.
Warum?
Mit mir schreien sie jetzt auch so – und ich hab denen doch nichts getan – die Kommunisten, und so ist das damals wohl auch gewesen.

[690 / 1]

Warum Karfreitag?
Weiß ich nicht.
Warum Pfingsten?
Dann ist Himmelfahrt – *(hebt beide Arme hoch nach oben)* – und dann kauft man sich Maibäume und stellt sie vor die Türe und macht eine schöne Tour und geht spazieren. Ich bin aber nicht viel spazierengegangen – früher, wie meine Mutter war, ja.
Lüge – Irrtum?
Lügen soll man nicht, man soll immer die Wahrheit sagen, das durften wir zu Hause auch nicht.
Wie ist es mit dem Irren?
Meinen Sie von Hildesheim aus, mit dem Irrenhaus.
Wie mit Irrtum?
Irrtum, Irrtum? Ja, das gibt es.
Was schlimmer, Lüge oder Irrtum?
Lügen soll man nicht, das sagte schon unsere Mutter.
Treppe – Leiter.
Leiter steht außen, und man kommt aufs Dach. – Treppen hat man im Hause – meine Eltern hatten so'ne lange Leiter, furchtbar lange Leiter, die ging bis hoch aufs Dach – eine ganz lange Leiter hatten wir gekauft – Hühner hatten wir auch.
Wie kommen Sie darauf?
Wo der Hühnerstall war, ging doch die Leiter. Wenn wir die Hühner schlachteten, mochte die keiner essen – die haben wir immer weggeschenkt.
Wer Hühner totgemacht?
Da kam immer der Friseur Edel, und jedes Jahr mußte er kommen und so viele abschlachten wie wir Kücken [sic] hatten. Ich konnte das nicht sehen – wir kniffen immer aus, wenn der kam schlachten – kann ich heute noch nicht sehen!

Aber Sie haben doch Menschen geschlachtet?
Nee, nee, die waren tot und da habe ich sie wegbringen müssen – das sagen die immer draußen.

[690/2]

Nimmt man Leiter ins Haus, wird das eine Treppe?
Die nimmt man doch nicht ins Haus – wir hatten doch eine Treppe – *(nach einiger Zeit)* wie ich Soldat war, da hatten wir Manöver und da haben wir bei Leuten geschlafen, die hatten keine Treppe, und da mußten wir die Leiter heraufklettern.
Woran Leiter erkannt?
Das sieht man doch – das sehen Sie doch auch – Treppe geht man so richtig herauf, und die Leiter muß man sich festhalten, da kann man herunterfallen *(hääh, lacht)* – die Treppe kann man nicht herunterfallen.

(Ich schnupfe mir die Nase.)

Haben Sie sich auch erkältet?
Fluß – Teich.
Das ist doch beides Wasser – das ist doch egal.
Was ist ein Fluß?
Die Leine ist ein Fluß.
Und Teich?
Haben wir gar nicht hier – nee, nee, das ist wohl wo anders. Wenn man nach Amerika fährt, über den großen Teich, das habe ich schon viel gehört.
Wohin fließt die Leine?
Nach Herrenhausen.
Wohin dann?
Da bin ich nicht hinter hergegangen. Nach Herrenhausen bin ich schon gewesen.
Welche Stadt an der Leine?
Hannover.
Welche noch?
Linden.
Nennen Sie noch eine!

Nee.
Von Göttingen was gehört?
Ja, da bin ich schon gewesen, wenn ich nach Kassel fuhr - da fließt doch nicht die Leine - da bin ich mit meiner Nichte gewesen, mit Bertchen B., da haben wir Butter, Eier, Mehl, Wurst geholt - das haben die doch mit Pferd und Wagen an die Bahn gefahren.
Ist Hannover Königreich?
Der Kaiser ist doch nicht mehr da - der ist doch weg - den haben sie abgesetzt.

[691/1]

Warum?
Die Leute sind verrückt - *(zeigt mit Zeigefinger auf seine Stirn)* - das durften sie doch nicht machen.
Wo jetzt der Kaiser?
Ob er nicht schon gestorben ist, weiß ich nicht.
Wie hieß der?
Das müssen Sie doch wissen, Kaiser Wilhelm, das müssen Sie doch wissen, und unser Kronprinz hieß auch Wilhelm, und unsere Kaiserin hieß Augusta Viktoria.
Lebt die noch?
Das weiß ich nicht.
Kaiser Kinder?
Ja, eine ganze Portion, eine ganze Menge, wie viele, weiß ich nicht. Wie ich Soldat war, wußte ich das.
Wer an Stelle von Kaiser?
Wir haben keinen mehr.
Wer an Stelle von Kaiser?
Leinert - der ist doch hier im Ratshaus. Der Leinert - ist doch ein Strolch. Das haben wir alle gesagt - der ist so Sozial - oder wie - ich kann nicht darauf kommen - der ist Kommunist - der hat die Taschen voll Geld - *(zeigt auf Tasche, steht auf, ahmt sehr volle Tasche nach)* - der war doch nur Maler. Ich habe ihn noch nicht gesehen - die schimpfen alle drauf. *(Spontan)* So'n Halter hatte ich auch *(auf meinen Füllfederhalter zeigend)* - mit dem habe ich aber nicht geschrieben - Grans hat ihn mir geklaut.
(Ich stoße mir den Kopf an der Elektrischen Lampe. - Steht sofort auf,

schiebt hilfsbereit Lampe in die Höhe) – Wenn man sich so stößt, das tut weh.
Wie nennt man das? (Füllfederhalter)
Füllfederhalter.
Warum nennt man den so?
Da ist Tinte drin, da kann man immer schreiben – ich habe nie Tinte drin gehabt.
Federhalter – Bleistift?
Bleistift spitzt man doch *(ahmt Bewegung nach)* – Federhalter steckt man in Tinte hinein.

[691 / 2]

Was noch für Unterschied?

(wischt unter Anleitung ab.) Das geht doch nicht weg – da muß man Radiergummi nehmen – dann geht das weg – ich glaube, ich habe noch ein Stück zu Hause. *(wiederholt)* Das ist immer trocken. *(auf Bleistiftstrich; liest Visitenkarte von Rätz richtig)* das kann man schlecht lesen – *(meint Notizen von mir, die er übrigens liest)* – die kann man schlecht lesen – da haben Sie wohl schnell geschrieben – damit will ich Sie aber nicht beleidigen, das soll man doch nicht. *(Hustet sehr)* Da geht man doch nicht von tot – nee.
Wäre das so schlimm?
Die können mich doch hinrichten – das geht doch schneller – *(macht Bewegung mit Hand, pfeift leicht)* – das geht ganz schnell.
Schon mal erlebt?
Mir ist das immer so, als ob ich schon mal gelebt hätte, und da haben sie mich den Kopf abgehackt, und das ging so schön.
Wo war das?
Das muß schon lange her sein.
Wo war das?
Woo? Ich glaube, das war – das muß hier nicht gewesen sein, in Deutschland – ich glaube in Rabitz [Rawitsch] – wo ich im Zuchthause war – oh – hoo! – da sind wir weit mit der Bahn gefahren.
Glauben Sie das wirklich?
Das gibt es doch, das glaube ich, das gibt es.
Woher wissen Sie das?

Da bin ich doch hingefahren nach Rabitsch [Rawitsch]. *(sehr ängstlich beim Andrehen des elektrischen Lichts)* – Ich habe zu Hause Gaslicht – das ist viel schöner – mit dem Streichholz – ich meine, das ist viel heller – *(lächelt sehr vergnügt, selbstzufrieden, faltet die Hände, weist auf die Lampe)* jetzt brennt es.

[692 / 1]

In Zelle auch Licht?
Ja, des Nachts aus. – Wenn ich mal pinkeln will, dann kann ich das Licht finden.
Hauptstadt von Deutschland?
Hannover.
Nicht Berlin?
Doch, ja, Berlin und Hamburg. *(Aufseher kommt herein.)* – Der ist doch freundlich und nett. Das kann ich nicht haben, daß einer so schimpft – ja – jaah *(selbstgefällig und höchst zufrieden)*
Was ist Schnee?
Der ist im Winter – im Sommer regnet es, dann gibt es Gewitter – wenn Weihnachten ist, dann schneit es.
Was ist Eis?
Auch im Winter. Wenn es ganz kalt ist, dann ist es gefroren.
Was denn?
Das Eis. – Dann friere ich ordentlich, wenn ich daran denke – *(schüttelt sich)*
Unterschied: Eis und Wasser?
Eislaufen – Schlittschuh. – Wasser trinkt man.
Woraus besteht Eis?
Wenn es Winter ist, dann ist es doch kalt.
Was kommt zuerst Blitz oder Donner?
Es hat doch nicht gedonnert soeben.
Was zuerst?
Gewitter ist es doch, sagt man doch – heute ist doch keins gewesen, nee – es wird wohl gleich Gewitter geben.
Woran kann man das merken?
Dann wird es dunkel – das ist kein Donner, ich dachte, es wäre Donner – *(ein Auto fährt vor)*
Was ist ein Auto?

Das – da draußen.
Woran kann man das erkennen?
Wie wir vom Präsidium gekommen sind, da hatten wir auch ein Auto – richtig so – wie eine Droschke – *(zeigt mit Händen ein Viereck)*
1 Pfd. Blei – 1 Pfd. Federn.
Federn sind doch viel leichter – *(bläst vor sich hin)* - dann fliegen sie so.
Wieviel wiegt 1 Pfd. Blei?
1 Pfund.
1 Pfd. Federn?
Auch ein Pfund.

[692 / 2]

Was schwerer?
Blei ist doch viel schwerer. – *(Hält supinierte Hand hin, hebt sie auf und ab, als ob er abwägen wolle)*
Wieviel wiegt 1 Pfd. Blei?
Wir haben kein Gewicht hier.
Aber eben haben Sie es doch gesagt!
Ach lassen Sie es doch – *(winkt energisch ab)*
(Ich setze mich hin, um auszuruhen, falte Hände ineinander.)
Wollen Sie beten wegen des Gewitters?
Warum betet man?
Meine Mutter betete immer beim Gewitter.
Warum tat sie das?
Meine Mutter betete überhaupt immer viel.
Warum gerade während des Gewitters?
Hat auch sonst viel gebetet. Wenn es ein Gewitter gab, da stellte sie die Geldbeutel auf den Tisch – die hatte viel Geld – drei so große Beutel hatte sie, der eine war voll Gold, die andern voll Silber – und dann nahm sie ihr Gesangbuch und betete.
Warum Geldbeutel auf Tisch?
Wenn das Gewitter kam und es schlägt ein – wir wohnten ganz allein im Hause – dann konnte das alles aufbrennen – und der Kasten voll Papiere auf dem Tisch.
10 Spatzen – 3 herunter.
Habe ich noch nie gemacht – habe noch nie geschossen – doch, beim Militär habe ich geschossen – aber nie auf Spatzen – die andern Jungens –

die haben immer so – *(macht Miene des Schießens von »Flitsch«)*
Was ist das?
Zwille.
Wie wird das geschrieben?
(Buchstabiert, indem er mit Finger schreibt - schreibt dann mit Bleistift auf Papier.) Ei kochen - dauert?
Ich habe viel gekocht – ich esse nicht gerne. *(rümpft verächtlich die Nase)* – Frau Engel waren sie immer zu hart – und da hat die sie mir gekocht. – In kaltes Wasser lege ich Eier hinein,

[693 / 1]

und wenn es kocht, sind sie gar. – Frau Engel kocht erst das Wasser und legt sie dann hinein – und dann kocht sie sie – und dann sind sie schön.
Wie lange?
Das dauert nicht lange – ich esse lieber Harzkäse.
Wieviel Eier können Sie essen?
Ich mag nicht. – Käse kann ich immer essen – nach Wurst frage ich nicht viel.
Woraus Käse gemacht?
Den kauft man in der Markthalle – der ist billig.
Was kostet er?
Was er jetzt kostet, weiß ich auch nicht. Schweizer Käse mag ich auch nicht. *(schüttelt Kopf mit verächtlicher Miene zur Seite)*
Wieviel Harzkäse können Sie wohl essen?
Och, sehr viel, jeden Tag könnte ich essen.
Wieviel? 2 Stück?
Ich esse mehr, zum Frühstück 6-8.
Riechen Sie den gern?
Ja.
Woran erinnert der Sie?
An Käse.
Nicht an etwas anderes?
Richtig wie Käse – wenn er so furchtbar scharf riecht, frage ich auch nicht nach – er muß schön schmecken!
1 Ei 5 Minuten, 2 Eier?
10 Minuten.

Überlegen Sie es sich doch?
Das stimmt doch.
Kann man nicht 2 Eier in 5 Minuten kochen?
So lange kocht man keine Eier, das ist doch nur ein Augenblick, dann sind sie gar.
(Will Fenster zu machen, als es blitzt.)
Warum?
Es kann hier mal hereinschlagen.
Wie 2 Eier in 5 Minuten?
Och man kann doch mehr hineinlegen – in großen Topf – man braucht sie nicht einzeln zu kochen – ich habe mal für mich 6 Eier hineingelegt, früher – Grans, der ißt gern Eier.

[693 / 2]

Sonntag, 3. August 1924

Wann war der große Krieg?
Welcher große Krieg?
Den wir jetzt gehabt haben?
Ja, das weiß ich - die Revolution war doch auch da.
Wann Krieg begonnen?
(lacht) Da bin ich nicht mit da gewesen, als der anfing, aber den Krieg haben wir gehabt - *(streicht sich über den Kopf - gähnt)* ich weiß nicht, ich bin immer müde, ich könnte immer schlafen.
Wer - gesiegt?
Gesiegt?? Da haben wir doch ganz sicher gesiegt - ich wollte doch auch mit - da habe ich ein Schreiben gekriegt - da haben sie mich untersucht und mich nicht genommen.
Warum nicht?
Die sagten, ich wäre Invalide - da habe ich mich richtig ausgezogen - die wollten mich nicht haben. - *(gähnt)* - Ich lege mich nachher nochmal richtig hin und schlafe. Heute morgen habe ich Schmalz gekriegt aufs Brot - *(lächelt dabei sehr vergnügt, macht Bewegung des Schmierens);* da schmeckt es besser, das sagt der, der mir das gegeben hat.
Wer?
Wie der heißt, weiß ich nicht, ich will ihn nachher mal fragen.
General?
Nee, bei dem Jägerbataillon war auch keiner. Herr Hauptmann von Goldberg - das war so'n großer - und Herr Oberstleutnant v. Bodelschwingh - den kenne ich ganz genau - und Herr Stabsarzt Franz - den kenne ich ganz genau.
Von Hindenburg gehört?
Ja, der wohnt hier in Hannover. Ich habe ihn aber noch nicht gesehen. Einen Tag sagten sie: Hindenburg kommt, Hindenburg kommt. Da waren so viele Menschen. Ich habe ihn aber nicht gesehen. Ob er da war, weiß ich nicht.

[694 / 1]

(Orgel spielt draußen) So die Musik, die höre ich gerne.

Kennen Sie eine Schlacht aus dem Kriege?
Schlachter?
Kennen Sie eine Schlacht aus dem Kriege?
Das habe ich nicht richtig verstanden. Das müssen Sie mir nochmal sagen.
Sie wissen doch, was eine Schlacht ist?
Ja, Sie meinen im Felde, ich bin doch Soldat gewesen, ich war bei den Jägern.
Schlacht aus dem Kriege?
Ja, warten Sie mal – die erzählten mal zu Hause – die Schlacht von Waterloo und Königgrätz – und dann – Paris, war das nicht *(schüttelt ablehnend den Kopf)* – erzählt haben sie öfter so. Ich bin da mal gewesen, wie ich Soldat war – ich weiß nicht, wie das hieß – da haben wir auf den Schlachtfeldern Manöver gemacht. – Ich weiß nicht, Donnerwetter, wie das hieß! Ich kann nicht drauf kommen.
Sie meinen, wir hätten den Krieg gewonnen?
Ja, sonst wären die Franzosen jetzt hier.
Wie war das mit der Revolution?
Da haben die Kommunisten schuld – die wollten mich auch tot schießen – da kam Leinert hierher – die haben mich doch hier gehabt, weil ich Schieber war – *(lacht sehr stolz, zufrieden)* – wenn die mich gleich tot getroffen hätten, wenn sie richtig geschossen hätten – ich kann ganz gut schießen – *(legt Gewehr an)* dann wäre es nicht schlimm gewesen, dann wär es vorbei. Die denken alle, ich habe solche Angst vor dem Totschießen, das ist gar nicht wahr.
Wer ist Leinert?
Der ist doch für den Kaiser hier – der ist doch nur Maler gewesen – der hat jetzt alles voll Geld – Auto fährt er – haha, das haben sie mir erzählt. Früher, wie er das noch nicht gewesen wäre, wäre er ganz gut gewesen; aber jetzt wäre er ein Schweinehund. Das haben sie mir erzählt.

[694/2]

Ist jetzt alles teurer geworden?
Das war so mit dem alten Geld – da fanden wir uns gar nicht durch.
Wie kam das?
Jaa – da hat Leinert schuld.
Wodurch kam das?

Der hat uns alle betrogen.
Was kostet 1 Pfund Butter?
Ich glaube, 2 Mark - ooh nee - früher war es billiger, als meine Mutter noch lebte - da kam der Buttermann vom Lande und brachte uns Butter, Fleisch, Eier, Wurst - der mag jetzt auch wohl tot sein - der war schon alt. Unsere Würste *(breitet beide Arme zur Decke aus)* - die hingen an der Decke, wie im Kaufmannsladen.
Was ist eine Million?
Ja - das sind diese Scheine - das ist ja das Dumme - da findet man gar nicht mehr durch.
Haben wir noch Goldgeld?
Mein Vater hat noch was gehabt - in der Gewerbebank - da hat er sich son Fach gemietet. Der Alte war tot - und dann sind nachher meine Schwester Emma und der Bruder Willy hingegangen und haben sich das geholt - es sollen 50.000 Mark in Silber und Gold gewesen sein! - Nun mach mal einer was! Nun mach mal einer was! - Ich wollte von denen nichts haben, das habe ich ihnen schon vorher gesagt - ich will von denen nichts - nee.
Wieviel Gebote?
Wie meinen Sie das? - *(sieht zur Seite, stutzt, stockt)*
Wissen Sie, was ein Gebot ist?
Sie meinen das von der Weihnachtsgeschichte. Es ging ein Gebot aus vom Kaiser Augustus, daß alle Welt geschätzet würde - da ist Christus geboren im jüdischen Lande. - Freut Euch, freut Euch, Ihr Christenheit - *(mit erhobener Stimme)* - ich will mal in der Bibel nachsehen, da steht es drin.

[695 / 1]

Kennen Sie das Vaterunser?
Ja, das kenn ich sehr gut. - *(sagt es voller Andacht, mit zum Himmel gerichteten Augen auf)* - Dein Reich komme - wir vergeben unsern Schuldigern - und führe uns nicht in Versuchung, in Ewigkeit, Amen - *(die letzten Worte hastig ausgesprochen)* - Das mußten wir kennen in der Schule - dann haben wir gesungen: So nimm denn meine Hände und führe mich an mein selig Ende - ewiglich - das singe ich sehr gerne - das geht so schön, wenn man das so singt.
Nichts von 10 Geboten gehört?

Doooch! Die stehen doch in der Bibel.
Nennen Sie doch mal eins!
Du sollst Deinen Vater und Mutter ehren – Ende. – Du sollst nicht töten.
Warum?
Das steht doch da geschrieben.
Was passiert dann?
Der wird – hingerichtet. Der wird auch wieder geköpft – hähähä. *(lacht)*
Ist das richtig?
Ja, das ist ganz sicher.
Hat der Strafe verdient?
Ja, das ist doch so. Wenn man einen tot macht, wird man auch wieder tot gemacht.
Gehört sich das?
Jaaah! das ist ganz richtig so. Ich könnte das auch – so hinrichten – mit dem Messer – das ist ganz leicht – *(macht Bewegung des fallenden Messers)* – und dann noch ein Gebot: Du sollst nicht stehlen. Ich habe nicht gestohlen – *(macht Bewegung des Wegnehmens)* – und haben mich doch eingesperrt – *(unter vergnügtem Lachen)* – wenn ich vor Gericht sagte, das habe ich gekauft, dann haben sie es mir nicht geglaubt.
Dr. Brandt.
Daß Dr. Brandt mich hier gesehen hat, das war doch nicht nötig. Ich nehme von dem nichts ein. *(offenbar ungehalten, daß Dr. B. ihm nicht*

[695 / 1]

die Hand gegeben hat) – Ich habe es dem Aufseher gesagt, der sagte, der ist sonst ganz gut, ich sagte ihm aber, ich traue ihm nicht.
Warum verboten, einen zu töten?
Das steht doch in der Bibel auch drin – Christus haben sie doch ans Kreuz gemacht.
Schwein darf man doch tot machen?
Ja, das schlachtet man und dann ißt man es. Das kann ich nicht – ein Schwein – nee.
Menschen totmachen?
Nee.
Warum liebe Gott verboten?
Die wollen doch auch leben!
Was passierte, wenn das nicht verboten wäre?

Nee, das tut man nicht.
Überlegen Sie sich mal!
Wenn man das dürfte?? Das darf man aber nicht – dann würde es nur Mord und Totschlag geben – aber das gibt es nicht. Sonst holten sie mich hier auch heraus. Die sollen mich schon suchen. *(Spontan)* Aah! Klecks gemacht!
Was heißt Stehlen?
Die haben mich immer nicht geglaubt, wenn ich die Wahrheit sagte, und lügen darf man doch nicht – die wissen das immer besser.
Was versteht man unter Stehlen?
Stehlen das ist – wenn man so klaut – *(macht entsprechende Handbewegung)* – Hat Dr. Brandt das gesehen, daß ich das wohl war? *(fragt er mich)*
Warum darf man nicht klauen?
Ja, das tun aber die meisten, klauen.
Ich nicht.
Nein – aber die auf dem Ballhof sind, die ich da kannte, die klauen fast alle – mein Bruder, der stiehlt aber nicht – *(schlägt auf den Tisch; mit lauter Stimme)* – der ist furchtbar ehrlich. – Wo mag der *(Dr. Brandt)* eben hergekommen sein?

[696 / 1]

Warum will der liebe Gott nicht haben, daß man klaut?
Warum er es nicht haben will? – ja – Leinert hat jetzt so viel und da wollen die andern ihm das wieder weg nehmen. Der hat das doch auch früher nicht so gehabt, der hat das doch auch weggenommen.
Wem – weggenommen?
Das sagen die Leute – das hat er auch bloß *(macht die Bewegung des Zugreifens mit der Hand)* geklaut. Wenn ich ihn mal kriege, dann hänge ich ihn auf. Den mag ich nicht leiden.
Warum nicht?
Die schimpfen alle über ihn – ich kenne den nicht. Früher wäre er Maler gewesen – *(Miene des Anstreichens an der Wand)* – und jetzt hätte er sie alle beschissen – das sagt die ganze Welt – alle sagen das, alle – *(überzeugungstreu)* Jetzt ist er im Ratshause, wo die goldene Kuppel drauf ist.
Darf man im Kriege einen töten? (entsprechende Handbewegung)
Im Kriege darf man das?
Doch – doooch – wenn es Krieg ist, darf man das machen – deshalb sind

wir doch Soldat, damit wir schießen. – Ich war ja nicht im Kriege, ich hätte gut geschossen! – *(legt an – sehr selbstzufrieden)* – ich kann gut schießen.

Was wissen Sie vom lieben Gott?

Der ist im Himmel und wenn man tot ist, dann sind wir alle oben im Himmel – bei ihm – dann haben wir es alle gut. – Meine Mutter ist auch oben, und meine Schwester – und ich will jetzt auch nach oben gehen – meine Mutter wartet auf mich.

Kommt jeder Mensch in den Himmel?

Da kommen wir alle hinein – nein – nur die Guten – es gibt noch eine Hölle – da ist der Teufel – der hat ein paar Hörner *(legt Hände an den Kopf wie Hörner)* und Pferdefuß – hat meine Mutter mir öfter erzählt – gesehen habe ich ihn auch noch nicht – meine Mutter sagte das immer mit dem Pfer-

[696/2]

defuß – *(schlägt auf Oberschenkel)* ob sie ihn schon gesehen hat, weiß ich nicht.

Lieben Gott schon gesehen?

Nee, nee – das wäre ein großer Garten, da wären schöne Blumen und Bäume, da könnten wir schön spielen – und Musik ist oben – und da können wir singen – sagt meine Mutter.

Kann man lieben Gott überhaupt sehen?

Jaa – wenn man oben ist, kann man ihn sehen – auf den Bildern habe ich ihn schon gesehen – der hat solch einen langen schönen weißen Bart. – Meinen Vater guck ich aber nicht an – nee! *(schüttelt verächtlich Kopf zur Seite)* – Wenn ich nun oben bin – die ich da umgebracht habe, sind die auch da oben? *(ängstlich)* – Jaa?

Die sind auch oben.

Die Köpfe habe ich doch alle kaputtgeklopft – *(überlegt einige Zeit)* – die können sie doch nicht wiederfinden? – *(macht Bewegung des Zerklopfens)* – Ich kriege doch meinen Kopf mit – die können mir da oben nichts tun, die haben doch keinen Kopf! – die sind auch nicht oben drin. Wenn ich da bei meiner Mutter bin, tut mir keiner was, die paßt schon auf!

Wie kommt man aber in den Himmel?

Wir werden doch beerdigt – und da kriegt man Flügel und fliegt in den Himmel. Haben Sie schon mal gesehen, *(steht auf)* so ganz große Flügel

kriegt man. *(macht entsprechende Bewegung mit Händen)*
Wie alt wird der Mensch?
Wie alt? Der eine stirbt eher als der andere.

[697 / 1]

Wenn einer ganz alt wird?
Mein Vater war 64 Jahre alt – der konnte besser laufen als ich – oh jeeh! – ich konnte gar nicht so schnell laufen.
Wie kommen Kinder in die Welt?
Man schläft mit Frau zusammen – und dann – *(schüttet sich aus vor Lachen)* – und dann kriegt sie son dicken Bauch – *(steht auf, streckt Bauch vor – entsprechende Bewegung)* – dann wird es geboren – und dann wird es getauft.
Wie lange dauert das?
Das ist wohl verschieden.
Wie lange?
Ich habe doch keine Frau gehabt. – Meine Braut hat keine gekriegt von mir – die sagte mal zu mir, daß sie was kriegte – *(klopft sich dabei auf den Kopf)* – das ist aber nicht wahr – das war wie ich Soldat war. – Zuerst wollte sie es nicht und dann hat sie geweint – das war ein hübsches Mädchen – das ist schon lange her.
Wie hieß sie?
Erna Löbert – hat mich nicht geheiratet – Willy, mein Bruder, hat ihr gesagt, ich wäre in Hildesheim gewesen und wäre bei den Soldaten krank im Kopfe gewesen – das durfte er doch nicht sagen. – Wie sie schon verheiratet war, bin ich ihr immer nachgelaufen – das wollte sie nicht – sie war ein hübsches Mädchen – das Kleine wollte ich nur sehen – im Kinderwagen – *(Bewegung des Wagenschiebens)* – das wollte sie nicht. – Wo sie jetzt ist, weiß ich nicht. Ihre Eltern sind tot, ihre Geschwister sind tot, alle sind tot – haben Schwindsucht gehabt – son schönes Gesicht – so rote Backen.
Wie alt, als Sie zuerst verkehrten?
20 – ich auch 20.
Von wem gelernt?
Das kennt man doch – wenn man so mit Freunden ausgeht.

[697 / 2]

Wo zum ersten Mal?
Mit Erna – meine Eltern hatten mehrere Häuser – in einem Hause wohnten ihre Eltern – ich sollte sie nicht heiraten, weil sie kein Geld hatte. – Das erste Mal hat sie geweint – *(hält Hände vor Gesicht)* – hat mich herausgeschmissen – hat sich geschämt – wie das gekommen ist, weiß ich auch nicht mehr – dann haben wir uns wieder vertragen.
(Auf Befragen:) Viele von meinen Freunden machen das selbst. Grans hat das auch gemacht. Da habe ich ihn gefragt. *(deutet dabei auf Stirn)* Wie kannst Du sowas machen? Das darf man nicht machen, selber, die Freunde haben es bei mir gemacht – ich wollte das gerne haben – mit den Mädchen ging das nicht. – Jetzt wird er gar nicht mehr steif.
Wann zum ersten Mal Samen verloren?
Da ging ich zur Schule – mein Freund auf der Schulbank – Schmidt hieß er – der machte es. Meine Mutter nähte mir die Taschen zu, *(steht auf, führt mit Fingern Öffnung der Tasche entlang)* dann machte er sie mir immer wieder auf.
Warum nähte Mutter zu?
Weil die Tasche immer kaputt war – dann riß er sie immer wieder auf – und da hat sie sie nicht mehr zugenäht.
In der Schule?
Ja.
Lehrer nicht gesehen?
Dann hat er ihn wohl vom Platz weggejagt. Er griff durch die Tasche, da war ein Loch drin und dann hat er poliert – *(Bewegung mit der Hand)* und dann hat er so gekitzelt.
Gab es keine Flecken?
An das Hemd ist es wohl gekommen – und dann haben wir nachher im Garten gespielt – und dann haben wir es zusammen gemacht – und dann haben wir uns eine Hütte gebaut – und dann haben wir Indianer gespielt.

[698 / 1]

Nur mit Schmidt?
Das ist schon so lange her – das weiß man nicht – auch mit anderen Jungens – ich hatte doch auch noch Freunde. – Schmidt mochte ich nicht

gerne – der war so dick – der wollte, daß ich das bei ihm machte, und er bei mir.
Was sagten Sie, als Schmidt das zum ersten Male machte?
Das weiß ich nicht, das ist schon lange her.
Mutter erzählt?
Mutter? Nääh – nääh – (spuckt sich in die Hände und macht Bewegung des Schlagens) – so was durfte man nicht erzählen. – Hooh!
Warum denn nicht?
Die war so gut. Aber so was durfte man nicht sagen. Nääh. – Die hätte uns *(lacht – wieder Bewegung des Klopfens)* schön verhauen.
Damals wohl jeden Tag?

Darf man das?
Da hat uns keiner was von gesagt, aber das darf man doch nicht.
Warum?
Die andern sagten, das wäre Schweinerei.
Ist das richtig?
Och was. Wenn man so klein ist, darf man das bloß.
Ist Polieren überhaupt Schweinerei?
Wann ein anderer das macht, nicht, wenn man richtigen Freund hat.
Warum darf der andere das denn?
Wenn man Freund hat, und man macht das zusammen, schadet das nicht.
Warum Mutter nicht erzählt?
So was darf man doch nicht. – Ja, mit einem Freunde – dann hätte ich immer Schläge gekriegt.
Was schöner, mit Erna oder mit Jungen?
Erna hatte ich lieb.
Noch andere Mädchen gehabt?
Nee.
Ich denke doch?
Es waren viele, die mich kannten – die mit mir poussieren wollten – ich hatte doch Erna – da wäre Erna böse geworden – ich ging immer nur nach ihr – und dann gingen wir spazieren – und erzählten uns schön – und dann gingen wir mal nach dem Friedhof.

[698/2]

War das die mit dem Laden?
Nachher hat sie mich doch beschissen – da wollte sie mich nicht mehr – da hat sie einen andern geheiratet.

[699]

5./6. August 1924

Heute war jemand bei mir und wollte mich abholen in meine Privatwohnung - ich wollte da wieder hinziehen - die wollten mich hier herausschmeißen - das wollte ich aber nicht - ich habe den ganzen Morgen geweint. - Sehen Sie das hier nicht? *(weist auf seine Augen)*
Warum denn nicht weg?
Ich will doch hier jetzt bleiben - hier ist es ganz schön, und ich habe hier zu essen - und hier tut mir keiner was - rasieren habe ich heute vergessen. - Sind Sie schon lange hier? Ich freue mich jedesmal, wenn Sie kommen - den Aufseher fragte ich, ob mein Freund da wäre - und da nickte er, und da war ich froh.
Nach Ihrer Wohnung gekommen?
Och was - ich bin nach dem Schützenhause gewesen heute Nachmittag mit dem Auto - Herr Rätz war bei mir und sagte, ich solle hier wohnen bleiben.
Wollten Sie was auf Schützenhause?
Knochen wollten wir doch suchen - aber es sind keine mehr da. - Ich wäre in die Leine gesprungen, wenn sie mich nach Hause gebracht hätten - das will ich nicht wieder.
Warum nicht nach Hause?
Och was - ich will doch hier bleiben - ich werde doch schön dick. *(streicht über beide Backen)*
Wie lange wollen Sie hier bleiben?
Bis ich geköpft werde, so lange.
Wie lange denken Sie denn?
Noch ein paar Tage - so lange es warm ist, so lange die Sonne scheint, hm! - Ich kriege doch noch Käse! - Wenn wir köpfen, sind Sie doch auch mit hier - kommen Sie man mit her!

[700]

Das kann ich nicht gut machen.
Das ist doch nicht schlimm - nur ein Wutsch, dann ist es fertig. - Passen Sie nur ganz genau auf, daß ich den Kopf mitkriege - und dann sagen

Sie es mir. *(Sieht eine Zeitung von mir auf Tisch liegen)* Haben Sie die mitgebracht? Ich habe oben ein dickes Bilderbuch.
Wo soll ich Ihnen das denn sagen?
Sie sagten mir, Sie sollten mitgehen, wenn ich geköpft werde.
Ich kann Ihnen das doch nicht sagen, wenn Sie geköpft sind!
Doooch, der Kopf ist doch da.
Kann man denn zu dem Kopf allein sprechen?
Ich bin denn doch auch noch da – *(zeigt auf seinen Brustkorb)* – dann können Sie ruhig kommen – ich bin denn doch auch da.
Wird Grans auch hingerichtet?
Nein, das will ich nicht, der hat doch nichts gemacht. Nein, nein, das will ich nicht, nee, das gibt es nicht! Wozu? Das will ich mal fragen.
Ist Köpfen eine Strafe?
Och was! – *(lacht)* – Das ist doch ganz schön – dann geht es in den Himmel herauf – oben ist es doch schöner als hier.
Warum oben schöner?
Meine Mutter ist da – das habe ich Ihnen doch schon mal gesagt – die freut sich, wenn ich oben bin.
Ob die sich jetzt auch freut?
Doooch! Die freut sich, wenn ich komme, das weiß ich. Meine Mutter hat mich gern. Die kennen Sie nicht? Das war eine schöne Frau – *(steht auf und zeichnet durch entsprechende Bewegungen mit der Hand eine schlanke Figur)* – eine schöne kleine Hand hatte sie, eine ganz kleine – *(zeigt deren Kürze an seiner Hand)*
Kriegt man da genug zu essen?
Hoohoo! Im Himmel, hier krieg ich ja auch genug.

[701]

Was gibt es da zu essen?
Das weiß ich auch noch nicht. Aber man sagt immer, da gibt es keine Not. Ich bin noch nicht dagewesen. Da gibt es schon was. Da sind Bäume mit Äpfeln. – Bild habe ich schon mal gesehen vom Himmel – oben waren Äpfel drauf. – *(faltet die Hände andächtig, schlägt Augen auf)*
Kommen Sie denn in den Himmel?
Jaa! – *(überzeugt)*
Ist das sicher?

Das weiß ich ganz genau, meine Mutter ist auch im Himmel, die sorgt schon dafür!
Doch all die Morde begangen?
Richtiger Mord ist das nicht.
Was denn?
Die habe ich doch bloß gebissen – *(beißt wie wildes Tier)* - wenn sie weggelaufen wären, dann wären sie doch noch nicht oben.
Aber durch Ihr Beißen getötet?
Waas? - (erschrocken)
Aber durch Ihr Beißen getötet?
Die werden doch schon nichts sagen – die Köpfe sind doch nicht da, die sind kaputt und abgemacht - die können mich gar nicht wiedersehen, die haben keine Augen, keinen Kopf. *(meint er sehr vergnügt, schüttet sich aus vor Lachen, fast siegesbewußt; legt Kopf zur Seite, fast auf Tischplatte)* - Die können doch nicht sehen ohne Augen – die habe ich alle kaputt gemacht – hab ich Taschentuch übergelegt und dann habe ich sie kaputt gemacht – *(immer entsprechende Handbewegung)*
Wie sie kaputt gemacht?
Alle, alle – die heilen Köpfe, das sind meine nicht – das habe ich gleich gesagt, das sind meine nicht - die können im Himmel nicht sein. Wenn Sie wiederkommen, bringen Sie mal ein Buch mit, mit Bildern - Bilder sehe ich gerne.
Wird der liebe Gott Sie in den Himmel lassen?
Meine Mutter ist doch oben, die wird das schon sagen, wenn ich komme. Kennen Sie die nicht? Die hat immer schön gelacht.

[702]

Wiederholt bestraft?
Ja, haben mich immer bestraft – haben mich öfter eingesperrt.
Wie oft?
Weiß ich gar nicht mehr. Zuletzt habe ich gebettelt – *(klopft mit gebogenen Fingern auf Tischplatte)* - und haben mich eingesperrt – das ist aber ganz egal. Hat man Sie auch schon mal eingesperrt?
Nein.
Nee, nee.
Wie kommen Sie darauf?
Sie haben mich doch eben auch danach gefragt. Darf ich das denn nicht?

Habe ich auch immer gemacht. Wenn ich Freund hatte, habe ich auch gefragt.
Schon mal Zuchthaus?
Da, da haben sie mich gerade eingesperrt.
Wie oft?
Einmal, nein, mehr als einmal, da haben sie mich lange eingesperrt – nachher wollten sie mich kein Zuchthaus mehr geben – *(lacht sehr vergnügt)*
Warum denn nicht?
Weiß ich auch nicht. – Da haben sie mir wer weiß wie weit weggeschickt; mit der Bahn haben sie mich gefahren.
War das schön?
Da bin ich krank geworden, da habe ich noch Durchfall gekriegt von dem Schütteln. – Tag und Nacht sind wir gefahren – ich war bis nach Rußland. – Russen waren da, ja – *(steht auf, macht Bewegung des Treppensteigens)* – in einem Bergwerk sind wir gewesen – *(schlägt sich vor Vergnügen mit Händen auf Oberschenkel. – Hat Faden gefunden, macht ihn naß, spannt ihn zwischen Finger, schlägt ihn an wie Saite, hält vor und ab und erfreut sich an dem so erzeugten Ton – läßt es auch mich hören.)* –
(Ich sehe zur Uhr.)
Schon wieder so weit?

[703]

Wie lange unterhalten wir uns schon?
Sind noch nicht lange hier. Haben Sie nicht nach der Uhr gesehen?
Schätzen Sie mal?
Wie lange sollen Sie denn hier bleiben?
Das ist egal.
Sooh – dann lassen Sie mal. – Ich will mir mal meine Rente herschicken lassen, mein Geld. Wenn Sie mal herkommen, dann will ich was schönes bestellen, dann können wir mal ordentlich was essen. Ich habe jetzt kein Geld. Sagen Sie mir, was Sie gern essen wollen, dann kaufe ich das, jaah.
Auch was zu trinken?
Bier kann er auch gern mitbringen. Trinken Sie gern Bier?
Nein.
Dann können wir lieber Kaffee kochen. Bier ist mir zu kalt. Dann kochen wir eine schöne Tasse Kaffee.

Was kostet eine Tasse Kaffee?
Och, die kochen wir doch selber.
Was kosten Kaffeebohnen?
Weiß nicht - 1/4 Pf. 80 Pfg.
Was kostet 1 Pfd.?
Das habe ich nicht gekauft - ich habe nur 1/4 Pf. gekauft.
1 Pfund?
Nicht rechnen - *(leise, verlegen, schüttelt Kopf zur Seite)* - ich tue nicht gern rechnen - wenn ich was gekauft habe, dann fragte ich, was kostet das, dann hat der Kaufmann das ausgerechnet und dann habe ich das Geld hingelegt. Die kannten mich alle.
Warum Zuchthaus?
Warum? - *(steht auf, geheimnisvoll)* Ich soll geklaut haben. Gar nicht wahr, ich habe nur gekauft, das haben mir die immer hergebracht, das habe ich dann gekauft und das habe ich wieder verkauft.
Woher hatten die Leute das?
Die haben das gar nicht anders gewußt - das konnte ich mir denken - dann verdiente ich doch was - ich mußte doch auch leben - das machen alle.

[704]

Ich aber nicht.
Soo - aber der Friseur Wegehenkel macht es so.
Darf man das denn?
Das ist nicht schlimm - man verhungert ja doch sonst.
Man kann doch arbeiten?
Mich will keiner - ich bin so viel hingewesen - da haben sie mich immer wieder weggeschickt - die wollen mich nicht haben, weil ich keine Invalidenkarte habe, weil ich invalide bin. Dann fragen sie mich, warum invalide. Ich sage dann, ich habe mit den Nerven, aber nur son ganz kleines bißchen, ist nicht schlimm, son bißchen mal Krämpfe - kommt nicht viel vor, weiter nichts - son bißchen mal Krämpfe - dann wollen sie mich nicht haben.
Wie oft Krämpfe?
Kriege ich nicht viel, alle 5–6 Wochen.
Merken Sie das vorher?
Dann werde ich immer so komisch - dann haben sie mich immer wieder

hochgemacht, bin bloß son bißchen müde nachher. – Habe mich mal gebissen – *(streckt Zunge weit heraus, zeigt auf den rechten Rand. – Ich ziehe meine Uhr auf.)* Habe auch mal schöne Uhr gehabt – hat der Grans verkauft – wir hatten nichts zu essen.
Goldene?
Nee, schöne silberne Uhr, feine Uhr – hatte sie mir mal weggenommen aus der Tasche.
Was kostet Uhr?
Och, wohl 10 Mark.
Wieviel Taler?
Was, was? – *(erstaunt)*
1 Taler wieviel Mark?
1 Taler sind 3 Mark. 3 Mark sind ein Taler. Meine Mutter rechnete auch mit Talern – *(zeichnet dann auf Tischplatte in richtiger Größe)* – Taler hat man nicht mehr, man hat doch nur Papier. Meine Mutter hatte Sack voll Geld, 1 Sack voll Gold, 2 Säcke mit Silber.
Was für Goldstücke gab es denn?
(Besinnt sich) – Wenn sie die Arbeiter ausbezahlen mußte. Wenn die Woche um war, mußten die Arbeiter doch Geld haben.

[705]

Wieviel Goldstücke wohl?
Weiß ich nicht mehr – alles ist jetzt anders – der Grans weiß das ganz genau – der macht immer solche Geschäfte.
Ist Grans schlauer als Sie?
Och – aah – ganz heller Kopf ist das. Ich sagte ihm oft, ich wollte, ich wäre so schlau wie Du.
Was tut Grans?
Gar nichts – der ist zu faul.
So wie Sie?
Ich – nee – ich bin fleißig gewesen – wenn ich nicht betteln ging, schmiß er mich heraus. Ich ging von des morgens bis des abends. Das ist nicht leicht, das tut weh an den Beinen.
Wieviel verdient?
Haa – der Durchschnitt so – wohl 20 Mark – jaa – der hat alles behalten – der hat mich immer bemogelt – dann hat er es mit den Mädchen verjuchzt – dann schimpfte er – dann nahm er mich wieder in den Arm –

dann war alles gut - dann küßte er mich und sagte, ich habe es mit den Mädchen durchgebracht - und dann bin ich den andern Tag wieder betteln gegangen - die Emmy, die Dörchen und noch son paar, die kamen alle und aßen, was ich mitgebracht habe.

Haben Sie mit denen auch gegessen?

Nee - ich aß doch lieber Käse - und die Leute gaben mir zu essen - die kauften Wurst, ich aß aber lieber Käse.

Schlief Grans bei denen?

Jaa - dann mußte ich mich nackt auf die Erde legen, und die legten sich zu Bett und ge---

War Ihnen das gleichgültig?

Ich habe mich wohl geärgert, aber das half doch nichts, die machten doch was sie wollten. Mitunter war die Stube so voll, daß ich mich nicht umdrehen konnte. Dann bin ich weggegangen und habe mich geärgert.

[706]

Mittwoch, 6. August

Erkältung?
Keine.
Gut geschlafen?
Och, ich schlafe ganz gut.
Pulver?
Schön war das! Dr. Brandt hat sich nicht wieder sehen lassen. Ich dachte, er wäre schuld, er wollte mich herauslassen. Daß er vielleicht haben will, ich soll nach der Roten Reihe, und dann schlagen sie mich tot. Ich habe den ganzen Morgen geweint, ich war so krank, wie ich hörte, ich soll ausziehen. Ich ziehe auch nicht aus – dann kriege ich doch gar nichts draußen. Ich frage ihn, ob mein Freund da wäre – er kennt ihn nicht. – *(leicht verzagt)* – Ich hab wieder solche Schmerzen.
Wo?
Hier oben - *(zeigt auf Scheitel)* – Ich glaube, ich muß mal einen Jungen haben, dann ist es wieder weg.
Warum denn?
Wenn wir polieren, dann geht der Kopfschmerz weg.
Polieren in der Schule gelernt?
Das ist schon lange her. – Das ist heute morgen wieder gekommen – ich habe gestern poliert, das geht aber nicht, wenn ich das mach, nee, das will gar nicht.
Geht es mit Jungen?
Dann geht es schon – weg – *(tippt auf den Kopf)*
Mit Erna verkehrt?
Ja!
Öfter?
Das ist schon lange her – wie viel, das weiß ich nicht mehr.
Mit andern Mädchen?
Das weiß ich nicht.
Möglich?
Jaah – jaah – das weiß ich nicht mehr so genau – ja doch, mit einer, die war schon verheiratet – die wohnte am Engelbosteler Damm – da ging ich öfter hin – die hatte mich auch so gerne – haben wir uns auch ins Bett gelegt – jaah!

[707]

Mit andern?
Willy hat es mit mir getan - da war ich noch klein - *(zeigt etwa 70 cm vom Fußboden hoch)* - Adolf tut so was nicht. - Den guck ich gar nicht wieder an - *(schüttelt Kopf verächtlich zur Seite)*
Wir werden immer gestört.
Wir wollen zuschließen - die sind alle neugierig. - Heute abend sollten wir mal einen Jungen mitbringen.
---- *von andern gelernt?*
Von einem in der Schule.
Was später mit den Jungen?
Dann - später - dann haben wir im Garten gespielt - Doktor - *(unaufmerksam)*
Keine Erektion?
Jetzt geht es nicht mehr - aber damals war er immer steif - oho - oho.
Wie oft hintereinander?
Weiß ich nicht mehr - manchmal 5 mal - wenn wir Lust hatten - jetzt nicht mehr - jetzt ist's vorbei.
Warum?
Will gar nicht mehr - ist alles schlapp - *(steht auf, knetet an seinem Hodensack)*
In Mund?
Das haben wir erst jetzt gelernt.
Von wem?
Von den Puppenjungens - die gehen auf den Strich am Theater und auf dem Bahnhof, da laufen sie immer.
Sie auch?
Ja - zuerst ist das nicht schön - und nachher geht es ganz schön.
Warum nicht?
Dann macht man doch - *(macht täuschend Bewegung des Brechens nach)*
Warum doch?
Nachher macht man das nicht mehr - die wollen das doch auch so machen.
Wie nennt man das?
Lutschen.
Was war Ihnen lieber, das Aktive oder Passive?
Das war mir egal - ich küsse so gerne - *(zeigt mit Finger auf Unterlippe, die er nach außen -)*

Auch in Popo?
Was? – *(erschrocken, auffallend zur Seite sehend)*
Auch in Popo?
– *(zeigt auf seinen After)* – Nee, nee, das mach ich nicht – Hinterpommer sagen sie dafür – nee, wollten sie schon mal haben, will ich nicht – tue ich nicht – *(abweisende Handbewegung)*
Warum tut man so was?
Von hinten mach ich nicht – nee – nee, das will ich nicht – die Jenssens machen das immer – die haben sone Emaillefabrik.
Ist das anständig?
Von hinten nicht – hinten mach ich nicht.
Lutschen?
Das spuckt man so weg – *(speit aus)*
Glied – sauber?
Muß man doch immer schön waschen mit Wasser und Seife – sonst macht man das doch nicht.
Was schöner, polieren oder lutschen?
Schöner ist im Arm hängen und küssen – *(breitet Hände aus – ahmt Haltung entsprechend ähnlich nach)*
Wie – geküßt?
(Haarmann streckt Zunge heraus)
Die andern auch?
Ja – das geht schön – *(leicht elegisch)*
Dann zur Erektion?
So richtig nicht, kommt nicht mehr hoch.
Was muß der andere machen?
Dann spielen wir so – polieren – ein paar Stunden, dann poussieren wir so.
Ist das schön?
Ja – hm – dann gehen Kopfschmerzen und alles weg. *(zeigt auf Kopf)*
Anständig?
Machen die doch alle – die Jungens.
Ich nicht.
Nee – aach! – ich denke, das machen alle.
Ist doch Schweinerei.
Nee – das ist keine Schweinerei.
Wird bestraft?

Nee, das wird nicht bestraft.
Doch!
Och was – wird nicht bestraft – wenn man von hinten macht – aber nicht das Polieren – das haben sie mir immer gesagt.
Lutschen?
Auch nicht, nein.

[709]

Nachmittags

(Verärgert) Ich habe mich geärgert. Ich dachte, Sie wären mein Freund, und da haben Sie mich heute sitzen lassen.
(Äußerte zum Aufseher sich ungehalten über Ref., der sein Freund sei und doch ihn besuchen wolle, der aber mit andern spreche. Das wolle er sich nicht gefallen lassen, das werde er Ref. auch sagen!)
Wer die Jungens zugeführt?
Habe – sie – selbst – geholt – die Jungens kennen mich doch alle – *(etwas verlegen)*
Auch Geld gegeben?
Die waren immer froh, wenn sie bei mir waren.
Wie alt – die Jungens?
Verschieden, ganz verschieden, och 10–18 [sic].
Auch jünger?
Och ja – so 16 – kleiner wollte ich nicht.
Kann man solche Jungens erkennen?
Wie meinen Sie – erkennen – die kennen mich doch alle.
– auf Straße – zu erkennen.
Das sind Jungens, die bieten sich an – das sind Puppenjungens – das sagen alle.
Mit welchen Worten?
Fritz, soll ich mitgehen? – och – da laufen so viele – och, die kennen mich alle – ich bin so bekannt – alle kennen mich hier.
Wer Sie nicht kennt?
Gehen Sie zu Kröpke – brauchen bloß hin und her zu gehen – *(dreht Kopf bald nach rechts, bald nach links)* – dann kommen sie hinterher und bieten sich an.
Mit welchen Worten zu einem Fremden?
Och, da fragen sie, haben Sie Frau oder sagen, geben Sie mir eine Cigarette – Sie sind wohl fremd hier? – Kann ich nicht mitgehen ein bißchen?

[710]

Gegenüberstellung: Buschler, Bielefeld

Mit Brille habe ich nie gehabt – die mochte ich nicht – dunkelblond habe ich viele gehabt. Ich kenne die Bilder wieder – das werde ich Ihnen sagen.
Wie kommen Sie dazu?
Das weiß ich nicht – die waren tot – die habe ich totgebissen – das kommt vom Küssen.
(Bild)
Das will ich ganz gewiß sagen.
Groß, schlank.
So habe ich sie immer gehabt.
Keinen Schnurrbart?
Nein – habe ich nie gehabt – auch mit Brille habe ich nie gehabt. – Wenn ich Bild sehe, sage ich es Ihnen gleich, dann sollen Sie Bescheid haben – ganz gewiß – auf 1 oder mehrere kommt es nicht an – die habe ich nicht alle tot gemacht – nicht alle – *(lacht dabei)* – sollten nicht umgebracht werden – wenn ich das gewesen wäre, ich hätte gesagt, nee – ich hätte mich gewehrt – wenn mich einer beißt, wehre ich mich – ich mag doch kein Mädchen – ich habe keine mehr gehabt nachdem.
(Auf Vorhalt)
Mein Freund hat Recht – da hat bloß Grans schuld – der hat sie immer hergebracht, wenn ich sie weggeschickt habe. – Ich glaube nicht, daß ich den umgebracht habe. Och was.
Warum?
Ich kenne sie doch noch alle! – Mit der Brille – nee.
Keinen mit Brille?
Die mag ich nicht leiden, die mochte ich nicht – *(zieht verächtlich Unterlippe hoch)*

Erst spazieren gegangen, das war ganz verschieden.
Gegessen?
Was wir gerade hatten, Wurst oder Käse – ich esse immer Käse.

[711]

Auch Kaffee?
Hm hm – Kaffee gekocht.

Dann?
Wenn es so war, haben wir poussiert – zu Bett gelegt.
Ganz nackt?
Mitunter ja – ganz egal.
Dann?
Geküßt – poliert.
Gelutscht?
Auch gemacht – alles so gemacht – auch geschlafen – andern Tag auch einmal – gegessen und wieder poussiert.
Den ganzen Tag?
Ja – ja.
Dann wieder laufen lassen?
Dann sind sie weggegangen – und dann sind sie wiedergekommen.
Auch Geld?
Mitunter, daß sie ins Kino gehen konnten, wenn ich was hatte – ich hatte nicht immer etwas – da war ich schon viel krank – lag viel im Bett und konnte nicht arbeiten.
Sie hätten doch noch arbeiten können?
Frau Engel sagte zu mir: Ich weiß nicht, Sie liegen immer im Bett. Ich war immer müde, immer schlafen – hatte viel Kopfschmerzen.
Was waren das für Jungens?
Wenn sie ordentlich Geld kriegten, gingen sie mit den andern. Wenn sie nicht wußten, wo sie schlafen sollten, gingen sie mit mir.
Auch auf Bahnhof?
Wenn es regnet, wenn es schlechtes Wetter ist, sind sie auf dem Bahnhof, sonst bei Kröpke.
Auch ganz fremde Jungens?
Och ja, da sagten sie mir: Fritz, der weiß nicht, wo er hin soll – da habe ich ihn auch mitgenommen. Wenn es draußen kalt und schlechtes Wetter war, dann mußte ich die schon mitnehmen.
Nicht nur aus Hannover?
Nee – die andern wußten das schon – die sagten Bescheid: Warte mal, bis Fritz kommt, der nimmt Dich mit.
Grans zugeführt?
Ja, der wollte immer das Zeug haben.

[712]

Warum?
Der ist so habgierig.
Was damit gemacht?
Verkloppt - oder selbst angezogen - nicht alles - wenn so was mal passiert war.
Was meinen Sie damit?
Wenn einer mal tot gegangen war.
Vom Küssen doch nicht möglich?
Die waren dann tot den andern Tag.
Wovon?
Ich denke, ich habe sie zu fest gebissen, und dann werden sie wohl geschrien haben, und dann werde ich wohl zugegriffen *(macht entsprechende Handbewegung)* haben. - Gebissen habe ich sie - das habe ich den andern Tag gesehen - hier - *(zeigt auf Hals)*
Man beißt doch nicht, wo man liebt?
Ja - nee - *(schüttelt den Kopf)* - da komme ich gar nicht drüber - daß ich das immer so gemacht habe - das wollte ich doch gar nicht.
Warum immer wiederholt?
Doch nicht immer wiederholt. - Da sind so viele weggegangen, da ist nichts passiert, und dann ist wieder was passiert. Fragen Sie sie mal, die sind immer gerne wieder zu mir hingekommen. - *(etwas verlegen)* Die Frage [sic] sagte doch, ich wäre ein hübscher Mensch, das sagten die Jungens auch immer. Fritz, Du bist so hübsch, wir mögen Dich gern leiden. Du bist ein so guter Junge.
Aber vom Beißen nicht getötet?
Die waren aber tot - *(vergnügt)* - tot.
Man kann nicht tot beißen.
Dooch - da habe ich richtig hineingebissen - *(fletscht die Zähne)* - die waren so richtig - *(bohrt plötzlich auf den Hals)* - richtig so drin.
Sie meinen die Zähne?
Ja - den andern Tag so gesehen.
Nicht leid getan?
Manchmal auch geweint, wenn es so hübsche Jungens waren.
Wie lange geweint?
Nicht lange, nicht lange.

[713]

Wann Junge hübsch für Sie?
Das kann man doch sehen – so schön gebaut – son schönes Gesicht so schöne Augen. Das sieht man wohl – anders will ich nicht *(wehrt ab)* – habe ich immer gehabt, will ich nicht.
Dürfte er Brille haben?
Nein, nee, dann habe ich sie nicht genommen.
Bart?
Nee, nee, ich mag keinen mit Schnurrbart leiden.
Großes Glied?
Das war nicht nötig, wenn es nur hübscher Junge war. Wenn er lieb war und nett küßte, habe ich ihn auch gern gehabt. *(bittet um Pastillen)*
Wußten die Jungen alle, worauf es ankam?
Ja, die kannten mich doch.
Wenn aber fremder Junge mitging?
Dann hatten die andern dem schon Bescheid gesagt.
Haben die nicht geschrien?
Ich glaube, da war wohl einer bei, der mal »Fritz« gerufen hat. Es kann auch sein *(in kindlichem Tonfall)*, daß ich das mal geträumt habe, mir war doch mal so.
Wenn ich Sie beißen würde?
Ooh – ooh – die haben mich auch gebissen – ich hatte da – *(zeigt auf seitliche Halspartie)* – so Lutschflecke. – Frau Engel sagte zu mir, was haben Sie da für Flecke.

Donnerstag, den 7. August, vormittags

Ich guckte mal erst herein, wer da war. Heute morgen war so'n Strolch hier.
Was wollte der?
Gesindel – komme ich herein – da sagte er: »Drehen Sie mal um, gehen Sie mal wieder.«
Warum?
Der war mit einem Herrn – der sah so dreckig aus – so schmierig – huu – huu – das Zeug so – die Schuhe kaputt – ich hätte ihm gern meine gegeben.

[714]

Was versteht man unter %?
Prozente – *(besinnt sich)* –habe ich noch nicht gehabt.
Schreiben.
(Schreibt Prozente buchstabierend ein P – besinnt sich) – r – o – nun weiß ich nicht, ist das ein langes s oder ein Schluß-s schreibt: Proßet.
Was versteht man unter %?

Wissen Sie es nicht?
Doch – dooch – *(legt Finger an Mund)* – ich habe das schon mal gewußt – ich muß mich drauf besinnen. – Das kann ich jetzt nicht sagen – *(schlägt sich verlegen auf Oberschenkel)* – ich will mich mal drauf besinnen. – Waren Sie schon lange hier? Ich bin heute morgen ganz früh aufgestanden, ehe es geklingelt – haben Sie schon gegessen?
Nein.
Ich doch. Zwetschen haben wir heute gekriegt, die waren schön. *(schreibt: fünf Proßet – absichtlich langsam)* 5 Proßet – kürzer kann man das nicht schreiben, das ist doch ganz kurz, das sind doch nur Striche.
Wo kriegt man %?
Habe ich noch nicht gekauft – ich weiß jetzt gar nicht, was das eigentlich ist – ich muß mich jetzt mal besinnen – ich habe das schon gehört – *(klopft sich behaglich auf Bauch mit beiden Händen)* – habe so viel gegessen.
Mietzuschlag?
Waas? – *(erschrocken)*

Mietzuschlag?
So was habe ich nicht bezahlt - nein - die Engel war so raffiniert - ich zahlte 12 Mark - für ein leeres, ganz kleines Zimmer, unterm Dach so schräg, die wollte mich herausschmeißen - zuerst 4 Mark - dann hat sie jeden Monat mehr gesagt - *(macht Bewegung des Schlagens von rechts nach links innen)* - wollte ausziehen, kriegte kein Zimmmer - jetzt bleibe ich hier - jetzt gehe ich nicht wieder hin zu Frau Engel.

[715]

Wie bezahlt?
Wenn ich die Rente kriege - dann hat sie *(Frau Engel)* immer noch geklaut. *(entsprechende Handbewegung)* - Er ist gut - aber sie ist liederlich - ich mocht sie nicht leiden - hat schon 3 Männer - alle von geschieden.
Auch mit Post geschickt?
Nee - habe ich immer so gegeben.
Überhaupt nicht Miete mit Post bezahlt?
Da, zu Rehbocks, da hat sie Grans hingeschickt - mit der Post.
Was kostet das?
Weiß ich nicht. Grans hat die Rente genommen und die Miete bezahlt - der war viel klüger - und das Zimmer war so schön.
Haben Sie nicht Geld weggeschickt?
Nee - das hat Grans getan.
Wie nennt man solchen Schein?
Postanweisung.
Ich habe gesehen, das haben Sie geschrieben.
Das muß schon lange her sein - nee - das hat Grans hingebracht.
Ihre Handschrift.
Ja, das mag stimmen - Grans hat sie wohl hingebracht zur Post.
Auch geschrieben von Mietzuschlag?
Nee, das ist nicht wahr.
Doch!
Das gibt es gar nicht - das ist nicht wahr - was soll ich denn da mehr bezahlen - nee - ganz bestimmt nicht.
Ganz deutlich gelesen.
Nee, das glaube ich nicht - die kriegt doch kein Geld von mir - ich habe doch alles bezahlt - da hört doch alles auf - die will noch Geld haben - die kriegt auch nichts mehr von mir.

Prozent richtig geschrieben wie jeder Kaufmann?
Wie schreibt man denn das? – *(etwas erschrocken)*
1 Glas Bier 15 Pf, 3 Glas?
15 – 1 nochmal 15 sind 30 nochmal 15 *(unter Zuhilfenahme der Finger)* – 45 sind das.
1/4 Kaffee 60 Pf. 1 Pfund?
60 Pfennig – 80 Pfennig. – *(besinnt sich)* – Wissen Sie das denn auch nicht?

[716]

Rechnen Sie doch mal aus.
Müssen mir mal Bleistift geben – *(nimmt ihn sich)* – 80 – nicht – 4 mal muß man das – *(schreibt):*
80
80
80
80
(rechnet an Fingern, leise vor sich hinsprechend)
——
240
– das sind 2 Mark 40.
Stimmt das?
Doch, das stimmt ganz genau – rechnen Sie mal nach – 8..9..10..16 Rest bleiben noch 17 18 ... 24 Rest noch – sind 24. Aha – ich habe eine vergessen – ja das stimmt auch – 32.
Also?
Macht man noch Komma hin – das sind 3 Mark 20 Pfg. – Ich hatte das eine vergessen, dadurch kommt das – hätte ich auch man solche Striche gemacht –
(ich hatte:
80
80
80
80)
(Spontan) Mit Dörchen ist auch nichts mehr los, wo Grans mit poussiert hat – Frau Mrutzeck heißt sie.
Waren Sie auch im Krieg?
Ich war doch da unten im Kohlenbergwerk – in Königslutter – bei den

Russen – da konnten sie mich nicht gebrauchen – mh – mh – da habe ich nochmals die Krämpfe gekriegt – da haben sie mich weggeschickt – da haben sie mich allerwärts herumgeschickt.

Wer ins Bergwerk geschickt?

Das weiß ich auch nicht mehr, das kam alles mit einem Mal – da waren Russen auch.

Nicht als Gefangener?

Als Gefangener? – *(erstaunt)* – das kann möglich sein – das ist schon lange her – das weiß ich nicht mehr. Das war der Krieg – da habe ich die Krämpfe gekriegt und da haben sie mich wieder

[717]

ins Gefängnis geschickt. In welches, weiß ich nicht mehr, das ging immer rund – *(macht Kreisbewegung mit Finger)*

Wer war Hindenburg?

Der wohnt hier unten – in der Eilenriede – da habe ich klopfen wollen – bin aber nicht drin gewesen – er war wohl, glaube ich, nicht da – da habe ich viel gekriegt, wo die Herrschaften wohnen – schönes Essen immer gekriegt. Hindenburg ist doch Feldmarschall? *(fragend)* Von Kaiser Wilhelm ist der doch. Gesehen habe ich ihn noch nicht, nur auf dem Bilde. Unseren Kaiser habe ich viel gesehen. Wenn ich hier war in H[annover], bin ich jedesmal hingegangen. Er machte dann immer so – *(setzt ernstes Gesicht auf, grüßt militärisch, verbeugt sich tief)* – Ob der gar nicht mehr lebt, kommt gar nicht mehr.

Meinen Sie, er wäre gestorben?

Er kommt gar nicht nach Hannover.

Haben wir noch Kaiser?

Ja – dooch – wenn er nicht tot ist; drüben habe ich ein Bild – da ist er im Bilde.

Wie alt?

Weiß ich nicht.

Ungefähr?

Kann ich nicht sagen, alt ist er schon.

Kinder?

Eine ganze Portion hat er – wir hatten zu Hause den Kaiser Wilhelm – mit Vollbart.

Was wissen Sie vom alten Kaiser Wilhelm?

Habe ich nicht gesehen, meine Mutter hatte son großes Bild - auf dem Vorplatz hatten wir so schöne Figuren - Kaiser Wilhelm war auch da.
Nie etwas gehört vom alten Kaiser?
Dooch - *(besinnt sich - Finger an Mund)* - meine Mutter hat mir doch - das habe ich wohl später vergessen - das ist schon lange her.

[718]

Bismarck?
Jaah, auch von gehört.
Was denn?
Haben wir hier ein Bismarck-Denkmal - in der Masch.
Was war der?
Das war ein ganz großer Mann - *(steht auf, reckt sich in Höhe, reicht hoch)* - ganz groß war er - und son weißen Schnurrbart - der war doch auch Soldat - der hatte immer richtigen Helm auf und Säbel.
Was für Uniform?
Weiß ich nicht.
Jäger?
Das kann wohl möglich sein, da haben sie immer was von gesagt.
Was für Truppen gibt es?
Truppen? - Jägerbataillon hatten wir hier - Infanterie 73 - und die Kaiserulanen hatten wir auch - und in Straßburg waren so viele - die habe ich alle vergessen - und in Berlin sollen ganz viele sein.
Woran Ulanen erkennen?
Die Ulanen - hee - die haben son Helm auf und dann - so gehen die Knöpfe - *(zeigt entspr. auf Brust)* - und haben so lange Säbel - wir hatten nur kurze, die nannten wir Hirschfänger.
Wie teilt man Bataillon ein?
Wir hatten nur unser Bataillon.
1 Bataillon wieviel Kompagnien?
4 Kompagnien.
Wie unterscheiden?
Wir lagen unten in der Kaserne - und die andern oben in der Festung.
Kann man Soldat nicht erkennen?
Nee, die müssen das laut sagen - sonst weiß man das nicht.
Nicht an Troddel erkennen?
Nee, da konnte man nichts an sehen.

Nicht bei Infanterie an Troddel?
Nee – die haben keine grünen Troddel.
Steht nicht Zahl der Kompagnie auf Knopf?
Nee, der war ganz blank.
Porto eines Briefes?
Wo soll der hin?

[719]

Nach Hamburg.
Der hat früher 10 Pf. gekostet – das weiß ich, daß meine Mutter 10 Pf. drauf geklebt hat.
Wie sah Marke aus?
Ich glaube, rot, das ist schon lange her.
Was Postkarte?
Da war keine Marke drauf.
Was Postkarte?
5 Pfg. – ich kann das nicht sagen.
Wie sah 5 Pfg. Marke aus?
Das kann ich nicht mehr sagen.
Wieviel 10 Pfg. Marken für 1 Mark?
1 Mark – 10 Stück – 10 Groschen ist doch eine Mark – jetzt haben wir doch keine Groschen mehr. – Sie haben eben geglaubt, ich hätte das nicht gewußt. Ich weiß das ganz genau – *(droht schalkhaft mit Finger – breitet Finger aus)* – das sind 10 Finger.
Wieviel 5 Pfg. Marken für 1 Mark?
5 Pfg. Marken? – 1 Mark? – *(besinnt sich)* – och lassen sie mal mit dem Rechnen sein – das haben wir jetzt genug gemacht – wir wollen uns jetzt was anderes erzählen.
Wohl Verstümmelung am linken Mittelfinger?
Das ist doch weg, das ist doch ab. – Sehen Sie das nicht. Das hat mir einer abgeschlagen – da rissen sie mich heraus in einer Kneipe – in der Neuenstraße – da haben sie mich so geschlagen – da haben sie mich so verhauen – da habe ich nichts wieder gesagt – so viel Blut – *(ächzt und stöhnt)*
Doch sonst nicht vor Blut gefürchtet?
Lassen Sie sich mal so verhauen! O jeeh, o jeeh – hier war alles – (zeigt auf Hinterkopf) – kaputt geschlagen – da bin ich auch ohnmächtig geworden.

Wie gekommen?
Ich habe Kommissar Müller gesagt, die hätten Räder gestohlen, und dann sind sie ins Gefängnis gekommen, und wie sie wiedergekommen, haben sie mich verhauen.
War das Freundschaft?
Freundlich war das nicht.

[720]

Liebe?
Nee, nee.
Rache?
Ja, die haben mich verhauen.
Womit Glied abgeschlagen?
Weiß ich nicht. Dann haben sie es im Krankenhause ganz abgeschnitten.
Wann?
Jetzt erst – um Weihnachten – da habe ich immer im Bett gelegen.
In welchem Krankenhaus?
In der Haltenhoffstraße.
Dort gelegen?
Jeden Tag bin ich hingegangen – die Bindfadens habe ich mir selbst herausgezogen, weil ich solche Angst hatte – *(ächzt und stöhnt)* – aach – das tat weh.
Auch bezahlt?
Die kriegen das Geld noch. Frau Engel hat mir gesagt, ich sollte zum Armenvorsteher gehen.
Tut Finger noch weh?
Da denke ich noch an die Schläge – haben mich furchtbar verhauen.
Angezeigt?
Ja.
Bestraft?
Weiß ich nicht mehr.

Freitag, den 8. August 1924

Es regnet draußen; schon gesehen? Es ist kalt heute. Ich friere so.
Wer hat Jungen zugeführt?
(Besinnt sich, setzt sich in Positur) Jungens?? Die sind doch immer gekommen.
Grans nicht zugeführt?
Doch, hat er auch gemacht – die mochte ich meist nicht leiden – der sagte immer, die wären hübsch, ich hatte sie aber nicht gerne, ich hatte andere gerne.
Wie mußten die beschaffen sein?
Schön im Gesicht.
Nicht wie ein Mädchen?
Nee – das mußten Jungens sein.
Nicht Jungens mit Mädchengesicht?
Nee.

[721]

Wurde Glied steif?
Schon lange nicht mehr – früher noch son bißchen – och – es geht aber ganz schön so, wenn man anfaßt – die horchen da draußen wieder. *(zeigt mit ausgestrecktem Daumen nach Türe)*
Seit wann nicht mehr steif?
Ganze lange Zeit.
Wie lange?
Kann ich Ihnen nicht sagen.
Keine Pollution?
Och was.
Hier im Gefängnis?
Nee – nee – da muß ein Junge kommen – dann geht das schon.
Wie umgebracht?
Umgebracht??
Ja!
Die wollt ich doch nicht umbringen.
Aber Sie haben – – –
Ach was.
Von selber doch nicht gestorben?

Ach was - sie waren dann tot.
Wodurch gekommen?
Ich hatte sie dann wohl gebissen - immer so hübsch.
(Im andern Zimmer: Fährt erfreut auf Bleistift los, der auf Tisch liegt)
Ach, der hat ihn liegen lassen - der Schweimler - der war lange gestern hier - der hat immer geschrieben - es war schon dunkel.
Warum gebissen?
Wir haben uns geküßt, doch schon gesagt.
Mir nicht!
Ich denke doch.
Wie gebissen?
Jetzt ist kein Junge da, den ich küssen kann - *(ängstlich, verlegen)*
Wollen Sie das vormachen oder haben Sie Sehnsucht?
Och, ich küsse ganz gerne - gestern hatte er schöne Bilder - Schweimler - das ist doch der von Rätz, der war gestern bei mir - och, das waren schöne Bilder - die mochte ich schon haben.
Nicht steif?
Nee.
Jungen gebunden?
Wo?
An Armen, Beinen?
Ach was, Unsinn.

[722]

Das glaube ich doch.
Dann schreiben Sie es nur auf - ich - habe - sie - doch - nicht - gebunden.
Keiner so beißen, daß er stirbt.
Die sagen auch, ich hatte sie so gedrückt - das haben sie alle gesagt - das stimmt dann auch - ich hätte sie hier so - *(führt die Bewegung sehr sprechend, hastig aus)*
Wenn beißen, wurde dann steif?
Die wollte ich doch nicht beißen - das habe ich erst den andern Tag gesehen.
Wenn Junge - Mädchen, beißt der auch?
Jaah - jaah - der beißt hierhin - *(zeigt auf linke Schulter, macht Beißen nach)* - das habe ich schon gesehen - ich habe sie nicht gebissen.

Warum beißt Junge?
Das weiß – ich nicht – ich habe noch keine gesehen, daß Grans hier *(macht Bewegung des Beißens)* – welche hingebissen hat.
Glaube ich nicht, daß Sie nichts davon wissen.
Wovon?
Vom Beißen.
Haben wir doch immer so Lutschflecke gemacht und mit Junge geküßt.
Vom Beißen wissen Sie nichts, das glaube ich nicht!
Ich wollte sie nicht tot beißen – die waren den andern Tag hier – *(zeigt auf Hals)* – gebissen – das konnte auch ein anderer gewesen sein – nee – ich hatte zugeschlossen – muß ich wissen. – Schreiben wir: muß ich wissen.
Welche Hand auf Mund gehalten?
Auf Mund? – *(erschrocken)* Kann man doch nicht küssen auf den Mund, wenn man zuhält – nee.
Hand auf Mund und gleichzeitig gebissen?
Am Halse so – hier immer gelutscht – *(dreht Hals hin und her)* – und dann haben wir so gespielt. Das machen doch die Puppenjungens.

[723]

Was sagten Sie nun, wenn Junge gestorben?
Sind doch nicht alle gestorben, nur ein paar – nicht so viele wie die hier schreiben – dann fragen die mich immer: Fritz, sind die es nicht doch gewesen, dann sage ich: ja. Ich weiß das gar nicht, wie viele das waren – hätte ich das man aufgeschrieben. – Sind doch viele weggegangen – ooh – eine ganze Portion.
Wie viele umgebracht?
7, 8 bloß.
Doch 17 zugegeben?
Ach – *(ungehalten, ärgerlich)* – so viele sagen die – ha, die sieht man doch.
Wann gemerkt, daß die gestorben waren?
Andern Morgen – haben wir uns so aufgeweckt. – *(imitiert Bewegung des r. Armes)*
Keinen Schrecken?
Doch, doch – das machte ich so – *(legt Kopf zur Seite, Augen halb geschlossen wie Toter, Mund auf – gut imitiert)* – manchmal habe ich auch geweint, wenn sie so hübsch waren.

Kalt?
Jaah - einer war schon ganz krumm, ließ sich nicht wieder grade, glatt machen - blau war er schon.
Wodurch kam das?
Das weiß ich nicht - da war ich die Nacht aufgewacht, und dann war er tot - und dann habe ich mich schnell umgedreht - *(macht das nach)* - und dann bin ich wieder aufgewacht. Dann war er ganz krumm. Dann bin ich aus dem Bett herausgelaufen und habe ihn draußen auf die Erde hingelegt, da war er schon ganz blau, und dann wurde ich ganz schlecht und habe mich schnell wieder ins Bett gelegt. Ganz krumm war er da.
Niemals Gewissen geschlagen?
Nee, mich haben sie niemals geschlagen. Bei der schwulen Guste haben sie mich kaputt geschlagen.

[724]

Wissen doch, was Gewissen ist?
Ja, das weiß ich auch.
Was denn?
Ein Gewissen - ein Gewissen.
Wissen Sie nicht, was Gewissen ist?
Doch - das weiß ich.
Niemals Herz geklopft?
Doch - manchmal geweint - das tat mir dann so leid, wenn er so hübsch war - *(sieht verlegen zur Seite, wischt Tischplatte ab)*
Was dann gemacht?
Jaa - *(kleinlaut)* - bin aufgestanden und habe Kaffee getrunken.
Schmeckte der?
Den koche ich doch immer selber, schöner Kaffee schmeckt schön.
Auch dann, wenn Junge gestorben war?
Habe ich doch was drüber gelegt, habe Decke genommen und drüber gelegt - hee *(gähnt)*
Junge nicht mehr bewegt?
Nee - ja, die wieder nach Hause gegangen sind - die haben dann Kaffee getrunken.
Was mit Leiche gemacht?
Den habe ich erst so hingelegt.
Und dann?

Bin ich doch nicht gleich beigegangen und habe kaputt gemacht – *(macht verächtliches Gesicht)* - das konnte ich doch nicht immer gleich – *(macht Bewegung des Schneidens)*
Wie denn kaputt gemacht?
Mit Messer hier den Leib aufgeschnitten – richtig aufgeschnitten.
Was passierte da?
Puh - puh – dann ging das hier heraus.
Und dann?
Hier abgeschnitten mit Messer – und dann habe ich den Darm herausgenommen und in Eimer geschmissen.
Und dann?
Ins Closett geschüttet.
Nicht verstopft?
Habe ich doch richtig kaputt geschnitten.
Womit?
Mit Messer.
Geht das leicht?
Wenn der so fest sitzt, schneidet man ihn ab – *(entsprechende Bewegung)* - und schmeißt ihn ins Wasser.

[725]

Auch Darm kaputt geschnitten?
Immer in so kleine Enden – *(zeigt etwa 30-50 cm)* - abgeschnitten – die Darme sind so zusammengeknöddelt – die habe ich abgeschnitten – und hinein ins Wasser - wenn ich mal wieder einen habe, sollen Sie mal sehen, wie ich das mache - das ist doch so einfach. – *(klingelt)* Ach, das ist das Mittagessen, es klingelt.
Brust aufgeschnitten, ging das leicht?
Och ja – das ging leicht *(wieder Kopfschmerzen)* - hier *(in Mitte)* geht er nicht – das habe ich meist so versucht – paß mal auf – dann habe ich hier – hier – hier – das geht ganz leicht – das Messer geht von alleine, ganz alleine – und dann habe ich das so hoch geklappt – he – das Herz lag darin.
Was noch?
Da oben – die Lunge lag auch darin – und dann habe ich die herausgenommen und auch kaputt geschnitten.
Worauf kaputt geschnitten?

Worauf?
Auf welcher Unterlage?
Das lag doch da drin, sonst wurde das blutig.
In Leib kaputt geschnitten?
Och ja – meine Hände *(hält sie mir unter Nase)* – so weit waren sie blutig *(zeigt an Handwurzel)* – das kann man nicht alles mit einem Mal – dann muß man sich ausruhen oder ins Bett legen – dann habe ich mal wieder geschlafen.
Konnten Sie denn gut schlafen?
Ja.
Hände vorher rein?
Die muß man sich wieder abwaschen.
Worin?
Ich hatte doch ein Waschbecken.
Wasser doch blutig?
Aber die Hände werden doch ganz rein.
Glied steif, wenn Sie an Leiche arbeiteten?
Nee – nee – *(sieht verächtlich zur Seite)* – ich will gar nicht mehr davon sprechen.

[726]

Was mit Armen und Beinen?
Hier – ein Bein – *(zeigt auf Inguinalfalte)* – das hat lange gedauert, da habe ich mich hinlegen müssen – und dann das andere Bein. Dann hatte ich die Beine ganz allein, das andere habe ich unters Bett geschoben – das brauchte man doch nicht zu sehen.
Und dann?
Dann habe ich hier – *(zeigt auf Knie)* – abgeschnitten. Dann hatte ich son Stück so liegen. – *(zeigt auf seinen Oberschenkel)*
Und dann?
(Besinnt sich) Was hatte ich zuletzt noch – hier *(im Knie)* abgeschnitten – hier auch *(das andere Bein)* – und dann hier so aufgeschnitten *(auf Vorderseite des Oberschenkels)* – bis auf die Knochen – und dann habe ich das Fleisch so genommen – hier richtig angefaßt und losgeschnitten, mit Daumen festgehalten, die Knochen richtig herausgenommen.
Auf Bett?
Och was, auf Erde.

Blut?
Das bißchen, och was, das ist nichts – wenn man das Herz herausschneidet, das gibt Blut.
Was mit Blut gemacht?
In Eimer geschüttet – *(wie selbstverständlich)*
Was mit Fleisch gemacht?
Soo – da hatte ich das Fleisch – da ist sone dicke Pelle dran – die habe ich auch abgeschnitten.
Warum?
Das schwimmt ja doch – das rote habe ich in so Klumpen – Stücke – *(zeigt Handvoll)* – geschnitten, die Pelle immer so klein – *(zeigt 4-5 cm)*
Was mit Fleisch?
In Leine hinein – wenn ich alles abgemacht hatte, schmiß ich das in Leine – son paarmal.
Wie oft?
Ich ging wohl so 6–7 mal, bis alles heraus war – das ist nicht viel – son Mensch – nee – hier sone Tasche unterm Arm, da habe ich es hineingepackt –

[727]

hier so eine Tasche – *(zeigt auf meine Amtsmappe)* – nur die ganz großen Knochen gingen nicht hinein.
Was mit Pelle?
Och, auch ins Wasser, die war doch klein, die schwamm, die sah man nicht – ich sah sie wohl – *(macht deutlich, wie er hineingeworfen hat, wie Säen des Landwirts)* – hier, da flog es hinein – *(lacht)* dann war es drinnen.
Nachher nachgesehen?
Habe hineingeguckt, daß alles wegschwamm.
Was mit Knochen?
Die großen Knochen *(Oberschenkel)* – die konnte ich nicht hineinpacken, da habe ich eine Zeitung genommen, und schön eingewickelt und dann hineingeschmissen.
Schwammen die auch?
Plumps, da waren sie weg, da waren sie im Wasser drin.
Was mit Finger?
Ins Klosett.
Ins Klosett?

Die habe ich entzweigeschnitten.
Ging das leicht?
Och was – habe ich nicht selbst geschnitten – das war schreckliche Arbeit, die mußten doch weg – wenn man sie liegen läßt, dann fangen sie an zu stinken – einmal so gemacht – dann kamen lauter Würmer – und das roch so.
Was da gemacht?
Da habe ich kein Fleisch abgeschnitten – das konnte ich nicht – immerzu erbrochen – *(steht auf, macht Gebärde des Brechens)*
Was mit Zehen?
Auch ins Klosett hinein – die konnten wir doch nicht ins Wasser werfen, die schwammen doch – ich habe eine Zehe hineingeworfen – die schwammn.
War das die erste Zehe?
Das habe ich so probiert auf Eimer, das schwamm so – da habe ich sie ins Klosett geworfen – ich weiß nicht, ob das Zehe oder Finger war.

[728]

War das so schlimm, daß die Zehe schwamm?
Die ganzen Jungens spielen doch da, die angeln doch da – dann sehen sie das doch – dann wären sie gleich gekommen und hätten gesagt, die hat Fritz hineingeschmissen.
Warum auf Sie gerade Verdacht?
Das haben die Jungens doch gesehen, wenn ich was hineingeworfen habe – mal haben sie mich gefragt, Fritz, was schmeißt du da hinein? Ich füttere Eure Fische – so habe ich da gesagt.
Meist abends?
Bloß die ganz langen Knochen – auch nicht direkt abends, wenn weniger Leute da waren, die sind nur des Mittags und Nachmittags da – morgens kann man auch hineinschmeißen.
Warum denn?
Dann sind sie in der Schule.
Was hast du mit dem Schädel gemacht
Kaputt geklopft – so – oben hineingeschnitten mit Messer – und dann so – wie die Indianer das machen – das steht doch immer in den Büchern, das habe ich doch immer gesehen auf den Bildern, und dann die Haare abgeschnitten, in Eimer herein, auch ins Klosett geschüttet.

Womit?
Mit Messer doch.
Und dann?
Dann habe ich den Kopf wieder eingewickelt – dann sieht er das doch nicht. Dann den Abtreter genommen, wo man die Füße dran wischt, und dann Jacke oder was er so an hatte auf Auftreter gelegt – und dann hier aufgehackt – *(horizontal)* – mit Beil – hübsch – das braucht man nicht fest zu klopfen, ein Schlag und man hat ein Loch drin – dann konnte ich das nicht so abmachen mit den Händen – dann habe ich das Beil genommen, hineingesteckt und hochgehoben – dann war es ab.

[729]

Ging das leicht?
Nee – so herunter gemacht – *(macht Bewegung)* – mit den Fingern ging das nicht. Die Fingernägel – das tut doch weh, wenn man hineinfaßt.
Was sehen Sie denn da?
Dann habe ich das auch so hingelegt, was da lag – hier oben das doch – hier – *(klopft auf seinen Schädel)* – das war wie sone Cocosnuß – dann klopfte ich so drauf – hu – *(lacht)* – dann war alles kaputt – das habe ich auch in Leine geworfen – dann war da oben der Brägen noch drin – das habe ich ganz genau gesehen – dann so herausgenommen mit den Händen – erst die eine Seite – dann die andere Seite – und dann hinten – da liegt auch noch son lüttger Brägen – der Mensch hat doch 3 Brägen, 3 Stück, das habe ich ins Klosett geschüttet. – Und dann hier unten herausgeschnitten, da saß die Zunge drin, mit dem Messer ging das ganz leicht – dann war alles hohl inwendig – da war nicht mehr viel drin. – Dann habe ich das hingelegt, ganz aufs Gesicht gelegt, Beil genommen mit der scharfen Seite und ordentlich geklopft und dann war er kaputt – und dann machte ich so mit den Fingern *(Bewegung des Rupfens, Auseinanderziehens)* - ich war jedesmal froh, wenn alles kaputt war. – Och, das ist eine furchtbare Arbeit.
Wie lange dauert das?
Mitunter 1 1/2 Tage – ich habe mich dann immer hingelegt und etwas geschlafen und gegessen. Ich war jedes Mal einen Tag krank, wenn ich so was gemacht hatte. – Machen Sie das mal! Das ist nicht leicht!
Nachher ging es doch schneller?
Die ersten Male hat es Tage lang gedauert, schrecklich lange – nachher

ging es schneller – das können Sie doch nicht alles mit einem Mal machen.

[730]

Tat dem Jungen das nicht weh?
Der hat nichts gesagt.
Tat dem Jungen das nicht weh?
Hat nicht geschrien, wenn er geschrien hätte!
Kann man Leiche weh tun?
Wenn man nicht richtig tot ist. Mir hat mal einer gesagt, das spürt man doch, das kann möglich sein.
Toter Fisch?
Ich habe mal Fisch gehabt, wie ich Soldat war. Den haben wir uns gefangen – den haben wir aufgeschnitten und alles herausgenommen, und dann ist er weitergeschwommen in Waschschale, hooh jeeh, dann habe ich ihn weggeschmissen, weil ich ihn nicht essen wollte. Wenn er sich nicht gerührt hätte.
Warum nicht gegessen?
Das kann man nicht, wenn Fisch so lebt und dann gebraten wird – das kriege ich nicht fertig.
War Beil geschliffen?
Ist doch gar nicht geschliffen – ooh! das ist immer so geblieben.
Wo ist das?
Weiß ich nicht, ist wohl zu Hause.
Taschenmesser?
Ich habe kein Taschenmesser gehabt – nur son lüttges – das haben sie mir geklaut.
Was für ein Messer benutzt?
Wo man Kartoffeln mit schält – das haben sie mir gezeigt.
Ist das wieder geschärft worden?
Nee – selbst scharf gemacht – mit altem Stahl – das kann man selbst machen.
Was mit Geschlechtsteilen?
Auch ins Klosett hinein.
Gerieben, ob steif?
Ooch, das macht man doch nicht mehr, das ist doch alles blutig – *(wendet sich mit Abscheu zur Seite)*

Gelutscht?
Nee, dann nicht mehr!
Ganz klein geschnitten?
Mußte ich doch. 3, 4 Teile, das ging schlecht kaputt, das olle Ding, das quitschte immer weg – *(macht mit Bleistift Miene des Ausgleitens)* – das olle Ding – sonst ging es ja nicht ins Klosett.

[731]

Klosett nie verstopft?
Nee, nee – hineingeschüttet, dann auf Knopf gedrückt – rums war es weg.
Was gemacht, wenn alles weg?
Mitunter ein paar Tage im Bett gelegen – richtig krank war ich – übel, Kopfschmerzen, schmeckte mir nichts mehr.
Warum?
(Fährt erschrocken auf) Wenn sie so tot sind, dann sehen sie nicht schön aus.
Nachher nicht leid getan?
Doch, bin ich immer so krank gewesen – daß die gar nicht mal gespukt haben – da habe ich gar nicht dran gedacht damals – da hätte ich nicht geschlafen – jetzt kriegte mich keiner mehr zu schlafen dahin – da waren immer Ratten – das sagten sie – es ist ja auch möglich, daß die Ratten da oben gespukt haben. *(Spontan)* Jetzt ist es auch genug – *(Abscheu)*
Wenn leid, warum immer wiederholt?
Das wollt ich nicht, die waren doch tot, wenn ich den andern Morgen aufwachte. Ich freute mich jedes Mal, wenn andere bei mir geschlafen hatten, wenn die den andern Morgen so freundlich waren – sind doch so viele, die wieder weggegangen sind. Das war doch passiert, was sollte ich denn machen. Wenn ich Euch *(zu Kriminalkommmissar)* gesagt hätte, wäre ich nach Hildesheim gekommen, das wäre eine Freude für Euch *(Herrn Rätz)* gewesen. – Wollen nicht mehr davon sprechen. Jedesmal, wenn ich daran denke, kriege ich Kopfschmerzen. Freue mich, wenn ich nichts von höre.

[732]

Sonnabend, den 9. August 1924

(Kommt aufgeregt zu mir, gibt mir die Visitenkarte von Rechtsanwalt Dr. jur. und Dr. phil. Frey, Potsdamerplatz.)
Der kommt von Berlin. Wer ist denn das? Das müssen Sie mir sagen. Das ist wieder so einer vom Blatt – der die Blätter voll schreibt. Von Berlin ist er doch! Wenn der kommt, schmeiß ich ihn heraus.
War der bei Ihnen?
Hier oben ist er bei mir gewesen. Hier, lieber Freund, sagte er mir und gab mir seine Karte. Dann wissen Sie auch, wer ich bin.
Warum er herkommt.
Ob ich genug zu essen habe. Ich habe doch genug! Und dann hatte ihn meine Schwester geschickt, das ist nicht wahr, das ist Schwindel. Und da war Ihr Freund mit dabei. Da lies doch erst mal – *(zeigt auf die Karte)*
– daß er Verteidiger wäre?
Was?
– daß er Verteidiger wäre?
Brauche ich doch gar nicht, das ist doch Schwindel. Das ist wieder so einer aus Berlin, wie damals der.
Was für einer war das?
Hatte son – *(macht Monokel nach) auf* – son Berliner – der wollte mich ausfragen – habe nichts gesagt – habe eben schon gesagt, den wollen wir herausschmeißen, wenn er wiederkommt. Können wir das nicht mal Herrn Rätz sagen – das sind diese Berliner wieder. *(zittert, heult, schluchzt)*
Wenn Schwester Ihren Verteidiger bestellt?
(unterbricht mich) Das glaubt ja keiner – mit der Schwester Frau E[rfurdt] spreche ich ja gar nicht – ist ja alles Schwindel.

[733]

Wenn die ihn doch bezahlt?
Ich will ja keinen – *(schlägt mit Finger auf Tisch)* – gestern war auch einer da, der sprach mit mir. Ich sagte ihm, er solle mich hinrichten. »Das kann ich nicht, mein lieber Freund«, sagte er. Zuerst sagte er immer ja

– jetzt sagt er, das könnte er nicht – das will er nicht mehr. – Kommissar Rätz soll ihn verhaften, ja, den schicken Sie mal her.
Den sehe ich nicht mehr.
Gehen Sie mal hinunter. Was heißt das hier, das kann ich lesen. Rechtsanwalt Dr. Was heißt das Josty. Das ist Schwindel, wenn der nicht wiederkommt, das habe ich extra eingerichtet, daß Sie das mal sehen sollen. Was ist das – *(zeigt auf jur.)* – was ist das jur. und noch mal wieder Dr. Da ist noch ein Dr. bei.
Der ist Jurist.
So.
Und dieser hier, was ist der?
Oder heißt der Philipp.
Das ist die Visitenkarte.
(unterbricht mich) Ja, das hat er mir gesagt und klopfte mich auf die Schulter – konnte gar nicht schlafen und nicht essen, weil er von Berlin kommt. Heute schmeckt es wohl wieder besser, sagte er zu mir.
Was wollte er damit sagen?
Ich esse doch meine Schale aus. Heute steht sie noch da. Ich habe noch nichts gegessen, ich laure nur darauf, daß er wiederkommt, dann schmeiße ich ihn heraus. Ich gehe nicht wieder hinein – diese Berlin Schwindler – die haben mich damals alle ausgefragt und dann in die Blätter geschrieben. Dann kommen die Leute und holen mich heraus und hauen mich. Kennen Sie den denn nicht, er sagte mir, er habe es extra darauf geschrieben *(Berlin, handschriftlich)*, damit ich wisse, wo er wäre. Ich wollte zuerst gar nicht die Karte nehmen,

[734]

er sagte aber, nimm sie doch und da nahm ich sie, um sie Ihnen zu zeigen – hier Berlin – *(zeigt auf Berlin)*
Sie wollen keinen Verteidiger?
Ich brauche doch keinen – ist doch Unsinn – sie sollen mich hinrichten – und dann, wenn es noch warm ist – wenn es nicht so kalt ist. Früher hat er gesagt, wenn ich die Wahrheit sagte, wollten sie mich hinrichten.
Wer? Der Untersuchungsrichter?
Ja, der hat es gesagt. Dann darf er doch nicht schwindeln. Ich hatte mich schon so gefreut, daß ich nach meiner Mutter hinkam.
Warum wollen Sie hingerichtet werden?

Ich will jetzt nach meiner Mutter hin - das können Sie hier doch ganz schön machen - hier - *(zeigt auf den Kopf)* - wenn es schön warm ist und trocken.
Haben Sie lange mit ihm gesprochen?
Bis ich gesehen habe, daß er von Berlin war, habe ich gleich so geweint und gesagt, ich will den nicht. Sagen Sie doch auch - *(schlägt mich dabei auf linken Arm)*

Wieviel umgebracht?
Was denn?
Wie viele?
Fragt mich doch nicht danach. Ihr müßt mir zuerst sagen, wer das ist. Der hat son Glas - son Glas hat er hier drin - (zeigt auf das rechte Auge)

Das ist Schwindel, da bin ich mit böse - brauche ich doch gar nicht - brauche keinen R.A. [Rechtsanwalt] - diese Berliner sind Schwindler.

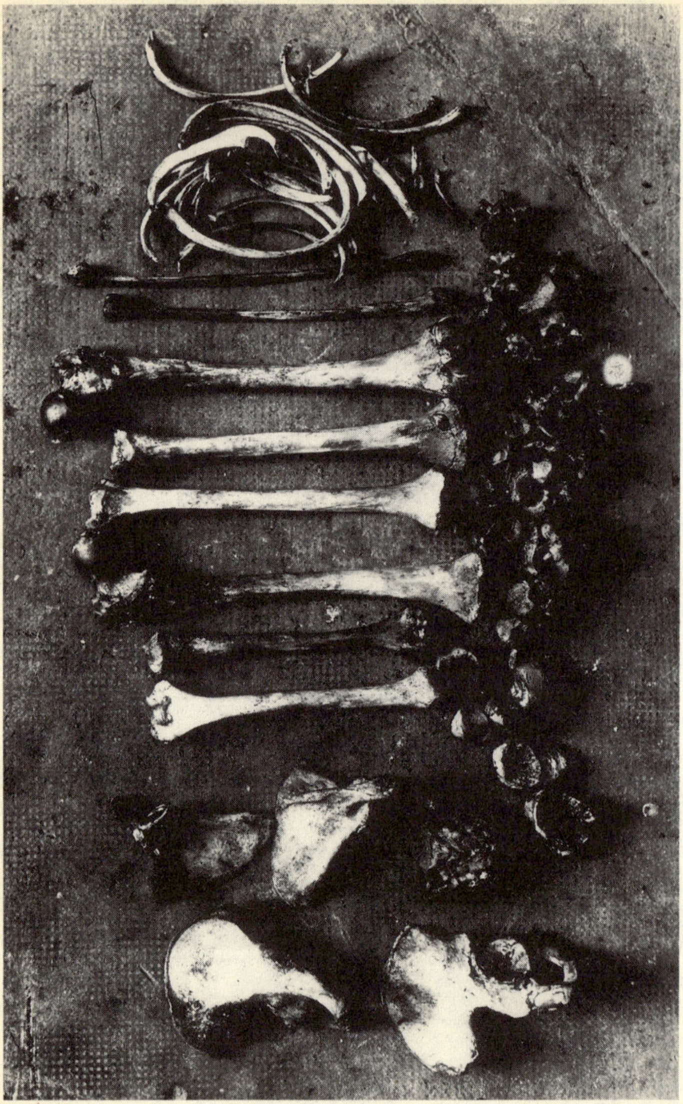

Knochenfunde

Gespräche in Göttingen

18. August – 25. September 1924

Rote Reihe 2: Haarmann-Zimmer

[299]

Montag, 18. August 1924 - Göttingen

Wann geboren?
Das habe ich Ihnen doch schon gesagt, am 25. Oktober war doch das.
In welchem Jahre?
1879 doch. *(lächelt)*
Mit 6 Jahren zur Schule?
Das kann ich nicht so sagen, das wird wohl so sein. *(Geheimnisvoll zum Sachverständigen flüsternd)* Heute habe ich wieder Käse gekriegt, lecker. *(schmunzelt)*
Auf der Schule gut gelernt?
Ja, immer ganz gut gegangen.
Haben Sie auch gute Zeugnisse bekommen?
Die haben mich alle ganz gerne gehabt.
Welche Fächer besonders leicht?
(Schüttelt mit dem Kopfe) Ooch, das war alles ganz schön.
Schreiben können Sie doch famos.
Schreiben kann ich schön, früher konnte ich noch schneller schreiben. *(zeigt auf Stenograph)*
Können Sie das lesen? (Stenogramm)
Nein. *(bekommt das Stenogramm, besinnt sich, verrät durch sein Äußeres, daß er weiß, was es ist)* Ich glaube, das ist - Stenograph.
Haben Sie auch Geographie gelernt?
Jaa, *(schmunzelt vergnügt)* wir hatten so eine große Landkarte.
Wie heißt die Hauptstadt von Deutschland?
(besinnt sich, setzt sich in Positur, breitet die Hand vor sich aus) Das ist - Berlin. - Da bin ich schon gewesen.
An welchem Fluß liegt Berlin?
Das kann ich nicht sagen. *(klopft auf den Tisch)* Hier fließt die Leine.
Wann waren Sie in Berlin?
1918 - da bin ich doch da gewesen, wie ich aus dem Zuchthaus kam. *(leise, geheimnisvoll zum Sachverständigen)*
Wie lange waren Sie in Berlin, wieviel Tage, wieviel Wochen?
Nee, eine Woche nicht, ich bin da durchgefahren. Dann bin ich ausgestiegen, da bin ich in Berlin gewesen, habe mich Berlin angesehen, ich weiß sonst in Berlin kein Bescheid.

[300]

Was haben Sie in Berlin gesehen?
Das weiß ich nicht mehr, doch, so dicke Würstchen haben wir gesehen. *(zeigt mit den Fingern die Länge, etwa 15-18 cm)*
Haben Sie sonst nichts gesehen?
Der hat mir alles gezeigt, das weiß ich aber nicht mehr so.
Denkmäler gesehen?

Sind Sie auf den Strich gegegangen?
Das weiß ich nicht, wo der ist.
Haben Sie die Jungens gebufft?
Ach was, der Junge auf dem Bahnhof - der hat mir Berlin gezeigt. *(faßt plötzlich an sein Kinn, sagt, sich entschuldigend, zum Sachverständigen)* Habe mich noch nicht rasiert.
Haben Sie mit dem Jungen nicht verkehrt?
Nee, bin doch wieder weggefahren.
Nicht poliert?
Nee, was denkt denn der davon.
Haben Sie ihm Geld gegeben?
Da gab es doch kein Brot - nur gegen Marken, und Würstchen haben wir gegessen. Er freute sich, daß er was essen konnte.
Wer wohnt denn in Berlin?
Das kann ich nicht sagen.
Wer wohnt denn in Berlin, das weiß doch jedes Kind?!
Berlin ist doch so groß.
Wieviel Einwohner hat Berlin?
Viel mehr wie Hannover.
Wieviel hat Hannover?
Hannover hat über 1 Millionen.
Das glaube ich nicht.
Dooch.
Wieviel ist 1 Million?
1 Million, da haben wir doch jetzt das Geld gehabt. *(kommt er öfter? - Stenograph)*
Wissen Sie, was Tausend sind?
Ja, ich habe doch son 1000-Markschein in der Brieftasche.
Hundert ist wieviel?
10 mal 10.

1000 ist wieviel mal 100?
1000 ist ja - das sind 1000 Mark.
Wieviel mal 100 ist 1000?
1000 - wie viel - was sagen Sie doch? *(besinnt sich - ist offenbar abgelenkt - blickt Sachverständigen ratlos an - klopft mit dem Zeigefinger der rechten Hand auf den Tisch)*

[301]

Wieviel 100-Markscheine müssen Sie zusammenlegen, wenn sie 1000 Mark haben wollen?
(Zählt mit den Fingern) 10 stimmt ganz genau. *(sieht verächtlich vor sich hin)* Ach was, das Rechnen, fragen Sie doch mal was anderes.
Sie waren doch früher Kaufmann.
(Stimmt freudig zu) Aber das Rechnen - habe immer nicht gern gerechnet.
Aber wissen doch, wieviel 1000-Markscheine eine Million sind?
So viel Geld habe ich noch nie gehabt - früher doch - nee - doch jetzt. Der ist ganz braun gebrannt. *(auf Stenographen zeigend)*
Wieviel Prozent bekommt man heute auf der Sparkasse?
Das kann ich nicht sagen, ich habe kein Geld auf der Sparkasse *(hebt den Zeigefinger in die Höhe - an die Nase)* Ich will - ich will mal aufschreiben - 100 Mark zu 5% - das kann ich aufschreiben. *(schreibt dann auf ein Stück Papier »5%«)*
Wenn ich 200 Mark auf die Sparkasse lege und bekomme 5%, wieviel bekomme ich dann im Jahr?
200 Mark - 5% *(zeigt mit Finger auf Tisch - überlegt)* Kommen Sie doch morgen noch mal wieder - heute schon den ganzen Tag - ich kann das. *(zeigt überlegend mit Zeigefinger auf den äußeren Augenwinkel des linken Auges)* Mal aufschreiben - nee, das können wir auch im Kopf rechnen.
Was heißt Prozent?
Das sind doch Zinsen - ich habe nichts auf der Sparkasse.
Sie sind doch nicht auf den Kopf gefallen.
Nein, das bin ich nicht.
Sie sind doch sicher ein gerissener Kaufmann gewesen?
Ja, die haben mich doch gemogelt - die im Geschäft waren *(fängt an zu weinen, zu schluchtzen)* Nachher haben die ein Geschäft aufgemacht und ich ging kaputt.

100 Mark zu 5%?
(lenkt davon ab) Och nee, nicht immer rechnen.
Städte an der Leine - Hannover?
(stimmt schmunzelnd zu) Ja.

[302]

Wohin fließt die Leine?
Das weiß ich auch nicht – das habe ich wirklich noch nicht gesehen – die fließt ganz nach Herrenhausen raus.
Wo bleibt denn die Leine?
Die fließt in das Meer.
In welches Meer?
Nach Hamburg runter – Nordsee.
Fließt die Leine dort in die Nordsee?
Da ist die Elbe – da sind die großen Schiffe.
Welche Stadt liegt an der Elbe?
Na, das ist doch Hamburg – genau weiß ich das auch nicht, weil ich doch das noch nicht gesehen habe.
Waren Sie nicht mal in Hamburg?
Ja, doch, mit Hans.
Welche Stadt liegt noch an der Nordsee?
Lübeck – liegt doch am Meer – Frau K. kamm da immer her.
Es liegt doch noch eine Stadt an der Leine?
(Sehr erfreut - öffnet den Mund) Ach – das ist Bremen – Herr H. wohnt da, der brachte uns immer Tabak.
Für die Fabrik vom Vater?
Och ne, sagen Sie das nicht – von der Mutter.
Wie nennt man die drei Städte Hamburg, Lübeck, Bremen in einem Namen?
Nee, das gibts doch gar nicht, Hamburg ist Hamburg, Bremen ist Bremen und Lübeck ist Lübeck.
Ha...
Hannover, nee.
Hanse?
Nee, nee, das habe ich noch nicht gehört.
Das sind doch die drei Hanse-Städte.
Ach ja, das stimmt, ja doch, das habe ich schon gehört.

Was bedeutet Hanse?
Das sind doch die Städte – das haben wir doch immer so gesagt.
An welchem Fluß liegt Bremen?
Das weiß ich wirklich nicht – Hans ist schon da gewesen, ich nicht.
Großer Fluß in Deutschland?
Der Rhein, oh, da war ich auf der Unteroffizierschule gewesen.
Welche Stadt am Rhein?
Neu-Breisach.
Noch eine Stadt?
Ich glaube Straßburg auch, bin ich durchgefahren.

[303]

Noch eine Stadt?
Dann sind wir nicht mehr weitergefahren.
Woher kommt der Rhein?
Von Chur, da bin ich schon gewesen.
(Steht auf – macht einen großen Schritt – und erzählt dabei, daß Frau Tappen ihn dazu veranlaßt und gefragt habe, ob er wisse, worüber er geschritten sei. Sie habe ihm darauf gesagt, das wäre der Rhein)
Durch welchen See fließt der Rhein?
Der fließt durch keinen See. Liegt zum Teil in der Schweiz – Zürich-See bin ich doch gewesen, da fließt Wasser, das kann möglich sein.
Wohin fließt der Rhein?
Nach dem Meere, nach der Nordsee rein.
Durch welches Land zuletzt?
Der muß auch nach Hamburg runter fließen.
Nicht durch Holland?
Nee, da bin ich noch nicht gewesen, das glaube ich nicht, der Rhein ist doch ein deutscher Fluß. Wir haben doch ein Lied vom Rhein – wie heißt doch das – ja, stimmt – *(singt)* – der Rhein, der Rhein, der deutsche Rhein. *(singt vor sich hin – richtige Melodie)*
Was passiert am Rhein, was ist da jetzt los?
Nichts, nee.
Haben wir den jetzt ganz, ist er besetzt?
Besetzung, nee... *(etwas verlegen)*
Wann ist der große Krieg zu Ende gegangen?
Jetzt doch, da war doch Revolution – '18.

Wann hat er begonnen?
Da bin ich doch hier nicht gewesen.
Saßen Sie da noch im Zuchthaus?
(leise zum Sachverständigen) Ja.
Sind Sie kein Deutscher?
Dooch, ich habe doch bei den Jägern gedient.
Sie müssen doch wissen, wann der Krieg begonnen hat?
Das muß so gewesen sein – Anfang '14 – glaube ich.
In welchem Monat?
Das weiß ich nicht.

[304]

Nennen Sie mal eine Schlacht aus dem Krieg?
Bei Königgrätz.
Aus dem großen Weltkriege?
Bei Sedan.
Wann war die Schlacht bei Sedan?
Da haben sie doch Napoleon gefangengenommen.
Ist jetzt Napoleon Kaiser von Frankreich?
Ja, die haben doch einen Kaiser.
Nennen Sie mal eine Schlacht aus dem Kriege?
Bei Bitsch, da haben wir immer ne Übung gemacht, als ich Soldat war – am Hartmannsweiler Kopf.
Noch eine Schlacht?
Da bin ich ja gar nicht mit gewesen.
General aus dem Kriege?
Hindenburg – da habe ich mal geklopft.
Mit Erfolg?
Ja, die haben alle schön gegeben. *(geheimnisvoll mit der Hand winkend)* Da mußte ich alle Tage hinkommen, da bin ich ein paar Mal gewesen.
Invalidenschein vorgezeigt?
Ja, da war sie nicht da, ne andere, da sagte sie zu mir, kommen Sie mal, haben mir viel gegeben.
80% Rente?
(Erzählt auf Befragen zwischendurch von der letzten militärärztlichen Untersuchung)
Man hat mich gefragt, ob ich was habe, da habe ich gesagt: nein, nur ab

und zu die Krämpfe. Ich sagte, es wäre zu wenig Geld, son bißchen Rente, das habe ich gesagt. Der Arzt meinte, das würde mal wieder besser werden.
Wie heißt der?
Das weiß ich nicht, habe ich nicht nachgefragt.
Wie sah er aus?
Hatte einen Schnurrbart oder keinen. So genau kann ich das nicht mehr sagen – 50 mochte er wohl sein.
Wie alt bin ich?
60, jünger nicht.
Wie alt ist Stenograph?
18 nicht. *(23)*
(Schildert dann genau die körperliche Untersuchung – Arzt habe ihn nur nach Familienverhältnissen gefragt – bestreitet

[305]

Prüfung auf Schulkenntnisse. Behauptet, Untersuchung habe letztes Jahr stattgefunden – '23 – Sieht einer Belehrung durch Hinweis auf die Akten, die ihm für den nächsten Tag in Aussicht gestellt werden, getrost entgegen.)
Welche Schlacht hat Hindenburg geleitet?
Ich bin doch nicht mitgewesen *(geheimnisvoll)* im Kriege?
Schlacht im Kriege?
Nein, das kann ich nicht sagen. *(vergnüglich)*
Wer hat bei Hindenburg geholfen?
Unser Kaiser, unser Kronprinz war draußen.
Mit welchem General?
Ich lese doch kein Blatt. *(ablehnend)*
Haben Sie keine Zeitung gehalten?
Doch, mit Frau Engel.
Welche?
Hannoverschen Anzeiger.
Was hat die gekostet?
Weiß ich nicht, Frau Engel hat das ausgelegt und es später von mir wieder gekriegt. – Die Zeitung habe ich nie mit heraufgenommen, die habe ich immer unten gelassen und nachgesehen, wer von meinen Verwandten gestorben war.
Was stand noch in der Zeitung?

Politik treibe ich nicht, da zankten wir uns immer drum, sie war ja immer so mit den Kommunisten, ich spreche über Politiksachen nichts.
Haben Sie bei der letzten Wahl gewählt?
Nee, *(verächtliches Gesicht, streckt die Hand aus)* ich wähle nicht, meine Schwester wählt auch nicht.
Was gibt es für Parteien?
Kommunisten, Sozialdemokraten und dann mit unserem Kaiser doch die, die zum Kaiser halten.
Wie heißen die?
Das weiß ich nicht, ich wähle nicht, die Kommunisten wollen unserem Kaiser das Schlechteste zufügen, das weiß ich ganz genau. *(geheimnisvoll)*
Waren Sie nicht auch Sozialdemokrat?
Nein, ich war doch beim Jäger-Bataillon. *(klopft sich stolz auf die Brust)*
Wo ist der Kaiser jetzt?
Ich meine, der ist jetzt gestorben – das weiß ich nicht.

[306]

Wieviele Tage hat das Jahr?
(zögernd) Die Woche hat 7 Tage.
Wochentage rückwärts aufzählen?
Montag, Dienstag *(nee, rückwärts)* Sonst fängt man mit Sonntag an – jetzt fange ich an – erst mal vorzählen *(zählt an Fingern)* Kommt erst Montag, Dienstag, Mittwoch, Donnerstag, Freitag, Sonnabend *(immer unter Zuhilfenahme der Finger)*
Sie sollten doch rückwärts zählen, nicht vorwärts.
Och, das ist doch vorwärts, passen Sie mal auf *(zeigt auf die Finger vom 7. auf den 6. 5. u.s.w.)*
Zählen sie von 100 ab rückwärts.
Ach, fangen Sie nicht immer mit Rechnen an – erst kommen 100, dann kommt 99 *(vergnüglich lächelnd)* 98–97–96–95
Weiter!
(lehnt ab – mürrisch) 93–92–91–100 *(sehr langsam, muß immer zur Eile ermahnt werden und immer unter Zuhilfenahme der Finger – zum Schluß fragt Ref. noch nach der Verpflegung. H. ist sichtlich erfreut über das Mittagessen vom Sonntag.)*
Da gab es zuerst eine schöne Bouilllonsuppe, dann Braten und Kartoffeln, alles sehr schön.

Was gab es denn noch?
Ach ja, das Schönste noch, Gurkensalat, lecker.
Wie wird Bouillon hergestellt?
Aus Fleisch und Knochen, kein Schweinefleisch.
Woraus noch?
Ach, ich weiß wohl, was Sie wollen. *(lächelnd)* Sie meinen Menschenknochen, nee, das gibt's nicht.
Ist es hier schöner wie in Hannover?
Oh ja. Ich kriege doch Rente. Ich habe doch eine Pfeife, und dann kann mir Tabak besorgt werden, dann kann ich rauchen, ich rauche gern. *(wird von Ref. zugesagt - spontan:)* Ein Arzt ist bei mir gewesen, ein netter Mensch.
Wie heißt der?
Das weiß ich nicht, will aber mal fragen. Wie heißen Sie doch? Sie sind doch Professor. Sie sind doch vom Amtsgericht.

[307]

Was hat Noske für einen Titel? Ist er Major?
Ja, das kann wohl sein.
Ist er Pastor?
Nee, strenger Soldat ist er, ich habe ihn schon gesehen, schöne Uniform - langen Säbel, die wollten ihn mal verhauen, da habe ich zugesehen. Erst kommt Leinert, dann kommt Noske.
Was ist Hannover? Ist Hannover eine Provinz?
Nee, Hannover ist eine Stadt.
Gibt es eine Provinz Hannover?
Linden, Dören, das gehört doch alles dazu.
Hat Hannover nicht ein paar Regierungsbezirke?
(erstaunt - mich fragend) Regierungsbezirk?
Das wissen Sie doch.
(wie erwachend) Weiß ich das - Regierungsbezirk.
Was gibt es für Himmelsgegenden?
(selbstzufrieden) Das weiß ich - Norden - Süden - Westen - Osten. *(Es wird ihm eine Zeitschrift vorgelegt)*
Wo ist Norden?
(zeigt richtig) Das ist nach Hamburg raus.
Wo ist denn Süden?

Norden, Osten, Westen – Süden, das stimmt.
Wo geht die Sonne auf?
Wie wir im Auto kamen, habe ich das noch gesehen, da sagte ich noch zu Herrn Schweimler: Warten Sie mal, da ist die Sonne so schön.
In welcher Himmelsgegend?
(sieht ratlos um sich, zeigt bald hier, bald dort hin)
Wo geht die Sonne auf? Im Norden, im Osten oder Süden?
(zeigt auf das Blatt, das seine Karte darstellen soll, bald auf diese, bald auf jene Himmelsgegend)
Das weiß doch jedes Kind, Fritze, nicht mogeln.
Ach, weshalb soll man denn mogeln.
(hört, als Ref. Stenographen fragt, ob er noch Zeit habe, ob er noch nicht müde werde)
Schwitzen Sie noch nicht?
Wieviel Tage hat das Jahr?
(kratzt sich hinterm Kopf) Fragen sie mal was anderes, wollen mal was anderes erzählen. *(unwillig, sieht unfreundlich drein)*

[308]

Haben wir noch einen Kaiser?
Ja – och – wir müssen doch einen Kaiser haben, *(lächelt, schmunzelt)* das ist doch selbstverständlich. *(arbeitet verlegen mit seinen Fingern)*
Wir haben doch keinen Kaiser mehr?
(nickt selbstverständlich – ablehnend) Dooch.
Wer ist an die Stelle des Kaisers getreten?
Ist er denn tot – weiß ich doch nicht – unser Herzog von Cumberland hat doch die Tochter geheiratet.
Wir haben doch jetzt eine Repu...
...blik, nee, die hat Frankreich.
Wie heißt der Hauptmann der Franzosen?
Das ist doch Poincaré, der ist doch schon lange Jahre da, ich habe ihn auf einem Bilde gesehen, hatte son rotes Ding um. *(Schärpe, zeigt mit Finger ein Kreuz über die Brust)*
Wer ist der Oberste unserer Republik? Fritze...?
Fritze heiße ich doch, Fritz. Der heißt Heinrich Leinert.
Fritze Ebert?
Nee, nee, von Ebert habe ich noch nichts gehört, nein, Leinert – Noske

– Schei ... Scheidemann, das sind doch Sozialdemokraten.
Sie haben doch früher über Ebert immer geschimpft?
Nee. *(freundlich)* Ja, das kann wohl sein, über Leinert.
Man hat mir gesagt, Sie hätten über Ebert früher geschimpft.
Nein, das war Leinert, das weiß ich ganz genau, Robert Leinert, jetzt weiß ichs, Robert heißt er, Robert Leinert, der war früher Maler gewesen, der ist jetzt in Berlin.
Was ist er in Berlin?
Da schimpfen Sie aber alle drauf, der hat uns alle bemogelt, das sagen doch alle.
Noske?
Das ist der von den Soldaten?
Was ist er jetzt?
Die Soldaten hat er jetzt.
Wo wohnt Noske?
Der wohnt an der Neuen-Straße, wenn man da raus kommt, da ist so'n großes Schloß, wie ein Schloß.

[309]

Mittwoch, 20. August 1924

(Spontan:) Sie sind ja gestern doch nicht mehr gekommen, Sie hatten doch gesagt, Sie wollten noch kommen.
Sie können doch besser rechnen, als Sie vorgestern taten?
Ja, ja, das stimmt, ich kann ganz gut rechnen.
Religion?
Ich bin lutherisch, Herr Pastor H[ardelandt] hat mich doch konfirmiert.
Wann konfirmiert?
Das ist gewesen, *(besinnt sich)* da kam ich nach der Unteroffizierschule – Sie sehen so schön frisch aus. *(auf Ref. deutend)*
Wann wird man konfirmiert?
Das ist doch immer, wenn man aus der Schule kommt. *(rückt den Stuhl vor)*
Welche Bedeutung hat die Konfirmation?
Da sind wir erst in – beim Pastor gegangen und dann sind wir nach der Kirche gegangen, dann zum Abendmahl. *(macht Bewegungen mit der Hand, als wenn er darin Brot hätte)* Mein Vater war damals auch mit, da war er immer noch ganz gut zu mir – da hat Jesus Christus – da nahm er das Brot, dankte, brachs und gab es seinen Jüngern, da nahm er den Kelch *(besinnt sich, Finger in den Mund)* und dann haben sie auch getrunken aus dem Kelch, und dann haben wir das auch gemacht. *(Handbewegungen – schmunzelt)*
Wieviel Jünger?
12 Jünger, Petrus war sein liebster. *(macht dabei die Bewegung des Umarmens)* Jesus ist auch nicht verheiratet gewesen.
Was wollen Sie damit sagen?
Ich bin doch auch nicht verheiratet.
Sie wollen doch nicht damit sagen?
Ich bin doch auch nicht verheiratet.
Sie wollen doch damit nicht sagen, daß ...
Nee, das nicht, Jesus ist doch Gottes Sohn.
Ist das Polieren erlaubt?
Ja, *(kneift die Augen zu)* meine Schwester, Frau Burschel, ist hingewesen zum Kommissar und hat ihn gefragt, da hat er gesagt, wenn ich junge Leute nähme, die noch zur Schule gingen, das dürfe

man nicht, aber mit großen, das schadete nichts, wenn die sich das gefallen ließen, hat er gesagt.
Ist das anständig?
Da ist nichts bei, *(etwas verlegen)* das schadet nichts.
Das ist doch eigentlich eine schreckliche Schweinerei.
Ach, nun fangen Sie wieder davon an *(sieht verlegen vor sich hin, schlägt mit der Hand auf den Tisch)* – ich habe doch früher eine Braut gehabt, nachher ging das doch nicht mehr, das habe ich meiner Schwester gesagt, mit einem Mädchen würde ich nicht mehr fertig.
Über solche Sachen haben Sie mit Ihrer Schwester gesprochen?
Ja, das mußte ich doch sagen, weil ich doch das mit dem Jungen – das ist sie gewahr geworden, dann hat sie wohl aufgepaßt. *(macht drohende Bewegungen mit dem Finger - schmunzelt - lächelt)*
Kennen Sie ein Kirchenlied?
Jaa *(singt: So nimm dann meine Hände und führe mich, bis an mein seelig Ende - fängt an zu schluchzen, weint)* ich habe das immer gern gesungen.
Sie haben aber nie daran gedacht, wenn Sie die Jungens umbrachten.
Da haben wir nicht gesungen, da habe ich zu Hans gesagt, wir wollen zu Jesus sprechen und beten.
Kennen Sie noch ein Kirchenlied?
Och, ich kann mehrere. *(winkt ab, lacht freudig vor sich hin)*
O du?
Das ist doch ein Weihnachtslied.
Warum feiert man Weihnachten?
Da ist doch Christus geboren.
Warum feiert man Ostern?
Ostern ist doch Christus, *(stutzt)* den haben sie doch gekreuzigt.
Wann feiern wir die Kreuzigung Christi?
Na, Ostern.
Das stimmt doch nicht?
Doch. *(überlegen lächelnd)*
Warum feiern wir Karfreitag?
(besinnt sich, leise vor sich hin) Karfreitag, da werden wir doch erst eingesegnet, da sind wir doch eingesegnet – das ist immer ein paar Tage

[311]

stiller Freitag, da ist doch – um die Zeit – meine Mutter gestorben.
Wann feiern wir Weihnachten?
25. Dezember – das ist doch immer.
Wieviel Gebote?
10 Gebote.
Wissen Sie auch, was Sakrament heißt?
Sakrament – das sagt man mitunter, wenn man schimpft, das sagt man so, Sakrament noch mal.
Nennen Sie mal ein Gebot?
Ich wollte eben doch eins sagen. Du sollst Vater und Mutter ehren – weiter will ich nichts wissen – *(reibt verlegen an der äußeren Seite der Tischplatte)*
Haben Sie Vater und Mutter geehrt?
Mutter, ja, immer geehrt – Vater aber nicht – mag ich nicht hören. *(schüttelt den Kopf)* Ich bin auch nicht mit zur Beerdigung gewesen – wie er beerdigt ist *(vergnügt - leicht überlegen lächelnd und mit dem rechten Zeigefinger drohend)* 3 oder 4 Jahr ist er jetzt tot, da bin ich noch nicht gewesen – zum Kirchhof – Mutter habe ich immer besucht, jede Woche, mitunter zweimal Mutter besucht. Zu Kommissar Rätz habe ich neulich auch gesagt, als wir da den Kopf suchten, *(macht eine Kugelform nach mit seinen Händen)* nee, sagte ich zu Herrn Rätz, da gehe ich nicht hin. Er – Aufsichtsbeamter – könnte ruhig drin bleiben, der ist sehr freundlich, der ist auch Soldat gewesen, die sind alle Soldat gewesen, *(reibt vergnüglich an dem Daumen seiner rechten Hand - schmunzelt)* da hat er mir gestern was von erzählt – der hat auch, *(zeigt auf eine Deckenlampe, die heute angebracht ist)* der hat auch bei den 10. Jägern gedient.
Wer? Wie heißt der?
Wie er heißt, weiß ich nicht.
Wie sieht er denn aus?
Das ist son Elektromonteur.

[312]

Können Sie ihn beschreiben?
Kleinen Schnurrbart, *(schmunzelt förmlich)* schönes Gesicht, dann hat er eine blaue Jacke und sone Hose an – richtige Hose.

Ist er groß oder klein?
(steht auf, sieht sich um, zeigt auf sich mit dem rechten Zeigefinger) So groß wie ich.
Ist er dick oder mager?
Nee, schön.
Ein Gebot heißt doch auch, du sollst nicht stehlen, was heißt stehlen?
Klauen. *(entsprechende Handbewegung - schmunzelt)* Habe ich auch nie gemacht.
Sie sind doch oft bestraft wegen Diebstahls?
Das ist nicht richtig, andere haben gestohlen und nachher hergebracht, die kenne ich nicht mit Namen, die Sachen habe ich gekauft.
Darf man das denn?
Ja, man will doch leben.
Wie nennt man das, wenn man gestohlene Sache kauft?
Das ist doch wegen Hehlerei, aber nicht Diebstahl.
Wird Hehlerei mit Recht bestraft?
Habe ich gesagt, die Wirtin machte -
(Schweift immer ab, nicht zu bewegen, Frage zu beantworten)
Ich frage Sie, wird man mit Recht bestraft, wenn man Hehlerei begeht?
Das soll man nicht machen.
Warum soll man das nicht machen?
Warum, *(lacht und schmunzelt sehr vergnügt)* ja, weil die das geklaut haben.
Warum darf man nicht stehlen?
Na, einbrechen, das darf man nicht.
Was ist schlimmer, Einbruchsdiebstahl oder gewöhnlicher Diebstahl?
Das ist egal, gestohlen ist gestohlen.
Nehmen wir mal an, ich lasse meine Uhr hier auf dem Tisch liegen.
Nein, die nehme ich nicht, die lasse ich liegen, fragen Sie mal, ob ich was wegnehme, ich nehme nichts, nee -
Beispiel: Uhr vom Tisch oder Geld aus verschlossener Schublade?

[313]

(markiert den leicht verwirrten - sieht verständnislos um sich) Ach, sagen sie das doch noch mal.
(Beispiel wie zuvor)
Der eine hat eine Uhr gestohlen, der andere Geld, wie viel Geld?

Beide 20 Mark wert.
Nee, das ist egal.
Ist das eine nicht ein Einbruchsdiebstahl?
Nee, das ist alles gestohlen.
Wird ein Einbruchsdiebstahl nicht schwerer bestraft?
Nee, das ist doch immer egal, ob es viel ist oder wenig.
Sie haben doch viel vom Betteln gelebt?
Ja.
Ist das Betteln erlaubt?
(schmunzelnd, sehr vergnügt, zeigt mit dem rechten Zeigefinger zur Seite)
Haben mich doch 3 Monate gegeben.
Weshalb wird Betteln bestraft?
Weshalb das bestraft wird, Gott, das habe ich nachher auch nicht mehr gemacht – *(ablehnend)* – da kommt ein Schutzmann oder Sipo und sagt, Sie müssen eben mal mitkommen.
Was hat der Staat damit beabsichtigt, wenn er das Betteln bestraft?
Das soll nicht sein.
Vor allen Dingen dann nicht, wenn man arbeiten kann.
Mich wollte doch keiner – zeigen Sie mal Ihre Invalidenkarte, da bin ich doch in der Fabrik gewesen, da hatte ich keine, da habe ich meine Militärpapiere gezeigt, da steht dann drauf Invalide, dann wollen sie mich nicht. *(immer mit entsprechenden Handbewegungen)* Dann bin ich in die Geschäfte gegangen und habe gesagt, ich bin Militärinvalide, ich wollte was kaufen, kann aber nicht so viel bezahlen – betteln wollte ich nicht – da haben sie mich eingesperrt – und gaben mir welche *(vergnügt schmunzelnd)* und welche sagten, kommen Sie morgen wieder, und da habe ich Anzüge und Schuhe

[314]

bekommen, meist geschenkt, und Hans hat sie dann wieder verkloppt.
Da sind Sie wohl bei vielen besseren Leuten gewesen?
(schmunzelt sehr) Bei Herrn Brandt bin ich mal gewesen.
Wo wohnt denn der?
Der wohnt auf der Bödeckerstraße.
Welche Nr.?
Das weiß ich nicht mehr.
Bei welcher Straße ist das?

Das ist wohl die Yorkstraße.
Von der Königstraße aus rechts oder links?
(steht auf) Wenn man so geht, *(geht voran)* die Bödeckerstraße – so rechts.
(nachdem er den rechten Arm abduciert hat)
Darf man die Frau eines Verheirateten gebrauchen?
Was ist das? *(ernst vor sich hinblickend)*
[Hier ist wohl ein Eintrag (absichtlich?) verloren gegangen.]
(entrüstet) Nein, habe ich nie getan, *(mit rechtem Zeigefinger auf sich hinweisend)* aber Hans mit Dörchen – ich nicht, nie, die hat bei mir geschlafen, in einem Bett, habe aber nie was mit ihr gemacht.
Wie nennt man so was?
Das ist doch Hurerei, das darf man nicht, sie ist doch jetzt geschieden.
Wie nennt man das, wenn man sich mit einer verheirateten Frau einläßt?
Hurerei.
Wie nennt man die Tat, die die Frau begeht?
Weiter nichts gemacht.
Ist das nicht Ehebruch?
Ja, das sagt man so.
Ist das gestattet oder verboten?
Gott, wer das will, kann das machen, ich tue das nicht. *(verächtlich zur Seite blickend)* Das kann Dörchen auch nicht sagen, daß ich das gemacht habe.
Sie haben doch früher mit Frauenzimmern verkehrt?
Mit meiner Braut, ja, ein anständiges Mädchen.
Wie heißt die?
Erna *(vergnüglich lächelnd)* Löbert, das war ein gutes Mädchen, hübsches Mädchen.

[315]

Ist jetzt verheiratet?
Schon lange. *(traurig)*
Noch nicht mit Mädchen verkehrt?
Nee, noch nie – ach Sie meinen das mit Schlachter-Karl seiner Tochter, davon bin ich doch krank geworden – das war Schlachter-Karl seine Tochter.
Mit Schlachter-Karl, das ist doch Schwindel.
Ach was.

Aber sicher, das glaubt Ihnen doch kein Mensch.
Da könnt ihr machen, was ihr wollt.
Sie haben außerdem noch mit einem Mädchen verkehrt.
Nee, das ist nicht wahr, das gibts nicht.
Was ist schlimmer, Hurerei oder Polieren?
Hurerei ist noch schlimmer, das machen wir nicht.
Polieren ist doch eine Schweinerei.
Ach was, hinten, das darf man nicht, so massieren.
Ein Gebot lautet doch, du sollst nicht töten.
Ja, ja.
Das haben Sie aber nicht immer befolgt.
(schmunzelt vor sich hin) Das wollte ich doch nicht machen. *(breitet die linke Hand aus)*
Wie viel haben Sie denn umgebracht?
Das ist doch eine ganze Portion gewesen.
Hat Ihnen das nicht leid getan?
Das wollte ich doch nicht.
Haben Sie nicht daran gedacht, wieviel Eltern Sie dadurch unglücklich gemacht haben?
Ooch, das waren doch alles Puppenjungens, die taugten doch nichts.
Sind Sie denn etwa mehr wie ein Puppenjunge?
Ich gehe doch nicht auf den Strich, die Jungens boten sich doch an, die sagten doch zu mir, Onkel Fritz, komm her, wir wollen das machen.
Wie viel haben Sie aber dazu verführt, mit Ihnen die Schweinerei zu machen?
(zur Rede gestellt, meint er) Ich gehe hier wieder weg – morgen.
Wo wollen Sie denn hin?
Dann sage ich hier Bescheid, dann gehe ich wieder nach Hannover hin – ich gehe nach Hannover – da ist doch jetzt Revolution, ist die noch?

[316]

Wer hat Ihnen denn das gesagt?
Es ging doch da los, das ist doch da nicht mehr sicher, die wollten doch das Gerichtsgebäude stürmen, deshalb haben sie mich doch hierher gebracht.
Wissen Sie, wo Sie hier sind?
Hier bei Ihnen bin ich doch.

Wer bin ich denn?
(holt ein Buch heran, blättert darin, sucht offenbar ein Blatt) Das habe ich aufgeschrieben, jetzt ist es weg, das haben sie mir geklaut, das haben sie mir rausgenommen - das ist nicht schön.
In welcher Stadt?
In Göttingen.
Was bin ich?
Sie sind doch Professor - am Gericht sind Sie doch - das haben Sie mir doch gesagt.
Haben Sie schon mal gehört, daß am Gericht Professoren sind?
Bei der Polizei sind doch auch Doktors, die nennen sich doch Doktor.
Sie haben doch schon mal mit dem Gericht zu tun gehabt.
Die haben alle Titels, die nennen sich doch so.
Jetzt wollen wir bald aufhören.
Können aber ruhig noch ein bißchen bleiben. Er *(Stenograph)* hat eine schöne Hand.
Beispiel: Ehebruch treiben.
Den wollte ich aber helfen - *(droht mit den rechten Zeigefinger - wütend)* - mit einem Revolver würde ich ihn tot machen.
Beispiel.
Das mit dem Nachbar muß man nicht machen - das hätte ich mit der Fräulein Rehbock auch machen können, habe ich aber nie getan - ich habe immer gesagt: Guten Tag, Fräulein Rehbock. *(mit der Miene des Grüßens)*

[317]

Seien Sie ganz ehrlich - (H. faltet erwartungsvoll die Hände) - haben Sie nicht Fräulein Rehbock gegrüßt, um sie zu ärgern?
Ach was, das tue ich nicht, ich habe doch Fräulein R. gehauen, die hat mich doch von einem Verbrechen [sic – Moment?] zum anderen Verbrecher geschimpft - da wurde ich so ärgerlich - da habe ich aber nachher wieder gesagt, wir wollen uns wieder vertragen, *(faßt dabei die Hand des Ref.)* ich bin immer wieder vertragend - wenn mich einer ärgert, kann ich wohl ärgerlich werden, aber nachher sage ich, wir wollen uns wieder vertragen.
Was ist Mord?

Wenn man einen überfällt und macht ihn tot und nimmt alles weg. *(sieht mit entschlossener Miene vor sich hin)*
Ist das nicht Raubmord?
Jaa, das ist Raubmord.
Was ist Totschlag?
Wenn ich einen Knüppel nehme und haue einen tot. *(macht entsprechende Handbewegungen)*
Was ist schlimmer, Mord oder Totschlag?
Das ist doch egal, wenn man tot ist, ist man tot. *(lächelnd - breitet Hände vor sich aus)*
Beispiel: Unterschied zwischen Mord und Totschlag.
Das ist alles egal, tot ist tot, ich will hingerichtet werden.
Gefällt es Ihnen hier nicht mehr?
Haben mir heute auch gesagt, Sie kämen wieder – kommen herein – gehen weg und kommen nicht wieder – wenn ich doch hier bin – jetzt ist doch schönes Wetter – ich werde doch in Hannover geköpft, da geht das doch schneller, wenn ich hier bin, dauert das so lange.
Etwas bleiben Sie doch hier?
Nein, das dauert zu lange, das wird zu kalt draußen.
Unterschied beim Köpfen - kalt - warm.
Das will ich nicht, wenn schönes warmes Wetter ist – Oktober haben wir bald wieder – da habe ich Geburtstag – nun müßt ihr das

[318]

aber bald machen.
Für jeden Mord müßten Sie geköpft werden.
Nein, *(besinnt sich - abwehrend)* das ist doch einen Augenblick – dann lege ich mich so hin. –
Dann wird Ihnen das Lachen vergehen.
Wenn ich da hinkomme, das ist nicht schlimm, *(steht auf mit der Miene des stolzen Mannes)* nee, dann werden die Zeitungen sagen, daß ich tapfer dahin gehe – die Kommunisten sollen doch nicht sagen – die sollen doch nicht schimpfen und lachen und sagen, das ich uh – uhe – uh – mache. *(mit den Kopf zur rechten Seite - setzt ein wehleidiges Gesicht auf)* Ist das ihr Sohn? *(Stenograph)*
Woraus schließen Sie das, daß das mein Sohn ist, haben Sie nicht gehört, was ich mit ihm gesprochen habe, daß ich ihn mit »Sie« anrede?

Nee, nicht gehört.
Ist das nicht eine große Schweinerei, was Sie gemacht haben?
Das denken die alle draußen - die - ich bin ein anderer Mensch - das kann man nicht sagen.
Da muß ich Ihnen widersprechen, das ist nicht anständig.
Jetzt mache ich doch das nicht mehr - das ist nicht so schlimm - mache ich nicht wieder.
Wird das nicht vom Gesetz bestraft?
Das von hinten, das wird nicht bestraft.
Was denn, lutschen?
Nee, nee - Lutschen ist erlaubt. *(ablehnend)*
Bei Schulz - ekliche Handlung?
Nee, das weiß ich nicht.
Beispiel - Vorstrafen.
Bei Schulz, ne ekliche Handlung ist nur, wenn man so von hinten macht - von hinten habe ich nie gemacht.
Doch, das haben Sie gemacht, soll ich die Akten holen?
Ja ja - wegen Beleidigung - das ist nur eine Dummheit gewesen, die wollten mich nur rein legen, ich hatte nichts gemacht,

[319]

das war nur ne Dummheit.
Sie haben die Strafe aber verdient.
9 Monate - ist das nicht - 9 Monate.
Hat Med.Rat Brandt Sie nicht begutachtet?
Habe ich nicht gemacht, ich will mit dem Doktor nichts zu tun haben. *(ablehnend)*
Haben Sie nicht früher gesagt, sie wären krank im Kopf - nicht zurechnungsfähig?
(Unwillig) Fangen Sie so an wie der alte Haarmann.
Sie meinen Ihren Vater?
Müssen Sie nicht machen.
Morgen komme ich wieder, bestimmt?
Wenn wir Sonnabend wegfahren - das dauert sonst so lange, der Oberstaatsanwalt hat mir doch gesagt, daß wir diesen Sommer noch hinrichten wollen, im Winter will ich nicht, da will ich das nicht haben, jetzt.
Das können wir auch im warmen Zimmer machen.

Dann ist das egal, dann ist das egal, ich dachte das müßte da gemacht werden. *(Hannover)*
Was denken Ihre Geschwister?
Den werde ich mal schreiben, daß sie mal kommen sollen.
Was sollen sie denn?
Wenn ich da vielleicht Bestellung machen soll bei Mutter – Bestellung mitnehmen soll – wenn sie mich noch mal sehen wollen.
Glauben Sie, daß Sie zu Ihrer Mutter kommen?
Die sorgt da schon dafür – die sorgen dafür.
Ich glaube das nicht.
Da sorgen Sie schon für.
Das bestimmt der liebe Gott.
Nee, nee, habe doch nichts Böses gemacht.
Sie haben doch die Jungens umgebracht.
Die können mich doch nicht sehen. – Die Köchin hier, die ist sehr nett, die schickt mir jeden Tag einen Käse, die denkt vielleicht, die

[320]

könnte mich noch heiraten.
Das wird sie sich aber überlegen, einen Mörder, einen Massenmörder zu heiraten.
Bin ich nicht ein hübscher Mensch, ich heirate aber doch nicht.
Sie sind ein gefährlicher Mosjö [Monsieur] – sie drehn ja jedem dem Hals um.
Was, Mosjö, was ist das?

[321]

Donnerstag, 21. August 1924 - Göttingen

Auf der Schule nicht gut gelernt?
Oo doch.
Sind Sie bis zur 1. Klasse gekommen?
Nee, so weit nicht.
Aus welcher Klasse entlassen?
Ich glaube das war doch die erste. *(besinnt sich - ganz verlegen)*
Wer war Ihr Lieblingslehrer?
Die kenne ich gar nicht mehr - die Lehrer - sonst kenne ich sie alle.
Nicht der Herr Meyer?
Nee, Herr Klapproth - Ja - Herr Klapproth.
Lebt der noch?
Das weiß ich nicht.
Nicht auch Herr Grelle?
(freudig) Ja, wissen Sie ja doch - Herr Grelle.
Haben Sie damals auch viel Räuber und Gendarm gespielt?
Nee.
Andere Spiele? Knicker?
Ja, mit meiner Schwester.
Kameraden in der Schulzeit?
Nur mit meiner Schwester.
Mit anderen Jungens nicht?
(verächtlich - ablehnend) Nee.
Warum nicht?
Ooch. *(Tränen in den Augen - verlegen - zupft am Bart)*
Warum nicht?
Schule war dicht bei der Wohnung - ja - gleich gegenüber - hinten von der Schule konnten wir in unsern Garten sehen.
Gar keine Kameraden gehabt?
(weint) Ich mußte doch immer abstrippen, die Tabakblätter - hat mich gar nicht rausgelassen, *(meint den Vater - schluchzt)* mit Emma, da habe ich viel gespielt - jetzt heißt sie Frau Burschell.
Nach der Schulzeit zuerst in der Zigarrenfabrik geholfen?
Ja, Tabak auseinandergerissen.
Mit wem haben Sie da zusammengearbeitet?
Das waren Arbeiter, ganze Portion. *(verächtlich)*

Mit ihnen nicht verkehrt?
Doch, das waren alles meine Freunde, ich sollte aber nicht mit ihnen sprechen, er wollte das nicht.
Namen?
Herr Vollmer.

[322]

Vorname?
Das ist schon lange her.
Viel älter wie Sie?
Weiße Haare.
Keine jüngeren Arbeiter?
Doch, Fritze Reiß, der hatte son Holzbein, der machte immer so viel Spaß.
Wie alt?
So 30, er heißt so wie ich, Fritz, da waren noch mehrere.
Sie sind geboren – '78?
Nee, '79. – Da war noch einer – Lohse – der machte auch immer so viel Spaß, den haben wir rausgeschmissen, der hat immer so viel Dummheiten gemacht, der wollte mir immer Schnaps geben – wo er geblieben ist, weiß ich nicht. Der Meister hieß Schmidt – der Meister.
Wie alt?
Der ist schon tot, der ist so alt geworden, der hat Gnadenposten gekriegt.
Dann sind Sie später zur Unteroffizierschule gekommen?
Ach ja, da bin ich gewesen – das war schön.
Wie hieß der Hauptmann?
Das weiß ich nicht – die waren alle gut zu mir – das war son dicker.
Wie hießen die Lehrer?
Das weiß ich nicht.
Wieviel auf einer Kammer?
Oo, das war son ganz großer Saal, so 20 Mann, können auch noch mehr gewesen sein.
Wer lag neben Ihnen?
Kann ich nicht sagen – die haben mich alle gern gehabt.
Wer zum Beispiel am liebsten?
Das kann ich nicht mehr sagen – ein Bayer – oder war aus Bayern – hübscher Junge – wir sind immer zusammen ausgewesen.

Kennen Sie keinen mehr?
Ich habe so ein gutes Gedächtnis, aber das weiß ich nicht mehr.
Konnten Sie im Unterricht gut folgen?
Ich war immer artig, nicht bestraft - mit Arrest oder so was.
Nie krank gewesen?
Ich glaube beim Turnen, ich weiß nicht, da bin ich mal runter gefallen - vom Querbaum - da machten

[323]

wir 'ne Riesenwelle. Ich wollte doch so gern dabei bleiben - die wollten mich auch nicht behalten. *(weint)*
Waren Sie bewußtlos?
Ach, ich fiel vom Querbaum, das weiß ich nicht.
Im Lazarett?
Wohl 1/2 Jahr gelegen.
Was fehlte Ihnen da?
Da haben sie mir immer sone Eisblase gegeben, die habe ich immer abgemacht, die wollte ich nicht mehr aufhaben - da sind auch welche gestorben, die waren auch vom Querbaum gefallen, der ist da beerdigt, ich habe noch aus dem Fenster geguckt, als der beerdigt ist, alle mitgewesen von uns. Haben Sie einen anderen Anzug, gestern hatten Sie doch einen dunklen an. *(Stenograph)* - *(spontan)* Lehrer Gärtner habe ich auch gehabt, als ich zur Schule ging, der lebt noch, habe ich jetzt noch gesehen. - Sie rauchen auch Zigaretten. *(Stenograph)*
Woher wissen Sie das?
An den Fingern.
Wie oft waren Sie im Lazarett?
Ein oder zwei Mal, oder öfter - ein Mal.
Sie sind 2 Mal drin gewesen.
Das muß lange gewesen.
Ein Mal vom 3. - 18.9. also wieviel Tage?
(rechnet an seinen Fingern) 18? Das sind 15 Tage.
Dann ein 2. Mal vom 11.10. bis 3.11.
(wie erschrocken auffahrend) Wie?
Also wieviel Tage?
(zählt wieder an Fingern) Am 3. doch? Haben Sie einen Bleistift?
Nein, das müssen Sie im Kopf machen.

(spontan) Haben Sie hier mal was raus genommen, hier aus meinem Buch? *(fragt Ref.)*
Wieviel Tage sind das?
Ooch, lassen Sie das, *(leise vor sich hin - ablehnend)* das ist doch schon lange her.
Wie kam es, daß Sie krank waren?
Ja, da bin ich doch vom Querbaum gefallen.

[324]

Marsch in der Sonnenhitze?
Das ist wohl Manöver gewesen, das ist bei den Jägern gewesen.
Nein, das ist in Neu-Breisach gewesen - 1895.
'95?
(Aktennotiz von Ref. vorgelesen) Dessen erinnere ich mich nicht mehr, das ist schon lange her – ob das so wahr ist – da muß ich vom Querbaum gefallen sein.
Sie haben damals angegeben, Sie hätten die Kantine gekauft.
Nee – ich habe noch keine Kantine gekauft – geklaut?
Nein, gekauft.
Nein.
Dann haben Sie gesagt, Sie müßten Bier machen.
(amüsiert sich sehr - ablehnende Bewegungen mit den Händen) Och, das ist alles Schwindel, alles Schwindel, habe noch kein Bier gemacht.
Ob Lazarettgehilfe für Kompagnieführer gehalten?
Wie hieß denn unser Komp. Führer? Das ist Schwindel, ist alles Lüge.
Ich glaube, von Ihnen ist das Schwindel.
Ooch, das ist doch Unsinn, das habe ich doch nicht gesagt.
Zwei Mal Lazarett gekommen - nach einer nächtlichen Übung.
Was bin ich?
(Ref. wiederholt)
Ooch was.
Mit Feuerwerkkörper geschossen?
Nee, nie geschossen, da war ich nicht bei. *(droht mit dem Zeigefinger)*
Da glaubten Sie, daß die Franzosen kämen - wollten Sie umbringen?
Wer hat das gesagt, das ist nicht richtig.
Dann entlassen - aus dem Lazarett.

Nach Haus gebracht haben sie mich, ich habe doch nichts gemacht, oder habe ich –
Wann bei den Jägern eingetreten?
1900 – nee 19 – nee 1900, ich weiß das ganz genau, da ist meine Mutter noch gestorben, jaa – 1900.
In welchem Monat?
Das weiß ich nicht mehr, da mußten wir –
Freiwillig gemeldet?
Nein.
Ausgehoben?
Ja, haben mich da gefragt, ob ich Jäger werden wollte, da habe ich gesagt: Ja, das ist ganz schön.

[325]

Wie oft im Lazarett gelegen bei den Jägern?
Bloß ein Mal – ach nee, da haben sie mich noch mal nach Straßburg geschickt – aber da bin ich doch da hin gekommen – von Bitsch – ich war ein tüchtiger Soldat.
Wie hieß ihr Komp. Führer?
Das war Herr Hauptmann von Gottsberg – denken Sie mal an Gott – der schreibt doch jetzt die Bücher – von Gottsberg, unser Oberstleutnant hieß von Bodelschwingh.
Ihr Feldwebel?
Unser Leutnant hieß Leutnant Fischer, der war auch immer so nett zu mir.
Wie hieß der Feldwebel?
Das kann ich wirklich nicht mehr sagen – mit mir hat ein Feldwebel im Lazarett gelegen, das war aber unser nicht – ich glaube, der ist nachher gestorben, der hat die Schwindsucht gekriegt – netter Mensch – habe ich noch besucht, als seine Frau ein lütges Kind kriegte – na, wie hieß doch der – Oberjäger nennt man die.
Oder Unteroffizier?
Das weiß ich nicht. Mit Offizieren habe ich viel verkehrt – Leutn. Fischer war immer sehr freundlich – Hauptm. v. Gottsberg auch – sehr freundlich, der klopfte mir immer auf die Schulter – der eine hieß Alexander, der war Oberjäger.

Woher stammt der?
Das weiß ich nicht, bei dem hatten wir Turnen und Exercieren.
Wie hießen Ihre Kameraden?
Mein bester Freund hieß Peitzmeier - Richard - zusammen Freundschaft gewesen.
Keine Dummheiten?
Nee, nee, einer hieß Karlsen, der spielte Geige, einer hieß Hemmke, den nannten sie immer Wilddieb, der sah so aus wie ein Wilddieb.
Besinnen Sie sich mal und nennen Sie sie mir morgen.
Ja, das will ich machen.
Wie hieß Ihr Stabsarzt?
Franz - Dr. Franz - der andere hieß Eberhard.

[326]

Wie hieß der Arzt in Straßburg?
Das weiß ich nicht.
Wie lange im Lazarett in Bitsch?
Sehen Sie doch mal nach, das ist so lange her, das wird wohl ein Jahr gewesen sein..
Sie waren da vom 4.12.01 bis 14.5.02.
Wie lange?
(Ref. wiederholt) - Wie lange ist denn das?
Das sind dann 5 Monate.
Und wie viel Tage?
Na, wollen wir mal sagen, da werden es dann 6 Monate gewesen sein.
Wieviel Tage?
10 Tage.
Sie können doch ganz gut rechnen?
Ja, ja, das sagen Sie bloß immer so, ich kann ganz gut rechnen. *(zeigt auf Lesezeichen)* Was ist das?
Schießen - Vor Schießscheibe stände ein Mann?
Wer hat das gesagt - ist Lüge, das müssen Sie nicht alles glauben.
Im Manöver einmal ohnmächtig geworden?
Ja? Das weiß ich nicht.
Wissen Sie, wo das war?
Das weiß ich nicht mehr.
Dann hatten Sie mal Husten?

Das kann sein.
Auf Wache ohnmächtig geworden?
Ach Quatsch.
Dann hatten Sie Herzleiden?
Ja, das stimmt, das haben sie immer gesagt, deshalb war ich im Lazarett, Stabsarzt Franz sagte zu mir, ich hätte einen Herzfehler.
Vom 9. - 20.11. wegen Herzleidens im Lazarett?
Bin nicht drin gewesen, wie ich so lange drin war, das war wegen Herzfehler.
Schwindelanfall?
Das hat man doch mal, wenn man Kopfschmerzen hat. *(zeigt auf die linke Seite des Kopfes; tatsächlich klagte H. damals darüber (linksseitige Kopfschmerzen Seite 35))*
Bei Kopfschmerzen Erbrechen?
Das weiß ich nicht. *(steht auf, macht Erbrechen geradezu täuschend nach und sagt)* Habe immer brechen müssen, habe aber nicht gekonnt, nur immer Wasser.
Früher Flimmern vor den Augen gehabt?
(steht auf, bückt sich stark)

[327]

Wenn ich so tat, dann wurde ich schlecht, das kann ich nicht haben, auch wenn mich einer an den Kopf schlägt.
Kopfschmerzen nur dann und wann?
(ablehnend) Da wollen wir nicht von sprechen, das ist schon so lange her, die haben da geschwindelt - von Neu-Breisach - das ist nicht wahr.
Wir sprechen doch jetzt von Bitsch?
Die Kopfschmerzen habe ich mitunter und dann mal wieder nicht.
Wie lange halten die an - 8 Tage?
Nee, ich habe dann immer Bromkali genommen - das hielt oft Stunden an - meine Schwester hat das auch genommen - die ist doch jetzt tot - die hatte auch immer so furchtbare Kopfschmerzen, die hat immer geschrien.
Hat die auch Erbrechen gehabt?
Das kann ich nicht sagen, da mußte sie sich zu Bett legen, die ist ganz gelb geworden, die hat so laut geschrien, daß die Leute auf der Straße stehen blieben.

Was sagten denn die Ärzte?
(zuckt die Achsel)
Sprachen die von Migräne?
Das kann ich nicht sagen.
Haben die bei Ihnen von Migräne gesprochen?
Nee, ich hatte doch Herzfehler, haben nichts gesagt, was ist das?
Wenn Sie Kopfschmerzen hatten, was haben Sie dann eingenommen?
Da habe ich Citrone gelutscht, vom Doktor wollte ich nichts mehr.
Starken Kaffee getrunken?
Ja.
Hat der geholfen?
Ja, dann konnte ich aber nicht schlafen.
Lichtschein?
Das habe ich heute schon gesagt, das *(Bett)* wollen wir wieder rum drehen, das kann ich nicht vertragen. Dann tun mir immer die Augen weh, dann muß ich die Augen zumachen.
Empfindlich gegen Geräusch?
Das höre ich gar nicht gern, ich bin lieber ruhig.

[328]

Frau Rüdiger auch Kopfschmerzen?
Ja ja, die hat auch so laut geschrieen – Mutter hatte immer so Brustschmerzen – die weinte so furchtbar dann. *(spontan)* Nun ist's genug. (leise vor sich hin) – Können Sie das nachher alles wiederlesen? *(Stenograph)* Früher konnte ich sehr schnell schreiben. – Haben Sie heute schon einen Spaziergang gemacht? *(meint damit Ref.)* Ich gehe gern mal so'n bißchen aus.
Viel Brechneigung in Bitsch?
Das hat man so, wenn man aufsteht, dann kommt so Wasser – das ist nicht schlimm, das kommt so, wenn man Herzfehler hat. *(spontan)* Sehen Sie mal nach, ob ich schon bestraft bin – die hatten mich alle gern – die Köchin hat sich mit mir noch photographieren lassen – alle zusammen – Mariechen hieß sie.
Schon älter?
Sie hat immmer gesagt, Fritz, du hast so schöne Augen.
Er *(Stenograph)* sieht aus wie Schulz – sind Sie aus Hannover?
Was ist das für ein Schulz?

Der bei meiner Schwester gegenüber wohnt. Man weg. *(macht ablehnende Bewegung)*
Wollen mal rechnen - sagen Sie mal das abc.
Ach, laß man sein – ach, Sie meinen das abc, ich glaubte das 1 x 1 – das kann ich – *(kommt bis p)* – dann kann ich nicht mehr weiter, das will ich aber mal wieder lernen.
Wieviel ist 7 x 21?
Sie fangen gleich so groß an – immer rechnen – Sie müssen auch mal so kommen – mich besuchen – was erzählen – nicht immer Akten mitbringen – wir haben uns doch bis jetzt vertragen können – Ich habe heute nach meiner Schwester geschrieben – sie soll mal her kommen und Tabak mitbringen.

[329]

22. August 1924

(Beim Eintreten des Ref. sagt Haarmann spontan:) Ich sehe jetzt schlecht aus, wenn ich son Stoppelbart habe, ich muß mich noch rasieren.
Vom Militär mit Rente entlassen?
Ja so Rente, vom Militär her.
Wofür bekommen Sie die Rente?
Für mein Herz.
Haben Sie Rente bekommen, weil krank im Kopf?
Ach, fangen Sie da wieder von an.
Das muß ich doch.
Ich habe doch Herzbeutelerweiterung, das hat Herr Stabsarzt Franz gesagt. *(entsprechende Bewegungen mit Händen auf Brustkasten)* Fritz, du bist ein ganz schöner Junge, du siehst aus, wie ein schöner Apfel, bloß das Herz, da ist der Wurm drin, deshalb können wir dich nicht bei den Soldaten gebrauchen – ich wollte doch kapitulieren – wenn ich gesund wäre, könnte ich wieder kommen – das war ein feiner Mann, der hat mich immer schön besucht.
Bin ich nicht auch vielleicht Arzt?
(lächelt ungläubig) Sie sind doch am Gericht.
Rente? – 50%
Das war mir so wenig Geld, da habe ich zu dem Doktor gesagt, das wäre so wenig Geld, da hat er mir geschrieben 80%, und ich kriegte weniger als vorher. Das letzte Mal habe ich 20 Mark, sonst habe ich auf 50 Mark 27 Mark gekriegt.
Wieviel Taler sind 27 Mark?
Ein Taler sind 3 Mark.
27 Taler sind?
(zählt an den Fingern – lebhafter Tremor der Finger) Sie müssen nicht immer mit Rechnen anfangen – 3 – 6 – 9 – 12 – 15 – 15 – 15 Mark sind das, das sind 15.
Wieviel Taler sind 27?
Ein Taler sind 3 Mark.
27 Mark?
15 Mark.
27 Mark sind doch keine 15 Mark.

Ja, das ist wahr, 3 – 6 – 9 – 12 – 15 – 15 – 15 – 18 – 18 – 18 – noch einen Taler zu – 18 – 21 – ist das – 24 – 27.

[330]

Also wieviel Taler?
27 Mark sind das doch.
Das können Sie doch ausrechnen?
Das habe ich doch getan.
Sie haben früher, vor der Verhaftung, ganz gut rechnen können.
Das kann ich – das kann ich auch.
27 Mark sind wieviel Taler?
3 – 6 – 9 – 12 – 15 – sind das – 18 – 21 – 24 – 27.
Aber wieviel Taler sind das?
27 Mark sind das.
Sie haben an Ihren Fingern ausgerechnet, wieviel Taler 27 Mark sind.
Ja – 27 – 27 Mark.
Ich würde nicht so schwindeln.
Ich schwindele nicht – dann lassen Sie uns doch von was anderem sprechen.
Zeugen vernommen, die aussagten, Sie konnten früher schön rechnen.
Das kann ich auch.
3 Mark sind wieviel Taler?
(wird verlegen – weint) Heute sind Sie wie der Alte – widerlich – laßt mich doch in Ruhe – lassen Sie mich wieder nach Hannover – erzählen wir uns doch mal was anderes – gebt doch mal einen Bleistift her.
Das müssen Sie im Kopf rechnen.
1 Taler sind doch 3 Mark.
27 Mark sind wieviel Taler?

Hat der Militärarzt Sie gründlich untersucht?
Ooch, ich habe mich bloß ausgezogen, da hat er gefragt, wie es mir geht. Da habe ich gesagt: ganz gut *(nimmt dabei militärische Haltung ein)* Mit Militärrentengeschichte habe ich nur ab und zu – mit dem Herzfehler und mit den Kopfschmerzen das habe ich doch nicht immer, nur ab und zu, dann geht es wieder ganz gut, dann habe ich mal wieder so, daß ich wieder im Bett liegen muß. Ich habe ihm gesagt, ob ich wieder im Bett liegen solle, da sagte er, das tat nicht nötig. – Dann habe ich mich hingelegt, da hat er gehorcht.

[331]

(macht entsprechende Bewegungen) Da hat er mich so auf die Schulter geklopft, ich solle mich wieder anziehen. *(H. hat sich inzwischen beruhigt, ist wieder der Alte)*
Na ja, wir wollens schon machen, *(klopft sich dabei auf die linke Schulter)* jetzt haben sie mir noch weniger gegeben.
Hat er Sie nicht rechnen lassen?
Er frug mal so nach meiner Schwester.
Hat er Sie nicht rechnen lassen? Kleines 1 x 1?
Nein, das hat er nicht gemacht. *(überzeugt, abweisend, lächelnd)*
Nicht gefragt, wo die Sonne aufgeht?
Nein, er hat nur gefragt, wie geht es Ihnen – und so.
12 Monate?
Ach, das haben Sie bloß gefragt. Voriges Jahr bin ich hingewesen, wenn er mich gefragt hätte, dann müßte ich doch das wissen.
Wollen Sie mir die Wahrheit sagen?
Ja, so wahr meine Mutter im Grabe liegt, *(hält Ref. die Hand hin)* das sage ich immer.
Haben Sie nicht ein bißchen übertrieben?
Oo, ich war ja gar nicht krank.
Nicht dummer gestellt als Sie sind?
Oo, hören Sie mal.
Das glaube ich doch, daß Sie sich dumm gestellt haben. Keiner von Ihren Freunden glaubt, daß Sie nicht wissen, wie die 12 Monate heißen.
Das ist nicht wahr.
Das steht schwarz auf weiß in den Akten.
Das hat er gesagt.
Rente?
Das sagen Sie mal, wer das gesagt hat, da fragen Sie mal Frau Engel, ob ich der nicht gesagt habe, daß ich zu wenig bekommen habe – mehr als 80% könne er doch nicht bekommen – nein, ich meine zu wenig Geld – da habe ich doch früher mehr gekriegt.

[332]

Ich habe früher auch mehr gekriegt als heute.
Soo. Ich bin doch in Linden auf dem Rathause gewesen, da haben mich

Engels auch hingeschickt, denn sieh mich mal so – es gibt doch so Militär-Asyls, wo man sich so hineinlegen kann. Ich will gar keine Rente, ich will doch nur meine Gesundheit wieder.
Sie haben auch nichts für Ihre Gesundheit getan.
Ich nehme nichts ein, das tue ich nicht.
Sie haben auch falsch gelebt. Sie sollen viel getrunken haben?
Ja, ich habe ruhig gelebt – o, die Kommunisten, die haben geschwindelt, ich hätte gesoffen. Ich bin nicht betrunken gewesen. Hans wollte mich mal betrunken machen, da sollte ich 4 Schnäpse trinken, die habe ich wieder weggestellt.
Sie werden das vor Gericht hören.
Ach, macht doch nicht so viel Geschichten, ich will doch so schnell wie möglich das Ende haben.
Ob Sie hingerichtet werden, weiß ich nicht.
Das will ich, das will ich haben.
Das bestimmt das Gericht. Stellen Sie sich nicht so an wie ein kleines Kind, Sie sind doch schon so oft vor Gericht gewesen. – Wie lange hat das gedauert, bis Sie gestanden?
Ich habe gestanden – holt den mal herein. *(Krim.Beamten)*
Sie haben ungefähr 2 Wochen gesessen, ehe Sie eingestanden haben, daß Sie die jungen Leute ermordet hätten.
Das ist 2 Wochen gewesen.
(Spricht stotternd – abstoßende einzelne Silben – sieht verlegen zur Seite – macht sich an einem Buch zu schaffen – blaß – sieht erschrocken zur Seite, bald nach rechts, bald nach links)
Erst am 12. Tage nach der Verhaftung zugegeben, daß Sie der Täter sind.
Da kommt das gar nicht drauf an, das sagt man doch nicht gleich.

[333]

Warum nicht?
Nee, das tut man nicht. *(wie ein unartiges Kind)* Da habe ich alles gesagt.
Aber doch noch nicht alles?
Alles habe ich gesagt.
Wieviele Jungens haben Sie umgebracht?
Das ist 'ne ganze Reihe gewesen. Hab's heute erst wieder gesagt, ein hübscher Junge, er hat mir ein Bild gezeigt, wenn ich den gehabt hätte, den hätte ich auch umgebracht.

Schämen Sie sich gar nicht, daß Sie uns das hier so offen sagen?
Da ist doch nichts dabei, das ist doch gerade so, als wenn ich mit einem Mädchen rumpoussiert hätte. Sie fragen mich doch immer, jetzt sage ich alles.
Wie Sie verhaftet wurden und der Richter hat Sie gefragt, warum haben Sie da nicht gleich alles gesagt?
Ja, ich wollte ja die Wahrheit sagen, meinen Sie denn, die sollten mich totschlagen, nee, das gibts nicht - können mich ruhig hinrichten, habe doch keine Angst für das Hinrichten, ich habe hier keine Angst - weshalb das so lange dauert - das ist nichts.
Welche Schande bringen Sie über Ihre Familie?
Ich bin doch gar nicht verheiratet.
Über Ihre Schwestern.
Meine Schwestern, soo.
Über Ihre Brüder, die müssen sich schämen, über die Straße zu gehen, ein solches Schwein wie Sie habe ich überhaupt noch nicht gesehen.
Das ist doch keine Schweinerei nicht.
Ist das nicht eine große Sünde?
Das wollte ich ja nicht.
Darüber sprechen wir noch.
So so - ich gehe morgen hier weg - dann fahren wir wieder nach Hannover. *(mürrisch)*
Sie bleiben hier, das bestimme ich.
Sie sagen mir nicht die Wahrheit, ich glaube Ihnen nichts.
Was soll ich denn noch wissen. *(lacht)*
Sie amüsieren sich über uns.
Washalb denn, warum denn.
Weil kein Fünkchen Anstand in Ihnen ist.
Jetzt hat Sie einer aufgehetzt - jetzt kommen Sie - das müssen Sie nicht - Sie haben

[334]

sich doch den einen Tag so gefreut, wie Sie hereinkamen, jetzt sind Sie auf einmal ganz anders, jetzt hetzen Sie bloß die Leute auf - das gibts nicht.
Rente - Leute belogen, Sie wären Invalide - gaben Ihnen die Sachen billig - diese wieder teuer verkauft.
Das stimmt - hm hm - ich bin doch gar nicht hingewesen - die haben

mich doch geholt - habe ich gar nicht gesagt, daß ich 80% kriege. - Ach schreibt was ihr wollt - ich bin anständig.
Sie sind nicht anständig.
Das haben sie alle gesagt, ich wäre anständig. Das haben Sie auch erst gesagt.
Da habe ich noch nichts gewußt - ist das ein anständiger Mensch, der 17 Morde auf dem Gewissen hat?
Das wollte ich doch nicht - das sind so viele - das glaube ich nicht, daß ich das immer gewesen bin.
Es sind noch mehr - man hat doch 22 rechte Oberschenkel in der Leine gefunden.
Das waren meine nicht alle, da waren schwarze mit bei, das waren meine nicht.
Die Leute haben doch Fett von Ihnen gekriegt.
Was für Fett?
Das ist nachgewiesen - das war Menschenfett - Sie haben doch selbst Krabben darin gebraten.
Ooch, das glauben Sie doch selbst nicht.
Bouillon gemacht, Wurst gemacht - so viel hat noch keiner gemacht - solch 'nen Massenmörder hat es noch nicht gegeben.
Nee, das hat's noch nicht gegeben. *(lächelt)*
Macht Ihnen das so viel Freude, daß Sie soviel umbrachten?
Da bin ich doch nur so - da ist keiner gekommen - einer mehr oder weniger - das ist egal.
Nie daran gedacht, wieviel Kummer Sie den Eltern damit machten?
Das sind nur Puppenjungens gewesen.
Sind Sie besser als ein Puppenjunge?
(nickt zustimmend)
Nein nein, das ist nicht wahr.
Die Puppenjungen gehen auf den Strich, und wenn einer kommt, dann gehen sie mit und poussieren, das mache ich nicht.
Sie gebrauchten aber doch die Jungens.
Ja, ich habe doch kein Mädchen ge-

[335]

habt - von hinten - so was mache ich nicht, Schweinerei mache ich nicht, Schweinerei - ich will nichts mehr davon hören - immer dasselbe.
Von der Unteroffizierschule wegen des Herzens?

Ja – nein – in Neu-Breisach bin ich doch vom Querbaum gefallen.
Steht nichts davon in den Akten.
So, das haben sie mir doch erzählt, die mich nach Hannover gebracht haben, haben doch das gesagt – das war so'n roter Feldwebel oder Sergeant.
Aus Straßburg entlassen warum?
Das war wegen Herzbeutelerweiterung.
Vorübergehend mal Schlosser?
Nein, ich bin kein Schlosser gewesen, nein, noch nie.
Arbeit immer aus dem Wege gegangen.
Da wollte ich doch bei das Militär wie Mutter lebte.
Das wird bestritten, daß Sie zum Militär wollten.
Wer hat das gesagt?
Immer gedrückt, wo es Arbeit gab.
Das kann keiner sagen, daß ich mich gedrückt habe, ich habe gern gearbeitet, ich mußte doch leben.
Sie haben doch geklopft.
Das kann man ja 100 Mal sagen – ich hatte doch keine Invalidenkarte – jetzt nach dem Kriege – was soll man denn.
Vor dem Kriege auch nicht gearbeitet.
Da haben sie mich doch angezeigt.
Weil Sie gestohlen haben.
Nein.
Weil Sie gehehlt haben.
Ich habe gekauft.
Sie waren bei Conti.
Ja.
Wer hat die Stelle verschafft?
Mein Bruder, der hat mir gleich so'n schönen Posten besorgt, das war die Hölle, fragen Sie mal Emmi, da ist alles heiß, da bin ich krank geworden – leichte Arbeit will ich haben, aber nicht, wovon ich Kopfschmerzen kriege.
Arbeit muß so leicht sein, daß sie keine Arbeit ist.
Mein Herz kennen Sie noch nicht, meine Mutter kennt mich ganz genau.

[336]

Ich bin der beste Mensch von Hannover.

Das sind Sie wahrhaftig nicht.
Das sagen Sie - die Jungens haben das auch gesagt, Fritz, Du bist ein guter Kerl. - Das mit der ganzen Geschichte brauchte doch keiner zu wissen - das weiß doch jeder heute.
So einen Kerl muß man aus der Gesellschaft entfernen.
Ja, sie konnten mich ja gleich köpfen.
Unterhalt verschafft durch Stehlen, Betteln, Hehlen, Verkaufen der Kleidungsstücke der Jungens, die Sie ermordet haben.
Jetzt habe ich richtig ehrlich gehandelt.
Womit?
Mit Zeug.
Woher das Zeug?
Ich habe die Leute gefragt - verzeihen Sie, ich bin Militärinvalide - da hat mich die Sipo eingesperrt - Betteln will ich nicht und Stehlen auch nicht - können Sie mir nicht was verkaufen, haben Sie etwas altes Zeug - welche haben mir was gegeben, andere wieder sagten, kommen Sie nochmal wieder vor, dann haben sie mir so'n paar Pakete zusammen gemacht, habe ich meist aber nichts für bezahlt - das war doch kein Betteln, wollte doch immer etwas bezahlen dafür.
Eigentlich kein Militärinvalide, wenn es auch auf Schein stand.
(stutzt) Ich habe doch den Krieg nicht mitgemacht.
Aber erzählt, daß Sie Krieg mitgemacht haben.
Sie brauchten doch nicht alle zu wissen, daß ich im Gefängnis gewesen bin, hätte ich Ihnen auch nicht gesagt, weil Sie mir aber sagten, ich sollte die Wahrheit sagen, habe ich Ihnen das auch gesagt.
An wen das Zeug verkauft?
Alle so im Bekanntenkreis.
Haben Sie viel damit verdient?
Ja und dann habe ich auch viel verschenkt - zum Essen.
Fleisch verkauft?
Früher viel Fleisch verkauft, wie ich bei meiner Schwester noch wohnte.

[337]

Von wem das Fleisch?
Vom Schlachter-Karl - ich meine, sie haben ihn schon festgestellt - den Namen *(verlegen)* da ist schon so viel drum gefragt, das hat doch da gar nichts mit zu tun.

Haben Sie von den Jungens das Fleisch verkauft?
Ach, ich sage ja, *(lacht - verlegen)* sagen Sie meinetwegen ja. *(verächtlich - sieht zur Seite)*
Die Knochen?
Habe ich schon gesagt, Sie sollen das schreiben, wenn Sie das wollen.
Wovon die viele Bouillon gemacht?
Ich möchte mal wissen, wo ich die gekocht haben sollte, in der Roten Reihe konnte ich keine kochen, da hatte ich keinen Ofen - da habe ich keinen Ofen gehabt - in der Neuen Straße habe ich einen Gasofen gehabt - wenn ich mir eine Tasse Bouillon gemacht habe, dann habe ich dem Fräulein Wegehenkel eine abgegeben, da habe ich öfter gesessen, die waren sehr freundlich.
Man hat [bei] Ihnen 3-4 Liter gesehen.
(lächelt ungläubig, zeigt die Größe eines Gefässes von 20 x 15 cm) Ist das so schlimm?
Wozu so viel Gas verbraucht?
Da fragt mal Hans, der weiß das, wenn ich auf der Erde geschlafen habe und die lagen in meinem Bett, da mußte ich doch Feuer machen, es war doch Winter, ich lag doch auf so'n Abtreter, ist doch selbstverständlich.
Auch im Sommer so viel Gas gebraucht?
Nein nein, da wurde bloß gekocht.
Wieviel cbm gebraucht?
Das kann ich nicht sagen, nee nee.
Wovon Sülze gekocht?
Habe ich schon so 100 Mal gesagt.
Das glaubt Ihnen alles kein Mensch.
Nein?
Dann haben Sie davon gelebt - Kleider verkauft von Jungens.
Ach was, da kann man nicht von leben, habe ich meistens verschenkt, weggeschmissen, nachher hat Hans was verkauft, wenn es mal schön war, habe ich gesagt, zum Wegschmeißen ist es zu schade, dann habe ich auch

[338]

was verkauft *(immer wieder)* das habe ich schon so viel erzählt.
Ich kenne die Akten - wissen Sie wohl, wieviel Akten Sie haben?

(steht auf, breitet Arme auseinander und zeigt:) So'n ganzen großen Wagen voll.
Wieviel geraucht?
Ja, jeden Tag geraucht.
Zigarren?
Ja Zigarren, zu Hause so 'ne kleine Pfeife.
Was kosteten die Zigarren?
8 - 10 - 15 Pfg., wenn ich rauche, rauche ich auch gute - Mutter hatte auch eine Zigarrenfabrik - zu 5 Pfg. die mag ich nicht.
Zigaretten?
Nee, die mag ich nicht, wenn ich mal eine geschenkt kriegte, dann habe ich die in die Tasche gesteckt, habe ich wieder verschenkt.
Kautabak?
Nee, Kautabak mag ich nicht, *(macht Bewegung des Brechens)* breche ich.
Für das Herz ist Rauchen nicht gut?
Man muß doch was haben.
Ich rauche auch nicht.
Spart man viel Geld.
Wenn die Zigarre 10 Pfg. kostet und Sie rauchen jeden [Tag] 2, wieviel verrauchen Sie dann in einer Woche?
Das sind 20 Pfg., die Woche hat 7 Tage, das sind 1,40 Mark.
Jeden [Tag] 3 Zigarren, wieviel verrauchen Sie in 14 Tagen?
30 Pfg. den Tag - und das ist - warten Sie mal.
In 14 Tagen wieviel?
30 Pfg. den Tag und dann 3 x 7 - 21 sind das - wie war die Aufgabe?
(Ref. wiederholt)
Ja richtig, in einer Woche sind das 21 - in 2 Wochen sind das noch Mal 21 - das sind 42.
Wieviel Geld?
30 Pfg.
Sind das 42 Pfg.?
Nee, das sind 4,20 Mark - stimmt ganz genau.
Was ist schwerer, 1 Pfd. Blei oder 1 Pfd. Federn?
Blei ist schwerer.
1 Pfd. Blei, wieviel wiegt das?
1 Pfd. Blei ist 1 Pfd. Blei.
Wieviel wiegt das?
1 Pfund Blei, das ist doch - das ist doch 1 Pfd., stimmt -
1 Pfd. Federn?

Auch ein Pfund.
Was ist schwerer?
Blei ist doch immer schwerer, Blei ist schwerer.

[339]

1 Pfd. Blei, wieviel wiegt das?
1 Pfd. Blei, das ist ein Pfd.
Durch Betteln durchschnittlich 10 - 20 Mark verdient?
Nicht immer, manchmal noch mehr.
Wieviel?
Mitunter ganz schön, Kartoffeln haben sie mir geschenkt.
10 Pfg.?
Damals waren so große - 1 Mark oder auch 5 Mark so.
Wieviel das Beste?
Das will ich mal so nachrechnen.
30 - 40 Mark?
Oo mehr, o ja, das habe ich früher gar nicht gekriegt, Hans hat alles gekriegt, der hat alles versoffen.
Warum nicht rausgeworfen?
Da hat er mich in den Arm genommen und küßte mich, da steckte er mir die Zunge in den Mund, dann sagte ich, du Sausejunge, das mußt du nicht machen, da sagte er, wir wollen doch zusammen Treue halten - dann ist er dann immer - ich war dann froh, wenn einer bei mir war.
Mit Hans konnten Sie aber nicht viel Staat machen.
Er hatte doch höhere Schule.
Aus welcher Klasse?
Das verstehe ich nicht - Hans ist aber kein Dummkopf, der ist schlau.
Hans hat mir gesagt, Sie wären eben so schlau, er hat auch gesagt, daß Sie viel schlauer wären, wie Sie sich stellten.
So ganz dumm bin ich doch nicht.
Sie stellen sich doch oft recht dumm.
Nee, nee, das ist nicht wahr, das hat mir noch keiner gesagt.
Früher hat man gesagt, Sie wären ein Idiot.
Das müssen Sie nicht machen. *(sieht verlegen zur Seite, macht sich an einem Buch zu schaffen)*
Ich glaube auch nicht, daß Sie ein Idiot sind.

Das glaube ich auch nicht. *(sieht Ref. lächelnd und freundlich zustimmend an)*
Ich glaube, daß Sie einen Idiot markiert haben.
Ach was, och du lieber Gott. *(schüttet sich aus vor Lachen)*

[340]

Ich glaube, daß Sie mir jetzt noch viel vorsimulieren.
Was wollen Sie denn noch wissen? Sagen Sie doch.
Sie wußten doch nicht mal, wer Ebert ist, dabei haben Sie früher immer auf Ebert geschimpft.
Auf Leinert.
Nein, auf Ebert.
Nein, das war Leinert, der macht in Hannover immer so'n Radau.
Haben Sie immer gebetet, wenn Sie zu Bett lagen?
Immer für mich hin.
Was denn?
Was für ein Gebet? Dann sagte ich immer, daß ich bald zu meiner Mutter wollte, zum Leben hatte ich nicht so Lust.
Hatten Sie im Gefängnis mal Sehnsucht nach einem Pastor gehabt?
Nee. *(verächtlich)* Im Präsidium sagte Polizeiinspektor Lange, ob mal ein Pastor kommen solle. Da sagte ich ja, der Pastor Hardeland - Christus-Kirche. Der sollte mal kommen, der ist aber nicht gekommen. Jetzt braucht er nicht mehr zu kommen.
Können Sie auch pfeifen?
Ja, singen kann ich schlecht. Früher hatte ich eine schöne Stimme.
Haben Sie auch gerne »Harre meine Seele« gesungen?
Soll ich mal pfeifen? *(pfeift dann richtig: Harre meine Seele)*
Haben Sie auch gesungen, wenn Sie die Jungens ...?
Och, das haben die gesagt da, in der Roten Reihe.
Frau Linderer?
Ja, Frau Linderer, die immer so erzählt. Die schimpfte ihn aus für Ludewig und er schimpfte sie für Hure. Das habe ich den schon ins Gesicht gesagt. Da schimpften sie mich immer aus und da habe ich zu ihr gesagt, sie schimpfe ihren Mann: du olles falsches Schwein und er schimpfe seine Frau Hure - die hauen sich auch immer. *(macht Gebärde des Schlagens)* Da habe ich hingeschrieben, Frau Engel und alle haben es gehört, da hat die Linderer die Klage zurückgezogen.

Wissen Sie auch, was ich glaube, Sie machen sich lustig über uns? (schüttet sich aus vor Lachen) Dann brauchten

[341]

Sie ja hier nicht mehr herzukommen. Ich habe mich immer gefreut, wenn Sie herkamen. Ich habe gestern schon gesagt, heute war es nicht schön, ich habe ihn nicht mehr so gern, da sagte Herr Reich, er ist doch nett, da sagte ich, ja mitunter, – Ihr müßt mir das nicht übelnehmen, wenn ich das sage, ich sage die Wahrheit.

Ich komme doch beruflich zu Ihnen.

Ja, dann machen Sie doch Schluß, ich meine, das ist einen Augenblick. *(verlegen lächelnd)*

Wir wollen jetzt aufhören.

Paßt mal auf, erzählt mir nichts davon, wenn Sie wiederkommen – ist widerwärtig – mag da nichts mehr von hören, weil so viel Schwindel dabei ist.

Mögen Sie auch deshalb nichts davon hören, weil es ekelhaft ist?

Ooch nee, das ist nicht so schlimm, aber wenn ich das so richtig erzähle, dann hat der eine das gesagt und der andere hat das dazu geschwindelt – ja das war so – nun seid doch mal vernünftig – ganz vernünftig – paßt mal auf, daß ich doch – die habe ich abgemurkst, habe ich richtig abgemurkst, ob nun einer mehr oder weniger, deshalb werde ich doch hingerichtet.

Manche Eltern vermissen ihren Jungen, und es wäre den Eltern doch erwünscht zu wissen, wo ihr Junge ist.

Das kann ich doch nicht sagen, das hab ich ja öfters schon gesagt, jeden einzelnen sollte ich ganz genau sagen, so und so, das kann ich aber doch nicht, es sind zu viele.

Wieviel können es sein?

Das weiß ich nicht genau, es können 10 sein, es können auch 20 sein.

Wen haben Sie denn zuerst abgemurkst?

Das war doch da, wo Dörchen da war.

Nicht 1918? Friedel?

Och ja, ob das Rothe ist, weiß ich nicht, die

[342]

sagen alle, daß das Rothe war, dann muß er es wohl sein.

Und dann der Koch?
Der lütge Koch, nein, da haben mich schon so viel gefragt, wie ich noch zu Hause war, mir ist da immer so - meine Mutter - wie ich nachher wieder zu Hause war von Hildesheim, dann hat sie immer gesagt, Fritz, wo ist denn der Junge, nun fragt meine Schwester - und da weiß ich doch gar nicht und da denke ich, wo ich doch jetzt die so abmurkst [sic], das muß auch so gewesen sein, das kann ich nicht so erzählen, da habe ich meine Angst für, erzähle ich jetzt die Wahrheit.
Wie alt waren Sie da?
Och, da muß ich noch jung gewesen sein - und da haben sie mich nach Hildesheim gebracht.

[343]

(Begrüßt spontan freudig) - Ich habe dem Aufseher schon gesagt, Sie kämen gar nicht.
Als Junge onaniert?
Ja.
In der Schule gelernt?
Durch den Jungen, der neben mir saß - och, da wollen wir heute nicht drüber sprechen - das war doch Alfred Schmidt, der hat immer in meine Tasche gefaßt.
Wo wohnt der jetzt?
Das weiß ich nicht mehr - am Engelbostelerdamm wohnte er, das war so'n lütger dicker, der Alfred, der wohnte da, wo die kleine Laube vor dem Haus ist.
Wie alt waren Sie damals?
Da gingen wir noch zur Schule.
In die oberste Klasse?
Nee nee.
War Alfred Sch. ein Freund von Ihnen?
Nee, er saß immer so bei mir in der Schule, sonst haben wir nicht gespielt.
Auch Kameraden und Freunde gehabt?
Nee.
Wie kam das?
Weil ich doch immer was in die Hose machte - was großes. *(Tränen in den Augen)*

Wie kam das?
Das wollte ich doch nicht, habe ich doch immer zu Hause gesagt, jetzt mache ich das nicht mehr - ab und zu mal so'n bißchen - jetzt nicht mehr.
Seit wann nicht mehr?
Frau Alsdorf hat mir das immer ausgewaschen.
Auf Unteroffizierschule auch noch?
Das weiß ich nicht mehr, ist möglich - aber nicht immer.
Wenn Sie Stuhlgang hatten, kam nachher noch etwas?
Ja, so war es, meine Mutter paßte sonst immer auf.
Damals mit Mädchen gespielt?
Nee. *(ablehnend - meint offenbar sexuell)*
Nein - ich meine z.B. Ball gespielt?
Nein, ich konnte doch nicht, ich mußte doch immer arbeiten in der Zigarrenfabrik, die andern spielten - ich nicht - der Alte - der.
Mit Puppen gespielt?
(ablehnend) Nee, ich habe mal eine gekriegt, die war aber bald wieder kaputt.

[344]

Wie alt waren Sie da?
Meine Schwester, die hatte doch immer - mit meiner Schwester - Frau Burschel - da spielte ich doch immer.
Lieber mit Schwester als mit anderen gespielt?
Ja, für mich sonst immer gewesen. *(wiederholt)* Ooch die spielten alle nicht mit mir - die - die wollten nicht mit mir spielen - weil ich doch immer -
Haben Sie auch Kochen gespielt?
Nach meiner Schwester kamen die Freundinnen - die kochten - da habe ich zugesehen und dann gaben die mir etwas ab - mit Fritz Ilsemann haben wir mal Doktor gespielt - der war mit mir zusammen in Hildesheim - ja - da haben wir Doktor gespielt.
In Hildesheim in der Anstalt?
Im Michaelis-Kloster, das war der Bruder der Freundin meiner Schwester.
War der krank im Kopf?
Ach was, der hat auch so was.

War der krank im Kopf?
Ach was, der Vater hat das gemacht - genau wie bei mir - das Mädchen hat der Vater Ilsemann wohl lieber gehabt und da mußte der Junge weg.
Wollten die Eltern Ilsemann verschwinden lassen?
Ja, das hat mein Vater mit mir auch gemacht.
Auf Unteroffz. Schule mit anderen Jungen Dummheiten gemacht?
Ooch *(hebt warnend die Finger)* nee, das haben wir nicht gemacht.
Bei sich allein?
Auch nicht, da schliefen wir doch alle zusammen.
Sie waren doch auch mal allein.
Kann ja möglich sein.
Wann zum ersten Mal mit Mädchen verkehrt?
Mit meiner Braut, mit Erna Löbert, unser Leutnant freute sich immer, wenn ich eine Karte von ihr kriegte, der hat die immer gelesen. *(beim Jäger-Batl.)*
War die jünger als Sie?
Nein, wir waren gleich alt.
Wo wohnt die?
Meine Eltern hatten verschiedene Häuser, da wohnten die in einem drin.

[345]

Das wollten Ihre Eltern nicht?
Ja, weil der Vater Arbeiter war - das war so'n gutes Mädchen, wenn ich mit ihr verheiratet gewesen wäre, dann wäre alles nicht passiert, *(Tränen in den Augen)* die hätte schon aufgepaßt. *(verlegen arbeitend mit den Fingern)*
Erinnern Sie sich noch, als Sie das erste Mal mit Ihrer Braut verkehrten?
Da hat sie so geweint - da hat sie so geweint - *(hält die Hände vor die Augen)* nachher hat sie nichts mehr gesagt - wenn ihre Eltern nicht da waren, ging ich immer rauf.
Vater?
Vater war Maschinenmeister bei König und Erhard, der hat sich aufgehängt, der hatte seine Frau so lieb und als die gestorben ist hat er sich aufgehängt.
Wo ist dann die Erna geblieben?
Die hat doch geheiratet.
Wen?

Den kenne ich nicht, meine Schwester, Frau Burschel wird das wohl wissen, ich öfters geweint zu Hause, weil ich sie nicht gekriegt habe.
Das war doch die, die nachher mit dem Friseur verkehrte?
Ja ja, das ist sie.
Warum untreu geworden?
Willi hatte ihr gesagt, ich wäre schon mal in Hildesheim gewesen und von den Soldaten wäre ich krank wieder nach Haus gekommen, da wollte sie mich nicht mehr.
War das nett, als Sie mit dem Mädel verkehrten?
Ja, das war schön.
Hat Ihnen das viel Freude gemacht?
Ja ja, das war besser – so richtig schön poussiert haben wir da.
Nochmals ein Mädel gehabt?
Nee, ich habe weiter keine gehabt, mich wollte keine – die Birnenstiel'sche – die Frau Birnenstiel faßte mich immer da vorne hin, da habe ich ihr eine ans Maul gehauen, da hat sie mich angezeigt, da hat die Polizei gesagt, das dürfte sie auch nicht machen – die war damals 65 Jahre alt.

[346]

Wie alt jetzt?
Jetzt ist sie wohl 70.
So alt ist sie doch nicht?
Dooch, die sieht nur so jung aus.
Haben Sie die nicht mal geschlagen?
(besinnt sich) Ja – Fräulein Rehbock, die hatte mich Verbrecher genannt und da habe ich mich so geärgert – dann hat es mir leid getan und da habe ich zu ihr gesagt, wir wollten uns wieder vertragen. Sie hat mich aber angezeigt, da ist nichts draus geworden.
Warum nicht?
Das darf sie doch nicht sagen.
Erinnern Sie sich auch einer Frau Seemann?
Mit poussiert – nee, habe ich nicht.
(Ref. wiederholt:) Erinnern Sie sich auch einer Frau Seemann?
Wo wohnt denn die – habe ich nicht mit poussiert – nee.
Der haben Sie einmal gesagt, Sie wären Menschenschlachter.
Ach was, die ist wohl verrückt, *(lacht)* so was sagt man doch nicht, die schwindelt doch – das hätte ich zu ihr gesagt.

In Wirklichkeit sind Sie doch so was ähnliches?
Nee – ach was – nee.*(schüttet sich aus vor Lachen)*
Was ist denn das, was Sie gemacht haben?
Ich mußte sie doch auseinanderschneiden.
Zeugen geben mit Bestimmtheit an, daß Sie mit Erna verkehrt haben.
Ja, die ist ja verheiratet – meine Schwester, Frau Burschel, sprachen nicht zusammen.
Die Erna haben Sie fein angezogen.
Ja – das hat sie aus der Kasse genommen *(macht entsprechende Handbewegung)*, dann hat die geheiratet und ein Geschäft gemacht.
Sie meinen, mit Ihrem Gelde?
Ja ja genommen, *(macht entsprechende Handbewegung)* dann hat die geheiratet und ein Geschäft gemacht.
Sie meinen, mit Ihrem Gelde?
Ja ja.
Affäre im Fischladen.
Das kann ich nicht mehr sagen.
Ist das so?
Wenn das Frau Burschel sagt, kann das möglich sein, da war ja so viel immer passiert – das weiß ich nicht mehr.
Wann zum ersten Mal mit einem poliert?
Wann – ich ... *(erschrocken)*

[347]

(fährt zusammen) wann – ich *(stößt die Worte einzeln hervor)* meinen Sie in der Schule?
Nein, das haben Sie mir gesagt.
Nein – dann habe ich die – so *(besinnt sich – faßt sich an das Kinn)*, der Papenberg und Friedel Schwarz und Mail.
Wo wohnt Mail?
Der wohnte da am Damme – da kommt auf einmal einer hinter mir her und fängt mit mir an zu sprechen – da war ich wohl so 25 Jahre alt – da denke ich, das war so'n Studierter, der hatte so'ne Brille auf – da wohnte ich bei Frau Burschel – Sie können mich so'n bißchen begleiten – der war wohl schon 40 – er hatte ne schöne Wohnung – ich sollte mit rauf – ich wollte erst nicht mit, da war es schon dunkel, dann bin ich

doch mitgegangen – da hat er Kaffee gekocht – mich in Arm genommen, abgeküßt –
Zunge?
Alles abgewischt – ich sagte: Männer küssen sich doch nicht – da sagte er, er wollte einen schönen Freund haben, da habe ich da öfter geschlafen – *(klopfte da eben wer?)* da haben wir denn – – – er bei mir und ich sollte bei ihm machen, das habe ich nicht gemacht – dann wollte er mich von hinten – da habe ich das Bett voll gemacht – da bin ich nicht wieder hingegangen.
Hat er sein Glied in Ihren After gesteckt?
Das weiß ich nicht mehr so genau – ich kriegte Angst – da bin ich nach Haus gegangen.
Was hat er Ihnen gegeben?
Nichts – nichts, er wollte von mir was haben, ich sollte ihm was schenken, wenn ich am andern Tage wieder kam, sollte ich was mitbringen – da bin ich nicht wieder hingegangen und da kam er dann eines Tages nach meiner Schwester.
Wie alt waren Sie damals?
So 25–26 Jahr alt, da klopfte es und meine Schwester sagte, Fritz, hier ist ein Herr und

[348]

da war er schon in der einen schönen Stube drin – da sagte ich, Mensch, wie kommst Du hier her – Mensch, das durftest Du doch nicht machen, da sagte er, weil ich nicht wieder gekommen wäre, ich sollte doch mal wieder kommen und da ist er gleich wieder weggegangen, daß meine Schwester nichts merkte.
Hat Ihre Schwester denn was gemerkt?
Paßt mal auf, jetzt war er weg – hatte einen guten Anzug an – da sagte meine Schwester, was ist das für einer gewesen, da sagte ich, der heißt so und so und wohnt da und da.
Richtige Adresse?
Doch – da sagte meine Schwester, das will ich nicht, der sieht mir so unheimlich aus, daß er mir nicht wieder kommt – der hat noch so geweint, daß ich nicht gekommen bin – bin ich nicht wieder hingegangen – der hatte immer so Jungens bei sich – da habe ich das W... gelernt.
Das konnten Sie doch schon?

Aber noch nicht mit hübschen Jungens.
Wie oft sind Sie noch bei ihm gewesen?
Och, dann bin ich noch öfters bei ihm gewesen.
Wo wohnte der?
Der wurde immer wieder rausgeschmissen, weil er immer Jungens bei sich hatte.
War der Kaufmann?
Der machte gar nichts - das weiß ich nicht.
So waren Sie auch?
Ich habe doch gesorgt, daß Hans was hatte.
Haben Sie damals noch mit anderen Männern verkehrt?
Da hat er mir gesagt, daß sie am Theater rum laufen, die Jungens, da bin ich auch mal hingegangen, habe aber keinen gesehen, dann habe ich so nach und nach Jungens kennen gelernt.
War der erste schön, den Sie kennen gelernt haben?
Das kann man nicht mehr sagen.
Wie alt waren Sie da?
Ooch, das ist wohl damals so gewesen.
Also, wie Sie 25-26 Jahr waren?
Ja, das ist wohl da gewesen - der Mail hatte auch immer so hübsche Jungen, so richtige Puppenjungens.

[349]

Er hat bei mir dann immer mit einem Schwamm und Oel usw. - das müßte ich machen, sagte er.
Hatten Sie Lust daran?
Das mit dem ... ? Nein, ich wollte nicht, ich wollte das ja nicht.
Als Sie zum ersten Mal einen Jungen mit hatten, wie war es da?
Ja so gegenseitig, das war schön, das von hinten das machte ich nicht.
Was ist schöner, mit einem Jungen gegenseitig oder mit einem Mädchen?
Damals, wie ich meine Braut noch hatte, das war schöner - ja, das war schön.
Nachher?
Nachher war das ganz schön, wenn man schöne Jungens hatte. Hier sitzen Ohrwürmer - ich habe schon mehrere tot gemacht, nachts kommen sie immer an, schon 'ne ganze Masse tot gemacht.
Wußten die Jungen schon Bescheid?

Das waren alle Puppenjungens, die laufen da hinten rum, das wissen die ganz genau.
Was haben Sie bezahlt?
Mitunter gar nichts, wenn man mal was hatte, die waren froh, wenn sie nachts schlafen konnten, wenn ich mal Zigaretten gekauft hatte, mitunter mal ein paar gegeben, die meisten hat Hans geraucht, der poussierte mit den Mädchens rum.
Haben Sie nachher noch mit anderen Herren verkehrt oder nur mit Mail?
Mit Männern nicht, nur mit Jungens.
Sie kannten doch noch andere.
Papenberg – war wohl so 30 – 35 Jahr – der hatte immer so Mädchenkleider an.
Mail auch?
Nee, die anderen.
Auch geschlechtlich verkehrt, wenn Sie dabei waren?
Nee, die poussierten immer so mit den Soldaten rum.
Wann zum ersten Mal gelutscht?
Das hat Mail zum ersten Mal mit mir gemacht, da kannte ich das noch nicht.
Gefallen daran?
Ich dachte immer, er wollte beißen, hat er aber nicht gemacht – das war schön – die Puppenjungens machten das von selbst.

[350]

Ist doch alles Schweinerei.
Och, das geht ganz schön, ich habe so nicht mehr viel gemacht, das geht ungefähr so, wie wenn man das mit Mädchen macht. – Er verdirbt ganz. *(zum Stenograph gewandt)*
Kennen Sie die Homosexuellen alle?
Ja, die kenne ich alle, die kennen sich alle.
Ist homosexueller Verkehr erlaubt?
Ja, das ist erlaubt, meine Schwester ist doch mit mir hingewesen nach der Polizei, die wollte das nicht, als ich bei ihr wohnte, als ich mit Mail verkehrte, da hat der Kommissar gesagt, mit Kindern das ist strafbar, mit großen könnte ich das machen.
Welcher Paragraph?
Da gibt es keinen § drüber.

Haben Sie doch selbst gesagt.
§ 175, das ist von hinten.
Lutschen gehört auch dazu?
So? Nee, bloß von hinten - nee.
Welche Handlungen sind verboten?
Von hinten machen.
Wie nennt man das?

Das ist ähnlich wie?
Ja, das ist Sittlichkeitsverbrechen.
Beischlafsähnliche Handlungen.
Nee, haben Hans und mich schon mehrmals verhaftet - aber wieder freigelassen - nee.
Sie haben einmal einen Brief geschrieben.

Beischlafsähnliche Handlungen?
Nee, das mache ich nicht, nee - das stimmt nicht, so was habe ich überhaupt nicht geschrieben.
Warum ist das verboten?
Weil man da was kaputt stoßen kann.
Nicht aus anderen Gründen verboten?
Nee, man kann doch mal Syphilis haben, wenn man geschlechtskrank ist, das macht man nicht.
Das kann man doch auch kriegen beim Küssen?
Ja, das kann man auch, *(verständnisvoll zunickend)* das stimmt.
Die Polizei warum verboten?
Die Polizei will es nicht haben, der liebe Gott auch nicht, *(klopft Ref. auf die Finger)* der will es auch nicht.

[351]

Steht das nicht in der Bibel?
Im Römerbrief 10 steht das auch.
Wie heißt die Stelle?
Daß nicht [sic] die Männer auf unnatürlichem Wege befriedigen und so - daß er das nicht haben - Frauen auch - das will der liebe Gott nicht haben - das habe ich auch nicht gemacht.
Ist doch auch unnatürlich, das Polieren?

Ja, was soll man dann machen, wenn ich das nicht habe – ich habe neulich schon gesagt, ich muß jetzt mal wieder was haben, das geht so nicht mehr, ich werde richtig krank, habe ich schon gesagt.
Ich kann Ihnen doch keinen Jungen geben.
Dann könnt ihr mich doch köpfen, dann ist das alles vorbei.
Dann ist er wieder tot?
Nein, das tue ich nicht – die können aufpassen – können sich draußen hinsetzen – brauchen ja nicht zuschließen – das hört er doch. – Wenn ich das gewußt hätte, hier sind so schöne Studenten – Indier, die hätten so schöne Augen – Herr Schweimler sagt das, die hätte er hier gesehen.
Sie meinen, das wäre was für Sie?
Dann wäre ich hier mal hergekommen.
Sie sind doch mal hiergewesen?
(sofort) In Göttingen, das hat sie doch geschwindelt, in Hannover gibt es doch so viele, da hätte ich doch das Reisegeld nicht gebraucht.
Wissen Sie, daß die Homosexuellen verachtet werden von anderen?
Ach was, ich habe meiner Schwester ruhig gesagt, daß es nicht mehr geht – mit Mädchen – das geht nicht mehr.
Haben Sie noch mal versucht?
Ja, das geht nicht, noch mal versucht.
Mit welchem Mädchen?
Bei der Birnenstiel'schen auch nicht, ich bin doch mal im Puff gewesen, *(lacht)* und da hat sie erst angefaßt, da kam er so'n bißchen, da ging es nicht mehr – in der Roßmühle – da haben sie das Geld gekriegt und da bin ich wieder weggegangen, das ging ja nicht.

[352]

Wann? 18?
Nee, wie ich bei meiner Schwester wohnte, die Revolutionszeit war da – ich hätte viel mit Mädchen poussieren können, aber es ging nicht.
Wiederholt versucht?
Nee, Dörchen hat doch bei mir mit im Bett gelegen, Hans brachte doch immer welche mit.
War die hübsch?
Dörchen ist ein hübsches Mädchen, alles was recht ist – die geht nur so auf den Strich.
Hat Hans mit ihr verkehrt, wie Sie dabei waren?

Ja, das war son richtiges Bett [eine Zeile unleserlich] ich habe auf dem Abtreter geschlafen, die Frl. Rehbock durfte doch nichts merken.

War Ihnen das ganz gleichgültig?

Habe manches Mal gesagt, das dürft ihr nicht machen, das ist Schweinerei, da hat Hans mit der Schulz verkehrt und Dörchen hat zugesehen und nachher hat er immer andere mitgebracht.

Hat er sich nicht angesteckt?

Doch, mit einem Male war er krank.

Waren Sie nicht auch geschlechtskrank?

Nee.

Das haben Sie uns doch erzählt.

Ach ja, wie ich da bei meiner Schwester wohnte - 18 - wie das gekommen ist, weiß ich heute noch nicht, da sagte meine Schwester zu mir, Fritz, du siehst so schlecht aus, was hast du eigentlich, geh doch mal zum Doktor und dann sagte der, was haben Sie denn, das weiß ich nicht, untersuchen Sie mich mal und da sagte er, das ist ein Tripper wie er sein muß und da hat er mir was verschrieben, das war so Tee und da sagte mal einer von den Schwulen, das wäre nichts, ich sollte mir öfters einen abwichsen - oh - das tat weh und dann ist Blut gekommen und dann - 3 Wochen so was, da war es weg. Der Doktor sagte, das könnte 3–4 Monate dauern, das würde so'ne Radikalkur, sagten die schwulen Brüder.

Wo haben Sie sich da angesteckt?

Das kann ich nicht mehr sagen.

[353]

Waren Sie im Puff?

Kann auch sein, ich kann es auch von den Jungens gekriegt haben. Krätze habe ich auch mal von den Jungens gekriegt.

26. August 1924

(Spontan:) Ich habe mich jetzt wo drauf besonnen, wie ich das mit Mädchen zum ersten Mal gemacht habe, das war als ich aus der Schule kam – da war ich bei den Arbeitern, wir hatten doch eine Zigarrenfabrik und die haben mir immer was erzählt, da bin ich aus der Schule gekommen, da hatte ich Geld und da bin ich mal nach Braunschweig gefahren, da bin ich im Puff gewesen, da hatte ich noch 10 Mark, da haben die noch was zu Essen geholt – das war wie ich aus der Schule kam.
Konnten Sie da schon den Beischlaf ausüben?
Ich war doch schon früh reif – Fritze Reiß hauptsächlich, der zeigte mir immer so Bilder.
Pollutionen - Traum?
Nee – das war bei mir – nee, das war, wenn wir zu Bett gingen, dann war meiner steif und da habe ich die Hand mal so voll gehabt – die Hose war immer so voll.
Von Urin oder von Samen?
Och, das wird wohl Samen gewesen sein. Das weiß ich nicht mehr – ich träume überhaupt nicht.
Bei welchem Frauenzimmer Tripper geholt?
Das kann ich nicht mehr sagen, das muß von Mädchen gekommen sein.
Wie alt waren Sie da?
Das war 1918, wie die Revolution war, meine Schwester sah das wohl gleich, und da hat sie mich gleich zum Doktor geschickt – wie meine Schwester gestorben ist, da war der auch da, na, wie heißt er doch, ich kann jetzt auf den Namen nicht kommen – Duderstadt oder so ähnlich – am Engelbostelerdamm.
Durften Sie Jungens mitnehmen?
Die boten sich doch an – verführt habe ich keinen.
Das stimmt aber nicht ganz.
Ganz kleine können es nicht gewesen sein.
12 Jahr?
Das ist ausgeschlossen.
Alle angeboten?
Die faßten mich immer an, wenn ich da her kam –

[355]

waren mitunter 10–12 Jahr – da habe ich mich manchmal drüber geärgert, die sagten immer, Fritz sollen wir dich einen abw... – die Leute, was dachten die, wenn die das hörten – dann habe ich gesagt, das dürft ihr nicht sagen, Herr Haarmann müßt ihr sagen – ich hatte meine Last, daß ich sie los wurde. – Heute ist es nicht so kalt draußen – ist doch ganz schön warm. *(macht sich an einem Buch zu schaffen)*

Jungen verführt, die das nicht kannten?

Die kannten das alle – o je – o je – gehen Sie mal nach Kröpke – doch, die kannten das alle.

Ich halte das für eine furchtbare Schweinerei.

Och was, das ist gar nicht so schlimm.

Wie war es mit dem Lutschen?

Ich habe mit Jungen – – – wenn die mit gewesen sind und poussierten – dann ist das nicht schlimm, die sagten immer, jetzt wollen wir das mal machen und dann wieder das, welche Jungens auch nicht, die machen das nicht, ich kann das auch nicht bei jedem, wenn es ein hübscher Junge ist, kann ich das auch.

Von hinten?

Kein Gedanke – sind welche dabei – mach sein.

Ist Glied nur langsam steif geworfen?

Das wird es auch jetzt noch.

Andere Jungen sagen – –

Oh – oh – fragen Sie mal die Jungen, die sagten manchmal – 2 Stunden – der Arm tut weh, mitunter die Hand – mitunter die Hand. *(zeigt dann auf die Rechte, dann auf die Linke)*

Geküßt?

Ja ja, das machte ich am liebsten, das wußte auch Hans – dann nahm er mich in den Arm und steckte seine Zunge raus – das machen die Jungens auch – das mochte ich am liebsten und dann bin ich ganz weg – wenn ich mal schimpfe dann – weil ich das gern habe.

[356]

Wurde Glied dann beim Küssen steif?

Dann habe ich son schönes Gefühl.

Schöner als jedes andere Gefühl?

Ja ja, früher wenn ich mit den jungen Mädchen poussiert habe – so ist es – ich wollte doch Dörchen mal küssen, die sagte nee nee du streckst die Zunge so raus und Emmi Schulz auch.
Gelutscht am Halse?
Ja, die machen das immer, da sagen wir Lutschflecke.
Dann auch gebissen?
Ja, – dann auch gebissen.
Wohin?
Am andern Morgen waren sie dann hier *(erschrocken zur Seite)* dann waren sie hier *(zeigt auf seinen Kehlkopf)* dann lagen sie so. *(dreht den Kopf zur rechten Seite, markiert den Toten)*
Vom Beißen stirbt aber keiner.
(lacht) Doch, waren aber tot.
Früher angegeben, mit Daumen erdrosselt.
Das sagen die alle – die sagten, die, Fritze *(spricht »Fritze« mit röchelnder Stimme)* guck mal hin – die können gar nicht tot gewesen sein.
Sie müssen mit zugefaßt haben.
Das kann wohl sein – wenn ich sie gebissen habe *(macht Bewegung des Beißens)* dann haben sie gekratzt und dann *(spontan)* habe ich wohl so zugefaßt *(macht entsprechende Gebärde - höchst anschaulich)* das wird wohl immer so sein, wenn die kratzen, daß man dann zufaßt – oder Widerstand leistet. *(macht Bewegung des Zugreifens und Erdrosselns)*
Am nächsten Morgen waren sie dann tot. *(lacht)*
Wie können Sie darum lachen?
Och, das waren nur Puppenjungens.
Das waren doch genau solche Menschen wie Sie.
Das wollte ich ja nicht – nun fangen Sie wieder an zu schimpfen, wenn man die Wahrheit erzählt.
Sie sagen aber nicht immer die volle Wahrheit.
Doch, ist doch jetzt egal, was soll ich denn – fragen Sie mal, was Sie noch wissen wollen – das ist Unsinn – weshalb ich

[357]

das nicht sagen soll – ich sage jetzt alles, das muß ich doch sagen, meinen Sie denn, ich will sterben – wenn ich sterben will, muß man doch das vorher alles beichten – das nehme ich nicht mit nach oben hin – nach

meiner Mutter hin – Lügen – das weiß meine Mutter auch, das tue ich nicht.
Haben die Jungen nicht Widerstand geleistet beim Hals zuhalten?
Ich sage ja, es hatte mal einer gekratzt – mir ist so, als wenn einer mal geschrien hat – Fritze!! es kann aber auch sein, daß ich das geträumt habe.
Sie müssen aber doch eine gute Fertigkeit gehabt haben.
Ach, guck mal hin, wenn man hier so rein beißt, dann haben sie nicht mehr sprechen können, dann sind sie auch schon tot gewesen. *(zeigt dabei auf seinen Kehlkopf)*
Das glaube ich nicht.
Nee? *(erstaunt fragend)* Wenn ich des Morgens aufwachte, da habe ich hier die Zähne *(zeigt auf die rechte und linke Seite des Kehlkopfs)* gesehen – ich muß das ganz genau am besten wissen, wie das gewesen ist. – Welche sagen immer, das Menschenfleisch sieht aus wie Schweinefleisch oder wie Kalbfleisch, nee, das sieht viel schwärzer aus, auch wie Pferdefleisch, das muß ich doch wissen, ich habe doch die Hände immer voll gehabt – hier – fragt mal hier den Doktor, wenn der schon mal eine Leiche aufgeschnitten hat, dann muß er wissen, daß das Fleisch viel dunkler aussieht.
Wenn Sie die Jungens in den Hals gebissen haben, geschah das in geschlechtlicher Erregung?
Das wollte ich doch nicht, ich wollte sie doch nicht beißen, das kam dann wohl so. Dann haben wir so erzählt und dann haben wir so am Halse gelutscht und dann – war es mit einem Male passiert, dann am andern Morgen lagen sie so –
Kein Blut?
Kein Blut und nichts gekommen, das weiß ich ganz genau, die sagen, ich hätte das Blut ausgelutscht,

[358]

das ist nicht wahr.
Reue?
Wenn so einer nun tot war, dann habe ich immer so geweint. – Einmal war ich bei Engels auch erst hingezogen – war auch mal was passiert – da habe ich 4–5 Wochen im Bett gelegen, ich war wie gelähmt – so lange habe ich gelegen – ich war immer krank, wenn so was war.

Mehr krank vom Zerschneiden der Leichen?
Ja, das ist nicht schön.
Mitleid mit Jungen, die tot waren?
Mitleid?
Eltern nicht bedacht?
Nee, da habe ich nicht dran gedacht, ich war froh, wenn sie weg waren, das ist doch nicht so leicht, wenn ich die wegbringe.
In einer Metzgerei geholfen?
Nee nee, das kenne ich nicht, wer das sagt, der schwindelt wieder. – Ich, wo soll ich denn geholfen haben – *(lacht)* Doch – auf dem Schlachthof bin ich mal gewesen, da habe ich mal gesehen, wie die Juden geschlachtet haben – die schlachten doch anders wie wir – da haben sie so'n Hammel hingelegt – und geschnitten haben – sonst habe ich noch nicht gesehen, wenn sie so Pferde, Ochsen oder Schweine schlachten, habe ich noch nicht gesehen.
Wann zum 1. Mal einen umgebracht?
Das weiß ich doch nicht mehr – das ist doch 18 gewesen – das war doch Friedel – die sagen, das wäre Friedel –
Bock?
Nee nee, im Jahre 18 nur einer – und da kam Fritz Oswald von Braunschweig –
Auch tot?
Der lebt noch, der ist ein ganzes Jahr bei mir gewesen.
Wieviel im ganzen umgebracht, 3–4 Dutzend?
Dutzend? – Jetzt kommt der auch – soviel können doch das nicht sein – ich habe immer gesagt 10 oder 20 – das ist aber nicht wahr.

[359]

22 rechte Oberschenkel gefunden.
Ja, die habe ich gesehen, die haben sie mir gezeigt – das sagen sie ja – das ist jetzt egal, die lassen sie ruhig dazu schreiben und wenn es jetzt 100 sind, das ist egal – wenn die beerdigt werden, da kommt ein großes Denkmal mit meinem Namen drauf.
Was wird darauf stehen?
Das sind Opfer von dem Massenmörder Fritz Haarmann – das ist eine Sehenswürdigkeit noch in 1000 Jahren, da kommen sie alle und sehen sich das noch an, – sind die schon beerdigt? Das wissen Sie wohl nicht?

Ich habe doch schon mal gefragt, ob die schon beerdigt sind – die haben doch schon Bücher und Zeitungen gemacht – später kommen auch noch Romane.
Was wird noch kommen in Amerika?
Das haben sie doch auch hier schon – im Kino – ich bin doch jetzt berühmt.
Nichts schönes, als Mörder berühmt zu werden.
Das wäre ich doch sonst nicht geworden, jetzt kennen sie mich allerwärts.
Ich würde lieber auf den Ruhm verzichten.
(besinnt sich – verlegen) Sie sind vielleicht auch berühmt, Sie kennen sie auch.
Man kennt mich jetzt, weil ich mich mit Ihnen unterhalten muß.
Na – sehen Sie.
Man bedauert mich allgemein.
Die meinen wohl, ich beiße Sie, nein, ich so ein ruhiger guter Mensch, das mache ich nicht.
Sie haben doch so viel auf dem Gewissen, daß nichts mehr zugeschwindelt werden braucht.
Die Kommunisten haben so viel geschwindelt, das weiß ich ganz genau, die wollten doch schon mal das Auto umwerfen.
Wie haben Sie die Leichen zerstückelt?
Das habe ich doch alles schon gesagt.
(Wiederholung durch Ref. – H. stimmt zu)

[360]

Wohin die Wirbelsäule?
Hier abgeschnitten – ach so, hinten den Rücken – ach so ja, in die Leine.
Keine gefunden.
Komisch, keine gefunden *(nickt verständnisvoll)*, doch, ich habe sie doch gesehen, das waren so Stücke (zeigt etwa 20 cm)
Säge?
Nie gehabt, nee, brauche ich keine Säge zu, sind noch alle ganz geblieben.
Schädelknochen?
Mit dem Beil, habe ich doch schon erzählt, ich habe doch so'n lütges

Beil. *(zeigt eine Kreislinie um den Schädel, um seinen Kopf, entsprechend der Linie, in der er die Schädel mit dem Beil aufgeklappt hat)*
Ging die Schädelkappe leicht runter?
Nein, da mußte ich mit dem Beil so drunter fassen.
Und dann?
Dann knackt das auch noch so'n bißchen, das ist wie so'n Pott, so rund, und dann mußte ich das los machen, da ist noch so Haut drüber.
Was mit der Haut gemacht?
Aufgeschnitten und dann den Brägen weggenommen.
Haut?
Die ist dran geblieben, die brauchte ich doch nicht auszunehmen.
Wo Haut aufgeschnitten?
Da in der Mitte. *(zeigt die Sagittallinie)*
Augen ausgeschnitten?
Nee, Taschentuch drüber gedeckt.
Nicht richtig.
Ach was, das muß ich doch wissen – das sind doch meine Köpfe nicht – die Köpfe da, das sind meine nicht, das muß ich doch wissen, die sagten zu mir, Fritz, das müssen doch deine sein, ob ich vielleicht doch mal einen reingeschmissen habe, es kann ja möglich sein, aber nicht so viel, meine habe ich alle kaputt geklopft.
Haut vom Gesicht entfernt?
Nein, das konnte ich nicht, da habe ich so'n Tuch genommen und so draufgeschlagen.
Was lag unter dem Schädel?
So'n Abtreter und dann noch alte Lumpen drauf gelegt, damit es nicht so – bums-bums-bums machte.

[361]

Wird er *(Stenograph)* schlecht, dann muß er Wasser trinken.
Tuch drüber gelegt?
Ja, das konnte ich nicht sehen – Kopf nicht.
Tuch drüber gelegt, damit nicht so laut?
Nee, wegen die Augen, ich wollte nicht, daß die Jungens mich angucken sollten.
Sie konnten doch nicht mehr sehen, die waren doch tot.
Man sagt doch immer so, daß die Geister noch leben.

Glauben Sie denn, daß die Jungens noch sehen konnten?
Wenn die Augen zugedeckt sind, nicht.
Wenn die Jungens tot da lagen, konnten sie da noch sehen?
Das denke ich doch, die Augen doch.
Jemals gehört, daß ein toter Mensch sehen kann?
Wenn man tot ist, soll man alles noch sehen können - doch - doch - doch. -
Glauben Sie doch selbst nicht.
Doch.
Sie sind doch nicht auf den Kopf gefallen.
Ja, ich habe sie doch zugedeckt - doch - doch - das war so - immer so - aber ich habe mal gehört - auch meine Mutter hat immer gesagt, ein Toter hört alles und sieht alles, auch meine Schwester - fragen Sie mal meine Schwester.
Früher Kaninchen geschlachtet?
Nee nee, das konnte ich nicht, fragen Sie mal meine Schwester.
Aber Menschen?
Nee nee - schlachten - die waren doch tot - schlachten - schlachten ist das nicht, schlachten ist, wenn ich sie so richtig schlachte.
Ist kein großer Unterschied.
Sie mußten doch weg, *(geheimnisvoll zuraunend)* die mußten doch weg.
Warum mußten die weg?
Da kamen doch allerwärts Würmer raus - habe ich doch mal gemacht - und da rochen sie so - oh -
Angst vor Strafe?
Wenn die das gesehen hätten, hätten sie mich tot geschlagen.
Auch verdient.
Och was - hinrichten ja - aber nicht totschlagen.
Todesstrafe verdient?
Das will ich haben.
Todesstrafe verdient?
Was soll ich denn noch draußen? *(unwillig)*
Beispiel eines Jungen, Strafe verdient?
Ja, sie sollen mich köppen.

[362]

(freudig zustimmend) Das ist doch so einfach, bloß nicht totschlagen.

Aufhängen besser wie totschlagen?
Nein nein, ich habe mal einen gesehen *(macht es entsprechend nach – Zunge weit vorgestreckt)*, nee, das will ich nicht, wenn die mich kriegen, die schlagen mich tot.
Wer?
Die Kommunisten.
Warum sind Sie so wütend auf die?
Habe ich immer gesagt – die Jungens haben so Schilder – so aus Messing *(Abzeichen)* – da kennt man sie dran – die haben sich mir auch angeboten, die wollte ich aber nicht.
Weshalb?
Ja, weil sie doch so Radau jetzt machen.
Ist das der Grund?
Die wollen mich jetzt haben, die wollen mich kaputt machen.
Warum nicht die anderen Parteien?
Habe ich nicht von gehört, die Kommunisten wollen mich totschlagen, das machen die andern nicht, die andern köppen – das werden sie auch nicht machen.
Was denn?
Mich totschlagen – nein, – Sie fangen immer wieder so an, das müssen Sie nicht machen – ich bin doch auch friedlich – ich sage doch alles, wenn Sie so was sagen, dann sage ich auch nichts wieder, gestern waren Sie so freundlich, habe ich mich so gefreut – habe ich noch gesagt – gestern ist er so freundlich gewesen – habe ich mich ordentlich gefreut.
Glauben Sie, mir wäre das angenehm?
Dann laßt mich doch wieder nach Hannover – Herr Rätz hat gesagt, wir sollten nach hier – Sie könnten nicht immer kommen.
Gruß an Herrn Rätz bestellen?
Ja, wollen Sie das sagen, sagen Sie, er sollte bald mal kommen – er ist immer so gut und freundlich gewesen – er sollte nicht mehr so lange wegbleiben.
Wer hat Sie zum Geständnis gebracht?
(erschrocken) Was, Sie haben doch nichts gesagt – ich werde mich hüten, die hätten mich gleich totgeschlagen.

[363]

Warum später zugegeben?

Die wollten mich schlagen, wie sie nachher so schön freundlich zu mir waren, da habe ich alles gesagt.
Auch dann erst, als durch Kleidungsstücke alles erwiesen war.
Och nee, ich wollte den einen Tag schon alles sagen, wie sie mir die Köpfe zeigten, da habe ich gesagt, jetzt will ich es sagen, dann dachte ich, dann fallen sie über mich her und verhauen mich, schlagen mich tot - das wollte ich nicht - nachher haben sie gesagt, sie wollten mir nichts tun, da habe ich gesagt, dann will ich auch ganz gewiß die Wahrheit sagen - da sind wir nach dem Georgen-Garten gefahren - da sind sie immer ganz gut gewesen. *(Bringt spontan das Gespräch auf das Alter des Ref. und meint, daß es Ref. sich doch bequemer machen könne)* - wenn ich draußen wäre und Sie wären gut zu mir, dann würde ich auch für Sie sorgen, dann haben wir bald ein schönes Haus.
Sie können kaum für sich sorgen.
Ja - ich habe so viel zusammengekriegt.
Durch Betteln?
Och, das ist doch egal - wäre Hans vernünftiger gewesen, dann hätten wir uns schon ein Haus gekauft - Hans hat aber alles versoffen, dann hätten Sie aufgepaßt, dann wäre alles nicht.
Grans hat die Hauptschuld?
Nein nein, aber der konnte doch aufpassen - das wäre gemein von mir - das muß man nicht sagen - dem soll auch nicht ein Haar gekrümmt werden - das will ich nicht haben.
Das bestimmen Sie aber doch nicht.
Der hat aber doch keinen tot gemacht - der hat bloß nicht aufgepaßt.
Der hat Ihnen die Jungens zugeführt.
Ja, das hat er immer gemacht. *(lacht)*
Warum?
Er poussierte doch immer mit den Mädchen und er

[364]

wollte, daß ich auch poussieren sollte.
Und dann wegen der Anzüge.
Ich habe das Zeug doch zuerst verbrannt und weggeschmissen und da hat er wohl mal gesehen, daß einer bei mir tot war und da hat er sich wohl gesagt - der Hans ist helle - jetzt verkaufst du das - nachher hat er mich

doch bemogelt – ich ihn auch – da habe ich auch selbst was verkauft – auch viel verschenkt.

An Kleidern Blut?

Wenn es mal einigermaßen war, dann kann man doch einen damit helfen, ist besser als verbrennen und wegschmeißen – da kann doch einem mit geholfen werden, wo gar kein Zeug da war – und Hans da ... *(zeigt mit dem Finger rückwärts)*

Wo denn?

Da im Gefängnis – der hat schon ein paar Mal gesagt, die soll ich laufen lassen.

Hans ist aber kein Edelmann.

Ja, der hat dumme Streiche im Kopf – der ist so habgierig und bemogelt gern – das muß er nicht machen. Ich habe gesagt, er sollte heiraten und wenn er verheiratet ist, dann wäre ich dabei gezogen und dann hätten wir so viel zusammen geholt, dann hätten wir ein Geschäft aufgemacht und dann wäre ich versorgt gewesen in meinem Alter, ich hatte ja keinen, ich muß doch einen bei mir haben, ich habe ja keinen Menschen, einen muß ich haben.

Warum?

Ist doch besser.

Warum?

Dann wäre das mit dem Abmurksen gar nicht passiert, wenn man verheiratet ist und eine Frau ist im Hause, dann kann das nicht passieren – dann hätte man poussiert und dann – putt – ptt raus und wenn dann was passiert wäre, dann hätte er einem eine ans Maul gegeben und gesagt: Mach daß du wegkommst.

Jetzt ist das aber zu spät.

(lacht) Hans wollte doch nicht mehr – ich freue mich jetzt, daß ich nach meiner Mutter komme, da habe ich meine Ruhe und Frieden, die wird schon sorgen.

[365]

Ich kann mir nicht vorstellen, daß Sie in den Himmel kommen (ernstlich zugeredet) - Hölle.

Doch – doch – ich komme doch hin. *(verstimmt – abgeneigt, hält sich ganz ablehnend)* Sie sollen nicht immer so widerlich sein – ich komme doch bei meine Mutter – ich komme doch herein. *(tritt wie ein ungezogenes Kind mit Fuß auf)*

Ganz sicher nicht.
Doch doch, ich will meine Schwester mal fragen, ob ich da nicht doch rein komme. (Ich glaube, der schreibt auch bloß für die Kommunisten)
Ihre Schwester weiß doch das nicht.
Och ich schreibe, die wird schon kommen, *(halb lächelnd - halb weinend)* die will ich mal fragen - ich komme doch rein. *(sieht verlegen zur Seite - stiert zum Fenster hinaus, wagt Ref. kaum anzusehen - spielt verlegen mit Fingern am Buch)* Ich habe doch alles gesagt, dann komme ich doch auch rein.
Überlegen Sie sich's mal bis morgen.
Och, das sollen Sie nicht sagen - ich komme doch rein. *(siegesgewiß zunickend wie ein Kind, das sich das Vertrauen des andern sichern will)*

[366]

Wie schlafen Sie?
Wie ich schlafe? Ich schlafe immer gut. Die letzte Nacht habe ich geschlafen - da habe ich so geschnarcht - sagen die *(Kriminalbeamten).*
Die vorletzte?
Nein diese.
Träumen Sie nicht?
Ich träume nicht, auch früher nicht.
Auch nicht von den Jungens?
Nein - *(besinnt sich lange Zeit)* ich träume nicht von den Jungen.
Erscheinen sie Ihnen nicht mal im Traum?
Heute morgen da klopfte hier was - das war aber Herr Reich.
Träumen?
Träumen tue ich nicht - meinen Sie, daß man träumt. Früher habe ich mal geträumt - kann ganz gut möglich sein, das glaube ich aber nicht.
Doch möglich.
Kann wohl sein - ich habe einmal geträumt, das habe ich Frau Engel erzählt - ich wußte aber nicht mehr was.
Haben Sie früher mal Krämpfe gehabt?
Das habe ich erst nachher - ab und zu kriege ich das mal.
Wann?
In dem Bergwerk da unten - vom Zuchthaus aus - in Rawitsch - ob das davon gekommen ist - aus dem Bergwerk, das weiß ich nicht - dann habe ich es öfter mal gekriegt.

Wann war das?
Das kann ich nicht sagen.
Wann waren Sie im Gefängnis?
Im Zellengefängnis in Hannover habe ich das auch gekriegt.
Hat das jemand gesehen?
Haben sie mich doch jedesmal hoch gekriegt.
Wer hat Sie hochgekriegt?
Die kenne ich nicht.
Im Zellengefängnis auch gekriegt?
Ja ja.
Aufseher?
Wie hieß denn der – ich habe das doch schon mal gesagt – so'n lütger – so'n kleiner – das müssen Sie schon mal aufgeschrieben haben, das habe ich schon mal gesagt.
War das Albs?
Ja, Albs, ja ja.
Ich weiß über Ihr Vorleben besser Bescheid wie Sie selbst.
Das können

[367]

Sie gar nicht, ich bin doch jeden Tag bei mir selbst.
Alles weiß ich doch noch nicht.
Doch, ja ja, was soll ich denn jetzt schwindeln und lügen – noch ein bißchen dazu lügen, es können mehr gewesen sein, es können weniger gewesen sein, das kommt auf einen nicht an – Sie sind ja heute so spät gekommen.
Wie oft haben Sie die Anfälle?
Das ist verschieden, mitunter habe ich sie wohl gar nicht – wenn es so schwül ist draußen dann habe ich sie wohl mehr – im Frühjahr so.
Wie oft, alle 4 Wochen?
Ja, das ist ganz verschieden, es ist schon mitunter ein paar Monate gut gegangen – dann mitunter 8 Tage hintereinander – das ist aber nicht so schlimm.
Einen Anfall oder mehrere?
Das kann ich nicht sagen, das weiß ich nicht.
Bemerken Sie vorher was?
Och ja – ich dachte heute morgen schon – so als wenn ich betrunken war.

Was war heute morgen?
Beim Essen - mir war so komisch, ich wollte mich heute morgen schon zu Bett legen, da war es so, als wenn ich Schnaps getrunken hätte, *(macht Bewegung des Taumelns)* dann habe ich mich hingelegt - heute nachmittag ist es ganz schön wieder - heute abend will ich mal Aspirin nehmen, weil ich heute Morgen Kopfschmerzen hatte. Sagen Sie mal, ich kriege hier mitunter so'n Stich - oh, das tut dann richtig weh. *(zeigt dabei auf den äußeren Winkel des linken Auges)* Vom Lesen kommt doch das nicht, ich lese doch gar nicht.
Das sind Kopfschmerzen, bei denen Ihnen auch übel ist.
Ja, das Übelsein habe ich öfter, *(macht dabei Gebärde des Erbrechens)* das habe ich auch öfter, als ich Krämpfe gekriegt habe - Blut - dann habe ich mich mal gebissen im Munde, da habe ich mich wohl gebissen - da war

[368]

Blut im Handtuch, im Taschentuch und auch im Bettuch.
Wo gebissen?
Ich denke, immer auf die Zunge dann wohl.
Das kann man doch merken.
Das habe ich schon gemerkt - das merkt man wohl, *(lacht)* ist auch schon Blut gekommen - so - das tut weh auf der Seite.
Tut auch weh, wenn Sie beißen?
Das merke ich nicht, das habe ich nicht gemerkt, bloß nachher, wenn ich dann aß, da tut mir die Zunge weh, in ein paar Tagen ist das wieder heil, das heilt schnell.
Wie oft schon in die Zunge gebissen?
Das kann ich nicht sagen.
10 Mal?
Ja ja.
100 Mal?
Nein nein, so oft nicht. *(ablehnende Handbewegung)*
Wenn Anfall, passiert sonst noch was?
Dann bin ich müde, dann schlafe ich schön aus.
Kopfschmerzen nach Anfall nicht?
Doch, aber dann schlafe ich doch.
Sonst etwas beobachtet nach Anfall?

Ja, habe ich wohl mal Nasenbluten gehabt, da kann ich mich auch wohl gestoßen haben.
Müssen Sie doch merken.
Weh tut das nicht – habe schon mal so'ne Stelle gehabt, so'ne blaue Stelle – bin ich vom Stuhl gefallen – auf die Backe, aber nicht, daß es geblutet hat.
War das auch im Anfall?
Ja, das ist auch im Anfall – och, das ist nicht so schlimm.
Ist auch was abgegangen?
Das weiß ich nicht, dann bin ich froh wenn ich schlafe.
Ist Urin abgegangen?
Ja, das habe ich schon gehabt – ins Bett rein gepinkelt.
Auch Stuhl?
Ja, habe ich auch schon gehabt.
Wie Sie die Anfälle hatten?
Ja, das weiß ich nicht.
Blut im Urin?
Ja, wenn ich so ohnmächtig wurde – sonst nicht – bloß so ab und zu – das Hemd und auch die Hose – daß da was rein gekommen ist – Frau A. schimpfte dann so, da kann ich nichts zu, das habe ich doch viel.

[369]

Beim Anfall auch Urin abgegangen?
Ja, ins Bett, das können Sie noch riechen.
Nicht bemerkt, wenn Urin abging?
Nee, wenn ich nachher wieder wach wurde, habe ich das gemerkt.
Vorher getrunken?
Nee, ich trinke wenig – aber Kaffee, den trinke ich gern, Kaffeebohnen habe ich mir immer geholt, dann kochte ich Kaffee.
Was kostete der Kaffee?
No, er wird wohl einen Taler kosten – ich habe immer 1 / 4 Pfd. gekauft.
Was kostet 1 / 4 Pfd.?
Für das 1 / 4 habe ich wohl 1 Mark bezahlt.
Wenn das 1 / 4 Pfd. 1 Mark kostet, was kostet dann 1 Pfd.?
Das kostet 4 Mark.
1 / 4 Pfd. 80 Pfg, wieviel 1 Pfd.?
80–16–24–32. *(rechnet an Fingern)*

32 Pfg.?
Nee, 3,20 Mark - wollen nicht mehr weiter rechnen, ich tue nicht gern rechnen, habe ich früher in der Schule schon nicht gern gemacht.
Sie waren doch Händler? Da mußten Sie doch rechnen können.
Ja, das war auch anders, wenn so eine Hose - die kostet dann sagen wir mal 4 Mark - da brauchte ich nicht lange zu rechnen.
Wenn die Hose 4,50 kostet und sie gaben Ihnen 20 Mark, wieviel mußten Sie zurückgeben?
Das haben sie auch nicht gemacht, immer abgezählt, die gaben nicht das ganze Geld, hier hast du so und so viel, mehr gibt es nicht, sagten die.
Sie haben dann immer gleich mehr gefordert, wie Sie haben wollten?
Nee, das gab's da nicht, ich war immer ganz billig.
Ohnmacht?
Wenn ich Krämpfe kriege, das ist Ohnmacht.
Wo haben Sie Krämpfe, an welcher Körperseite?
Das ist alles so - das tut alles weh nachher.
Wo fängt es an, rechts oder links?
Das kommt so mit einem Mal, so von unten rauf, so, als wenn mich einer so innerlich

[370]

kriegte - ich spreche nicht gern von Krämpfen, das ist so widerlich, ich mag da nicht dran denken, ich denke da immer gar nicht dran.
Wann Krämpfe, am Tage oder bei Nacht?
Das ist ganz verschieden, ich glaube aber, des Nachts habe ich sie schon gehabt, das habe ich dann im Bett gesehen.
Woran?
Wenn ich mal ins Bett gemacht habe, war so Blut drin gewesen, das merke ich, dann bin ich immer so kaputt, dann bin ich immer so elend, dann bin ich nicht schön zu Wege - soll das wohl vom Fallen kommen, ich bin mal so gefallen, ich bin mal hier so drauf gefallen, in der Eilenriede in Hannover, im Walde, da sind immer die Wege mit den dünnen Ästen - so quatsch - da lag ich da.
Haben das andere auch schon gesehen?
Och, wenn die das gesehen haben, dann haben sie mich hochgeholfen und dann haben sie mir Wasser gegeben.
Was haben sie noch gemacht, wenn Sie Krämpfe kriegten?

Haben mich hoch gekriegt und haben mich was untern Kopf gelegt.
Kragen.
Haben doch alles aufgemacht - mit Wasser - das hilft doch nicht mit Wasser - da haben sie Wasser rein geschüttet.
Das hilft nicht?
Och was - nachher, wenn ich wieder hoch bin und trinke, das hilft ganz schön, aber nicht vorher, das will ich nicht.
Auch mal Ohnmachten gehabt ohne Krämpfe?
Ja, das habe ich auch schon gehabt, bei warmem Wetter und so.
Ohnmacht.
Da wird man mit einem Mal immer so schlapp *(schwankt hin und her)* und dann ist man ganz schlapp. *(macht entsprechende Gesichtsmiene)*
Wie lange dauert das denn?
Das habe ich mitunter 2 Mal, dann wieder übel nachher, da braucht man –
Wie lange dauert das?
Och, so Ohnmacht, das kann nicht lange anhalten –

[371]

so Ohnmacht - das ist wohl - das hält nicht so lange an wie Krämpfe - das hat man ein paar Mal hintereinander - kriegt man das - und schlapp nachher und so elend.
Können Sie das nicht genauer angeben?
Nachgesehen auf der Uhr habe ich noch nicht, da denkt man an so was gar nicht.
Können Ihnen das andere ansehen, wenn Sie Ohnmacht haben?
Dann werde ich ganz weiß und gelb im Gesicht, an meinem Gesicht kann man das wohl sehen, dann sehen sie schon vorher - das kann man schon vorher sehen, dann sagten sie immer, wie siehst du denn aus. Der Herr da in der weißen Jacke ist immer ganz nett zu mir. *(Oberpfl. Klinge)*
Sie sehen dann blaß und gelb aus.
Ja, das sieht man.
Auch andere anderes gesehen außer Veränderung des Gesichts?
Das kann ich nicht sagen - bei Ohnmacht, nee, das kann ich nicht sagen.
Herzklopfen?
Ja das habe ich viel, dann habe ich schon mal gezählt, dann habe ich über 100.

Wie lange hält das an?
Das habe ich noch am andern Tage, nicht nur augenblicklich – wenn ich Ohnmacht oder Krämpfe gehabt habe, dann hat man am andern Tage noch Herzklopfen.
Wie lange hält das an – 1 Stunde?
Das hält am andern Tag noch an.
Am Tage, an dem Sie den Anfall haben, auch schon?
Nee, das ist immer so, als ob einer *(macht die Bewegung des Greifens, will offenbar damit andeuten, daß einer)* als wenn einer da rein kneift *(Miene des Zusammenkneifens)* das merke ich schon vorher, das ist nicht schön.
Was ist das für ein Gefühl?
Als wenn einer in der Hand das so hat, das kann man gar nicht so erzählen – hier – hier – hier tut

[372]

das denn weh. *(klopft auf die Herzgrube)*
Gefühl von Wollust?
Haben Sie das schon mal gehabt, dann denken Sie nicht an Wollust.
Was ist Wollust?
No – Wollust – wenn man sich amüsiert mit Mädchens.
Wie nennt man das Gefühl?
Schmerzen, die habe ich öfters.
Angst?
(besinnt sich) Angst habe ich nicht.
Angst?
Dann bin ich auch nicht gut, dann lege ich mich immer hin, schlafen, ich soll doch so'n großen Herzbeutel haben, sagt der Doktor. *(entsprechende Bewegung eines umfangreichen Sackes)*
Woher wissen Sie, daß man einen Herzbeutel hat?
Herr Dr. Franz hat mir doch das gesagt, als ich im Lazarett lag – oder Oberstabsarzt Dr. Franz – ich wollte doch kapitulieren, da sagte er, Fritz, du mußt erst wieder gesund werden, dann sollte ich wieder kommen.
Ohnmacht – blaß – gelb – Augen – Mund.
Nee, das weiß ich nicht, da spricht man nicht drüber, da will ich auch nichts von wissen, ich habe früher so viel drüber gejammert, ich bin doch früher so gesund gewesen – daß ich so was gekriegt habe – früher habe ich auch schon mal gesehen, wann welche Krämpfe kriegten, die wurden blau, ich werde nicht blau.

Das wissen Sie doch nicht.
Dann wäre ich schön viel häßlicher geworden, das glaube ich nicht, dann wäre ich nicht mehr so hübsch. *(streicht sich dabei über die Wangen)*
Nicht gewußt, wenn Sie spazieren gingen?
Daß ich nicht wieder nach Haus gekommen bin?
Vergessen, was passiert ist?
Nee nee.
Erinnerung?
(zeigt auf Penis) In meiner Erinnerung – das ist nicht passiert – ich weiß noch, wie ich so lütg war – das weiß ich nicht. Nein, das glaube ich nicht.
Krämpfe, wenn Sie sich so aufregten?
Das weiß ich nicht.

[373]

Kam das von selbst?
Das kommt doch – das kommt auch so.
Anfall besonders, wenn viel mit Mädchen verkehrt?
Mit den Jungens, nicht mit den Mädchen – ich meine, ich habe nicht mehr poussiert mit den Jungens – da sind welche dabei, die wollen das so viel – dann werde ich krank, die wollen das manchmal 4–5–6 Tage, das will ich nicht haben.
Das ist doch nicht so, daß Sie dann Krämpfe kriegen?
Och ja, ohnmächtig bin ich nicht geworden – bei Fromme, da habe ich gesagt, er solle mich mal einen Augenblick in Ruhe lassen.
Ohnmachten beim Poussieren selten.
Das muß weg. *(zeigt auf den Kopf)*
Durch Poussieren Krämpfe häufiger gekommen?
Nee, das ist nicht so.
Möchten Sie mal ein Buch haben?
Ja, o ja.
Märchen?
Die kann ich dann wieder erzählen, ganz genau.
Kennen Sie nicht ein Märchen?
Ja, ich kenne mehrere.
Nennen Sie mal eins.

Sterntaler?
Nein, das kenne ich nicht - Hänsel und Gretel - Dornröschen. *(erzählt die Geschichte von Hänsel und Gretel leidlich richtig)* Kommt auf die Hexe, die Hänsel einsperren wollte. Die wollte ihn schlachten.
Nach berühmtem Muster.
Wie meinen Sie das?
(Ref. zeigt auf Haarmann)
Nein, ich habe sie nicht geschlachtet, ich habe sie tot gebissen.
Kein Unterschied.
Da kommt kein Blut - da kommen Sie wieder mit den Sachen. *(zeigt mit abgekehrtem Daumen auf Ref.)*
Durfte die Hänsel denn schlachten?
Nein, das durfte sie nicht.
Durften Sie das denn?
Das durfte ich auch nicht, das wollte ich auch nicht.
Malheur?
Och, Malheur, nein - ach nein - ich brauchte doch nicht mit ihnen poussieren.

[374]

Nein, das darf man nicht.
Warum?
Man macht keinen tot, man darf keinen tot machen, es steht geschrieben: du sollst nicht töten - deshalb wollen sie mich auch hinrichten, deshalb werde ich auch hingerichtet.
Früher doch auch gesagt.
Das ist in der Schule doch gelernt. *(Macht mit dem Finger Umrisse eines Buches auf die Tischplatte.)*
(Darauf hingewiesen, daß er sich das nach Umbringung eines Jungens sagen mußte.)
(Haarmann erstarrt für einige Zeit, sagt dann, sich ablehnend) Das habe ich mir auch gesagt, dann habe ich meist geweint - dann habe ich gesagt, jetzt poussierst du nicht wieder - dann war ich immer, wenn ich sie kaputt geschnitten hatte, richtig krank. Wenn ich auf die Straße kam, *(Tränen in den Augen)* dann tat ich es doch wieder, die Jungens wollten doch immer wieder mit. - Och, sind ja doch bloß Puppenjungen, die wären doch schlecht geworden. *(leicht lächelnd)*

Wenn Sie einen hübschen Jungen hatten, haben Sie sich nicht gesagt, den murkst du nicht ab?
Das habe ich mir viel gesagt - doch - und nicht mitgenommen - weg - weg. *(abwinkende und ablehnende Bewegung mit den Händen)*
Letzten Jungen.
Fromm, das war ein hübscher Junge, der war so lieb, *(kreuzt dabei seine Arme auf der Brust)* der konnte schön küssen - da konnte ich doch nicht sagen: Mensch, ich murkse dich ab - der ist vier Tage bei mir gewesen, das wollte ich doch nicht - ich habe doch immer gesagt: nun weg, nun aber weg. - *(macht abwinkende Bewegung - energisch - mit der Hand - dreht Kopf zur Seite - verächtliche Miene)* Dann wollte er wieder mit und da habe ich die Sipo Bescheid gesagt.

[375]

Warum Sipo Bescheid gesagt?
Die sollten ihn doch verhaften, ich wollte ihn nicht haben - es wäre was passiert, das wußte ich, der war doch selbst so furchtbar -
Konnte der fein poussieren?
Oh, der konnte es richtig, der war in Hamburg gewesen und überall, der konnte es schön, der nahm mich so schön in den Arm - ich hatte keine Ruhe, ich habe ihm immer gesagt: geh weg. Dann kam er aber immer wieder, ich habe gesagt, das gibt es nicht, das will ich nicht - dann hatte er immer noch so'n paar Puppenjungens bei sich.
Auf Bahnhof verhaften lassen - das war der Grund?
Ja, sonst hätte ich ihn abgebissen, der lebte nicht mehr, der wäre tot - war ein hübscher Junge.
Wo ist er jetzt?
Der wird wohl in Berlin sein - der wollte ja ganz bei mir sein - da sind mitunter hübsche Jungen bei, so wie Karl Meyer.
Ist der auch tot?
Aber wenn ich noch mehrmals mit ihm poussiert hätte, dann wär er auch tot - das sind immer welche, die selbst so leidenschaftlich sind - die mich beißen - das ist kein Beißen, das ist so Lutschen.
Beim Lutschen Glied steif?
Das machte mir Freude, das ist denn so schön. *(lächelnd - klatscht nur andeutungsweise in die Hände)*
Noch schöner, als wenn Sie ihnen den Hals zudrückten?

Das wollte ich doch nicht – paßt mal auf, das ist wohl so'n Augenblick denn, dann hat man zugebissen – wenn man so poussiert, das ist wohl so'n Augenblick, dann habe ich so zugebissen, wenn sie sich noch gewehrt haben, dann habe ich so zugebissen. *(macht mit aller Energie entsprechende Handbewegungen – schiebt den Kopf mit wuchtig vor – macht sehr energisch die Miene des Zubeißens und Zufassens)* Früher habe ich doch keinen totgebissen, das ist

[376]

jetzt so schlimm geworden, die letzte Zeit, wenn das noch lange so gedauert hätte, wäre ich richtig verrückt geworden. Jedesmal, wenn so was passiert war, bin ich krank gewesen. *(macht ablehnende Bewegung)* Voriges Jahr war das, da war auch so'n hübscher Junge, den habe ich auch totgemacht – das konnte ich nicht.
Warum denn nicht?
Den mochte ich nicht.
War der so hübsch?
Ja ja, *(Tränen in den Augen)* dann habe ich ihn versteckt – dann roch er schon so – dann habe ich ihn so unterm Bett – da kamen hier lauter Würmer raus, *(greift mit den Fingern in die Mundwinkel)* dann habe ich ihn auseinandermachen müssen – er roch schon so – dann habe ich mindestens 6 Wochen im Bett gelegen, fragen Sie mal Frau Engel – da hatte ich mich so bei aufgeregt – da konnte ich nicht mehr die Hand so aufmachen, *(macht dabei die Bewegung des Handhebens)* konnte nicht mal die Treppe runter gehen – da haben sie mir Citronen gegeben und dann habe ich Citronen gelutscht, Herr und Frau Engel haben mich dann immer besucht – sie ist nicht viel wert, sie klaut, *(macht entsprechende Handbewegung)* er ist gut, hat mich viel besucht.
Hatten die keine Ahnung?
Oh, das durfte ich nicht sagen. *(hebt drohend den rechten Zeigefinger)* Frau Engel hat mich mehrfach selbst verhauen, die war böse. *(Miene des Drohens mit dem Stock)* Wenn man nicht so wollte wie sie – dann kriegte man gleich welche runter, jaa, widerliche Frau ist das, er ist gut.
Hat keiner die Blutspuren gemerkt?
Ich machte selbst reine, kochte selbst Kaffee, haben keine bemerkt.
Keiner an Händen bemerkt?
Habe ich immer gewaschen.

Schädel kaputt geklopft.
Doch, da unter haben sie geschimpft, habe doch

[377]

immer so viel untergelegt, sonst habe ich mit dem Beil die Knochen nicht kaputt geklopft, bloß den Schädel.
Warum Schädel kaputt?
Dann sieht man doch nicht.
Sonst hätte man die Jungens erkannt?
Ja ja, alles weg.
Haare?
(geheimnisvoll) Klosett reingeschmissen.
Damit man sie an den Haaren nicht wieder erkannte.
(zustimmend) Hm hm. Das geht schnell.
Indianer.
Ja ja, ganz genau.
Skalpieren gern getan?
Nee nee, *(ablehnend, lehnt Kopf zu Seite)* das mußte ich aber doch. *(verständnisvoll lächelnd)* Jetzt habe ich doch richtig meine Ruhe. *(macht entsprechende Bewegung mit ausgebreiteten Händen)* Frau Engel sagte immer, ich sehe schlecht aus.
Hier mehr Ruhe als im Gefängnis?
Oh, im Gefängnis ist es auch schön, da kriege ich was zu essen, da kommt keiner rein.
Warum gefiel es Ihnen in Hannover besser?
In Hannover, *(geheimnisvoll - lächelnd und den linken Daumen ausstreckend)* wenn die mich jetzt da kriegen - jetzt ist es hier besser. *(fährt mit dem Nagel über den Tisch - fährt dann erschrocken auf, als Ref. ihn ansieht - sieht plötzlich zur Seite, meint dann)* Das darf man nicht machen, dann geht der Tisch kaputt. - Heute habe ich Sie wieder gern, gestern haben Sie mich geärgert, Herr Reich hat gesagt, ich käme doch in den Himmel.
Weiß Herr R. das so genau?
Das sagen sie alle.

[378]

(Diensteifrig bittet er, das Licht anzumachen. Sehr erfreut über den Gruß

des Sachverständigen von Herrn Krim. Komm. Rätz. - Weist dann auf seine rechte Hand und sagt) Geprickt haben sie mich gestern.
Was haben sie sonst gemacht?
Da haben sie mich so ins Genick gefaßt, ich dachte, die wollten mich abmurksen. Die wollten mir auch eine Zigarre geben, da habe ich aber gesagt, die sollten mir lieber Tabak geben. - Ich passe ganz genau auf.
Sie sind ein heller Junge.
Hm hm. *(zustimmend)*
In der Schule auch heller Junge?
Hm, die hatten mich alle gern - so ganz dumm war ich nicht - ich meine, der Alte *(Vater)* der schickte mich immer rein zum arbeiten, da konnte ich die Schularbeiten nicht machen.
Wie letzte Nacht geschlafen?
Ich schlafe gut - die sagen, ich schnarche, der Herr Reich, das ist aber nicht wahr.
Nie im Leben so gut gehabt wie jetzt.
Bei meiner Mutter habe ich es besser gehabt.
Noch besser?
Meine Mutter war gut und meine Schwester, Frau Burschel auch. - Sie sind doch gekommen. *(hebt Finger an die Nase)* - Ich habe heute mittag gar nicht geschlafen.
Warum nicht?
Weil Sie kommen wollten, sonst legte ich mich mittags immer hin zum Schlafen.
Ich komme doch sonst mittags nicht.
Das war so kurz nach dem Essen, da glaubte ich, Sie kämen und da gab's gleich wieder Kaffee.
Wir sprachen am letzten Mittwoch über [unleserlich]
(besinnt sich, stiert vor sich hin, sagt dann) Ja, das habe ich gesagt. *(macht sich mit Aufräumen zu schaffen)*
Leichen.
Das ist dann nicht gleich immer so.
Wir sprachen auch über Schädel usw.
Das habe ich doch schon gesagt. *(Lehnt ab, klopft Ref. auf den Arm)*

[379]

Da hat man doch in der Leine die Knochen gefunden.
Die habe ich doch da rein geschmissen.

Fleisch.

Auch rein, das dicke so, das habe ich in so kleine Stücke geschnitten – die großen Stücke, die sie gefunden haben, sind nicht von mir. *(bezeichnet dabei einen Kreis von etwa 15 cm Durchmesser)*

Warum Fleisch so klein geschnitten.

Dann schwimmt das doch weg.

Kleine Stücke?

(zeigt auf den Oberschenkel) Hier oben ist doch zuerst das Dicke – Gelbe – das habe ich abgeschnitten.

Wie haben Sie die Beine abgeschnitten?

So. *(macht einen Längsschnitt vom Kniegelenk zum Hüftgelenk)*

Dann?

Dann habe ich das Dicke so losgemacht *(macht mit Hand die Bewegung des Loslösens)* dann habe ich das dicke, das rote Fleisch abgemacht vom Knochen, dann habe ich immer so große Stücke losgeschnitten – das geht auch nicht unter – blump – blump – das schwimmt nicht.

Dann?

Die Knochen auch.

Was haben Sie mit dem gelben, dicken Fett gemacht?

Auch rein geschmissen, auch in so kleine Stücke geschnitten, das schwimmt. – Wenn ich das groß gelassen hätte, hätten die doch das gesehen, das Kleine das finden sie nicht, das schwimmt weg.

Wie groß waren die Stücke?

(Zeigt die entsprechende Größe auf) So groß ungefähr. *(nimmt einen Maßstab, der zufällig auf dem Tisch liegt)*

Sehen Sie einmal nach, wieviel cm.

36 cm – welche vielleicht kleiner, welche vielleicht größer, das habe ich nicht gemessen.

Das Fett von der Haut gelöst.

Nein, richtig so dick war doch das.

Zeigen Sie mal.

Das ist verschieden, manches so 5 cm – och ne, so dick war das nicht, wollen mal sagen 4 cm,

[380]

manches bloß 1 1/2 cm. *(unter Zuhilfenahme des Maßstabs)*

Haut ganz abgelöst?

Ja, das habe ich immer erst gemacht.

Und dann in Stücke.
Dann in so Streifen und dann quer geschnitten.
War das Bein noch an der Leiche?
Nein, das habe ich erst abgeschnitten. *(zeigt auf die Leistenbeuge und auf die Kniegelenkegegend)* Das habe ich dann hier so durchschnitten, das Rote bis auf die Knochen und dann so richtig ausgeschnitten – war wohl noch so'n bißchen Fleisch an den Knochen.
Was dann mit Fleisch gemacht?
Das dann auch so geschnitten, aber große Stücke.
Und die gingen unter.
Ja, da habe ich ganz genau aufgepaßt, das ging so unter *(macht die Miene des Beobachtens, nachdem er erst die Miene des Hineinwerfens gemacht)* – plumps – war es weg ins Wasser.
Warum Haut nicht größer gelassen?
Nein, dann schwimmt das, das ist alles so verschlungen, so lange Strippen – das Rote, *(zeigt auf den Oberschenkel)* das habe ich so richtig gesehen, daß da so lange Strippen runter gehen.
Ebenso auch mit den Unterschenkeln?
Immer dasselbe, genau so bei allen.
Füße?
Auch abgeschnitten – hier – nicht.
Wo?
Hier. *(zeigt auf die Gegend des Sprunggelenks)* Dann habe ich das ganze Fleisch mit der Haut runtergeschnitten, das war so'n bißchen rot – hier. *(zeigt auf die Fußsohle)*
Das auch entzwei geschnitten?
Das auch, dann habe ich hier hereingeschnitten *(zeigt einen Strich zwischen den Phalangen)* und habe dann das losgerissen.
Wie lange waren die Stücke, die Sie losgerissen haben?
(geheimnisvoll dem Ref. zuflüsternd) So lang, *(mißt mit dem Maßstab an seinem Fuß)* verschieden lang waren die.
Cm?
Och, wohl so 12 cm.

[381]

Ebenso mit den Armen und Händen?
Alles dasselbe – immer dasselbe.
Kopf?

Habe ich schon gesagt.
Wollen Sie nicht wieder hören?
Nein – nee.
Haben Sie das Fett nicht mal gekocht?
Nee – jetzt fangen Sie da wieder mit an *(ablehnende Bewegung mit dem Kopf)* – haben wir nicht gemacht. *(zeigt mit Zeigefinger vor den Kopf, als ob man an seinem Verstand zweifle)*
Wirklich nicht gekocht?
Nein, *(fügt spontan lachend hinzu)* Würstchen auch nicht.
Ist das wirklich nicht der Fall?
Ich kann es doch sagen – das habe ich doch alles erzählt – die fragen doch auch immer – es heißt doch, ich hätte Würstchen gemacht – ach was, sagte ich. *(zeigt dabei wieder auf seine Stirn, als ob man an seinem Verstand nicht zweifeln dürfte. – Spontan)* Es regnet schon wieder.
So?
Heute morgen war es so schön – die Sonne – als ich aufwachte – dann freue ich mich immer.
Die Sonne scheint über...?
Die Sonne scheint über Gute und Böse. *(Positur eines Schulkindes, das stramm sitzt)* – Ich bin aber nicht schlecht – schlecht – das weiß ich.
Herr Reich sagt aber, daß Sie das Fleisch verbraucht hätten.
Ja, das hat er mir schon gesagt, das ist davon gekommen, früher als ich noch bei meiner Schwester war, '18 und '19, da habe ich hauptsächlich so geschoben mit Fleisch, da hat meine Schwester das hauptsächlich so in den Händen gehabt, da hatten wir für die ganzen Bekannten und Verwandten Fleisch, und jetzt sagen die, da hätten wir – – –
Alles von den Jungens?
Da sind noch keine Jungen umgekommen.
(Auf warnenden Blick des Ref.) 1918?
Ja, aber nur einer.
Das war doch?
Friedel – den Düsseldorfer haben wir aber jetzt auch, den wir immer nicht finden konnten. *(tut dabei*

[382]

so, als ob er seine eigenen Straftaten kriminalistisch aufklären müßte)
Woher das Fleisch?

Von Meermann, Karl - sitzt jetzt im Zuchthaus in Celle. Stenzke - fragt mal Oswald, der kennt sie alle, die nahmen doch die Fleischsachen an für ihn und dann sagte er uns Bescheid und dann holten wir sie - der kennt sie alle ganz genau.
Auch letzthin noch immer Fleisch in der Wohnung gehabt?
Naja, das war doch für meine Wirtin, Frau Engel, da habe ich doch so gratis für gewohnt, da habe ich keine Miete für bezahlt - da habe ich auch gegessen und getrunken und da hat sie 5-6 Pfd. Pferdefleisch für gekriegt. Dann war das alles billiger so.
Wo gekauft?
Dann bin ich mal nach Weiß, mal nach Meyer, mal nach - - -, sie hat doch auch was gekriegt, die Frau Alsdorf, die hat doch dafür immer gewaschen.
Auch mal Wäsche gereinigt, die schmutzig war?
Ja, wenn ich die Unterhosen voll gemacht hatte - das kam wohl mal vor.
Wie denn?
Das kommt mitunter ganz plötzlich.
Stuhl oder Urin?
Das habe ich immer erst wieder reinegemacht - so'n bißchen.
Hat aber nichts gesehen.
Dann habe ich doch gesagt, ich habe Durchfall gehabt, ich wollte doch das nicht sagen, wenn es schlimm war, habe ich es mit Wasser erst so raus gemacht.
Ich habe Frau A. gesprochen, die weiß davon nicht.
So? Schlimm war das auch nicht, wenn es so schlimm war, habe ich das selbst gemacht, die hat mir manchmal das direkt ins Gesicht gesagt. *(unangedeutet)*
Was haben Sie mit den Jungens sonst noch gemacht? Poussiert - gelutscht?
Hm.
Auch mal päderastiert?
Nein, das tue ich nicht, das hätte ich schon machen können, das habe ich nicht gemacht. Fragen

[383]

Sie doch mal die Jungens - das gibts nicht - in diesen Sachen wollen wir ganz die Wahrheit sagen *(breitet, wie ein ehrlicher Mann, die Hand aus)* - ich kann mich immer ärgern, wenn was nicht wahr ist - ob das nun einer ist oder es sind 10, das ist jetzt einerlei.

Unverständlich, daß alles ruhig vergangen ist.
Darüber sprechen wir hier auch öfters, das hätte ich mir nicht gefallen gelassen, ich nicht, aber *(macht die Bewegung des Zubeißens, Zufassens)* - die sind ohnmächtig geworden, sonst hätten sie sicher geschrien.
Das glaube ich aber nicht, daß die nicht geschrien haben.
Das kann ja möglich sein, ich glaube es aber nicht.
Nicht vielleicht festgebunden?
Nein, nee, das läßt sich keiner gefallen, nee, so was gibts nicht.
Es sind aber Jungens da, die sagen das.
Ach - Böhnert, Karl, ich habe bei dem seinen Eltern gewohnt, der ist so verlogen. Die Eltern sind anständige Leute. Der hat so gemeine Gerüchte aufgebracht über die Mutter, er wäre vom Grafen, seine Mutter hätte sich mit einem Grafen abgegeben und er wäre das Kind davon. In Rotenburg ist er gewesen in der Fürsorge, da ist er ausgerissen, der hat auch ein paar Mal bei mir geschlafen, weil ich ihn kannte.
Mit ihm poussiert?
Paßt mal auf, da ging ich mal hinter Kröpke, da hat er mich angeredet, das wußte ich gar nicht, daß das Böhnerts Junge war, erst nachher, da sagte er es ihm, da sagte ich noch: Junge, bist Du aber groß geworden. Das war da, als er aus der Fürsorge entwichen war.
Mit ihm gegangen?
Schon bei Wiedemanns habe ich ein Zimmer für ihn besorgt, nachher in der Roten Reihe.
Mit ihm verkehrt?
Ja ja. *(macht mit der Hand Bewegung des Polierens)*
Nicht gefesselt?
Ach - *(zeigt mit Finger auf die Stirn)* der wollte doch

[384]

immer Reisegeld von mir haben, der war doch in Hannover und gab an, er käme extra von Berlin zur Polizei, das hat er geschwindelt und hat das denn von mir gelogen, das ist geschwindelt. Am andern Tag kam alles auf mich zu und da habe ich gar nichts mehr gesagt, und ich wußte gar nicht, daß das Karl Böhnert war. Da sagte ich mir, was schwindeln die Leute nur - was so in den Akten steht, das muß man doch unterschreiben, was die einem hier vorhalten.
Auch andere Zeugen sagen, daß Sie gefesselt hätten.

Das ist nicht wahr. Dann hat der Böhnert das Gerücht rumgebracht, jetzt kommen sie alle und sagen das. Fragt mal die Jungens, die richtig bei mir poussiert haben, da sagt nicht einer, daß ich so was gemacht habe. Das ist nicht wahr, so'n Schwindel.

Sie sollen an Ihrem Bett Stricke gehabt haben.

Ach was (lacht) - das ist doch so'n Drahtgitter, das ist kaputt gegangen, das habe ich mit dicken Bindfaden wieder angebunden, das ist jetzt noch so. Wenn das abgemacht wird, fällt der Draht runter *(macht die Bewegung des Springens)* - was die Sprungfedern sind, fallen raus - noch alles dran - welche dreifach, welche vierfach angebunden.

Einer sagt, sie hätten ihn an Arm und Bein festgebunden.

Nee nee, das ist nicht wahr.

Dann Geld versprochen, wenn er die Fesseln sprengte.

Och, wer ist denn das, Böhnert? Dann hat Böhnert einen Bescheid gesagt, dann ist das auch ein Fürsorgezögling, wo Böhnert jetzt mit zusammen ist, der hat das Gerücht rumgebracht.

Wo ist Böhnert jetzt?

Der sitzt doch die meiste Zeit im Gefängnis, treibt sich so rum - oder in Fürsorgeerziehungsanstalt.

Eltern?

Windhorststrasse. *(Fängt eine Fliege, als Ref. zum Stenographen etwas sagt)* Nein, das war eine Mücke.

Wer ist Windhorst?

Der ist doch beerdigt in Hannover, das habe ich gesehen.

Wer war Windhorst?

Die Straße heißt doch so.

Kaplan?

Der muß schon was höheres gewesen sein, mit so'n - Himmel - bei der Beerdigung, der muß schon so Bischof oder so was ähnliches gewesen sein.

Wenn ich aber den Zeugen bringe.

Ja ja, bringen Sie den mal her *(klopft dabei auf seinen rechten Oberschenkel)* - Müller ist 6 Wochen bei mir gewesen, Peters auch, nie was passiert. Fragt mal Hans oder Dörchen, die wissen das auch, das ist Unsinn.

Wenn der Junge nun sagt, Sie wollten ihn schlagen.

(sofort) Das ist Döring, bringt mal den Jungen her, das ist Schwindel.

Nein.

Wer ist das, sagt mal die Wahrheit.

Abends auf Bahnhof getroffen.

Das kann wohl sein, aber ich muß doch mal wissen, wer das ist.
Der heißt Kress.
Wie sieht denn der aus, kenne ich nicht.
(Ref. beschreibt Zeugen ungefähr)
Das ist denn höchstens einer, der mit Böhnert in der Fürsorge war – der hat sich jetzt wohl --- Da hat der Böhnert sicher gesagt, der hat mich gebunden und dann sagt der andere: mich auch – oh oh.
In welcher Erziehungsanstalt war Böhnert?
Ist in Rotenburg gewesen und hier bei Hannover – in Cronberg und zuletzt eingesperrt hier bei Göttingen so, da muß auch so'ne Fürsorgeanstalt sein – immer wieder in einer anderen Anstalt, weil der immer wieder ausrückte.
Bouillon.
Wer hat denn das gesagt? Erstmal, da habe ich gar keinen Ofen und dann, wenn Frau Engel Bouillon gekocht hat, habe ich gesagt, kochen Sie mir eine Tasse mit oder ich habe ihr Fleisch gegeben, so'n Stück,

[386]

dann hat sie für die ganze Familie mitgekocht, das wollte ich nicht. Das ist aber nicht oft vorgekommen, im Jahre ein bis zwei Mal. Wie ich noch in der Neuen Strasse wohnte, da habe ich für mich eine Tasse Bouillon gekocht und wenn eine übrig blieb, dann habe ich Frau Wegehenkel abgegeben, da habe ich manchmal gegessen, wenn ich dann für mich was kochte, habe ich auch mal was rüber gebracht.
Sängerfest.
Das haben sie gesagt – Haarmanns Würstchen, auf dem Schützenfest haben sie das schon gesagt. *(lacht)*
Ist doch nicht zum Lachen.
Ist doch nicht wahr. Ahrberg hat doch zu mir gesagt, er verkaufte keine Würstchen mehr, die wollten alle Haarmanns Würstchen haben.
(Findet Brief an das Versorgungsamt. Empört, daß dieser nicht abgeschickt ist. Brief an die Schwester sei wahrscheinlich auch nicht abgeschickt. H. will noch einmal schreiben. Ref. verspricht, den Brief abzusenden, wenn er ihn allein, ohne Hilfe, schreibt.)

[388]

31. August 1924

[Besprechung der verschiedenen Mordfälle nach Aktenlage]

(Auf Anrede) Das haben Sie nicht nötig, sonntags zu arbeiten. – Die haben eben gesungen, von der Kirche her, da habe ich zugehört.

Friedel Rothe

Das war im Jahr?
Das war Friedel – das muß wohl '18 gewesen sein.
Woher stammte der Friedel?
Das weiß ich nicht, woher er stammt.
Sie haben damals zugegeben, in der Cellerstraße einen Jungen umgebracht zu haben.
Ja ja.
Über Verbleib der Kleidungsstücke wissen Sie nichts.
Die habe ich doch verbrannt, die habe ich in den Ofen gesteckt, das qualmte noch so.
Nachbarn aufgefallen?
Ja gewiß, deshalb sind sie ja gekommen und haben geschimpft.
Auskunft Müller.
Ja, der hat bei mir 6 Wochen geschlafen – Alfred Müller – der lebt aber noch.
Wo wohnt Kurt Engel?
Das weiß ich nicht, der ist auch viel mit mir zusammen gewesen.
(Auf Vorhalt:)
Ja ja, das stimmt.
Werden Sie ihn im Lichtbild wiedererkennen?
Das kann ganz gut möglich sein.
Bild vom Jungen gesehen?
Das weiß ich nicht mehr, ob sie mir das vorgehalten haben.
Wieviel noch im Jahre 1918 umgebracht?
Da habe ich da nicht mehr geschlafen, da bin ich nach meiner Schwester gegangen.
Warum nach Schwester?
Da wollte ich nicht mehr schlafen, der hat da so lange gelegen.

War der schon blau?
Das weiß ich nicht, der hat da so lange gelegen.
In welcher Jahreszeit?
Das weiß ich nicht, das muß so gewesen sein, als Jahrmarkt war.
Seit Ende September vermißt.
Das wird wohl so sein.
Hat er 8 Tage bei Ihnen gelegen?
Ja.
Kann ich mir nicht vorstellen.
Ich habe da immer so Stücke abgeschnitten.

[389]

(Auf nochmalige Frage)
So lange hat das gedauert, bis ich ihn zerlegt habe.
Sofort mit Zerlegen angefangen?
Och was – nee nee, erst am andern Tage oder am zweiten Tage.
Wie lange hat das gedauert?
Das hat lange gedauert – immer son bißchen – und zuletzt den Kopf – und da war die Polizei schon da, da lag der Kopf da noch, ich habe ihn versteckt und die haben ihn nicht gefunden. *(überlegen lächelnd)* Den Kopf habe ich nachher in Stöcken beerdigt, richtig beerdigt. *(macht die Bewegung des Ausgrabens)*
Nicht wieder gefunden.
Den konnten sie auch nicht wieder finden, es ist da inzwischen alles anders geworden – wir haben gesucht, aber wir konnten doch nicht alles kaputt machen.
Gut geschlafen, nachdem Sie den totgemacht hatten?
Da habe ich nicht wieder geschlafen.
Warum zur Schwester gezogen?
Da wollte ich nicht mehr schlafen.
Warum nicht?
Weil der da tot gemacht war.
Als die Leiche schon fortgeschafft war, auch nicht?
Nee nee.
Auch da nicht geschlafen, als die Leiche noch da lag?
Nee nee, da habe ich bei meiner Schwester geschlafen, ich bin manchmal weggegangen in meine Wohnung, habe was abgeschnitten und dann wie-

der weggeschmissen - das habe ich nach der Eilenriede gebracht.
Bei Ihrer Schwester die ersten Nächte schlafen können?
Das kann ich nicht mehr sagen - ach, das weiß ich nicht - da bin ich dann so krank geworden.
Was gefehlt?
An den Nieren habe ich es doch gehabt - da bin ich bald gestorben. Wäre ich man gleich tot gewesen - Ich kann sterben, das kann ich schön, das habe ich noch zu meiner Schwester gesagt, weil die mich fragte, ob ich lieber ins Krankenhaus wollte, nee, ich sterbe hier. Ich bin aber wieder ganz besser geworden.

[390]

Der liebe Gott wollte Sie noch nicht haben.
Nee.
Unkraut vergeht nicht.
Ja, das sagt man so, Unkraut vergeht nicht.
War Rothe der erste, den Sie umgebracht haben?
Ja, ich weiß nicht, müssen mal meine Schwester fragen - meine Mutter hat doch immer gesagt, wie sie mich nach Hildesheim gebracht haben, wo ist der Junge - das war am Engelbostelerdamm, das war kurz vor dem, als ich nach Hildesheim gekommen bin - das wird wohl ganz bestimmt auch so sein - oder wollen mal Adolf fragen, ob der das weiß, oder meine Schwester - das weiß ich nicht mehr, das ist schon so lange her - da habe ich mal gesagt zu meiner Mutter, welcher Junge, welcher Junge denn. Dann hat Frau Burschel immer aufgepaßt, wenn ich mal mit einem Jungen ging, dann hat sie immer gleich meiner Mutter Bescheid gesagt.
Wegen welcher Sache kamen sie nach Hildesheim?
Das war, glaube ich, wegen dieser Sache. Das hat der Alte gemacht, der wollte mich wieder hinbringen.
Nicht das Gericht?
(mit aller Bestimmtheit ablehnend) Das hat der Alte gemacht.
Gericht beschlossen, Sie in Hildesheim zu beobachten.
Das hat der Alte gemacht, der hat mich doch immer wieder hinbringen wollen, immer wieder gesagt, und Adolf hat das auch gesagt, wenn sie mich da hinbringen, *(erbleicht - energische Handbewegung)* dann springe ich ins Wasser - das gibts nicht.

Wie alt waren Sie damals?
Wie ich von der Unteroffiziersschule kam, da muß ich wohl so 16-17 Jahr gewesen sein - dann bin ich nachher Soldat geworden.
Ob mit den Jahren schon ein Kind umgebracht?
Och, habe ich doch jetzt auch gemacht. *(gleichgültig - verlegen lächelnd - nachdem er sich etwas besonnen hat)*

[391]

Heinrich Struss

Das ist Struss, der ist schon viel bei mir gewesen. In der Neuenstraße auch schon. Das ist der mit der Brille.
(Lichtbild)
Der ist jetzt erst umgebracht, ja, das ist er, in der Roten Reihe. Der ist schon viel bei mir gewesen - Puppenjunge.
Dessen Sachen?
Weiß ich nicht.
Schlüsselbund gefunden.
Das kann wohl sein, der tauchte nicht viel, der war immer auf dem Bahnhof, der verkaufte da immer so Sachen.
Was für Sachen?
So Uhren, Ringe, altes Zeug und alles solche Sachen.
War der vorbestraft?
Ja, ich glaube, der hat schon was mit dem Gericht zu tun gehabt.
Was denn?
Das weiß ich nicht, er sprach nicht davon.
Opiumdiebstahl.
Ja, den hat er mir doch verraten - das stimmt.
Was noch?
(besinnt sich lange) Nennen Sie doch mal was, so in Flaschen - ich glaube, es war Kokain.
War es nicht Morphium?
Ist das auch so flüssig - das kann es auch gewesen sein - ist das teuer?
Morphium ist auch teuer.
Das war furchtbar teuer, da haben wir kein Geld für gekriegt, keine Belohnung, hat die Staatsanwaltschaft in Beschlag genommen.
Beim Diebstahl anderer Medikamente entdeckt?
Das weiß ich nicht.

Medikament gegen Syphilis?
Das kann ich nicht sagen, das ist so gelb.
Salvarsan entdeckt.
Dann ist das da gewesen - nee - ich weiß nicht - Opium -
Später nicht mehr unangenehm, nichts dabei gedacht?
Ich konnte doch nirgendswo hin, *(wie selbstverständlich, in gleichgültiger Weise)* die haben doch so im Arm gelegen, *(entsprechende Bewegung)* dann lagen sie immer so in meinen Armen.
Nichts draus gemacht?
Ich war jedesmal krank. Die letzte Zeit war ich immer aufgeregt, krank, Kopfschmerzen. Ich sagte

[392]

immer, mein Herz tut weh, ich konnte ihr doch nicht sagen, was los war.
Warum immer wieder Jungen umgebracht?
Wenn ich mir jetzt fest vorgenommen habe, du nimmst jetzt keinen wieder mit und ging ich dann auf die Straße, dann kommt der eine, dann kommt der andere, dann sagen sie: Fritz, dann fangen sie immer wieder von so was an. Schließlich komme ich dann mal auf den Bahnhof und dann sagen sie zu mir: och Fritz - die wissen doch nichts - nimm mich doch mit. Dann war schlechtes Wetter und dann habe ich sie mitgenommen, dann waren sie froh, wenn sie bei mir schlafen konnten und etwas zu essen hatten. Wenn ich dann so einen mitnahm, poussierten sie immer so schön, mitunter ging das ganze Wochen gut und dann passierte mal wieder was, dann war wieder was passiert.
Wie kam es denn, daß was passierte?
Die waren so geil, so ähnlich wie Fromm, die nahmen mich so in den Arm *(entsprechende Bewegung)* und lutschten, das waren immer so welche, die so geil sind. Die sind meistens ein paar Tage dagewesen. - Fromm, wenn ich jetzt noch da wäre, der lebte auch nicht mehr.

[393]

<u>Fritz Franke</u>

Das ist Franke.
Der Berliner, da habe ich schon so viel von gehört. Dörchen hat mir davon gesagt, das war der, der Klavier spielen konnte. *(entsprechende Bewegung)*

Was wissen Sie von dem?
Dörchen kam rein und sagte, Fritz, wo ist denn der Junge, sein Zeug hängt doch da, da hatte ich ihn doch schon versteckt.
Um wieviel Uhr war das?
Das kann ich nicht mehr sagen, das haben sie mir jetzt erst alles wieder vorgehalten.
Wissen Sie, wo Franke kennen gelernt?
Das weiß ich nicht, der ist auch ein paar Tage da gewesen, der ist mit Dörchen ein paar Mal ausgewesen.
Im Wartesaal 2. Kl. haben Sie Franke Kaffee gegeben.
Nein nein, das habe ich nicht gemacht, immer bei mir zu Hause, das habe ich nicht gemacht.
Andere Zeugen sagen das auch.
Ist nicht wahr, bei mir zu Hause habe ich das gemacht, ich gehe nie in die Wirtschaft, das ist zu teuer, die schwindeln.
(Auf Vorhalt, daß Franke morgens 10 Uhr im Bett liegend gefunden wurde)
Ja, das kann sein, Dörchen lügt nicht, Emmi auch nicht, die taugen beide nicht viel, das sind doch Dirnen, die sagen aber die Wahrheit.
Abends 7 Uhr Zeug.
Ob das nun abends gewesen ist, weiß ich nicht. Da sagten sie, wo ist der Junge, das Zeug ist ja da. Was ich gesagt habe, weiß ich nicht. Der ist weg.
Ist Ihnen Schmidt noch begegnet?
Das weiß ich nicht, da kennen mich viele auf dem Bahnhof.
Wo mit den Sachen geblieben?
Hans, der wird sie wohl verkloppt haben.
Hatte Franke nicht auch einen zusammenschiebbaren Bastkoffer?
Ja, den hat doch Hans verkauft.
Wie war der zusammengebunden?
Es waren so Riemen. *(zeigt an einem Buch zwei Querriemen)* Das weiß ich ganz genau, den hat Hans nachher verkauft.
Wieviel dafür bekommen?
Das weiß ich nicht genau.

[394]

Ernst Ehrenberg

Wer ist das?
Ehrenberg.

Bild mal her.
Bild gezeigt.
Ach so, das ist doch ein Schuljunge, der wohnte da gleich an der Ecke bei mir - ich weiß gar nicht, Schuljungens habe ich doch gar nicht gehabt. Ich habe immer gesagt: ja, sollen dabei schreiben. Die Mutter sagte mal zu mir, ich sollte doch sagen, weil er schon so lange weg war, ich sollte es doch zugeben. Da habe ich gesagt, schreiben Sie ihn dazu. Aber ein paar Hosenträger. *(stößt dabei Ref. an - hält das Blatt am Stenogrammblock fest)*
Hosenträger gefunden.
Hm, ich glaube es immer noch nicht, daß ich ihn gehabt habe.
Schülermütze.
Ob das dem seine ist, das weiß ich selbst nicht genau.
Stoff von der Hose.
Ja, so'n Putzlappen habe ich gehabt, ob der aber davon war, kann ich nicht sagen.
Irrtum ausgeschlossen.
Mit der Mütze, das wußte sie ganz bestimmt. Hosenträger sind so.
Lappen auch.
Das weiß ich nicht.
Woran Hosenträger erkannt?
Der ist mal abgerissen gewesen, den hat sie selbst wieder angenäht.
Noch ein Stück Zeug gefunden.
Hm.

[395]

<u>Wilhelm Erdner</u>

Erinnern Sie sich dessen?
Erst mal Bild sehen.
(Bild gezeigt)
Aha, das ist der, der hatte so'n Rad. Ein Rad haben wir nie gehabt, nee, nie, aber ich habe gesagt, ja, schreibt man dazu.
Rad verkauft?
Ach was, das ist doch was anderes mit dem Rade. Das ist so'n ganz großes - auf dem Bahnhof, der wollte ein Rad verkaufen - son großer. *(zeigt etwa 20 cm größer als er selbst ist)* Der hatte kein Geld, da bin ich mit

nach Wegehenkel gegangen, da wollte er so viel abhandeln. Da habe ich gesagt, hast du denn das gestohlen, dann brauchst Du doch das auch nicht so billig abzugeben, dann habe ich ihm mein Geld gegeben, mehr als der Friseur geben wollte. Dann habe ich das Rad mit nach Haus genommen. Das wollten wir wieder schön zurecht machen lassen, dann haben wir das nach der Christuskirche gebracht bei Linke. Der sagte, es lohnte sich nicht mehr, das zurecht zu machen, er wollte mal sehen, ob er es so verkaufen könnte und da habe ich es bei Linke stehen lassen. Da eines Tages kam mal son Bauer, der wollte ein Rad haben und da sind wir mit hingegangen, da hat der das Rad gekauft, da habe ich aber nichts dran verdient, noch Geld zugelegt, das weiß Frau Wegehenkel.
Man hat Sie in Begleitung von dem Vermißten gesehen.
Das stimmt.
Erinnern Sie sich, daß Sie mit ihm verkehrt?
Ich kenne ihn nicht.
Woher wissen Sie, daß Sie mit ihm gesehen sind?
Das hat der mir doch gesagt, der Zeuge ohne Arm.
Sagt der die Wahrheit?
Der sagte zu mir, der Junge taugte nichts, der hätte Unterschlagung gemacht und der triebe sich so umher.
Der Erdner?
Wer ist das – wenn die auf dem Bahnhof sind – mit Namen kenne ich sie nicht – da laufen so viel rum.

[396]

(Bezeichnet die Aussage von Lungheus nur insofern als richtig, daß H. zu ihm gesagt hat) Wenn er was ausgefressen hat, wird er wohl auf der Kriminalpolizei sein.
Rad ist mit Bestimmtheit wieder erkannt.
Das ist Schwindel.
Mit Erdner verkehrt?
Das weiß ich nicht, ich kenne ihn gar nicht, dem Bilde nach kenne ich den Jungen nicht.
Frau E. hat auch eine Hose gefunden.
Das ist eine Soldatenhose, das war sone ganz alte lumprige Soldatenhose, die hab ich der Frau Wegehenkel geschenkt. Da habe ich gleich gesagt, schreibt ihn doch dazu. *(Gibt zu, bei der Vernehmung erklärt zu haben,*

daß er ihn umgebracht habe) Den können Sie ruhig dazu schreiben, das kommt jetzt auf einen nicht an.
Mit falschem Namen vorgestellt.
Das ist Quatsch, in Hannover kann ich das nicht machen, da kennen sie mich alle, anderswo wohl.
Frau Engel gesagt, Rad im Rausche beim dicken Fritze gekauft.
Was ich Frau Engel gesagt habe, weiß ich nicht, die ist immer so neugierig, die hat mich immer so viel gefragt.
Linke hat gesagt, gebrauchte Räder kaufe er nicht.
Herr Engel ist doch mitgewesen. *(bezeichnet die Aussage von Raupers als Schwindel)*
An Bremshebel wieder erkannt.
Ich verstehe von Rädern nicht viel.
(Zusammenfassend) H. verhält sich bei der Vernehmung im Falle E. im Gegensatz zu sonst sehr ablehnend. Stellt alle ihn belastenden Zeugenaussagen als unwahr hin.

[397]

Heinz Brinkmann

(Bild) - Das habe ich doch gestern erst gesehen, das ist doch ein Schuljunge, mit Schuljungen habe ich nicht verkehrt. Habe aber auch Ja gesagt.
(zählt die Akten) 12 Stück sind das.
Ein Zeuge hat den Anzug (Bl.10) bei Ihnen gefunden.
Das kann nicht stimmen. Der bei mir gefundene Anzug war von einem Jungen von 6 Jahren. An Wegehenkels habe ich aber einen Anzug verkauft, der größer war, als einer für mich passend. - Solches Zeug gibts viel. Ich habe gesagt, schreibt ihn zu. Kann mich auf den Jungen nicht besinnen, geht doch noch zur Schule.
Wie alt war der Junge?
Dieser Junge war wohl 12 Jahr.
Und Wegehenkel?
16.
(Die Angaben von H. über den Anzug sind wenig klar und verständlich. Schließlich ergibt sich, daß er zwar einen Anzug aus Manchester an Wegehenkel verkauft hat, daß diese aber den Anzug zu einem kleineren Anzug

für einen jüngeren Burschen passend umgearbeitet habe. Infolgedessen konnte man ihn nicht wieder erkennen, zumal es mehr als einen Manchesteranzug gebe.)
Aber ich habe gesagt, ja, den sollen sie man auch dazu schreiben. Ich mag da gar nichts mehr von hören – köpft mich doch.

[398]

Heinrich Koch

(Bild) Da finde ich gar nicht mehr durch *(unwillig – ungehalten)* Da habe ich gleich Ja gesagt. Die Mutter war da.
Bei Ihnen Hosen, Stutzen u.s.w. gefunden.
Da habe ich gesagt: ja, das sind ja so viele, die kann man gar nicht auseinanderkennen.
Reithose mit Sicherheit wieder erkannt.
Das weiß ich – nein – ja, die Stutzen, die hat sie ja selbst gestrickt. Die Hose, das war eine vom Militär gewesen, aber die Stutzen, die beweisen das.
Hat der Koch mit Ihnen verkehrt?
(unwillig) Auf dem Bilde sieht er ganz anders aus.
Zeuge spricht von 50 Zigaretten.
Das ist Schwindel. Der Zeuge, der das aussagt, der ist auch schwul, sagt mir mal den Namen.
Gustav Tolle.
Nein.
Vorgestellt als Kellner aus dem Reichshof.
Och, das ist Schwindel, die kennen mich doch alle, das ist wohl ein anderer gewesen. Die Puppenjungens poussieren doch allerwärts mit rum.
Koch auch ein Zimmer versprochen.
Ich habe doch Rote Reihe gewohnt. – Der eine ist doch schwul, der hat doch mit den anderen Schwulen auch poussiert – der Pantoffelmacher ist doch schlimmer wie ich – auch schwul – das ist ein großer Gauner – Verbrecher – ich kenne ihn schon lange.
Moshage.
Ja, Moshage – heißt er auch.
Jackett und Weste von Koch gefunden.
Das glaube ich nicht – kann ja möglich sein, das weiß ich nicht, davon

haben sie nichts gesagt. *(nach den Akten richtig)* Von Stutzen - Wollen wir die *(Akten)* noch alle durchnehmen? - *(erschrocken)*

[399]

Hermann Speichert

Bild - Bild. *(ungehalten)* Ich habe schon so viel Bilder gesehen.
Ist kein Bild da.
Das ist schade.
Das war der mit dem Reißzeug.
Ach - der - mit dem Reißzeug - da habe ich doch Ja gesagt.
Warum denn?
Ich habe doch eins gehabt - so'n Zirkelkasten.
Es gibt doch mehr wie einen Zirkelkasten.
Ja, aber wie soll denn der da rein gekommen sein - der Junge hat doch einen bei sich gehabt - da habe ich gesagt: Ja, dabei geschrieben. - Schade, daß kein Bild da ist.
Unterjacke, Anzug bei Ihnen gefunden.
Ich habe Ja gesagt - schade, daß kein Bild da ist.
Wollen wir jetzt aufhören?
Och nee, wollen weitermachen, dann sind wir fertig damit, das dauert ja so lange.
Wegen Speichert einmal bei einer Frau Hartmann gewesen?
Meinen Sie den Theo Hartmann - Frau Engel ihr Sohn - wo ich bei gewohnt habe - kennt der denn Speichert - Theo?
Wo wohnt Frau H.?
Bei mir im Hause - In der Pavillonstraße - nee - das ist ja Quatsch - Unsinn - das ist ja in Linden - ich bin niemals hingewesen.
Frau H. hat sie bestimmt wieder erkannt.
Was soll ich denn da gemacht haben.
Der Speichert ging mit der Tochter von Frau H.
Ach ja, mit dem Brief, das fällt mir jetzt ein - das ist Schwindel.
Grans hat Tochter H. wiederholt aufgelauert.
Das glaube ich nicht - das ist doch lauter Schwindel, das glaube ich nicht, der hat doch so viel Mädchens gehabt.
War Speichert schwul?
(zuckt die Achseln) Hat doch mit mir poussiert, dann ist der auch schwul.

Reißzeug.
Ja, dann muß er auch bei mir gewesen sein, dann ist er auch schwul – wenn man bloß ein Bild da wäre.
Sie bestreiten bei Hartmann gewesen zu sein?
Das ist bloß renommieren – das ist Schwindel – wenn ich doch sage Ja, ich habe das gemacht, dann sollen nicht so viel fremde Leute

[400]

so viel dazu schwindeln.
Sie können kein Lügen vertragen.
Nein, ich kann mich dann jedesmal so ärgern.

[401]

Alfred Hogrefe

(Bild) Ja, das ist der, der Lütge.
Mit ihm verkehrt?
Ja.
Auch umgebracht?
Ja.
Lange mit ihm verkehrt?
Das ist ein Puppenjunge.
Warum?
Der taugt nicht viel, der trieb sich immer so rum.
Was war der?
Weiß ich nicht.
Vorbestraft?
Wenn man die Jungens fragt, dann lügen sie doch.
Schal bei Ihnen gefunden, stimmt das?
Ja.
Auch ein Handtuch.
Ist wohl möglich.
Sie erinnern sich des Jungen ganz bestimmt?
Das Bild habe ich schon öfter gesehen. Der Junge muß noch etwas anders ausgesehen haben, das ist der aber, den ich meine.

Früher gesagt, Hogrefe sei Ihnen unbekannt.
Auf dem Bilde kenne ich ihn nicht wieder. Vater und Mutter haben mir so viel von ihm erzählt und deshalb nehme ich an, daß er das ist.
Noch mehr Kleidungsstücke wieder erkannt.
Hm, dann stimmt das auch. Von Bukarest sind sie jetzt sogar gekommen, von Wien, ob ich da gewesen bin.
Lichtbild entspricht nicht genau der Wirklichkeit?
Nein, sonst hätte ich ihn gleich wieder erkannt.
Warum ihn gleich wieder erkannt?
Ja, den mit der Brille habe ich gleich wiedererkannt. Ich habe immer hübsche Jungen gehabt. Ich mag ihn so nicht leiden.
Ist das Bild vielleicht aus früherer Zeit?
Mag wohl sein. *(Das Bild ist vor 5 Jahren angefertigt.)* Dann wird es wohl so stimmen.

[402]

Ernst Spiecker

(Bild) Auf der Postkarte kenne ich ihn hier nicht wieder.
Und hier? (2. Bild)
Da habe ich aber Ja gesagt zu den Bildern.
Sie erinnern sich seiner nicht?
(Stellt mit Behagen fest, daß nur noch 5 Akten zu erledigen sind)
Hose und Sportmütze.
Hat Hans das nicht gehabt?
Stahluhr mit Weckvorrichtung.
Hans – ja, das ist der gewesen.
Hatte der nicht auch so Zähne an der Uhrkette?
Das haben sie mir erzählt, das kann ich aber nicht mehr sagen.
Clubjacke.
Kann ich auch nicht mehr sagen, *(leise)* wenn sie doch weg sind und die Sachen gefunden sind – es kann ja möglich sein, daß ich mal was gekauft habe, aber wenn so viel Jungen weg sind, daß ich eine Menge umgebracht habe – das weiß ich.
Sie müssen aber doch bemerkt haben, wenn sich die Jungens wehrten.
(macht sofort die Bewegung des Schlagens) Dann habe ich das Taschentuch über das Gesicht gelegt – da habe ich nicht nach gesehen.

(Ref. beginnt, ihm seine Aussage vom 3. Juli 1924 vorzulesen. Er unterbricht Ref. und meint)
Dann muß es wohl der Krumme gewesen sein, er war ganz krumm, *(macht entsprechende Bewegung)* der war schon ganz steif, als ich aufwachte.
War Spiecker nicht mit Ihnen vor Gericht?
Nee, ich bin nie beim Gericht gewesen.
Mit Grans?
Wenn der mit Grans dagewesen ist, dann wird der ihn mir wohl zugeführt haben.
Haben Sie nicht einmal einem anderen Jungens zugeführt?
Nee nee, das mache ich nicht. Mitunter sagen die Schwulen, Fritz, du hast immer so hübsche Jungen, bring mir doch auch mal welche.
Bessere Männer?
Ja ja, viel vom Gericht – so Assessoren.
Kennen Sie die?
So vom Sehen kenne ich sie alle, aber nicht mit Namen – feine Herren – die viel Geld haben.

[403]

Gaben die auch Geld dafür?
Ach nee, so was mache ich nicht – die schwule Guste und Friedel Schwarz und die, die machen das für Geld, die besorgen denen immer welche – ich habe das nicht gemacht.
Wohl Jungen auf Bessere gehetzt?
Ja, wenn die mal was sagten, habe ich einen Jungen hergewinkt.

[404]

Wilhelm Apel

(Bild – ungehalten) Das ist schlecht geworden, das habe ich schon viel gehabt.
Entsinnen Sie sich dessen?
Man findet sich da gar nicht so durch. Erst mal hören.
Kleidungsstücke?

Nein, das kann ich nicht sagen, ich erinnere mich nicht – ich habe aber auch Ja gesagt.
Er wohnt in Leinhausen.
Wo die Jungens wohnen, weiß ich nicht.
Wo werden Sie ihn getroffen haben?
Entweder auf dem Bahnhof oder bei Kröpke.

[405]

Friedrich Koch

Noch ein Koch? *(lacht)*
(Bild)
Das ist auch wohl ein Schuljunge. *(besieht das Bild lange Zeit)*
Halten Sie es für möglich?
Och – Kinder nicht – da poussiere ich nicht mit. Die jungen Bengels die haben ja nichts, das ist doch nichts zum Poussieren. – Da sind viel Schwule, die so Kinder nehmen, aber ich nicht.
Wie alt war der Koch?
16 Jahr – der kann das schon sein, so alt habe ich sie gewöhnlich gehabt, 16–20 Jahr.
Wissen Sie, wo die Ecke der Straße Tiefenthal ist?
Das ist in der Altstadt.
Koch auf der Straße mit Stock geschlagen.
Ach, das ist der Junge, das haben sie mir gesagt – das habe ich viel gemacht, ich kannte ihn doch – Guten Tag sagte ich und schlug ihn so mit dem Stock – so ist es wohl gewesen.
Hatte Koch noch etwas besonderes bei sich?
Das kann ich nicht sagen.
Aktentasche?
Ach ja, das wollte ich sagen. Ob er die bei sich gehabt hat, weiß ich nicht. Muß er wohl bei sich gehabt haben, weil man sie bei mir nachher fand.
Wozu benutzt?
Habe ich Fleisch und Knochen eingepackt und weggetragen.
Buch gefunden.
Erinnere ich mich nicht.
Duden.

Das kann ganz gut möglich sein.
Wodrin sonst die Leichen weggebracht?
Ich hatte immer so eine Wachstuchtasche – früher immer.
Blutig?
Das war so'n olles Ding, da ist inwendig Blut gewesen.
Ausgewaschen?
Nee, ausgewaschen nicht.
Wo mit den Aktentaschen geblieben?
Ich hatte immer bloß eine, die haben die auf dem Gericht.
Mehrere Aktentaschen benutzt?
Nee, nur die eine.

[406]

Erich de Vries

(Bild) Der muß auch schon größer sein. Ich glaube, der ist der letzte gewesen, der ist Bäcker gewesen. – *(stimmt, war Bäckergeselle)* Das war ein hübscher Junge – der hat sich mir angeboten – das waren zwei, ein größerer und er, den größeren habe ich nicht genommen.
Von de Vries blauen Anzug.
Ja stimmt.
Brille, Taschentuch.
Nee, Brille hat er nicht aufgehabt.
Mit ihm gebadet?
Nein, habe ich nicht gemacht.
Aber zugesehen, wie er gebadet hat.
Das glaube ich nicht, ausgeschlossen. *(Bestreitet Vorkommnis, sagt sofort)* Mädchen dürfen gar nicht auf Badeplatz, wo Jungens baden. – Ich bade doch gar nicht. Ich wasche mich nur so im Haus, nicht in der Leine, weil ich herzleidend bin.
Erinnern Sie sich dessen?
Das weiß ich ganz genau, das stimmt. Ich weiß ganz genau, er war Bäcker. Er ging auf Geschäft, ein Puppenjunge, der ließ sich bezahlen.

[407]

Adolf Hannappel

Fall 24? *(erstaunt)* Das ist der Düsseldorfer. – Ich habe ihn aus freien Stücken zugegeben. Das habe ich der Polizei erzählt, sonst wüßte die das gar nicht. Das ist ein hübscher Junge. Der muß aber jetzt größer sein. Das ist der, den Grans mir besorgt hat, das ist der, wo Hans die Breecheshose haben wollte, den mit dem schönen Anzug habe ich gestern rausgefunden.
Sind das denn zwei?
Ja.
Wie hieß denn der?
Fritz mit Vornamen, von Kassel war er, den Namen habe ich wieder vergessen.
Ich denke, er war von Düsseldorf?
Er nannte sich Düsseldorfer, war auch ein Puppenjunge. *(Sagt zum Stenographen)* Das ist ein richtiger Roman. Ich will mich diese Tage auch mal hinsetzen und einen Roman schreiben über mich.
Den geben Sie mir dann.
Ja, das mache ich, den verkaufen wir, wir verdienen viel Geld damit, da werden wir Millionär. *(schlägt vergnügt in die Hände)*
Wieviel bekomme ich von dem Verdienst?
Die Hälfte.
Wieviel % sind das?
Also 100 % sind – 50 %.
Der Herr bekommt doch auch was ab.
Dem gebe ich noch von meinem was ab.
Wie viel?
Von den Millionen – ach von meinen – kann er auch die Hälfte kriegen, dann habe ich immer noch genug. Da draußen die haben doch schon so viel verdient, die haben so viel geschwindelt, ich schreib jetzt die Wahrheit, dann kriegen wir noch mehr Geld.
War Hannappel auch ein Schwuler?
Ja, ich wollte ihn doch gar nicht haben. Hans brachte ihn immer wieder.
Mit ihm verkehrt?
Das ist doch selbstredend, sonst hätte ich ihn nicht totgemacht. Das war immer so, nachher war es passiert – richtig,

wie ich sie gebissen habe, habe ich erst gesehen, wenn sie tot waren.
(macht die Miene des Beißens)
Wenn Sie aber so ein Gesicht machten, mußten die doch einen Schrecken kriegen.
Das haben die nicht gesehen, die waren doch ohnmächtig. Es war immer hell, Tag und Nacht, da dachten die, ich war immer zu Haus.
Wieviel Lampen hatten Sie brennen?
Zwei. – Petroleum, die heizten gleich, da war es immer schön warm.
Kostete doch viel Geld.
1 Ltr. Petroleum jeden Tag.
Wieviel kostet das?
Die kleinen Engels haben das immer geholt.
Wo haben Sie ihn kennen gelernt?
Da hat sich inzwischen ein Zeuge gemeldet, der hat beobachtet, wie Grans ihn mir zugeführt hat. Den andern Tag habe ich ihn wieder weggeschickt. Hans hat ihn immer wieder gebracht, vier Tage war er da.
Wie heißt der Zeuge?
Der war auch auf dem Gericht.
War das der mit der Holzkiste?
Ja, das war der, die habe ich nach ein paar Tagen abgeholt.
Waren da schöne Sachen drin?
Das weiß ich nicht mehr.
Wie haben Sie geschlafen?
Ich schlafe immer gut.

[409]

1. September 1924

Band A

Bei der Miete gleich vereinbart, daß sie für Reinigung des Zimmer sorgten?
Ja, da hat keiner was zu suchen, ist doch leer.

[Wohl aus Akten referiert] *Frau Engel gibt an, daß ihr aufgefallen sei, daß H. vielfach junge Leute und meist verschiedene und oft lange bei sich hatte. Sie schließt hier auf widernatürliche Unzucht, zumal H. nach seiner Angabe sich mit Damen nicht abgab.*
Frau Engel hat selbst einen Jungen, der ist 20 Jahr, der hat mit mir auch verkehrt. Das habe ich zu Frau Engel auch gesagt, als ich bei ihr wohnte.
(Die jungen Leute blieben nach Angabe von Frau Engel nachts da. Meist bringt H. sie nachts mit ins Haus und hat sie manchmal die kommende Nacht noch bei sich behalten. Sie sah dann immer, daß er sehr unsolide gelebt haben müsse, denn unter seinen Augen lagen dicke blaue Ringe. Nach seinen Reden ist das auf Schmerzen zurückzuführen, die ihm eine im Felde erhaltene Verletzung verursache.)
Haben Sie nicht zu Frau Engel gesagt, Sie wären im Felde gewesen?
Sage ich doch nicht, muß jeder denn alles wissen.
Man darf aber nicht schwindeln.
Frau E. log mir auch immer was vor. Ich lag dann oft im Bett. – Jetzt erinnere ich mich, ihr gesagt zu haben, ich sei im Felde gewesen. Das sagte ich aber nur, weil ich oft krank war.
Von Fromm Fellatio verlangt.
Das ist Schwindel, das machte der immer alles, ich wollte ihn ja gar nicht mehr.
§ 175.
Schwindel – das ist Schweinerei. Wohl habe ich ihm meinen Finger zwischen die Beine gesteckt, aber nicht in den After. Das wollte er haben, das wäre besser, das machten die andern in Hamburg auch.
(Die weiteren Vorhaltungen hinsichtlich § 175)
Das ist nicht wahr, das ist eine Schweinigelei.
Sagten Sie nicht, als Krim. Beamter dürften Sie das alles machen.
Och – *(deutet auf die Stirn, als wenn er nicht richtig im Kopf sei)*

[410]

Fromme war 4 Tage bei mir. Ich habe ihn jeden Tag rausgeschmissen. Er kam jeden Tag wieder. Er war auf dem Bahnhof und wollte wieder mit Gewalt mit. Da habe ich der Polizei Bescheid gesagt.
Warum?
Dann hätte ich ihn doch auch totgebissen, der war ja so geil, der hat mich selbst auch gebissen.
(Weist auf die Akten und meint) Da will er sich bloß wieder verschönen. *(meint damit die Unwahrheit von Fromm)*
Schon den ersten Tag wollte ich ihn mitnehmen, da kam aber die schwule Emma, das ist ein Ekel und sagte mir, ich sollte ihn mitnehmen, es sei schlechtes Wetter, er könne ihn nicht mitnehmen. Wie ich hinaus kam auf den Bahnhof, da er hat auf mich gewartet, da sagte ich: ja ja, *(mit unwilliger Miene)* hübscher Bengel war es zwar. Am andern Morgen habe ich ihn wieder rausgeschmissen.
Sie haben zu Fromm gesagt, Sie hätten verschiedene Personen gefesselt.
Das ist Schwindel – das hätte ich ja machen können, das hat er anderswo gehört. Es werden nur solche Redereien gemacht, nachdem man mich verhaftet hat.
Vor seiner Verhaftung konnte er es doch auch nicht gut sagen.
Dann hätte er es doch gleich sagen können, wie wir auf dem Präsidium waren.
Da hat er es doch auch gleich gesagt.
Das ist Schwindel – ach, das höre ich heute das erste Mal.
Wissen Sie alles, was Ihnen früher vorgehalten ist?
No, das weiß ich doch.
Das behalten Sie alles?
Selbstredend.
Was haben Sie Fromm geschenkt?
Nichts – ich habe ihm mal eine Mark gegeben, damit er in den Zirkus gehen konnte, und Brot habe ich ihm mal gegeben und eingepackt. Er sollte doch weggehen. Ich konnte ihn doch sonst nicht los werden.

[411]

Hat er Ihr Geschlechtsteil in den Mund genommen?
Ja.

Und umgekehrt?
Das weiß ich nicht, kann möglich sein.
Wir sprachen von Fellatio - (anscheinend Mißverständnis - H. bestreitet nach wie vor Päderastie) Sie haben ihm 1 Mark 50 gegeben für Zirkus.
Das stimmt, dann gab ich ihm noch Brot mit - nach einer Stunde war er wieder da, der ist gar nicht im Zirkus gewesen.
Schwitzen Sie?
Nein, ich ärgere mich bloß, wenn so einer so lügt, wenn ich ihn man totgebissen hätte - ich hätte ihn totbeißen müssen - grade - wenn ich das nicht der Polizei gesagt hätte, die Nacht hätte ich ihn totgebissen.
Sind dann nicht gerade genug Leute umgekommen?
Das wollte ich doch nicht. Aber wenn ich heute raus käme, in 4 Wochen wären wieder welche tot.
Dann ist das Beste, man läßt Sie nicht raus.
Nee, ich will ja geköppt werden. *(spontan)* Brief an meinen Bruder, der will einen anderen Namen haben, da habe ich aber hingeschrieben, *(mit dem Finger drohend)* was dem bloß einfällt.
Von wem wissen Sie das?
Von dem Herrn, der auf dem Sängerfest war in Hannover. *(Sürig)*
Können Sie ihm das übel nehmen?
Ich habe es ihm ja geschrieben - schicken Sie ihn aber weg. *(sehr energisch)*
Ich habe den Brief an das Versicherungsamt auch weggeschickt.
Das ist aber nett. Sie dürfen aber Herrn Lange nicht sagen, daß er mir nicht helfen soll.
Haben sie auch mitunter mit Herren aus besseren Ständen verkehrt?
Ich kenne sie alle, nur nicht mit Namen, wir sprechen nicht zusammen - wir grüßen uns so.
Waren auch reiche Leute bei Ihnen?
Bei mir konnte ich doch Reiche nicht mit hinnehmen.
Kennen Sie Friedrich Kahlmeier?
Ja, der ist aus Linden, 14 Jahr alt,

[412]

sieht aber aus wie 18 - eine männliche Dirne - verdient jeden Tag 60–70 Mark - oh, der ist schön, kauft sich immer schönes Zeug dafür. - Ist auch mal mit gewesen, er wollte immer wieder mit mir mit - och, ich habe ihn aber nicht mitgenommen – ich glaube, sie haben ihn jetzt in der Fürsorge – mit dem können sie alles machen, alle Schweinereien.

Mit ihm auch verkehrt?

Ja, einmal, der wollte immer wieder kommen – der hatte so viel Kunden – der ging jede Nacht nach 4–5 Kunden.

Konnte der das gesundheitlich aushalten?

(Setzt ein zweifelndes Gesicht auf – entsprechende Handbewegung) Es war ein hübscher Junge.

Verschiedentlich auf gesundheitliche Gefahren aufmerksam gemacht.

(Zeigt auf den After) Mache ich nicht, Schweinerei.

Meinen Sie, daß das gesundheitsschädlich ist?

Da werden Sie krank von.

Von dem Polieren aber auch.

Nein, nee, da müßte ich doch krank sein.

Kann man das so oft aushalten?

Das machen wir auch nicht jeden Tag.

Aber der Kahlmeier.

Der lebt auch nicht lange, wenn er 20 Jahr ist, ist der tot.

Kaffee Wellblech kennen Sie doch.

Ja, *(lächelt vergnügt)* das nennen die so.

Nach Angabe eines Zeugen haben Sie dort das Geschlechtsteil des K. von hinten angefaßt.

Nee, das ist Schwindel, da gehe ich nicht rein.

Sie haben mit K. nur einmal verkehrt. Wo?

In der Eilenriede.

Witzel haben Sie auch umgebracht.

Ja, das ist ein Freund von K. Dieser andere Witzel, der ältere, der wollte immer mit, *(gerät dabei offenbar in Aufregung, faßt an sein Geschlechtsteil)* der sagte immer, er hätte so'n großes Ding, aber ich wollte ihn nicht, der hat mir mindestens 50 Mal gesagt, er wollte mit mir mit, aber ich wollte ihn nicht.

[413]

Wo Witzel kennengelernt?

Durch Kahlmeier und seinen *(Witzels)* Bruder.

Wie ist Ihre Täterschaft festgestellt?

Krim-Komm. Rätz sagte zu mir, nun Fritze, nun sag es, *(mit sehr ein-*

dringlicher Handbewegung) ich tue Dir auch nichts. Dann sagte ich, wenn Sie mich nicht schlagen und mir nichts tun, dann sage ich alles. Dann haben sie mir gesagt, *(dabei schlägt er sich auf die Schulter)* nee nee, Dir tut keiner was, dann habe ich alles gesagt – und da habe ich alles erzählt, und sie haben mich auch nicht geschlagen. *(mit der Miene und Verhalten eines braven Kindes, das sich selbst lobt)* Herrn Rätz mag ich jetzt leiden, der tut mir nichts.
Woher wußte es aber Herr Rätz, daß Sie Witzel getötet?
Der wußte noch mehr, der wollte alles wissen.
Kleidungsstücke?
Haben mir nachher alles das Zeug gezeigt und da habe ich gesagt, das wird wohl alles so stimmen. Daß der Witzel hieß, wußte ich nicht.
War der auch sehr geil?
(wie aus der Pistole geschossen) Der wäre doch nicht totgegangen. *(greift mit seiner linken Hand nach der Gurgel, diese umfassend)*
(Greift lächelnd nach der vom Sachverständigen in der Hand gehaltenen Akte und zeigt auf die anderen Akten) Wollen Sie das alles heute noch machen? *(meint selber)* Nee, das ist zu viel. Wenn er *(Stenograph)* nach Hannover käme, den kriegten sie *(die Homosexuellen)* auch. *(lächelnd)*
Früher mit Pferdefleisch gehandelt?
'18.
Bis wann?
Bis voriges Jahr – Weihnachten.
Auch mit Hühner, Gänsen und Enten?
Ja.
Wo fingen Sie die?
Ich nicht – die brachten sie alle – da müssen Sie Oswald fragen, Stentzke und Mohrmann – die gingen los und *(macht dabei die Miene des Greifens)* ich wußte ja, daß das geklaut war. *(kneift das Auge zu)* Ich fragte sie dann, habt Ihr das auch nicht geklaut

[414]

und dann habe ich es *(setzt dabei eine überlegene Miene auf)* gekauft. Dann nach meiner Schwester gebracht und die hat es verteilt.
Warum haben Sie selbst so viel Fleisch gegessen?
(erschrocken) Ich esse gern Fleisch – und Käse. – Frische Wurst habe ich weniger gekauft, mag ich nicht gern, aber harte Wurst.

Früher angegeben, Fromm wäre Ihnen zu frech geworden.
Ja ja, das stimmt, er kam immer wieder und immer wieder, das wollte ich nicht, der war zu aufdringlich – ich war zu krank geworden, ich konnte es nicht mehr, das kann man doch nicht zu machen.
Früher angegeben, sie hätten öfters Blutungen.
Ja, aus der Nase und wenn ich so würge, wenn ich so viel erregt wurde, das kann ich nicht haben, dann kommt Blut aus Mund und Nase.
Wenn Sie mit den Jungens verkehrten?
Ja, auch beim Auseinanderschneiden, wenn ich sie totgemacht hatte, wenn ich so würgen mußte. *(macht dabei die Miene des Erbrechens)*
Warum denn immer von Neuem getötet?
Wollte ich doch nicht, die Jungens kamen doch immer wieder. *(lächelnd)*
Jungens doch vorwiegend im letzten Jahr getötet.

Doch früher nicht so viel tot gemacht.
Da war ich bei meiner Schwester und dann war Fritz Oswald bei mir, wenn dann die Schwulen kamen, hat er sie weggejagt. Dann wohnte ich bei Wiedemanns im Gasthaus, da konnte auch nichts passieren. Dann war Hans bei mir und brachte mir so viel Jungens zum Poussieren.
Hat Hans Ihnen schon Jungen in der Neuenstraße gebracht?
Ja, der wohnte doch da.
Dörchen und Emmi?
Ja ja, zwei Stück hat Dörchen gebracht, die habe ich aber wieder rausgeschmissen.
Warum wollten Sie denn die nicht?
Och, ich wollte doch nicht immer.
Sie haben doch mindestens 3 Dutzend umgebracht.
3 Dutzend – 12 *(besinnt*

[415]

sich) nein, das sind ja 36.
2 Dutzend sicher.
Das sollen ja so viel sein, die lassen sie man alle zuschreiben.
Sie hatten doch auch eine Ausweiskarte.
Ja.
Selbst geschrieben?
Selbstredend, von Olfermann.

Was stand drauf?
Der Stempel 'Lasso'.
Was heißt das Wort?
Das hat Olfermann erfunden, das ist so – wie die Indianer haben. *(macht dabei die Bewegung des Zielens und Werfens)*
Dann drunter geschrieben?
Detektivbüro – und alles so gestempelt – Olfermann, dann ist Olfermann wieder krank geworden, und da hat O. seinen Namen wieder ausgeschnitten und da hat er mir Papier mitgebracht, da sollte ich meinen Namen aufschreiben und da hat er das in meinen Ausweis geklebt.
Früher angegeben, Sie selbst hätten Ausweiskarte ausgestellt.
Nein, was ich heute gesagt habe, das stimmt.

[416]

2. September 1924

(zu Stenograph: Sie sitzen im Schatten. - sofort) Dann setzen Sie sich hierher.
Wußte Frau Engel von Ihrem Verkehr?
Ja, ihr Junge war auch schwul und sie wußte, daß er auch immer zu mir kam. Das habe ich ihr gesagt, sie sollte das nicht leiden, ich wollte das nicht, aber der Junge kam doch und klopfte so lange, bis ich aufmachte.
Wann sind Sie verhaftet?
Das ist vor dem Schützenfest gewesen, auf den Sonntag war es, glaube ich.
Wurst und Fleisch?
Hm, Sie fangen immer wieder an von Wurst und Fleisch.
Ich muß das doch mit Ihnen besprechen.
Die können das ja ruhig dabei schreiben, das ist ja jetzt egal.
Beil gefunden.
Hm, das habe ich doch gesagt.
Pflasterstein gefunden.
Der geht mir nichts an, der ist nicht von mir.
Pflasterstein fühlte sich fettig an.
Da werden wohl Ratten dran gewesen sein.
Schon gehört, daß Steine von Ratten fettig werden?
Wenn ich so was kaputt geschnitten hatte, dann können die doch das dahin geschleppt haben, das wußte ich noch nicht einmal, daß ein Stein dalag - der hat doch nicht im Zimmer gelegen, da hinten in der Butze - da kümmere ich mich nicht drum.
Wie kam es zu Ihrer Verhaftung?
Ich wollte Fromm nicht wieder mitnehmen.
Wie kam es, daß Sie verhaftet wurden?
Ich sagte das doch, daß er bei mir gewesen sei, ich wußte doch nicht, daß er nur so da war, er mußte wohl aus der Fürsorge ausgerückt sein.
Die Polizei wußte doch nicht, daß Sie ihn nur deshalb verhaften ließen. Um ihn nicht umzubringen?
Nein nein, so dumm werde ich doch nicht sein. *(legt bedeutungsvoll den Finger an die Stirn)* Als ich ihn verhaften lassen wollte, wurde er gleich so frech und fing an von schwul u.s.w. und da haben sie gesagt, dann bleiben Sie auch gleich hier. Da habe ich gesagt, das ist mir egal.

[417]

Früher aus ähnlichen Gründen schon einmal verhaftet worden?
Ja ja.
Bald freigekommen?
Die haben mich mehrmals eingesperrt.
Bald freigekommen?
Ja, haben mich auch wieder freigelassen, haben sie mich immer erst nach dem Gerichtsgefängnis geschickt und dann freigelassen.
Warum früher freigelassen?
Das ist doch nicht strafbar.
Warum hat man Sie jetzt nicht freigelassen?
Weil sie Köpfe gefunden hatten.
Weil man Verdacht hatte?
(unterbricht sofort) Ja ja, haben sie doch gleich gesagt.
Hauptsächlich Sie in Verdacht.
Das kann ich nicht sagen, das waren so viele.
Können Sie mal aus dem Kopfe angeben, wo überall gewohnt?
Bei Wiedemann.
Wann?
Wie ich von Hamburg kam mit Hans.
Wo dann?
In der Neuenstraße - dann Rote Reihe.
Wo Friedel R. umgebracht?
In der Cellerstraße - wo ich den Laden hatte, da wollte ich den Laden *(Zigarrenladen)* aufmachen, das wurde nichts.
Grans - Wertsachen.
Das kann schon sein, daß ich das vorgeschwindelt habe, da Grans dort schlafen mußte - aber schwindeln wollen wir nicht sagen, ich habe nicht geschwindelt - die Leute schwindeln mehr als ich.
Eimer.
Daß das Wasser blutig-rot war, kann keiner gesehen haben, denn ich habe ständig über den Eimer einen Scheuerlappen gelegt. Ich habe das Wasser runter gebracht, aber die Leute schwindeln, wenn sie gesehen haben, daß das Wasser blutig war - oh - was meinen Sie, was die Leute gesagt hätten, das ganze Haus hätte gebrannt, die wären doch gleich zur Polizei gelaufen.
Wann haben Sie gehackt?
Alle paar Wochen mal, wenn einer totgegangen war. Wenn einer sagt von

vielen Hacken, das ist Schwindel, die Knochen sind doch alle heil – Schwindel-Meiers.

[418]

(Lacht - klatscht dabei vergnügt in die Hände) Die lügen so viel.
Wer lügt mehr?
Ich kann doch jetzt die Wahrheit sagen. Man lügt wohl mal.
Herr Rätz?
Ja, das ist wohl mal eine Notlüge gewesen, aber nachher habe ich die volle Wahrheit gesagt.
Wurst gemacht?
(schüttet sich aus vor Lachen) Haarmanns-Würste.
Gerichtsverhandlung.
Da kommt keiner rein, hat der Richter gesagt, als ich ihm sagte, ich käme nicht, wenn die Zeugen und Zuhörer alle drin wären - dann käme ich nicht - das gibt es nicht.
Das Gericht kann Sie aber zwingen.
Wenn Menschen da sind nicht, das soll nicht sein.
Warum nicht?
Nein, das will ich nicht, meinen Sie, die sollen mich da totschlagen.
Frau Linderer hat auch gesehen, wie Sie mit der Tasche rausgingen.
Das kann wohl sein.
Auch Fleisch?
Das ist 'ne Lüge, da ich doch 'ne Klappe drüber, vielleicht Papier auch noch drauf gelegt - das ist Schwindel.
Immer sehr sorgfältig gemacht.
Die waren so neugierig, grade, weil sie immer so neugierig waren und immer guckten.
Frau L. auch gehört, daß Sie in Ihrem Zimmer sagten: bücke dich, bücke dich, tut es weh?
Die könnte ich jetzt so ins Gesicht hauen, weil sie so lügt. Wenn ich rauf kam, sagte sie schon, jetzt ist wieder 'ne Braut da - jetzt ist 'ne Braut da - da sind wir immer still gewesen - das ist Schwindel.
Die Jungen auch gehört?
Das ist Schwindel - die schimpfen sich immer gegenseitig aus, du Ludewig u.s.w. Fragen Sie mal die Leute, wie die sich gegenseitig entehren. Habe ich ihnen auch gesagt, das dürften sie nicht machen - Das ist

Schwindel - warte man - Lügengesellschaft - Ich kann mich darüber ärgern.

[419]

Frau L. mit Revolver bedroht?
Nee, das ist Schwindel, ich habe noch nie einen Revolver gehabt.
Oder feststehendes Messer?
Ich habe sie mal verhauen wollen - ich habe mich aber immer wieder mit ihr vertragen, aber das letzte Mal nicht. Engels und die zankten sich immer und mich wollten sie immer dazwischen haben - Pack das.
(Bd. A S. 35a - Hennig)
Das ist alles Phantasie, wenn ich einem Manne ein Beil in meiner Wohnung gezeigt haben soll mit den Worten, das sei auf Menschenblut untersucht.
War kein Sack mit Knochen da?
Das war Schwindel.
Fleisch?
Das sei kein Rindfleisch, kein Schweinefleisch und kein Kalbfleisch, sagte der Metzger, glauben Sie das, er sagt denn das, *(schlägt dabei heftig auf seinen Oberschenkel)* da hätte der Schlachter doch gleich gesagt, das wollen wir mal untersuchen lassen. - Wenn Sie so auffälliges Fleisch hätten, dann gingen Sie damit nicht zum Schlachter, sondern zur Polizei.
Schmeckt das Fleisch nicht so süßlich?
Herr Ahrberg hat schon mal was gegessen, der sagt, das schmeckte schön, das schmeckte süßlich.
In der Wirtschaft von Wollberg Prügel.
Da haben sie mich rein gelockt, da haben sie mich angefaßt und rein gezogen. Da hatte ich gesagt, daß die Räder bei Reupers - ich hatte zu Herrn Schweimler gesagt, daß die Leute Räder bei Reupers gestohlen hätten.
Womit geschlagen?
Ich weiß gar nichts davon, ich war gleich besinnungslos.
Mit dem Finger passiert?
Da hat die Frau Wirtin mich nach Haus gebracht. Mit dem Finger, das sah ich erst am andern Morgen. Am andern Tag kam die Polizei. Die wollten mich vernehmen und da habe ich gesagt, wollen erst mal

verbinden, im Krankenhause - in der Haltenhoffstraße.
Wann?
Im Februar ist das gewesen.
Dieses Jahr
Ja, da sollte ich die noch anzeigen wegen dem Finger, habe ich aber nicht gemacht.
Warum nicht?
Nee, die hätten mich dann ganz tot geschlagen, die hätten mich noch mehr geschlagen.
Kennen Sie einen jungen Mann Ernesto?
Ja.
Wer war denn das?
Jendrozeck, er sagte immer, er wäre Graf, Fürst, das ist Schwindel.
So etwas haben Sie nicht gemacht?
Nee, kennen mich ja alle.
War der auch schwul?
Der machte alles - nee, ich mag ihn nicht sehen, erstmal war er schon 30 Jahr - nee.
Ernesto hat zu 2 Mädchen gesagt, daß Sie Jungen umbrächten.
Das wird wohl Dörchen und Emmi gewesen sein. Dörchen wußte, daß ich Jungens umbrachte, Emmi Schulz nicht. Dörchen hat einmal den einen toten jungen Mann bei mir im Schrank gesehen - das war vielleicht der Berliner.
(Zur Vernehmung vom 29. Juni 1924 - Bl. 49)
Sie sagten, eine Erinnerung an die Tat hätten Sie nicht.
(sofort) Den Toten habe ich doch gesehn, das ist wieder Schwindel.
Sie erinnern sich genau, wie Sie den Jungen umgebracht haben.
Die lagen ja tot im Bett.
Aber nicht nur gebissen, sondern auch gewürgt.
Das muß ich wohl gemacht haben, da sagten sie alle, Fritz, du mußt die gewürgt haben.
Wenn Sie die Jungens nicht töten wollten, warum nahmen Sie die denn immer wieder mit?
Das wollte ich doch nicht, die kamen immer wieder an. Es hat dann 10–20 Mal gut gegangen und dann war es mal wieder passiert.
Wie oft poussiert?
Doch nicht jeden Abend, nein, dann war ich mit-

[421]

unter wieder krank.
Sie haben doch stundenlang poussiert.
Ja, dann war ich immer kaputt.
Wie lange waren Sie kaputt?
Dann schliefen wir doch ein, da habe ich noch immer ein paar Tage im Bett gelegen. Wenn ich dann wieder auf der Straße war, dann kamen die Jungens wieder angelaufen. – Ich hätte noch viel mehr totbeißen müssen, die Schweinehunde.
Haben Sie nicht auch einige totgemacht, um Kleidung zu bekommen?
Da lauerte der Hans jedesmal drauf.
Das waren Jungens, die hatte Ihnen Hans zugeführt, um Kleider zu bekommen?
Da sind vielleicht 100 Stück beigewesen, die wieder weggegangen sind, dann war es mal wieder passiert. – Ich will nichts mehr davon wissen – sie sollen mich köppen – köppt mich doch.
Haben Sie auch Jungens mit guten Kleidern wieder weggehen lassen?
Ja – oh – viele. Hans schimpfte dann immer, Du Idiot, das schöne Zeug. Ich habe dann gesagt, ich will das nicht. Es ist doch nun passiert – Ihr könnt mich doch köppen – ich will gar nichts mehr wissen – ich bin doch nicht bange fürs Köppen. *(weint und lacht)*
Der Hans wußte das?
Och, das wußte der, der passte auf, bis mal wieder was passiert war, dann hatte er das Zeug.
Dann müßte Hans auch hingerichtet werden.
Nein das wollen wir nicht, der ist noch so jung, das war bloß leichtsinnig von dem.
Ich glaube doch, daß er hingerichtet wird.
Dann sage ich nichts mehr, mich sollen sie köppen.
Hans ist doch ebensogut ein Mörder.
Ich habe sie doch totgemacht, ich habe manches Mal geweint. Ich sagte dann immer, wenn so was passiert war, ich muß doch ein Mensch mit zwei Seelen sein, wenn ich so was tue, ich bin doch sonst so gut. Dann hat er mich geküßt und

[422]

gesagt, du bist doch mein Bester. *(schluchzt und weint – sagt)* Wir mußten doch aufpassen, daß so etwas nicht passierte, er mußte doch aufpassen. – Wollen mal was anderes erzählen. *(lacht wieder)*

Sie sagten doch eben, Sie hätten noch mehr Jungens umbringen müssen.

Ja, weil die so schwindeln, die Schweinebande, die Puppenjungens – guckt mal, wenn ich nun so veranlagt bin, so pervers, das ist nicht so schlimm, aber diese Schweinehunde, die sich für so was hergeben, das sind Schweine – ich bin so veranlagt, das ist nicht schlimm.

Warum mit Jungens gegangen?

Wenn mich einer so quält, dann konnte ich nicht anders, dann sagte ich schließlich Ja. So ging es auch in meiner Wohnung, Dörchen und Hans schliefen in meinem Bett und ich schlief auf der Erde. – Wenn die Zeit kam, dann mußte es weg, mit Mädchen konnte ich doch nicht verkehren.

Doch onanieren können.

Das tue ich nicht, das mache ich nicht, das gefällt mir nicht, das habe ich noch nie gemacht.

Wäre das nicht besser gewesen?

Ja, aber ich bin jetzt alt genug geworden, jetzt nur noch einen Augenblick, *(macht die Bewegung des Köpfens)* die denken alle, daß ich solche Angst dafür habe, die Blätter sollen mal schreiben, wie ich stolz dahin gehe, wenn die mich köppen.

Ich glaube doch.

Dann sollt ihr mal alle sehen, daß Fritze keine Angst hat – das ist für mich eine richtige Erlösung, dann bin ich bei meiner Mutter. *(salbungsvoll faltet er die Hände)*

Das glaube ich nicht, daß Sie nach Ihrer Mutter kommen.

Jetzt fangen Sie wieder so an, *(schluchzt)* da komme ich doch hin. Machen Sie sich nicht so viel Arbeit, machen Sie schnell vorwärts.

[423]

Es handelt sich um die Frage, ob Sie verständig im Kopf sind.

Das bin ich, *(setzt sich in Positur)* das sagen sie alle, daß ich ein ganz fixer Junge bin.

Es handelt sich um die Frage, ob richtig im Kopf.

Das bin ich doch.

Früher aber gesagt, Sie wären nicht richtig im Kopf.

Nee nee, der Alte hat das gesagt.

Bei anderen Straftaten aber gesagt.
Nee, nie, das ist nicht wahr, dann hat der Alte geschrieben, die sollten mich nach Hildesheim bringen. Ich habe nie gesagt, daß ich Militärinvalide bin, nee, das gibt es nicht, nur mein Herz, das ist krank. *(gerät dabei in große Aufregung, Finger hin und her)*
Doch auch einmal auf Geisteszustand untersucht worden.
Das hat der Alte gemacht, der Hund, der ist so schlecht.
Nicht mal auf Geisteszustand untersucht?
Das gibt es nicht, das ist Schwindel.
Medizinalrat Brandt.
Och, das ist Schwindel.
Steht in den Akten.
Med.Rat. Brandt hat mich mal untersucht, aber nicht im Kopf. Ich habe ihm kein Wort gesagt, daß ich vom Querbaum gefallen bin.
Warum verschwiegen?
Die wollten mich doch nach Hildesheim bringen. Dr. Brandt sagte mir jetzt noch, warum sagten Sie nicht, daß Sie in Hildesheim gewesen sind. Das gibt es nicht, da will ich nicht hin, dann gehe ich ins Wasser.
Hat es Ihnen in Hildesheim so schlecht gefallen?
Da sind Verrückte, dann werde ich doch auch verrückt, das will ich nicht. Macht keine solchen Geschichten, dann gehe ich ins Wasser, oder ich springe aus dem Auto, dann bin ich auch tot, das tue ich nicht gern – richtig köppen – köppen.
Blut aus Nase und Mund.
Ja, das kommt, wenn ich brechen muß, oder wenn ich mich ärgere – das sitzt mir da so fest.

[424]

Aber alle 4 Wochen?
Das kann mitunter alle 8 Tage sein.
Wie oft Jungen totgemacht?
Das sind 4 Wochen gewesen, das sind 6 Wochen gewesen, auch mal öfter, nachdem sie mich da verhauen haben, da ist es öfter passiert.
Waren Sie da krank im Kopf?
Ach was, da bin ich dann geiler geworden.
Schlachterkarl hat eine Tochter?
Ja.

Mit der auch mal poussiert?

Ja, da bin ich doch krank geworden, ich hatte doch einen Tripper, die ist mal mitgewesen, als sie mir was gebracht haben, nach der Cellerstraße, da ist sie bei mir im Bett gewesen.

Mit ihr Beischlaf ausgeübt?

Die wollte doch das – ist aber nicht so richtig geworden, da bin ich gleich krank geworden, die sagt, das wäre nicht von ihr. – Ist nicht so richtig steif geworden, ich bin gar nicht richtig fertig geworden.

War sie noch jung?

Die war schon verheiratet, der Mann war im Felde, die mochte mich so gern leiden, ich bin doch ein hübscher Mensch, das sagen sie alle. *(etwas eitel)*

Rothe – Verurteilung wegen Beleidigung.

Den Antrag konnte der Vater stellen, weil der Junge noch keine 17 Jahr alt war, er war noch nicht majoren. Der Montag geht heute noch auf den Strich – ich wollte ihn nicht haben, weil er geklatscht hatte.

(Zur Vernehmung vom 29. Juni – Bl. 64 wird ihm vorgelesen: »Wenn ich dieses getan haben sollte, so bin ich in diesem Moment unzurechnungsfähig gewesen.«)

Das soll ich gesagt haben, das ist nicht wahr, das haben die andern gesagt, die schreiben das da so hin. – Ich unterschreibe nichts mehr, wenn die sowas dahin schreiben. Dann lesen sie mir so was vor, was ich gar nicht gesagt habe, und das mußte ich dann unterschreiben.

[425]

3. September 1924 (vormittags)

Es stimmt nicht, wenn Dörchen sagt, sie hätte von den Fleischspeisen nichts gegessen. Wenn Sie für mich Beefsteak machte, bekam sie auch davon.

Bl. 118 - Ich weiß nicht, als Dörchen und Emmi an dem Tage, an dem ich Franke umgebracht habe, abends 7 Uhr zu mir kamen, auch nicht, ob ich sie fragte, ob schlechte Luft im Zimmer wäre, auch nicht, ob ich aufgeregt war, auch nicht, ob ich schwitzte, so daß ich mir das Gesicht mit dem Taschentuch abwischen mußte. - Auch weiß ich nicht, ob an diesem Tage entgegen der sonstigen Gewohnheit, der Schlüssel aus dem Wandschrank abgezogen war.

H. erklärt, die Angabe von Dörchen, daß in dem Wandschrank am Tage nachher ein Topf mit etwa 25 Liter Inhalt gestanden habe, wäre Schwindel. Dieser Topf war nach Dörchens Angabe bis oben hin mit Fleisch und Brühe gefüllt. Die Fleischstückchen, die schon gekocht waren, hatten alle etwa dieselbe Größe, etwa handflächengroß, 1-2 cm dick und sahen blau-schwarz aus. Der Anblick des Fleisches war ekelerregend. Wir bekamen jetzt sofort den Verdacht, daß H. den jungen Mann umgebracht hatte und daß dieses Fleisch im Topfe von ihm stammte.

H. bleibt auch bei seiner Behauptung, trotzdem ihm vorgehalten wird, daß Emmi dieselbe Beobachtung gemacht habe. (H. wird übrigens zusehends erregt und sagt) Die lügen doch, der Topf, den er von Wegehenkels geliehen habe, faßte höchstens 4 Liter.

Bl. 118 V - Es ist auch Lüge, daß an den Fleischstücken schwarze Haare waren. - *Ebenso bestreitet H., daß er Dörchen, die ihre Vermutungen weiter erzählt hat, mit einem Bierglas be-*

[426]

droht hat und weist darauf hin, daß sie immer wieder zu ihm gekommen sei. Dörchen stiehlt immerzu, die ist noch schlimmer wie ich, die soll sich an ihre eigene Nase fassen. Die hat mir doch selbst Jungens mitgebracht.

Bl. 119 - *Auf Vorhalt* - Es ist möglich, daß ich Emmi aus einer viereckigen Flasche etwas angespritzt habe. Ja, das stimmt - *fügt er hinzu* - es

fällt mir ein, es war Kopfwasser drin. – Wenn sie aber sagt, ich hätte erklärt, danach könne man gut schlafen, so ist das Schwindel. *(H. lacht und schlägt die Hände zusammen, als ihm weiter vorgelesen wird, daß die Emmi nach ihrer Zeugenaussage von dem Spritzen ganz benommen im Kopf wurde und übel und komisch. – Scherzend fügt er hinzu)* Die war immer übel.
Bedrohung mit Bierglas stellt er in Abrede, auch nachdem ihm vorgehalten wird, daß Emmi Schulz die gleiche Aussage gemacht hat.
(Auf Vorhalt) Daß Emmi und Dörchen ihn doch nicht unnötig belasten würden, meint H., er verstünde das auch nicht. Aber das sind Dirnen, die tuen sich jetzt nur wichtig. Dörchen war immer schon so, die schwindelte immer. Emmi war aber immer ein gutes Mädchen, die schwindelte nicht. Die hat aber Dörchen jetzt auf dem Gewissen.
(Nach Messern gefragt, äußert Sachverständiger zweifelnd, daß man mit einem Kartoffelmesser Leichen wohl kaum auseinanderschneiden könnte. Sofort fährt H. auf Sachverständigen los) Erst mal das Messer ansehen.
Die Aussagen der beiden Zeugen, die für H. die Messer geschliffen haben, bezeichnet H. als unwahr. Dann müsse doch Dörchen ein Messer bei ihm gesehen haben, ebenso Frau Engel auch. Das ist Schwindel. – *H. wird einen Moment stutzig, als er darauf hingewiesen wird, daß es doch aufgefallen sein müßte, wenn er*

[427]

Messer, wie sie die Metzger haben, hätte herumliegen lassen. (Außerordentlich erregt, dreht sich herum. Macht sich an seiner Unterlippe, die er weit vorzieht, zu schaffen und klopft unruhig mit dem Finger auf den Tisch. – Dreht sich plötzlich um, sagt dann) Ja, wir wollen schreiben, habe solche große Messer gehabt, *(zeigt sie mit der Hand)* während der Unterhaltung wird die Klinge des vermeintlichen Messers fast 1 Meter lang, und ich hätte sie jeden Tag geschliffen. *(schüttet sich aus vor Lachen)*
Bl. 158 V – H. bestreitet die Angabe von Bauernfeld, die aus seinem Zimmer Au-Au-schreie gehört haben will. H behauptet, er selbst wäre schon ausgezogen, als Zeuge einzog und wenn er wirklich zur selben Zeit dort gewohnt hätte, hätte er wegen der Entfernung (dazwischen war ein Torweg) nichts hören können.) Das ist bloß eine Phantasie von ihm.
Bl. 111 V – Bestreitet, Frau Linderer mit dem Revolver bedroht zu haben. Will nie ein Revolver gehabt haben. – Er gibt zu, von seiner Krankheit ge-

sprochen zu haben und zwar öfters, aber in einem anderen Zusammenhange. Er entschuldigte sich, weil er so aufgeregt war. Er bat Frau Linderer, sie sollte ihn nicht immer so ärgern. Sie wollte ihm verbieten, die Treppe heraufzugehen. Das mußte er doch, weil er da oben wohnte. H. wies darauf hin, daß er 80 % Rente bekomme wegen seiner Nerven und er sehr reizbar sei. Frau Engel schimpfte dann wieder mit ihm, weil er sich dann wieder mit Linderers einig war.
Bl. 112 V - Auf Vorhalt - H. bestreitet, daß er deshalb habe Fromm verhaften lassen, weil er fürchtete, dieser würde ihn verschütt gehen lassen. H. bleibt bei seiner früheren

[428]

Darstellung, daß Fromm an diesem Abend zu ihm in die Vorhalle des Bahnhofs kam und von ihm Geld haben wollte oder verlangte, ihn mitzunehmen. - Ob er Geld bei sich hatte, weiß er nicht. Er wollte ihn aber nicht mitnehmen und ließ ihn deshalb verhaften.
H. bedauert unter Lachen, daß er heute an seinem Roman nicht weiterschreiben könne, er hätte so viel andere Sachen gehabt mit dem Krim.-Beamten Schw. Er habe diesem auch schon gesagt, er solle den ganzen Kram in den Ofen schmeißen.
Bl. 21 - Wenn er früher gesagt hat, er hätte vielleicht auch beim Militär einen getötet, so hat er geschwindelt. Das glaube ich nicht. *Vielleicht habe ihn der Amtsrichter gefragt, haben Sie beim Militär was gemacht, darauf habe er dann erwidert, das weiß ich nicht, vielleicht.*
(Papiere in Anzügen - macht Bewegung des Zerreißens) Weg - kaputtgerissen. Wenn ich das gewußt hätte, hätte ich mir ein Buch angeschafft und alle aufgeschrieben, die ich umgebracht habe, dann wüßten wir das ganz genau.
Bl. 26 V - Gibt zu, daß die Zerteilung der letzten Leiche sehr schnell vor sich ging, da habe er das Fleisch nicht ordentlich vom Knochen gemacht. Ich konnte es nicht mehr. *(setzt ein wehleidiges Gesicht auf)* Ich wurde immer kranker. Die Knochen habe ich deshalb vom Fleisch befreit, damit die Knochen nicht schwimmen. Weil aber die Knochen vom letzten Opfer noch Fleisch hatten und vielleicht geschwommen hätten, habe ich sie nach dem Georgen-Garten gebracht. *Jetzt fällt es ihm ein. Schon ein paar Mal habe er sich gefragt, warum er die Sachen nach dem Georgen-Garten gebracht habe, der so weit läge. Man sagte ihm zwar, daß er von dem letzten Opfer den Schädel nicht zerschlagen habe. Er glaubt es aber doch und*

[429]

behauptet, den Schädel von diesem nach dem Georgen-Garten gebracht zu haben. Ob man dort auch was von Schädeln gefunden hat, weiß er nicht. – Ich habe wenig gelesen – Robertson habe ich gelesen und dann so Märchenbücher. Ich durfte zu Hause aber nicht lesen. Wenn der Alte das gesehen hätte.
Das Skalpieren muß ich wohl aus den Indianergeschichten gesehen haben, das kann man doch in Büchern sehen, die im Schaufenster liegen. Da sieht man doch drauf, wenn sie so skalpiert dahängen. *(klopft mit den Händen an den Schopf)*
Haben Sie nicht ab und zu getrunken?
Ich konnte nicht viel vertragen. Wenn ich mit Jungens poussierte, habe ich vorher nicht gekneipt, weil ich gleich betrunken war. Wenn ich getrunken hatte, war ich auch ein paar Tage krank. Wenn es heiß war, trank ich wohl mal 1 Glas Bier für 20 Pfg. oder eine Flasche Limonade für 25 Pfg. – Für 1 Mark gibt es 4 Flaschen Limonade.

[430]

4. September 1924

Band B und C

(Hesse 10 Mark geboten für M.St.)

Das glaube ich nicht, der schwindelt auch, wenn er behauptet, ich hätte ihm einen Handschuh geben wollen, da er es sonst nicht tun wolle.

(Bl. 7) - Bestreitet, behauptet zu haben, daß das von ihm verkaufte Fleisch beschlagnahmt gewesen sei, daß er bei der Kriminalpolizei sei und daß man darüber nicht reden brauche.

Bl. 9 - Bestreitet, Hunde geschlachtet zu haben.

Bl. 9 V - Bestreitet, mehrere Zimmer zu gleicher Zeit gehabt zu haben.

BL. 12 V - Böhner schwindelt.

(Schilderung der Fesselung)

Es ist Quatsch, wenn ich die Fesselung zugegeben haben soll. Sie kamen alle auf mich zu. Da sagte ich, laßt mich. Ich habe es aber nicht unterschrieben. So etwas unterschreibe ich nicht. *Nachher habe er zu Herrn Wickbold gesagt, das unterschreibe ich nicht. (stimmt)*

Wenn Kress und Böhner beide die Fesselung in derselben Weise schildern, dann sind es wohl 2 Fürsorgezöglinge, dann sind es Freunde, die sich das verabredet haben.

H. gibt übrigens an, von einer Fesselung zu geschlechtlichen Zwecken nie etwas gehört zu haben.

Bl. 17 V - Haben Sie junge Leute eingeschlossen?

Ja, wenn ich weg ging und die wollten drin bleiben. Das ist doch selbstredend. Ich wohnte doch Parterre oder Hochparterre, wenn sie raus wollten, konnten sie doch raus.

Sie hatten doch so viel wertvolle Sachen da.

Ach was, wo Dörchen und die alle drin sind, ist doch Unsinn.

[431]

Bl. 25 - Bestreitet, Arm mit Handschuh weggeworfen zu haben.

Bl. 27/28 - Bestreitet, in der Strafanstalt Lüneburg von Menschenfleisch gesprochen zu haben, da dürfe man gar nicht sprechen. - Auf Hinweis, daß man durch die Fenster sprechen könne, meint er entrüstet, das tue ich nicht. - Bezeichnet die Mitteilungen von Schröder als Unsinn und Schwindel.

Bl. 34 - Grans mit offenstehenden Messer bedroht.
Nein, nein, das ist anders. *Gibt zu, ihn bedroht zu haben, mit dem Messer zu stechen, um sich zu wehren. Leugnet, daß er andere durch Bedrohungen mit Schlagen oder sogar Totschlagen zum sofelatio gezwungen habe.* Das ist Schwindel, sonst hätten die gleich Anzeige erstattet.
Daß ich einem einen Selbstbinder in die Tasche gesteckt habe, glaube ich nicht.
Bl. 40 - Gibt zu, einen Totschläger gehabt zu haben. - Ich war doch jeden Tag in Lebensgefahr, weil ich das der Polizei verraten habe.
Bl. 41/42 - Olfermann hält Sie für launisch. - Ach was, ich war doch oft krank und da quälte er, ich sollte los gehen und das konnte ich nicht. *Gibt zu, Olfermann das Gerücht, welches Dörchen herumgebracht hätte (Fall Franke) erzählt zu haben. - Warum haben Sie ihm das erzählt?* Wenn einer freundlich zu mir ist, erzähle ich dem alles.
Bl. 43 - Bestreitet, Anzüge selber ausgebessert und aufgebügelt zu haben.
Schüler - Ich dachte, Sie nahmen nur Schwule mit.
Grade die höheren Schüler, das sind diejenigen, die gehen auf die Puppenfahrt - die mit den blauen - grünen und roten Mützen, das sind so 14-18jährige.

[432]

Buch über Werde [sic] *des Menschen.*
(klatscht in die Hände) Wie kommt nur solcher Blödsinn zu Tage.
Bl. 58 - Bestreitet, den jungen Leuten kleine Mädchen versprochen zu haben. Das ist Unsinn. Die Jungens schwindeln sich jetzt heraus, die wollen sich nur reinwaschen bei den Eltern. Ich kann durch andere beweisen, daß dieses Jungens Geschäfte gemacht haben.
Ich hatte eine elektrische Taschenlampe, aber nur 2-3 Tage. *Weiß zuerst nicht, was sie gekostet hat, meint dann:* 2 Mark kann sie gekostet haben. Dann ist sie mir gestohlen aus meinem Zimmer, in dem sie auf dem Tisch lag.
Bestreitet energisch, den Schülern Mädchen versprochen zu haben - die lügen, die Puppenjungens, die versuchen, sich jetzt reine zu waschen.
Bl. 60 V - *Bestreitet, Pralines und Schokolade gegeben zu haben, nur Zigaretten.*
Bl. 61 V - 62 - Auf Vorhalt
Ich bade zwar nicht, bin aber doch in der Badeanstalt gewesen, nicht

aber, um die Jungens mir anzusehen, obwohl ich nahe am Freibad wohne.
Gibt zu, am Freibad auch Jungens angeredet zu haben. Erzählt dann, daß er von einem Jungen angeredet sei, von dem er später hörte, daß er Erfurth hieß. Er stellte ihn zur Rede, da er, H., sein Onkel sei und daß er so etwas mache. Dann meinte der Junge, dann hätten sie sich beide nichts vorzuwerfen.
Bl. 64 V – Behauptet, den Ausdruck »Abrollen« nicht zu kennen.

[433]

Band C
Wenn man so etwas hört, dann ... – so Schweinereien, die mag ich nicht hören. Etwas anderes ist es, wenn man zu zweien poussiert. Beim Poussieren habe ich nicht solche gemeinen Redensarten geführt, oh nein. *(hebt drohend den rechten Zeigefinger)* Fragen Sie mal Fromm, fragen sie Dörchen, wenn die mitunter gemein wurden, das konnte ich nicht haben.
Bl. 1 – Jungens betäubt?
(lacht) Das ist ja Schwindel.
Bl. 2 – Bestreitet gesagt zu haben, Franke, der Berliner, sei nach Bremen gefahren. Lacht zu der Angabe, daß er niemals Sülze gegessen habe, daß die Sülze süßlich schmeckte, ist doch Unsinn. Er probierte sie doch, er machte sie doch selber. – Dörchen war bei mir, so lange ich in der Neuenstraße gewohnt habe. Nachdem sie das mit Franke gesagt hatte blieb sie etwa 8 Tage weg, kam aber dann allein wieder. – *Bestreitet, daß ein Junge bei ihm war, der 100 Mark hatte.*
Das machte Dörchen.
Meint lächelnd, die er umgebracht hätte, hätten kein Geld gehabt.
Bestreitet die Richtigkeit der Erzählung von Grans, daß er einen Jungen nach Hamburg verschleppen wollte, daß er ihn unterwegs betrunken machen wollte, ihn unterwegs heimlich verlassen, so daß er allein weiter fahren mußte.
Hans will sich reinwaschen, der wußte alles.
Bestreitet Hans aufgefordert zu haben, zu kobern. Weiß zuerst nicht, was kobern ist. Meint dann, das gelte nur für Dirnen. Betont dann:
daß Hans aus sich ohne meine Aufforderung, mir Jungens zugeführt hat. Er selbst war doch derjenige welcher. Er sagte doch immer zu mir, Fritz,

wir beide gehören zusammen. *(macht dabei Miene des Umarmens)* Beim Richter hat Hans auch alles anders gesagt, hat geschwindelt, haben die Richter selbst gesagt.

[434]

Hans sagte mir oft, du bist verrückt, daß du immer so Jungens mitnimmst, die so schlechte Kleidung haben. Er wollte Jungens haben mit guten Anzügen. Er hat schon welche rausgeschmissen mit schlechter Kleidung. Da sagte er zu mir, komm her, nimm einen Jungen mit schönem Zeug. Diese hat er mehrfach vermittelt. Er kannte sie doch auch, sprach sie an und brachte sie zu mir her oder in die Wohnung.
Hans wollte zu Pfingsten einen schönen Anzug haben?
Ja.
Da mußte der Düsseldorfer dran glauben.
Ja.
Wie hieß der?
Den haben wir doch gestern erst.
Sie haben ihn doch umgebracht wegen des Anzuges?
Ach.
Das haben Sie doch eben gesagt.
Das war der – fragen Sie doch Frau Engel, den habe ich immer wieder rausgeworfen. – Den hat Hans mir so lange gebracht, *(in höchster Erregung)* bis er umgebracht war.
Wegen des Anzuges ist doch das geschehen.
Er hat mir den Jungen gebracht und da habe ich gesagt, den möchte ich nicht leiden. Hans sagte dann wieder: Fritz, zu doch, nimm ihn doch, er hat so'n schönen Anzug an, der paßt doch gerade. – Da habe ich mit ihm poussiert und ihm Essen gegeben und dann am andern Morgen wieder weggebracht. Mit einem Mal hatte ihn Hans wieder in meiner Wohnung. Da habe ich zu Frau Engel gesagt, nun geben Sie ihm doch mal Mittagessen und wenn er dann wieder kommt, dann sagen Sie, ich wäre nicht zu Hause. Am andern Abend hat der junge Mann so lange vor der Tür gestanden und rief immer nach mir: Fritz – Herr Haarmann, machen Sie doch mal auf. Es war schon 11 Uhr und da machte Frau Gorbius das Fenster auf und fragte, was wollen Sie denn, machen Sie doch mal auf, oder sagen Sie, daß Herr Haarmann mal aufschließt oder den Schlüssel

[435]

herunterwirft, und da ist er raufgekommen und da hat er wieder bei mir geschlafen. Am andern Morgen wieder rausgeworfen. Ich habe noch zu Frau Engel gesagt, ich bin nicht mehr zu sprechen für den jungen Mann.
Warum mochten Sie ihn nicht haben?
Wenn einer so viel mit mir poussiert, dann passiert gewöhnlich etwas. – Kaum hatte ich das zu Frau Engel gesagt, da klopfte einer und da habe ich mich versteckt in die Speisekammer. Frau Engel hat dann gesagt, Herr Haarmann ist verreist, ist nicht da, und da hat er gewartet und da wollte er was zu essen haben. Da hat Frau Engel gesagt, ich habe nichts. Dann hat er was aufgeschrieben bei Frau Engel und ist weg gegangen. Für mich einen Brief – da habe ich zu Frau Engel gesagt, ist gut, daß Sie das gesagt haben. Und da sitze ich da noch so schön und da kam Hans wieder mit Jungen. Da hat Frau Engel noch gefragt, wer ist denn das. Das ist ein Verwandter von Hans, habe ich da noch gesagt, damit die nichts merkte. Da habe ich gesagt, kommt mit rauf und eßt erst mal. Da hat er mir erzählt, daß er Arbeit gefunden hätte in Hamburg. Da hat Frau Engel noch gesagt, er sollte man sehen, daß er nicht in die Fremdenlegion käme. Und abends um 11 brachte ihn Hans mir wieder mit und da war es passiert. *(spielt den Ehrlichen – entrüstet)* Ich war da so aufgeregt.
Bl. 20 V – (Auf Vorhalt) – Den einen Anzug wollte Hans nach Hamburg bringen, der hat manchen so verkauft. Er wollte auch die Kleider von der Schwulen Emma verkaufen nach Hamburg.
Bl. 25 – Bestreitet die Richtigkeit der Angaben, daß er ständiger Badegast war.
Bl. 24 – Ebenso ist die Angabe des Bademeisters nicht richtig, daß er öfters zum Freibadplatz gekommen sei, nicht gebadet habe und Jungens mitgenommen habe.
Hartmann hat selbstredend Anzüge für mich verkauft, aber nicht immer so was.

[436]

Bl. 28 V – Es ist nicht richtig, daß die Lampe deshalb an der Wand befestigt war, damit man sie nicht nach ihm werfen konnte. – *Wird bei weiterer Vernehmung sehr erregt, steht auf und sagt,*

Es ist alles Schwindel, köppt mich – köppt mich – köppen Sie mich – ich will nichts mehr hören, nichts mehr sehen – köppen Sie mich doch – weshalb schwindeln denn die noch so – ihr sollt mich köppen, weiter will ich nichts. *(Benimmt sich wie ein kleines ungezogenes Kind)*
(Auf Zureden)
Sie sind doch ein verständiger Mann.
Ja. Wenn die Leute so lügen – ist nebensächlich – der Mord ist doch die Hauptsache. Wenn die so lügen auf Gericht, die springe ich an die Gurgel, die sollen das nicht lügen – Schwindel.
Bl. 30 V – Schwindel, daß er bestimmte Größe verlangte –
Bl. 34 V – Lacht über Einladung zum Puff. (schüttet sich aus vor Lachen)
Kriegt er *(Stenograph)* da auch was für? Ein neuer Anzug muß da wenigstens bei abfallen.
Benutzten Sie den Eimer als Klosett?
Ja, von der 4. Etage immer runter laufen, das macht keiner. Wenn die Zeugin angibt, der Hund hätte die Wurst einmal nicht gefressen, so ist das Schwindel.
Damen- und Kinderwäsche bei sich gehabt?
Ja, vom Klopfen. *(Betteln – macht entsprechende Bewegung)*
Bl. 57 V – Wurstmaschine.
Habe ich so gekriegt, Kochtöpfe und so – fragt doch Hans. – Ich hatte doch einen richtigen Haushalt.
Verlust des Fingers.
Die Leute sollten nicht wissen, daß das in der Wirtschaft passiert war, die hätten sich sonst gefreut. Deshalb hat Frau Engel erzählt, es wäre durch Autoüberfahren gekommen.
Er selbst habe es auf Befragen bejaht. – Die Angabe von Wiedenbach, er sei nicht wieder gekom-

[437]

men, weil das Fleisch, welches nicht einmal der Hund fressen wollte, nicht einwandfrei gewesen sei, ist nicht richtig.
So'n Schwindel, ich hatte denen Wäsche zum Waschen gegeben und da hat sie die Wäsche behalten und da habe ich sie rausgeworfen.
Auffallend viel Sülze verschenkt.
5 oder 6 Mal 1 Pfund Sülze gemacht.
Bl. 66 – Hat nicht eine Kriegswitwe versprochen, das ist alles bloß Quasselei, die wollen sich bloß reinewaschen.

Das ist immer so, wenn man Angeklagter ist, dann schwindeln die Leute so.

Bestreitet die Richtigkeit der Erzählung von Claus. Behauptet, das wäre Detektiv Osburg, der ihm ähnlich sieht.

Haarmanns Wohnung
Neue Straße 8.

Mordstelle „Rote Reihe 2“

Haarmanns Freund Hans Grans

[438]

8. September 1924

Band D und E und F und G

(Spontan) Waren Sie wieder nach Hannover? – Weil Sie die letzten Tage nicht hier waren.
Bl. 23 – Heinz Schwarz an Oberpräsident. – Schwarz berichtet, daß er mit 15 Jahren von Haarmann auf sein Zimmer gekommen, welches er sofort verschlossen hat. H. berichtet, das tue er immer, wenn er in seinem Zimmer sei. Gibt die Möglichkeit zu, ihm gesagt zu haben, daß er noch eine andere Wohnung habe, diese hier sei seine Robinson-Insel.
Habe ich mit ihm poliert?*(macht entsprechende Bewegung) Betont dann, als die Frage verneint wird, daß er nicht mit allen homosexuell verkehrt habe, wenn es nicht Puppenjungens waren, habe er das nicht gemacht, wenn es hübsche Jungen waren.*
Bl. 32 V – Gibt zu, sich Frau Möhle als Schneidermeister vorgestellt zu haben und zwar auf Veranlassung von Herrn Olfermann, da der Junge Möhle einen Diebstahl begangen hatte, weshalb er auch bestraft war.
Nachher wußte aber Frau Möhle Bescheid, wer ich war.
Bestreitet aber, daß er sich dem jungen Möhle als Krim. Kommissar vorgestellt.
Bl. 34 V – Möhle hat doch schon 4 Jahre vorher mit ihm verkehrt und kannte mich. Er ging auf den Strich und fiel mir auf durch sein weibisches Benehmen. Wenn er mich nur kommen sah, sagte er »oh« und machte seinen Rock zur Seite und etwas hoch und faßte nach seinem Geschlechtsteil. Die letzten 1 1/2 Jahre wurde er so gemein und frech, da habe ich ihn nicht mehr mitgenommen.
Bl. 38 – Es stimmt, daß Grans von einem Herrn aus Südafrika, es war Olfermann, kleine Steine bekommen hat, die Diamanten sein sollten. Hat auch eine Uhr für ihn verkauft. Ob er auch Gift bekommen hat, weiß ich nicht, da müssen Sie mal Olfermann fragen.

[439]

Olfermann und Hans waren immer zusammen, die muckelten und kungelten zusammen.

Als ihm die Mitteilung des Vaters Grans vorgelesen wird, droht er mit dem Finger und meint, das brachten Olfermann und Grans fertig. Er selbst will von dem Gift nichts wissen, das angeblich von Hottentotten stamme, immer tödlich wirke und keine Spur der Vergiftung hinterlasse. Olfermann habe er zuletzt auch nicht mehr hereingelassen, weil er mir zu aufdringlich wurde.

Bl. 45 V - H. hatte einen Geflügelhandel. Die Jungen brachten ihm das Geflügel, welches sie gestohlen hatten.

Meine Schwester hat sie dann verkauft. *(Spontan)* Haben Sie mal dran gedacht, an die Zigarre?

Bestreitet, der Gertrud Seemann einen Gruß an ihre Eltern bestellt zu haben mit den Worten: Bestelle einen Gruß von dem Kinderschlächter. Er behauptet, das Mädchen gar nicht zu kennen. (zeigt auf seine Stirn)

Kaninchen ebenso wie Geflügel.

Die haben alles so gebracht. - Frau Seemann kenne ich ganz genau, die wollte mal mit mir poussieren. Sie hat mich eingeladen, mit ihr Kaffee zu trinken und mit ihr ins Kino zu gehen. Das habe ich nicht gemacht. Da war sie böse *und hat ihn später auch bei der Polizei angezeigt.*

Bl. 53 V - Bestreitet, den Spitznamen Meier geführt zu haben. Alle kannten ihn doch, man nannte ihn nur Fritze.

Wollburg war eine Kneipe, wo nur solche Jungens verkehrten. W. war selbst Päderast. Ob ein Keller im Hause war, weiß ich nicht, ich bin nie drin gewesen. Ich kenne den Wolburg, er hieß nur die Schwule Guste, ganz genau. W. verkaufte auch die Jungens an bessere Leute, an feine Herrschaften in Villen. Ich habe niemals an andere Jungen verkauft, das kann mir keiner nachsagen.

[440]

Bl. 68 - Die Erzählung von Döring, H. sei mit zwei anderen nach der Polizeistunde durch eine Hintertür eingedrungen, (den revidierenden Krim.Beamten hat sich H. selbst als Krim.Beamter vorgestellt und so erreicht, daß er länger bleiben konnte) ist alles Schwindel.

Bl. 72 V - Geheimbund Schwarze Hand will H. nur dem Namen nach kennen. (streckt die Hand aus und spreizt die Finger) Es gab auch einen Geheimbund Rote Hand, die liegen immer in den Fenstern. *(Schaufenstern)*

Bestreitet die Erzählung von Stünkel, daß er ihm ein kleines Mädchen versprochen habe, weil er, H., Spaß daran habe, wenn ein junger Mensch zum

ersten Mal eine Nummer mache. So etwas sage er nicht, das sei ausgeschlossen, weil er keine Mädchen habe.
Ebenso bestreitet er, dem Stünkel auf der Herrenhäuserallee das Geschlechtsteil aus der Hose genommen zu haben.
Entweder ist es ein Puppenjunge, der sich jetzt verschönen will, oder ich kenne ihn überhaupt nicht. – Sind Sie nicht gut aufgelegt, Sie machen so ein böses Gesicht?
(Sachverst. sagt ihm, er rede zu viel – fährt zusammen – legt den Finger auf den Mund und sagt) Ja ja, hm – dann will ich auch nichts mehr sagen.

[441]

Band E
Bl. 7 – Hitzmann kenne ich nicht. Das sind so viel Jungens, die müssen mir erst mal sagen was er gesagt hat.
Bestreitet, ihn im Maschpark mit einem Revolver mit der Bemerkung: entweder oder, bedroht zu haben. – Hans habe ihn allerdings immer zugeredet, sich einen Revolver zu kaufen, nachdem er die Prügelei gehabt hatte. Aber H. sagte ihm immer wieder, dafür habe er kein Geld.
Bl. 11 – Das stimmt nicht. Jetzt schreiben die Zeitungen das nur alles. Er ist nie viel zum Baden hingekommen. Jetzt fangen die Jungens an zu schwindeln.
Bl. 12 – H. bestreitet immer wieder, Jungens angeredet zu haben, im Gegenteil, er sei von ihnen angeredet, sie liefen immer hinter ihm her, meint dann nachher, die Sache wäre nur ganz nebensächlich.
Bl. 16 V – Bestreitet, Döring auf das Gesäß geschlagen zu haben.
D. schwindelt überhaupt. Er behauptet, oft bei mir gewesen zu sein. Er kann sicher nicht einmal meine Wohnung beschreiben, fragen Sie ihn mal. Der hat solche Schweinereien erzählt.
Als Ref. ihm vorlesen will, daß er den Samen von Döring auf sein Butterbrot gewischt und gegessen habe, winkt er ab und sagt, lesen Sie das nicht, das hat doch sonst kein anderer erzählt. – *In verächtlichem Ton berichtet er von ihm, er sei ein Landstreicher, ein Fürsorgezögling.*
Es ist Schwindel, wenn Döring sagt, ich solle Buchholz in ein Pensionat in der Schweiz geschickt haben, wo er selbst früher gewesen war.
Lacht und schlägt die Hände zusammen vor Erstaunen, daß er Döring zum Budenzauber eingeladen habe. – Bestreitet, Döring mißhandelt zu haben, daß dieser wohl früher in Jägerheide Prügel bekommen habe. Einer habe ihn

von hinten gebraucht. Da sei er wieder ins Zellengefängnis in Hannover gekommen.

[442]

Bl. 26 - Wenn Bauersfeld Schreie aus meinem Zimmer gehört hat, so ist das möglich, wenn Dörchen da war. Laut war es im Zimmer nur, wenn ich nicht da war. Das hat auch die Hauswirtin erzählt, daß es laut sei, wenn ich nicht da wäre.
Die Tapete hat er deshalb weggenommen, weil er sie hatte anbringen lassen und er ausziehen mußte. Die Tapete war sein Eigentum.
Ich konnte sie zwar nicht wieder gebrauchen, sie *(Hauswirtin)* war mir zu widerlich.
Bestreitet, Döring einen Totenschädel gezeigt zu haben, ebenso auch Gift.
Der ist nicht ganz normal. Der hat so was im Schundroman gelesen.
Bl. 34 - Frau Kroell gibt an, bei H. einen Jungen im Alter von 12-13 Jahren gesehen zu haben. - H. gerät in leichte Erregung und gibt an, es sei jetzt festgestellt, daß das Waldemar Maulhard, der jetzt wegen Raubes im Zellengefängnis sitze, tatsächlich sei, 17 Jahre alt. Frau Kroell mag gesehen haben, wie er gelutscht hat, das stelle er auch nicht in Abrede. Frau K. sei auch eine Dirne.
Bl. 35 V - Gibt zu, angeheitert mit Herrn Engel zu Frau Kroell gekommen zu sein.
Bl. 37 V - Es ist Schwindel, wenn Konopski gesagt hat, er habe gesehen, wie ich in meiner Wohnung ein Kaninchen und einen Hund zerlegt habe - der Schweinehund - der hat 6 Wochen bei mir gewohnt, er hat geschlachtet, nicht ich.
Gasverbrauch. Man solle Hans und Dörchen fragen, den ganzen Tag habe man das Gas brennen gehabt. - Bestreitet, mit Borgholte, dem Enkel der Haushälterin seines Vaters, unsittlich verkehrt zu haben. Gewiß habe er ihn umarmt und ihm gesagt, er wäre ein schöner Bengel.
Das ist er auch.

[443]

Mit Goldsachen hat nur Hans gehandelt, das waren Neppsachen, die nicht echt waren, aber wie Gold aussahen und als echt verkauft wurden.

Mit einer gewissen Überlegenheit behauptet H., so was habe er nicht gemacht, er habe es nicht fertig gebracht, andere zu betrügen.
Bl. 108 - 4 Büchsen ungenießbar.
Dann hätte ich doch einen Apparat haben müssen, um Büchsen zu machen, habe ich aber nie gehabt.
Zur Stütze seiner Ansicht weist er darauf hin, daß er damals bei Wiedemann im Gasthause gewohnt habe, wo er nichts machen konnte. Die Leute sind ihm auch gegenübergestellt und es hat sich herausgestellt, daß es Schwindel war.
Bl. 113 - Man solle doch nicht glauben, daß er Schaerf angeboten habe, sich als Vigiland in Kriminaldiensten ihm zur Verfügung zu stellen.
Bl. 114 - Das Fischgeschäft hatte er etwa 1902 an der Lutherkirche, Ecke Neißenstraße. Damals hatte er eine Braut, mit dieser konnte er nicht mehr verkehren, weil er beim Militär gewesen war. Das Glied wurde nicht richtig steif, nur so'n bißchen. Vor dem Militär hat er jeden Tag feste mit ihr poussiert. Ob das mit dem Herz zusammenhängt, weiß er nicht. - Zuerst bestreitet er, damals mit Jungens verkehrt zu haben. Gibt dann aber die Möglichkeit zu, um es dann wieder zu leugnen. -
Bestreitet, mit einer Besichtigung von einer Briefmarkensammlung Jungens an sich gelockt zu haben.
Das ist Unsinn, ich habe nie eine solche gehabt.

[444]

Band F
H. hofft, daß es bald zu Ende ist, das ist ja ein solcher Quatsch. - Hinsichtlich der Verletzung gibt er an, Frau Engel habe ihm geraten zu sagen, er sei von einem Auto überfahren worden. Anderen hat er angegeben, er sei von einem Verbrecher mißhandelt, oder er wäre überfallen, wenn er solche beobachtet habe. Es waren doch auch Verbrecher, fügt er zu seiner Entschuldigung hinzu, die ihn verhauen haben. - H. gibt zu, in der Wirtschaft von Wollburg überfallen zu sein. Er ging vorbei und da habe man ihn hereingezogen durch Anfassen am Arm.
Ich wollte nicht und da haben sie mich gleich verhauen, weil ich sie verraten hatte. Mit dem Totschläger glaube ich sie bedroht zu haben.
Bestreitet es dann und sagt, er habe ihn nur aus seiner Tasche gezogen. (macht die Haltung der Auslage) Und da habe man ihn erst recht verhauen. - Hartmann gibt mit Recht an, daß er die Sachen, die er verkauft habe, zum

Teil von Kriminalbeamten bekommen habe, Frau Engel macht auf dem Kriminalbüro rein und bekommt ab und zu selbstgetragene Kleidungsstücke der Beamten.
Bl. 35 V - Gartenlaube hat er zwar geliehen von Frau Wegehenkel für Herrn Engel, der wollte drin lesen.
Bl. 36 - Bestreitet die Richtigkeit der Angabe von Ratge, daß er eines Abends stark betrunken gewesen sei. Wenn er nur 1 Glas Bier getrunken habe, dann war er schon bald hin. Er habe nur sehr wenig getrunken.
Bl. 44 - In der Kneipe von Weihrauch war er nur unter seinem Namen bekannt. Auf die Frage, nicht auch Knoten, meinte H. lachend, ja, sie nannten mich so. *Das kam daher, daß er der Schwester von Frau Wegrauch Pralinen mitbringen sollte. Damit er das nicht vergaß, machte er sich einen*

[445]

Knoten in das Taschentuch, brachte sie dann auch tatsächlich mit.
Pralines für 50 Pfg., mehr kann man doch nicht. - *Bestreitet, daß er dort die Leute betrunken gemacht habe, um allerlei festzustellen.*
Bl. 53-55 u. 57-58 (Affäre Hartmann)
Hartmann war ein Puppenjunge, der hat sich auch mit mir amüsiert. Heute bestreitet er es. Damals lag Oswald bei mir im Bett. Der hat noch meine Brieftasche geklaut, heute sagt er: nee. - Wenn die Leute jetzt von Wurst und Würstchen sprechen, so ist das alles Schwindel, nur Phantasie.
Kehlkopf festsaugen (nimmt eine Zeitung, faltet sie zusammen, legt sie in seinen linken gebeugten Arm, und saugt nun an der freien Kante der Zeitung) Stellt auf diese Weise dar, daß durch allmähliches Saugen der Kehlkopf in seinen Mund gekommen sei. Er gibt die Möglichkeit zu, daß durch das Beißen Blut kam, er habe aber nicht die Gefäße angebissen und ausgesogen, ob das denn einer gesehen habe. - Stellt es energisch in Abrede, daß sein Gedächtnis durch die Prügelei gelitten. Er ist dadurch nur schärfer geworden. (macht dabei die Bewegung des energischen Zupackens)
Dann habe ich fast alle 4 Wochen einen totgemacht - so ungefähr kommt es wohl hin. - Hier ist ja noch nichts passiert, da können Sie fragen, hier kommt kein Junge rein.
(Betont nochmals, daß sein Gedächtnis gelitten habe, korrigiert sofort)
Nicht gelitten habe.
(Aussagen von Frau Linderer)

Ach lassen Sie das man sein, da ärgere ich mich bloß drüber. – So etwas ist noch nie da gewesen. *(lacht, schlägt vergnügt in die Hände)* – Wenn meine Freunde alle beerdigt werden, die Knochen alle, da kommt doch ein großes Denk-

[446]

mal drauf mit meinem Namen. Wenn es geht, soll noch ein Bild von mir mal drauf, aus Kupfer.
Als ihm seine frühere Aussage, die er selbst unterschrieben hat, soweit sie Gedächtnisschwäche betrifft, vorgehalten wird, fängt er an zu weinen.
Nach Hildesheim, da gehe ich nicht hin, dann gehe ich ins Wasser. Das sind hier auch Verrückte, das habe ich schon gemerkt, da schreit immer einer, solche waren auch in Hildesheim.

[447]

Band G
Bl. 5 V - 6 – Das habe ich nicht gesagt, daß ich mit jedem hübschen Jungen verkehrt hätte, man freut sich, wenn man mal mit einem gebildeten jungen Mann zusammen ist, da habe ich nicht mit poussiert, ich sagte ihnen auch keine Schweinereien, so was gibt es doch nicht, man muß doch mal einen guten Freund haben, mit dem man normal spricht.
Betont immer wieder, daß es ein hübscher Junge war, der ihn begleitete, als ihn in der Packhofstraße der Kriminalbeamte Bethe antraf.
Bd. D, Bl. 1 – Haben Sie schwer gesündigt?
Das ist ja doch Sünde, was ich getan habe. Umbringen wollte ich sie nicht.
Poussieren ist auch Sünde.
Das weiß ich doch, aber man kann doch nicht. Grans war es, der zu mir sagte, daß ich periodenweise geistig minderwertig war – der Hund – das kann mir keiner nachsagen.

Bd. D
Bl. 16 / 18 – Nach der Grabstätte seines verstorbenen Bruders befragt, meint er, sein Bruder Karl sei zwar dort beerdigt, sei aber nicht eines natürlichen Todes gestorben. Der Vater habe ihn ins Wasser geworfen. Das war nicht sein richtiger Bruder, die Mutter hatte ihn mit in die Ehe gebracht. Der Vater verbot ihm das Haus, auch als er schon älter war.

Er war der Beste von uns allen Brüdern, der mochte den Alten auch nicht leiden, ebenso wie ich. Der Alte hat meine Mutter auch nur des Geldes wegen geheiratet. Eines Tages wurde er tot aus dem Wasser gezogen und am nächsten Tage, ich weiß noch ganz genau, obwohl ich erst 12 Jahre alt war, sagte meine Mutter zu meinem Vater, du hast ihn auf dem Gewissen, du hast ihn umgebracht - ermordet. Er hat auch Lok. Führer Schröder umgebracht. Die Sache ist angezeigt. Es war aber schon 30 Jahr her und da konnten sie nichts mehr machen.

[448]

Mein Vater wollte den Schröder, als sie noch jung waren, eines Tages in einen Hurenkasten bringen.
Der Schröder machte ihm darauf Vorhaltungen, so was dürfe er nicht machen, wenn er verheiratet sei, er solle sich schämen, dann seien sie in Streit geraten und da habe er ihn totgeschlagen. (Das hat H. von seiner Mutter gehört.) 1900 ist das von Frau Schröder angezeigt vor Gericht, nach 30 Jahren, da war es schon verjährt.
Mein Vater hat auch meine Mutter mitunter schlecht behandelt. Noch kurz vor dem Tode hat er sie am Arm aus dem Bett gerissen und geschlagen - Du bist nicht krank, Du bist nur faulkrank.
H. hat gehört, daß der Vater eine Flasche aus dem Fenster geworfen habe. Bald darauf sei die Mutter gestorben. Seine Schwester kam auf das Zimmer der Mutter. Die Mutter sagte zu ihr: er hat mich - er hat mich - zeigte dabei auf den Vater - dann fiel sie tot um.
Die Sache kam auch später vor das Gericht wegen Beleidigung. Mein Vater wurde von meiner Schwester, Frau Burschel, angezeigt. Da sagte der Richter, wie man ihm erzählt hat, Herr Haarmann, nehmen Sie sich in Acht, wenn Ihre Kinder aussagen. Nachher haben die Kinder alle anders ausgesagt, nur deshalb, damit sie nicht aus Hannover zu ziehen brauchten.

[449]

Band H
Bl. 33 - (männliches Glied - lehnt sofort ab) - Das ist nicht von mir, könnte es ja sagen.

Bl. 35 - Am alten Schloß hat er in die Leine die Knochen hineingeworfen. Hinsichtlich der Köpfe bestreitet er die Täterschaft nach wie vor.
Bl. 43 - Glashülle mit Aufschrift »Gelonida antineuralgica«. Betont, daß diese von Herrn Olfermann sei, er habe sie mit diesem zusammen gekauft - gegen Kopfschmerzen.

[450]

Band J
Bl. 4 - Betrunken heimgekommen - Bestreitet, daß das öfter vorgekommen ist, meint, das sei vielleicht an seinem Geburtstag gewesen, sonst nicht.
Bl. 7-12 Bestreitet, erklärt zu haben, daß die Verkäufer mit Neppsachen, die etwa nach Wegehenkel kamen, ausreißen würden, wenn er, Haarmann, mit seinem Ausweis käme. Bezeichnet es als Quatsch.
Mit Wegehenkels war H. gut befreundet. Man gab ihm oft etwas zu essen. Mit Frau Wegehenkel hat er nach seiner Angabe nicht verkehrt, betont aber, daß sie so gemein wäre und immer wieder von solchen Sachen anfinge. Sie habe ihm sogar angeboten, bei ihr wohnen zu dürfen, ohne daß er etwas zu zahlen brauche.
(Auf Vorhalt) Daß das Fleisch, das er verkauft hat, immer nur in kleinen Stücken und ohne Knochen gewesen sei, erklärt er sofort, Pferdefleisch gebe es immer ohne Knochen, Knochen würden nicht verkauft.
Auf Mitteilung, daß Frau Wegehenkel ihn für einen guten Kerl gehalten hätte, sagt er, das sei er auch, er sei ein herzensguter Mensch.
(Auf Vorhalt., daß er doch so viel umgebracht)
Das wollte ich doch nicht. Die letzte Zeit war ich immer für mich allein, ich fühlte mich immer krank, hatte solche Kopfschmerzen, das regt doch auf! *(Meint damit das Totmachen und Zerstückeln)* Zuletzt war ich ganz allein für mich, um Niemanden mehr gekümmert.
(Auf Vorhalt) Stehlen ist doch ganz etwas anderes als das Poussieren - Mit einem Mal war wieder einer tot, hätte ich man gar keinen mitgenommen. *(Tränen in den Augen)*
Sie haben doch auch Jungens mitgenommen nur wegen der Kleidung - (fährt empört auf, wirft den Kopf zur Seite) Glaubt doch so was nicht, das braucht keiner zu glauben. Hans wollte das immer, dann habe ich sie aber immer

[451]

weggeschickt. Wenn ich die alle umgebracht hätte, die Hans gebracht hat, dann wären mehr wie 100 tot.

Bl. 15 - Fleischmaschine geliehen?

Ja, da war meine kaputt.

Bl. 15 u. 27 V - Nach Akten Lunge und Leber oft verkauft.

Lunge überhaupt nicht. Leber habe ich wohl für mich besorgt und dann auf Wunsch der anderen auch diesen, im Ganzen vielleicht 3-4 Mal, mehr nicht.

(Auf Vorhalt) Einmal kam ein Mann mit Schinken zu Frau Wegehenkel, die selbst herüber kam und mich holte. Sie teilte mir mit, daß der Schinken wahrscheinlich gestohlen sei. Sie wußte, daß ich mit Kommissar Müller Arbeiten machte. Sie sagte, ich sollte mich so hinsetzen und rasieren lassen. Und wenn der dann anfinge von Schinken, sollte ich dann zufassen und sagen, die sind wohl gestohlen, dann liefe er weg. Das habe ich dann auch gemacht. Dann wollte ich den Schinken zum Präsidium bringen, da sagte Frau Wegehenkel, Du bist ja doof. Darauf sagte ich, wenn der jetzt hingeht und zeigt das an, dann sitzen wir dran. Sie sagte dann, laß man sein, Du kriegst was ab. Dann hatte ich es vergessen, nach ein paar Tagen ging ich hin, da sagte sie, die bleiben hier, Du kriegst schon was ab, der Schinken ist noch nicht angeschnitten. Als ich nach längerer Zeit wieder hin kam, sagte sie, der Schinken sei in Petroleum gefallen und dann hätten sie ihn in die Leine geworfen. Da sagte ich, das glaube ich nicht. Das glaubt Fritz doch nicht, sagte Herr Wegehenkel nachher auch zu seiner Frau. Ich sagte dann, das schadet nichts, ich hätte doch was zu essen. – Später haben wir es noch einmal so gemacht mit Sämereien. Da kam eines Tages ein für Hehlerei bekannter Alex mit 2 Dieben zu Wegehenkels, die hatten einen großen Sack voll Sämereien gestohlen. Frau W. rief mich wieder und als ich sagte, daß das gestohlen sei, rissen

[452]

die beiden Diebe aus. Ich wollte dann mit Alex zum Präsidium gehen, um Herrn Müller hiervon zu benachrichtigen. Unterwegs faßte mich Alex an den Hals und würgte mich und versuchte, mich zu überreden, daß ich nichts anzeigte. Ich sagte ihm dann, ich wollte nichts damit zu

tun haben. Wegehenkels haben dann einen Teil für sich behalten und den Rest verkauft. Ich sollte auch etwas Geld davon abhaben, habe aber nichts bekommen.
Das Geld durften Sie doch auch nicht annehmen.
Das habe ich auch nicht gemacht. – Später waren Wegehenkels auf mich böse. Wegehenkels gegenüber war ein großes Ledergeschäft, Möller, und da schleppten jeden Tag Leute *(Juden)* große Felle aus dem Hause. Ich bin hin und wollte die Felle beschlagnahmen. Da boten sie mir Geld an, wenn ich nichts sagte. Ich habe dann lange Zeit hindurch von Wegehenkels Fenster aus Acht gegeben und eines Tages ließ ich sie alle durch Herrn Kommissar Rätz verhaften. Es waren 7 Leute, die ein- und ausgingen und 3 Kontoristen von Möller, die steckten mit denen unter einer Decke. Darüber waren W. böse. *Sie machten ihm Vorhaltungen, daß er so dumm gewesen sei, die hätten sie ausziehen können, da hätten sie Millionen bekommen können,* ich sagte aber darauf, wenn sie mich nachher faßten, dann säße ich dran. Wenn ich jetzt zu ihr gezogen wäre, da hätten sie mich nett behandelt, nee, so unvorsichtig bin ich nicht.
Bl. 48 V – Bestreitet, daß er betrunken gewesen sei, wenn er bei Wegehenkels vorbeikommen und gepfiffen und Fridolin gerufen habe.
Bl. 54 – Gibt die Möglichkeit zu, der Frau Wegehenkel einen wertvollen Ring geschenkt zu haben, aber eher noch, daß sie ihn ihm geklaut hätte.

[453]

Wenn Frau Wegehenkel gesagt hat, man bekomme alles mögliche Schöne von mir geschenkt, wenn man sich gut mit mir stände, so stimmt das, als sie mir alles mögliche aus der Tasche rausnahmen. Als ich einmal eingeseift wurde zum Rasieren, nahmen sie mir ein schönes grünes, seidenes Tuch aus der Tasche.

[454]

Band K
Bl. 1 – Bestreitet, das Fleisch billiger verkauft zu haben, er nahm denselben Preis wie andere.
(Auf Vorhalt) Grans war wohl der schlauere, das habe ich auch jedem gesagt. Wenn ich was zu schreiben hatte und zu rechnen, das machte Hans alles.

Sie können aber auch gut rechnen.
Ich tue es aber nicht gern.
Wie steht es um den Roman?
Gestern haben wir gearbeitet, vorgestern haben wir gearbeitet, am Sonntag haben wir über 30 Akten durchgearbeitet.
Wann wird der Roman fertig?
Heute sind sie alle weggegangen. Gestern war ich am Schreiben, mit einem Mal kamen Sie. Ich mußte doch mein Herz untersuchen lassen. Das tut doch gar nicht nötig, das hat doch gar kein Zweck, wenn ich auch krank bin, was wollen Sie mir jetzt noch was eingeben. Ich will jetzt doch geköppt werden.
Bl. 25 - Auf Vorhalt - Grans hat einmal zu Köhler gesagt, wenn er, Grans, mal verschwunden wäre, so hätte ich ihn ermordet, das hat er zu mehreren gesagt. Ich habe es von Köhler gehört. Wenn er mir einen Kuß gab, *(steht auf, nimmt entsprechende Haltung an)* hielt er mir die Arme fest, weil er bange war, ich würde ihn beißen. Wenn ich Grans rausgeschmissen hatte, kam er gewöhnlich am andern Tag wieder, dann habe ich gesagt, bist Du noch nicht wieder draußen, was willst Du hier, Du ärgerst mich bloß. Dann nahm er mich in seine Arme und versuchte mich zu küssen, ich machte dann aber immer den Kopf zur Seite, *(wirft dabei den Kopf nach hinten, dreht ihn nach rechts und links)* bis er meinen Mund gefunden, und wenn mich einer küßt, dann kann er alles von mir kriegen, dann bin ich gleich wieder gut. Ich küsse gern, das weiß Hans auch ganz genau.

[455]

Bl. 25 V - 26 - Gibt zu, daß die Tochter von Schlachter-Karl bei seiner Schwester eine Nacht logiert hat. Die Schwester wollte zuerst nicht recht, weil die Frau ihr so komisch aussah. Als er ihr dann vorhielt, daß sie sonst kein Fleisch mehr kriegten, dieses sagte sie auch selbst zu seiner Schwester, Sie kriegen doch so viel Fleisch, hat sie dann zugesagt.
Sie war verheiratet, hatte 2 Kinder. In der Nacht vorher hatte sie bei ihm geschlafen. Kein vollständiger Beischlaf - Tripper.
Bl. 28 - Woran kölnische Mundart erkannt?
Ich bin doch da unten gewesen, das hört man doch. *(macht treffend den Dialekt nach)* Das war ein Kölnischer Junge, der ist aber nicht umgebracht. Dem habe ich einen schönen Anzug, Stiefel, Hemd, Strümpfe

u.s.w. gegeben, das war in einem Altwarengeschäft gekauft. Der war so verkommen, der hatte so Lumpen an, daß man sich nicht mit ihm sehen lassen konnte. Das war auch ein hübscher Junge.
Warum denn nicht umgebracht?
Ich mache doch nicht jeden tot. Ich habe zu ihm gesagt, Du kannst bei mir bleiben, Hans kommt doch nicht mehr. Dann ist er in einem Kaffee mit Dirnen zusammen gekommen und hat sich das ganze Zeug verkaufen lassen. Die Mädchen haben ihn verführt, sagte er zu mir, die hätten gesagt, der Fritz kauft Dir wieder neue Sachen. Ich sagte ihm darauf, Du bist wohl verrückt.
Bl. 30 - Weiß nicht, was die Buchstaben M.W.H. bedeuten sollen.
Bl. 37 - Haben Sie nicht zu einem gesagt, Sie hätten zu Haus ein Buch, in das Sie alle eintrügen, die Sie unterstützten?
Uch je, das ist doch Blödsinn, wenn ich einem was gebe, das schreibe ich doch nicht auf. *Bezeichnet das Ganze als Schwindel. - Bestreitet, zugesehen zu haben, wenn einige bei ihm onanierten.* Das ist bei mir nicht passiert. *Bestreitet es auf das Entschiedenste.*

[456]

Bl. 45 - Wenn Sie wußten, daß Sie die Jungens umbringen würden, dann durften Sie doch keine Jungens mitnehmen.
Das wollte ich doch auch nicht, ich habe doch immer wieder abgewinkt. Hans quälte doch immer, Fritz, nimm ihn doch mit, vor der Tür habe ich sie doch wieder laufen lassen.
Sie haben sie doch nicht alle laufen lassen.
Wenn er sie mir in die Wohnung bringt. Er hat die Jungens ordentlich bearbeitet, die fingen dann immer gleich an, mich zu küssen, bei den einen ist es gutgegangen, dann ist mal wieder was passiert. Wenn mal nichts passierte, schimpfte Hans mich aus.
Warum?
Weil er das Zeug dann nicht hatte.
Es ist doch furchtbar, daß Sie Jungens wegen des Zeuges umgebracht haben.
Das wollte ich doch nicht. Das glauben Sie doch selbst nicht, wegen so Lumpen, die die Jungens anhatten. - Wollen mal sagen, ich hätte einen Raubmord begangen, ich hätte Jungens umgebracht, die vermögend waren, dann wäre ich ein Schwein, dann könnte ich gar nicht ruhig schlafen. Meine ganze Beruhigung liegt da drin, wenn ich beim lieben Gott

bin, dann muß der sagen, das hast du nicht wollen. Wenn ich vor Mutter stehe und vor Christus, dann kann ich sagen, daß ich rein bin, daß ich das nicht habe wollen. Man mordet doch keinen, wenn er Lumpen hat.
Sie glauben also, nicht verantwortlich zu sein.
Doch, gemordet habe ich, ich will auch geköpft sein. *(schlägt dabei auf den Tisch)* - Die kommen doch nachher und wollen mich begnadigen, das gibt es nicht - *(macht energisch ablehnende Bewegungen mit der Hand)* die schmeiße ich raus. Ich will hingerichtet werden. Ich brauche keinen Rechtsanwalt, ist doch alles klar.

[457]

Es sind jetzt 20, das sagten Sie mir, die sind umgekommen bei mir.
Dann müßten Sie auch eigentlich 20 Mal geköpft werden.
(sofort) Das geht doch nicht. *(dann zutraulich zum Ref.)* Das wünschen Sie mir doch auch nicht. - Ich leugne doch gar nicht, ich will doch das nun einmal haben, quält mich doch nicht so lange, das ist für mich doch so schön, wenn ich tot bin, was soll ich denn draußen, die machen mit mir doch wieder alles, wenn ich draußen bin. - 4 Wochen, dann habe ich wieder einen umgebracht, deshalb will ich auch nicht wieder raus. *(weint und lacht in einem Atemzug)* Schmeißt das alles in den Ofen.
Woher wissen Sie, daß die Knochen mit Fleisch schwimmen?
Wenn man eine Katze oder Hund reinschmeißt, das schwimmt doch.
Hypnotisieren?
Das habe ich nicht gemacht, das hat Hans gemacht, das ist - *(sieht Ref. starr an)* dann schläft man ein. Hans kann das aber nicht, er probierte das so mit anderen aus. Die haben sich mal Bücher gekauft.
Grans gibt an, Sie hätten ein Guthaben auf der Bank gehabt.
Das ist nicht wahr, das muß ich doch besser wissen.
Tatsächlich hatten Sie aber ein Guthaben.
Da habe ich gar nicht mehr dran gedacht, das ist wohl das von Olfermann. *(freudig erstaunt)* Ist das noch da?
H. bestreitet auf das Bestimmteste, Grans veranlaßt zu haben, ihm Jungens zuzuführen.
Das weiß Dörchen auch.
Amerikaner?
Mit dem habe ich nicht verkehrt, der war so alt - sehe ich nicht jünger aus als 45 Jahr. *(klopft dabei auf seine Brust mit beiden Händen)* Mir sieht

man meine 45 Jahre nicht an, das sagten die Jungens auch. *(Kind, das gelobt wird)*

[458]

(zu Ref.) Sie sind wirklich noch hübsch, Sie haben so rote Wangen – doch, ohne zu schmeicheln – wie Sie jung waren, waren Sie bildhübsch, das muß jede Frau sagen – ich habe Geschmack – das sagten sie alle, ich hätte einen schönen Geschmack.
Woran Ausländertypus bei dem Amerikaner erkannt?
Das kann man doch sehen, der hatte hier so Knochen raus stehen. Die Engländer und Amerikaner haben so'n Knochengesicht. Hans hat mit ihm gesprochen, der kann englisch.
Bl. 68 – Gibt zu, daß er damals als Kind andere durch Aufstellen von Figuren erschreckt hat.
Ich habe immer so für mich gespielt und mitunter einen Mann ausgestopft.
Warum denn?
(geheimnisvoll) Dann waren die alle bange.
Ist denn das nett, andere bange zu machen?
Doch, doch. *(klatscht in die Hände, schüttet sich aus vor Lachen)*
Früher Schlosser gelernt?
Nein.
Ich glaube doch.
Ach was, ich bin doch auf der Unteroffizierschule gewesen und dann nach Haus.
Sie waren in einer Schlosserei.
Das ist ausgeschlossen, das stimmt nicht.
Bl. 79 – Es wird ihm die Mitteilung zweier Schleifer vorgehalten, nach denen er Schlachtermesser hat schleifen lassen.
Herr Professor, mit einem großen Messer kann man wohl Wurst schneiden, aber kein Fleisch, das kann man gar nicht, das geht nur mit einem kleinen Messer. Das ist Unsinn. Wenn ich auch Messer geschliffen hätte, dann hätte ich immer nur eins schleifen lassen, sonst müßte ich schon eine große Schlachterei gehabt haben. Andere sagen auch was von einem Rasiermesser, das habe ich gar nicht, ich habe noch nicht einmal ein Taschenmesser. Ich gebe zu, Fleisch geschnitten zu haben, aber das ist Unsinn.

Bl. 81 - Hat Hans einen Toten in Ihrer Wohnung gesehen?
(stutzt, spricht stolpernd, Tränen in den Augen)

[459]

Och, das wird er wohl mehrmals gesehen haben.
Konnten Sie denn da essen und trinken, wenn ein Toter bei Ihnen war?
Könnte ich jetzt nicht, jetzt könnte ich nicht einmal dabei schlafen, damals habe ich immer dabei Kaffee getrunken und auch gegessen - die lagen ja nicht lange da, die waren ja auch zugedeckt.
Wie kommt das, daß Sie das jetzt nicht könnten?
Wenn man draußen ist, dann sammelt man sich nicht mit den Gedanken - wo es schön ruhig ist, so wie hier, da sammelt man die Gedanken eher - da draußen muß man sich um Lebensmittel kümmern, muß hier hin, mit einem Mal ist wieder einer tot, da kommt man gar nicht zur Besinnung. Deshalb wollte ich mich doch schon in ein Militär-Asyl aufnehmen lassen.
Warum?
So ging das draußen nicht weiter - dann hätte ich natürlich nicht gesagt, daß ich welche totgebissen hätte.
Warum denn aber nicht eher ein Geständnis abgelegt?
Die haben mich doch im Präsidium so wie so geboxt, die hätten mich totgeschlagen - ich war ganz blau. Ich sagte, die sollten mich zum Staatsanwalt bringen, da wollte ich alles sagen, das haben sie aber nicht gemacht. Nachher kam Herr Kommissar Rätz, da sagte ich zu ihm, er sollte mich nicht schlagen, dem habe ich auch nachher alles gesagt. Vom Georgengarten habe ich ihm das gleich gesagt. Er hat mir gesagt, es täte mir keiner was. Die andern hätten mich gleich totgeschlagen, wenn ich was gesagt hätte. Wenn der Oberstaatsanwalt gekommen wäre, dem hätte ich das auch gesagt.
Bl. 84 V - 85 - Tschecho-Slowake?
Den jungen Mann mit dem vielen Gelde sollte ich auch mitnehmen.
Warum nicht mitgenommen?
Ich hatte mich schon amüsiert und schon einen mitgenommen. Die hatten ihn vielleicht bearbeitet, dann mußte ich ihn küssen, das war ein hübscher Junge, der hatte eine schöne goldene Uhr und viel Geld. Mir lag nicht viel am Gelde.

[460]

Bl. 87-91 - Schilderung Janssen.
Das kann nicht möglich sein, der ist 4 Tage nach mir entlassen. Der ist so groß, der hat 5 Polizeibeamte niedergeschlagen. *(Bestreitet, ihm auch Kleider gegeben zu haben.)* Hans hatte doch alles verkauft. Auf der Stube ist er mal bei mir gewesen, da waren aber mehrere da. Da war ich noch gar nicht eingerichtet. *(erkundigt sich, warum die Postkarte mit dem Bilde der Braut des J. in den Akten ist. Sachverständiger dreht die Karte um.)* Ach, da ist die Adresse von meiner Schwester.
Bl. 93 V - H. lacht zu der Äußerung von Grans, daß er nie Sachen von Jünglingen in Haarmann's Wohnung bemerkt habe, mit denen er geschlechtlich verkehrt habe, abgesehen von dem Berliner, Düsseldorfer und dem Zimmermann. - H. weist darauf hin, daß Hans doch 4 1/2 Jahr bei ihm gewohnt habe. Das ist ausgeschlossen. - H. hatte nach seiner Angabe einen Gewerbeschein zum Handel mit Lebensmitteln. Er wollte wieder ein Geschäft aufmachen, aber Hans hatte das Geld alles durchgebracht. - Sehr energisch stellt H. die Behauptung von Grans in Abrede, daß er, H., nie mit ihm über Schlachter-Karl gesprochen habe.
Sogar mit Olfermann habe ich über Schlachter-Karl gesprochen.
Bl. 98 V - H. bestreitet, sich der Fürsorgezöglinge bedient zu haben. Wenn er hörte, daß einer Fürsorgezögling war, schmiß er ihn gleich raus, das ist polizeilich nachgewiesen.
Die Jungens brachten mir die Ware, ob sie gestohlen war, wußte ich nicht.
Auf Zureden meint er lachend, es wohl gewußt zu haben.
Wir sprachen nicht darüber. Die Leute schlachteten dann

[461]

da und ich habe sie abgezogen, nicht alle.
H. lacht, wie man ihm vorhält, daß er hinter Grans, nachdem er ihn umarmt und geküßt habe, Fratzen machte.
Wenn der mich geküßt hat, das wird wohl keiner gesehen haben. Das ist Schwindel.
Warum auf dem Bahnhof gehänselt?
Das machten sie viel, auch in der Altstadt. Wenn ich die auf den Schwung brachte, dann haben wir es erst recht gemacht. Auf dem Bahn-

hof sagten sie laut zu mir, sie wollten mir einen abwichsen oder sie fragten mich, hast Du nichts zu rauchen, faßten in meine Taschen. Dann habe ich Zigaretten gekauft und bin dann gleich weggegangen, damit ich die los wurde.

[462]

Sie meinen, der Vater hätte 3 Leute auf dem Gewissen.
Ja, das ist so.
Wen denn?
Meine Mutter, den Lokomotivführer Schröder und meinen Bruder Karl, und dann hat er früher, als er noch Lok.Führer war – der hieß Schnepf, der war Heizer, mein Vater war Lok.Führer – und da hat er den rausgeworfen aus der Lokomotive, so sagte mir meine Mutter, ich weiß es nicht, und da wurde ihm der Kopf abgefahren, das hat die Mutter alles uns Kindern erzählt.
Wann ist das passiert?
Das weiß ich nicht – das weiß ich nicht.
Ist Ihr Vater deshalb angezeigt?
Das weiß ich nicht, Mutter hat mir nichts davon gesagt. *(spontan zum Sachverständigen, der seinen rechten Arm reckt)* Haben Sie Schmerzen?
Ja.
Sie haben wohl Rheumatismus, dann müssen Sie mal Tee trinken.
Nein, es kommt dadurch, daß ich neulich so viel Akten von Ihnen tragen mußte.
Das war doch nicht nötig, die konnte ich Ihnen doch tragen. *(spontan – stellt sich dann an den Tisch, nimmt eine leicht starre Haltung an, weist mit der rechten Hand nach der Türe)* So stand sie da und sagte: Den hast du wieder ermordet.
Wen denn?
Meinen Bruder Karl.
Ist das so mit Schröder, wie Sie mir erzählt haben?
Ich weiß es nur von meiner Mutter, meine Geschwister wissen das auch von meiner Mutter. Meine Mutter wollte sich schon einmal scheiden lassen von meinem Vater, weil er mit dieser Frau Borghold immer poussierte. Da weinte sie einmal so bitterlich und sagte zu uns: wegen euch Kinder tue ich das nicht. Gezankt haben sie sich

[463]

sonst nicht.
Ihre Mutter war älter als Ihr Vater?
Ja, sie war bedeutend älter.
Wie viel Jahre?
Über 10 Jahre.
Wann ist Ihr Vater gestorben?
Das weiß ich nicht, das steht auf dem Grabstein, da steht geboren dann und dann, gestorben das stand noch nicht – da habe ich mit Kreide drunter geschrieben: Wenn du man erst tot wärst.
Ein schöner Wunsch eines Sohnes.
Der war so widerlich zu mir. – Ich hatte so'n schönen Baum *(Blume)* hingepflanzt für meine Mutter, das hat er alles wieder rausgemacht, weil ich sie so lieb hätte, darum.
Das war also eben die Sache Schnepf?
(fährt etwas erschrocken zusammen, besinnt sich geraume Zeit, meint dann zustimmend) Ja, ja.
Der 2. Fall ist also Bruder Karl.
Nein, erst den Schröder, das hat sie gesagt, ich habe es nicht gesehen.
Was hat Ihre Mutter weiter erzählt?
(geheimnisvoll, vielsagendes Gesicht aufsetzend, hebt den rechten Zeigefinger und sagt) Dann saß ich öfter mit ihr im Sofa mit Emma und Minna und sagte dann, daß er so widerlich war – der Lokomotivführer, der damals ermordet ist, da steht drauf auf dem Grabstein: Durch Mörderhand erschlagen. – Ich bin mal da gewesen. – Das Haus haben sie gekauft. – Sie waren wohl Freunde, da haben sie mal Ball gehabt – so'n Verein, die Lokomotivführer – Vater und Schröder sind Gründer gewesen. Einen Saal haben sie mieten wollen zum Tanzen und da hat der Alte – ich sage immer der Alte – Vater mag ich gar nicht sagen – *(macht abwehrende Bewegung mit der rechten Hand)* – in Listerfelde sind sie in so'n Haus gewesen, da sind so Dirnen drin, da hat der Alte Schröder mit rein haben wollen. Schröder hatte viel für seine Frau und Kinder über, und da hat er, Schröder, dann gesagt, Du sollst Dich

[464]

mal was schämen, mich zu solchen Sachen zu verführen – er hätte Frau und Kinder – als verheirateter Mann müßte er so etwas nicht machen.

– Dann haben sie Schröder dann tot aufgefunden in Listerfelde – totgeschlagen – das hat sie öfter gesagt, wenn sie sich zankten, den Schröder hast Du auch ermordet. Er sagte gar nichts dazu. Er holte sich bloß Geld – *(pfeift)* juch hee.
Ist die Leiche von Schröder seciert worden?
Das weiß ich nicht.
Wann soll denn das passiert sein?
(zuckt die Achsel) Das muß ganz früh gewesen sein, da war ich noch lütt. Frau Schröder hat mich mal kommen lassen, die sagte: Ihr Vater ist gestern Abend im Hemde auf der Straße rumgelaufen.
Warum?
Weil Frau Schröder ihn angezeigt hatte, daß er der Mörder war.
Sie meinen, das wäre das schlechte Gewissen gewesen, das ihn auf die Straße getrieben hat?
(sofort zustimmend) Ja, das muß doch wohl so sein, die wohnten uns gegenüber. – Ich habe doch das auch gemacht, ich kann schön schlafen, ich kann vor meinen lieben Gott hintreten und sagen, das wollte ich nicht, das hat er doch so – mit Willen gemacht – *(hebt dabei die rechte Hand und macht die Bewegung des Schlagens)* – mit Willen gemacht. – Meine Schwester, Frau Rüdiger, die tot ist, hatte doch mit dem Kopf zu tun gehabt, die hat er einmal Weihnachten an die Haare gefaßt und hat ihr die ganzen Haare, die eine Hälfte, ausgerissen, die ganze Kopfhaut ist dran gewesen – das habe ich gesehen. Da ist er geflüchtet bei Frau Otto, daß er, der Alte, meine Schwester nicht sah.
Warum die Haare ausgerissen?
Er war doch mit der Borghold, mit der Liebsten, ein paar Mal per Arm über die Straße gegangen.

[465]

(tänzelt dabei einen Schritt vor) Das hat meine Schwester, die noch nicht verheiratet war, meiner Mutter erzählt, und da hat er sie hergekriegt. *(spontan)* Müßt mal massieren – richtig. *(macht die Bewegung des Massierens)* Das hat man mitunter so. *(spontan)* Er sieht immer noch so hübsch aus. Wenn er so viel arbeitet, muß er wenigstens extra was dafür haben, einen neuen Anzug, weil er so fleißig arbeitet.
Wissen Sie noch etwas von Schröder? Ist eine gerichtliche Untersuchung gewesen?

(sofort zustimmend) Ja ja. Frau Schröder war bei der Polizei, das hat mir Erna erzählt, man hätte Frau Schröder gesagt, es wäre schon 30 Jahre her, es wäre schon verjährt.
Warum ging sie zur Polizei?
Sie sagte, ich weiß wenigstens – ich habe die Beruhigung, ich weiß jetzt, wer der Mörder meines Mannes ist. *(pathetisch, faltet die Hände zusammen, schlägt die Augen zum Himmel auf)* Auf dem Grabstein steht: Durch Mörderhand erschlagen.
Wie kam es, daß Frau Schröder erst nach so langer Zeit auf den Verdacht kam?
Frau Burschel hat es meiner Braut, der Erna erzählt, was meine Mutter alles erzählt hatte. Dann habe ich es Erna auch erzählt, die hat es dann der Frau Sch. wieder gesagt, fragen Sie nur mal meine Schwäger, die sind alle geschieden, die wissen alle viel mehr.
Sonst wissen Sie nichts?
Ich bin da doch nicht beigewesen.
Nach den Akten hat eine Beleidigungsklage von Frau Schröder gegen Ihren Vater geschwebt. 1887.
Ach, *(erschrocken)* davon weiß ich gar nichts, das glaube ich nicht, meine Mutter hat uns davon nichts erzählt, das würde sie uns Kindern sicher erzählt haben. – Da hat er Mutter jedenfalls gar nichts von gesagt. – Warum denn wegen Beleidigung?

[466]

Ich habe mir die Akten bestellt.
Das muß ich mal wissen, das interessiert mich, da freue ich mich drauf.
3. Bruder Karl?
Ja, Karl.
Wie alt?
Ich war damals so 12 Jahr – der mußte schon 30 oder 35 gewesen sein. Mein Bruder und ich haben uns immer gern gehabt – den hat Mutter mit in die Ehe gebracht. Sie ist verlobt gewesen, der Verlobte ist dann im Kriege gefallen, ganz früher.
In welchem Kriege?
Das weiß ich nicht.
Das können Sie doch ausrechnen.
Gegen Hannover, wie Hannover Krieg hatte.

Wann ist das gewesen?
(überlegt lange Zeit) Das muß wohl '64 gewesen sein.
Was war da für eine Schlacht?
Düppler Schanzen.
Ach wo? - Wer hat da gesiegt?
Die Preußen - die Preußen. Die Mutter war echt Hannoversch, dann weinte sie immer so. Was Mutter ihr Großvater war, der war in der hannoverschen Zeit Rittmeister gewesen, da fing sie immer so an zu weinen, wenn sie davon erzählte, die haben da ihr ganzes Vermögen verloren.
Wer stand an der Spitze von Hannover?
Ernst August - der war krank, der war blind.
Lebt der noch?
Der ist tot - der ist tot.
Wo hat er gewohnt?
In Herrenhausen hat er doch sein Schloß gehabt.
Wo ist er gestorben?
Das weiß ich nicht.
Hatte er noch Kinder?
Das weiß ich nicht - doch - Marie - Marienburg - Mutter hat so viel davon erzählt. Wie sie dann geheiratet hat, den Alten - den Vagabund - da hat sie den Jungen aus dem Hause geben müssen, den wollte er nicht sehen, er war wohl schon 12 Jahr alt. Mit einem Mal hieß es, das wäre mein Bruder Karl. Mutter hat mir bis dahin auch nichts davon erzählt. Der kam dann öfters zu Besuch zu uns, der brachte uns was Schönes mit, und da

[467]

sagte er zu mir, er wäre mein Bruder, ich sagte: So? Da habe ich mich gefreut. Da kam er immer, wenn der Alte nicht da war. Da hatten wir doch so'n großen Garten - da stehen jetzt mindestens 40 Häuser drauf und da kam er so - das war auf einen Sonntag Morgen, da lag mein Vater so am Fenster, weshalb, weiß ich nicht. Da sagte er, mein Stiefbruder: Pfui, sagte er, du sollst Dich was schämen, das vergesse ich Dir nie. Du bist ein Schurke, sagte Karl, und da sagte er, mein Alter, Karl, warte man, und drohte mit der rechten Faust und da ging Karl weg. Meine Mutter bebte und zitterte dann immer gleich, die war so klein und zierlich, 'ne hübsche Frau war aber meine Mutter - und da war es gut. Dann haben

wir gegessen und da war Karl verschwunden, am selben Tag verschwunden. Nachher haben sie ihn aus der Klippmühle gezogen, aus der Leine.
Wie hieß Karl mit Familienname?
Karl Claudius. – Da, wie sie ihn gefunden haben, saßen wir beim Essen. Meine Mutter wußte wohl, daß er verschwunden war und sagte zu dem Alten *(hebt dabei drohend den Zeigefinger der linken Hand)* – der Alte hatte vor Mutter immer Respekt, weil sie so reell war. Der Alte sagte nie was, wenn meine Mutter ihm was sagte. – Wie sie ihn nun den Tag gefunden haben, saßen wir gerade so am kleinen Tisch, wir Kinder, und die Erwachsenen saßen auch für sich – da stand sie da wie so'ne Siegesgöttin. – Den hast du ermordet, den hast du auf dem Gewissen und da hat sie geweint. Da hat er nichts gesagt. Mutter ist dann rausgegangen. Das hat sie ihm öfter gesagt, auch uns Kinder. – Karl hat er ermordet – ja.
Woraus schließen Sie das?
Das hat Mutter gesagt.

[468]

Was Sie bisher gesagt haben, sind aber noch keine Beweise.
Mein Bruder Karl mochte den Alten auch nicht leiden, der sagte ihm immer die Wahrheit, das konnte er nicht vertragen.
Woraus schließen Sie, daß er ihn umgebracht hat?
Vater und Mutter schliefen früher in einer Kammer, jeder für sich in einem Bette und da hat er ihr wohl ein Geständnis gemacht – nachdem sie ihm wohl Vorhaltungen gemacht hatte, da hat er ihr sein Geständnis abgelegt, das hat sie uns Kindern mal erzählt – das ist schon so lange her. Sie haben ihn gefunden, da war ein Ohr ab und der Kopf kaputt geschlagen, und dann haben sie ihn in die Leine geschmissen.
Sie meinen, der Alte hätte ihn erschlagen?
Mutter hat Nachforschungen gehalten und dann ist rausgekommen, daß Karl vorher in der Wirtschaft von Ehring gewesen ist, da ist er betrunken gemacht worden – da ist der Alte auch da gewesen und da hat der Alte wohl die andern veranlaßt, daß die Karl betrunken machten und dann haben sie ihn rausgeschickt zur Mühle, da ist er dann gefunden.
Hat der Alte ihn allein erschlagen?
Das weiß ich nicht, da müssen Sie mal meine Geschwister fragen. Die Mutter hat ihm nachher ein eigenes Grab machen lassen und einen schönen Grabstein. Da ist der Alte das gewahr geworden, da wollte er das wie-

der abreißen, das sollte nicht sein, das wollte er nicht haben, daß Mutter Geld für den ausgab, da ist sie die Nacht geflüchtet in unser Kinderzimmer, weil er ihr zu Leibe wollte.
Ist Karl seciert worden?
Bei uns zu Hause nicht.
Sie wissen doch, was secieren ist?
(Auf Vorhalt) Ja, so wie ich das gemacht habe.
War eine gerichtliche Untersuchung, wie die Leiche gefunden ist?
Das weiß ich nicht, ich war noch zu klein. – Mutter tat das nicht – wegen Euch Kinder tue ich das nicht, sagte sie immer.

[469]

3. Person, die der Alte auf dem Gewissen hat, ist die Mutter.
Die Mutter hatte Asthma. Da war ich doch Soldat. Ich habe sie nicht wieder gesehen. Wie die Mutter tot war, lagen die Geschwister alle mit dem Alten in Klagen, da schrieben sie mir immer die Briefe und regten mich damit auf. Wie sie dann beerdigt war, kam meine Schwester, Frau Burschel, zu mir und sagte: Fritz, die Mutter ist vergiftet – und alle haben das gesagt. Da habe ich das zu Adolf gesagt, Mutter sollte untersucht werden – ich will mal zur Polizei gehen – meine Braut wollte das auch. Fragt mal den Burschel und Rüdiger, die wissen das alle. – So – da wollte ich ihn anzeigen. Da sagte mein ältester Bruder: Fritz, das tue nicht, wenn die Staatsanwaltschaft dazwischen kommt, dann können wir alle aus Hannover wandern. Frau Rüdiger und Frau Burschel haben dann erzählt – ich habe doch Mutter beschützt, wie ich zu Hause war – er habe sie doch sonst nie geschlagen. Drei Tage vor dem Tode – hat Frau Burschel mir, meiner Braut und meiner ältesten Schwester erzählt, da ist er nachts zu Haus gekommen und da hat er die Lampe genommen – und ist an ihr Bett gegangen – und hoch gehalten – und da hat er gesagt: Du altes Biest, bist du noch nicht krepiert. Da hat sie so bitterlich geweint. Er hat doch die Borghold ins Haus nehmen wollen, die Liebste. Da hat die Mutter zu der Schwester gesagt, die war schon verheiratet, nehmt mich zu Euch. Da hat er sie in die Haare gefaßt und sie aus dem Bett gezogen – und 3 Tag nachher war sie tot.
Paßt mal auf, ich will Euch das mal erzählen. *(spontan)* Mal Tee trinken, tüchtig schwitzen. *(sucht sich durch Druck auf rechte Schulter zu überzeugen, ob die Stelle schmerzhaft ist)*

[470]

Dann haben Frau Rüdiger und Frau Burschel, die sind jeden Morgen nach Mutter rauf gewesen und haben ihr zu Essen und zu trinken gegeben und dann ist Frau Rüdiger raufgekommen, da hatte er der Mutter mal was eingegeben, das wollte sie nicht, da hat sie zu meiner Schwester gesagt: Was war das? – Was er eingab, weiß ich nicht, das hat sie mir nicht gesagt. – Da hat sie gesagt, das wollte sie nicht, da wurde sie so schwindelig, dann hätte er das mit Gewalt in den Mund getan. Da ist Frau Rüdiger raufgegangen und da hat meine Mutter nach dem Nachttisch gegriffen und gezeigt – »er hat – er hat mich« – und da ist sie zurückgeschlafen und da ist sie tot gewesen. – Das hat Frau Rüdiger erzählt – ich erzähle nur das wieder, was Frau Rüdiger und meine Braut mir erzählt haben – da hat Frau Rüdiger zu meinem Vater gesagt: Du hast Mutter vergiftet. Da hat er, wie meine Schwester ihm das ins Gesicht gesagt hatte, bitterlich geweint. Der weinte sonst gar nicht. Dann hat er die Flasche genommen und rausgeschmissen, da war sie kaputt. Dann hat Frau Burschel ein paar Tage nachher den Alten ausgeschimpft: Pfui, schäme Dich was, Du hast Mutter vergiftet. Da hat er meine Schwester, Frau Burschel, dann angezeigt wegen Beleidigung – da mußte meine Braut Zeuge spielen. Der Doktor soll auch dabei gewesen sein, wegen was sie gestorben. – Der Doktor sollte doch kommen, und als er da war, sagte Fraul Burschel zu ihm, meine Mutter ist schon tot. »Ach, die ist schon tot«, sagte der Doktor, »das kann unmöglich sein.« So hat sie das erzählt, und wenn ich 100 Jahr alt werde, das vergesse ich nicht, was sie mir erzählt hat.

[471]

Dann hat er sie verklagt, weil sie vor ihm *(Miene des Spuckens)* ausgespuckt hat. Dann hat er sie mit einem Beil bedroht. Mein Schwager hat mal in der Haustür gestanden, da hat er ihn über den Kopf geschlagen. Da hat Frau Burschel 100 Mark Geldstrafe zahlen müssen, weil er beschworen hat, daß sie ihn ins Gesicht gespuckt habe. Da hat der Richter gesagt, *(geheimnisvoll)* Herr Haarmann, nehmen Sie sich in Acht, wenn Ihre Kinder aussagen. Meine Braut hat das gesagt. Frau Rüdiger hat er angezeigt wegen Meineid – der Alte. Die hatte doch früher den Stollberger-Hof. Der stand vor dem Konkurs. Da hat meine Schwester reingeheiratet. Da hat sie was unterschrieben von Vermögen. Mutter hat ihr

dann die Schulden getilgt, und ich weiß nun nicht, wie das alles zusammenhängt. Da war was nicht in Ordnung. Da waren noch Schiller's Werke da, die hatte sie nicht mit angegeben, da hatte sie, Frau Rüdiger, nicht dran gedacht.
Was war denn das für ein Eid?
(wie selbstverständlich) Ein Offenbarungseid.
Was ist ein Offenbarungseid?
Wenn man Schulden gemacht hat – daß man überhaupt nichts mehr hat. – Frau Rüdiger leistete den Offenbarungseid und da hat sie nicht dran gedacht, daß noch Schiller's Werke da waren. Nachher sagte sie das meiner Mutter, die meinte aber, wegen der paar Bücher kommst Du nicht vor Gericht, das ist erledigt. – Das hat der Alte gehört, ist dann zum Gericht gegangen und angezeigt. – Der hat immer geklagt.
Stand der Alte nicht gut als Lok.Führer?
Das weiß ich nicht. Als ich ihn kannte, war er nicht mehr Lok.Führer. Aber meine

[472]

Mutter sagte mal: Als er mich geheiratet hat, da sagte er, das habe ich nicht mehr nötig, da ist er weggegangen, ohne Pension, ohne Alles.
Wie kommt denn das?
So dumm – so dumm *(zeigt dabei mit dem Finger auf die Stirn)* – die Mutter hatte die Zigarrenfabrik, die Häuser – da brauchte er nichts mehr zu tun – den ganzen Tag spazieren gehen, poussieren und trinken.
Adolf hat aber gesagt, er wäre ein pflichttreuer Beamter.
Müßt Ihr mal nachfragen. Das weiß ich nicht. – Er hat sich auf dem Bahnhof mit der Liebsten rumgetrieben, da hat er den Dienst versäumt. Dann haben sie ihn aufgefordert, er solle seinen Dienst machen. Da hat er gesagt: Ach was, das tue ich nicht mehr, ich habe das nicht mehr nötig.
Ist das alles, was Sie vom Vater wissen?
Der hat noch mehr auf dem Kerbholz. Ich muß mich mal besinnen.
Das ist doch gerade genug.
Der war so schlecht zu mir, gegen die ganzen Geschwister. Die letzten Jahre hat er sich ja geäußert – zu Emma hat er gesagt: Früher war ich schlecht zu Euch, aber jetzt will ich gut sein. Wenn ich tot bin, dann sollt Ihr alle so viel haben, daß Ihr nicht mehr zu arbeiten braucht. –

Hat auch viel Geld hinterlassen. Meine Geschwister haben jeder 2 Häuser gekriegt, aber mich haben sie bemogelt, *(erregt)* die haben Häuser, wo 10 Familien drin wohnen, ich nicht, gar nichts. Wenn ich was sagte, *(zeigt sich vor den Kopf)* sagten sie: Du? Du kommst nach Hildesheim, entmündigt wirst Du.
Wer hat das gesagt?
Wie der Alte tot war, als ich das Geld haben wollte. *(spontan)* Das ist ein richtiger Roman – von meinem Alten.

[473]

Ist Ihr Leben nicht auch ein Roman?
(freudig zustimmend) Ja, ich bin aber nicht so schlecht wie der Alte.
Ein Edelmann sind Sie aber auch nicht.
Ein Engel? – wollen wir nicht sagen – ich kann es vor Gott verantworten, daß ich das nicht wollte. Deshalb kann ich ruhig schlafen.
Ich glaube nicht recht, daß Sie nichts davon wissen.
Geköppt werden will ich.
Ob Sie das verdient haben?
Ich will geköppt werden.
Ob Sie das verdient haben, ja oder nein?
Was soll das heißen, die sind doch tot und wenn einer einen totmacht, dann hat er verdient, daß er hingerichtet wird, da ist doch nichts dran zu machen. *(lächelt dabei und spricht, als ob er etwas ganz Selbstverständliches sage)*
[474 siehe bei 476]

[475]

10. September 1924

(spontan) Eben war ein großer Herr hier, den kenne ich.
Das ist der Staatsanwalt von Hannover.
Ja, das mag sein, ich habe ihn schon öfter gesehen. *(spontan)* Ich dachte, Sie wären heute morgen schon gekommen.
Nein, ich habe heute vorn für Sie gearbeitet.
(schüttelt den Kopf) Ach ja, was haben Sie für Arbeit. – Herr Schweimler sagte heute morgen, es wären schon wieder ca. 30 Akten angekommen. *(spontan)* Jetzt haben wir auch den Düsseldorfer, der ist aus Kassel, gestern abend waren die hier.
Wer, die Angehörigen?
Ja, der Bruder, glaube ich, ich habe ganz vernünftig mit ihnen gesprochen. Die sagten auch, ich wäre ein hübscher Mensch. *(lacht dabei etwas verlegen, legt dabei die rechte Hand auf die Brust)*
Woran ist der wiedererkannt?
Die haben mir etwas erzählt von Schokolade, genau weiß ich nicht, daß er im Schokoladengeschäft gewesen ist oder so ähnlich, er hat jedenfalls öfter von Schokolade gesprochen. Ich habe gesagt, man soll mal nachsehen, und nun ist er das. Da haben sie mich gefragt, wo er geblieben wäre. *(setzt spitzfindig geheimnisvolles Lächeln auf und droht mit rechtem Zeigefinger)* – Glauben Sie nur nicht, daß das richtig ist, was in der Zeitung steht, von den Kommunisten, der Schwindel von der Haarmann's Wurst.
Sie haben ihn doch umgebracht.
Das habe ich doch gesagt, das ist der, den ich 5–6 Mal rausgeschmissen habe und Hans hat ihn dann immer wieder gebracht.
Wie hieß der doch?
(besinnt sich) Den Namen habe ich schon wieder vergessen, gestern Abend haben sie es mir noch gesagt.

[476]

Sie sind wiederholt bestraft worden wegen Diebstahls. Ja, das weiß ich. *(hebt den linken Zeigefinger hoch, verständnisvoll Ref. zunickend)*
Wie oft?
Och, die haben so viel Schwindel damit gemacht – das habe ich immer gekauft – es war meist Hehlerei.

11. September 1924

Bestraft wegen Entwendung eines Fahrrades und eines goldenen Ringes.
Das kann ich nicht mehr sagen. – Ach, lassen Sie doch das sein. *(will aufstehen und weggehen – bleibt auf Zureden des Ref. sitzen)*
Fahrrad.
Kann wohl sein.
Wann war das mit dem Ring?
Das ist schon lange her.
1905 – wie lange ist das her?
H. gibt zuerst 21, dann 19 Jahre an – muß sich dann überzeugen durch Aufstreifen des Ärmels, daß es nicht mehr blutet – siehe Notiz über Blutentnahme am 11. September 1924 [474] :

Haarmann wird Blut zu W.R. [Wassermann-Reaktion] entnommen. – Er ist zuerst sehr ängstlich, fürchtet sich, sträubt sich. Es bedarf einigen Zuredens, bevor er still hält. Auch dann noch sehr ängstlich. Muß daran erinnert werden, daß er doch gedient habe. Nimmt dann, auf einem Stuhl sitzend, militärische Haltung an. – Sehr glücklich, nachdem Blut entnommen ist. Freut sich immer wieder. Meint aber, man solle das nicht wiederholen und weist immer darauf hin, daß das Köpfen nur einen Augenblick dauert. Betont auch, daß beim Köpfen wohl mehr Blut herauskäme als heute.
Das mit dem Ring kann ich nicht mehr sagen, das ist schon so lange her.

Sie kennen ja Frau Guhlich.
Ja, *(lächelt)* die hat einen Buckel.
Haben Sie mit ihr nicht zusammen verkehrt?
Nein, *(besinnt sich)* wir haben doch zusammen gewohnt. *(macht dabei die Bewegung des Grabschens)*
Mit der haben Sie doch verkehrt?
(verlegen, greift sich an den Kinn) Die hat doch den hübschen Jungen, den Schorse.
Wo haben Sie die kennen gelernt?
Die kenne ich schon lange. *(putzt den Tisch reine, macht sich auch sonst zu schaffen)*
Mit der haben Sie doch verkehrt?
(immer verlegen, putzt weiter) Ach was, die hat mich immer los geschickt zum Klauen.

[477]

Sie sind verurteilt, weil Sie in der Kammer, neben dem Zimmer von der Frau Guhlich, Behälter aufgebrochen haben.
(sofort) Die hatte ja nichts.
Es waren ja Schiles Sachen.
Das glaube ich nicht. *(spontan)* Die war doch viel älter als ich, die muß wohl 20 Jahr älter sein.
Sie haben die Schlösser gewaltsam geöffnet.
Das glaube ich nicht, das kann nicht sein, das kann Luise nicht sagen.
Sie haben die Strafe anerkannt.
So? Dann kann das schon stimmen, ich bin viel bestraft.

Aktenz. D.352/07 - Haben Sie mal Strafe bekommen, weil Sie den Alten verprügelt haben?
Das stimmt, da hat er aber so geschwindelt, er hat geschworen - Meineid.
Wie war denn das?
Das kann ich nicht mehr zusammenbringen, das ist schon so lange her, aber das weiß ich, daß er da geschworen hat und da habe ich Gefängnis für gekriegt.
Wie viel?
Das weiß ich nicht - er hat immerzu mich angezeigt.
Sie müssen den Alten aber auch nett behandelt haben.
Er hat mich immer verhauen.
Der Alte hat Ihnen 1500 Mark gegeben.
Das ist Schwindel, das ist von meinem Vermögen. Ich wollte mein Geld haben, von meiner Mutter das.
Hatten Sie darauf Anspruch?
Ja.
Wie war es nach dem Testament?
Das hat er gefälscht.
Was stand in dem Testament?
Mutter war mal krank und da hat sie mich an ihr Bett gerufen und gesagt, Fritz, krieg mal das Geld raus - da stand so'n Geldschrank, da lag das Geld alles drin, mehrere Beutel voll, Gold und

[478]

Silber, 3 Säcke kriegte ich raus und da fällt mir *(geheimnisvoll)* so ein Brief in die Hände, da waren so Siegel drauf, oben drauf stand: Testament der Familie Haarmann, da habe ich den beigesteckt, und dann habe ich Mutter das Geld gegeben und bin dann in die Stube gegangen, da habe ich den Brief aufgemacht, das waren so große Bogen, wie die hier, *(zeigt auf einen Aktenbogen)* da habe ich das durchgelesen, da stand, daß er mit dem Gelde machen konnte, was er wollte, weil Mutter tot war - und da sagte Mutter, ich sollte die Beutel wieder reintragen. Da sagte ich, Mutter, was ist das für ein Brief, und da hat sie mich so ausgeschimpft, Du dummer Junge, wie kommst Du dazu, weißt Du auch, was da drin steht? -

Das weiß ich ganz genau. *(Von hinten macht ihr nichts mehr - nimmt darauf Bezug, daß Oberarzt Dr. St. Sachverständigen die Stelle zeigt, die für einen Nackenstich in Betracht kommt.)* Dann hat sie tüchtig geschimpft. Da habe ich gesagt, lies doch mal durch - oh - so'ne Gemeinheit - und da hat sie es kaputt gerissen und da habe ich es in den Ofen stecken müssen - es war doch Winter. *(leicht vorwurfsvoll zu Ref.)*
Woher soll ich das wissen?
Ich weiß das doch - und dann sagte sie, guck mal hin, was die mit mir gemacht haben - da haben sie ihr das Testament vorgelesen - ganz anders, als wie es da drin stand und das haben sie ihr vorgelegt zum unterschreiben, der Alte, kein Rechtsanwalt, nichts war dabei gewesen. Dann hat sie ihm das am andern Tag gesagt, am andern Morgen - ich schloß mich immer ein - da hörte ich Schritte kommen, da klopfte er an die Tür und da mußte ich aufmachen und da kam er rein und hatte schon einen Feuerhaken in der Hand und wollte mich

[479]

schlagen. Dann habe ich ihm den Arm festgehalten - so - oh - da kam meine Mutter aus dem Bette und schimpfte meinen Vater noch aus und dann habe ich ihn losgelassen und wie er so los war, da nahm er den Feuerhaken und schmiß nach mir und da war gleich so'n Loch in der Wand. Da kam mein Bruder Willi dazu und der verhaute mich dann in meiner Stube, der wußte gar nicht warum, da habe ich so geweint und da hat Mutter gesagt, wie kommst Du dazu, und da tat es ihm selbst leid und da hat er selbst noch so geweint. Da hat er mich dann mitgenommen und da bin ich bei Willi gewesen. Dann war er, der Alte, auch so krank. - Da haben sie ein Testament gemacht, da war Adolf mit dabei gewesen.
Was stand darin?
Das ist vom Gericht verworfen.
Warum?
Da kam ich vom Militär frei. Mutter war schon tot - da kriegte ich meine Pension - und alle haben mit dem Alten so geklagt, die zankten sich immerzu - Minna wegen Meineid und ihr Mann wegen Meineid, und Emma hat er ins Gesicht gespuckt und auch wegen Diebstahl angezeigt, ist aber verworfen, weil es Schwindel war, das kam alles von der Borghold her. Da hatten sie den Alten in die Enge getrieben mit dem Testament, und was macht der Halunke, er sagt zu Adolf, wenn Du mich

reinreißt, dann fliegst Du ins Gefängnis. – Den Diebstahl von der Conti will ich auch mal erzählen. Mein Bruder Adolf hat mit 19 Jahren geheiratet. Der ist auf die Conti gekommen, durch Vermittlung meiner Mutter, die kannte den Abteilungs-Chef. Durch diese Befürwortung meiner Mutter hat mein Bruder Adolf auf der Conti eine Stelle bekommen, der ist da jetzt noch, der ist jetzt auch Abteilungs-Chef, der hat doch das ganze Geld unter sich.

[480]

Der ist Chef von dem ganzen Büro. Da habe ich mich so geschämt – mein Bruder so'n großen Posten – da habe ich mich noch entschuldigt.
Was verdient der?
Der hat viel Geld, der klagt bloß, der ist ja so geizig, aber ein gutes Herz hat er, da hat er mich öfters so Bescheid gestockt, – der Alte hat doch den auch in den Fingern.
Warum?
Auf der Conti – da hatte er noch nicht so'n hohen Posten – da hatte er die Correspondenzen unter sich, da hatten sie auch die Briefmarken. Da fehlten mal in einem Jahre 30.000 Mark Briefmarken, da hatten Fricke und mein Bruder unter einer Decke gesteckt und haben die Marken gestohlen. Mein Bruder hat die Marken zu meinem Vater gebracht, die wollte er nicht zu Haus haben. Meine Mutter war erschrocken, die wollte das nicht haben, da hat Fricke die Hälfte und Adolf die Hälfte.
Wieviel ist die Hälfte?
(sofort) 15.
Wie groß war denn das Paket?
Och, das waren Stapels, *(zeigt etwa 30 cm)* das waren 10 Pfg. Marken.
Welche Farbe?
Rot – 5 Pfg. Marken waren auch dabei.
Welche Farbe?
Grün, da habe ich auch noch welche von gekriegt.
20 Pfg. Marken?
Weiß ich nicht. – Da hat Mutter geweint und wollte das nicht. Adolf mußte auch öfter was anderes mitbringen, wenn der Alte was haben wollte, der hatte ihn so richtig in der Hand. Davon hat der Alte öfter den Tabak bezahlt und die Wirtschaft, die Willi hatte, »Onkel Tom's Hütte«, der mußte die Brauerei bezahlen, auch alles in Briefmarken. Al-

les umgesetzt von uns. Nun wußte das der Alte, wie die Erbschaft kam, daß das reell geteilt werden sollte. Da sagte der Alte zu Adolf, was willst Du, ich bringe Dich ins Zuchthaus. Da sagte Adolf nichts. *(setzt ein wehleidiges Gesicht auf)*

[481]

Da hat keiner dem Alten was gesagt wegen Erbschaft. Jetzt kam ich vom Militär frei, da bin ich bei Frau Burschel, und alle, Herr Rüdiger und alle sagten sie: Du bist vom Militär frei und Invalide, Du kannst auf Armenschein klagen, da haben sie mir alle zugeredet, ich sollte Klage einreichen. Der Alte lachte mich aus. Er sagte, wenn Du mit Deinen Geschwistern nicht weiter verkehrst, dann kriegst Du das Haus in der Marschlerstraße, das kostete damals 110 000 Mark, das war 1900, das hat jetzt Willi geschenkt gekriegt. Frau Burschel sagte aber, der bringt Dich nach Hildesheim, nimm Dich in Acht. – Dann bin ich nach Adolf gewesen.
Warum haben Sie das Haus in der Marschlerstr. nicht genommen?
Ich wollte doch meine Geschwister nicht betrügen, jetzt haben die mich alle betrogen und haben sich alle nachher mit dem Alten vertragen. Wie er Willi das Haus geschenkt hat, da haben sie sich alle wieder vertragen.
Sie hätten doch das Haus nehmen und den andern etwas abgeben können.
Ja, wenn ich damals so schlau gewesen wäre, da war ich ja zu dumm – jetzt brauche ich nichts mehr. So – und da sagte Adolf, wenn Du mich jetzt bei Conti anzeigst, dann mache ich meine Strafe ab, und dann gehe ich nach dem Alten und dann fange ich ein Geschäft an, aber Du kannst mir doch nichts geben. Meine Braut hat dann einen Brief geschrieben an die Conti, die wußte auch von der Sache von Frau Burschel. Den Brief habe ich dann in den Kasten gesteckt. Ich wollte das nicht, aber meine Schwiegereltern wollten das, weil die so gemein waren.
War der Brief unterschrieben oder anonym?
Das weiß ich nicht, aber ich bin da schriftlich aufgefordert, ich sollte mal hinkommen nach der Conti und da haben sie meinem Bruder den

[482]

Brief gezeigt, da sagte er, da, das ist meinem Bruder seine Unterschrift.
Ich denke, Sie hätten den Brief nicht unterschrieben?

Ja, jetzt komme ich drauf, ich muß ihn doch unterschrieben haben. Mein Bruder mußte sofort das Kontor verlassen und da ging ich zu meiner Schwester, da sagt die mir, denk mal an, Adolf hat sich aufgehängt – und seine Frau hat ihn wieder abgeschnitten, da weinten sie alle so bitterlich.
Adolf sagte dann, Du kriegst sofort das Geld von mir, die Sache will ich regeln. Er mußte dann auch so'n Schriftstück unterschreiben, was, weiß ich nicht. Da hatten sie auch wohl reingeschrieben was von Hildesheim, daß ich in Hildesheim gewesen war und da hat meine Braut die Beweise hergeben müssen, die habe ich meinem Bruder gegeben und dann sollte er mir das geben und wie er die Beweise hatte, da wollten sie mich nach Hildesheim bringen. Kein Geld. Da fing meine Braut an. Da haben sie mir erst die Hälfte gegeben, nach 4 Wochen die andere Hälfte. Dann habe ich das Geschäft angefangen. – Dann konnte er wieder auf der Conti bleiben.
Wieviel haben Sie bekommen?
1 500 Mark.
Vorhaltungen aus Urteil?
Das ist Schwindel, ich habe ihn nicht geschlagen, auch nicht getreten, da fragt mal Frau Erfurth, der hat uns geschlagen, auch mit dem Beil. Da habe ich so geweint. Da habe ich da gewohnt. Nach Frau Erfurth ging ich viel. Frau Erfurth war nicht da, da war die lüttge Guhlich. Der Alte verfolgte mich auf Schritt und Tritt. Da habe ich gesagt, warum verfolgst Du mich und da kriegt er mich her und verhaut mich, da habe ich ihn überhaupt nicht geschlagen, und dann hat er mich angezeigt.

[483]

Der Alte hat aber ein ärztliches Attest beigebracht.
Der war so raffiniert, der hat sich Lutschflecke beigebracht. Ich wollte doch Berufung einlegen. – Wenn Du Berufung einlegst, dann bringen wir Dich nach Hildesheim. – Darauf sagte ich zu Frau Burschel, laß ihn man, den Hund, – der ist kein Vater gewesen, der ist ein Teufel gewesen.
Aber das Kind Erfurth hat das doch auch gesehen.
Ja, da war der Alte so raffiniert, der hat zu dem Jungen gesagt, wenn Du so und so aussagst, dann kriegst Du ein Piano *(spielt Klavier)* – der war etwa 12 Jahr. Meine Schwester hat mir dann gesagt, er hat Bernhard ein Piano versprochen, der hatte ja dem Bernhard alles tüchtig eingeschärft.

Und wie der Junge ausgesagt hatte, hat er doch kein Piano gekriegt. Nach langer Zeit hat er erst auf Drängen von Frau Erfurth eins gekriegt. Fragt mal den Bernhard heute, der ist schon groß, der würde das jetzt nicht mehr machen.
Guhlich hat das auch ausgesagt.
Der hat die Wahrheit gesagt, das ist nicht wahr, da haben sie ihm noch die Backen gestreichelt.
Hat das Gericht den Angaben des Erfurth geglaubt?
Nein, mein Alter, der hat geschworen.
Wieviel haben Sie da gekriegt?
Das weiß ich nicht, ich habe gleich gesagt, jetzt hast Du einen Meineid geschworen – das hat er öfter gemacht.
Die Strafe war nicht verdient?
Das war Unrecht, so wahr, wie ich hingerichtet werde und so wahr ich in den Himmel zu meiner Mutter komme – Frau Rüdiger hat auch manchmal einen Meineid geschworen – der lag dauernd vor Gericht. Der Alte hat mich auch einmal geprügelt, daß ich einen Meineid schwören sollte. – Der Rohling sollte Meister werden, der konnte so schön schmusen. Da habe ich zu meinem Vater gesagt, der R. hetzte immer die Leute auf und als

[484]

der Streik ausbrach, mußte die Fabrik geschlossen werden. Der R. flog dann raus, dann hat R. meinen Vater verklagt wegen Kündigungsgelder, er hatte doch 4 Wochen oder 14 Tage Kündigung abgemacht – da hat er zu mir gesagt, Du bist dabei gewesen, wie ich ihm das gesagt habe, bei mir gibts keine Kündigung. Wenn Du das nicht sagst, weißt Du Bescheid, und dabei drohte er mit dem Finger und da hat meine Mutter nachher so furchtbar geweint und das Gericht hat mir auch nicht geglaubt, weil ich so nicht wollte, ich sah mich immer nach meinem Alten um. Da mußte der Alte rausgehen und da sagte das Gericht, das glauben wir nicht, das glauben wir nicht. Die Mutter sagte, als wir nach Hause kamen, den Jungen hast Du auf dem Gewissen, der hat auch einen Meineid schwören müssen, jetzt willst Du mit dem Jungen das auch anfangen, schäme Dich.
Der Alte hat auch mit Jungens verkehrt?
Ja.

War der auch schwul?
Ja, hat mich auch mal da hin gefaßt, dann bin ich ausgekniffen.
Wie alt waren Sie da?
Ehe ich nach Unteroffizierschule kam.
Hat er was gemacht?
Da bin ich ausgekniffen, wie mein Bruder Willi auch. Der wollte mich auch mal kriegen, das hat er jeden Tag bei mir gemacht. Da hat er mich öfter geschlagen, wenn ich das nicht wollte, und da habe ich das Mutter gesagt. – Ich schlief mit Frau Burschel zusammen in einer Kammer, ich war wohl so 10 Jahr alt. – Frau Burschel ist 2 Jahr älter wie ich, wir hatten eine Kammer, jeder hatte natürlich ein Bett, und da kam Willi und wollte bei Emma ins Bett. Da schrie Emma und er konnte mit ihr nichts anfangen. Da kam er nach mir und da sollte ich sein Ding in

[485]

den Mund nehmen, da habe ich mich gewehrt und da habe ich es am andern Tag der Mutter gesagt. Die Emma mochte das damals nicht sagen und stritt alles ab und da kriegte ich noch einen Arsch voll dazu. Der hat das immer so gemacht, der hat doch auch wegen Sittlichkeitsverbrechen gesessen, 1 Jahr, der hatte mal so'n lüttges Mädchen ... Genaueres weiß ich nicht. Da bin ich in Hildesheim gewesen. Das habe ich nachher von meiner Mutter gehört. Da durfte er die Wohnung meiner Mutter nicht wieder betreten, bis sie im Sarge lag. – Der Alte hatte immer 17–18jährige Bengels.
Was tat er da?
Damals kannte ich das gar nicht, jetzt nachträglich habe ich mir das so ausgedacht. Auf einen Sonntag war das, wir saßen gerade beim Essen, wir drei, Vater, Mutter und ich. Da klingelte es – geh doch mal hin, Fritze, sagte Mutter – das war, ehe ich Soldat wurde – da komme ich raus, wir hatten so'n Korridor, da kamen so'n paar Penner – wie ich *(schüttet sich aus vor Lachen)* da standen so zwei Kerle. – Können wir mal Herrn Haarmann sprechen? – Augenblick. – Vater, hier sind so junge Leute, – da glaubte ich, die wollten Arbeit suchen. Wie ich so in's Eßzimmer reingucke, da standen die beiden auch schon hinter mir und sagten: Na, Fritz, da bist Du ja, Du hast uns schöne lauern lassen – er kriegte so'n Kopf – stand auf und drängt die Jungens zur Tür raus und da gab er ihnen heimlich was und da kam er wieder rein und setzte sich. Da sagte

meine Mutter, was war denn das, schämst Du Dich gar nicht, daß so was ins Haus kommt, das sind doch noch Kinder. Da hat er keinen Ton gesagt.
Ihre Mutter ahnte das?
Ja. Wie ich groß war und lernte die Schweinerei

[486]

erst kennen, da dachte ich, der Alte war ja grade so. Der hat auch so was gemacht. – Mein Bruder, der Willi, der sucht sich heute noch welche, der geht auch auf den Bahnhof, die Jungens meinten – die kannten ihn grade so gut wie mich – ich spreche doch gar nicht mit Willi – die Jungens sagten, ist das ein Verwandter von Euch, der heißt doch auch so. Ich sagte zu den Jungens, der heißt wohl Hamann, ich heiße Haarmann. Das haben die Jungens mir erzählt, daß Willi auch wichst und lutscht, aber von hinten, das macht er auch nicht.
Mit Adolf auch so was?
Adolf nicht, ich habe Adolf mal gesagt, da gingen wir spazieren, da habe ich gesagt, Willi hat die Schuld, daß ich immer so mit wichsen, der hat das mit mir oft gemacht, jeden Tag kriegte er mich her. Dann hat er mich geschlagen. Bei mir kam zuerst kein Samen, erst nachher.
Wie lange jeden Tag?
Von 6 Jahren, glaube ich, immer die ganzen Jahre hindurch, da war er schon so groß, davon habe ich bloß die Kopfschmerzen. Wie ich das nachher nicht mehr machte, habe ich mir die Hose auch nicht mehr voll gemacht, bis ich zur Unteroffizierschule kam.
Schliefen Sie allein bei Willi?
Nein, er kam zu mir aufs Zimmer.
Auf Unteroffz. Schule auch gemacht?
Nein, das habe ich nicht gemacht, ich polierte wohl mal bei mir.
Schwestern schwul?
Nein nein, die kenne ich ganz genau, das ist ausgeschlossen, nur der Alte und Willi, Adolf nicht.
Sie sind doch auch schwul?
Das bin ich erst nach dem Militär geworden, durch die drei Leute, Papenberg u.s.w., die haben mich erst wieder darauf gebracht, da kannte ich das erst wieder. Wenn das nicht zu gemein wird, schadet das nichts.

[487]

Ich komme vor Montag nicht wieder. Ich muß nach Hannover.
Herr Kommissar Rätz soll mal kommen, wir wollen doch bald Verhandlung machen, das machen wir ganz kurz. Wenn Gericht ist, will ich sagen: *(stellt sich in Positur)* Meine Herren, ich bin schuldig, ich habe ein Geständnis abgelegt, wir wollen es kurz machen, daß es endlich doch ein Ende hat, das regt mich so sehr auf – und wenn ich geköppt werde – *(legt sich weit über den Tisch, macht den Hals lang)* die Welt wird staunen – habe ich A gesagt, muß ich auch B sagen. Das ist doch ein Mord, wenn ich einen tot gemacht habe – ich will keinen Rechtsanwalt haben, nichts haben.
Das geht nicht.
Der Rechtsanwalt will mich doch verteidigen, das will ich nicht, der kommt mit Hildesheim und solchen Sachen, das gehört hier nicht her – das Köppen – und damit fertig. Dann kommt nachher das Denkmal, dann kommt da drauf: Die Opfer des Massenmörders Fritz H., geboren 1879 – dann kommen sie alle und sehen sich das an, in 100, in 1000 Jahren noch, das ist doch schön, – wenn ich so gestorben wäre, dann wäre ich beerdigt und keiner hätte mich gekannt, so aber – Amerika, China, Japan und die Türkei, alles kennt mich.

[488]

14. September 1924

Sachverständiger gibt H. 1/2 Dutzend Zigaretten und erinnert ihn an Fertigstellung des Romans. H. ist über die Zigarren sehr erfreut und umarmt Sachverständigen, macht sogar Miene ihn zu küssen. Als Sachverständiger sich freizumachen versucht, meint H.
Sie brauchen keine Angst zu haben, ich beiße nicht.
Bietet dann Sachverständigem eine Zigarre an, die von diesem aber mit der Bemerkung, er sei Nichtraucher, abgelehnt wird. Bietet dann auch Stenogr. eine Z. an, der ebenfalls ablehnt.
H. erkennt seinen Brief vom 18. Mai 1922 an das Mietseinigungsamt Hannover wieder.
Ich werde wohl auch nicht heiraten wegen meinem Leiden. – Mich will ja keiner, ich kann doch nicht mit Mädchen fertig werden.
Wenn man sich verlobt, weiß doch das Mädchen das noch nicht.
Das wußten sie alle.
Was verstehen Sie unter Leiden?
(klopft auf seine Herzgegend) Mit dem Herzen und den Nerven bin ich doch nicht in Ordnung.
Was war das mit Nerven?
Ich kriegte doch die Krämpfe.
Sie wollten Frl. Rehbock heiraten?
Die war mir doch viel zu alt. Frl. R. kam früher viel zu mir rein und war immer so freundlich. Dann kam sie lange Zeit gar nicht. Da habe ich gedacht, Frl. R. wäre böse, weil ich sie nicht heiraten wollte. Die war schon so alt wie ich. – Jetzt hat sie einen, mit einem hohen Bein, der ist so verwachsen, der geht so wackelich.
Frl. R. wollte Sie aber gar nicht haben.
Ja, im Anfang, ich bin doch ein netter Mensch, ansehnlich, bloß jetzt nicht rasiert.

[489]

»Betreffs eines Herrn, der mit dem § 175 und belastet ist, wohnt bei Frau W. und ich bitte höflichst, mich mit solchen Schweinen nicht zu vergleichen. Denn solche Menschen gehören nicht unter Menschen.« (Aus einem der

Briefe, die in der Hannoverschen Landes-Zeitung vom 6. Juli 1924 - 15453 - veröffentlicht sind)
Der wohnte bei Frau Wilhelm in demselben Haus. Da wohnten Leute, die verkehrten von hinten, die machten die Schweinerei.
Ist denn Ihre Sache so viel besser?
Ich habe das nicht von hinten gemacht. Die haben auch die Jungens mit einem Revolver bedroht, wenn sie nicht wollten.
Sie sagten, das Lutschen wäre nicht strafbar.
Wenn die Puppenjungens das wollen.
Aber Lutschen fällt auch unter § 175.
Das glaube ich nicht - und wenn die Jungens das wollen.
Äußerung von Frau Linderer.
Glauben Sie das nicht, das ist Schwindel. Die hat immer gehorcht. Wenn die was gehört hätte, dann wäre sie gleich zur Polizei gelaufen.
Wenn ich Ihnen aber nun andere Zeugen bringe, die das auch sagen.
Das habe ich nicht gemacht.
Ich habe noch zwei ermittelt.
Höchstens die Fürsorgezöglinge - der Döring.
Unterschrift: Ihr treuer Mieter - oder: freundl. Gruß. - Das war doch der reine Hohn.
Ach was, ich bin immer höflich gewesen zu ihr - bis zum letzten Tag, - die sollte mich nicht immer ausschimpfen.
Warum schimpfte sie Sie aus?
Weil ich im Gefängnis gewesen bin, das geht sie ja gar nichts an, ihr eigner Bruder hat ja gesessen. Im Hause waren auch noch mehr, die schon gesessen haben. - Die soll sich an ihre eigene Nase fassen.

[490]

Brief vom 21. November 1921 - wörtlich.
Daß ich sagte, betreffs des § 175, darin bin ich als Mann noch nicht mal aufgeklärt, so Gemeinheiten kennt nur eine Dirne. - Das glaube ich nicht.
Unter Hinweis auf die Zeitung, in der dieser Absatz abgedruckt ist.
Und wenn ich das wirklich geschrieben habe, dann ist das immer noch anständig geschrieben.
Aber es ist doch Lüge.
Ich als Mann kenne das wohl, aber so'ne Frau, so'n Mädchen darf so was

gar nicht wissen. Eine Dirne kennt alles, aber ein anständiges Mädchen kennt das nicht.
Aber was Sie schrieben, stimmt doch nicht.
Das weiß ich nicht mehr, was ich geschrieben habe. Die benahm sich mitunter wie eine Dirne. *(unwillig)* Das gehört hier nicht her, das ist doch gar kein Mord.

---

6 J. 342/08 - Türdrücker weggenommen.
Ja ja, das stimmt.
Was wollten Sie damit?
Habe ich geklaut.
Was Sie damit wollten?
Ich glaube, ich brauchte mal einen an meiner Tür, ich kann es nicht mehr sagen.
Sie wollten sie aber doch verkaufen.
Das weiß ich nicht mehr, das kann sein. - Die Türdrücker weiß ich noch.
Ist aber doch ein Diebstahl.
Ach was, das ist doch nicht schlimm.
Früher gesagt, nie gestohlen.
Wenn ich wirklich mal so'n Türdrücker nahm, das ist doch nicht schlimm. Richtig gestohlen habe ich doch nicht.
Ist doch stehlen.
Aber es war doch nur ein Türdrücker.

---

6 J. 588/08 - Dann sind Sie mit Guhlich bestraft worden mit 1 1/2 Jahren Zuchthaus.
Ja, im Zuchthaus habe ich mal gesessen.

[491]

Ein oder zwei Mal?
Zwei Mal bin ich drin gewesen. *(hebt zwei Finger hoch)*
Warum das erste Mal?
Das weiß ich nicht. *(unwillig - abweisendes Gesicht)*
Da haben Sie auf dem Kirchhof Dummheiten gemacht.
Ja, das stimmt, da haben sie mich bestraft. - Aber nicht geklaut.
Was haben Sie denn gemacht auf dem Kirchhof?

Die Guhlichs haben ein Grab da, da sagte sie mal, das sollten wir schön zurecht machen. Da sind wir dann öfters hingewesen und haben das schön zurecht gemacht. Den einen Tag haben wir da hinter der Kirchhofsmauer alte Steine, die da lagen, geholt, um das Grab schön in Ordnung zu bringen. – Weil wir das gemacht haben, sollten wir das andere auch gemacht haben.
Das glauben Sie doch selbst nicht.
Das muß ich doch wissen. *(selbstbewußt)*
Warum sind Sie denn mit langen Pelerinen dagewesen?
Das habe ich immer gemacht, da haben die manchmal drüber gelacht.
Das war doch mitten im Sommer. Sie hatten doch auch einen Sack bei sich.
Das war ein Kopfkissenbezug von Frau Guhlich, daß wir die Erde schön machten, da muß man doch die Erde von draußen mitnehmen.
Seitdem Sie verhaftet waren, sind keine Diebstähle mehr vorgekommen.
So so – das Volk hat doch immer geklaut. Ich habe doch die Strafe abgesessen, das ist doch erledigt.
Damals haben Sie gesagt, Guhlich und Sie wollten beide gleich gekleidet sein und hätten deshalb beide eine Pelerine getragen.
Wir können uns doch kleiden wie wir wollen. *(kann dabei ein verschmitztes Lächeln nicht unterdrücken)* – Ich habe doch die Strafe abgemacht, schreiben Sie hin, ich habe das geklaut. – Wir wollen uns doch nicht erzürnen um so Kleinigkeiten. *(zutraulich)*

[492]

6 J. 187/11 – Diebstahl auf dem Friedhof in Herrenhausen?
(sagt zuerst) Ja, das stimmt. *(dann aber geheimnisvoll)* Nein, das will ich Euch mal erzählen. Da waren so schöne Hundeköpfe und dann so'n goldenes Wappen darum, so groß wie meine Hand, so'n paar schöne Hundeköpfe waren da drauf, die habe ich mitgenommen. Das war schon ein ganz altes Grab. – Das stimmt, das weiß ich. Ich glaube, einen Hundekopf habe ich noch immer.
Auf der Flucht einige Stücke weggeworfen?
Ja, aber die Hundeköpfe habe ich behalten. Nachher als ich vom Gericht wegging, habe ich sie wiedergekriegt. Einen Hundekopf habe ich noch der muß zu Haus noch liegen.

---

6. J. 295/20 – Frau Birnenstiel haben Sie einmal mißhandelt.

Die habe ich mal feste verhauen, die faßte mich immer hier vorne hin. Da hat sie auch mal bei mir im Bett gelegen, da fing sie wieder an und da habe ich sie rausgeschmissen. Da hat sie mich angezeigt. Da hat sie selbst gesagt, daß sie mich da hin gefaßt hätte. Da hat der Kommissar noch gesagt, das dürfte sie auch nicht, wenn sie das bei ihm gemacht hätte, dann hätte sie noch mehr gekriegt. - Das gibt's nicht.
Bei Ihnen sind Abdrücke von Schlüsseln von der Frau Burschel gefunden.
(stutzt dann einen Augenblick) Ach, da habe ich doch gewohnt, die wollte mir bloß einen anhängen.
Warum?
Der alte Haarmann saß dazwischen.
Sie haben aber selbst zugegeben, daß Sie die abgenommen haben.
Dann hat das meine Schwester gemacht.

[493]

Bestraft wegen Frau Birnenstiel?
Nein, die ist abgewiesen. Ich könnte sie noch anzeigen. Sie durfte mich doch nicht anfassen. Ich könnte sie noch anzeigen, sagte der Kommissar. Habe ich aber nicht getan, die war mir viel zu schmutzig.
---
30 D.L. 788/21 - Damals haben Sie Wäsche von Frau Dalberg auf der Bödeckerstraße - die Wäsche war zum Trocknen aufgehängt - weggenommen.
Das war, wie mich Hans losgeschickt hat, das stimmt. Da hat Hans die Wäsche bekommen und verkauft.
Wenn Hans gesagt hätte, Sie sollten die Hand ins Feuer stecken?
Das hätte ich nicht getan. Ich habe ihm gesagt, er sollte mal losgehen, da sagte er, das kann ich nicht, geh Du man los. Da hat er mich noch rausgeschmissen, aus meiner eigenen Wohnung.
Mußten Sie denn tun, was Hans Ihnen sagte?
Ich muß doch einen bei mir haben.
Warum?
Es ist besser, daß ich einen bei mir habe, dann passiert nichts, dann mache ich keine Dummheiten. - Wenn wir so viel zusammen gebettelt haben, dann wollte ich ein Geschäft anfangen, dann sollte er heiraten und dann wollte ich bei ihm einmieten, wenn ich alt war. Da hat er aber alles versoffen. 1 1/2 Jahr habe ich gebettelt - oh - viel Geld habe ich da zusammengebettelt. Da habe ich sogar in dem Gasthaus Wiedemann ge-

wohnt, das kostete viel Geld, das hat er alles verspielt und versoffen. Und da haben

[494]

sie mich geschnappt. Da wollte ich nicht mehr betteln gehen. Meine Verwandten sollten doch das nicht wissen, daß ich betteln ging. – Da sagte er, geh mal auf den Hof, da hängt Wäsche, die Wäsche wird teuer bezahlt, und dann habe ich welche geholt.
Wie kamen Sie dazu, das einfach zu tun?
Wir mußten doch was haben. Wenn wir so viel gehabt hätten, hätte ich ein Geschäft angefangen.
Warum nicht gearbeitet?
Richtig arbeiten kann ich nicht.
Warum nicht?
Das kann ich nicht, dann bin ich gleich richtig krank, und dann auch, wenn ich richtige Arbeit haben wollte, dann wollten sie mich nicht einstellen, weil ich Invalidenrente kriege. Dann sagten sie, sie könnten keine Kranken nehmen. Die wollten mich nicht mehr.
Sie haben Zeit Ihres Lebens nicht gearbeitet.
Doch, wie ich zu Haus bei meiner Mutter war.

---

6 J. 397/21 – Bei Frau Burschel sind sehr viel Zigarren und Zigaretten gestohlen.
Ja, das weiß ich, *(lacht verschmitzt)* um die Sache hatten sie mich angezeigt, da war ich schon von meiner Schwester weg. *(zeigt bedeutungsvoll auf die Akten)* Kriminalbeamter Bätge hat mich damals verhaftet. Der hat gesagt, ich hätte einen richtigen Vogel. Da habe ich mich beschwert. Da habe ich gesagt, das gibt es nicht. Das hat er vom alten Haarmann. Das habe ich auch zum Kommissar gesagt.
Wer hat denn da gestohlen?
Da müßt Ihr mal Bätge fragen, das ist so'n großer Dicker. – Das waren drei Leute von der Conti. Da hat mich der Bätge auf die Schulter geklopft, Du bist ein braver Junge.

[495]

Kennen Sie Gransdorf?

Nein nein, *(überzeugungsvoll)* kenne ich nicht. Der soll nebenan vor der Wirtschaft Zigarren verkauft haben.
Daß Sie das aber alles behalten haben.
Ja, ich habe ein gutes Gedächtnis, habe ich auch.
Sie wissen aber nur das, was Sie wissen wollen.
(erstaunt) Wie so? *(Auf weiteren Vorhalt)* Mit der ganzen Sache habe ich nichts zu tun gehabt.

---

30 D. 57 / 21 - Erinnern Sie sich, daß Sie bei dem Kaufmann Beyme waren?
Wie der heißt, weiß ich nicht, das ist das wegen Betteln.
Was haben Sie da bekommen?
Da habe ich 1 1 / 2 Jahr gebettelt, das habe ich doch gesagt.
Wie viel Strafe?
3 Wochen. Da habe ich gesagt, ich bin Oberschlesier, meine Frau und Kinder wären auch hier, wir hätten nichts zu essen.
Da hatten Sie auf einmal eine Frau.
(lacht) Da haben wir Geld gehabt, manchen Tag wohl 30–40 Mark – und dann Hans *(pfeift)* Karten gespielt. *(macht die Bewegung des Trinkens)* Wir hätten in einem Jahre ein Haus kaufen können, der hat alles verbracht. – Jetzt schadet's auch nichts. *(schüttelt sich aus vor Lachen, offenbar in Erinnerung an seine damaligen Erfolge beim Betteln)*
Sie haben gesagt, Sie sammelten für die Herberge zur Heimat.
Das ist Schwindel.
Überall legitimiert mit Invalidenschein.
Mit meinem Namen, da habe ich mir nichts bei gedacht. Da haben sie das rausgekriegt. Wenn ich das heute machte, zeigte ich meine Papiere keinen. Dadurch kam das ja gerade raus. Da habe ich meinen Militärpaß gezeigt, daß ich Invalide wäre. – So viel hat in der Zeitung gestanden. *(gibt die Größe des Artikels richtig an)*

[496]

(Auf Vorhalt des Artikels) – Ja ja, das ist er. *(schlägt vergnügt die Hände zusammen)*
Damals behauptet, Sie hätten sich nicht als Oberschlesier ausgegeben.
So? Als Flüchtling habe ich mich jedenfalls ausgegeben.

---

2 J. 219 / 22 – Kennen Sie Gernardowsky?

Ja, kenne ich, der ist 'ne ganze Zeit lang bei mir gewesen. Nachher ging er auch auf den Strich, trotz meiner Warnung. – Da haben sie uns mal aus dem Bett rausgeholt und da kam die ganze Schweinerei raus. Er hat doch mit welchen hinten verkehrt – Riekenberg – da kam die Sache raus. Dann wollte er nachher wieder kommen.
Sie haben G. auf die Folgen von Hinten aufmerksam gemacht.
Da würde er krank von – das weiß doch jeder. Da müssen Sie mal den Doktor fragen. Das haben die Polizeibeamten damals auch gesagt.
Damals sagten Sie, Sie hätten G. zu Ihrer Unterstützung bei sich.
Ich habe immer einen bei mir gehabt. Da ist die ganze Zeit nichts passiert. Das war ein guter Junge.
Warum ist mit G. nichts passiert?
23 *(geheimnisvoll)* ist doch das Abmurksen erst losgegangen – Ob das davon gekommen ist, daß Hans das Weibervolk immer mitgebracht hat, und der Ärger mit der Frau K.
Man hat öfter Ärger und bringt doch keinen um.
Da ist es eigentlich erst losgegangen. Ist doch vorher nichts passiert.
---

[497]

6 J. 1585/12 – Erinnern Sie sich noch der Sache Dörries?
So nicht, mal Einzelheiten erzählen. *(Auf Vorhalt der Sache)* Ist das auch ein Puppenjunge?
Wann war das? 1912?
Das ist schon lange her, den kenne ich nicht mehr. – Das kann ich nicht mehr sagen – was ist da nicht schon alles wieder passiert in der Zeit.
Der Junge war erst 13 Jahr alt.
(erstaunt) So?
Da haben Sie 6 Monate Gefängnis bekommen.
Wegen dieser Sache – hm – Blödsinn.
Strafe wurde vereinigt mit 5jähriger Zuchthausstrafe.
(lacht vor sich hin) Die haben richtig so mit mir gespielt.
Ihr Treiben wurde als gemeingefährlich geschildert.
Wa – wa – was? – gemeingefährlich – davon ist mir nichts gesagt.
Der Staatsanwalt wird Ihnen das schon gesagt haben.
Was die einen da erzählen – darauf höre ich gar nicht – wenn die einen da so runter machen – dann habe ich geweint – da höre ich dann nicht drauf.

Warum weinten Sie denn?
Wenn die mich immer so vor Gericht schleppen und da wird so viel geschwindelt dabei.
Warum weinen Sie denn immer?
Ja, da weine ich immer.
Wollten Sie dadurch weniger Strafe bekommen?
Nein nein, das gibt's nicht. Das ist mir egal dann. *(legt die Akten in Ordnung)*
---
13 J. 934/19 - Kennen Sie Paul Montag?
Das wird der wohl sein - das ist doch der - deshalb bin ich bestraft.
Wieviel haben Sie da bekommen?
9 Monate - der Montag - das ist ein Puppenjunge, der wollte neulich erst wieder noch mit mir mit. Er sagte zu mir, damals sind wir noch jung gewesen, heute werden wir so was nicht wieder machen. Nimm mich man ruhig wieder mit.

[498]

Hunold?
Nee, kenn ich nicht.
Damals wurde der Schüler Koch vermißt.
Der ist bei mir nie gewesen.
Montag weiß, daß Sie mit ihm gesprochen haben.
Ist ja Unsinn, das ist doch Friedel gewesen. Montag kam doch immer mit Friedel.
Koch und Rothe waren verschwunden.
Montag hat mir jetzt erst noch erzählt, Friedel *(Rothe)* wäre jetzt wieder da, in Hamburg.
H. bestreitet immer wieder, mit Koch zusammen gewesen zu sein.
Damals, 1918 ein paar Mal verhaftet worden.
(kleinlaut) Ja, das glaube ich wohl.
Damals ist auch Ihre Wohnung abgesucht.
Ja, da haben sie die Kohlen bei meiner Schwester umgeschaufelt, das war aber wegen Friedel.
Entschuldigungszettel von Koch haben Sie geschrieben.
(Stimmt sofort zu) Ja, das habe ich geschrieben, das stimmt ganz genau, ich habe oft solche Zettel geschrieben. *(Auf Vorhalt)* Ja, das ist meine Schrift.

Warum damals geleugnet?
Habe ich nicht geleugnet, das gibt's nicht. Ich habe doch öfter solche Zettel geschrieben. *(liest seine Erklärung, nach der er bestreitet, die Entschuldigungszettel geschrieben zu haben)* Dann ist der Zettel mir nicht gezeigt worden – Da steht ja, daß ich ihn geschrieben habe. *(Als Ref. den Inhalt vorliest)* – Ach ja – so – bestreite ich.
Früher bestritten, heute geben Sie es zu.
Ich habe immer solche Zettel geschrieben.
Dann müssen die doch bei Ihnen gewesen sein.
Nein, das muß ich auf dem Bahnhof gemacht haben, einen Bleistift habe ich immer in der Tasche.
Warum später bestritten?
Das ist schon so lange her.
Das ist alles doch sehr verdächtig.
Wie viel sind verschwunden, die ich

[500 Sic!]

kenne. – Nicht alle, die ich kannte, die verschwunden sind, sind durch mich umgebracht.
Sie haben damals behauptet, Sie wären nicht zurechnungsfähig.
Wer? Ich? Das ist nicht der Fall, meine Schwester hat das gesagt.
Auf Vorhalt, daß er sich bei einer anderen Verhandlung auf Epilepsie berufen hat, meint er:
Ja, wenn ich Krämpfe kriege – und meine Schwester hat mir gesagt, daß ich das auf Gericht sagen sollte, ich hätte das beim Militär gekriegt – und ich kann doch mit den Mädchen nicht poussieren.
Da hat doch mit der Zurechungsfähigkeit nichts zu tun.
(leise vor sich hin) – zurechnungsfähig.
Sie wissen doch, was das ist?
Ja, das weiß ich wohl, was Sie wollen, Sie wollen mich wieder verrückt hinstellen. *(besinnt sich)* – Wenn die so was sagen vor Gericht, dann sagte meine Schwester: Fritz, Du mußt auf Gericht das sagen, daß Du das so nicht kannst, daß ich vom Militär das hätte – und dann habe ich das gesagt, daß ich mit den Mädchen nicht fertig werden kann und daß ich beim Militär als Invalide entlassen – das habe ich dann gesagt.
Ihren Rentenschein gezeigt?

Das kann ich nicht mehr sagen, das weiß ich nicht.
Nehmen Sie an, daß Sie jetzt auch unzurechnungsfähig sind?
(zeigt zweifelnd auf den Kopf) - Ich bin wohl ein bißchen erregt - wollen wir mal so sagen - und dann, weil ich das Herzleiden doch auch habe.
Aber unzurechnungsfähig?
Nein, das gibt's nicht.
(Nach einiger Zeit spontan) Das hat mit dieser Sache gar nichts zu tun - mit Unzurechungsfähigkeiten - mit Hildesheim - da will ich nichts von hören.
Damals von Med. Rat Brandt beobachtet worden.
Ja, das kann wohl sein, krank habe ich mich nie gemeldet.

[499]

Sie wissen aber doch, daß er öfter mit Ihnen gesprochen hat?
Ja, das kann wohl so sein, das haben die Verwandten wieder gemacht, Spitzbuben die.
Damals gesagt, Sie wären gut begabt gewesen.
(kurz) Bin ich auch.
Damaliger Grund der Erkrankung in Neubreisach?
Da bin ich vom Querbaum gefallen.
Sonnenstich?
Ach was, was Sie immer mit dem Sonnenstich haben.
Später in Bitsch schlapp gemacht.
Ja, das weiß ich. Die Fahne wollten wir wegtragen und da bin ich ohnmächtig geworden. Die Musik spielte schon - ich war ein tüchtiger Soldat - *(klopft dabei mit dem Finger auf den Tisch)* - das kann ganz gut passieren, wenn man da mal schlecht wird - *(weint)*
Warum weinen Sie denn?
Das braucht Ihr nicht alles aufschreiben.
Warum?
Weil Sie denken, ich bin kein tüchtiger Soldat gewesen - das bin ich doch gewesen, die haben mich alle gern gehabt.
Wann zuerst mit Mädchen verkehrt?
Mit Erna, mit meiner Braut.
Kein Verkehr in Zürich?
Nur ein Mal. Ich habe sie kennen gelernt und mit ihr poussiert, die war Kinderfräulein, da bin ich doch mit bei ihr oben gewesen. Da hat sie die

Stelle verlassen müssen, aus Italien war sie. *(amüsiert sich sehr)* Ja, das freut mich auch, wenn ich mal wieder so was höre.
Später mit anderen Mädels in Zürich verkehrt?
Nein.
Aber sicher.
Mit der Verona, das weiß ich ganz bestimmt.
Haben Sie die verführt?
Nein, die war doch groß, die habe ich kennen gelernt im Kasino, da war Ball.
Haben Sie da getanzt?
Nein, ich werde immer so schwindelig. – Da haben die Mädels keinen Hausschlüssel, da wird geklingelt

[501 sic!]

und da kam der Hausvater, da hat der mich verklatscht – ich wäre mit rauf gewesen. Der hat nachher zu mir gesagt: Sie haben keine Schuld, warum nimmt das Mädchen Sie mit, die hat selbst Schuld.
In Zürich jede Woche mit Mädeln verkehrt?
Ja, das kann wohl sein – aber keine mit nach Haus genommen.
Nach der Militärzeit auch noch mit Mädchen verkehrt?
Nein.
Aber angegeben.
Früher – das weiß meine Schwester ganz genau. – Der hat mich wohl danach gefragt, der Med. Rat. Brandt, dem mochte ich das nicht sagen. Frau Engel hat auch danach gefragt, der habe ich aber gesagt, doch, ich poussiere feste.
Sie haben doch mit Erna verkehrt nach der Militärzeit.
Nee, da war es vorbei, da wurden wir uns böse. Vor der Militärzeit mit Erna feste poussiert, jeden Tag.
1918 infiziert mit Tripper.
Ja, mit der Tochter von Schlachter-Karl, die hat sich jetzt gemeldet. – Dann kam ich später mit den ganzen Konsorten zusammen und dann ging die Geschichte wieder so los. *(macht Bewegung des Polierens)*
Früher auch schon so was gemacht?
Ehe ich nach der Unteroffizierschule kam, mit dem Willi doch – meinem Bruder, der kam immer in meine Kammer und machte das, und ich auch bei ihm.

Nicht mit anderen Jungens auch so was gemacht?
Nein. *(Auf Vorhalt)* Nein – nee nee.
Nicht mit einem Schmidt?
Mit Alfred Schmidt, ach ja, der auf der Schule, das war so'n dicker, wir saßen nebeneinander auf der Bank, der hat immer meine Tasche so kaputt gerissen und dann machte er das. Zuletzt hat meine Mutter die Tasche immer zugenäht, dann hat er ein Messer genommen und wieder aufgeschnitten und dann machte er es wieder.

[502]

Lebt Schmidt noch?
Weiß ich nicht.
Der stellt die Sache aber ganz anders dar.
So?
Den Vorgang in der Schule leugnet er.
Dann will er das bloß nicht sagen.
Er sagt, das wäre ganz sicher nicht so gewesen.
Doch doch, einmal hat das der Lehrer auch gesehen, da hat er noch Schläge gekriegt.
Nach der Konfirmation haben Sie ihn eingeladen ins Theater.
Ja ja, ich ging gern ins Theater.
Sie luden ihn ein und er mußte nachher –
Ach was, der ist doch schärfer als ich. Holen Sie ihn mal her, dann muß er das zugeben von der Schule.
Nachher Lutschen verlangt?
Nee nee, das glaube ich nicht.
Dann Verkehr abgebrochen?
Ach was, Quatsch.
Nach der Militärzeit Papenberg kennen gelernt?
Ja ja.
Durch ihn das wieder gelernt?
Ja, er ging doch auf diese Wege. Zuerst hat mich Adolf Mail auf der Straße angeredet und dadurch lernte ich die alle kennen, Friedel Schwarz und wie sie alle heißen.
Damals verurteilt, wie Brandt Sie begutachtet?
Ja, aber das weiß ich nicht mehr.
Da wurden Sie freigesprochen.

(erstaunt) Ich wurde freigesprochen, *(schlägt auf den Tisch, hebt den Zeigefinger)* warum denn, sag mal – weshalb – das glaube ich nicht – freigesprochen haben sie mich doch sonst nicht.
(Grund der Freisprechung auseinandergesetzt)
Aha, das war wegen der 9 Monate auch so. Da konnte der Junge nichts machen, aber der Vater mußte den Antrag stellen.

---

13 J. 1692/18 – Braun, erinnern Sie sich?
Nein, weil ich so viel Sachen, das kann man gar nicht wissen. *(sieht sofort das Telegramm)* Wozu ist das Telegramm da?

[503]

Alle Welt hält Sie für schuldig, Koch umgebracht zu haben.
Das habe ich dem Vater schon gesagt, dann schreiben wir ihn dazu, das habe ich schon immer gesagt. Mir liegt es an einem doch nicht.
Dem Montag haben Sie auch Mädels versprochen.
Och, der ist heute noch Puppenjunge, der geht immer noch auf den Strich – hübscher Junge ist er trotzdem noch – lebt bloß davon – von Strich gehen.
Montag hat auch Friedel Rothe bei Ihnen getroffen?
Ja, das waren doch Freunde, die beiden sind viel dagewesen, und Kurt Engel – die drei waren Freunde.
Damals auf Zurechnungsunfähigkeit berufen. – Angeblich in Colmar Schlaganfall.
Das ist wohl die Ohnmacht gewesen. Wird alles verdreht.
Oder Sonnenstich.
Ach, Sonnenstich. *(unwillig)*
Damals Nervenarzt als Sachverständigen beantragt.
Wer hat das gesagt, das hat höchstens meine Schwester zu mir gesagt, das sollte ich sagen.
Damals Revision durch Rechtsanwalt Mäntz.
(besinnt sich) Ah *(sein Gesicht leuchtet auf)* – das hat meine Schwester veranlaßt, die hat das auch bezahlt.
Womit Revision begründet?
Das hat meine Schwester getan.
Da ist gesagt, daß kein Sachverständiger vernommen wäre.
Das hat der Rechtsanwalt gemacht – hat viel Geld gekostet und hat doch

nichts genutzt, das ist doch immer so, die wollen bloß Geld haben, die Rechtsanwälte.
(Liest das Gnadengesuch vor - erhebt Einspruch dagegen, daß er 1901 geisteskrank gewesen.) Das stimmt nicht, das hat meine Schwester gemacht. *(bei der weiteren Lektüre)* Ich wollte den Rechtsanwalt mal was fragen, da hat er mich wieder weggeschickt

[504]

und gesagt: Ihre Schwester bezahlt ja.
Elemente.
Was sind denn das für Ausdrücke, die hätte ich mir nie erlaubt.
Bestraft wegen Hehlerei?
Ja, aus dem Grunde, da habe ich viel gekauft und dann haben sie mich angezeigt.
Sie haben aber doch gestohlen.
Ja, die Kleinigkeiten.
1918 durch die Infektion wieder Nervenleiden.
(empört) Das ist Quatsch. Mein Geisteszustand verschlimmerte sich immer mehr - Das hat der mit ihr zusammengemurkst, - das habe ich nie gelesen, das Dings.
»Vor Geschlechtsverkehr mit Frauen hatte ich Angst.«
(zögert bei dem Wort Angst - zeigt sich vor den Kopf) Angst - Angst - ich habe meiner Schwester nur gesagt, ich gehe nie wieder mit Mädchen, das ist Schweinerei.
»Konnte gegen Trieb wegen Verschlimmerung des Geisteszustandes nicht ankommen.«
(Schüttet sich aus vor Lachen)
»Bestreitet Tat Rothe, wenn doch begangen, nicht zurechnungsfähig.« Ich will das gar nicht mehr lesen - mit dem Geisteszustand.
Wenn Sie Rothe getötet haben, nicht verantwortlich.
Ach was, das war ja gar nichts mit Totmachen, das war ja mit Wichsen.
Wer hat das unterschrieben?
Das habe ich unterschrieben. *(amüsiert sich aber und meint)* Meine Schwester wollte ja bezahlen, da hat sie viel Geld für bezahlt.

---

13 J. 934/19 - Dann müssen wir noch eine Sache besprechen, die ist noch übler.

(erschrocken, erstaunt, schlägt die Hände zusammen) Noch schlimmer, als was wir schon besprochen haben?
Ihr Vater hat gesagt, Sie hätten den Koch auf dem Gewissen.
Das hat er immer gesagt – der Strolch.
Damals Frau Erfurth Fleisch geliefert, das Menschenfleisch war.

[505]

Glauben Sie doch so was nicht.
Ihr Lebenslauf, den Ihr Vater geschrieben hat?
Will ich gar nicht hören, das ist alles geschwindelt. – Dann ist der Tag für mich heute verdorben. – Haben Sie den Lebenslauf gelesen? Dann reißen Sie ihn ruhig kaputt und wenn Sie das nicht dürfen, schmeißen Sie ihn weg.

(Militär-Akte – H. sieht den Paß)
Da ist der Paß, den habe ich schon gesucht, mein ganzes Leben lang, so lange wie ich vom Militär frei bin. – Guckt mal rein, ob ich nicht ein guter Soldat war.
Führung?
(freudig) Recht gut.
Was nach der Militärzeit?
Da habe ich erst geklaut, wie ich Invalide war.
Warum?
Ja, man will doch leben. Arbeit will mich keiner geben, ich bin doch Invalide.
Wann aufgenommen in Neu-Breisach?
Das kann ich nicht mehr sagen. Ich bin mit Leib und Seele Soldat, schon als Kind – da habe ich mich gemeldet nach Neu-Breisach.
Nach Angabe der Vorgesetzten etwas beschränkt.
Was heißt beschränkt – dann müßte ich einen Vogel gehabt haben – dann hätten sie mich gar nicht so lange auf der Unteroffz. Schule behalten.
Damals gaben Sie an, Sie hätten die Kantine gekauft und müßten Bier machen.
Ach was, glauben Sie das doch nicht, das ist ja Quatsch.
Das ist im Jahre 1895 in Ihre Akten eingetragen.
Wer hat denn das geschrieben? – Ich hatte doch gar kein Geld – Kantine kaufen.

Dr. Friedrichs bestätigt das.
Den kenne ich gar nicht - Dr. Friedrichs - Kantine kaufen - wie komme ich denn dazu?
Lazarettgehilfen hielten Sie für Komp. Führer.
Ach was, das kann man doch sehen. - Von diesen Sachen will ich nichts hören, die stellen mich wieder verrückt hin.
Sie glaubten auf einem Kloster zu sein.
Kloster? - In Hildesheim, da war ein Kloster.

[506]

Nein, in Neu-Breisach.
Nein, ach was, da war doch eine Unteroffz.Schule.
Die anderen Kranken hielten Sie für Pastore.
Wann und warum soll ich denn das gesagt haben?
1895.
Das ist wohl da gewesen, da haben sie mich mal gefüttert, da war ich, glaube ich, gelähmt, da habe ich doch nicht sprechen können.
Wo ist das gewesen?
Das muß doch da gewesen sein.
Wie wurden Sie gefüttert?
Da haben sie mich was zu Essen gegeben.
Med. Rat Brandt nicht gesagt, daß Sie in Neu-Breisach ...?
So was muß man doch nicht immer erzählen, dann hätte der Alte doch recht behalten, dann hätten die mich wieder nach Hildesheim gebracht. Wir wollen auch keinen Rechtsanwalt haben, dann kommt der wieder mit dem Quatsch dazwischen; das will ich nicht.
Wo waren Sie in Hildesheim?
Da war ich zuerst im Michaelis-Kloster.
Bei welchem Arzt?
Herr San.Rat Gerstenberg, mit so'n langen weißen Bart, und Dr. Snell, der hatte so'ne schöne goldene Brille auf, der hatte so'n schwarzen kleinen Bart. Die waren freundlich. Die haben mal gesagt: Fritz, hab' man keine Angst, Du kommst bald wieder weg. Und dann haben sie mich doch dabehalten. - Wenn Ihr mich da wieder hinstoppt, dann wißt Ihr Bescheid. *(droht mit dem Finger)* Das gibt es nicht, da zwischen die Verrückten, da wird man ja verrückt.
Wo später in Hildesheim?

Im Magdalenen-Kloster, da ist aber eins.
Wer war der Arzt da?
Das ist dasselbe.
Und dann wohin gekommen?
Oh, da bin ich lange gewesen, ein ganzes Jahr haben sie mich da behalten, da haben sie mich nach Langenhagen geschickt, da bin ich ausgekniffen, da konnte man so auf die Straße gehen, da war keiner bei uns, und da – *(pfeift)* da hat Fritze einen Hasen gemacht. – Dann bin ich zu Hause gewesen, – bei Frau Burschel, die hat das da gemacht.

[507]

Versteckt?
Die hat mit meiner Mutter gesprochen, und da haben sie für mich gesorgt.
Und dann?
Da haben sie mich nach der Schweiz geschickt.
Wo sind Sie da gefahren?
Das kann ich heute nicht mehr sagen – Frankfurt, Basel und dann Chur, da hatten sie mir ganz genau aufgeschrieben, wie ich fahren sollte. – Da war ich mal eine Nacht im Hotel abgestiegen und da haben sie mich festgehalten und der Polizei Bescheid gesagt. Da hatte meine Schwester mir die Papiere von meinem Schwager mitgegeben, von dem Burschel. Da haben sie in Hannover angefragt und dann konnte ich wieder weiterfahren. – Kriminalbeamten waren hinter mir her.
Wie lange waren Sie auf dem Kriminalbüro?
Ach was, die haben das gleich vom Hotel aus gemacht. Ich mußte da so lange bleiben.
In welcher Stadt?
Ich glaube in Basel – oder Straßburg – hübsches Hotel gleich am Bahnhof.
Wie viel Geld hatten Sie?
Meine Mutter hatte mir einen kleinen Beutel genäht, den habe ich auf der Brust getragen, – dann hatte ich noch so'n Buch, damit konnte ich ganz durchfahren.
Wie sah das Buch aus?
So wie das. *(zeigt auf einen blauen Aktendeckel)*
Welche Klasse?

Das weiß ich nicht – ich konnte mit allen Zügen fahren – ob Schnellzug, oder D-Zug – oder Personenzug.
Was in der Schweiz gemacht?
Zuerst war ich bei Bekannten von meiner Mutter, Tappen, und dann bei Bekannten von Tappen, das war Dr. Düneberg, der hat eine Apotheke in Zürich. – Da habe ich nichts verdient, meine Mutter hat da immer Geld geschickt. Da habe ich so kleine Wege besorgt und die Medizin so rumgebracht, zu den Kranken, und dann mitunter die kleinen Flaschen sauber gemacht. Er hatte ein Laboratorium, da habe ich so'n bißchen geholfen. Das machte Spaß.

[508]

Wie lange waren Sie bei ihm?
Das weiß ich nicht mehr.
Anderswo in der Schweiz gegen Geld gearbeitet?
Nee, das hat er mir nicht gegeben.
Nein, ich meine auch anderswo?
Nein.
Sie waren doch nicht die ganze Zeit bei Dr. Düneberg, Sie waren noch bei einer Maschinenfabrik von Escher, Wyss & Co. in Zürich.
Nee nee.
Monatlich bis 110 Franken verdient.
Ach was, so viel Geld?

[509]

16. September 1924

(Sehr hilfsbereit beim Herholen eines Stuhles für Herrn Dr. M. - zu Ref.:)
Erst sagt man mal schön guten Tag.
Heute war wieder ein angestrengter Tag.
Ja, er war wieder da von Hannover.
Wie viel Fälle?
Das weiß ich nicht. Er sieht aber selbst ein, daß da viel Schwindel bei ist. Zwei Fälle haben wir gleich ganz zwischenrausgelegt, das war damals, wie ich das mit dem Finger hatte, da konnte das doch gar nicht sein. - Ich hatte es schon halb zugegeben. - Aber einen hübschen jungen Menschen hat er mitgebracht.
In der Schweiz vorübergehend in der Schlosserei.
Ach so, *(Hand auf den Mund)* da sollte ich drüber nachdenken, da habe ich gar nicht dran gedacht, - das glaube ich aber nicht.
Aber sicher.
Das stimmt nicht.
'97 nach der Schweiz.
Nein, ich sollte mich darauf besinnen, ob ich in der Schweiz in der Schlosserei war.
Haben Sie sich besonnen?
Ich bin gar nicht dazu gekommen, habe gar nicht dran gedacht.
Wann kamen Sie nach der Schweiz?
Das weiß ich noch, das war nach Weihnachten, da lag der Schnee so hoch.
Sie sind gefahren?
Nach Chur.
Über?
Warten Sie mal, ich bin über Frankfurt gefahren - und dann Basel - und dann bin ich nach Chur gefahren. Ich hatte so'n Buch, so mit Fahrkarten - da konnte ich fahren mit allen Zügen. Da haben sie gesagt, ich sollte immer schön fragen und da habe ich mich auch nicht verfahren.
Wonach rechnet man in der Schweiz?
Da rechnet man mit Franken.
Der Franken wird eingeteilt in?
In Cent - nein in Centimes.

Nicht nach Rappen?
Ja ja, stimmt, Rappen.
Zuerst nach Chur wo liegt das, am See?
Das? - nein - schön in den Bergen.
Wie hieß der Berg?
Das kann ich nicht mehr sagen. - Da entspringt der Rhein. - Da hat Frau Tappen zu mir gesagt, Fritz, tritt mal da rüber, und da fragte sie, weißt Du auch, wo Du jetzt darüber getreten hast - über den Rhein. - Ich dachte, das war so'n kleiner Bach.
Wohin fließt der Rhein?
Der Rhein? Bei Neubreisach ist er ganz breit.
Wohin weiter?
In das Meer.
In was für ein Meer?
Nordsee - Ostsee - in Geographie konnte ich nicht gut in der Schule - *(lächelt)* - das mag man gar nicht sagen.
Kennen Sie einen Nebenfluß vom Rhein?
(sofort) Nein, die kenne ich nicht.
Besinnen Sie sich erst mal.
Nein, das kann ich Ihnen schon vorher sagen.
Wie lange in Chur?
6 Wochen.
Nicht länger?
Ganz bestimmt.
Haben Sie da gearbeitet?
Da sollte ich bei Herrn Tappen, der war Kunstmaler, da sollte ich immer so kleine Streifen wo drauf kleben - und da hat er mich davon gejagt, das könnte ich nicht. Das mußte auch ganz genau sein. - Dann bin ich bei Dr. Düneberg gewesen, der hatte die erste Apotheke in Zürich.
Wo lag die?
Am Limmatquai.
Von Chur direkt nach Zürich?
Da hat Herr Tappen mich doch hingebracht.
Sofort in die Apotheke?
Ja, sofort bei Düneberg.
Da Medizin rumgebracht?
Da mußte ich alles schön sauber machen. Da hat er Medizin gemacht,

da habe ich oft zugesehen – Flaschen reinegemacht – bloß bei ihm im Laboratorium. Einen kleinen Hund hatte er, da mußte ich öfter mit auf die Straße gehen. – Da waren so viel Fremde, da telefonierte er und dann bin ich so lange rumgelaufen, manchmal konnte ich sie nicht finden, nachher hat er dann die Haushälterin hingeschickt.

[511]

In welchem Jahre war das?
Das kann ich nicht mehr sagen. Das steht doch da drin. *(zeigt auf die Akten)*
Ich weiß es doch alles.
Sie wissen das da draus. – Das ist gewesen – 1900 bin ich Soldat gewesen, das kann wohl so zwei Jahre vorher gewesen sein.
Wie lange bei Dr. Düneberg? 1/2 Jahr oder länger?
Das ist wohl 1/2 Jahr gewesen. – Er gab mir kein Geld, nur Essen und Trinken und Wohnung.
Damals haben Sie auch mit Mädels poussiert?
Ach, das müssen Sie nicht sagen.
Das war doch nett.
Och, wenn man jung ist. – Die war so alt wie ich auch. *(amüsiert sich)*
Nachher die andere?
Nachher Erna. *(spontan)* Ich habe doch hier einen Brief geschrieben wegen meine Rentengeschichte, den haben Sie doch nicht weggeschickt, er *(meint damit wahrscheinlich einen Kriminalbeamten)* sagt, das wäre nicht weggeschickt.
Doch, bestimmt, der ist weggeschickt.
So? Dann glaube ich das.
(Ref. zu Dr. M.:) H. hat seinem Bruder auch einen Brief geschrieben, weil er einen anderen Namen annehmen will.
Ach Gott, die haben mich auch beschissen um das Geld, sie sollen man gar nicht so tun, jetzt brauchen sie ihren Namen nicht zu ändern.
Wo sind Sie denn später gewesen?
Dann bin ich nach Haus gefahren.
Nein, Sie sind noch nicht nach Haus gefahren.
Ich bin doch bloß ein Jahr weg gewesen.
Sie sagten, in Zürich waren Sie 1/2 Jahr.
Ja.

In Chur 6 Wochen?
Ja.
Waren Sie noch in einer anderen Stadt in der Schweiz?
Meine Mutter wollte mir kein Geld mehr schicken. Dann schrieb sie ganz energisch, ich sollte sofort nach Haus kommen. Da habe ich meine Koffer gepackt und bin wieder nach Haus gefahren.

[512]

Wer hat Ihnen die Fahrkarte besorgt?
Die habe ich besorgt. Da mußte ich zwei Mal eine Fahrkarte nachlösen - ich konnte nicht ganz durchkommen.
Kann man ohne weiteres ins Ausland fahren?
Ja, jetzt muß man so'n Paß haben, früher nicht.
Warum?
Weil die Franzosen da jetzt sind, im Rheinland sitzen doch die Franzosen jetzt.
Damals nicht?
Die Franzosen sind gar nicht so schlecht, ich habe da mit Franzosen gesprochen, aber die Schweizer - oh *(pfeift)* - die sagten immer: Du Luschwab - Du verrickete Chaibschwab, die schimpften immer so - die können aber so schön trillern.
Wie nennt man das?
Jodeln.
In einem andern Geschäft nicht gewesen, als in der Apotheke?
(besinnt sich) Das ist schon so lange her.
Besinnen Sie sich mal.
Ich weiß ganz genau, wie ich noch so klein war. - Da haben wir uns auch gezankt mit der Haushälterin von Dr. Düneberg - oh - die soff so furchtbar - er trank ja auch jeden Mittag so zwei Liter Wein.
Das war stiller Neid.
Nein, das konnte ich auch trinken, die haben mir zu Mittag so'ne Pulle Wein gegeben, habe ich aber stehn lassen.
Würden Sie ihn jetzt noch stehen lassen?
Nach Wein frage ich nichts nach, lieber ein Glas Bier. Da haben sie Italiener-Wein, der sieht so blau-schwarz aus, den gibt es nicht so, wie wir ihn hier kaufen, da geht man nach dem Kaufmann und holt man 1 Ltr., der wird so wie Petroleum verkauft, *(macht dabei die Gebärde des Ein-*

schenkens) der kostete wenig Geld, das war so ganz dunkler Wein.
Besinnen Sie sich mal.
Haben Sie da was für mich?

[513]

Ich habe Nachricht aus der Schweiz.
Lesen Sie mal vor, oh, das müssen Sie mal vorlesen, ich höre gern was aus der Schweiz. Das war im Winter, als ich da ankam.
Wann sind Sie in Hannover weggefahren?

Wann in Langenhagen ausgerückt?
Das kann ich nicht mehr sagen.
Das weiß ich aber.
(lacht) Er weiß alles, und dann fragt er noch. Ich bin da erst noch bei meiner Schwester gewesen.
Warum?
Ich wollte doch da nicht wieder hin in die Verrücktenanstalt.
Dann auf Wanderschaft von Zürich am 4. April '99?
Auf Wanderschaft? Das ist Schwindel. Auf Wanderschaft bin ich nicht gewesen. Ich hätte wohl ganz gerne mal die Welt angesehen, aber ich mußte ja wieder nach Haus kommen, Mutter wollte ja kein Geld mehr schicken. *(spontan)* Jetzt habe ich mich besonnen, ich habe dann in Zürich in der Langgasse, in dem Stadtteil Lial gewohnt. – Die Schweiz ist schön. Wenn der Krieg vorbei war, wollte ich immer noch hin nach Zürich, das habe ich zu Haus immer gesagt, noch einmal nach Zürich, dann kann ich ruhig sterben. – Waren Sie noch nicht da? Das müssen Sie sehen, das ist schön.
Zürich ist zu teuer.
Oh, wenn man richtig wohnt, ja wenn man im Hotel wohnt dann ist es teuer. *(Erzählt die Affäre mit Verona)* Ich dachte, man hätte mich verhauen. *(spuckt in die Hände, macht Gebärde des Schlagens)*
In dieser Zeit waren Sie auch in einer Maschinenfabrik?
(überlegt) Ja, wartet mal, da habe ich einen kennen gelernt, der hat mich mitgenommen zur Arbeit, – da muß ich aber nicht lange gewesen sein.
Da waren Sie vom 7. Mai 1898 bis 30. März 1899.
(rechnet aus an den Fingern) So viel Monate, das ist aber eine lange Zeit – Donnerwetter.

[514]

Was war das für eine Fabrik?
Ich glaube, da wurden so Schiffe gebaut.
Das war die Maschinenfabrik von Escher, Wyss & Co., wo haben Sie da gearbeitet?
(zeigt auf die Auskunft, die aus der Schweiz eingelaufen ist) Escher, Wyss & Co?
Sie haben in der Kesselschmiede gearbeitet.
Das ist das gewesen, mit der Schlosserei, was Sie immer sagten.
Nein, Sie waren auch in Hannover in einer Schlosserei.
So, *(erstaunt)* so? *(zu Stenograph)* Sie haben ja heute Ihren Ring nicht auf.
Wissen Sie, wieviel Stunden Sie gearbeitet haben?
Dann habe ich richtig gearbeitet, wie andere auch, sonst hätte ich doch nicht so lange da gearbeitet, dann hätten sie mich schon eher rausgeschmissen, blaumachen gibts nicht, ich bin doch ein anständiger Mensch.
Sie haben 10 Stunden gearbeitet, jeden Tag.
(selbstzufrieden, Hände über dem Kopf zusammenschlagend) Das kann wohl so sein.
Wissen Sie, was Sie da verdient haben?
Nein.
1 Stunde 40 Rappen, wieviel Pfennig sind 40 Rappen?
(unwillig) Och, das muß man erst wieder umrechnen.
1 Franken sind 80 Pfennig, also 100 Rappen = 1 Franken = 80 Pfg., dann sind 10 Rappen wieviel?
(sofort) 8 Pfennig.
40 Rappen?
(sofort) 32 Pfennig die Stunde.
Wieviel am Tage?
Das sind 10 Stunden, das sind dann 3,20 Mark. - Nicht immer rechnen. *(unwillig)*
Sie haben im Monat 100 Franken verdient.
Das kann dann wohl so sein.
Das ist allerlei Geld.
(lächelt vergnügt)
Wann war das?
Als ich Soldat wurde - so 20 muß ich da gewesen sein.
Warum ausgetreten bei Escher, Wyss & Co?

Ich sollte doch wiederkommen, Reisegeld hatten sie doch schon geschickt.
(Ref. kommt wieder, nachdem er mit Dr. M. gesprochen hat. - H. spontan) Sie konnten hier ruhig erzählen, auch wenn ich dabei bin.

[515]

Wann Sie zurückgekehrt sind, wissen Sie nicht?
Das kann ich nicht mehr sagen.
Und dann?
Dann bin ich zu Haus gewesen, bei Mutter.
Was zu Haus gemacht?
Ich mußte doch da mit helfen in der Zigarrenfabrik, und dann hat Mutter gesagt, vormittags müßte ich mit helfen, nachmittags könnte ich spazieren gehen. – Ich mußte doch nachher Soldat werden.
Haben Sie sich freiwillig gemeldet?
Nein, ich mußte kommen, ich war so lange in Zürich gewesen. – Da habe ich mich gemeldet bei das Jäger-Bataillòn.
Warum bei Jäger?
Bei den Jägern ist es doch schön. Die Mutter sagte, ich sollte mich melden bei die 73. oder 74. in Hannover, weil ich doch kapitulieren wollte, dann wäre ich immer beim Hause, da habe ich gesagt, nein Mutter, ich melde mich bei die Jäger. Da haben sie mich auch genommen. *(Spontan:)* Was ist denn mit dem Jungen da hinten los? Ist der auch tot? *(zeigt auf die Akten. Ref. zeigt ihm ein Bild von einem Vermißten)* Den kenn ich nicht.
Sind Sie von der Schweiz direkt nach Hannover gefahren - 15. April '99 ?
Das ist schon so lange her, das kann man nicht mehr wissen, das wüßten Sie gerade so gut nicht mehr wie ich.
Das würde ich doch wissen.
Oh nein – ja, wenn Sie hier rein gucken. *(spontan)* Das steht doch da nun schon alles da drin. *(zu Ref., der in den Akten herumblättert)* Das brauchen Sie doch dann nicht mehr aufschreiben.
Ich will aber wissen, was Sie davon wissen.
Das wissen Sie doch.
Von den Straftaten wissen Sie sicher noch mehr.
Da habe ich Ihnen alles gesagt, warum soll ich denn schwindeln, da habe ich überhaupt gestaunt, wo Sie das alles von wissen. *(gibt Ref. und*

Stenogr. den Rat, mal ordentlich auszuschlafen, weil sie heute erst so spät kamen.)

[516]

Wie haben die Zigarren geschmeckt?
Oh, ich möchte Sie so in den Arm nehmen.
Warum?
Wenn ich die Menschen so lieb habe, dann nehme ich sie in den Arm.
Weil ich freundlich bin?
Ja – der Herr Schweimler ist so freundlich und Herr Schaper *(Untersuchungsrichter)*, die sind alle so freundlich zu mir. – Wir haben uns gestern auch gezankt. – Ich habe ihm gesagt, wir kriegten uns auch oft bei die Haare. Ich habe ihm gesagt, das könnte ich nicht vertragen, wenn die Leute so lügen. Das sieht der Herr Richter auch jetzt ein, das sagte er heute selbst, daß viel Schwindler dabei sind, das glaubt er auch nicht alles, was die da sagen. Er sagte, da wären auch viele, die nur aussagten, um Zeugengeld zu bekommen.

[517]

<u>Roland Huch</u>

(Lichtbild) – Weiß nicht, Sie müssen mir mal was davon erzählen, dann kann ich es sagen.
Der wohnt in Hannover, Arnswaldstraße.
Ist das ein Puppenjunge?
Narbe an der linken Wade.
Nee, so Jungens habe ich nicht gehabt.
Können Sie doch nicht so ohne weiteres sehen.
Die habe ich doch ausgezogen, dann sehe ich doch das. – Wenn man poussiert, zieht man sich doch richtig aus.
Auch Narbe auf dem linken Oberschenkel?
Och, wenn der so viel Narben hat – das ist nichts für mich gewesen – hübscher Junge auf dem Bilde.
Anzug hat man bei Ihnen gefunden.
So? Dann habe ich wohl auch schon Ja gesagt.

Schneidermeister Brüggemann hat ihn auch wiedererkannt.
(sofort) Den kenne ich gar nicht. – Vielleicht hat Herr Reich das mitgeschrieben, dann kann der uns das wohl erzählen.
Kennen Sie Fischer, Kestnerstraße?
Den kenne ich nicht, den Namen können Sie mir ruhig sagen, die kenne ich doch nicht.
Fischer war mit Grans mal bei der Wohnung des Huch.
Das kann ich nicht sagen, da müssen Sie mal Hans fragen, der weiß das ganz genau.
Besser als Sie?
Der ist helle, wenn ich was vergessen hatte, dann wußte Hans das immer, auch mit Schreiben und Rechnen.
Sie haben gesagt, der Anzug würde wohl von einem Opfer stammen, weil im Gesäß ein Loch sei.
Jetzt weiß ich's, jetzt erinnere ich mich, die Mutter und der Vater waren da, – die Mutter war eine hübsche Frau – die Mutter sagte mir, der Junge ist schon mehrmals ausgerissen, jedesmal hat er sein Zeug verkauft. – Nun weiß ich nicht, habe ich den Anzug gekauft – oder ist er umgebracht. Aber einen kaputtigen Anzug kaufe ich nicht, sonst wird es schon so sein, daß ich ihn umgebracht habe.

[518]

Die Mutter hat gesagt, er wäre ein großer Strolch gewesen. – Dem Bilde nach kenne ich ihn nicht. Wenn einer so was hatte, so einen Finger ab, so wie meiner *(zeigt auf seinen amputierten Mittelfinger)* – wenn ich so einen hatte, würde ich nicht nehmen, kann ich nicht, – wenn die Jungens sich auszogen und die hatten so was an sich, dann mußten sie sich wieder anziehen, die wollte ich nicht. Das müssen hübsche Jungens sein. *(spontan)* Im Essen war, glaube ich, war etwas. Gestern Mittag war ich noch ganz fidel. Wie ich das Essen genommen hatte und ich mich hingelegt hatte, da ging das ganze Zimmer rum. Ich glaube, das hat Herr Sürig gemacht, der hat da Gift rein getan. Der war sonst immer so freundlich, aber seit der Zeit, wo er in Hannover war, da hat er sich aufhetzen lassen, der ist vielleicht bei meiner Schwester gewesen, die hat vielleicht gesagt, er sollte mich vergiften, das glaube ich ganz bestimmt. – Alles können sie machen, bloß nicht vergiften, köppen sollen sie mich ruhig.
Das kann doch gar nicht sein.

Meine Schwester gab ihm sicher was mit.
Was für ein Interesse haben denn die daran?
Die wollen doch das nicht haben, daß ich geköppt werde, die sollen sich totlachen, ich will doch geköppt werden, grade deshalb. – Er war sonst immer so freundlich, das habe ich ihm auch schon gesagt: So lange wie Sie in Hannover gewesen sind – Sie haben sich aufhetzten lassen. – Ich will heute Mittag mal etwas Essen zurückhalten, dann müssen Sie das mal untersuchen. – Das muß er nicht machen. Wenn Ihr mich köppen wollt, dann müßt Ihr das nicht machen, denn man kann doch scheintot sein, nicht ganz tot, und dann beerdigt werden.
Dann klopfen Sie an den Sarg, dann wird wieder aufgemacht.
Meine Mutter hat auch angeklopft, wie die im Sarge lag, das habe ich zu

[519]

meinen Geschwistern auch gesagt, wie wir sie beerdigt haben, da habe ich das ganz deutlich gehört.
Was für ein Gift soll denn das gewesen sein?
Ja, das weiß ich nicht.
Schmeckt sonst das Essen?
Gestern Abend war es ganz salzig. Sonst esse ich mehr, gestern Mittag schmeckte es mir aber gar nicht. – Die Köchin kocht gut, es hat mir doch sonst immer gut geschmeckt.
Die war vielleicht verliebt.
Och, – da wird man doch nicht krank. – Herr Reich sagt, das glaube er nicht, es könnte ja sein, daß man mal was ins Essen kriegt, daß man schön schläft, aber vergiften, das glaube er nicht. – Aber ich habe das so deutlich gemerkt, den ganzen Tag gestern Kopfschmerzen – oh – heute noch.
Ich habe auch Kopfschmerzen.
Das ist aber anders, das merkt man sofort. Wissen Sie, ich habe mich schon mal vergiften wollen – im Lazarett – in Bitsch. Da hat mein Vater geschrieben, daß ich in Hildesheim gewesen wäre, der hat da alles verraten, da habe ich mir da was genommen – so rotes, da tun sie die Messer und so was rein – da hatten sie so'n Brocken, – ich weiß nicht, wie es heißt, sagen Sie mal –
Sublimat?
(zustimmend) Ja, dann bin ich nach dem Klosett hingegangen und habe

es runtergeschluckt und dann ist es wieder rausgekommen – uh – uh – das ging nicht.
Warum wollten Sie sich vergiften?
Wegen des Alten, weil der das verraten hatte. – Da ging mir das auch um und dumm – so war das auch – *(zeigt dabei auf die Matratze seines Zimmers)* – das will ich nicht wieder, das ist nichts, das Vergiften.
Sprichwort heißt: Unkraut vergeht nicht.
(besinnt sich einen Augenblick, lächelt dann vergnügt, klatscht in die Hände) Sie machen ja wieder Spaß.

[520]

Verstehen Sie das denn?
Das sagt man so, auf mich kommt das aber nicht, das trifft auf einen zu, der ein Taugenichts ist.
Wissen Sie, Fritz –
(Setzt sofort ein pfiffiges Gesicht auf – droht mit dem Zeigefinger)
Wissen Sie, was ich sagen wollte?
Sie wollten mich wieder so ein bißchen – *(stößt dann den rechten Zeigefinger in die Luft gegen Ref.)* – ärgern. – Wenn Sie mir sagten, hier, nehmen Sie das ein, das ist Gift, dann würde ich das ruhig einnehmen, weil ich weiß, daß es doch kein Gift ist. – Sie haben mir doch im Zellengefängnis auch schon was eingegeben. *(Aspirin und Codein)*
Das hat doch schön geholfen.
Ja, hier habe ich auch Aspirin bekommen, das schmeckte so'n bißchen säuerlich.
Ähnlich wie Essen.
Wie? Ja, aber nicht so sauer.
Aber Sürig ist doch Beamter, der darf doch keinen vergiften.
Man weiß das nicht – Sie dürfen das ihm aber nicht sagen, *(geheimnisvoll)* sonst tut er mich noch mal vergiften. Wir gehen jetzt bald wieder nach Hannover, und da denkt er, der soll hier erst noch sterben.
Wann wollen Sie denn nach Hannover?
Ich denke doch bald, der Untersuchungsrichter sagte doch, daß es nun schnell ginge.
Tut es Ihnen nicht leid, wenn Sie hier wieder weggehen?
Och, Sie besuchen mich doch auch in Hannover wieder.
Ist es hier nicht schön?

Och - doch.
Wissen Sie, was ich dem Herrn hier heute sagte, Ihre Akten hätte ich noch nicht durchgesehen.
Tut auch nicht nötig, da ist ja so viel Quatsch drin.

[521]

Robert Witzel

(schlägt die Hände zusammen) Kommen Sie immer wieder mit dem Witzel. - Das sind ja gerade die Kommunisten, die haben am meisten in der Zeitung gestanden.
Was haben die denn mit den Kommunisten zu tun?
Die Jungens sind doch Puppenjungens und jetzt wollen sich die Jungens so schön hinstellen. Aber die Kriminal hat noch geforscht und festgestellt, daß es Puppenjungen waren und jahrelang davon gelebt haben, gerade der andere Witzel, der wollte doch immer noch mit. Wenn der so bei Kröpke stand, dann kam er gleich an und faßte mich an die Hose und alles so was, da konnte ich mich gar nicht vor bergen. *(stiert in die Luft, lacht dann verständnisvoll vor sich hin, legt Zeigefinger an die Nasenspitze)*
Kommunisten?
Die Witzels, das sind Kommunisten, wenn ich das wußte, daß das Kommunisten waren, hätte ich sie gar nicht angeguckt.
Warum?
Die wollten immer mit mir, die Kommunisten haben so 'ne gelbe Brosche, das sind widerliche Leute, die mag ich nicht leiden. Die Frau Engel ist auch Kommunist, die hat mich doch manchmal verhauen.
Was wollen die Kommunisten?
Die glauben an keinen Gott, wenn ich mit Frau Engel über Gott sprach, dann schmiß sie mich raus. Ich habe gesagt, es kommt noch mal die Stunde, wenn Sie krank sind und sterben, dann beten Sie doch noch mal zu Gott. - Ich habe die Bibel so oft durchgelesen, ich kenne sie.
Wieviel Propheten?
Christus hatte 12.
Das waren aber keine Propheten.
(überlegt)
Jesus und seine 12-?

12 Jünger.
Was wollen die Kommunisten noch?
Die wollen keinen Kaiser haben, die wollen nicht arbeiten und wollen das Geld, was andere haben, wegnehmen.

[522]

(plötzlich:) Leinert hat jetzt seine Unterschrift zurückgezogen. *(schüttet sich aus vor Lachen, hebt drohend die rechte Hand)* Leinert kann ich nicht leiden, fragen Sie mal in Hannover, was die Leute über den alles erzählen, der ist Maler gewesen, früher hat er so gar nichts gepredigt, und nachher, als er dann Bürgermeister – in Berlin war er doch auch –
Was war denn Leinert?
Oberbürgermeister, – früher hatten wir Tramm, das war ein feiner Mann, ein studierter und gebildeter Mann. Aber Leinert – früher, als er noch für die Arbeiter predigte, da hatte alles Achtung für ihn, aber wie er erst an der Spitze stand, da hat er für sich gesorgt, der hat ganz Hannover betrogen, die Jungen auf der Straße sprechen sogar von ihm. Er muß jetzt aber weg.
Unter welchen Bedingungen?
Er hat so'n Gehalt, den will er alle haben.
Wieviel ist das?
Über 20 000 Mark. Wenn der Mann, – der hat schon vorher gesorgt für sich – der hat gesagt, wie Tramm noch Oberbürgermeister war. – Das ist viel zu viel Geld für ihn, ein Auto braucht er nicht, aber jetzt, wo er oben an der Spitze steht, kann er den Hals nicht voll genug kriegen. Dann kann er doch ruhig sagen, ich bin Arbeiter, so wie wir alle sind. – Wenn er 5 000 Mark hätte, dann hätte er schon genug, er hat doch gar nicht studiert. Ja, wenn er studiert hätte, dann hat er Bildung, dann kommt ihm das zu. Das wäre genau so, als wenn ich jetzt sagen wollte, ich will Kaiser sein und will in ein Schloß ziehen, dann schämte ich mich, dann fühlte ich mich nicht wohl, ich schämte mich, wenn ich den Kaiser wegjagen sollte.
Warum sind die Kommunisten böse auf Sie?
Weil ich so gern Soldat war und hielt zum Kaiser, wenn das einer sagte, kriegte man Schläge.

Robert Witzel war doch bei Ihnen?
Ja ja.
Haben Sie ihn umgebracht?
Wie die Sache zusammenhängt, kann ich nicht sagen, jedenfalls tot ist er und ist mir auch zum Opfer gefallen. – Aber das ist nicht sein Kopf, der Kopf ist doch kaputt.
4 Köpfe, präpariert.
Wer soll denn das sonst gemacht haben. *(zuckt die Achsel)* Das habe ich von vornherein gesagt, meine Köpfe sind das nicht, das könnte ich doch ruhig sagen, den anderen ist vielleicht auch was passiert, die soll ich dann mitnehmen auf meine Kappe, das gibt's nicht.
Wem soll das passiert sein?
Andere haben vielleicht auch die Puppenjungen umgebracht. – Hört mal zu, in Hamburg u.s.w. ist auch so viel passiert, da haben sie auch so viel gefunden, was nicht von mir ist.
Identifikation der Zähne.
Ach was, danach können sie gar nicht gehen, das ist Unsinn.
Sie kennen doch Dr. Schackwitz?
Nein, das ist doch Dr. Brandt.
Der bei Ihrem Geständnis dabei war.
Kenne ich nicht.
Die Ärzte sagen auch, die Köpfe wären von Ihnen.
Das nehme ich ja auch an, aber richtig genommen, das sind meine Köpfe nicht.
Angst vor Kommunisten?
Oh, die wollten mich kaputt reißen, das Auto umschmeißen, mit der Säge den Kopf langsam absägen, im Zoologischen Garten lebendig in den Löwenkäfig bringen.
Früher ein Apostel?
(fährt sofort los) In der Bibel – der hat dem Löwen so'n Dorn aus dem Fuß gezogen.
Wer war denn das?
Das kann ich jetzt nicht mehr sagen.
Aber ich weiß doch das.
(schmunzelt) Das haben Sie vielleicht heute erst gelesen.
War das nicht Daniel?

(fährt sofort los) Daniel in der Löwengrube. – Dem hat der Löwe nichts getan.
Der wird Ihnen auch nichts tun, wenn Sie dem Löwen was ins Ohr flüstern und sagen, ich bin Fritz Haarmann.
Aber die Hunde, die riechen das. Die Hunde tun mir auch nichts, die wissen das, daß ich Tierfreund bin.

[524]

Mit Kahlmeyer verkehrt?
Der ist mit 12 Jahren schon auf den Strich gegangen, der ist so groß wie Herr Reich. Ich habe zuerst mit ihm verkehrt, als er aus der Schule war. Früher, das darf man nicht *(pfeift)* – dann kommt die Polizei. Bei Kahlmeyer konnte man das nicht sehen, als der noch zur Schule ging, sah der schon aus, als wenn er 19 war.
Wann darf man mit Jungen verkehren?
Wenn er 14 Jahr alt ist. Das hat mir der Herr Kommissar auch gesagt, da hatte ich auch mal Dummheiten gemacht, da waren die Jungens auch noch Konfirmanden.
Bei Hartmann Jackett und Weste gefunden.
Hm hm.
Etwas dafür bekommen?
Das kann ich nicht mehr sagen.
In der Hose war eine Ausweiskarte.
Weiß ich nicht.
Ausweis von Excelsior.
Ja, das kann wohl sein – da muß doch sein Name drauf gestanden haben.
Karte an sich genommen.
Ach was.
(Auf Vorhalt.) – Nee, der hat mir so'ne Karte nicht gegeben.
Welche Farbe hatte die Karte?
Ich habe doch keine gesehen, das weiß ich doch nicht.
Willi Witzel kennen Sie auch?
Das ist doch der, das ist so'n großes Schwein.
Warum?
Der ist wohl 17 Jahr, wenn ich ihn traf, faßte er mich gleich hier vorne hin, – oh, ein widerlicher Bengel war das. Wenn die so dreist waren, mochte ich sie nicht.

Sie waren mit den Jungens auch mal im Pissoir?
Das habe ich schon mal gesagt, da gehe ich gar nicht rein.
Kahlmeyer von hinten ans Glied gefaßt?
Das ist Schwindel.
15 Mark versprochen?
Ach, ist ja Unsinn, dann wäre er doch mitgewesen, dann hätte ich sie ihm doch geben müssen, dann hätte er mich nicht in Ruhe gelassen, – das ist ja Schwindel.
Staatsanwalt - Lutschen - § 175.
Dann muß das erst neu raus sein. – Jetzt, nachdem sie doch dieses – jetzt wollen sie doch ein ganz neues Gesetz rausgeben. Alle, die so veranlagt sind, die werden kastriert, dann passiert so was nicht mehr.

[525]

Sollen wir Ihnen das Ding nicht auch abschneiden?
Ich werde ja geköppt, das ist ja unnötig. – Ich bin doch nun schon so lange im Gefängnis und auch hier, jetzt schlägt mir gar keine Ader mehr danach, jetzt wird er gar nicht mehr steif, jetzt könnte ich das nicht. Aber wenn ich wieder draußen wäre, und die ließen mich in Ruhe, in 4 Wochen wäre wieder was passiert.
Willi Witzel hat Sie auch mal nach Robert W. gefragt.
Das kann ich nicht sagen, die Bengels fragen ja immer nach dem einen und andern, das kann ich wirklich nicht mehr sagen. *(macht ablehnende Handbewegung)* Macht man weg mit der Witzel'schen Sache. *(Gibt Ref. schließlich den Rat, möglichst bald die Sache fertig zu machen)* Ihre Nerven gehen sonst ganz kaputt.

[526]

In Neubreisach eingetreten am 14.4.95.
Weiß ich nicht.
Am 3. September '95 dort ins Lazarett.
Das wäre – *zählt an den Fingern* – 5 Monate nachher.
Dann mit dem Lazarettgehilfen das.
Glauben Sie denn das? Denken Sie doch mal darüber nach, das kann man doch unterscheiden.

Dann da im Bett geschaukelt.
Das sind wohl Sprungfedern gewesen.
Im Anschluß an großen Ausflug erkrankt.
Das kann ich nicht mehr sagen.
Eisblase bekommen.
Ja, das stimmt, das habe ich Ihnen doch schon erzählt, das wollte ich nicht haben, da habe ich sie immer wieder runtergenommen.
Von Neuem aufgenommen am 11. Oktober '95.
(sofort) Da muß ich doch inzwischen rausgewesen sein.
Herausgekommen am 18. September '95.
Und dann bin ich da rein gekommen? Das stimmt aber nicht.
Am 11. Oktober '95.
Ach so, das weiß ich nicht mehr.
Tag vorher wirre Reden bei nächtlicher Belagerungsübung.
Das kann wohl sein, da haben wir Übungen gemacht.
Da haben Sie wirre Reden geführt?
Ach was, wenn man doch 'ne Übung macht, ich meine doch mit anderen zusammen.
Geflüchtet vor Feuerwerkskörpern.
Das glaube ich nicht.
Ins Bett gekommen.
Wir haben doch keine Übung im Bett gemacht.
Nachher.
Ach so.
Da glaubten Sie, die Franzosen wollten Sie umbringen.
Ach was, da habe ich mit gesprochen, das sind ganz gute Leute, nur die Schweizer hassen uns.
Dann waren Sie sehr mürrisch und verdrossen.
Da habe ich wohl Herzschmerzen gehabt – *(etwas verlegen)* – das kann ich gar nicht mal sagen.
Kennen Sie den?
(Photographie von Kleine) – Nein, das ist ein hübscher Junge.
Kennen Sie den?
(Photographie von Brandt) – Nein, den kenne ich nicht.
War nicht ein Hermann Kleine bei Ihnen auf der Stube?
Das kann ich nicht mehr sagen. – *(betrachtet die Photographie von Kleine)*
Der hat 'ne ganz hübsche Nase.

[527]

Kennen Sie niemanden mehr von der Unteroffz. Schule?
Gollenbeck, der hat mich mal verhauen.
Warum?
Da habe ich mal mein Spint aufgelassen, das war so'n Schweinehund, der hat uns immer so gequält, der war Stubenältester. - Da habe ich mein Spint aufgelassen und als ich wieder reinkomme, da haut mich hinten einer vor mit einem Gewehrstock, da habe ich das gemeldet, da wäre er bald bestraft worden, der war stärker als wir.
Woher stammt der und wie heißt er mit Vornamen?
Das weiß ich nicht mehr. Ich habe ihn nur nicht vergessen, weil er mich geschlagen hat. Das war im Anfang so, nachher haben wir uns aber wieder vertragen, da sind wir auch oft zusammen spazieren gegangen, - nach Wolfganzen war das.
Kleine haben Sie beschuldigt, daß er Ihnen ein Medaillon gestohlen hätte?
Das weiß ich gar nicht mehr, ich bin schon mal danach gefragt worden - das weiß ich gar nicht - das ist hier vorne so'n Dings - der soll das geklaut haben?
Sie sollen gar kein Medaillon gehabt haben.
Wüßte ich auch gar nicht, so'n Medaillon haben doch die Mädchens.
Sie hielten es aber für möglich.
Das glaube ich nicht.
Gruppenbild aufgenommen.
Das kann ich gar nicht sagen, oder ob ich mich mal photographiert habe.
Das wollen wir uns auch mal beschaffen.
(sofort freudig zustimmend) Ja, das müssen Sie mal mitbringen, das müssen Sie mir mal zeigen, das muß ich mal sehen.
Fand eine Prüfung vor der Aufnahme statt?
Das glaube ich nicht. - Ich war auf dem Bezirkskommando, da mußte ich rechnen und schreiben, das machte ein Unteroffizier.

[528]

Wann nach Hildesheim gekommen?
Das kann ich nicht sagen, wann das war, weiß ich nicht mehr. - Von der Unteroffz. Schule hat mich so'n Rothaariger nach Haus gebracht, da haben wir unterwegs immer gesungen: Trink Wasser wie das liebe Vieh und denk es wäre Krambambuli. *(singt)*

Wann nach Hildesheim gekommen?
Wie ich nachher von der Unteroffz. Schule kam.
In welchem Monat?
Das kann ich nicht sagen, das ist schon lange her.
Wie lange?
Weiß ich nicht.
Sie waren zuerst 6 Wochen da.
In Hildesheim? Nee nee.
Doch doch.
Nein, ich bin da wohl ein Jahr gewesen.
Sie sind zwei Mal dagewesen.
Das glaube ich nicht.
Zuerst vom 8. Februar – 25. März '97 auf Veranlassung des Gerichts.
Das glaube ich nicht, wenn die sich man nicht geirrt haben.
Was haben Sie damals ausgefressen?
Ich bin da von der Unteroffizierschule gekommen, dann bin ich zu Haus gewesen, da mochte mich der Alte nicht mehr leiden.
Dummheiten gemacht mit einem Kinde?
Nee, ist wohl Willi gewesen, ich nicht.
Machen Sie doch nicht solchen Unsinn.
Ach, nun fangen Sie auch wieder an. *(schlägt dabei auf den Tisch – verletzt sich dabei amputierten Finger, nimmt ihn sofort, wie ein kleines Kind, in den Mund)*
Damals Sittlichkeitsverbrechen an einem Kinde?
Das ist nicht wahr.
Sie haben uns doch erzählt, Sie sollten ein Kind verschwinden lassen haben.
Ja, das hat meine Mutter gesagt, die sagte nachher, wie ich bald Soldat wurde, da sprachen wir mal darüber, da fragte sie, Fritz, wo hast Du den Jungen. Ich sagte, was für einen Jungen – habe ich da einen totgemacht –
Aus den Akten der Anstalt Hildesheim: »Im Jahre 1897 beging H. verschiedene unzüchtige Handlungen, indem er Jungen in den Keller lockte und ihnen Geld gab.«
Das ist ja Quatsch.

[529]

Sie haben angegeben, Sie hätten sich nichts dabei gedacht.
Habe ich gesagt? Das ist ja Schwindel.

Dr. Schmalfuß hat Sie untersucht.
Das weiß ich nicht.
Dann sind Sie in Hildesheim untersucht worden.
Weiß nicht.
Dr. Gerstenberg hat Sie begutachtet.
Nein, der hat mit mir gesprochen, da hatten sie mich eingesperrt, da konnte ich nicht wieder raus, die sagten, ich sollte man ruhig sein, ich käme bald wieder weg. *(Unwillig)* Immer mit der Hildesheimer Sache, das hat doch mit dem Morde gar nichts zu tun, da brauchen wir hier nichts von erwähnen.
Das Strafverfahren ist dann eingestellt.
Ich habe doch da gar kein Verfahren gehabt.
War die Schwester Ihrer Mutter nicht geisteskrank?
Nee.
Ihr Vater hat das gesagt.
Sehen Sie, da haben wir es wieder, immer der Alte - der hat ja so viel angerichtet, der muß doch immer dabei sein.
(Auf Vorhalt) Unsittliche Handlungen mit Jungens?
Ich? Ist ja Schwindel.
Betragen in Hildesheim wie ein Kind von 4-5 Jahren.
Och, wer hat denn das wieder geschwindelt. *(dreht sich unwillig sofort zur Seite)*
Dann in der Bulte im Krankenhaus.
Nein, nach Langenhagen haben sie mich gebracht, - ich will da nichts von hören, von dieser Verrücktheit, reißt doch die ollen Dinger kaputt - *(unwillig)* - das ist doch Unsinn mit der Haarmann'schen Geschichte - Verrücktheit - wenn die mich da behalten hätten in Hildesheim, dann wäre ich heute verrückt - so was habe ich noch nie gesehen.
In der Bulte vom 25. März - 27. Mai '97.
So lange bin ich da nicht gewesen, ich bin gleich wieder ausgekniffen.
Dann in Hildesheim wieder aufgenommen - dann nach Langenhagen überführt und am 23. Oktober '97 ausgerückt.
Ja, das weiß ich.
Da hat die Polizei Sie gesucht und Sie nicht gefunden.
Nee nee.
Damals wollten Sie auch nach Holland ausrücken.
Nee, Holland? Nee nach der Schweiz.

10. Jäger - 12. Oktober 1900.
Hm.
Wann ins Lazarett?
Das muß doch da drin stehen.
Am 4. Dezember 1901.
Nach dem Manöver.
An der Instruktion mit Erfolg teilgenommen.
Ich war ein tüchtiger Soldat, ich wollte doch kapitulieren - tüchtiger Soldat war ich.
Oft in Gedanken versunken.
Ja, das kam dadurch, weil meine Mutter gestorben war - Ostern.
War sie schon tot, als sie zum Militär kamen?
Nein, noch nicht.
Dann muß sie 1901 gestorben sein.
Das kann stimmen.
Sie glaubten im Sommer beim Schießen, ein Mann stände vor der Scheibe.
Wieso ein Mann?
Das haben Sie sich eingebildet.
Ach was.
Beim Manöver schlapp gemacht.
Nee, das ist nicht wahr, ich habe immer mitgemacht.
Mehrfach Schwindelanfälle, Kopfschmerzen, im Lazarett.
Ja, da war ich krank. *(spontan)* Der läuft mit seinen Holschen da noch rum - der Hund, - Lügenpeter. - *(meint damit Kress) (spontan, während Ref. in den Akten herumblättert)* Können Sie ruhig durchsehen, ich bin nicht eine Stunde bestraft beim Militär, darum bin ich auch stolz mein ganzes Leben lang, weil ich so tüchtig war.
Damals Kopfschmerzen?
Habe ich jetzt auch manchmal.
Dann in Straßburg doch auch im Lazarett.
Ja, da auch, da waren so viel Schwestern, das stimmt.
Wir müssen noch eine Aufgabe rechnen: 100 minus 7?
Jetzt habe ich mich darüber geärgert. *(Affäre Kress)* - Jetzt fangen Sie wieder an mit Rechnen, rückwärts geht immer schlechter als vorwärts - 100 minus 7 = 93.
Weiter rückwärts.
Können wir doch ein anderes Mal machen.

Rente 50 %?
Ja, das stimmt, 27 Mark habe ich gekriegt. Dann hat der Alte hingeschrieben, sie sollten mir meine Pension geben, da mußte ich hinkommen zum Bezirks-Kommando, da war so'n schöner Offizier, der

[531]

klopfte mich auf die Schulter und sagte, Sie kriegen noch viel zu wenig, das wollen wir mal lebenslänglich machen, da kann Sie keiner was wollen. - Das heißt doch lebenslänglich - und jetzt wird geköppt. *(lacht amüsiert)*
Jetzt brauchen Sie doch keine mehr.
Das wollen wir aber noch haben, wo ich da jetzt hingeschrieben habe.
Wieviel ist 7 x 8?
Ein mal eins, - Sie müssen das nicht immer so mitten raus nehmen, ich denke grade eben wo anders dran.
Der 3. Teil von 7?
3 x 7 = 21, von 7 = 28 - nee, das stimmt nicht.
Welcher Monat ist der kürzeste?
Das weiß ich, entweder Februar oder März - da haben wir 28 Tage.
Wie nennt man das?
28 Tage haben wir da.
Wo geht die Sonne auf?
Sonne? Von Süden nach Norden, haben doch erst drüber gesprochen.
Was für eine Gestalt hat die Erde?
Ach die Sonne - im Süden geht doch die unter.
Hauptstadt von Deutschland?
Berlin.
In welcher Provinz?
No - in Deutschland.
Aber in welcher Provinz?
Weiß nicht.
Wie heißt der Kaiser?
Wilhelm.
Der wievielte?
Der Zweite.
Regiert der noch?
Ob er wieder da ist, weiß ich nicht, ist doch ausgerückt nach Holland.

Wer an seiner Stelle?
Wir haben jetzt keinen – oder der Kronprinz? Der soll jetzt wieder hier sein.
Haben wir nicht eine Republik?
Ja, Frankreich ist auch eine, das bleibt aber nicht so, wir kriegen einen Kaiser wieder.
Wer ist der Oberste der Republik?
Leinert haben sie jetzt abgesetzt, *(amüsiert sich)* der hat bloß für sich gesorgt.
Was kostet Briefporto?
10 Pfg. – mal eine Zeitlang, da war das ganz anders.
12 Monate rückwärts nennen.
Och, das ist immer so – vorwärts will ich zählen. *(fängt an herzusagen)*

[532]

Der letzte Monat?
Dezember ist das.
Der Vorletzte?
November.
Davor?
Oktober – dann habe ich meinen Geburtstag.
Und dann?

(Auf Vorhalt) Wie ich da war, da war da einer, der wollte auch mehr Rente haben, der hat aber keine gekriegt. – Da habe ich dem Doktor gesagt, manchmal geht es, und dann wieder tagelang, wochenlang gar nicht und dann müßte ich immer tagelang im Bett liegen. Dann habe ich mich ausgezogen und da hat er mich untersucht, dann konnte ich mich wieder anziehen.
Hat er keine Aufgaben gestellt?
Nein nein.
Doch.
Nein, ganz gewiß nicht, er hat ganz vernünftig mit mir gesprochen, so wie wir.
Ich habe Sie doch auch geprüft.
Och, sie wollen mich bloß manchmal ärgern, ich weiß schon, was Sie damit wollen – wenn man sich so kennt, dann macht man mitunter wohl mal so'n Spaß. Im Anfang habe ich mich manchmal geärgert, jetzt nicht mehr.

[533]

(Fürsorgezögling Kress wird Haarmann gegenübergestellt)
Kennen Sie den?
Der kommt mir bekannt vor.
Wo haben Sie ihn kennen gelernt?
(will sofort den Kress fragen) Das weiß ich doch nicht. - Wie alt ist er denn jetzt? - Macht so'n betrübtes Gesicht.
(Frage an Kress:) - Sie kennen ihn mit aller Bestimmtheit wieder? - Kress: Jawohl. - (Kress wiederholt seine Zeugenaussage)
Kaffee, Zigaretten u.s.w. gegeben?
Das weiß ich gar nicht.
(Frage an K.) Wo wohnte damals H.? - Kress: Gegenüber vom Judentempel. - Wie kam man in seine Wohnung? - Das muß der oberste Stock gewesen sein. - (Schildert den Aufgang zur Wohnung richtig) - Wie war das Zimmer? (Kress beschreibt das Zimmer richtig. H. stimmt sofort zu.)
Der ist dagewesen. Er kommt mir bekannt vor, aber ich kenne ihn nicht so genau, er muß früher dicker gewesen sein.
Wieviel geboten? - Kress: 50 Mark.
Ach was, 50 Mark, so habe ich aber nicht mit dem Gelde rumgeworfen.
Warum hat er Sie gefesselt? - Kress: Er sagte, er sehe so was gerne, wahrscheinlich, um sich aufzugeilen.
(zu Kress:) Haben wir gewichst? *(entsprechende Bewegungen - Kress: Nein.)*
Dann glaube ich das auch nicht, dann ist das auch geschwindelt.
(zu H.) Was sagen Sie dazu?
Ich kenne ihn so nicht wieder.
Kress: Ich habe Sie aber sofort wieder erkannt.
(zu H.) Was sagen Sie zu dem Fesseln?
Ach, das ist Schwindel, da hat er was gelesen.
Kress: Ich mache Sie darauf aufmerksam, daß, wenn ich vor Gericht komme, das alles beeiden kann.
Die Fürsorgezöglinge kenne ich, die schwindeln

[534]

immer was dazu. Die schwindeln so unter sich, und nachher werden sie gefragt, dann schwindeln sie sich so richtig fest.

(zu Kress) Haben Sie mit anderen über die Fesselung bei H. gesprochen? - Kress: Nein, nur mit Dr. Stock, der das Protokoll aufgenommen hat. - Als ich zuerst das von den Kleidungsstücken in der Zeitung las, kam mir der Gedanke, das könnte der sein, mit dem ich zusammen gekommen bin. Da fragte ich einen Jungen, - ich wußte wohl, wo der Judentempel war, nicht aber den Namen der Straße. Das habe ich dann von einem Jungen erfahren. Da habe ich gesagt, ich sei mit H. zusammen gewesen, ich habe aber über die Art des Zusammenseins nicht gesprochen. - Sie haben mit anderen Jungens, die auch gefesselt sein wollen, nicht gesprochen? - Kress: Nein.
(zu Ref.) Fragen Sie den doch mal nach dem Namen. *(Mit Zustimmung des Sachverständigen)* Kennst Du einen Böhnert?

Kress: Ja, den kenne ich hier aus der Anstalt, 1922, ich habe ihn getroffen, bevor ich mit Haarmann zusammen war. Ich habe mit ihm über Haarmann nicht gesprochen, weil ich Haarmann noch nicht kannte.
(besinnt sich und fragt dann sehr bestimmt den Kress) Hast Du mir nicht den Stock gestohlen?

Kress: Den Stock haben Sie mir geschenkt.
(Haarmann behauptet dann, daß Kress mit Böhnert zusammen auf dem Jahrmarkt gewesen sei, er habe sie da gesehen. - Kress bestreitet, mit Böhnert auf dem Jahrmarkt gewesen zu sein.)
(Auf Frage des Ref. wegen Angabe von Kress bezüglich Fesseln) Er schwindelt ja das Blaue vom Himmel, das ist ja alles geschwindelt.

[535]

(Kress hält seine Aussage aufrecht, wiewohl sie Haarmann ebenso bestimmt bestreitet. - Haarmann hält dem Kress vor, daß er auf den Strich ging, daß er ihn, Haarmann angesprochen habe. Haarmann habe sexuellen Verkehr abgelehnt und Kress habe dann am andern Morgen selbst onaniert, in Haarmann seiner Gegenwart.)
Was haben Sie für ein glänzendes Gedächtnis.
(stolz) Ja.
Wenn Sie was wissen wollen, wissen Sie alles.
Ja ja.
(Kress bestreitet nach wie vor, die Münzen gestohlen zu haben, Böhnert könne das nicht behaupten, wie Haarmann angibt. - Kress wiederholt seine Aussage, daß er gefesselt worden sei. - Bestätigt auch auf Befragen, daß das ziemlich schnell gegangen sei, als ob Haarmann eine gewisse Übung dabei

hatte. - Kress: Ich hatte bestimmt das Gefühl, daß Haarmann das schon öfter getan hatte. - Gesprochen während der Fesselung? - Kress: Worüber weiß ich nicht, vielleicht, wie mir nachträglich einfällt, daß ich mich ordentlich anstrengen solle, damit die Fesseln ordentlich fest wären. - Zu welchem Zwecke er mich fesselte, darüber habe ich nicht nachgedacht.)

[536]

Kress hat die Krätze gehabt, wie er zu Ihnen kam.
(sprachlos vor Erstaunen - schlägt die Hände über dem Kopfe zusammen) Nun sehen Sie mal hin, so'n Schwein ist das.
Kress sagt, Sie hätten an seinem Arm, der blutig gekratzt war, gelutscht.
Das ist ja Schwindel, am Arm habe ich nicht gelutscht, nur am Halse - das ist Schwindel.
(Auf erneuten Vorhalt, halb entschuldigend) Das habe ich dann halb im Schlaf wohl gemacht - ach Gott ach Gott - daß ich sie da nicht gekriegt habe. - Ich habe ja auch mal die Krätze gehabt, das ist aber schon lange her.
Filzläuse haben Sie auch mal gehabt?
Ja, ja, die habe ich von Grans gekriegt. - Grans wollte davon nichts wissen, da habe ich nachgesehen - hu - da habe ich was gesehen - da wimmelte alles - da bin ich nach der Apotheke gegangen und habe so'ne Salbe geholt, das war in so'ner Tube. - Da hat er sich die ganzen Haare abrasiert - Hans war überhaupt ein Schwein, der wusch sich nicht die Füße, was ich sonst draußen jeden Tag tue. - Wenn ich ihm kein reines Hemd hinlegte, dann behielt er das alte 4 Wochen an - und noch länger, bis es ganz dreckig war. - Ich sagte ihm aber, das gibts hier nicht, hier muß man sauber sein - der mußte doch sauber sein, wenn er mit Mädchens verkehrte.

Och Dörchen - da habe ich was gesehen, Sie hatte ein Hemd an, wenn man das hinstellte, dann blieb das direkt stehen. - Nachher hat sie eins von meinen angezogen.

[537]

(Spontan) Zeigen Sie mir das Bild noch mal, wo ich drauf bin.
So jung und schon so verdorben.
Nee nee.

(Akten – Polizei-Präsidium Hannover)

Im Jahre 1896 haben Sie mit dem Schulknaben Willi und Fritz Ketil Schweinereien gemacht.
Ist ja Unsinn.
Eduard Stärner?
Ja, den kenne ich, der wohnte da bei uns. Frau St. wusch bei uns und mußte so sauber machen.
Mit den Jungens Dummheiten gemacht?
Ach was, wir spielten so zusammen. – Kann ja möglich sein.
Glied in Mund genommen?
(wehrt ab)
Dummheiten mit dem Schulknaben Ähle?
Ach was, das war der Zahntechniker, der sah meiner Mutter immer die Zähne nach. Er hatte zwei Jungens und ein Mädchen, die spielten immer mit uns, das waren Freunde von mir. – Wir waren doch egal alt, zusammen zur Schule gegangen.
Oktober 1897 aus der Anstalt Hildesheim entwichen?
Das weiß ich nicht. Aus Langenhagen bin ich ausgekniffen. – Weiter!
Am Polterabend der Schwester aus Hildesheim eingetroffen.
So? Kann ich nicht mehr sagen. Was ist denn da rausgeschnitten? – Der Name? *(nach einiger Zeit)* Ach so, eine Briefmarke.
Ihr Vater hat angegeben, Sie bedrohten die Ihrigen mit Mord und Totschlag.
Ach, ist ja Quatsch. – Das war wohl, als ich mein Vermögen haben wollte.
Sie wollten Ihre Schwester Emma totschießen.
Ach, ist ja Unsinn. Emma, wie komme ich dazu, wo ich mich noch am Besten mit vertragen konnte. Ich wollte doch mein Vermögen raus haben. Ich hatte auf Armenschein geklagt und deshalb hat er mich angezeigt und hat mich wieder nach Hildesheim gebracht – jedesmal, wenn ich mein Geld haben wollte.

[538]

Sie hätten von Ihren Geschwistern Geld abpressen wollen.
Ach, das war doch mein Geld. Die Polizei ist doch bei mir gewesen und da hat sich herausgestellt, daß er gelogen hatte. Meine Schwester hat das selbst gesagt, daß er gelogen hat.

Damals angegeben, Ihr Vater hätte seine Frau vergiftet.
Ja, hat er auch.
Ich war bei Sanitätsrat Meyer, der Ihre Mutter behandelt hat, der sagt, von einer Vergiftung wäre keine Rede.
Weiß ich gar nicht, Dr. Meyer kenne ich gar nicht. Ich weiß nur, was mir meine Schwestern und meine Braut erzählt haben.
Auch den Vater der Ermordung des Lok. Führer Schröder beschuldigt.
Das hat meine Schwester, Frau Burschel, der Erna, meiner Braut, erzählt. Da kam den einen Tag Fräulein Schröder, da hat sie mich mitgenommen nach ihrer Mutter hin und hat gefragt, was das wäre, da wollte sie mich anzeigen und da mußte ich doch die Wahrheit sagen. Da sagte ich, das hat unsere Mutter so und so erzählt, da müßt ihr meine andern Geschwister fragen. Ich weiß nur, daß Mutter uns das so erzählt hat. - Da hat sie den Alten angezeigt. Da war das schon verjährt.
Schröder vor 16 Jahren totgeschlagen.
Ich weiß das nur von meiner Schwester und meiner Braut, ich habe mich da weiter nicht drum gekümmert.
Sie haben Ihrem Vater auf der Straße mal zugerufen: Du sollst die längste Zeit existiert haben u.s.w..
Das ist Schwindel, der log doch nachher das Blaue vom Himmel herunter. - Der sollte sich was schämen, so'n alter Mann, der so log. - Da mußte ich die Klage zurücknehmen, die auf Armenschein, dann wollten sie mir mein Geld geben, so'ne Schweinebande war das, och, die haben mich ja so richtig bemogelt. 1 000 Anzeigen genügen nicht, die er gegen mich hatte. Sogar wegen meinen Hund hat er mich angezeigt, er wollte das nicht haben.

[539]

Frau Schröder hat damals gesagt, Ihr Vater hätte mit Schröder gar nichts zu tun gehabt.
Ich weiß das ja nicht, da war ich ja noch ganz klein.
Man darf doch nicht alles so ohne weiteres erzählen.
Ich wußte doch das nicht. - Och, weg mit dem Quatsch, gehört nicht dazu, man weg damit, ich war immer froh, wenn ich gar nichts hörte davon. *(spontan)* Vergiftet hat er sie doch.
1903 von einem Arzt untersucht.
Das weiß ich nicht mehr, glaube ich nicht.

Doch.
Donnerwetter, schon wieder, das war wohl auf dem Bezirkskommando – 1902 ist das wohl gewesen, als ich meinen Laden aufmachen wollte.
Ihr Vater meinte, Sie wären nicht richtig im Kopf.
Der Hund – der war nicht richtig.
Jetzt sagen auch manche Leute, Sie wären nicht richtig im Kopf.
Wer sagt das? Das glaubt doch keiner. Das gibt es nicht, daß die mich nach Hildesheim bringen. Ich bin doch ganz vernünftig. *(weint wie ein Kind, streckt hilfeflehend die Hände nach Ref. aus)* – Sie sollen mich köppen, doch, ich will das, ich habe doch gemordet.
Leute sagen, ein gesunder Mensch könne nicht so viel umgebracht haben.
Das wollte ich doch auch nicht.
Sie wollten sich doch darüber mal besinnen.
Ich habe sie – ich will geköppt werden – ich habe sie doch umgebracht – Donnerwetter – die Knochen sind doch da – das müßte ja komisch zugehen. Wenn man einen tot gemacht hat, muß man doch hingerichtet werden. – Das ist wieder so'ne Mache von meinen Verwandten, die wollen mich wieder nach Hildesheim haben – nein – nein – nein – köppen – köppen –
Sie haben mir heute Morgen gesagt, Sie wollten sich besinnen. – Sie wollten mir die Wahrheit sagen.
Ja.
Wie ist das passiert?
Ich habe sie ein paar Mal gehabt, mit poussiert – ich mußte sie einfach nicht wieder mitnehmen, weil doch so was wieder passierte, ja ja, aber dann liefen die Jungens

[540]

doch immer wieder mit. Dann haben wir im Bett poussiert, ich habe dann gelutscht – und dann totgebissen, – ich habe gesehen, wie sie hier reingebissen sind, *(zeigt auf die Kehlkopfgegend)* das habe ich gesehen, – das kann keiner sagen, das habe ich gemacht.
Sie wissen doch, daß Sie das gemacht haben.
Das habe ich doch gesehen, wenn sie da lagen, das kann doch kein anderer gewesen sein, – war doch zugeschlossen, es konnte kein anderer rein.
Sie können sich doch genau vorstellen, wie die Leute so –
Gebissen? Das wollte ich doch nicht, – Mord ist Mord –

Ich kann mir nicht vorstellen, daß Sie die Jungens umgebracht haben durch Beißen.
Das sagen sie alle, ich müßte so zugefaßt haben, – da hat mich mal einer die Hände kaputt gekratzt, das weiß ich.
Wenn man auch einen in den Kehlkopf beißt, dann stirbt er doch noch nicht.
Dann muß ich vielleicht so *(fährt mit beiden Händen fest aufeinander und macht die Miene des Würgens)* gemacht haben.
Sie müssen wissen, wie das passiert ist.
Gott, dann schreibt das doch zu.
Ich will das von Ihnen wissen.
Ja – was? *(etwas verwirrt)* Ach, sagen Sie das noch mal.
Geben Sie mal Acht, wir wollen mal offen sein, ich glaube nicht, daß Sie krank sind.
Ganz gewiß nicht.
Deshalb müssen Sie wissen, wie das passiert ist.
(leise wiederholend) Ganz genau wissen, – ja – wir poussierten im Bett – ja – Kinder – die waren doch dann tot.
Vom Poussieren geht man doch nicht tot.
Nein, von Beißen doch.
Wenn man einem den Kehlkopf herausschneidet, lebt er doch weiter.
(Spontan) Blut ist nicht gekommen.
Das wissen Sie bestimmt?
Ja, das Bett ist niemals blutig gewesen, das habe ich gesehen. Bloß einmal, – der so krumm war, so ganz steif war, da kam hier was raus. *(zeigt auf den rechten Mundwinkel)*

[541]

Sie müssen wissen, wie die Jungens umgekommen sind.
Sie sind doch tot.
Wollte nur wissen, wie Sie das gemacht haben.
(Nachdenklich) Wie? – Beim Poussieren ist das gekommen.
Muß doch noch etwas dazu gekommen sein.
Hm hm *(öffnet den Mund und beißt)* – da haben sie sich wohl gewehrt und dann muß ich mit den Händen zugefaßt haben.
Sie haben doch oft poussiert.
Ja, viel.

Früher mit der Verona, das war nett?
Ja, das war schön, da war man noch jung.
Verkehr mit Jungens doch dann auch schön.
Ja, früher war es noch schöner, als ich noch jünger war, es war jetzt nicht mehr so richtig, er wurde nicht mehr steif, dann haben wir so poussiert. *(fängt eine Mücke)* - Verona kann ich mir noch ganz genau vorstellen. - Ich denke mir so, das ist dann so - müßt mal richtig über nachdenken, das muß so tierisch gewesen sein, sonst hätte ich die nicht gebissen.
Vom Beißen stirbt aber keiner.
Das habt Ihr schon ein paar Mal gesagt.
Ich glaube nicht, daß Sie die Jungens nur gebissen haben.
Dann sagen Sie doch mal, was ich getan habe, dann sage ich Ja. - Aber Sie haben ja keinen gesehen, es hat sie ja keiner gesehen. Es kann ja keiner gesehen haben. Ich habe nur das Hereingebissene gesehen, hier waren Zähne *(zeigt auf die eine Seite des Kehlkopfs und auf die andere Seite des Kehlkopfs)* - so richtig rund. *(öffnet den Mund und macht die Miene des heftigen Zubeißens)* - Das hat der Ahrberg mir auch gesagt, die Jungens hätten sich doch wehren müssen.
Wo haben Sie den Herrn Ahrberg denn gesprochen?
Auf dem Präsidium, der war doch Sachverständiger.
Weswegen denn Sachverständiger?
Der ist doch Schlachter, der hat die große Schlachterei in Hannover - Haarmann's Würstchen - der hat gar keine Geschäfte gemacht, der hat doch die Würstchen

[542]

auf dem Schützenfeste, - da haben die Jungens auch aufgepaßt und dachten, ich käme auch und würde da Würstchen verkaufen. Die haben mit Knüppels dagestanden. Ich habe noch nie Würstchen verkauft.
Fritz, Sie müssen mir das noch sagen, wie Sie die umgebracht haben.
Ja, was soll ich denn sagen?
Sie wollten sich auf alles besinnen.
Ich habe heute geschlafen und habe gegrübelt *(zeigt auf die Stirn)* - Donnerwetter, ich habe mich schon so viel besonnen - Kopf zerbrochen. - Mir ist das ja egal, wenn jetzt einer sagte, Fritz, sag das so, so ist das gewesen - mir ist das egal.
Ich will das von Ihnen wissen.

(Unterbricht) Das glaube ich, das möchte ich auch mal gesehen haben, wie ich das gemacht habe.
Es ist doch sonst nicht vorgekommen, daß Sie was gemacht haben und wissen es nachher nicht.
Nee, ich weiß alles.
Wie kommt es, daß Sie das gerade nicht wissen?
Das ist doch nicht das Schlimmste, das Schlimmste ist, daß die tot sind. *(schlägt dabei mit der Hand auf den Tisch)* - Ja, das ist das Schlimmste.
Das Schlimmste ist, daß Sie sie totgemacht haben?
(zustimmend) Ja. - Kinder, wenn man so poussiert, da könnt Ihr Euch gar keinen Begriff von machen, wenn man so poussiert, dann passiert doch nicht gleich was, das sind so Jungens, die so geil sind, dann wollen sie es ganz schön machen, dann kommen sie immer wieder und umarmen mich und machen und wichsen und machen mich kaputt, das kann ich nicht mehr so, da bin ich zu alt zu.
Obwohl Sie kaputt waren, haben Sie doch die Jungens umgebracht.
Das muß wohl so in dem Stadium sein, wo das ins Tierische übergeht, sonst hätte ich doch gar nicht gebissen, ein Hund beißt auch, das kann ich eben gar nicht begreifen, daß ich auch gebissen habe - ich habe wohl gelutscht.

[543]

Wissen Sie denn, daß Sie gebissen haben?
Nein, aber gesehen habe ich es nachher, da lasse ich mich nicht von bringen.
Sie sagten, Sie wären sehr geil gewesen.
Nee, die Jungens.
Sie auch?
Nee, die haben mich dann kaputt gemacht.
Woran haben Sie die Geilheit bemerkt?
Nee, die Jungens waren dann so geil und diejenigen, die so geil waren, bei denen ist es immer passiert. - Dann mußte ich immer wieder bei denen wichsen, die küßten dann und machten, - das kann ich gar nicht mehr sagen. - Wenn Hans mitunter so quält, dann sage ich schließlich Ja, daß er mich bloß in Ruhe ließ, daß ich bloß nicht nervös wurde - Wenn jetzt einer sagte, Du hast 100 Stück umgebracht, dann sagte ich schließlich auch Ja, bloß, daß ich nicht nervös werde, das macht mich

krank und von der Mordgeschichte bin ich ganz nervös geworden, das ist doch nicht nur einer, das sind doch so viel gewesen.
Wenn Sie mit Mädels poussiert hätten und die wären auch so geil gewesen?
Dann hätte ich die auch umgebracht. – Wenn die Kommunisten sagen, Fritz, komm wieder raus, und ich wäre wieder draußen, das ist höchstens vier Wochen, dann wäre wieder was passiert – dann ist das Schönste doch Köppen. –
Wie Sie in der Schweiz waren, haben Sie immer um Geld geschrieben.
Ja.
Warum?
Mutter schickte doch was, ich kam doch mit dem Gelde nicht aus.
Sie verdienten damals 100 Franken im Monat.
Nee, habe ich nicht –
Mit 100 Franken hätten Sie auskommen müssen.
Ich mußte doch Essen und Trinken haben.
Das war aber viel Geld.
Man muß da viel ausgeben, daß sie einen nicht schlagen, die Schweizer sind doch so böse Leute, da mußte man immer bezahlen, deshalb haben sie mich auch immer sehr gern gehabt.

[544]

Nach Rückkehr aus der Schweiz in einem Geschäft für elektrische Anlagen?
Nein, das ist direkt ausgeschlossen, – nein ausgeschlossen. – Das ist wohl gewesen, wie ich mich mit meinem Bruder gezankt habe, – ich bin wohl bei meinem Bruder Willi mal gewesen, der hat so'n Geschäft, das stimmt.

[545 vakat / 546]

19. September 1924

Sie wollten sich besinnen.
Ja, ich habe mich besonnen, gestern Abend und auch heute Morgen. *(spontan)* Gestern habe ich aber gearbeitet. *(zeigt Ref. seine Lebensbeschreibung)* Wenn ich man mal so'n Jungen hier hätte, dann könnte man es eher mal machen - nicht, daß ich ihn totmachen will, so meine ich das nicht, - dann kann man das mal richtig zeigen.
Ich kann mir immer noch nicht vorstellen, daß Sie die Jungens so totgebissen haben. Das gibts nicht, auch andere Ärzte sagen das.
Sind aber tot.
Darüber besteht kein Zweifel - Sie müssen schon etwas anderes gemacht haben.
Dann muß ich eben was anderes mit ihnen gemacht haben - dann schreibt das dabei, ich hätte sie so mit den Zähnen und mit den Händen -
Sie haben uns neulich ausdrücklich gesagt, wie Sie das gemacht hätten.
So? - Dann schreiben wir das dabei.
Ich will Ihnen mal was erzählen.
(erwartungsvoll) Ja.
Ihr Vater hat eine Anzeige erstattet -
(unterbricht) Über 500.
Dann ist das Verfahren gegen Sie eingestellt und gegen Ihren Vater eingeleitet.
Das ist doch gewesen, wie ich das mit dem Gelde -
Dann hat sich aber doch herausgestellt, daß Ihr Vater Recht hatte.
Der hat ja so viel zusammengeschwindelt.
Anzeige gegen Adolf nur aus Rache, weil Fritz kein Geld erhalten hat.
Das ist nicht richtig, ich habe nachher ein Schriftstück unterschreiben müssen, daß ich das gemacht hätte, als wenn ich verrückt wäre. Wie ich das gemacht hatte, da haben sie mich nach Hildesheim gebracht, fragt mal meine Braut.
Die ist nirgends zu finden.
Das ist mir jetzt eingefallen, die heißt jetzt Frau Erna Nisse und wohnt in Breslau, die

[547]

wohnte da in Hannover in der Hahnstraße. *(schreibt dann alles genau auf ein Stück Papier)*
Er spricht undeutlich.
Nein, ich spreche doch ein gutes Deutsch, das sagen sie alle.
Haben Sie Frau Burschel auch mal bedroht?
Nein, – das war furchtbar – der Alte – was der für viele Anzeigen gemacht hat. *(schreibt dann, nachdem er sich einige Zeit besonnen hat, die genauen Angaben über Frau Erna Löbert auf das Stück Papier, um dann zu sagen)* Wenn ich die gekriegt hätte, das wäre eine feine Frau gewesen, – wenn Sie die sehen – das ist ein hübsches Mädchen.
Sie sollten bei Frau Burschel ausziehen, waren darüber ungehalten und sagten, Ihr wollt nur, daß ich mich das Leben nehmen soll, ehe ich das aber tue, schieße ich dich erst tot.
Ja, das kann möglich sein, mitunter waren sie ganz gut zu mir und dann wieder hat sie sich aufhetzen lassen, aber so böse sind wir doch gar nicht gewesen, daß wir uns so geschimpft haben.
Mit Guhlich Dummheiten gemacht?
Ach was, das war doch der George, das hat nur der Alte angegeben, der hat immer nur Anzeigen gemacht.
Sie wollten die Frau Guhlich heiraten?
Och, – wir kannten uns nur ganz gut, wir wollten so zusammenbleiben, die wollte mir den Haushalt führen, und dann kam ihr Mann auch noch her und ich sorgte, daß was da war, das wollte ich nicht.
[Hier fehlt wohl etwas. Anmerkung der Herausgeber.]

Das ist schmutzig von meinem Vater. – Mein Hauswirt hat auch gesagt, er wäre ein Lump, der so was mache, der mich immer verfolgte. Er hat alles zu meinem Hauswirt gesagt, zu Herrn Böttcher, da hat er mich schlecht gemacht, ich hätte mich immer in die Hose gesch... und in Hildesheim wäre ich gewesen. – Da

[548]

hat Herr Böttcher gesagt: Haben Sie man keine Angst – Ihr Vater ist ein Lump.
Frau Guhlich hatte Angst.

Natürlich, weil sie mich immer losgeschickt hat zum Klauen. – Der Alte war immer dazwischen. – Frau Guhlich sagte auch zu mir: Fritz, Du bist ein guter Kerl, – bin ich auch, nur wenn ich mich geärgert hatte über den Alten, dann war ich wohl nervös, sonst aber immer gut.
Ein Doktor hat gegen Sie Anzeige erstattet, weil Sie einen Jungen beim Baden an sich gelockt haben.
Nee nee – weiß ich gar nicht – was ist denn daraus geworden?
Schweigepflicht.
Ich bin deswegen auch gar nicht zur Polizei gewesen.

Sonderakte: L

Sie haben zuletzt 80 % Rente bekommen.
Ja, und die Post schickt mir gar nichts mehr.
Was wollten Sie denn jetzt mit Geld machen?
Dann hätten wir mal eine Flasche Cognak gekauft und ein paar Zigarren, weil ich doch jetzt bald wegkomme.
80 % Rente erschwindelt?
Nein, das ist nicht wahr.
Sie haben gesagt, ich bin Invalide, ich kann nicht arbeiten, wollen Sie mir die Sachen billiger verkaufen, – so haben Sie das gemacht.
Ja, so habe ich das auch gemacht.
Ich kann Ihnen bezeugen, daß Sie ein bißchen übertrieben haben.
Nein, wenn man ehrlich ist, kriegt man mehr, als wenn man schwindelt. – Der Arzt findet das doch.
Treibriemen von Garvens – Stück abgeschnitten?
Laßt mich mal erzählen. – Herr Olfermann hat noch gefragt, Hans, hast Du auch ein paar Sohlen für uns abgeschnitten, da

[549]

hat Hans gesagt: Nein. Da sagte Herr Olfermann: Dann bist Du dumm genug, – da sind die Treibriemen so wieder hingekommen.
Nein, es fehlte 1/2 m.
Nein, ist doch nichts abgeschnitten, fragt doch Olfermann, dann hat das Hans doch gemacht, da hat er uns dann nichts von gesagt und hat er es

wieder verkauft, weil er doch ganz allein mit dem Treibriemen war. – Da habe ich noch gesagt, wenn ich das gewußt hätte, daß der Garvens uns das Geld nicht gab, dann hätte ich sie behalten, – da haben wir ihn noch verklagt.
Waren Sie auch mal in Hildesheim?
In Hildesheim? Da sprechen wir nun fast jeden Tag von – da haben wir die ganzen Tage von geredet – Dr. Gerstenberg –
Ja, das stimmt, waren Sie nicht einmal mit Hartmann da?
Ach ja, da hat mich Hartmann noch nach der Elektrischen bringen müssen, da wußte ich gar keinen Bescheid. – Da haben sie mich um einen Anzug bemogeln wollen und da habe ich den Anzug wiedergenommen.
19 Mark haben Sie nicht wieder ausbezahlt.
Nein, wir mußten doch die Elektrische bezahlen, da hat Hartmann 5 Mark und ich 4 Mark bekommen.
Was kostet die?
2 Mark.
Wir wollen heute aufhören.
Nun kommt er grade, und nun wollen Sie schon wieder fort. Sind das die letzten? *(meint damit die Akten)*
Nein.
(erschrocken, breitet die Hände aus) Wann fahren wir denn nun weg?
In ein paar Tagen.
Nein, morgen wollen wir schon wegfahren, habe ich schon angesagt.
Sie müssen noch ein bißchen hier bleiben.
Die warten doch auf mich.
Wer?
Der Staatsanwalt und die.

[550]

Montag muß ich nach Hannover – Gruß bestellen?
Ja, Sie können mich doch mal mitnehmen.
Erzählt, daß die Leute beim Transport glaubten, Herr Schweimler, Krim. Assistent, wäre der Mörder. – Er sei doch ein feiner Mann (steht dabei auf, geht stolz davon) – Herr Rätz sagte, Fritz kommt nicht in die Mitte. – Es waren mal Leute bei mir im Gerichtsgefängnis, die wollten, daß ich wieder in die Rote Reihe ziehen sollte – es sollte dort ein Lokaltermin stattfinden – das gibt es nicht, ich wollte nicht wieder raus. – Da hat

Herr Rätz auch mal gesagt, ob ich keine Lust hätte als Kalfaktor im Präsidium, – im Gerichtsgefängnis sollte ich auch so'n Posten haben – aber das will ich nicht, ich will richtig geköppt werden. – Wenn ich nicht geköppt werde, ist doch mein ganzer Roman umsonst, ich muß doch geköppt werden.

[551]

20. September 1924

(Auf Frage:) Das Essen schmeckt gut. – Ich glaube, daß dem das gesagt ist, und wenn er *(Sürig)* mal herkommt zu mir, dann geht er richtig weg – er schämt sich – *(setzt pfiffiges Gesicht auf, läßt sich ausführlich aus über die Zigarrenfabrikation, betont, daß die Mischung bei einzelnen Sorten das »Pikante« ausmacht.)*
In Zigarrenfabrikation macht mir keiner was vor. – Ich brauche sie nicht einmal zu rauchen, ich brauche nur mal *(zieht die Luft ein)* – so viel Verständnis habe ich davon.
Früher 20 Zigarren geraucht?
Ja. *(freudestrahlend)*
Er spitzt an.
Nee nee, dann brauchen Sie mir keine wieder mitzubringen.
Heute wird mit Zigarren hinsichtlich der Leibbinden mehr Schwindel getrieben wie früher.
Durch den Krieg ist der Schwindel so eingerissen. Früher wurden nur Marken-Zigarren gebunden. – Ich hätte die lüttge Fabrik haben müssen, dann wäre alles nicht passiert – *(schmunzelt, setzt sich in Positur hin)* – dann hätte ich jetzt schon ein Auto. – Wie die Mutter noch lebte, hatten wir 20–25 Arbeiter. – Mutter machte das alles vom Sofa aus, die konnte doch nichts machen in der Fabrik. – Mutter hat die Zigarrenfabrik angefangen auf Veranlassung eines Herrn Hartkopf aus Bremen, den kannte sie gut, der hat einige Schiffe, die den Tabak rüber bringen, eigene – und das Geschäft hat sofort geklappt – da können Sie sehen, wie klug meine Mutter war. –
Damals Durchschnittszigarre 5 Pfg. – wieviel das Mill?
Für 30 Mark ging das Mill gewöhnlich weg, das waren 3 Pfg. das Stück.
Wenn die Zigarre 7 Pfg. kostet, dann kostet das Mill?
(sofort) 70 Mark.
Sie sind doch nicht so dumm, wie Sie aussehen.
Nee. *(schmunzelt vergnügt)*

[552]

Wir haben nur überseeischen Tabak verarbeitet. – Bei den billigsten Sor-

ten am Mill 7 Mark verdient. – Das kann meiner Mutter keiner nachsagen, daß sie inländische Tabake verarbeitet hat.
Wo wächst denn hier Tabak?
In Northeim – in Nörtchen sagten die Arbeiter immer. *(scherzhaft)* Ich kann auch Zigarren wickeln – ich bin kein Dummkopf – wenn einer mir das zeigt, wutsch, kann ich das auch. – Ich kann 20 verschiedene Sorten sortieren, das ist eine Kunst, das kann nicht jeder – in 4–5 Sorten, das ist keine Kunst, das kann jeder – die Zigarrenkisten kamen in großen Kisten von Hamburg oder Bremen, das waren so große, daß man darin wohnen konnte, oder wir Kinder machten uns Hütten im Garten daraus, mein Vater aber wollte das nicht, daß ich spielte *(unter Tränen)* oder daß ich einen Freund hatte, *(schluchzt)* die andern Kinder durften spielen, ich mußte immer rein. – Er sagte immer zu mir, geh Du man rein, Du Hosensch... – wenn ich das auch getan habe, so konnte ich doch nichts dazu, das wollte ich doch nicht.

Wir müssen bloß dafür sorgen, daß, wenn die Verhandlung ist, die Sipo alles absperrt, damit die Kommunisten nicht da rein kommen.
Verteidiger aus Berlin.
(setzt pfiffiges Gesicht auf) Der hat ja das geschrieben in der Zeitung, der will bloß auf dem Gericht sein, dann weiß er das alles und schreibt dann ein Buch, – der will bloß Bücher rausgeben – der will gleich Millionär werden.

[553]

Mit Büchern kann aber nicht so viel verdienen.
In diesen Sachen ja – so sen – sensonel – sen – sat –
Sie meinen sensationell.
Ja ja, sensationell. – Das ist ein Spitzbube, der ist extra rübergekommen von Berlin, der hat sich erst mit meinen Verwandten in Berührung gesetzt, da ist er gewesen, bis auf Frau Erfurth – mit der bin ich doch böse. – Wenn Sie von meiner Schwester, Frau Burschel, kämen, dann wollte ich das glauben, – da bin ich auch gewesen – und was sagte die? – Die war nicht zu Hause. Also haben Sie sich verleugnen lassen, sagte ich. – Jetzt hat er ins Blatt geschrieben, ich wäre feige. Über Köpfen haben wir gar nicht gesprochen. – Ich habe nur gesagt, ich will Sie nicht, *(macht ablehnende Bewegung mit den Händen)* gehen Sie weg. – Da habe ich unter-

schrieben, weil der Untersuchungsrichter sagte, dann brauchte er nicht noch mal herzukommen von Berlin. – Dann wollte er mir eine Zigarre geben, ich habe sie aber nicht genommen, obwohl ich gerne rauche. – Dann klopfte er mich auf die Schulter und sagte, wir werden uns schon vertragen. – Ich sagte aber, nein, kommen Sie nicht wieder, ich muß erst mit meiner Schwester sprechen.
Wie sah er denn aus?
So'n kleiner – *(steht auf und macht aus dem Daumen und Zeigefinger einen Kreis vor sein rechtes Auge - Monokel)* - als ich die Karte von ihm sah - aus Berlin – da wußte ich schon Bescheid. – Er war so'n Herr mit abgetragenen hellen Anzug, bloß aufgebügelt – und dann ein Monokel. – Das war doch kein Mensch. – Da gehe ich ja feiner her – wenn der da von Berlin herüberkommt und mit dem Staatsanwalt spricht – die weiße Wolle war weg – richtig abgetragen. *(setzt dabei das rechte Bein auf*

[554]

einen Stuhl und streicht über die Oberschenkel) - Da hat er jetzt geschrieben im Blatt, ich hätte gezittert. – Der Untersuchungsrichter hat mit mir darüber gesprochen und hat gesagt, ich könnte nehmen, wen ich wollte. – Ich habe unterschrieben, daß ich ihn nicht haben wollte. – Ich habe schon mal hingeschrieben – der Hund, der wollte nicht – ich brauche keinen Verteidiger – denken Sie doch mal richtig vernünftig darüber nach – Mord ist doch Mord –
Haben Sie sich besonnen?
Ja, ich habe sie abgemurkst.
Wie haben Sie das gemacht?
Was ich immer gesagt habe, totgebissen – die Zähne habe ich doch darin gesehen.
Sie können doch nicht einen Schlag gekriegt haben.
Das kann wohl sein.
Ich weiß nicht, ob Sie ihnen nicht doch einen Schlag gegeben haben.
Ich? – Schlag? – *(setzt pfiffiges Gesicht auf)* Dann müßten sie schon geschrien haben. – Wenn sie mich verhauen haben, *(zeigt auf seinen Mittelfinger)* da habe ich auch geschrien. – Ich denke mir, die sind wohl gleich weggewesen.
Für sie war das eine Wollust, die Jungens zu beißen.
Ach was. *(Im Laufe der Unterredung)* Das muß wohl so – *(als wenn er*

nach einem Ausdruck sucht) - tierisch gewesen sein - ein Hund beißt - oder ein Wolf, - der beißt auch - oder ein Löwe -
Sie sind doch kein Löwe.
So was muß doch gewesen sein. - Gott - wenn ich so daran denke - *(schüttet sich vor Lachen aus, schlägt die Hände zusammen)* - daß man so beißen kann - dann habe ich die erste Zeit immer geweint. Wissen Sie, was ich hätte tun müssen *(stößt die Worte kraftvoll hintereinander aus - nachdrücklich):* Ich - hätte - keinen - wieder - mitnehmen - müssen.

[555]

Das habe ich mir öfters so vorgenommen, - dann kamen die Jungens aber immer wieder - Gott - ich muß doch viel umgebracht haben.
(Ladet Sachverständigen ein, mit ihm im Auto nach Hannover zu fahren.)
Das macht Spaß - das macht sehr viel Spaß.

[556]

24. September 1924

Unterredung am 21. September in Abwesenheit des Stenographen. - H. erklärt, Sürig bekäme keine Karte. Er selber (Haarmann) wollte kein Geld damit verdienen. - Fügt dann leicht resigniert hinzu, es ist nur das Letzte, es ist nur für meine Freunde. - *In Düsseldorf ist H. seines Erachtens nicht gewesen. - Auf Aufforderung, einmal nachzudenken, meint er:*
Nein, da bin ich nicht gewesen, vielleicht früher mal durchgekommen, - jetzt in den letzten Jahren ausgeschlossen.
Sie haben eine derartige Aussage im Prozeß Erfurdt gemacht.
Jetzt besinne ich mich wieder, mit Frau Erfurdt bin ich zwei Tage dort gewesen, - ich habe dort Zigaretten verkauft, das war geschoben, das Geschäft lag dicht am Bahnhof, - damals habe ich noch einen 2 Mark-Schein gefunden am Bahnhof.
Kennen Sie Fräulein Lichtenstein?
Nein.
Mantel - Schwester - geschlagen?
Ach ja, das ist das Judenmädchen. - So haben sie es gemacht mit mir, sie war so frech, so impertinent - aber so war es immer, ich mußte für meine Verwandten die Kastanien aus dem Feuer holen und nachher ließen sie mich im Stich.
Haarmann betont, daß Frau Burschel für ihn viel Wein, Fleisch und Konserven u.s.w. verkauft hat. - Die Jungens brachten das. - *H. sagte ihnen aber immer wieder, sie dürften nur nichts sagen, daß das geklaut wäre, solche Sachen kaufte er nicht. - Er läßt aber doch durchschimmern, daß es geklaut war.*
(Setzt spitzbübische Mine auf und meint:) Es war

[557]

doch damals nichts zu kriegen, da war nichts zu wollen - '17 und '18. - Frau Burschel ist reich geworden, die hat sich Geld gemacht. - Ich habe aber nichts verdient.
(H. betont, daß er nur die gebissen habe, die er am meisten geliebt habe.)
Da war ich richtig verliebt drin. - *(Darauf hingewiesen, daß Beißen u.s.w. doch kein Zeichen der Liebe ist, meint er, das meinte ich doch nicht, viele*

haben doch gelebt, und nur einige sind ab und zu gestorben.) - Wenn ich richtig gewußt hätte, daß ich sie tot gemacht hätte, dann hätte ich das nicht getan, das wird auch mein letztes Wort auf dem Schafott sein. - Aber die Jungen liefen immer wieder mit.

Dann durften Sie sie aber nicht mitnehmen.

Da habe ich sie doch rausgeschmissen, sind aber dann doch immer wieder gekommen - wurden dann frech.

Aber auch dann mußten Sie sie wegschicken.

Ja, wenn sie mich da *(zeigt auf sein Geschlechtsteil)* hin faßten und mich küßten, war ich weg. - Dann poussierte man doch wieder.

Ich glaubte Ihnen das nicht, Fritz.

Sie können mir das glauben oder nicht, ich soll die Wahrheit sagen, - Sie können meinetwegen auch anders schreiben, mir ist das egal, ich soll doch das vor Gott verantworten, wenn ich geköppt bin, wenn ich Euch jetzt was vorlüge, dann habe ich doch gelogen, das tue ich nicht.

Fritz, haben Sie mir immer die Wahrheit gesagt?

Das habe ich immer getan, fragen Sie nur meine Geschwister. - Lügen gibt es nicht, das ist es ja gerade, weil ich nicht lügen kann. - Notlügen macht man ja wohl mal, nachher sage ich aber doch wieder die Wahrheit, wenn man so schwindelt.

[558]

Am andern Tage, nach der Tat, war ich richtig kaputt. Frau Engel sagte dann zu mir, Sie schlafen so viel - den ganzen Tag - ich erwiderte darauf, ich bin krank, - dann hatte ich so blaue Ringe um die Augen - ich konnte ihr doch das nicht sagen, was vorgefallen war. - Auch Wegehenkels fiel das auf, daß ich schlecht aussah. Er sagte zu mir, daß ich früher viel fideler wäre. - Die letzten 1 1/2 Jahre war nichts mit mir aufzustellen. Ich bin immer allein für mich geblieben, obwohl mich Wegehenkels aufforderten, mit ihnen spazieren zu gehen. - Aber die hatten auch einen Jungen von 16 Jahren, - das war ein netter Junge, er klaute nur so viel - und da hätte doch auch leicht was passieren können. - Er hat mir öfter seine Uhr angeboten, um Geld zu verdienen, er wollte öfter zu mir in die Stube kommen - aber ich habe ihn nicht hereingelassen, das wollte ich nicht.

H. betont, daß er am Halse seiner Opfer Abdrücke von Fingernägeln in der Haut nicht gesehen, nur Zähne.

So genau sieht man auch nicht nach, heute würde ich genau nachgucken. – Ich nehme an, daß ich sie totgebissen habe, weil ich die Zähne sah – von allein können sie doch nicht tot sein. – Vielleicht ist es auch möglich, daß ich sie gewürgt *(greift mit der Faust zu)* habe, und daher ist zu erklären, daß ich keine Fingernägel gesehen habe. – Wenn die Jungen klein gewesen wären, wäre es möglich gewesen, daß er sich [ich mich] darauf gelegt hätte. – Das ist in Zürich mal passiert, der Betreffende war betrunken, der legte sich darauf und

[559]

dann war das Kind tot, das habe ich in den Zeitungen gelesen. Ich sagte aber damals schon, so etwas dürfe nicht vorkommen. – Und nun ist bei mir so oft so was vorgekommen.
(H. wird energisch ermahnt, sich auf die Einzelheiten zu besinnen.) Das kommt nicht darauf an, schreiben Sie nur hin, ich hätte sie abgemurkst, das genügt doch. – *(Bewundert dann die schöne schnelle Schrift des Ref.)*

Vor der Hinrichtung möchte er gerne noch Zigarren und Kaffee (erinnert auch Ref. daran, daß er noch ein Käsebrot haben wollte) haben. – Er hat Kaffee gekauft, das 1/4 Pfd. zu 1 Mark, das Pfd. zu 4 Mk. – Wenn 1/4 Pfd. Kaffee 80 Pfg. kostet, kostet 1 Pfd. (wie er schnell ausrechnet) 3,20 Mark. (Spontan macht er darauf aufmerksam, daß die Sonne nicht von Norden nach Süden, sondern von Westen nach Osten geht, und äußert zum Ref.) Sie fragen mich öfter so plötzlich, dann weiß ich das nicht. –
Das war eine schöne Zeit, wo man poussieren konnte – aber nicht das Abmurksen. *Das wäre noch schlimmer geworden, wenn er nicht verhaftet worden wäre. Früher hat er oft darüber geweint, wenn er einen getötet hatte, später nicht mehr. Dann hatte er nur immer wieder Angst,* die mußten doch weg, die mußten weggebracht werden.
(Spontan:) Schön, so stenographieren möchte ich auch schon können.
Was war denn Ihre Pflicht?
Sie meinen, ich hätte hingehen müssen und anzeigen, aber dann hätten sie mich ja totgeschlagen wie einen tollen Hund. *(spuckt dabei in die Hände*

[560]

und macht die Gebärde des Schlagens) – Sehen Sie, wie die mich verhauen

hätten, das läßt sich doch denken, ich wäre nicht bis zum Polizeipräsidium gekommen. – Hätte ich Frau Engel das gesagt, so hätte die das sofort im ganzen Hause erzählt.
Aber sie konnten doch zur Polizei gehen.
Die hätten mich auch geprügelt, auch jetzt haben sie mich ganz blau geschlagen. – Deshalb wollte ich immer zum Untersuchungsrichter, der hätte mich nicht geschlagen, dem hätte ich auch alles gesagt. – Am besten wäre es gewesen, ich wäre ins Militär-Asyl gekommen, da wäre nichts passiert. Ich habe mich dort gemeldet, aber man wollte mich nicht, wegen meines Vorlebens, man versprach mir Nachricht zu schicken, man war auch wiederholt bei Frau Engel, die hat wohl übertrieben und mich schlecht gemacht – das soll man aber nicht, vor allen Dingen aber nicht beim Arzt, der Doktor findet doch alles.
H. meint, Sie brauchen nicht alles aufzuschreiben, wir können uns doch auch mal so unterhalten. *Er legt Wert darauf, nicht mit der Bahn nach Hannover zu fahren, sondern mit einem Auto,* sonst wenn wir in Hannover ankommen, ist in Hannover alles schwarz von Menschen, *und die 4 Mann, die ihn begleiten, würden sicher auch mit totgeschlagen,* das ist doch selbstverständlich. – Herr Reich hat auch schon mal einen Schlag gekriegt. *H. versichert dann Ref., er wäre so gut ihm, wie kaum einer im Leben, fährt dann wörtlich fort:* Sie hätten mein Vater sein müssen, dann wäre

[561]

das alles nicht passiert, Sie sind so gut, das merke ich doch. – *Fragt Ref., ob er der Hinrichtung beiwohnt. Als dieser es verneint, erwidert er, aber der Oberstaatsanwalt wird dabei sein. Bittet, diesen dafür sorgen zu lassen, daß der Mann das richtig, das schnell macht, daß das Messer* richtig – rutsch – runter fällt, durch den Hals, und daß es richtig scharf ist, nicht, daß es alles kaputt quetscht, – warum mich so quälen. *Spontan zeigt H. in das Vorzimmer, in dem der Beamte sitzt,* daß die aber nicht mal verschwinden und lassen mich hier. Ich will nicht hier bleiben, dann bleiben die Akten alle hier und die sind dann in Hannover, die können dann nicht weiter arbeiten. *Spontan äußert er dann weiter:* Dann, nach meiner Hinrichtung, spuke ich aber bei meinen Geschwistern und klopfe jede Nacht an *(lacht dabei hämisch und schadenfroh)* – das hat meine Mutter auch gemacht.

Ihr letzter Wunsch?
Schönes Käsebrot, schöne Tasse Kaffee und eine schöne Zigarre, das werde ich 24 Stunden vorher sagen. Wenn wir dann Kaffee getrunken haben, dann können wir schon gehen, – aber nicht anfassen , – sie sollen sagen: Fritz H. ist mit einem furchtlosen, kolossalen, militärischen Mut auf's Schafott gegangen, und zuletzt werde ich noch eine kleine Rede halten, – über meinem Bett habe ich doch auch die Schill'schen Offiziere *(breitet den Rock auseinander – den Augenblick der Erschießung darzustellen)* und die sind auch weltberühmt geworden, die vergißt auch keiner. *(Spontan zu Ref.)* Ich hätte gern gesehen, daß Sie mitgekommen wären. – Führt dann weiter aus: Ich komme mir vor wie Napoleon auf St. Helena, ich gehe

[562]

so spazieren – sitzt dauernd einer bei mir – ist doch schön so.
Aber Napoleon war doch ein großer Kerl. Sie aber doch nicht.
Ich jetzt auch, ich bin doch, ich bin doch sogar ins Kino reingekommen, allerwärts bin ich doch im Kino jetzt – in China und in Japan. – Napoleon war einer, der hat A gesagt und konnte auch dann B sagen, das war ein tüchtiger Mann, für den habe ich auf der Schule immer schon geschwärmt, – das war ein tüchtiger Mann – den hätten wir jetzt haben müssen – der ist nicht so wie Leinert – der hat sich jetzt krank gemeldet. – Wenn ich was zu sagen hätte, dann würde ich sagen, der müßte wieder arbeiten, der ist doch gesund, der ist Maler, aber dann muß er erst noch was lernen, in der Bäckerstrasse hat er schlecht gearbeitet. –
Soll denn der Pastor nicht mitgehen?
(ablehnend) Ach was – nein – Pastor Hardelandt in der Christuskirche hat mich konfirmiert. Herr Rätz hat mit ihm zwei Mal telefoniert, er möchte kommen, ist aber nicht gekommen, – die Pastöre sind alles Irrelehrer – der hätte kommen müssen, ich habe die Bibel öfter durchgelesen, – aber die predigen ganz verkehrt. Nachher hat auch der Krim.-Inspektor Lange noch mal telefoniert und Pastor H. ist wieder nicht gekommen. Da habe ich gesagt, ich kann vor Gott so hintreten, das war nicht schön, daß er nicht kam. – Und wenn die Sünde blutrot ist, so kann sie doch, wie Jesus sagt, so kann sie gewaschen werden, daß sie schneeweiß ist, dafür ist Gott da, das hat Gott gesagt, liebe deinen Nächsten wie dich selbst.

Was für eine Rede wollen Sie dann halten?
Ja, das muß ich dann erst

[563]

mal sehen. *(meint er beim Diktieren der Unterhaltung) - Am 21. September sagte H., er wolle sagen, daß er die reinste Wahrheit gesprochen habe, man solle nicht denken,* man soll nicht denken, daß ich gemordet habe, aus Raubmord oder so was. - Es wäre eine Sünde, das wußte ich - aber die Jungens liefen mir immer nach - das steht doch in der Bibel, daß Selbstbefleckung verboten ist, aber das machte ich ja auch nicht bei mir selber, das mußten die Jungens bei mir machen, und andererseits machte ich es bei den Jungens, die trieben dann auch keine Selbstbefleckung.*Nach dem Lutschen befragt, meint er:* Das ist doch eine Schweinerei - jetzt komme ich erst so drauf.*Zum Schluß meint er,* mein Leben war mir eine Last, da hatte ich keine Freude, daß ich das sagen konnte. - *Die Freunde haben ihn alle ausgenutzt.* - Hans hätte aufpassen müssen. - Aber er hat die Jungens bearbeitet, er hat sie scharf gemacht, daß sie mich ordentlich poussieren sollten, damit ich sie dann totmachte. Er hat ihnen auch gesagt, was sie mit mir machen sollten. - Hans war darüber, wie ich poussierte, orientiert, er war auch oft genug dabei und sah auch zu. -

[564]

24. September 1924

(Aussage von Erfurdt)
Das ist bestimmt wahr, daß mein Vater den Bernhard Erfurdt zu einer falschen Aussage verleitet hat.
Aber E. kann unter Eid seine Aussage wiederholen.
Das ist nicht wahr, meine Schwester hat mir noch am selben Tag gesagt, er habe dem Jungen ein Piano versprochen.
Wie alt war er damals?
Das weiß ich nicht mehr. – Mein Vater und Erfurdt haben sich verkracht, aber an dem Tage haben sie sich vereinigt, um mich reinzulegen. – Der Vater hat dem Bernhard ein Piano versprochen, wenn er günstig für ihn aussagte. – Später wollte er es ihm nicht schenken, wie es Henny selbst erzählt hat, und da hat E. solange konjeniert, bis er wenigstens die Hälfte gegeben hat. *(ungehalten und empört fügt er hinzu:)* Die Schwindler, die schwindeln, weshalb schwindeln die nur. – *Kommt auf den Markendiebstahl, beruft sich auf Burschel und betont,* der muß jetzt schwören, der ist jetzt geschieden. – Verwandte können die Aussage verweigern, jetzt kann er es nicht mehr. – Vor allem aber auch Wilhelm Rüdiger, mein früherer Schwager, der ist auch geschieden. – Adolf hat mir ein Schriftstück vorgelegt, daß ich das bloß gemacht hätte in Geistesumnachtung, und da mußte ich unterschreiben, der Rüdiger war auch dabei. Ich habe das geschrieben, weil ich dann das Geld bekommen sollte für das Fischgeschäft.
Aber Rüdiger wohnt in Frankfurt und die Vernehmung kostet Geld.
Aber die Leute schwindeln. – Der muß zur Hauptverhandlung.
Aber das ist ja nicht von Bedeutung.
(sofort einfallend) Dann brauchen wir auch nicht weiter davon reden, – die ganze Verwandtschaft stellt sich jetzt so hin wie Engels, sind

[565]

aber gerade die richtigen, die haben gestohlen und geschoben und alles mögliche gemacht und mich zu Schlechtigkeiten verführt. – Adolf ist doch noch der Beste.
Aber Emma hat doch auch noch für Sie gesorgt.

Aber sie hat die Geschäfte gemacht und ich habe nichts verdient, ich bin bestraft, ich mußte den Mund halten. – Ich kann mich immer ärgern über diese Blase, die mich schlecht machen wollen. *(Schüttet sich aus vor Lachen, als er den vom Ref. vorgehaltenen Briefumschlag sieht mit der Aufschrift »An den Menschenschlachter Haarmann« – während er zuerst erschrocken zurückgewichen ist)* Im ersten Augenblick hätte ich dem einen runtergelangt, *fügt er hinzu,* jetzt lache ich darüber. *(Dreht sofort den Briefumschlag herum und betont, daß der Absender nicht draufstände. Verlangt dann, den Brief zu lesen. Amüsiert sich über die Lektüre des Briefes außerordentlich. – Erhebt dagegen Einspruch, daß er sich verrückt stelle. Regt sich sehr darüber auf, daß er hier Fliegen fange. Es sei doch lächerlich, daß jede Kleingkeit aufgebauscht würde. Vermutet dann, daß der Brief von Alfred Müller ist, weil dieser früher in der Hagenstrasse gewohnt habe, mit dem habe H. 6 Wochen poussiert.)* – Das gehört da nicht drauf *(meint damit das Wort Menschenschlachter),* das sieht man schön, daß das ein niederträchtiger Mensch ist, – das muß man nicht machen. – *(Ein zweiter Brief wird ihm vorgelegt.)* – Als Mensch gehst Du rein, als Wurst kommst Du raus – Menschenfresser –. Solche Briefe schreibt man doch nicht, wohl zu Neujahr.

[566]

Wissen Sie, wozu Sie hier sind?
Ja, die haben mich beschwindelt, erst hat Herr Kommissar Rätz gesagt, wir wollten eine Vergnügungstour machen und wollten Sie hier besuchen – und jetzt haben sie wieder gesagt, ich müßte hier bleiben – und dann haben sie gesagt, es wäre ein Aufruhr in Hannover, wir wären geflüchtet von Hannover, wenn es wieder ruhig wäre, sollte ich wieder hinkommen. – *(Sieht dann die Anlage eines Briefes – liest – und betont dann:)* Das ist doch ein richtiges Ding *(zutreffend).* – Wie kommt das nur, jahrelang habe ich keine Briefe gekriegt, und jetzt kriege ich so viele, das machen bloß diese Witzbolde, die so in der Wirtschaft sitzen.
Sie wissen doch, wer ich bin.
Ja, Herr Professor.
Was für ein Professor?
So'n Arzt-Professor.
Warum sind Sie nun hier?
(leicht verlegen) Da habe ich noch gar nicht dran gedacht. – Ich denke,

daß Sie sich haben aufhetzen lassen und wollen mich nach Hildesheim bringen.
Das will ich nicht.
(droht mit dem Finger) Das habe ich nämlich schon hier bemerkt, das hier ist auch eine Strafanstalt, hier sind auch Verrückte mit bei, hier schreit immer einer so furchtbar, so wie in Hildesheim auch. – Wenn Sie mich für verrückt halten, dann sehe ich Sie nie wieder an, dann sind wir fertig.
Ich habe Ihnen doch gesagt, ich halte Sie nicht für verrückt.
Dann bin ich beruhigt.

[567]

24. September 1924 (nachmittags)
(Überreicht seine Biograpie. – Betont, daß das alles die reine Wahrheit sei. Bittet darum, daß das gedruckt wird. Von dem Erlös möchte er ein Denkmal haben, der Rest könne geteilt werden, jedenfalls solle aber Stenograph als Belohnung für seinen Fleiß einen Anzug haben. H. bittet immer wieder darum, daß er möglichst bald übergeführt würde.)
Ich glaube, Sie werden sich noch oft nach uns zurücksehnen.
Ich will Sie nicht wehtun, aber es hat mir hier ganz gut gefallen – und dann habe ich mich hier erholt. – Die haben mich ganz wirr gemacht in dem Gerichtsgefängnis. – Wenn man so allein ist, dann grübelt man so viel, und hier war alles so freundlich, das habe ich so gern.
Die Verpflegung ist doch hier auch besser.
Am Essen liegt mir nichts dran. – Wenn doch jetzt die Akten da sind, können wir doch alles regeln.
Sie haben meine Geschwister besucht, was sagen die denn?
Die sind sehr traurig.
(Stutzt einen Augenblick, meint dann:) Die hätten mir nicht alles Geld wegnehmen sollen, dann wäre das nicht passiert, wenn sie mich zu Haus nicht haben wollten, dann hätten sie mich doch in ein Altersheim einkaufen können. – Da hätte ich doch Freunde gehabt, die hätten auf mich aufgepaßt.
Glauben Sie, daß das genügt hätte?
(besinnt sich einen Augenblick) Ja, das hätte genügt *(mit aller Bestimmtheit)*

[568]

– wenn ich dazwischen war unter diesen Jungens und Verbrechern, da haben sie mich bloß ausgenutzt und mich verkohlt.
Im Altersheim hätten Sie doch freien Ausgang gehabt.
Gewiß, aber das wäre doch nicht passiert, es konnte doch keiner bei mir schlafen. – Ich habe bei Frau Burschel mal einen Jungen mitgebracht, die hat mich aber *(droht dabei mit rechtem Zeigefinger)* schön rausgewimmelt, sie verbat sich das schon wegen der Kinder. – »Ich tue es auch nicht wieder«, habe ich ihr darauf gesagt *(in treuherzigem Tone)*
Wir sprechen uns doch bald zum letzten Mal.

(flehentlich, mit gedrückter Stimme) Sie kommen doch noch mal, bevor ich geköppt werde.
Ja, ich komme noch mal.
(Lacht freudig auf wie ein Kind, klatscht in die Hände)
Sie haben doch sonst wohl kaum mit einem Menschen so viel gesprochen wie mit mir.
Ja, das stimmt, ich habe auch sonst nicht viel Freunde gehabt, – als wie die Jungens.
Ref. spricht eingehend mit ihm und ermahnt ihn, unter Bezugnahme auf sein Verhältnis zu seiner Mutter, doch nunmehr die Wahrheit zu sagen. Er bleibt immer bei seiner Aussage und betont, nichts zu wissen, wie er seine Opfer umgebracht hat. – Er fand, wenn er den Kopf abschnitt, am Halse, an beiden Seiten des Kehlkopfs Spuren von seinen Zähnen, er müsse sie also gebissen haben, wie, weiß er nicht. – Übrigens hat er vorher immer betont, alles zu wissen, was er getan habe. – Es muß dann so über mich gekommen sein, ich war dann wie ein wildes Tier, sonst hätte ich sie nicht

[569]

totgebissen, das macht doch nur ein Tier und beißt, ein Hund oder ein Löwe. – *Wenn ihm gesagt wird, daß man keinen totbeißen kann, meint er:* Gut, dann muß ich meine Opfer gewürgt haben. Er betont aber, daß er lange Fingernägel hatte, daß er aber Spuren von Fingernägeln am Halse nicht beobachtet habe. *(Auf den Widerspruch aufmerksam gemacht, der in seiner Angabe liegt, vermag er diesen nicht aufzulösen.) – Es muß dann eben so sein, wenn alle sagen, daß man durch Beißen nicht töten kann, er muß dann eben abgemurkst haben. (greift mit den Händen zu und macht die Miene des Erwürgens) – Immer wieder kommt er darauf zurück, daß er nicht töten wollte. Als er den ersten getötet hatte, es war Friedel, da hat er richtig eine Zeitlang gebetet, betont, das war schrecklich.* – Ihr geht da so leicht über das Abmurksen weg – ich nicht! *(zeigt dabei mit einem Finger auf sein Herz)*
Aber was sollte er damals machen, ganz konnte er den Jungen nicht beseitigen und er mußte ihn schon auseinanderschneiden, das war schrecklich, das dauerte 8 Tage, wenn ich noch daran denke, das erste Mal. *(schüttelt dabei wehmütig seinen Kopf) Zwischendurch mußte er immer wieder erbrechen und sich zu Bett legen, – das hat er auch jetzt immer noch gehabt. Zuletzt ging es natürlich besser mit dem Zerlegen, da dauerte es nur 1 1/2*

Tage, da wußte ich schon besser, wie ich alles auseinandermachte. - Die Leute denken immer, ich hätte meinen Spaß daran gehabt, da müßten die Leute mal einen auseinanderschneiden, wenn ihnen so was

[570]

passiert wäre. *(droht dabei mit dem Zeigefinger)*
Auch heute betont H., daß er 1918 nur Friedel getötet habe, Koch nicht. Er weiß das ganz bestimmt, daß das damals nur einer war. - Wenn es jetzt mit Koch gewesen wäre, könnte er es nicht sagen, weil das so viel waren, aber über damals - weiß er ganz genau Bescheid, nur einen einzigen - jetzt habe er den Rekord geschlagen. (betont er unter selbstbewußtem Lächeln) Zwischendurch äußert er den Wunsch, er möchte gern das Buch, das Ref. über ihn schreibt, bevor er hingerichtet wird, lesen; wenn das aber nicht ginge, wäre er auch damit einverstanden. - Er wolle das nur sagen, weil er das in seine Lebensgeschichte hineingeschrieben hätte. - Er betont den Wunsch, ein Denkmal zu haben.
Das kostet aber Geld.
Laß das doch 1 000 Mark kosten, Sie werden doch Millionär bei diesem Buch. - Geben Sie mal Acht *(zeigt dabei auf seine Biographie)* und wenn die Gerichtsverhandlung dabei kommt, das wird reißend verkauft, allerwärts, in 100 Jahren noch.
Was soll das denn kosten?
Das müssen Sie sagen, das kann ich doch nicht sagen, davon habe ich doch keine Ahnung.
Auch Bilder dazu?
Ja natürlich, ich habe mich doch hier extra photographieren lassen. - Um eins möchte ich aber noch bitten, Hans Grans soll aber nicht mit darein, das will ich nicht, aus dem Grunde, das ist doch besser - so allein - *(setzt sich in Positur mit einer selbstbewußten Eitelkeit, legt dabei die Hände auf rechte und linke Brust)* - Hans können Sie auch ein paar Mark geben, daß er einen kleinen Laden anfängt.

[571]

Und dann soll er jedes Jahr, an dem Tage, an dem das Denkmal eingeweiht wird, einen Kranz niederlegen, oder an meinem Geburtstage, das will ich gern haben.

Sie haben ja bald Geburtstag.
Schade, daß Sie dann nicht mehr hier sind. Ich weiß schon, Sie hätten mir was geschenkt – *(meint er mit schmunzelndem Lächeln)*
1 Tasse Kaffee, 1 Käsebrot und Zigarren.
– *(beugt den Kopf vorn über, macht mit den Händen die Bewegung des Fallbeils, fügt dann spontan hinzu:)* Den Scharfrichter will ich aber vorher erst nochmal sprechen, daß er mich richtig kennen lernt und das Messer auch richtig scharf macht, daß er sich nicht mit den Kommunisten in Verbindung setzt und das Messer stumpf macht, – wenn das Messer nicht scharf ist, lege ich mich nicht hin, die sollen mir den Hals nicht abquetschen, das soll nicht sein – richtig schön. *(klopft Ref. auf den Vorderarm)* Glauben Sie, da hätte ich Angst für, das ist es ja grade, was die Leute glauben, – dieser feige Hund, denn die denken doch das –.

Warum vergleichen Sie sich mit Napoleon?
Ja, das ist doch einfach – *(dreht sich auf dem Stuhl um und setzt sich in Positur)* – Napoleon hatte immer so Offiziere und Generale bei sich, – so auch ich – die Herren hier sind alle so freundlich zu mir. – Napoleon war Soldat, vom Scheitel bis zur Sohle – so auch ich – *(mit stolzem, selbstbewußten Lächeln)* – ich bin doch beim Jäger–Batl. gewesen – das sind die Goslar'schen Jäger.

[572]

Sonst noch Ähnlichkeit mit Napoleon?
Er ist doch *(besinnt sich einen Augenblick)* eine berühmte Person – ich bin doch jetzt auch berühmt geworden – Napoleon haben sie doch auch verflucht – verwünscht – und das war ein Vorbild für uns Menschen, wenn er auch ein Franzose war, das war aber ein tüchtiger Feldherr.
Was für eine Schlacht hat er geschlagen?
In Rußland das doch, – da sind wir Deutschen doch jetzt auch zurückgedrängt.
War nicht etwas mit Moskau?
Ja ja, der Brand von Moskau – das war früher meine Lieblingsgeschichte, – früher konnte ich das immer lesen, jetzt nicht mehr, da laufen mir die Augen über.
Sind Sie denn auch ein Vorbild?
Nein – richtig genommen – ich meine, ich bin doch jetzt auch im Kino,

in China – in Amerika, da werde ich doch so gefilmt – *(macht dabei Bewegungen des Drehens des Aufnahme-Apparates)* – jetzt bin ich doch auch berühmt geworden.
Sind sie denn auch ein Vorbild?
(besinnt sich einen Augenblick - reibt verlegen an seinem Bein) - Nein, das soll man nicht wieder machen - wenn es Krieg wäre - da hätte ich mit rein müssen *(dabei leuchtet sein Gesicht auf)* - ich bin tapfer - so für schießen - ich bin Soldat - vom Scheitel bis zur Sohle. *(spontan)* Wissen Sie noch nicht, wann Termin ist?
Das weiß ich nicht.
(schnalzt mit der Zunge wiederholt) Haben Sie nicht mit dem Oberstaatsanwalt gesprochen?
Ja, wissen Sie wie lange - 2 Stunden.
(schlägt die Hände zusammen) Die sind alle so freundlich und so nett, solche Freunde hätte ich draußen haben müssen - habe ich auch hier rein geschrieben, daß ich den Herren über das Grab hinaus *(sagt das pathetisch)* meinen Dank - schulde, - das freut einen so, wenn die

[573]

Leute so freundlich zu einem sind - das war sonst nur meine Mutter.
Sie wissen, warum sie hier sind?
Ja, Sie wollen mich untersuchen, ob ich vernünftig bin.
Was sagt man vor Gericht?
(unwillig - ablehnend) Das will ich nicht sagen.
Ob ich zurechnungsfähig bin?
Ja - das wollen wir aber auf dem Gericht nicht sagen.
Soll ich denn nicht zur Verhandlung kommen?
Ja, Sie können ruhig da sein, ich will aber nicht haben, daß Sie was sagen von Hildesheim, das will ich nicht.
Das können wir doch sagen.
Och *(verlegen zur Seite sehend)* - das macht einen schlechten Eindruck, da will ich nichts von hören - von Hildesheim - dann köppen sie mich nicht.
Wäre es denn in Hildesheim schlechter als geköppt zu werden?
Da sind doch alles Verrückte, da wird man verrückt, das will ich nicht, denn wenn sie mich da hinbringen, das sage ich vorher, dann bringe ich mich um.

—

Sie haben doch gestohlen.

Nein.

Aber einmal 5 Jahre wegen Diebstahls.

Da habe ich nicht gestohlen, das habe ich alles gekauft.

Sie wußten, daß das gestohlen war?

Ja, das konnte ich mir denken.

Sie sind auch im Keller gesehen worden.

Das ist nicht wahr.

Dann hat man Sie verfolgt und Sie haben einen Dietrich weggeworfen.

Das glauben Sie doch nicht, Sie müssen auch nicht immer alles glauben.

Da haben Sie auch Schampus gestohlen.

Ja, *(nickt lächelnd zu)* Sekt und Wein und Cognak habe ich gekauft.

Haben Sie auch davon getrunken? Wie schmeckt das?

[574]

Der kribbelt so.

Haben Sie allein getrunken?

Nein, da war das Gaunerkram da.

Welcher Wein schmeckt am Besten?

Portwein, der schmeckt schön süß. *(Als ihm das Urteil vorgelesen wird, weiß er sich vor Lachen nicht zu halten, amüsiert sich köstlich.)*

Das war doch eine schöne Zeit.

Nein, ach nein, das war doch immer eine Angst.

Sie konnten doch arbeiten.

Ach was, das kennen Sie nicht, wenn ich arbeite, dann werde ich ganz fusselig, das wissen sie alle.

Das kommt daher, daß Sie arbeiten nicht gewohnt sind.

Ach was, dann werde ich richtig schwindelig.

Der Professor hat aber an Ihrem Herzen nichts gefunden.

Ach was, das muß ich doch wissen, dann läuft mir alles so rund, wie betrunken bin ich dann.

Sie sind arbeiten nicht gewohnt.

Ich habe doch vorher feste gearbeitet.

Das ist aber lange her.

Nachher, wie ich wieder zu Hause war, da ging es nicht mehr, was konnte ich früher schön rechnen und schreiben und lesen, jetzt nicht mehr.

(H. wird daran erinnert, daß er in der Blau-Fabrik gut rechnen konnte) Er bestreitet das und betont, daß er die »Fakturen«, die er ausstellte, immer wieder zurückerhielt, zuletzt wurde er dabei ganz fusselig, man solle sich bei dem Herrn Elstermann, Prokurist, erkundigen. - Er gibt an, daß der Lehrling ihm die Rechnungen ausgerechnet hätte, vor allen Dingen der Lehrling, der mit ihm am Pult stand. - Will damals von Dr. Süßmann, Engelbostelerdamm, behandelt sein.) - Das war damals, wie ich das Geschäft verkauft habe, das ging doch kaputt, das muß so 1904 gewesen sein, da war ich etwa 30 Jahr alt. - *Betont, daß er damals wegen Krankheit aus dem Geschäft entlassen sei. (selbstbewußt schmunzelnd) Hebt hervor, daß er damals noch für 6 Wochen das Gehalt bekommen hätte.* -

[575]

Kommt zum Schluß darauf zurück, daß er Ref. die reine Wahrheit gesagt habe, warum er ihm nicht alles sagen solle. Er betont, daß er doch die Morde begangen habe, aber Mord - das wollen wir nicht sagen, das klingt so schrecklich, - wir wollen lieber sagen - abgemurkst - oder umgebracht.
Abgemurkst ist aber auch kein schöner Ausdruck.
Aber besser wie Mord.
Sie kommen in den nächsten Tagen weg.
Da freue ich mich richtig drauf, dann ist doch - endlich Ruhe, - dann kommen doch die Akten mit - dann kommt doch das alles mal zur Ruhe. - Essen kriege ich genug in Hannover.

[576]

25. September 1924

Ärgerlicher, mißmutiger Stimmung. Gibt an, daß er sich über die Briefe geärgert habe, die Ref. ihm gezeigt hat. Bittet Ref., falls nochmal solche ankommen, diese zu zerreißen, er wolle sie nicht wieder haben, - nur von Verwandten. - H. verliest eine Biographie. - Adresse von Fritz Reiß zu erfragen bei Frau Emma Burschel, Spittastraße 31. - Spricht vom Vater nur per Schweinehund und Hund. - Glaubt zuerst nicht recht, daß sein Vater einmal den Antrag auf Entlassung aus der Anstalt Hildesheim gestellt hat. - Als ihm der Antrag vorgezeigt wird, meint er, warum er ihn denn aber später in die Anstalt habe bringen wollen. - Faßt aber nachher sein Urteil wieder dahin zusammen, daß der ganze Antrag Schwindel sei.

In den Akten finde ich kein Wort darüber, daß sie von dem Reck gefallen sind.
Das haben sie mir aber immer gesagt, ich wäre vom Querbaum herunter gefallen.
Frau Borghold macht aber einen guten Eindruck.
Natürlich, jetzt wenn sie alt wird, früher war sie eine Dirne, sonst hätte sie meiner Mutter das Leid nicht angetan, immer per Arm mit meinem Vater zu gehen, - wenn wir Kinder da waren, genierte sie sich gar nicht.
Vergiftung der Mutter.
Emma hat mir das erzählt,

[577]

warum sagt sie mir das dann immer.
Haben Sie das auch von Ihrer Mutter gehört?
(Sofort) Die war doch tot. - Meine Schwester hat es dem Alten laut ins Gesicht gesagt.
Bittet immer wieder darum, nicht nach Hildesheim gebracht zu werden, da will ich nicht hin - *(streckt die rechte Hand aus, breitet die Finger auseinander)* - wenn sie das mal gesehen haben *(pathetisch - weint)* die wollen mich immer kriegen und verhauen.
Kommen Sie denn wirklich in den Himmel?
Ja, unser Herrgott der sagt sich dann auch, Fritz, das hast du nicht gewollt.

Der liebe Gott will auch das Poussieren nicht.
Deshalb habe ich doch das nicht selbst gemacht.
Das ist doch eine Sünde.
Ja, man muß aber doch mal poussieren. - Als ich damals so krank war *(Nephritis)*, da bin ich ausgerückt, ohne Wissen des Arztes und meiner Schwester, und habe mir einen polieren lassen, da bin ich wieder gesund geworden, - ich konnte es nicht mehr aushalten.
Die Mutter wird das wohl auch nicht wollen, daß Sie in den Himmel kommen.
(Stutzt.)
Die Mutter wird einen Schreck bekommen, wenn sie das erfährt.
Das sage ich ihr nicht - dann erzähle ich ihr lieber, wie meine Verwandten es mit mir gemacht haben und daß sie nicht aufgepaßt haben.
Die Mutter erfährt doch Ihre Hinrichtung.
Ach ja, das kann man doch sehen, da sage ich, es wäre Krieg hier unten.
Im Kriege wird man doch nicht hingerichtet.
Das sieht sie doch nicht. *(Sich selbst beruhigend - kindlich.)*

[578]

Sie dürfen den letzten Tag doch nicht so schwindeln.
Das muß ich doch wissen, ob ich rein komme, das kann kein anderer wissen. - Ich bin doch nicht schlecht, bloß daß ich das gemacht habe *(zeigt auf sein Bettlager)* - und das wollte ich nicht - ich habe mir sonst nichts zu Schulden kommen lassen.
Wird der Richter Ihnen das glauben?
Danach frage ich nichts, da werde ich noch geköppt. - Hans hat einmal ausgerechnet, daß ich durch Betteln in einem Jahr ein Haus kaufen könne.
Das hätten Sie doch auch gekonnt.
Ja ja.

[579]

25. September 1924

H. fragte eines Abends, wer in dem Vorzimmer schlafe. Darauf hingewiesen, daß dort der Pfleger Hengst schliefe, meint er lächelnd, man solle doch nicht glauben, daß er das annehme und ihn für so dumm halten – zeigt dabei mit dem Zeigefinger auf seine Stirn – da stände doch ein Nachtgeschirr. In der Tat schlief in dieser Nacht ein Kranker dort.

[580]

25. September 1924 (abends)

Freunde habe ich nie gehabt, – ich habe mich mit keinem so viel unterhalten, wie mit Ihnen, höchstens mit Grans, erwachsene Leute waren mir unsympathisch. – Die Erwachsenen haben mich doch gleich bemogelt, wo ich mit verkehrte.

Habe ich Sie denn bemogelt?

Nein, hier wäre das auch nicht möglich – draußen – nein, dafür sind Sie zu anständig, – aber das Gaunerpack, wo ich mit verkehrte. – Und die Jungens, die schließt man so in das Herz, die sind so lieb zu einem, da kann man sich schon mit unterhalten, das braucht nicht immer gerade ein Puppenjunge zu sein, – die habe ich mich immer gesucht, kleine Freunde, wo man mit spazieren ging, wo auch nichts mit passiert ist, die wollte ich immer haben – aber Erwachsene – die wollten immer – haben – haben – haben. *(macht mit der Hand die Bewegung des Zugreifens)* – Wenn Hans nicht immer wieder zu mir gekommen wäre, nachdem ich ihn rausgeschmissen habe – Hans wurde mir auch schon zu alt als Freund – weil er mich immer so neppte – wenn er immer so nett und lieb gewesen wäre, wie ich das gern wollte, dann hätte er im Alter für mich sorgen können. *(Nach der Erinnerung befragt)* Ich soll die Wahrheit sagen, ich sage alles, so wie es ist – auf dem Gericht können sie ja glauben, was sie wollen – die können mich ja verurteilen und köppen, dann ist doch alles ruhig. – Wenn Sie wollen, kann ich ja das sagen, was Sie wollen. – Wenn Sie mir sagen, sie glaubten mir nicht und sagen, Fritz, Sie sollen die Wahrheit sagen, ja, da kann ich doch nichts

[581]

machen, – wenn Sie mir immer sagen, Fritz, das glaube ich nicht, dann bin ich ein Lügner – nun laßt doch das sein, köppen Sie mich, dann ist die Sache gut. – Soll ich denn – jetzt sage ich – ja schön – jetzt habe ich die abgemurkst – und ich habe das so und so gemacht – wie Sie das nun so sagen – jetzt komme ich auf das Gericht – wenn alles da ist – jetzt sagen die wieder, ich soll die Wahrheit sagen – die Wahrheit? – und wenn ich nun die Wahrheit sage, dann sage ich wieder so – und dann sagen Sie wieder, das hat er so gesagt – dann werde ich wieder als Lügner da hingestellt. – Wenn ich nun geköppt werde und sie sind da alle bei und ich sage, meine Herren, ich will doch die Wahrheit sagen, ich habe vor dem Gericht geschwindelt – und nun sage ich dann wieder, ja, ich habe die Jungens gebissen und es kann auch sein, daß ich die Jungens gewürgt habe, dann sagen die, nun guck hin, jetzt wird er hingerichtet, der feige Hund, jetzt sagt er die Wahrheit. – Das könnte ich doch sagen, ich habe sie gebissen, so wie ich das sage –

Waren Sie betrunken?

Nein, ich habe überhaupt nur wenig getrunken.

Wenn in der Trunkenheit einen abgemurkst, was würden Sie sich dann sagen?

(sofort) Das tust Du nicht wieder – wenn ich so poussierte, da habe ich nicht bei getrunken – nein *(mit aller Bestimmtheit)* – ich trinke ja so wie so nicht – *(stutzt – schwer zu fixieren – gibt gar nicht acht, als er gefragt wird, ob er nicht auch dasselbe sagen würde, wenn er wiederholt getrunken hätte – fügt nach geraumer Zeit etwas kleinlaut hinzu:)* Ich habe nicht getrunken. – Ich denke

[582]

mir das so – so etwas mit den Nerven habe ich wohl gehabt – und von da ab muß wohl so – dann sagen Sie schließlich wieder, ich wäre verrückt – das will ich nicht – dann – daß mir so'n bißchen wohl die Sinne geschwunden sind – nicht verrückt – nicht daß Sie schreiben, ich wäre verrückt. *(hebt drohend den rechten Zeigefinger)*

Das Schwinden der Sinne halte ich nicht für möglich.

Ich will aber nicht, daß Sie sagen, ich käme nach Hildesheim.

Sie kommen gerade dann erst recht nach Hildesheim, wenn Sie sagen, ich weiß das nicht.

Nun dann schreibt hin – ich weiß es – ich will nicht nach Hildesheim, ich will da nicht hin. – *(Nach unendlich langer Unterredung und Auseinandersetzungen, bei denen er immer wieder und wieder stutzt und den Verständnislosen markiert, sagt er endlich:)* Ich hätte einen Jungen nicht wieder mitnehmen dürfen.

Warum haben Sie sie doch wieder mit genommen?

Das weiß ich doch, das durfte ich nicht machen – und dann sind sie doch wieder mitgekommen.

Waren Sie nicht alt genug, die Jungen wegzuschicken?
Ihr wißt ja gar nicht, wie ich mit den Jungens gestanden habe.
Wenn ich das auch nicht weiß - aber mit der Gefahr hätten Sie rechnen müssen und sich sagen, damit ich keine Jungens wieder umbringe, nehme ich keine mit.
Aber die quälten doch immer - dann passierte es mal und dann passierte wieder nichts - das habe ich Euch doch schon so viel erzählt.
Ganz recht, ich muß Ihnen aber immer wieder sagen, darin liegt Ihre Hauptschuld.
Hauptschuld? - das habe ich. *(kleinlaut - stutzt - spricht nicht weiter)* Das sage ich mir ja heute auch, - aber damals, als ich

[583]

draußen war, habe ich nicht daran gedacht, - wenn ich einen Freund bei mir gehabt hätte, wäre das nicht passiert. Dann habe ich meine Touren gehabt mit den Nerven - da machten die mich immer verrückt - die Jungens.
Die Touren mit den Nerven ist Schwindel.
(Stutzt - fährt zusammen) Was ist Schwindel? - Das muß ich doch wissen.
Im Laufe der Unterredung kommt das Gespräch auf sein Herzleiden und die dadurch erwirkte Erwerbsunfähigkeit. Als Ref. ihm sagt, er könne trotz des Herzleidens arbeiten, erwidert H. etwas gereizt, das sei nicht der Fall, die Ärzte hätten ihm das verboten. Tatsächlich seien auch seine Versuche zu arbeiten, gescheitert. Ref. bezweifelt entschieden die Richtigkeit seiner Angabe und weist darauf hin, daß er nach Prof. Seyderhelms Untersuchung seines Herzens durchaus arbeiten könne. H. entgegnet, dann müßte eben der Arzt damals geschwindelt haben, und als ihm Ref. erwidert, wenn einer geschwindelt habe, habe nicht der Arzt, sondern er (H.) geschwindelt, wird er sehr erregt, springt vom Stuhl auf, läuft erregt im Zimmer auf und ab, gestikuliert lebhaft mit den Händen, kann sich vor Erregung kaum fassen und stößt die Wörter nur einzeln, abgebrochen, heraus. Es sei nicht schön, daß Ref. ihn Schwindler nenne, das habe er am allerwenigsten von ihm erwartet, und das gerade noch kurz bevor er wegginge. - H. läßt sich aber doch wieder zureden und in kurzer Zeit ist sein Zorn verraucht. Er holt den Stuhl wieder heran, den er vorher ostentativ beiseite gestellt

[584]

hat, setzt sich hin und nach etwa 10 Minuten ist er wieder der Alte. - Nachher scherzt er selber darüber und erzählt Krim.Komm. Rätz sofort, der ihn abholen will, er habe sich eben mit Ref. gezankt, aber jetzt seien sie wieder gute Freunde.

Worin äußert sich das Kopfleiden?
Ich wurde so fusselig, - das ist vielleicht daher gekommen, wie ich in Hildeshseim war, da habe ich meine Gedanken nicht zusammen genommen. - Das will ich nicht wissen - ich will das verheimlichen. - Da schreibt er schon wieder. - Da will ich mich nicht drauf berufen - wenn sie mich verurteilt haben wegen Diebstahls, dann hätte ich doch das erzählen können, daß ich in Hildesheim war - das ist es ja gerade, daß der Alte da nicht Recht kriegt, das ist das, wovor ich Angst habe - daß ich nicht nach Hildesheim wollte - nur Hans war der Einzige, der wußte, daß ich solche Touren kriegte, hier habe ich sie nicht gehabt, weil hier immer gut für mich gesorgt wurde, wo ich zu Essen und zu Trinken habe, - das war aber draußen nicht.
Wie oft hatten Sie draußen die Touren?
Das kam von dem Aufregen, das war von der Aufregerei, von dem Poussieren.
Wenn das Poussieren mit Mord endet, muß man das lassen.
Das wollte ich doch nicht - die Jungens liefen immer wieder hinter einem her und dann sagte ich schließlich zu allem Ja.

[585]

- Hans hatte doch einen Schlüssel zu meinem Zimmer, und da kam er einmal zu mir, als ich im Bett lag und einen Toten bei mir hatte - da war ich so verwirrt - und da muß er wieder weggegangen sein - und seit der Zeit hat er mich in der Hand - da muß er wohl was gesehen haben - er blieb dann eine ganze Zeit lang weg und als er dann wieder kam, suchte er im Zimmer überall nach. - Ich fragte ihn, was suchst du, da sagte er, ich suche eine Leiche - allmächtiger Gott, dachte ich, sollte er das gesehen haben. - Seit der Zeit brachte er mir Jungens über Jungens und dann das Weibervolk, was hatte ich da für Ärger, - das hat sich Hans so gedacht - ich kenne Hans ganz genau, wie ich mich selbst - der hat

sich die Sache so gedacht, da ist noch ein Geschäft bei rauszuschlagen, wenn es denn mit Fritz seinen Nerven so ist, wenn es dann heute nicht passiert bei einem, dann passiert es morgen, dann kriegst du wieder Sachen und kannst sie verkaufen - er brachte dann auch meistens welche mit schöner Kluft. - Und wenn ich dann merkte, was Hans wollte, habe ich die Jungens wieder rausgeschmissen.
Dann war Hans doch ein Schlepper.
Er wollte mich doch damit befreuden.
Er hatte doch die Absicht auf Ihre Kleider.
Ja, die hat er gehabt *(bestimmt)* - bei dem Düsseldorfer war doch das, den Anzug wollte er doch haben, - fragt mal Frau Engel, wie oft ich den Düsseldorfer weggeschickt habe - 5 bis 6 Mal.
Dann hätten Sie ihn das 7. und 8. Mal auch rauswerfen müssen.
Dann kommt die Stunde, dann werde ich nervös.

[586]

Merken Sie, daß Sie nervös sind?
Dann kann man mit mir machen, was man will - dann glaube ich alles - dann können sie mit mir machen, was sie wollen.
Bei der Abholung nimmt er Abschied von den Einzelnen, bedankt sich für alle Freundlichkeit und bittet immer wieder, daß möglichst bald gegen ihn verhandelt werden solle, damit er recht schnell geköpft werden könne. - Er ist kindlich erfreut, daß er ein so schönes Butterbrot bekommen hat und tröstet sich damit, daß er in Hannover auch gut verpflegt werde.

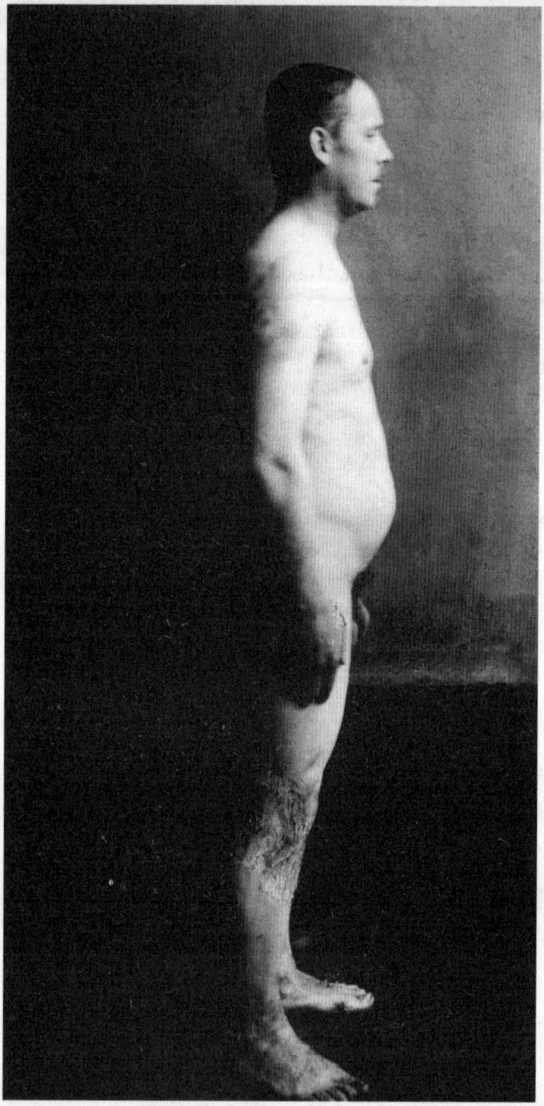

Fritz Haarmann (Polizeifoto)

Ernst Schultze
Aerztliches Gutachten

über
den am 25. Oktober 1879 geborenen ledigen
Fritz *Haarmann*,
erstattet auf Ersuchen des Untersuchungsrichters III zu Hannover.

Göttingen, den 1. Oktober 1924.

Auf Ersuchen des Untersuchungsrichters III zu Hannover erstatte ich in der Strafsache gegen den am 25. Oktober 1879 zu Hannover geborenen ledigen Fritz *Haarmann*, der angeschuldigt ist, 18 junge Leute ermordet zu haben, das von mir erbetene psychiatrische Gutachten, das sich über seine Zurechnungsfähigkeit äussern soll.

Hinsichtlich der Vorgeschichte verweise ich auf die umfangreichen Akten und die demnächstige Anklageschrift.

Anlass zu psychiatrischer Begutachtung war vielleicht einmal die grosse Zahl der Haarmann zur Last gelegten Morde, vielleicht auch die Umstände, unter denen sie ausgeführt worden sind, vor allem aber bestimmte Vorkommnisse aus seinem Vorleben.

Ich werde sie der Zeit nach geordnet kurz zusammenstellen.

April 1895 trat Haarmann in die Unteroffiziervorschule zu Neubreisach ein. Er wurde vom 3. bis 18. September 1895 in das Garnisonlazarett zur Beobachtung auf Geistesstörung aufgenommen und als gesund zur Schule entlassen (Bl. 23–27). Von neuem wurde er am 11. Oktober 1895 wegen epileptischen Irreseins aufgenommen und am 3. November 1895 als dienstunbrauchbar in die Heimat entlassen (Bl. 29–31).

1897 war er vom 8. Februar bis 25. März zur Beobachtung auf seinen Geisteszustand auf Veranlassung des Landgerichts Hannover entsprechend § 81 St. P. O. in der Heil- und Pflegeanstalt Hildesheim. Er war damals angeklagt, mit Knaben Unsittlichkeiten begangen und ihnen sein Glied in den Mund gesteckt zu haben. Entsprechend dem Gutachten, das bei ihm einen hochgradigen Schwachsinn nachwies, wurde das Verfahren eingestellt. Als gemeingefährlicher Geisteskranker war er dann auf ein Gutachten von Dr. Schmalfuss vom 8. Mai 1897, nachdem er in der Zwischenzeit in der Bult untergebracht war, am 28. Mai 1897 der Anstalt Hildesheim wieder zugeführt. Von dort wurde er am 21. Dezember 1897 der Idiotenanstalt Langenhagen überwiesen, aus der er am 23. Dezember 1897 entwich. Das Hildesheimer Gutachten ist ebenso wie die Hildesheimer Krankengeschichte vernichtet oder nicht aufzufinden.

Als Ersatzrekrut trat Haarmann am 12. Oktober 1900 beim 10. Jäger-Batl. ein. Am 4. Dezember 1901 wurde er dem Garnisonlazarett Bitsch wegen neurasthenischer Beschwerden, die sich insbesondere auf das Herz erstreckten, zugeführt (Bl. 72). Später, am 14. Mai 1902, wurde er von dort der Nervenstation des Garnisonlazaretts Strassburg überwiesen (Bl. 74). Nach dem Krankenblatt »scheint sonach die höchste Wahrscheinlichkeit vorzuliegen, dass Haarmann vor 7 Jahren an Hebephrenie erkrankte, sich an die akuten Erscheinungen ein erheblicher Schwachsinn anschloss, der eine angeborene Idiotie vortäuschte, und allmählich eine gewisse Besserung wieder eintrat; also Heilung mit Defekt«. Er wurde als dienstunbrauchbar entlassen und als teilweise erwerbsunfähig erachtet. Dementsprechend wurde ihm eine Rente von 50% bewilligt, die im Jahre 1922 auf 80% erhöht wurde. Dieser Rentenerhöhung lag ein Gutachten von Dr. Bartsch zu Grunde (Bl. 167–170), nach dem ein schwerer Intelligenzdefekt bei Haarmann vorliegt. »Trifft die frühere Feststellung zu, dass Haarmann vor seinem Eintritt in den aktiven Heeresdienst vollwertig gewesen ist, so muss angenommen werden, dass dieser Defekt ein erworbener ist. Ursache für diesen Defekt sind die verschiedenen vorübergehenden Geistesstörungen, welche während des aktiven Heeresdienstes beobachtet wurden. Auf Grund von Beobachtungen im Jahre 1902 (S. 71 / 74) ist angenommen worden, dass es sich um Hebephrenie handelt«. Der Sachverständige betont noch, dass es ihm auffällt, dass Haarmann noch nicht wegen Geisteskrankheit entmündigt ist. Das Versorgungsamt Hannover regte bei Adolf Haarmann, dem Bruder des Angeschuldigten, mit seinem Schreiben vom 26. März 1923 dessen Entmündigung an; aber anscheinend vergeblich.

Haarmann ist, um die Vorgeschichte, soweit sie für die Begutachtung von Belang ist, zu vervollständigen, nicht weniger als 15 mal vorbestraft, darunter 12 mal wegen Eigentumvergehens, und zwar zweimal mit Zuchthaus wegen Diebstahls. Einmal ist er wegen Körperverletzung mit 1 Monat Gefängnis bestraft. Es war ihm zur Last gelegt, seinen Vater misshandelt zu haben. Das Gericht hat, obwohl es wusste, dass Haarmann 12 Jahre vorher wegen nervöser Störungen von der Unteroffizierschule entlassen war, ohne weiteres die Zurechnungsfähigkeit bejaht, sie nicht einmal, wie sich aus der Begründung des Urteils ergibt (D. 352/07), des genaueren zu prüfen für notwendig erachtet.

Zweimal (13 J. 1692/18/13 J. 934/19) ist Haarmann wegen Sittlichkeitsverbrechen bestraft, im ersten Fall (1918) freilich aus juristischen Gründen wegen Beleidigung. In diesem Verfahren hatte Haarmann seine Zurechnungsfähigkeit bestritten und für den Fall, dass er nicht freigesprochen werden würde, die Heranziehung eines Nervenarztes beantragt. Das Gericht hat aber keine Bedenken gehabt, auch ohne Hinzuziehung eines Sachverständigen seine Zurechnungsfähigkeit zu bejahen, da Haarmann den Eindruck eines »geistig geweckten« Menschen machte und »durchaus überlegt und planmässig vorgegangen ist. Er hat auch an die Vorgänge, soweit er sie zugegeben hat, lückenlose Erinnerung«. Mag er auch, führt das Urteil weiter aus, homosexuelle Neigungen haben, und deshalb als minderwertig anzusprechen sein, er verdient, da er eine Gefahr für die heranwachsende Jugend bedeutet, eine strenge Bestrafung. Die Revision des Angeklagten bei dem Reichsgericht fruchtete nichts, da es nach dessen Entscheidung im Ermessen der Strafkammer stand, ob diese seinem Antrage auf Heranziehung eines Sachverständigen entsprechen wollte oder nicht.

1919 wurde er, ebenfalls wegen Sittlichkeitsvergehens angeklagt (13 J. 934/19), auf seinen Geisteszustand von Dr. Brandt untersucht (Bl. 44/46). Das Gutachten bejaht die Zurechnungsfähigkeit.

Derselbe Sachverständige erhielt von den Versorgungsakten und der Beobachtung in Hildesheim Kenntnis erst in dem jetzt schwebenden Strafverfahren. Mit Rücksicht hierauf stellte er den Antrag auf Anstaltsbeobachtung gemäss § 81 St. P. O.

Zu derselben Zeit wurde auch ich von dem Oberstaatsanwalt in Hannover gebeten, Haarmann im Gerichtsgefängnis in Hannover zu untersuchen. Nachdem ich dort wiederholt und eingehend mit Haarmann gesprochen hatte, hielt auch ich, ebenso wie Dr. Brandt, eine Anstaltsbeobachtung mit Rücksicht auf die Schwierigkeit seiner Begutachtung für geboten.

Die Strafkammer schloss sich unserem Antrage an.

Haarmann befand sich in der mir unterstellten Anstalt, und zwar in dem ihr angegliederten Verwahrungshause, vom 16. August bis 25. September 1924.

Haarmann hatte bei seinen Vernehmungen zuerst geleugnet, die jungen Leute umgebracht zu haben. Unter der geradezu erdrückenden Last der

Beweise gab er zu, dass er der Täter gewesen sein müsse, behauptete aber, von der Tötung nichts zu wissen.

Somit fragt es sich, ob Haarmann in einem Zustande von *Bewusstlosigkeit* gehandelt hat oder nicht.

Der Sachverständige wird ernstlich mit dieser Möglichkeit nur dann rechnen können, wenn aus ärztlichen Gründen die Möglichkeit besteht, dass der Angeklagte in einen Zustand von Bewusstlosigkeit verfallen kann.

Haarmann selber gibt an, an Krampfanfällen zu leiden, die nach seiner Schilderung durchaus *epileptischen* gleichen. Um so mehr wird mit dieser Möglichkeit gerechnet werden müssen, wenn er tatsächlich, wie er ebenfalls des Genaueren schildert, an Absenzen (sehr schnell vorübergehenden Bewusstseinstrübungen) leidet, deren Kenntnis dem Laien wenig geläufig, deren Bedeutung und häufiges Vorkommen bei der Epilepsie ihm weniger bekannt ist.

Während seines Aufenthalts in der hiesigen Anstalt sind nachts mehrfach eigenartige Zustände, die mit krampfartigen, schnell vorübergehenden Störungen verbunden waren, beobachtet worden – Haarmann stand Tag und Nacht unter Aufsicht. Die Beamten, die diese Aufsicht führten, sind zwar der Ansicht, dass es Traumhandlungen gewesen seien, die eine Wiederholung der ihm zur Last gelegten Straftaten darstellten. Indes handelt es sich hier um Beobachtungen von Laien, die vielleicht von einer gewissen Voreingenommenheit nicht frei sind.

Um eine zuverlässige Beobachtung zu ermöglichen, habe ich, nachdem diese nächtlichen Vorkommnisse festgestellt waren, einen Arzt im Verwahrungshause, in dem Haarmann untergebracht war, schlafen lassen, der gegebenenfalls sofort hinzugerufen werden und den Anfall sachkundig beobachten könnte. Haarmann hat, nachdem ich diese Massnahme getroffen hatte, niemals wieder eine derartige Störung geboten; ob zufällig, mag dahin gestellt bleiben.

Von Bedeutung aber ist die von mir ermittelte Tatsache, dass ein Aufseher Alps eines Tages, als Haarmann einmal wieder in dem Gerichtsgefängnis in Hannover sass (1921), in seine Zelle trat und ihn dort auf dem Boden bewusstlos mit Schaum vor dem Munde liegen sah; bald nachher kam Haarmann wieder zu sich.

Nehme ich noch hinzu, dass in dem Garnisonlazarett zu Neubreisach die Diagnose auf epileptisches Irresein gestellt wurde, so besteht zweifellos die Möglichkeit, dass er an Epilepsie gelitten haben und noch leiden kann.

Freilich muss es dann auffallen, dass keiner der vielen Zeugen, die ich persönlich sehr eingehend über Haarmanns Vorleben vernommen habe, jemals auch nur das Geringste beobachtet hat, was im Sinne einer Epilepsie zu deuten wäre. Auch mag hinzugefügt werden, dass es nicht gerade gewöhnlich ist, wenn Haarmann, der schon seit 1895 ununterbrochen bis heute, also schon fast 30 Jahre, an Epilepsie leiden soll, keine der Störungen auf psychischem Gebiet bietet, die man sonst bei langem Bestehen von Epilepsie - freilich nicht immer - beobachten kann.

Mahnen diese Erwägungen zur Vorsicht, so ist eine solche noch mehr angebracht, wenn man berücksichtigt, dass Haarmann, sofern man seinen Angaben glaubt, lediglich für die Straftaten eine Erinnerungslücke haben will; sonst habe er niemals Handlungen begangen, Erlebnisse durchgemacht, deren er sich nachher nicht erinnere. Und ich darf hier hervorheben, dass er im allgemeinen ein glänzendes Erinnerungsvermögen hat; dank dieses berichtet er anscheinend zutreffend, jedenfalls anschaulich auch über längst verflossene Erlebnisse, wenn sie mit den Straftaten nicht ohne weiteres in einem Zusammenhang stehen.

Mit Rücksicht auf diese Erwägungen halte ich es für im höchsten Grade unwahrscheinlich, dass Haarmann jeden Mord in einem Ausnahmezustand begangen hat.

Von ausschlaggebender Bedeutung für die Stellungnahme des Gutachters ist aber die Tatsache, dass Haarmann mir in Gegenwart eines Zeugen zugegeben hat, dass er wenigstens an einzelne Ermordungen sich erinnert.

Wer weiss, wie ungemein zurückhaltend Haarmann sich bei seinen Vernehmungen benommen hat und auch noch benimmt, wie ausserordentlich vorsichtig er vorgeht, wer beobachtet hat, dass er nur das zugibt, was ihm mit Sicherheit nachgewiesen werden kann, dass er jede Schwäche des Gegners ausnutzt, dass er auch einfache Fragen sich wiederholen lässt, nur um Zeit zu gewinnen, in der er sich auf eine ihn entlastende Antwort besinnen kann, der wird gewiss seinen Angaben, nichts von der eigentlichen Ausführung der Straftaten zu wissen, ausserordentlich skeptisch gegenüberstehen, und sich in dieser Stellungnahme auch nicht dadurch erschüttern lassen, dass Haarmann mit einer gewissen Gleichgültigkeit über das Ungeheuerliche der Verbrechen, die ihm zur Last gelegt werden, sich äussert.

Fasse ich meine bisherigen Darlegungen zusammen, so gebe ich zwar die klinische Möglichkeit zu, dass Haarmann an epileptischen Zuständen leidet. Ich bin aber nicht der Ansicht, dass er in einem Ausnahmezustand, der zu diesen epileptischen Störungen zu rechnen wäre, die Straftaten begangen hat.

Es ist noch zu erörtern, ob seine etwaige Erinnerungslosigkeit darauf zurückzuführen ist, dass er unter dem Einfluss von *Alkohol* die Straftaten begangen hat.

Ein gewöhnlicher Rausch kommt für den Gutachter nicht in Betracht, wie ich nicht zu erörtern brauche.

Es kann sich vielmehr nur darum handeln, ob Haarmann in einem sogenannten pathologischen oder atypischen Rausch gehandelt hat.

Mit dieser Möglichkeit ist durchaus zu rechnen, weil Haarmann vielleicht an epileptischen Zuständen leidet, und Epileptiker, auch Epileptoide, gegen Alkohol ungemein empfindlich sein können. Es sei hinzugefügt, dass Haarmann nach seiner eigenen Angabe Alkohol sehr schlecht vertragen kann. Verschiedene Zeugen bekunden freilich das Entgegengesetzte.

Weiter gibt er an, wenig getrunken zu haben. Aber durch einzelne Zeugenaussagen ist erwiesen, dass er doch wiederholt dem Alkohol so erheblich gefrönt hat, dass bei ihm ein Zustand von »normaler« Trunkenheit eintrat.

Diese Widersprüche mahnen wieder zur Vorsicht.

Ich habe von keinem der jungen Leute, mit denen er sexuell verkehrt hat, erfahren, dass er zu jener Zeit betrunken oder auch nur angetrunken war; was er dann trank, war Kaffee, aber kein alkoholhaltiges Getränk.

Haarmann selber gibt auch an, und diese Aussage wiederholt er stets, dass er, wenn er »poussieren« wollte, nicht trank, weil die Geilheit unter dem Einfluss von Alkohol abnahm.

Aus diesen Darlegungen ergibt sich, dass die Annahme, er könne in einem alkoholischen Ausnahmezustand wider das Strafgesetzbuch verstossen haben, nicht haltbar ist. Und wenn wirklich, könnte Haarmann sich meines Erachtens nur für die erste oder die ersten Straftaten zu seiner Entlastung darauf berufen. Denn dann hatte er doch erfahren, dass er unter dem Einfluss von Alkohol die schwersten Straftaten begangen hat, die es gibt, und es war dann seine Pflicht, sich fortan des Alkohols zu enthalten.

Ob unter diesen Umständen nicht auch schon nach dem jetzigen Strafgesetzbuch – der Entwurf eines zukünftigen Strafgesetzbuchs schliesst für diese Fälle eine Straffreiheit ausdrücklich aus – eine Bestrafung doch möglich ist, mag der Richter entscheiden.

Mit ähnlichen Erwägungen sind Einwendungen, die die Morde mit einer übergrossen sexuellen Erregung entschuldigen wollen, abzulehnen.

Somit ist ein Zustand von Bewusstlosigkeit im Sinne des § 51 St. G. B. bei Haarmann auszuschliessen.

Es bleibt noch die zweite Frage zu erörtern, ob nicht zur fraglichen Zeit ein *Zustand von krankhafter Störung der Geistestätigkeit* vorgelegen haben kann, der seine freie Willensbestimmung ausschloss.

Nach der Vorgeschichte wird man mit zwei Möglichkeiten rechnen können. Entweder kann er an Schwachsinn leiden oder an Hebephrenie.

Ich erörtere zunächst die erste Möglichkeit.

Zu Gunsten der Annahme, dass Haarmann an *Schwachsinn* leidet, könnte ich darauf hinweisen, dass er einige ausserordentlich schlechte Schulzeugnisse hat; es finden sich in ihnen fast nur die Noten 4 und 5.

Indes genügt diese Tatsache nicht. Eine vorsichtige Stellungnahme ist schon deshalb geboten, weil in anderen Schulzeugnissen sich des öfteren die Note 1 und 2 findet; freilich habe ich eine mich restlos befriedigende Erklärung über die damalige Art des Zensierens nicht erhalten.

Von grösserer Bedeutung ist aber die Tatsache, dass wir gar nicht so selten eine geistige Spätentwicklung beobachten können.

Freilich fällt auf, wie ungemein fehlerhaft Haarmann, der über eine verhältnismässig flüssige Handschrift verfügt, schreibt. Aber es lässt sich doch nicht verkennen, dass der Sinn seiner schriftlichen Ausführung klar und ohne weiteres zu erfassen ist; was er schreibt, ist logisch aufgebaut.

Unterwirft man ihn freilich einer systematischen Intelligenzprüfung, so kann man über deren Ergebnis erstaunt sein. Er kennt kaum die 12 Monate. Er weiss über Deutschland, über Hannover kaum Bescheid; er kennt kaum einen Fluss, kaum eine grössere Stadt in Deutschland. Er weiss nicht, wer jetzt regiert; wann der grosse Krieg war, weiss er ebensowenig, und in ihn verlegt er die Schlachten von Königgrätz und Sedan. Von Hindenburg will er, der Hannoveraner ist, kaum etwas angeben können. Die Höhe des Briefportos kennt er nicht. Er, der ein starker Raucher ist, weiss nicht einmal, was eine Zigarre kostet. Die einfachsten Rechenaufgaben kann er nicht lösen; er, der sich seine Lebensbedürfnisse selber einkauft, weiss, dass 1/4 Pfund Kaffee 80 Pfg. kostet, kann aber nicht einmal auf dem Papier, auch nicht unter Anleitung, ausrechnen, was 1 Pfund kostet.

Ein ähnliches Verhalten muss er gelegentlich seiner Untersuchung durch Dr. Bartsch, auf dessen Gutachten hin seine Rente auf 80% erhöht wurde, gezeigt haben.

Nach dem Ergebnis der Prüfung hat er ein Intelligenzalter von etwa 6–8 Jahren.

Gegen einen so erheblichen Schwachsinn kann nicht die Tatsache entscheidend angeführt werden, dass er sehr oft vorbestraft ist; denn der Psychiater weiss, dass Personen, die hochgradig schwachsinnig sind, nicht selten von den Richtern verurteilt werden, die keinen Zweifel an ihrer Zurechnungsfähigkeit haben, die sich von der Gerissenheit und Schläue, mit der die Straftaten begangen sind und später verheimlicht werden, vielleicht sogar noch blenden lassen.

Mehr Bedeutung messe ich aber dem Umstand bei, dass Medizinalrat Brandt bei seiner Untersuchung nichts von einem so erheblichen Intelligenzdefekt gefunden hat; sonst würde ein so erfahrener Gerichtsarzt wie er ihn zweifellos in einem Gutachten nicht nur erwähnt, sondern auch berücksichtigt haben.

Auch verdient die Tatsache bewertet zu werden, dass Haarmann mitten in einer Grossstadt eine Reihe von Straftaten begangen hat, ohne dass er auffiel oder doch so auffiel, dass er schon früher gefasst wurde. Auch sein Vorgehen bei seiner Vernehmung spricht nur für ein ausserordentlich überlegtes und zielbewusstes Handeln, wie es bei einem Menschen, der so schwachsinnig ist, wie sich Haarmann bei der eigentlichen Intelligenzprüfung gibt, nicht möglich wäre.

Im Laufe der Zeit konnte ich aber feststellen, dass er viele Fragen, die er bei der reinen Intelligenzprüfung nicht beantworten konnte, nicht nur zutreffend, sondern auch schnell löste. Auch aus seinen Schriftstücken ergibt sich, dass er über Kenntnisse verfügt, die ihm bei der Intelligenzprüfung fehlten.

Fast alle Zeugen sagen übereinstimmend aus, dass er nicht nur ein gerissener und gewiegter [sic], mit allen Hunden gehetzter Bruder war, sondern auch über Kenntnisse verfügte, die die der anderen überragten; ja, einige Zeugen sagen sogar, dass er intellektuell selbst Grans, seinem Freunde und Mitangeklagten, überlegen sei.

Wichtiger als das allgemein gefasste Urteil der Zeugen sind bestimmte Tatsachen und Einzelbeobachtungen, die sie bekunden.

Vernimmt man nach der Richtung hin die Zeugen, so erfährt man, dass Haarmann beispielsweise in den Wirtschaften, wenn er die Zeche bezahlte, sehr gut, oft sogar schneller als der Wirt, rechnete. Er unterhielt sich über politische Fragen mit anderen und verriet dabei Kenntnisse, die man ihm nach seinem Verhalten mir gegenüber kaum zutrauen könnte. Aus seinen Aeusserungen lässt sich unschwer und mit Sicherheit entnehmen, dass er über die Bestimmungen des Strafgesetzbuchs, soweit sie ihn betreffen können, durchaus orientiert war.

Ich will auch noch hervorheben, dass er mir immer wieder bei den zahlreichen Unterredungen durch seine gute Beobachtungsgabe, durch seine schnelle Auffassung, durch die ungewöhnliche Anpassungsfähigkeit an die jeweilige Situation, durch die mannigfachen zutreffenden Kritiken auffiel; und dass er über ein ungewöhnliches Gedächtnis verfügt – noch bei der letzten Unterredung wusste er ganz genau alles das, was er mir im Laufe der vielen Unterhaltungen mitgeteilt hatte –, das habe ich ja schon hervorgehoben.

Fasse ich meine bisherigen Ausführungen zusammen, so kann ich mich nicht davon überzeugen, dass er an einem Schwachsinn im klinischen Sinne leidet.

Demnach kann erst recht keine Rede davon sein, dass bei ihm ein Schwachsinn, der strafrechtlich von Bedeutung sein könnte, vorliegt.

Dabei verkenne ich durchaus nicht, dass er in moralischer Beziehung ungewöhnlich tief steht. Ich lege weniger Wert darauf, dass er so ausserordentlich oft vorbestraft ist, ohne sich etwas daraus zu machen, mehr vielmehr darauf, dass er sich eine so grosse Zahl der schwersten Straftaten zu Schulden kommen liess, ohne auch nachher, nachdem er das Geständnis abgelegt hatte, darunter so zu leiden, wie man es eigentlich hätte erwarten sollen. Er zeigt kaum eine Spur von Reue. Man kann aber nicht so weit gehen, zu behaupten, dass ihm jedes moralische Gefühl abgeht. Ist es ihm doch vielfach auch jetzt noch ausserordentlich peinlich, über diese Sachen vernommen zu werden. Nicht einmal, sondern wiederholt hat er mich gebeten, ihn doch nicht immer an der Hand der Akten, die auf seine Straftaten Bezug nehmen, zu verhören. Wenn man ihm glaubt, hat ihn selber ein Schaudern erfasst, wenn er seine Opfer zerstückeln musste – und das musste er doch, wie er sagt, um nicht gefasst zu werden. Er hat an der Leiche der von ihm Ermordeten, so gibt er wenigstens an, mehrfach geweint und geschluchzt. Auch hat er diesen oder jenen mit Gewalt zurückgestossen oder, wie im Falle Fromme, seine Verhaftung herbeigeführt, um die Zahl seiner Opfer nicht noch zu vermehren.

Ich habe diese Ausführungen angeschlossen, um darzutun, dass es nicht angängig ist, bei ihm einen Ausfall auf sittlichem Gebiet anzunehmen, der so erheblich wäre, dass er zur Annahme des Ausschlusses der freien Willensbestimmung berechtigte. Vorausgesetzt, dass man vom klinischen Standpunkt überhaupt geneigt ist, mit derartigen Krankheitszuständen zu rechnen.

Oben habe ich schon hervorgehoben, dass auch mit der Diagnose einer *Hebephrenie* zu rechnen ist. Diese ist in der Nervenstation des Strassburger Garnisonlazaretts gestellt worden; ihr hat sich offenbar unter dem Einfluss der Strassburger Krankengeschichte auch Dr. Bartsch angeschlossen.

In der Tat ist das Verhalten von Haarmann so, dass man, vor allem, wenn man ihn noch nicht genauer kennt und auch über die Vorgeschichte nicht ausreichend unterrichtet ist, ernstlich mit dieser Möglichkeit rechnen könnte. Gerade das alberne und läppische Wesen, das bei Haarmann auffällt und das so gar nicht zu seiner jetzigen Lage passt, zwingt den Sachverständigen, hieran zu denken. Aber ich muss doch hervorheben, dass ein derartiges Verhalten nicht ausreicht, um die Annahme einer Hebephrenie zu rechtfertigen.

Am meisten charakteristisch für die schizophrenischen Prozesse, von denen die Hebephrenie eine Unterform bildet, ist die eigenartige psychische Störung in der Form der Zerfahrenheit.

Ich habe gerade mit Rücksicht darauf mich mit Haarmann sehr eingehend unterhalten, und mit ihm auch Stoffe erörtert, die zu den Straftaten in keiner Beziehung stehen; ich betone, dass er gerade solche Unterredungen sehr gern hatte.

Aber niemals habe ich bei ihm irgend etwas von Zerfahrenheit beobachten können. Seine Antworten bewiesen stets, dass er die Fragen durchaus erfasst hatte, und er reagierte auf sie so, wie auch ein anderer es getan haben würde. Und wenn sein Verhalten wirklich einmal ungewöhnlich war, so war es von dem Standpunkt aus zu verstehen, dass Haarmann die verständliche und fast immer auch nachfühlbare Absicht hatte, sich so zu zeigen, wie er es tat.

Auch seine mannigfachen schriftlichen Ausführungen lassen nichts von Zerfahrenheit erkennen, weder die verschiedenen Briefe, die in den Akten enthalten sind, noch auch die Briefe, die er aus eigenem Antriebe während seines Aufenthalts im Verwahrungshause schrieb, noch auch sein sehr ausführlicher, 20 grosse Seiten umfassender Lebenslauf, zu dessen Abfassung ich ihn veranlasste.

Es fehlen auch alle anderen Kennzeichen, wie Sinnestäuschungen, Wahnideen, die ungewöhnlichen motorischen Symptome, die auch dem Laien auffallenden bizarren Züge, Eigenheiten und Handlungen u. s. w., die für einen schizophrenischen Prozess zu verwerten wären, und dieser Umstand verdient um so mehr Beachtung, als ihre Zahl, wie jeder Fachmann weiss, ausserordentlich gross ist.

Ich verkenne durchaus nicht, dass die Diagnose der Hebephrenie unter Umständen nicht leicht ist. Einwandfreie körperliche Zeichen, die in jedem Falle von Hebephrenie nachweisbar wären, und deren Vorhandensein mit Sicherheit in diesem Sinne zu verwerten wäre, gibt es ja nicht.

Ebenso muss auch betont werden, dass viele Psychiater - und wohl die meisten älteren Psychiater, die ehrlich sind, werden sich nicht von diesem Fehler freisprechen können - unter dem ausserordentlichen Einfluss der überzeugenden Lehre Kraepelins von der Dementia praecox seiner Zeit gar zu leicht geneigt waren, diese Diagnose zu stellen; eine nachträgliche Durchsicht früherer Krankengeschichten oder nochmalige Untersuchung der Kranken hat uns über manche diagnostische Irrtümer aufgeklärt, denen wir erlegen sind.

Diese Bemerkung ist nicht nur von klinischer Bedeutung, sondern beansprucht im vorliegenden Falle auch deshalb Beachtung, weil vielleicht damit zu erklären ist, dass in Strassburg von einem Fachmann 1902 die Diagnose auf Hebephrenie gestellt worden ist. Das beigebrachte Krankheitsmaterial genügte weder damals, natürlich noch viel weniger heute, nachdem im Laufe der Zeit unsere klinischen Kenntnisse sich erweitert und vertieft haben, um mit Grund eine Dementia praecox anzunehmen. Ich kann mich nicht des Eindrucks erwehren, dass man damals diese Diagnose nur mit einer gewissen Wahrscheinlichkeit gestellt hat. Vielleicht gerade deshalb, weil man eine andere sichere Diagnose zu stellen ausserstande war. Nachträglich ist es natürlich sehr viel leichter, Kritik zu üben, wie ich ohne weiteres zugebe.

Jedenfalls kann nicht dargetan werden, dass Haarmann an Hebephrenie leidet.

Ich habe oben hervorgehoben, dass Haarmann zur Zeit ein auffälliges Verhalten an den Tag legt. Er benimmt sich albern, läppisch, nicht im mindesten entsprechend der jetzigen Situation; ein derartiges Verhalten legt er vor allem dann an den Tag, wenn das Gespräch die Straftaten berührt. Mit einer geradezu erschreckenden Harmlosigkeit spricht er beispielsweise über die Zerstückelung der Leichen.

Schon bei der ersten Untersuchung im Gefängnis habe ich mich nicht dem Eindruck entziehen können, dass sein Gebaren einen ausgesprochen infantilen Charakter hat.

Ich kann aber nicht annehmen, dass er sich schon früher ähnlich benommen hat.

Denn ich bin überzeugt, dass Haarmann, wenn er sich bei den früheren Verhandlungen auch nur annähernd so gebärdet hätte – und ich muss betonen, dass manche dieser Verhandlungen längere Zeit gedauert haben müssen –, jeder Richter Bedenken gehabt haben würde, ohne weiteres seine Zurechnungsfähigkeit zu bejahen. Das Gutachten von Dr. Brandt enthält nichts von derartigen Beobachtungen.

Ebensowenig ist den Beamten, die Haarmann unmittelbar nach seiner letzten Verhaftung vernommen haben, etwas derartiges aufgefallen. Dass dasselbe von den vielen Personen gilt, die mit ihm vor der Verhaftung verkehrt haben, und die ich gerade mit Rücksicht hierauf persönlich und eingehend vernommen habe, sei mit besonderem Nachdruck betont.

Es kann somit nicht Wunder nehmen, wenn ein Zeuge aus eigenem Antriebe und, wie ich ausdrücklich betone, ohne jede Suggestivfrage meinerseits mir gegenüber betonte, es sei ihm aufgefallen, wie »kindisch« Haarmann in der Haft geworden sei.

Treffen diese Darlegungen zu, so muss man annehmen, dass in Haarmanns Verhalten nach seiner Verhaftung eine Aenderung eingetreten ist, die sich vor allen Dingen, nachdem er sein Geständnis abgelegt hatte, bemerkbar machte.

Das Wesentliche dieser Veränderung besteht in dem kindlichen Wesen, das er geradezu demonstrativ zur Schau trägt. Jede Gelegenheit benutzt er, um sich zu loben und sein Verhalten rühmend hervorzuheben. Wenn er rechnet, so benutzt er seine Finger, auch wo es sich um kleine Aufgaben handelt, die er zu andern Zeiten spielend löst. Soll er einen Namen buchstabieren, so schreibt er ihn mit seinem Finger auf die Tischplatte. Seine Erzählungen begleitet er immer mit entsprechenden Mienen oder erläuternden Gesten. Spricht er von einer Flasche, stellt er deren Umfang mit seinen Händen dar; kommt die Sprache auf einen Zeitungsartikel, so malt er dessen Grösse auf den Tisch, spricht er vom Militär, so nimmt er eine militärische Haltung ein, und ebenso demonstriert er, wenn er auf die ihm bevorstehende Todesstrafe zu sprechen kommt, mit einer den Zuschauer erschreckenden Anschaulichkeit den Vorgang des Köpfens. Vielfach ahmt er die Sprache derer nach, deren Reden er wiederholt. Vor allem, wenn die Sprache auf seine Mutter kommt, an der er offenbar mit grosser Liebe hängt. Sein ganzes Denken hat einen ausserordentlich egozentrischen Charakter. Wird beispielsweise der Monat Oktober erwähnt, so betont er jedesmal, dass er im Oktober geboren sei, und im Anschluss daran schildert er dann wohl die Geburtstagsfeier in seinem Elternhause. Ebenso verhält er sich bei der Erwähnung von Weihnachten. Dann steht er auf, setzt ein frommes Gesicht auf und sagt die Weihnachtsgeschichte, wenn auch nur stockend, daher, singt Weihnachtslieder und schildert in kindlicher Weise die Weihnachtsfeier, bei der der Christbaum und die Geschenke natürlich die grösste Rolle spielen. Dem Gutachter bringt er grosses Zutrauen entgegen. Er freut sich jedesmal, wenn er von ihm besucht wird, und begrüsst ihn mit Handschlag, wenn er kommt und wenn er geht. Er ist ungehalten, wenn er vom Sachverständigen ermahnt wird, die Wahrheit zu sagen, schmollt wie ein kleines Kind, lässt sich aber leicht beruhigen, wie denn überhaupt seine Stimmungsschwankungen ebenso lebhaft wie oberflächlich sind. Im Verkehr mit seiner hiesigen Umgebung erweist er sich immer gleich zutraulich, anschmiegsam, ist zu kleinen Dienstleistungen stets gern bereit und bemüht, dem anderen möglichst jede Gefälligkeit zu erweisen.

Fasst man alles zusammen, so kann man sich nicht dem Eindruck entziehen, dass Haarmann sich benimmt wie ein Kind, das bemüht ist, sich durch sein Wohlverhalten Lobsprüche seiner Umgebung zu erwerben.

Es fragt sich, wie dieser Zustand zu deuten ist.

Natürlich liegt es ungemein nahe, an *Simulation* zu denken. Denn darüber besteht kein Zweifel, dass man in einem derartigen Verhalten das offensichtliche Bestreben des Angeschuldigten erblicken kann, sich als geistig zurückgeblieben und somit als nicht voll oder überhaupt nicht verantwortlich darzustellen.

Wissen wir doch, dass Kriminelle nicht selten geneigt sind, gerade das Verhalten eines Kindes nachzuahmen, um sich Straffreiheit zu sichern.

Auch bei Haarmann wird man zweifellos mit dieser Möglichkeit rechnen müssen, da er ein ungewöhnlich schauspielerisches Talent hat. Man muss nur einmal gesehen haben, mit welcher Anschaulichkeit er Scenen, die er erlebt hat – und darunter auch solche, die jahrzehntelang zurückliegen –, darstellen kann! Wie treffend kann er andere Dialekte nachahmen! Dass er ein wohlberechtigtes Interesse hätte, eine sich möglichst günstige Situation zu verschaffen, brauche ich nicht hervorzuheben, und dass er hinsichtlich seiner Wahrheitsliebe nur mit äusserster Vorsicht beurteilt zu werden verdient, das habe ich ja schon oben ausreichend dargetan.

Anderseits muss aber doch betont werden, dass wir in den letzten Jahrzehnten gelernt haben, hinsichtlich der Annahme der Simulation ein wenig vorsichtiger zu sein denn vordem, wenn uns auch der Krieg wieder davor gewarnt hat, in der Ablehnung einer bewussten Vortäuschung einer Geisteskrankheit zu weit zu gehen.

Zahlreiche einwandfreie Beobachtungen haben dargetan, dass bei Kriminellen vorübergehend geistige Störungen auftreten können, die eine Einbusse auf intellektuellem Gebiet und eine Rückkehr in die Kindheit vortäuschen. Es lässt sich weiter zeigen, dass derartige Störungen nur unter dem Einfluss bestimmter Begebenheiten auftreten; erst mit ihrem Eintritt entwickeln sich die Geistesstörungen, um später ebenso schnell wieder abzuklingen. Es handelt sich, kurz gesagt, um *Situationspsychosen.* Bei ihrem Zustandekommen wirken seelische Prozesse ungemein mit. Man spricht daher auch von psychogenen oder, im Hinblick auf das Vorliegen einer bestimmten Absicht, von *hysterischen* Psychosen.

Derartige Störungen treten vor allem bei Untersuchungsgefangenen auf und vielfach gerade dann, wenn ein Geständnis abgelegt ist. Gewiss gehört dazu eine gewisse Veranlagung. Denn sonst würden wir solchen Störungen noch häufiger bei den gerichtlichen Verhandlungen begegnen, als es ohnehin der Fall ist.

Eine annehmbare Erklärung findet sich darin, dass der Angeschuldigte sich in eine Psychose oder, wie auch gesagt wird, in eine Krankheitsdarstellung flüchtet, um allen Widerwärtigkeiten und Unannehmlichkeiten, die sich für ihn aus der Straftat ergeben, zu entfliehen.

Es liegt auf der Hand, dass es angesichts dieser von allen klinischen Forschern geteilten Stellungnahme zu dem Wesen der Situationspsychosen ungemein schwierig ist, im Einzelfall zu entscheiden, was schon krankhaft, was noch geschwindelt ist.

Im vorliegenden Fall ist die Entscheidung deshalb besonders schwierig, weil einmal die Zahl und Schwere der Straftaten sehr gross ist und Haarmann deshalb mit einer strengen Strafe rechnen muss, und weil auf der andern Seite Haarmann schon wiederholt nicht nur seine Neigung zum Schwindeln bewiesen hat, sondern auch grosses schauspielerisches Talent hat.

Ich muss auch hervorheben, dass sich bei der körperlichen Untersuchung Haarmanns Störungen, die man vielfach bei hysterischen Psychosen findet, nicht nachweisen lassen. Jedoch sind sie nicht immer vorhanden, und eben deshalb wird man aus ihrem Fehlen oder, richtiger ausgedrückt, aus ihrer Nichtnachweisbarkeit nicht den Schluss ziehen dürfen, eine Psychose liege nicht vor, es sei vielmehr alles nur geschwindelt.

Indes will ich mich einmal auf den für Haarmann günstigsten Standpunkt stellen und annehmen, das kindliche Verhalten, das er jetzt vielfach bietet, sei wirklich krankhaft bedingt. Ich kann mich darauf berufen, dass die zum Teil schnell vorübergehenden psychischen Störungen, die Haarmann in den Militärlazaretten geboten hat, ungezwungen als hysterische gedeutet werden können. Dass man mit dieser Möglichkeit auch damals gerechnet hat, ergibt sich daraus, dass Haarmann auf Sensibilitätsstörungen geprüft worden ist.

Aber auch wenn Haarmann zur Zeit krank ist, so kann natürlich davon keine Rede sein, dass diese Abweichung von der Norm, die man dann annehmen würde, für die Frage der Zurechnungsfähigkeit von Bedeutung ist. Denn Haarmann hat diese Veränderung erst im Untersuchungsgefängnis gezeigt, also *nach* Begehung der Straftaten. Ebensowenig wäre deshalb an seiner Verhandlungsfähigkeit zu zweifeln.

Andere psychische Störungen wie die von mir erörterten kommen nach Lage der Sache, soweit das vorliegende Material reicht, nicht in Betracht. Insbesondere ist auch, vor allem nach dem negativen Ergebnis der körperlichen Untersuchung, eine organische Gehirnerkrankung auszuschliessen.

Auf das Geschlechtsleben Haarmanns gehe ich mit Absicht nicht des Genaueren ein. Einmal deshalb, weil die Angaben Haarmanns in dieser Beziehung zu widerspruchsvoll sind, als dass es, wenigstens bisher, möglich wäre, sich ein klares Bild darüber zu machen, und dann, weil mir die Vernehmungen aller Zeugen, die für diese Frage in Betracht kommen, noch nicht zugänglich sind.

Ich gebe mein Gutachten dahin ab:

1) Haarmann ist zwar eine pathologische Persönlichkeit.
2) Die Voraussetzungen des § 51 St. G. B. treffen auf ihn aber nach dem mir vorliegenden Material nicht zu.

gez. Schultze.

Bekanntmachung.

Der Kaufmann Fritz Haarmann aus Hannover ist heute vormittag 6 Uhr hingerichtet worden.

Er ist durch rechtskräftiges Urteil des Schwurgerichts Hannover vom 19. Dezember 1924 wegen Mordes, begangen zu Hannover
im September 1918 an dem Schüler Friedel Rothe,
im Februar 1923 an dem Lehrling Fritz Franke,
im März 1923 an dem Lehrling Wilhelm Schulze,
im Mai 1923 an dem Schüler Roland Huch,
im Mai 1923 an dem Arbeiter Hans Sonnenfeld,
im Juni 1923 an dem Schüler Ernst Ehrenberg,
im August 1923 an dem Bürogehilfen Heinrich Struß,
im September 1923 an dem Lehrling Paul Bronischewski,
im Oktober 1923 an dem Arbeiter Richard Gräf,
im Oktober 1923 an dem Lehrling Wilhelm Erdner,
im Oktober 1923 an dem Schüler Heinz Brinkmann,
im November 1923 an dem Zimmermann Adolf Hannappel,
im Januar 1924 an dem Schlosser Ernst Spiecker,
im Januar 1924 an dem Arbeiter Heinrich Koch,
im Februar 1924 an dem Arbeiter Willi Senger,
im Februar 1924 an dem Lehrling Hermann Speichert,
im April 1924 an dem Lehrling Alfred Hogrefe,
im April 1924 an dem Lehrling Wilhelm Apel,
Ende April 1924 an dem Lehrling Robert Witzel,
im Mai 1924 an dem Lehrling Heinz Martin,
in der Nacht vom 25. zum 26. Mai 1924 an dem Reisenden Fritz Wittig,
im Mai 1924 an dem Schüler Friedrich Abeling,
im Juni 1924 an dem Lehrling Friedrich Koch,
im Juni 1924 an dem Bäckergesellen Erich de Vries,
zum Tode verurteilt worden.

Hannover, den 15. April 1925.

Der Oberstaatsanwalt.
Dr. Wilde.

Bekanntmachung und Gerichtsverhandlung zum Fall Haarmann

Teil 4

Im Namen des Volkes

Das Urteil gegen Fritz Haarmann (Dezember 1924)

Fritz Haarmann im Gewahrsam

11.J.687/24

IM NAMEN DES VOLKES!

In der Strafsache

gegen

1. den Kaufmann Fritz *Haarmann* in Hannover, zuletzt wohnhaft Rote Reihe No. 2, III., geb. am 25. Oktober 1879 in Hannover,
2. den Händler Hans *Grans* in Hannover, zuletzt wohnhaft Burgstrasse No. 14, III., geb. am 7. Juli 1901

wegen Mordes und Anstiftung zum Morde

hat das Schwurgericht in Hannover in der Sitzung vom 4. bis 19. Dezember 1924, an welcher teilgenommen haben:

Landgerichtsdirektor Dr. Böckelmann
als Vorsitzender,
Landgerichtsrat Harten,
Landgerichtsrat Dr. Kleineberg
als beisitzende Richter,
Landwirt Wesche,
Postassistent Ahrens,
Zimmermann Harre,
Schneidermeister Intorf,
Korbmacher Ackmann,
Schmiedemeister Feise,
als Geschworene,
Oberstaatsanwalt Dr. Wilde,
Staatsanwaltschaftsrat Dr. Wagenschieffer
als Beamte der Staatsanwaltschaft
Justizobersekretär Hossfeld
als Gerichtsschreiber

für Recht erkannt:

I. Der Angeklagte Kaufmann Fritz *Haarmann* wird wegen Mordes in 24 Fällen unter Freisprechung von der Anklage des Mordes in 3 weiteren Fällen 24 Mal zum Tode verurteilt, auch werden ihm die bürgerlichen Ehrenrechte auf Lebenszeit aberkannt.

II. Der Angeklagte Händler Hans *Grans* wird wegen Anstiftung zum Morde in einem Falle zum Tode, sowie wegen Beihilfe zu 12 – zwölf – Jahren Zuchthaus verurteilt, auch werden ihm die bürgerlichen Ehrenrechte auf Lebenszeit aberkannt.

III. Die Kosten des Verfahrens tragen, soweit Verurteilung erfolgt ist, die Angeklagten, soweit Freisprechung erfolgt ist, die Staatskasse.

Gründe.

Der Angeklagte Haarmann ist der jüngste Sohn des am 25. Dezember 1921 verstorbenen Lokomotivheizers a.D. Friedrich Haarmann und seiner am 5. April 1901 verstorbenen Frau Johann geb. Clausius (richtig: Johanne geb. Claudius) in Hannover. Von seinen 5 Geschwistern leben noch 2 Brüder und 2 Schwestern, 1 Schwester ist 1918 gestorben. Alle 3 Schwestern waren verheiratet; alle sind geschieden infolge eigenen Verschuldens.

Die Erziehung des Angeklagten im Elternhause war nicht gleichmässig. Während die Mutter, die bei seiner Geburt schon fast 43 Jahre alt war, sehr weich und nachgiebig gegen ihn war, glaubte der Angeklagte sich von dem Vater hart und schroff, auch ungerecht behandelt. Ein auf kindliche Liebe gegründetes Verhältnis zu dem Vater, den er nur den »alten Haarmann« nennt, bestand nicht; spätere Widerstände und Misserfolge, die ihm begegneten, führte der Angeklagte auf Machenschaften seines Vaters zurück.

Bis Ostern 1895 besuchte der Angeklagte die Bürgerschule in Hannover, Engelbostelerdamm. Er war ein schwacher Schüler, sein Fleiss mangelhaft, seine Leistungen 4 bis 5. Daher blieb er 2 Mal sitzen und wurde Ostern 1894 aus der 3. Klasse der siebenstufigen Schule konfirmiert. Nachdem er zeitweilig Schlosserlehrling in einer Spritzenfabrik gewesen war, trat er am 14. April 1895 in die Unteroffiziervorschule Neu-Breisach ein. Am 3. September 1895 kam er in das Garnison-Lazarett, weil er bei einem grösseren Marsch, den die Schule bei heissen Wetter unternommen hatte, ohnmächtig geworden war und irre redete, und 4 Wochen später, weil er bei einer Übung mit Artilleriefeuer sich aus Angst unter seinem Bett verkroch. Am 18. September 1895 wurde er aus dem

Lazarett entlassen, kam aber aufs Neue am 11. Oktober hinein infolge seelischer Störungen, die in dem Krankenblatt als »epileptisches Irresein« bezeichnet werden. Am 3. November 1895 wurde er als »ungeheilt« auf eigenen Wunsch in die Heimat entlassen. Der Angeklagte gibt an, dass er einmal die Riesenwelle habe machen wollen, dabei sei er auf den Kopf gefallen und erst wieder in dem Lazarett aufgewacht. Eine Nachprüfung dieser Angaben war nicht mehr möglich.

Zu Hause wurde er von seinem Vater, der bereits 1888 aus dem Staatsdienst ausgeschieden war und seitdem eine kleine Zigarrenfabrik betrieb, in dieser Fabrik beschäftigt. Er verspürte indes wenig Lust zu der Arbeit und war deswegen häufig im Streit mit seinem Vater.

Mitte Juli 1896 wurde ein Strafverfahren gegen ihn eingeleitet. Er wurde beschuldigt, in einem Falle an einem 5jährigen Mädchen einen Notzuchtsversuch und in 2 weiteren Fällen an Knaben unzüchtige Handlungen vorgenommen, namentlich ihnen sein Geschlechtsteil in den Mund gesteckt zu haben. Am 8. Februar 1897 wurde er zur Beobachtung auf seinen Geisteszustand in die Provinzial-Heil- und Pflegeanstalt Hildesheim überführt und von dort am 25. März 1897 entlassen. Es wurde bei ihm Geisteskrankheit (angeborener Schwachsinn) festgestellt. In Hannover wurde er als »gemeingefährlicher Geisteskranker« im Städtischen Krankenhaus auf der Bult untergebracht. Das Strafverfahren wurde auf Grund des § 51 StGB. eingestellt.

In dem Bultkrankenhause verblieb der Angeklagte bis zum 28. Mai 1897. Dann wurde er in die Hildesheimer Anstalt überführt, nachdem der Stadtarzt Dr. Schmalfuss in Hannover unheilbaren Schwachsinn bei ihm festgestellt hatte. In Hildesheim entwich er bei der Gartenarbeit am 13. Oktober 1897, wurde aber wenige Tage später wieder ergriffen und am 18. Oktober 1897 nach Hildesheim zurückgebracht. Am 21. Dezember 1897 kam er nach der Provinzial Heil- und Pflegeanstalt in Langenhagen, flüchtete dort aber bereits am 23. Dezember 1897.

Er begab sich nunmehr mit Unterstützung seiner Eltern in die Schweiz, hielt sich dort zunächst in Chur bei einem Bekannten, einem Kunstmaler, auf, und nach dessem Tode in Zürich. Hier arbeitete er von Mai 1898 bis Ende März 1899 in der Maschinenfabrik von Escher & Wyss bei einem Durchschnittsverdienst von 103 Franken monatlich. Im April 1899 kehrte er nach Deutschland zurück und war zunächst im elterlichen Hause. Dort hatte er mit seinem Vater, der ihn wieder in der Zigarrenfabrik zu beschäftigen suchte, vielfach Streitigkeiten und Auseinandersetzungen, während die Mutter im allgemeinen seine Partei ergriff. Im Winter 1899/1900 verlobte er sich mit Erna Löwert, der Tochter eines im Hause seiner Eltern wohnenden Mieters. Eine regelmässige Beschäftigung und Arbeit hatte er während dieser Zeit nicht.

Am 12. Oktober 1900 wurde er als Ersatzrekrut bei dem Jägerbataillon in Kolmar, später in Bitsch eingestellt. Von einer geistigen Störung wurde hier nichts bemerkt, an den Instruktionen nahm er mit gutem Verständnis teil. Bei den Manövern im Herbst 1901 wurde er nach einem anstrengenden Marsche ohnmächtig. Später stellten sich Schwindelanfälle und Schwächezustände ein. Er kam infolgedessen am 4. Dezember 1901 wegen Neurasthenie in das Garnisonlazarett in Bitsch. Am 14. Mai 1902 wurde er, da sein Leiden sich nicht wesentlich gebessert hatte, in die Station für Nervenkranke des Garnisonlazaretts in Strassburg i. E. überführt. Hier wurde festgestellt, dass bei ihm ein lange bestehender Intelligenzdefekt vorliege, der aber nur bei systematischer Prüfung zu Tage trete, da Haarmann sonst keinen schwachsinnigen Eindruck mache. Wahrscheinlich sei anzunehmen, dass er im Jahre 1895 an Hebephrenie (Jugendirresein) erkrankte, dass sich hieran ein erheblicher Schwachsinn anschloss, worauf allmählich eine gewisse Besserung wieder eintrat. Nach dem Gutachten der Nervenstation war Haarmann daher wegen überstandener Geisteskrankheit, die einen gewissen Schwachsinn hinterlassen habe, für dienstunbrauchbar und teilweise erwerbsunfähig zu erachten.

Bei dem Generalkommando des XV. Armeekorps in Strassburg wurde angenommen, dass das früher bei Haarmann bestehende Leiden durch den Militärdienst insbesondere durch die Anstrengungen bei den Herbstübungen 1901 erheblich verschlimmert sei. Durch Verfügung vom 23. Juli 1902 wurde Haarmann als dauernd ganzinvalide, zeitig teilweise erwerbsunfähig und dauernd untauglich zur Verwendung im Zivildienste anerkannt; am 28. Juli 1902 wurde er von dem Jägerbataillon entlassen. Die Führung des Angeklagten während seiner Militärdienstzeit war recht gut, Strafen wurden nicht gegen ihn verhängt, und die Angabe des Angeklagten, er sei gern Soldat gewesen, ist daher durchaus glaubhaft.

Der Angeklagte zog nunmehr nach Hannover zu seiner Schwester, der Frau Emma Burschel. Während seiner Dienstzeit war seine Mutter gestorben. Sein Verhältnis zu dem Vater wurde dadurch nicht besser, im Gegenteil, es kamen noch die Streitigkeiten wegen Auszahlung des mütterlichen Erbteils hinzu. Noch im Jahre 1902 verklagte er seinen Vater auf Unterhalt, da er wegen seines Nerven- und Herzleidens nicht imstande sei, dauernd regelmässig zu arbeiten. Von seiner Militärrente, die derzeit 21 M monatlich betrug, könne er nicht leben. Der Vater bestritt diese Behauptungen und erklärte, dass der Angeklagte sein Leiden nur vorgetäuscht habe, um vom Militär frei zu kommen und sein Verhältnis mit der Erna Löwert fortsetzen zu können. Durch Urteil vom 30. Januar 1903 wurde der Angeklagte mit seiner Klage abgewiesen, weil das Gericht überzeugt war, dass er seine Krankheit übertreibe und bei gutem Willen wohl imstande sei, seinen Lebensunterhalt selbst zu erwerben, da er den Eindruck eines geistig und körperlich gesunden Menschen mache.

Im Februar 1903 erstattete sein Vater gegen den Angeklagten eine Anzeige, weil dieser ihn und seine Geschwister mit Totschlag bedroht, ihn der Ermordung eines Lokomotivführers Schröder beschuldigt und von seinem Bruder habe Geld erpressen wollen. Das Verfahren wurde eingestellt, weil die Angehörigen des Angeklagten bei ihren polizeilichen Vernehmungen die Behauptungen des Vaters nicht bestätigten. Gleichzeitig mit dieser Anzeige beantragte der Vater Haarmann, seinen Sohn als gemeingefährlichen Geisteskranken wieder in einer Irrenanstalt unterzubringen. Der Angeklagte wurde daraufhin von dem Gerichtsarzt Dr. Andrée untersucht, und dieser gab sein Gutachten am 14. Mai 1903 dahin ab, dass Haarmann nicht als geisteskrank im eigentlichen Sinne anzusehen sei. Er sei moralisch minderwertig, wenig intelligent, träge und völlig egoistisch. Diese Minderwertigkeit sei teils angeboren, teils durch schlechte Erziehung erworben. Eine Veranlassung ihn in eine Irrenanstalt zu bringen bestehe nicht.

Nach seiner Entlassung aus dem Heeresdienst war der Angeklagte kurze Zeit Fabrikarbeiter und richtete dann zusammen mit seiner Braut ein Fischgeschäft an der Lutherkirche ein. Die Mittel dazu entnahm er einer Summe von 1500 M, die sein Vater oder nach seiner Angabe sein Bruder ihm als Abtretung seiner Ansprüche auf sein mütterliches Erbteil auszahlte. Dies Geschäft bestand nur kurze Zeit. Der Angeklagte gab es auf, als er seine Braut bei einer Untreue mit einem Studenten ertappte, und sich herausstellte, dass er das Geschäft auf seine Braut übertragen hatte. Er war dann kurze Zeit als Versicherungsagent tätig. Seine Militärrente wurde durch Verfügung des Generalkommandos des X. Armeekorps in Hannover vom 13. Juli 1904 von 21 M auf 27 M monatlich erhöht. Er wurde als dauernd ganzinvalide und grösstenteils erwerbsunfähig anerkannt.

Etwa zu gleicher Zeit kam er in Stellung bei der Ultramarinfabrik von Laux und Vaubel. Hier lernte er eine Frau Guhlich kennen, die ebenfalls dort beschäftigt war. Während dieser Zeit beging der Angeklagte teils allein, teils in Gemeinschaft mit der Frau Guhlich eine Reihe von zum Teil schweren Diebstählen bei der Fabrik, sodass er in kurzer Zeit viermal verurteilt wurde und zwar:

1.) Am 7. Juli 1905 vom Schöffengericht Hannover wegen Diebstahls mit 6 Wochen Gefängnis.
2.) Am 2. September 1905 vom Landgericht Hannover wegen schweren Diebstahls mit 4 Monaten Gefängnis.
3.) Am 22. September 1905 vom Schöffengericht Hannover wegen Diebstahls und Unterschlagung mit 6 Wochen Gefängnis.
4.) Am 19. Oktober 1905 vom Landgericht Hannover wegen schweren Diebstahls mit 6 Monaten Gefängnis einschliesslich der Strafe zu 2.).

Die Strafen zu 2), 3) und 4) wurden am 21. November 1905 auf eine Gesamtstrafe von 7 Monaten Gefängnis zusammengezogen. Der Angeklagte verbüsste sie vom 11. November 1905 bis 11. Juni 1906. Kurz nach seiner Entlassung, am 6. Juli 1906, beging er einen Betrugsversuch, bei dem er sich bei einer Frau Behrens als Beamter der städtischen Desinfektionsanstalt vorstellte. Durch Urteil des Schöffengerichts Hannover vom 22. Oktober 1906 wurde er zu 2 Wochen Gefängnis verurteilt. Die nächste Strafe wurde von demselben Gericht gegen ihn verhängt am 22. April 1907. Er hatte seinem Logiswirt Forstreuter einen Topf mit Eiern gestohlen. Die Strafe betrug 6 Wochen Gefängnis. Am 24. Juni 1907 wurde er wiederum bestraft mit einem Monat Gefängnis und zwar wegen Körperverletzung, die er an seinem Vater begangen hatte. Mit diesem hatte er die ganze Zeit hindurch in Streit gelebt, hervorgerufen dadurch, dass Haarmann die Auszahlung seines mütterlichen Erbteils verlangte, während der Vater erklärte, hierzu nicht imstande zu sein. Die Strafe wegen des Diebstahls verbüsste er bis 7. Juni 1907, die Strafe wegen Körperverletzung vom 2.4.08 - 2.5.08.

Schon am 24. März 1908 wurde er erneut festgenommen und am 5. Mai 1908 von der Strafkammer wegen Rückfalldiebstahls in 3 Fällen bestraft, weil er an einzelnen Häusern Türdrücker gestohlen hatte. Die Strafe betrug 6 Monate Gefängnis, die er bis zum 5. November 1908 verbüsste. Ende Mai 1909 stahl er Bronzefiguren von dem Engesohder Friedhof, gemeinsam mit dem 14jährigen Sohn der bereits erwähnten Frau Guhlich. Am 20. Juli 1909 wurde er deshalb wegen Rückfalldiebstahls und Sachbeschädigung zu 1 Jahr 6 Monaten Zuchthaus verurteilt, auch wurden ihm die bürgerlichen Ehrenrechte auf die Dauer von 5 Jahren aberkannt. Die Strafe war am 20. Januar 1911 verbüsst. Aber schon 3 Wochen später, am 13. Februar 1911 wurde der Angeklagte wegen eines ähnlichen Diebstahls auf dem Herrenhäuser Friedhof festgenommen. In dieser Strafsache berief er sich darauf, dass er bei dem Militär einen Hitzschlag erlitten habe, verschwieg aber, dass er bereits in Irrenanstalten gewesen war. Die durch den Gerichtsarzt ausgeführte Untersuchung des Angeklagten auf seinen Geisteszustand ergab keine Geisteskrankheit. Doch wurden dem Angeklagten mit Rücksicht darauf, dass er geistig minderwertig sei, mildernde Umstände zugebilligt und am 4. April 1911 auf eine Strafe von 9 Monaten Gefängnis wegen Rückfalldiebstahls und Sachbeschädigung erkannt. Diese Strafe wurde bis zum 4. Dezember 1911 vollstreckt.

Der Angeklagte blieb nunmehr 1 Jahr lang in Freiheit. Durch Vermittlung seines Bruders Adolf fand er Beschäftigung bei der Gummifabrik Continental in Hannover. Ein während dieser Zeit gegen ihn anhängig gewordenes Strafverfahren wegen Diebstahls endete am 30. November 1912 mit seiner Freisprechung.

Aber am 12. Dezember 1912 wurde er bei einem Einbruchsversuch in einen Keller der Rühmkorffstrasse festgenommen. Da zu jener Zeit eine Reihe von Kellereinbrüchen in dem Listerviertel verübt waren, wurde eine Haussuchung bei ihm vorgenommen und dabei eine Menge gestohlener Weinflaschen, Konservendosen und dergleichen gefunden. Am 25. Februar 1913 wurde der Angeklagte wegen schweren Diebstahls in 10 Fällen und eines versuchten schweren Diebstahls, sämtlich im Rückfall begangen, zu 5 Jahren Zuchthaus verurteilt. Die bürgerlichen Ehrenrechte wurden ihm auf die Dauer von 10 Jahren aberkannt, und Polizeiaufsicht für zulässig erklärt. Der Angeklagte hatte die Ausführung der Diebstähle hartnäckig geleugnet, verzichtete aber nach Verkündung des Urteils sofort auf Rechtsmittel. Zu dieser Strafe kam am 8. März 1913 eine Zusatzstrafe von 2 Monaten Zuchthaus wegen Beleidigung. Der Angeklagte hatte am 14. November 1912 einen ihm gänzlich unbekannten Schüler in seine Wohnung zu locken und zu homosexuellem Verkehr zu verleiten gesucht. Die Gesamtstrafe von 5 Jahren 2 Monaten Zuchthaus verbüsste der Angeklagte in den Strafanstalten in Celle, Lüneburg, Rendsburg und Rawitsch. Am 25. März 1918 wurde er von Rawitsch nach Hannover entlassen.

Wegen Verfehlungen, die in das geschlechtliche Gebiet hinübergriffen, war der Angeklagte zuerst bestraft in der eben erwähnten Verurteilung vom 8. März 1913. Er war aber schon vorher in homosexuelle Kreise geraten und zwar im Jahre 1905. Seitdem hatte er dauernd gleichgeschlechtlichen Verkehr betrieben. Diesen Verkehr setzte er auch nach seiner Rückkehr nach Hannover im Jahre 1918 fort.

Zunächst wohnte er einige Wochen bei seiner Schwester, der Frau Burschel. Dann mietete er im April 1918 einen Laden mit daranstossendem Hinterzimmer in der Cellerstrasse No. 27, und bezog diese Räume einige Wochen später, nachdem er von seinen Schwestern die notwendigsten Möbel erhalten hatte. Seinen Unterhalt erwarb er grösstenteils durch einen Handel mit Lebensmitteln namentlich mit Fleisch, Kaninchen, Geflügel und dergleichen. Diese Gegenstände kaufte er meist auf dem Bahnhofe auf von jungen Leuten, die sie im allgemeinen durch Diebstähle, Schleichhandel und ähnliche Vergehen erworben hatten. Das Geld zum Ankauf erhielt er von seiner Schwester Frau Burschel, die auch das Zerlegen grösserer Fleischstücke besorgte. Ein Verkauf im Laden fand so gut wie garnicht statt. Der Angeklagte vertrieb das Fleisch unter der Hand. Bei der damals herrschenden Fleischknappheit ging sein Handel flott; er verdiente genug, sodass er auch die ihn aufsuchenden jungen Burschen bewirten konnte. Gleichzeitig unterhielt er mit vielen dieser jungen Leute homosexuellen Verkehr. Manche kannte er noch aus der Zeit vor der Verbüssung seiner Strafe, andere lernte er durch diese kennen, sprach auch selbst junge Burschen an, und hatte infolgedessen sehr schnell einen grossen Bekanntenkreis unter Leuten dieser Art. Der Verkehr der jungen Burschen, die bei dem Angeklagten zu allen Tageszeiten Eintritt suchten, nahm einen derartigen Umfang an, dass die Mitbewohner des Hauses daran Anstoss nahmen, namentlich die Zeugin Seemann, die einen Laden unmittelbar neben dem des Beklagten innehatte. Auch der Zeuge Niemeyer schickte zweimal junge Leute, die zu Haarmann wollten, fort. Auf die Frage, was dieser Verkehr solle, erklärte der Angeklagte dem Ehemann Seemann, es handele sich um junge Leute, die ihren Eltern fortgelaufen wären, und die er wieder auf den rechten Weg zu bringen suche. Als Ende September 1918 der Schüler Friedel Rothe vermisst wurde (Haarmann hat ihn tatsächlich in dieser Wohnung getötet) geriet Haarmann in den Verdacht, ihn beseitigt zu haben, und es fanden infolgedessen mehrfach Haussuchungen bei ihm statt, so am 6. und 12. Oktober und 16. November 1918, zum Teil in Gegenwart des Vaters Rothe. Dabei wurde nichts entdeckt, was auf den Verbleib des Vermissten hindeutete. Dagegen wurden zweimal junge Burschen, der 17jährige Kurt Engelke und der 15jährige Paul Braun in dem Zimmer Haarmanns vorgefunden nackt im Bette liegend. Der Angeklagte hatte mit ihnen Onanie getrieben, wofür er ihnen Geld gab. Bei einer dieser Haussuchungen wurde der Angeklagte mit zur Polizeiwache genommen, musste aber wieder entlassen werden, weil sich eine strafbare Handlung nicht nachweisen liess. Da er vermutete, die Zeugin Seemann, die ein ähnliches Geschäft wie er nebenan betrieb, habe ihn aus Konkurrenzneid angezeigt, ging er nach seiner Entlassung zu ihr hin mit den Worten: »Der Menschenschlachter ist wieder da, für diesmal war es mit der Anzeige nichts!«

In diesem Laden Cellerstrasse 27 haben mehrere Zeugen einen grossen blutigen Fleck am Fussboden gesehen. Der Angeklagte erklärte ihn damit, dass er dort ein Rinderviertel zerlegt habe. Den Hausbewohnern fiel mehrfach ein heftiges Hacken und Klopfen in dem Zimmer Haarmanns auf; sie führten es auf das Zerlegen von Fleisch zurück. Weitere Klarheit erzielten sie nicht, Laden und Zimmer hielt der Angeklagte sorgfältig verschlossen.

Im Oktober 1918 wurde gegen Haarmann ein Strafverfahren anhängig gemacht wegen Beleidigung, begangen durch Onanie an dem schon genannten Friedel Rothe und einem Paul Montag, deren Väter Strafantrag gestellt hatten. Der Angeklagte gab zu, derartige Handlungen mit den beiden jungen Leuten vorgenommen zu haben und wurde am 28. April 1919 zu 9 Monaten Gefängnis verurteilt. In diesem Verfahren berief er sich darauf, dass er an Krämpfen gelitten habe und nicht zurechnungsfähig sei. Auf Grund des persönlichen Eindrucks des Angeklagten und seiner zweckvollen Verteidigung sah das Gericht das Gegenteil als erwiesen an, ohne eine ärztliche Untersuchung anzuordnen.

Etwa im November 1918 zog der Angeklagte nach der Seydlitzstrasse 15 um. Kurz zuvor hatte er den Zeugen Oswald, der arbeits- und mittellos auf dem Bahnhofe war, angesprochen und mit sich genommen. Oswald blieb auch bei ihm nach dem Umzuge nach Seydlitzstrasse 15. Er erhielt dort ein eigenes Bett. Der Angeklagte onanierte wohl einige Male mit ihm, zu einem weiteren widernatürlichen Geschlechtsverkehr kam es zwischen ihnen jedoch nicht. Der Zeuge war im wesentlichen im Auftrage des Angeklagten in dem Zigarrengeschäft einer Frau Herhaus tätig, ferner hatte er die Wohnung des Angeklagten zu reinigen. Dafür erhielt er Taschengeld und Essen. Auch während dieser Zeit war ein ausserordentlich starker Verkehr von jungen Männern in der Wohnung Haarmanns zu bemerken; meist waren es entlaufene Fürsorgezöglinge, die Fleisch, Kaninchen, Geflügel und dergleichen brachten und mit denen

Haarmann widernatürlich verkehrte. Oft brachte Haarmann sie selbst mit, oft kamen sie unaufgefordert. Eine grosse Anzahl wurde von Oswald zurückgewiesen, sodass sie mit dem Angeklagten nicht in Berührung kamen. Auch mit den oben genannten jungen Leuten trieb Haarmann widernatürliche Unzucht durch Onanieren, Saugen am Geschlechtsteil und dergleichen, wofür er ihnen Geld gab.

Seit September 1918 wurde der Schüler Hermann Koch vermisst. Haarmann stand in dem Verdachte, ihn beseitigt zu haben, und aus diesem Grunde fanden auch in der Wohnung Seydlitzstrasse 15 wiederholt polizeiliche Haussuchungen statt. Der Verdacht wurde nicht hinreichend bestätigt. Haarmann wurde aber bei einer dieser Haussuchungen am 2. Juni 1919 verhaftet, weil man wieder junge Burschen, die Zeugen Seewig und Rathe bei ihm nächtigend gefunden hatte. Haarmann blieb bis zum 19. Juli 1919 in Haft. Das Verfahren gegen ihn wurde aber eingestellt, weil zwar Onanieren, nicht aber strafbare widernatürliche Unzucht ihm nachgewiesen werden konnte, und ein Strafantrag wegen Beleidigung nicht gestellt war. In diesem Verfahren wurde Haarmann auf seinen Geisteszustand untersucht und das Gutachten des Gerichtsarztes Medizinalrat Dr. Brandt vom 12. Juni 1919 stellte fest, dass Haarmann nicht geisteskrank und für alle Straftaten verantwortlich sei. Der Angeklagte hatte hierbei verschwiegen, dass er bereits in einer Irrenanstalt gewesen war.

Nach seiner Entlassung aus der Untersuchungshaft fand Haarmann sein Zimmer ausgeräumt vor. Der Zeuge Oswald hatte Betten mitgenommen und war nach Braunschweig gefahren. Andere junge Leute hatten die übrigen Gegenstände sich angeeignet. Haarmann zog nun nach der Nikolaistrasse No. 18 zu einer Frau Kroell und blieb dort im September und Oktober 1919. Dann wohnte er bis etwa Dezember 1919 bei Kisserow, Nikolaistrasse No. 46. In beiden Wohnungen setzte er den homosexuellen Verkehr mit jungen Leuten fort, zu denen in dieser Zeit die Zeugen Maulhardt und Stelter gehörten. Er musste ausziehen, weil seine Hauswirtin diesen Verkehr nicht dulden wollte. Eine feste Arbeit hatte Haarmann nicht, gelegentlich half er in dem Zigarrengeschäfte seiner Schwester, bei der er auch zeitweilig wohnte.

Im Oktober oder November 1919 lernte Haarmann den Angeklagten Grans kennen. Grans hatte von anderen jungen Leuten erfahren, dass Haarmann für gegenseitiges Onanieren Geld gegeben hatte; er wollte ebenfalls auf diese Weise Geld verdienen und verfolgte Haarmann etwa

1½ Stunden lang auf den Strassen, bis dieser ihn ansprach und sich seiner annahm.

Grans, der Sohn achtbarer Eltern, hatte ursprünglich die Oberrealschule bis zur Quinta besucht, war dann in die Bürgerschule gekommen und aus der I. Klasse derselben Ostern 1915 konfirmiert. Er war dann etwa ¾ Jahre lang Handlungslehrling in der Metallwarenfabrik von Söhlmann, wurde dort aber entlassen, weil er Portokassenbeträge unterschlagen, auch auf gefälschte Rechnungen hin Geld von den Kunden der Firma für sich eingezogen hatte. Dann war er Farbrikarbeiter in verschiedenen Fabriken in Hannover und Berlin gewesen, war 1918 kurze Zeit Aushelfer bei der Post und trat im Frühjahr bei dem Minenwerfer-Detachement Heuschkel ein. Im Oktober 1919 wurde er wegen Unpünktlichkeit im Dienst entlassen und kehrte nach Hannover zurück. Seinem Vater erzählte er, er wolle versuchen bei der Reichswehr anzukommen, tat dies aber nicht und blieb seitdem von Hause fort. Mit seiner Familie war er zerfallen, wohnte in kleinen Wirtschaften in der Altstadt und lebte von einem Handel mit alten Kleidungsstücken und ähnlichen Gegenständen.

Haarmann bezahlte für Grans, nachdem er ihn angesprochen hatte, zunächst Mittagessen und nahm ihn dann mit in seine Wohnung Nikolaistrasse 46. Dort behielt er ihn. Als Grans einige Zeit später erkrankte, versuchte Haarmann, ihn mit seiner Familie auszusöhnen, wurde aber von dieser abgewiesen. Er beschäftigte Grans im wesentlichen mit dem Verkauf von Zigarren und Zigaretten, die er selbst von seiner Schwester Frau Burschel bekam. Die Kosten des Unterhalts für Grans trug in jener Zeit Haarmann. Den Erlös für die verkauften Tabakwaren lieferte Grans nicht völlig ab, sondern behielt nach seiner eigenen Darstellung kleinere Beträge für sich, nach Angabe Haarmanns jedoch im wesentlichen alles, was er in die Finger bekam. Geschlechtlich verkehrten beide nur wenig miteinander, Haarmann fand keinen Gefallen an Grans wegen dessen starker Behaarung. Aus diesem Grunde kam es nur zu einigen Malen gegenseitigen Onanierens. Die Abneigung Haarmanns gegen Grans in geschlechtlicher Hinsicht blieb auch bestehen, obwohl sich Grans die Körperhaare mit Ausnahme der Kopfhaare abrasierte.

Im Dezember 1919 zog Haarmann um zu einer Frau Birnstiel, Füsilierstrasse No. 7, er blieb dort bis Januar 1920 wohnen. Grans mietete in der Nähe eine Wohnung in der Bronsartstrasse No. 19. Haarmann wechselte in jener Zeit häufig seinen Aufenthalt, weil er zur Verbüssung der 9-monatigen Gefängnisstrafe gesucht wurde. Erst Ende Februar 1920 wurde er festgenommen und verbüsste die Strafe bis zum 3.XII.1920. Während dieser Zeit hatte Grans eine regelmässige, dauernde Beschäftigung nicht. Kurze Zeit war er in dem Automatenrestaurant von Hogrefe tätig, arbeitete auch im Oktober 1920 23 Tage lang bei der Firma Georg von Cölln (nach der Angabe der Firma nur 11 Tage). Im allgemeinen lebte er vom Strassenhandel. Mehrfache Anzeigen gegen ihn wegen Diebstahls, einmal auch wegen widernatürlicher Unzucht hatten keinen Erfolg, das Verfahren musste mangels ausreichenden Beweises eingestellt werden. Am 20. November 1920 wurde er wegen Hehlerei an einem Fahrrade festgenommen, aber am 1. Dezember 1920 wieder entlassen, da kein Fluchtverdacht vorlag. Am 5. März 1921 wurde er wegen der Hehlerei zu 3 Wochen Gefängnis verurteilt, erhielt aber Strafaussetzung mit 3jähriger Bewährungsfrist.

Nach der Rückkehr Haarmanns aus der Strafvollstreckung lebten beide Angeklagten längere Zeit zusammen. Sie wohnten in verschiedenen Gasthäusern, so eine Zeitlang in dem Christlichen Hospiz in der Friedrichstrasse, und zuletzt bis Ende Juni 1921 in der Gastwirtschaft »Fürst zur Lippe«, Osterstrasse 46 bei dem Zeugen Wiedemann. Ihren Unterhalt erwarben beide während dieser Zeit durch Betteln, das sie wenige Tage lang auch in Hamburg ausübten. Der treibende Geist hierbei war Grans. Auf dessen Veranlassung ging Haarmann in die verschiedenen Häuser, gab vor, er sammle für die Insassen der Herberge zur Heimat, er sei Flüchtling, habe Frau und Kinder auf dem Bahnhofe sitzen, aber kein Geld zur Weiterreise und dergleichen. Er erhielt reichliche Gaben an Kleidungsstücken und anderen Gegenständen, die Grans alsdann verkaufte. Beide erzielten dadurch eine sehr gute Einnahme von 30 bis 40 M täglich. Das Geld wurde meist von Grans mit Weibern und im Kartenspiel durchgebracht, Haarmann erhielt nur dann etwas, wenn er »Krach machte«. Am 10. Januar 1921 wurden beide beim Betteln festgenommen, aber alsbald wieder entlassen. Haarmann wurde am 25. April 1921 zu 3 Wochen Haft wegen Bettelns verurteilt, während Grans freigesprochen wurde. Da gleichzeitig eine Warnung vor Haarmann in den Zeitungen erschien (er hatte beim Betteln seine Papiere vorgezeigt), so verlegten beide sich jetzt auf das Stehlen von Wäsche, die in den Höfen zum Trocknen aufgehängt war. Auch hierbei (war) Grans der Urheber des Planes. Den schwierigeren Teil, das Stehlen, nahm Haarmann auf sich, während Grans den Verkauf der Wäsche besorgte, nachdem er vorher die etwa eingestickten Namenzeichen entfernt hatte. Auch hierbei hatten beide Angeklagten einen sehr guten Verdienst, doch wurde das

Geld meist von Grans in der bereits angegebenen Weise durchgebracht. Bei einem solchen Diebstahl wurde Haarmann am 31. August 1921 erwischt und am 24. Oktober 1921 wegen dieses einen Falles zu 5 Monaten Gefängnis verurteilt. Die Strafe wurde sofort vollstreckt bis zum 8. Februar 1922 und im Anschluss daran die wegen des Bettelns festgesetzte Haftstrafe von 3 Wochen. Am 1. März 1922 wurde Haarmann von der Gefangenen-Arbeitsstelle Müggenburger-Moor (Jägerheide) entlassen.

Am 1. Juli 1921 war Haarmann in ein Zimmer Neuestrasse 8 umgezogen. Dieses Zimmer hatten vorher die Zeugen Köhler und Wittkowski als Lagerraum benutzt, Haarmann war mit beiden durch Grans bekannt geworden und hatte geäussert, dass er gerade so ein einzeln gelegenes Zimmer brauche. Er hatte es dann von der Zeugin Daniels als Vertreterin der Rehbock'schen Erben, denen das Haus gehörte, gemietet.

Das Haus Neuestrasse No 8 hat eine breite Durchfahrt, die zu dem dahinterliegenden gemeinsamen Hofe und dem Hintergebäude der Grundstücke Neuestrasse 8-10 führt. Das von Haarmann gemietete Zimmer liegt gleich rechts vom Hauseingang an dieser Durchfahrt. Unmittelbar hinter dem Zimmer führt eine Treppe zu den oberen Stockwerken. Nach der Neuenstrasse zu hat das Zimmer 2 hohe, durch einen schmalen Pfeiler getrennte Fenster. An der den Fenstern gegenüberliegenden Wand, die das Zimmer vom Treppenhause trennt, befindet sich ein in dem Hohlraum hinter der Treppe eingebauter Wandschrank (Putze), der 1,90 m breit, 1,25 m hoch, 1 m tief und durch 2 mit Schloss versehene Klappen vom Zimmer aus verschliessbar ist. Oberhalb dieses Wandschrankes befindet sich direkt unter der Decke des etwa 3 m hohen Zimmers ein 30 cm hohes und 60 cm breites Fenster, das mit Milchglas verglast ist und auf dem Treppenabsatz mündet. An der Wand zum Hausflur neben der Zimmertür steht ein Gasofen, dahinter in der Ecke am Fenster eine Gasuhr. Gegenüber dem Haarmann'schen Zimmer befindet sich auf der anderen Seite der Durchfahrt das ebenfalls nach der Neuenstrasse zu gelegene Wohnzimmer der Eheleute Wilhelm, das früher der Zeuge Bauersfeld inne hatte. In der rechten Ecke des Hofes liegen die Klosetts, vor denen an der Rückwand des Hauses eine Pumpe steht. Als Haarmann in das Zimmer einzog, befanden sich dort einige der Zeugin Daniels gehörige Möbel, ein Tisch und mehrere Stühle, (die) die Zeugin früher dem Zeugen Köhler vermietet hatte und auch jetzt dem Angeklagten Haarmann überliess. Haarmann brachte ein eisernes Bett und einen Waschständer, auch einige kleinere Gegenstände in die Wohnung ein. Er hatte das Zimmer nur als Geschäftsraum gemietet, sich aber ausbedungen, dass sein junger Mann, als welchen er den Grans vorstellte, darin schlafen dürfe. Tatsächlich benutzten beide das Zimmer gemeinschaftlich als Wohnraum. Jeder besass einen Schlüssel und ging nach Belieben ein und aus.

Nach der Festnahme Haarmanns am 31. August 1921 hatte Grans allein das Zimmer inne. Er nahm seinen Freund, den Zeugen Wittkowski, mit hinein, beide lebten mit Frauenzimmern zweifelhaften Rufes und anderem Gesindel dort zusammen und hatten bald Streitigkeiten mit der Zeugin Daniels, sowie mit anderen Hausbewohnern, die an ihrem Treiben Ärgernis nahmen. Zu diesen Frauenzimmern gehörten unter anderen auch die Zeuginnen Mrutzek und Emmi Schulz. Die Frau Mrutzek lebte derzeit von ihrem Ehemann getrennt. Mit diesem Ehemann kam es, als er seine Frau bei Grans suchte, zu einer Schlägerei, bei der ein der Zeugin Daniels gehöriger Stuhl zertrümmert wurde. Infolge dieses Treibens von Grans und der dauernden Streitigkeiten schloss die Zeugin Daniels das Zimmer ab, sodass auch Grans nicht mehr hineinkonnte. Während dieser Zeit hob Grans mit Zustimmung Haarmanns dessen Militärrente ab, schickte dem Haarmann auch einige Pakete in das Gefängnis und bezahlte zum Teil die Miete, verbrauchte den Rest des Geldes aber für sich.

Als Haarmann am 1. März 1922 von Jägerheide zurückkehrte, brach er das Zimmer auf. Die Folge waren Streitigkeiten mit der Zeugin Daniels, bei denen Haarmann zu Tätlichkeiten überging. Die Zeugin suchte daher die Genehmigung des Wohnungsamtes zur fristlosen Kündigung nach, und erlangte sie auch am 5. Dezember 1922. Haarmann wurde dann auf Räumung verklagt, verstand es aber, das Zimmer bis zum Juni 1923 zu behalten.

Nach seiner Entlassung aus dem Gefängnis war er zunächst mittellos und erhielt einen Teil seines Unterhaltes von Grans, möglicher Weise auch von Wittkowski. Er bekam dann aber von seinem Bruder Adolf 30 000 M und richtete sich mit diesem Gelde neu ein. Grans zog bald nach der Rückkehr Haarmanns wieder zu ihm hin. Haarmann wollte jedoch den Weiberbetrieb in seinem Zimmer nicht dulden, und es kam mehrfach zu Auseinandersetzungen zwischen beiden. Doch blieben sie zusammen wohnen, soweit nicht Grans sich in Haft befand. Dieser wurde in dieser Zeit zweimal verurteilt:

1.) am 2. Juni 1922 wegen Hehlerei zu 3 Monaten Gefängnis,
2.) am 22. Juni 1922 wegen Diebstahls mit 3 Monaten Gefängnis.

Die erste dieser beiden Strafen und die am 5. März 1921 gegen ihn erkannte Strafe verbüsste er vom 9. April bis 30. Juli 1923.

Am 9. Juni 1923 zog Haarmann nach Rote Reihe No. 2 um. Hier hatte er von der Zeugin Frau Engel eine im IV. Stockwerk gelegene Bodenkammer gemietet. Die Zeugin hatte er zufällig kennengelernt, als sie von dem Zeugen Mund kein Pferdefleisch bekommen konnte, er hatte ihr dieses angeboten.

Das Haus Rote Reihe No. 2 ist ein altes Fachwerkgebäude mit 2 Fronten, der einen nach der Roten Reihe, der anderen nach der Bäckerstrasse zu gelegen. Durch einen engen Hausflur und auf einer schmalen, winkligen, steilen Treppe, gelangt man in das Dachgeschoss, das nach der Bäckerstrasse zu das 3., nach der Roten Reihe das 4. Stockwerk bildet. Oben führt eine schräge Rampe auf einen engen Gang, in dem rechts hinten die Eingangstür zu der von Haarmann gemieteten unmöblierten Bodenkammer liegt. Diese ist ein nur etwa $7^1/_2$ qm grosses Zimmer ohne Ofen. Linker Hand von der Eingangstür befindet sich ein kleiner aus dem Dach herausgebauter Erker mit einem Fenster nach der Roten Reihe und der Synagoge zu. Daneben fällt das schräge Dach zurück. In dem dadurch gebildeten Winkel an der, der Tür gegenüberliegenden Wand stand, während Haarmann dort wohnte, ein Bört, und neben diesem sein schmales, eisernes Bett. An den Wänden rechts und links von der Tür standen kleine Tische. Ausserdem befanden sich noch ein Waschständer und 2 Stühle in dem Zimmer. Unter dem Erkerfenster befindet sich ein kleiner Verschlag. In demselben Geschoss liegen die Wohnräume der Zeugen Linderer, deren Küche unmittelbar an das Zimmer Haarmanns stösst, sowie mehrere zu den anderen Wohnungen des Hauses gehörende Bodenkammern. Auf dem Flur befindet sich eine Wasserleitung mit Ausguss. Die Klosetts liegen unten auf dem engen Hofe, auf den mehrere Fenster hinausführen.

Haarmann brachte nur wenige Möbelstücke mit in diese Wohnung, so namentlich sein Bett. Einen Kochtopf befestigte er mit Ketten an der Zimmerdecke, sodass er von unten durch eine Lampe erhitzt werden konnte. Die Reinigung seines Zimmers besorgte Haarmann selbst, er hatte dies von vornherein mit der Zeugin Engel vereinbart.

Grans befand sich, als Haarmann nach der Roten Reihe umzog, im Gefängnis. Nach seiner am 30. Juli 1923 erfolgten Entlassung hielt er sich noch einige Tage bei Haarmann auf, zog dann aber zu seinem Freunde Wittkowski nach Burgstrasse 14. Der Verkehr zwischen Haarmann und Grans blieb im übrigen derselbe wie früher, sie waren sehr oft zusammen, namentlich besuchte Grans den Haarmann zum mindesten mehrere Male in der Woche, während Haarmann sich nur wenig bei Grans aufhielt.

Nach seiner Entlassung von Jägerheide hatte der Angeklagte Haarmann verschiedene Einnahmen. Zunächst bekam er Militärrente. Im August 1922 wurde er auf Veranlassung des Versorgungsamtes Hannover durch den Nervenarzt Dr. Bartsch untersucht. Dieser gab am 12. Dezember 1922 sein Gutachten dahin ab, dass Haarmann zu 80 % erwerbsunfähig sei. Er leide an einem schweren Intelligenzdefekt, der vermehrt werde durch eine Urteilslosigkeit, leichte Beeinflussbarkeit und hilflose Gutmütigkeit. Es seien dies Reste einer von Haarmann durchgemachten Hebephrenie. Der Arzt regte an, Haarmann wegen Geisteskrankheit zu entmündigen. Das Versorgungsamt wandte sich auch an Haarmann's Bruder Adolf mit der Anheimgabe, die Entmündigung zu betreiben, erhielt aber keine Antwort, und irgendwelche Schritte zur Entmündigung wurden nicht unternommen. Durch Bescheid vom 17. Januar 1923 wurde die Rente Haarmanns auf monatlich 387,75 M festgesetzt. In der Inflationszeit wurde die dauernd erhöht und am 16. Mai 1924 mit Wirkung vom 1. Februar 1924 ab auf monatlich 15 M festgesetzt.

Die Haupteinnahme verschaffte Haarmann sich in dieser Zeit durch einen Handel mit alten Kleidungsstücken und dergleichen, den er am 13. Januar 1923 bei der Polizei anmeldete. Bei diesem Handel benutzte er seine Eigenschaft als Rentenempfänger derart, dass er unter Vorzeigung seines Rentenbescheides sich als Militärinvaliden vorstellte, der keine Arbeit bekommen könne. Er fragte dann, ob keine alten Kleider, Stiefel usw. zu verkaufen seien, und erhielt wegen seines bescheidenen und höflichen Auftretens derartige Sachen oft genug geschenkt, so einmal 5 Paar guterhaltene Stiefel, oft bekam er sie zu einem sehr billigen Preise. Die Sachen verkaufte er zum Teil selbst in Wirtschaften, auf dem Bahnhof und an Bekannte und erzielte dadurch einen recht erheblichen Verdienst, der täglich 50 bis 60 M betrug. Viele Sachen verkaufte er durch die Eheleute Engel und den Sohn der Frau Engel, den Zeugen Theodor Hartmann, auch durch Frau Wegehenkel und andere. Daneben erhielt Grans sehr häufig von ihm derartige Gegenstände zum Verkauf; Haarmann pflegte ihm einen festen Preis zu setzen, zu dem er verkaufen sollte, Grans lieferte indess den Kaufpreis sehr oft nicht ab, sondern behielt ihn für sich.

Durch seine Lebensweise war der Angeklagte Haarmann auch in Verbrecherkreisen bekanntgeworden und hatte verschiedentlich von beabsichtigten oder ausgeführten Diebstählen oder anderen Straftaten erfahren. Diese Kenntnis verwertete er dadurch, dass er einzelnen Polizeibeamten Nachrichten gab. Er erhielt dann oft von den Bestohlenen Belohnungen. Seine Angaben erwiesen sich wiederholt als richtig. So hatte er unter anderen zur Aufdeckung eines Ende 1922 bei der Firma Edler & Krische begangenen Diebstahls von Druckpapier, aus dem Geldscheine hergestellt werden sollten, beigetragen. Als kurz darauf im Betriebe derselben Firma falsche 50 Markscheine auftauchten, wandte sich die Firma an ein von früheren Polizeibeamten betriebenes Detektivinstitut, das seinerseits den Zeugen Olfermann mit der Aufdeckung beauftragte. Von Edler & Krische wurde Olfermann an Haarmann gewiesen, und dieser gab ihm auch tatsächlich einige Fingerzeige. Er erhielt vom Olfermann dafür eine Summe von etwa 60.000 M in einzelnen Raten.

Olfermann schied am 1. April 1923 aus dem Detektivinstitut aus, und nun machte ihm der Angeklagte den Vorschlag, ein eigenes Detektivinstitut zu begründen. Es wurde das Detektivinstitut »Lasso« begründet, das aber nicht in Tätigkeit trat, da Olfermann von dem Polizeikommissar Müller vor Haarmann gewarnt wurde. Es wurde nur ein Stempel beschafft, lautend auf »Amerikanische Detektive Lasso«, und mit diesem Stempel stellte der Angeklagte sich selbst einen »Ausweis« her. Aus einem in Leder gebundenen dünnen Notizbuche riss er das Papier heraus, klebte auf die Innenseite des Lederdeckels 2 Papierblätter und beschrieb selbst die linke Seite wie folgt: *Ausweiskarte. Inhaber dieser Karte Fr. Haarmann Hannover, Rote Reihe 2 ist Detektiv der Lasso. Haarmann arbeitet für das Hannoversche Polizeipräs. und bittet allen in Ausführung seines Berufes um Beistand. Lasso Detektive.* Auf die rechte Seite klebte er sein Lichtbild und drückte darauf den Stempel »Amerikanische Detektive Lasso«. Darunter setzte er seine Unterschrift »Haarmann«. Einen anderen Ausweis besass Haarmann nicht. Verschiedene Zeugen bekunden allerdings, dass sie im Besitze Haarmanns einen Ausweis gesehen hätten, der das Bild auf der linken Seite trug, doch ist dieses wohl auf eine häufig vorkommende Verwechslung zurückzuführen. Andere Zeugen erklären, dass der Ausweis, den sie gesehen hätten, nicht handschriftlich, sondern gedruckt hergestellt war. Dieses ist richtig. Der von Haarmann benutzte ursprüngliche Ausweis trug einen von Olfermann hergestellten Druck. Den oben beschriebenen Ausweis hatte der Angeklagte Haarmann im Oktober 1923 bei dem Zeugen Niclas liegen lassen. Niclas zeigte ihn dem Zeugen Meyer, und dieser gab ihn Haarmann zurück. Der Zeuge Meyer beschreibt den Ausweis allerdings in der Weise, dass das Lichtbild auf der linken Seite sich befunden habe, und dass auf der anderen Seite eine Personalbeschreibung Haarmanns mit der Unterschrift »Kriminalkommissar Wilhelm Müller« und dem Stempel »Polizeipräsidium« oder »Der Polizeipräsident Hannover« bestanden habe. Diese Aussage des Zeugen beruht indess auf einem Irrtum. Die beiden Zeugen Niclas haben den Ausweis in genau derselben Weise beschrieben, wie oben festgestellt, und nur diesen Ausweis hat der Zeuge Meyer gesehen.

Mit Olfermann stand der Angeklagte Haarmann bis etwa Juni 1923 in Verbindung. Beide arbeiteten bei der Aufdeckung mehrerer Diebstähle gemeinsam und erhielten auch von den Geschädigten Belohnungen, die unter ihnen geteilt wurden. Den oben beschriebenen Ausweis benutzte Haarmann, um sich als eine, im Dienste der Kriminalpolizei stehende Persönlichkeit zu bezeichnen. Personen, mit denen er neu bekannt wurde, stellte er sich als »Kriminalbeamter« oder auch »als Beamter der Bahnhofsmission« vor. Er galt infolgedessen in den Kreisen, in denen er verkehrte, allgemein für eine im Dienste der Polizei stehende Person, viele hielten ihn für einen Kriminalbeamten, andere für einen Polizeispitzel. Auf dem Bahnhofe hielt er sich, namentlich in den späten Abendstunden, fast täglich auf. Er wurde dadurch mit den Bahn- und Polizeibeamten bekannt, und es gelang ihm allmählich, auch nachts in die Wartesäle zu kommen, wenn diese bereits gesperrt waren. Dadurch wurde es ihm möglich, sich dort namentlich an durchreisende junge Leute heranzumachen und sie mit sich zu locken. Seine Eigenschaft als angeblicher Kriminalbeamter nutzte er auch in anderer Weise aus. Als er in die Neuestrasse zog, war er mit der Familie Wegehenkel bekannt geworden. Er liess sich dort rasieren und verkehrte bald auch freundschaftlich. Durch Vermittlung der Eheleute Wegehenkel, namentlich der Frau, verkaufte er auch einen grossen Teil von alten Kleidungsstücken. Eines Tages im Sommer 1923 kam ein Mann in den Laden von Wegehenkels, und bot einen Schinken, den er bringen wollte, zum Kauf an. Frau Wegehenkel teilte dieses Haarmann mit, und als der Mann den Schinken brachte, beschlagnahmte ihn Haarmann als vermutlich gestohlen. Der Mann liess den Schinken sofort im Stich und flüchtete. Ein anderes Mal kamen 2 junge Leute in den Wegehenkel'schen Laden, um einen Beutel mit mehreren Hundert Päckchen Blumensamen zu verkaufen. Haarmann wurde herbeigeholt, gab sich wieder als Kriminalbeamter aus, und beschlagnahmte den Samen. Auch dieser war gestohlen, denn die beiden jungen Burschen ergriffen die Flucht. Der Samen wurde durch Frau Wegehenkel und einem Zeugen Huth verkauft, Haarmann will weder von dem Erlöse des Samens noch von dem Schinken etwas erhalten haben.

Ausser mit alten Kleidungsstücken betrieb Haarmann noch einen Handel mit Fleisch. Er bezog es angeblich von einem Manne, den er als »Schlachterkarl«, wohnhaft in Ricklingen, bezeichnete. Dieser Schlachterkarl war von ihm bereits im Jahre 1912, damals angeblich in Linden wohnend, als Bezugsquelle von Fleisch angegeben. Auch im Jahre 1918 hatte der Angeklagte behauptet, von einem Manne dieses Namens Fleisch bezogen zu haben. Trotz eifriger Nachforschungen konnte indess ein Schlachterkarl weder früher noch jetzt ermittelt werden, auch dem Angeklagten Grans gegenüber, mit dem er doch sonst auf vertrautem Fusse stand, hatte Haarmann nie von ihm gesprochen. Auch andere von Haarmann als seine Bezugsquellen angegebene Pferdeschlachter (Scholz, Weise, Meyer) lieferten dem Angeklagten nach ihrer Bekundung kein Fleisch, wenigstens nicht in grösseren Mengen. Kleinere Mengen kaufte unter anderen Grans für Haarmann in dessen Auftrage. Die Herkunft des von Haarmann gelieferten Fleisches konnte daher nicht hinreichend aufgeklärt werden. Haarmann gab an fast alle seine Bekannten Fleisch ab, so erhielt die Familie Wegehenkel regelmässig Fleisch von ihm, gewöhnlich Stücke von 2 bis 4 Pfund. Durch Vermittlung von Frau Wegehenkel bekamen auch andere Bekannte wiederholt Fleisch von ihm. Seine Miete bezahlte der Angeklagte nicht in bar, sondern lieferte dafür Fleisch. Die Eheleute Engel erhielten solches wöchentlich von ihm. Frau Alsdorf, die für ihn die Leibwäsche wusch (die Bettwäsche besorgte Frau Engel) bekam ebenfalls ihre Vergütung in Gestalt von Fleisch, das sie für Pferdefleisch hielt. Haarmann bezeichnete das von ihm gelieferte Fleisch stets als Pferde- oder Fohlenfleisch. Als einmal anderes Fleisch von ihm verlangt wurde, sagte er, er könne das nicht liefern, weil es in die Hotels komme. Das von ihm gelieferte Fleisch war stets ohne Knochen und im Preise etwas billiger, als es die Ladenpreise waren. Den Eheleuten Engel, die sehr viel Fleisch von ihm bezogen, auch über den Wert der Miete hinaus, erzählte er, er beziehe es von dem »Schlachterkarl in Ricklingen«, der einen Stand in der Markthalle habe.

In der Wohnung Neuestrasse No. 8, namentlich aber in der Roten Reihe stellte Haarmann auch Sülze her. In der erstgenannten Wohnung kochte er das Fleisch in seinem Zimmer selbst; in der Roten Reihe kam er dazu in die Küche der Frau Engel. Er brachte dann in einer Schüssel Fleisch, das er in kleine Stücke geschnitten hatte, mit, kochte es, füllte das Fett ab, glühte dieses noch einmal aus und füllte es in Flaschen. Das

Fleisch liess er durch die Fleischmaschine gehen und tat es dann in die Schüssel. Auch Wurst machte er in der Engel'schen Küche. Er tat das Fleisch in dünne Därme. Die Wurst, die ähnlich wie Brägenwurst schmeckte, verzehrte er grossenteils bei Engels, mit denen er gemeinschaftlich zu essen pflegte. Auch von der Sülze und dem Fett erhielten die Eheleute Engel ihren Anteil.

Diese Einnahmen setzten Haarmann in den Stand, ein recht gutes Leben zu führen. Bei dem Zeugen Clobes kaufte er die besten Zigarren, die dieser führte. Auch die Zeugen Köhler und Olfermann bemerkten öfters, dass er sehr gute Zigarren rauchte und freigebig verschenkte. In den Wirtschaften, in denen er und Grans verkehrten, machten beide oft sehr grosse Zechen, die im allgemeinen Haarmann beglich. Auch junge Leute hatte er viel um sich, für die er Speisen und Getränke bezahlte. Haarmann's Ausgaben für Wohnung waren sehr gering, in der Roten Reihe bezahlte er zum Bspl. 6 M Miete monatlich.

In der Zeit seit dem 1. März 1922 war Grans längere Zeit in Haft. Schon im März und April 1922 war er zweimal wegen Verdachts des Diebstahls festgenommen, wurde aber alsbald wieder entlassen. Vom 21. April 1922 bis 21. August 1922 befand er sich im Gefängnis, teils in Untersuchungshaft, teils zur Verbüssung der am 22. Juni 1922 gegen ihn erkannten Gefängnisstrafe von 3 Monaten, zu der eine Haftstrafe von 2 Wochen wegen unerlaubten Handels kam. Im Jahre 1923 verbüsste er vom 9. April bis 30. Juli die beiden anderen gegen ihn erkannten Strafen, da die Aussetzung der ersten Strafe widerrufen war.

Solange er mit Haarmann in der Neuenstrasse wohnte, verdiente er seinen Unterhalt im wesentlichen mit dem Verkauf der von Haarmann erworbenen Kleidungsstücke. Da er den Erlös grossenteils nicht an Haarmann abzuführen pflegte, hatte er einen ausreichenden Verdienst. Er verbrauchte indessen viel und wurde deshalb grossenteils von Haarmann unterhalten. Als Grans dann auf sich selbst angewiesen war, verlegte er sich auf den Handel mit Bijouteriewaren, unechten Ringen, Uhren, Armbändern und dergleichen. Diesen Handel betrieb er vielfach mit seinem Freunde, dem Zeugen Wittkowski zusammen. Beide kauften derartige Waren in einzelnen Stücken regelmässig bei dem Zeugen Viktor Meyer und in anderen Geschäften ein, sie suchten ihre Abnehmer teils auf Jahrmärkten, teils in Wirtschaften und auf dem Bahnhof, wo sie ihre Waren (Neppsachen), auch wohl als echt anboten. Der dadurch erzielte Verdienst mochte sich, wie Grans angibt, auf täglich einen Dollar belaufen, eine Schätzung, die der Zeuge Meyer ebenfalls für richtig hält. Wittkowski liess sich aber auch von der Zeugin Grüne, der bei Meyer angestellten Verkäuferin, einzelne Ringe ohne Vorwissen ihres Chefs »leihweise« geben, ein Vorgang, der von Haarmann angezeigt und als Diebstahl bezeichnet wurde. Grans hatte eine regelmässige Beschäftigung sonst nicht. Er trieb sich viel in Wirtschaften und auf dem Bahnhofe herum und wurde oft betrunken gesehen. Von seiner derzeitigen Braut, der Zeugin Zwingmann, liess er sich einmal 8 M geben zur Bezahlung eines von Haarmann gekauften Anzuges. Dagegen ist nicht erwiesen, dass er dies Mädchen zur Unzucht anhielt und als ihr Zuhälter lebte. Einen sehr wesentlichen Teil seines Unterhalts bezahlte jedenfalls bis zur Verhaftung beider Haarmann.

Dieser hatte den Grans ursprünglich nur zur Ausübung des widernatürlichen Geschlechtsverkehrs mit sich genommen. Grans sagte ihm jedoch, wie bereits erwähnt, in dieser Richtung nicht besonders zu, wenngleich Grans imstande war, und auch wohl jetzt noch ist, geschlechtliche Erregungen in Haarmann hervorzurufen. Haarmann behielt den Grans dann bei sich, weil er nicht allein sein konnte und, wie er sich ausdrückt, »einen Menschen haben musste, dem er sein Herz ausschütten konnte«. Hinzu kam wohl, dass beide sich in ähnlicher Lage befanden. Beide waren mit ihren Verwandten zerfallen und von den Familien ausgestossen, auch Haarmann stand derzeit nur noch mit seiner Schwester Frau Burschel in lockerer Verbindung. Früher schon hatte Haarmann geglaubt, in dem Zeugen Oswald eine geeignete Persönlichkeit gefunden zu haben, und dieser hatte auch etwa 1/2 Jahre bei ihm ausgehalten, hatte es namentlich auch verstanden, die Zudringlichkeiten der jungen Burschen, die aus der homosexuellen Veranlagung Haarmanns Vorteile zu ziehen versuchten, fernzuhalten. Nach seinem Fortgang sah Haarmann in Grans einen ausreichenden Ersatz für Oswald und nahm sich seiner in jeder Weise an. Er verschaffte ihm Unterkunft, bezahlte für ihn Essen und Trinken, kleidete ihn im Laufe der Jahre mehrfach neu ein, wenn er abgerissen war, und gab ihm Verdienstmöglichkeiten durch den Verkauf von Tabakwaren und Kleidungsstücken. Er liess sich von Grans bestimmen, zu betteln und zu stehlen, um für beide den erforderlichen Unterhalt zu verschaffen, und liess es sich auch gefallen, dass Grans den grössten Teil des guten Verdienstes mit Weibern, im Kartenspiel und im Trunke durchbrachte. Er machte ihm zwar oft Vorwürfe wegen seiner liederlichen Lebensführung, und es kam häufig zu Zwistigkeiten zwischen beiden. Immer aber liess sich Haarmann zu einer Versöhnung mit

Grans bewegen. Auch verschiedenen Zeugen gegenüber, wie Frau Engel und Frau Mrutzek, klagte Haarmann häufig über Grans, aber wenn ihm die Zeugen rieten, Grans doch laufen zu lassen, sagte er, das könne er nicht, er habe den Jungen aus dem Sumpfe gezogen und wolle nicht, dass er wieder unter die Räder komme, er sei ihm wie sein eigener Sohn.

Grans war demgegenüber wenig dankbar. Er fiel zwar Haarmann um den Hals, umarmte und küsste ihn, aber gleich hinterher schnitt er ihm Fratzen und machte sich über ihn lustig. Als er einmal Haarmann derartig liebkost hatte und die Zeugin Mrutzek ihm vorhielt, dass das für einen Mann doch ungewöhnlich sei, sagte er: »Lat doch, eck markiere bloss!«, ein ander Mal: »Eck trecke em bloss ut!« Der Zeuge Köhler beobachtete mehrfach, dass Grans den Haarmann um den Preis der ihm übergebenen Kleidungsstücke zu betrügen suchte, und Haarmann selbst war der Ansicht, dass Grans ihn bei jeder Gelegenheit, beim Verkauf von Kleidungsstücken angefangen, bis zum Knobeln in den Wirtschaften zu beschwindeln versuchte. Die Streitigkeiten, die zwischen den beiden Angeklagten infolge der Versuche von Grans, den Haarmann auszubeuten und infolge seines leichtfertigen Lebenswandels vorkamen, blieben nicht nur bei Wortwechseln. Mehrfach prügelten sich die beiden. Einmal im Januar oder Februar 1923, etwa 14 Tage vor der Tötung des Franke (Fall 2), hatte Grans ein Mädchen mit nach der gemeinschaftlichen Wohnung Neuestrasse 8 genommen und dort mit ihr geschlechtlich verkehrt. Er hatte die Tür von innen verschlossen. Als Haarmann angetrunken nach Hause kam, verschaffte er sich mit Gewalt Eintritt, und zwischen den beiden kam es zu einer Schlägerei, bei der das junge Mädchen flüchtete und Grans hinter ihr her lief. Grans, der ebenfalls angetrunken war, rannte nach der Insel zu, Haarmann mit dem Rufe: »Schupo! Schupo!« hinter ihm her, bis an die Ecke der Neuenstrasse. Darauf rief Grans, der auf der Insel stand, ihm die Worte: »Du Mörder« zu, wie die Zeugin Mrutzek, die bei dem Vorfall zugegen war, bekundet.

Die Tatsache, dass Haarmann, trotz aller dieser schlechten Erfahrungen nicht endgültig mit Grans brach, sondern sein Verhältnis zu dem um 20 Jahre jüngeren Mann weiter fortsetzte, hat verschiedene Ursachen. Einmal hoffte Haarmann wohl und sprach es auch aus, dass Grans heiraten, ein Geschäft gründen und für ihn im Alter sorgen werde. Sodann verstand es Grans ausgezeichnet, auf die Eigenheiten Haarmanns, besonders seine Eitelkeit einzugehen und ihnen nachzugeben, sodass selbst den schwersten Zänkereien eine Versöhnung folgte. Grans umarmte dann Haarmann, küsste und drückte ihn, erklärte ihn »für den besten

Kerl«, den es gebe, und dann war Haarmann sehr bald zufriedengestellt. Grans war auch sonst vielfach Haarmann gefällig. Er führte ihm mehrfach junge Leute zu homosexuellen Verkehr zu, so wies er zum Bspl. den Zeugen Vollbrecht an ihn, oder er machte ihn auf geeignete Burschen aufmerksam. Regelmässig handelte es sich dabei um gutgekleidete junge Leute. Den Geschmack Haarmanns, der schön gebaute, hübsche junge Männer bevorzugte, kannte er sehr genau. In späterer Zeit kam dann noch ein weiterer wichtiger Grund für Haarmann hinzu, nicht mit Grans zu brechen: Grans wusste von den Tötungen Haarmanns. Auf diese Tatsache wird später noch im Einzelnen eingegangen werden. Jedenfalls hatte Haarmann dem Grans schon nach etwa 1jähriger Bekanntschaft mit allen Einzelheiten erzählt, dass und wie er den Friedel Rothe in der Cellerstrasse No. 27 umgebracht hatte. Grans hatte mit angefasst, die Leiche des Franke in den Wandschrank Neuestrasse 8 zu legen, und schliesslich hatte er auch sonst verschiedene Leichen in dem Zimmer Haarmann's gesehen. Er wusste ferner, dass Haarmann sich bereits in einer Irrenanstalt befunden und eine ausserordentlich grosse Furcht davor hatte, wieder in einer solchen Anstalt untergebracht zu werden. Diese Möglichkeit, auf Haarmann einzuwirken, nutzte er nach Kräften aus. So hatte Haarmann eines Tages bei dem Zeugen Mohr ein Brillantkreuz gesehen. Mohr hatte angegeben, er habe es von Grans zum Verkauf erhalten. Haarmann hatte ihm das Kreuz weggenommen und war damit nach Grans in dessen Wohnung Zergstrasse 14 gegangen. Er hatte Grans Vorhaltungen gemacht, wie er einen solchen Gegenstand verkaufen könne. Grans hatte ihm darauf eine Ohrfeige versetzt und ihm bedeutet, dass ihn das nichts anginge, er habe das Kreuz von seiner Schwester bekommen, die für den Erlös eine Vergnügungsfahrt machen wolle. Haarmann war über diesen Vorfall erbost und machte sich auf den Weg zum Polizeipräsidium, um die ganze Sache anzuzeigen, auch seine eigenen Taten. Mohr, Grans und Wittkowski befanden sich in seiner Begleitung. Grans veranlasste die beiden anderen zurückzubleiben und drohte dann Haarmann, wenn er, Haarmann, die Sache anzeige, würde er, Grans, zum mindesten dafür sorgen, dass Haarmann wieder in der Irrenanstalt Hildesheim untergebracht werde. Aus Angst davor sah Haarmann von einer Anzeige ab.

Das Verhältnis zwischen Haarmann und Grans wurde von verschiedenen Zeugen, so namentlich der Mrutzek, Schulz, den Eheleuten Wegehenkel und Engel als auffällig empfunden und damit begründet, dass Grans von Haarmann etwas Schlimmes wissen müsse. Haarmann bestritt allerdings ihnen gegenüber, dass dies der Fall sei und fügte hinzu, wenn Grans etwas Schlimmes von ihm wisse, würde er »ihn bis zum Äussersten aussaugen«.

Diese Tatsachen sind im wesentlichen auf Grund der Aussagen einer Reihe von Zeugen und der Angaben Haarmann's festgestellt. Grans bestreitet dies in allen wesentlichen Punkten. Er gibt zwar zu, dass Haarmann ihm mehrfach Kleidungsstücke gegeben, auch ab und an für ihn bezahlt habe. Er habe aber auch häufig für Haarmann bezahlt, so namentlich dessen Unterhalt in den ersten Wochen nach Haarmann's Entlassung von Jägerheide getragen. Im allgemeinen habe er nur indirekte Vorteile von Haarmann gehabt, nämlich durch den Verkauf der Kleidungsstücke, den Haarmann ihn übertragen hatte. Die Kosten seiner Lebensführung habe er fast immer selbst getragen und die Kaufpreise der Sachen, die er von Haarmann erworben habe, wenn auch nicht sofort, so doch allmählich in Raten bezahlt. Gegenwärtig schulde er Haarmann auch nichts mehr, als höchstens noch 2 M. Es sei auch nicht wahr, dass er Haarmann zum Betteln und Stehlen veranlasst habe, ebensowenig habe er Haarmann junge Leute zugeführt, oder von den Tötungen Haarmann's etwas gewusst. Diese Angaben von Grans werden, soweit sie sich auf seine Lebensführung beziehen, unter anderen widerlegt durch die Aussage des Zeugen Johann Hartmann. Danach hat Grans recht üppig gelebt, grosse Bierreisen unternommen, ist oft betrunken gewesen, und es ist ausgeschlossen, dass er diese Kosten von dem Verdienst aus seinem Handel mit Neppsachen erzielt haben könnte. Der Eindruck, den die meisten Zeugen hatten, dass nämlich Grans auf Haarmann's Tasche liege, entspricht auch nach Überzeugung des Gerichts den Tatsachen.

Schon im Jahre 1905 war Haarmann, wie erwähnt, in homosexuelle Kreise gekommen, hatte schnell an einer widernatürlichen Befriedigung seiner Geschlechtslust Gefallen gefunden, und war seitdem dauernd diesem Treiben erlegen, während er bis dahin geschlechtlich normal mit Frauen verkehrt hatte. Nach seiner Entlassung aus dem Zuchthause im März 1918 nahm er den gleichgeschlechtlichen Verkehr in sehr erheblichem Umfange wieder auf. In seiner Wohnung Cellerstrasse 27 hatte er dauernd junge Burschen, sogenannte »Puppenjungens«, mit denen er homosexuell verkehrte. Das Gleiche fand in den anderen Wohnungen, namentlich Neuestrasse 8 und Rote Reihe 2 statt. Fortwährend waren junge Burschen im Alter von etwa 15 bis 20 Jahren bei ihm; oft blieben sie nur eine Nacht, oft längere Zeit. Immer wieder beobachteten die übrigen Hausbewohner und die Nachbarn, so die Zeugen Bauersfeld, Clobes, Daniels und Lammers, das Kommen und Gehen derartiger junger Männer. Lammers sah auch einmal solche Burschen sich nackt in Haarmann's Zimmer bewegen. Die Zeugen Köhler und Wittkowski, die Zeuginnen Mrutzek und Schulz trafen oft in Haarmann's Zimmer junge Männer an, namentlich hatte die Zeugin Mrutzek dazu Gelegenheit, da sie von Weihnachten 1922 bis März 1923 täglich bei Haarmann das Zimmer reinigte.

Auch in der Roten Reihe fiel den Hausbewohnern das fortwährende Kommen und Gehen junger Burschen jeden Alters, meist im Alter von 15 bis 20 Jahren, aber auch von Schülern bei Haarmann auf. Sie blieben oft tage- und nächtelang bei ihm und wurden von ihm mit Essen und Trinken bewirtet. Die Hauswirtin Haarmann's, Frau Engel, nahm anscheinend keinen Anstoss daran, umsomehr aber die Zeuginnen Linderer, Mühlhan und Fobbe. Der letzteren erklärte der Angeklagte auf ihre Frage, was er mit den jungen Leuten mache, er gehöre als Kriminalbeamter zur Mitternachtsmission und habe die Aufgabe, verwahrloste, obdachlose junge Leute aufzugreifen und zu beherbergen, um sie dann dem Arbeitsnachweis oder der Polizei zuzuführen. Es waren meist anständig gekleidete junge Leute, die bei Haarmann verkehrten. Es kam aber auch vor, dass ganz zerlumpte und abgerissene Burschen bei ihm gesehen wurden.

Sowohl in der Wohnung Neuestr. 8 wie Rote Reihe 2 fanden Durchsuchungen bei Haarmann statt auf Grund von Anzeigen der Nachbarn oder Hausbewohner. Diese Massnahmen der Polizei blieben aber erfolglos. Bei einer solchen Haussuchung wurde der 18jährige Arbeiter Cernatowski bei Haarmann vorgefunden. Es liess sich aber nur wechselseitige Onanie nachweisen. Auf eine Anzeige der Zeugin Linderer passte auch der Kriminalassistent Krüger mehrere Nächte in der Wohnung Linderer's auf, jedoch ohne Ergebnis.

Die weitaus meisten der sogenannten Puppenjungen lernte Haarmann auf der Georgstrasse, dem Bahnhof oder in dem »Schwulen Kessel«, dem als Treffpunkt homosexueller Kreise bekannten, mit Bedürfnisanstalt versehenen Platze hinter dem Café Kröpke kennen. Er war dort unter dem Namen »Fritz« in den Kreisen der Zunft zum homosexuellen Verkehr sich anbietenden jungen Burschen derart genau bekannt, dass sie in den meisten Fällen sich ihm selbst anboten, oder geradezu aufdrängten. In der Altstadt liefen sogar halbwüchsige Jungens hinter ihm her, um sich ihm anzubieten. Nur selten hatte er es nötig, einen ihm gefallenden hübschen Jungen, den er gern haben mochte, anzusprechen.

Trotz seines ausgedehnten homosexuellen Verkehrs war Haarmann doch sehr wählerisch in der Auswahl der von ihm mitgenommenen Jungen. Er legte grossen Wert darauf, nur gutgebaute, hübsche junge Leute zu gebrauchen, an anderen fand er keinen Gefallen und infolgedessen auch keine geschlechtliche Erregung.

Die Art und Weise des widernatürlichen Geschlechtsverkehrs bestand bei Haarmann in dem von ihm sogenannten »Pussieren«. Dazu gehörte einmal gegenseitiges Onanieren, auch »Abwichsen«, »Abrollen oder den Hammerstiel polieren« genannt. Dabei wurde beiderseits mit der Hand am Geschlechtsteil des anderen gerieben, bis Samenerguss eintrat. Ein weiteres Mittel zur geschlechtlichen Erregung war das Saugen am Geschlechtsteil des anderen, das Küssen und bei Haarmann namentlich das Saugen oder Lutschen am Kehlkopf und anderen Körperteilen. Er pflegte sich dabei mit dem jungen Mann zusammen nackt in das Bett zu legen. Meist kam der Junge an die Wand zu liegen, nach Haarmann's Angabe, weil er einmal im Schlafe von einem Jungen, den er zum widernatürlichen Geschlechtsverkehr benutzt hatte, bestohlen (worden) war. Der Junge hatte sich heimlich entfernt, und solche Vorkommnisse wollte Haarmann vermeiden.

Haarmann übte das Lutschen aus als einen Teil der geschlechtlichen Erregung, nicht jedoch um damit Samenerguss zu erzielen, der überhaupt je länger je mehr bei ihm schwer eintrat. Ausserdem aber pflegte er oft den jungen Mann, mit dem er verkehrte, zu beissen, sowohl in den Kehlkopf, wie an anderen Stellen des Körpers. Bei dem Geschlechtsverkehr war Haarmann nach der Aussage der Zeugen, die diesen Verkehr mit ihm überlebt haben, nicht aussergewöhnlich leidenschaftlich erregt, doch presste er den Jungen, so z. Bsp. den Zeugen Hillebrecht, so heftig an sich, dass dieser Schmerzen bekam. Haarmann küsste auch oft auf Mund und Hals. Das Lutschen und Beissen am Halse wirkte bei den jungen Leuten als eine Art Erdrosselung. Jedenfalls bekundet der Zeuge Döring, dass er eines Morgens einen Fürsorge-Zögling Lührs bei Haarmann im Bette getroffen habe. Während Haarmann hinaus gegangen sei, habe Lührs ihm gesagt, es ist gut, dass du gekommen bist, das ist ein scharfer Hahn, der stellt einem die Luft ab.

Andere Arten widernatürlichen geschlechtlichen Verkehrs sind dem Angeklagten Haarmann nicht nachgewiesen, namentlich nicht ein Einführen seines Geschlechtsteils in den After des andern. Allerdings lassen die Aussagen einiger Zeugen auch auf einen solchen Verkehr schliessen. So hörte die Zeugin Linderer einmal aus dem Zimmer Haarmann's die Worte »Bück dich, bück' dich, hast du ihn drinn, tut's weh, schreie nicht, die Frau passt so auf.« Der Zeuge Kurt Peters fühlte, als er mit Haarmann zusammen in dessen Bette lag, den Geschlechtsteil Haarmanns in der Nähe seines Afters; dies kann aber eine zufällige Bewegung Haarmanns gewesen sein. Bei dem Zeugen Fromme fasste Haarmann mit dem Finger in dessen After um nachzusehen, ob er für eine Einführung des Geschlechtsteiles weit genug sei; tatsächlich jedoch wurde Haarmann's Geschlechtsteil nicht eingeführt. Gegen eine derartige geschlechtliche Betätigung Haarmann's spricht ausserdem die Aussage des Zeugen Kaluza, den Haarmann vor einem solchen Verkehr warnte, weil er strafbar, gefährlich und ungesund sei.

In den Wohnungen Cellerstrasse No. 27, Neuestrasse 8 und Rote Reihe 2 hat der Angeklagte Haarmann von September 1918 bis Juni 1924 im ganzen 24 junge Leute getötet. Über die Art der Tötung gibt der Angeklagte an, dass sie in allen Fällen die gleiche gewesen sei, und er beschreibt sie folgendermassen:

Er habe sich mit dem jungen Mann, beide nackt, in das Bett gelegt, dann hätten sie miteinander pussiert, indem sie sich gegenseitig küssten. Er habe sich dabei geschlechtlich erregt und habe den jungen Mann am Halse gelutscht. Dabei habe er auch gebissen und ihn auf diese Weise getötet. An allen von ihm getöteten jungen Männern habe er am Halse die Spuren des Bisses gesehen. Es möge auch vorgekommen sein, dass er mit den Händen nach dem Halse des jungen Mannes gefasst und den Kehlkopf zugedrückt habe. Eine Absicht, den Jungen zu töten, habe er jedenfalls nicht gehabt. Ein Kampf zwischen ihm und den jungen Leuten habe niemals stattgefunden. Nur einmal habe er am anderen Morgen gemerkt, dass seine Hand zerkratzt gewesen sei, und einmal sei es ihm auch so, als ob einer der Jungen halberstickt »Hilfe, Fritz« gerufen habe. Eine Erklärung dafür, warum er die Opfer immer gerade in die Kehle gebissen habe, könne er nicht geben.

Die Leichen hat Haarmann, um sie beiseitezuschaffen, in folgender Weise zerstückelt:

Er legte sie auf den Fussboden, deckte den Kopf mit einem Lappen zu, und öffnete darauf die Bauchhöhle mit drei Schnitten. Dann nahm er die Eingeweide heraus und tat sie in einen bereitgestellten Eimer. Das in der Bauchhöhle zusammen laufende Blut schöpfte er teils mit der hohlen

Hand, teils mit einem Tuche, das er über dem Eimer ausdrückte, solange aus, bis sich kein Blut mehr in der Bauchhöhle befand. Darauf schnitt er mit 2 Schnitten die Rippen in der Längsrichtung des Körpers vom Bauche und der Schulter zu auf, fasste unter diese losgetrennten Rippen und drückte sie soweit hoch, bis sie in der Schultergegend knackten. Dann schnitt er sie an dieser Stelle durch und nahm sie weg. Hierauf entfernte er Herz, Lunge, Nieren, die er zerschnitt und ebenfalls in den Eimer warf. Dann wurden die Beine abgeschnitten, auch die Arme, und zum Schluss der Hals. Das Fleisch wurde von den Knochen gelöst, Haarmann schnitt es in kleine Stücke und tat es in einen Sack, eine Wachstuchtasche oder ein Paket zum Wegbringen. Das Geschlechtsglied wurde abgeschnitten, nachdem Brust- und Bauchhöhle geöffnet und gereinigt waren. Es wurde ebenfalls kleingeschnitten und in den Eimer getan. Um die abgeschnittenen Köpfe unkenntlich zu machen und sich vor einer Entdeckung zu schützen, schnitt Haarmann zuerst die behaarte Kopfhaut rings herum durch (Skalpieren) und zog sie ab. Diese Haut wurde in mehrere Längsstreifen zerschnitten, noch einmal durch einen Querschnitt getrennt und nun ebenfalls in den Eimer geworfen. Den Schädel legte Haarmann mit der Wangenfläche auf eine Matte, deckte Lumpen darüber, um die Klopftöne abzuschwächen und schlug dann mit der scharfen Seite eines Beiles dauernd auf den Schädel ein, wobei er ihn fortwährend umdrehte, damit alle Teile getroffen wurden. Infolgedessen liess sich das Schädeldach nachher ablösen. Haarmann nahm das Gehirn heraus, tat es ebenfalls in den Eimer, und schlug darauf die Knochen des Schädels vollständig klein. Zehen und Finger wurden einzeln abgeschnitten und in den Eimer getan. Den Inhalt des Eimers schüttete Haarmann in das Klosett. Die Knochen wickelte er zu einem Paket zusammen und warf sie unterhalb der Brückmühle in die Leine. Nur den Kopf seines ersten Opfers Friedel Rothe beerdigte er seiner Angabe nach auf dem Stöckener Kinderfriedhof, konnte indess die Stelle später nicht mehr auffinden. Ein Teil des Fleisches von Friedel Rothe und sonstige Leichenteile warf er in die Eilenriede. Ein Teil der Knochen seines letzten Opfers De Vries warf er in einen Teich des Georgengartens etwa 100 m südlich des am Ausgange der Herrenhäuser Allee stehenden Milchhäuschens, wo sie auch gefunden wurden.

Zum Zerstückeln der Leiche benutzte er ein kleines Messer, ein sogenanntes Kartoffelschälmesser und ein grösseres Brotmesser, nicht jedoch das grösste in seinem Besitz vorgefundene Messer, das ihm Frau Engel Weihnachten 1923 geschenkt hätte.

Diese Tatsachen, soweit sie sich auf das Zerstückeln und Beiseiteschaffen der Leiche beziehen, sind festgestellt auf Grund der eigenen Angaben des Angeklagten Haarmann, die auch von einer Reihe von Zeugen bestätigt werden. Die Zeugen Bauersfeld und Frau Daniels, auch Frau Hort bemerkten, dass Haarmann häufig des Morgens seine Waschschüssel, die mit blutigem Wasser gefüllt war, auf dem Hofe ausschüttete und sich an dem Mülleimer zu schaffen machte, in dem die Zeugen jedoch nichts Verdächtiges fanden. Ferner sahen sie wiederholt, dass Haarmann einen Eimer mit blutigem Inhalt nach dem Klosett auf dem Hofe trug. Dieser Eimer war nach Angabe der Zeugin Hort immer mit Papier bedeckt, das teilweise durchgefeuchtet war. Durch das Ausschütten war das Klosett zeitweilig verstopft; Haarmann reinigte es alsdann selbst. Der Zeugin Daniels fiel auch häufig ein Klopfen in dem Zimmer Haarmann's auf. Es waren dumpfe Schläge, jedenfalls hörte es sich nicht an, als wenn Holz gehackt würde. Die gleichen Wahrnehmungen machten jedoch noch im verstärkten Masse in dem Hause Rote Reihe 2 die Zeugen Linderer, Fobbe und Mühlhan. Hier war das Hacken und Klopfen so stark, dass bei der Zeugin Mühlhan, die im Stockwerk unter Haarmann wohnte, der Kalk von der Decke bröckelte, und einmal sogar ein grosses Stück herunter fiel. Auf die Vorhaltung der Zeugin, was das Klopfen zu bedeuten habe, erwiderte Haarmann, er habe seinen photographischen Apparat in Ordnung gebracht. Mit dem Eimer, der gewöhnlich mit einem Tuche verdeckt war, ging der Angeklagte tagsüber mehrfach auf das Klosett im Hof und schüttete ihn dort aus. Den widerlichen Geruch, der diesem Eimer entströmte, erklärte Haarmann den Zeugen gegenüber damit, dass er seine Notdurft auf dem Eimer zu verrichten pflege.

Sodann sind in der Leine an der Stelle, an der Haarmann die Knochen und Fleischteile hineinzuwerfen pflegte, mehrere Hundert menschlicher Knochen gefunden. Unter ihnen sind 22 verschiedene rechte Oberschenkelknochen, die Knochen gehören also mindestens 22 Menschen an. Irgendwelche Schädelknochen oder Halswirbelstücke sind hier nicht gefunden, wohl aber fand sich in dem Garten des »Fürstenhofes«, der der Wohnung von Haarmann schräg gegenüber liegt, ein Halswirbelstück, das offenbar dem Feuer ausgesetzt gewesen war. Der Verbleib der Schädelknochen oder Halswirbelstücke ist daher nicht hinreichend aufgeklärt. Die sämtlichen, in der Leine gefundenen Knochen und Knochenteile von Beckenknochen gehören männlichen Personen im Alter von meist 16 bis 21 Jahren an. Die Knochen hatten schon längere Zeit im Wasser gelegen, an verschiedenen war auch zu erkennen, dass sie an den

Gelenkenden mit scharfen Werkzeugen getrennt waren. Die im Georgengarten aufgefundenen Knochen fühlten sich noch fettig und glitschig an, sie haben also noch nicht lange im Wasser gelegen. Einzelne Schädelknochen wurden in der Leine nicht gefunden. Im Mai und Juni 1924 wurden aber 6 Schädel angetrieben und zwar am 17. Mai einer an der Wasserkunst in Herrenhausen, am 20. Mai einer an der Brückmühle hinter dem Leineschloss im Mühlengraben, am 13. Juni je einer an der Wasserkunst in Herrenhausen und einer an der Brückmühle, von denen der letztere einem etwa 11 bis 13 Jahre alten Knaben angehört hat. Der letzte Schädel wurde am 24. Juni in der unterhalb Hannovers gelegenen Gemarkung Garbsen angetrieben. Alle diese Schädel gehörten anscheinend jungen Männern an. Sie waren offenbar mit einem scharfen Instrument vom Kopfe getrennt worden. Fleischteile fehlten fast völlig. An den am 13. Juni an der Wasserkunst angetriebenen Schädel liess sich noch feststellen, dass die Kopfhaut durch einen skalpartigen Schnitt rund um den Schädel abgelöst war.

Der Angeklagte Haarmann bestreitet, dass diese Schädel von den Opfern herrühren, die er getötet habe. Er gibt aber die Möglichkeit zu, dass er auch einen nicht zertrümmerten Schädel in die Leine geworfen haben könne, wenn die Zeit zu sehr drängte.

Die grösseren Fleischstücke seiner Opfer will der Angeklagte ebenfalls in die Leine geworfen haben. Diese Angabe ist jedoch zum mindesten zweifelhaft, da Fleischstücke, bei denen freilich mit einer schnellen Verwesung gerechnet werden muss, während der ganzen Zeit nirgends gefunden worden sind. In Verbindung mit der Tatsache, dass die Herkunft des von Haarmann gelieferten Fleisches nicht völlig hat aufgeklärt werden können, bleibt daher die Wahrscheinlichkeit bestehen, dass der Angeklagte das Fleisch der ihm zum Opfer gefallenen jungen Leute verkauft hat. Ein bestimmter Beweis in dieser Richtung ist jedoch nicht geführt. Schon in den Tagen nach der Tötung des Franke hatten die Zeuginnen Mrutzek und Schulz den Verdacht gefasst, das Fleisch, das sie in der Butze Haarmann's in den Neuenstrasse 8 gesehen hatten, sei Menschenfleisch. Die durch den Sachverständigen Medizinalrat Dr. Schackwitz ausgeführte Untersuchung bestätigte diesen Verdacht jedoch nicht. Es handelte sich um Schweine- oder Kalbfleisch. Es bleibt aber hier die Möglichkeit offen, dass die Zeuginnen zufällig aus dem Topf nur Schweine- oder Kalbfleischstücke herausgegriffen haben; Haarmann benötigte zur Bereitung von Sülze auch solches Fleisch.

Die Untersuchung von Fett, das Frau Engel von Haarmann bekommen hatte, ergab nur, dass es sich um animalisches Fett mit geringen Zusätzen Pflanzenfetts handelte; es konnte nicht festgestellt werden, dass es Menschenfett war.

Die Habseligkeiten der von ihm getöteten Jünglinge eignete Haarmann sich an. Gewöhnlich handelte es sich dabei um recht brauchbare Kleidungsstücke, da die umgebrachten jungen Burschen fast sämtlich gut gekleidet waren. Daneben kamen auch Koffer, Uhren, Werkzeuge und andere Sachen in Betracht. Die meisten dieser Sachen verkaufte Haarmann, manche verschenkte er auch. Solange Haarmann und Grans zusammen wohnten, erhielt Grans fast alle Sachen zum Weiterverkauf. Nachher waren es namentlich die Eheleute Engel, der Sohn der Frau Engel, Theodor Hartmann, und die Eheleute Wegehenkel, die den Vertrieb dieser Sachen für Haarmann besorgten. Doch erhielt auch Grans zu dieser Zeit noch manches Stück.

Bei Feststellung der die Ausführung der Tötung betreffenden Tatsachen ist das Gericht auf die Angaben Haarmann's angewiesen. Zeugen sind nicht zugegen gewesen, sind auch nicht zufällig hinzugekommen, da Haarmann sein Zimmer fest abzuriegeln pflegte, wenn er einen jungen Mann zu töten beabsichtigte, oder eine Leiche bei ihm im Zimmer lag. Das Gericht ist aber überzeugt, dass die Darstellung Haarmann's gerade in diesem Punkte nicht vollständig ist. Haarmann erklärt selbst, dass er sehr vieles verschweige. Nun ist es nach dem Gutachten der Sachverständigen sehr wohl möglich, Menschen in der von Haarmann angegebenen Weise zu töten. Die über dem Kehlkopf liegenden Nervenzweige stehen mit den Herz- und Atmungsnerven in Verbindung; ihre plötzliche Zusammenpressung durch den Biss ist geeignet, Atmungs- und Herzstillstand und damit den sofortigen Tod herbeizuführen. Aber unter den jungen Burschen, die Haarmann zum Opfer fielen, befanden sich grosse, kräftige Leute, die dem Angeklagten an Körperkraft erheblich überlegen waren. Bei vielen war auch, da sie nicht homosexuell veranlagt waren, eine leidenschaftliche geschlechtliche Erregung ausgeschlossen. Es ist daher nicht recht glaubwürdig, dass der Angeklagte sie alle ohne jeden ernstlichen Kampf getötet haben will. Nun hat Haarmann dem Sachverständigen Geheimrat Dr. Schultze erklärt, er habe einmal einem der zu tötenden jungen Männer ein Tuch über das Gesicht gelegt, und ferner steht nach seinen in der Hauptverhandlung gemachten Angaben fest, dass er, wenn der Biss misslang, mit den Händen nach der Kehle seines Opfers gefasst und sie zugedrückt hat. Das kann nicht in allen Fällen ohne jeden Kampf geschehen sein. Haarmann hat aber seine

Opfer, bevor er sie tötete, wehrlos gemacht. Dies geschah in verschiedener Form. Grossenteils waren die jungen Leute, die er auf dem Bahnhof auflas, durch die Reise ermüdet, und es bedurfte nur eines kleinen Anstosses, um sie in tiefen Schlaf zu versetzen. Ein Mittel dazu war der Alkohol, den Haarmann selbst vor dem Geschlechtsverkehr zu vermeiden pflegte, weil er seinen Geschlechtstrieb ungünstig beeinflusste. Aber in den Wirtschaften, die er mit den jungen Leuten zu besuchen pflegte, bevor er sie mit nach Hause nahm, wurde mehrfach bemerkt, dass er die Burschen betrunken machte. Den Zeugen, die ihm dies vorhielten, erwiderte er, er tue dies, um sie zum Ausplaudern von Geheimnissen zu veranlassen. Dies Mittel mochte im allgemeinen ausreichen, sonst half Haarmann dadurch nach, dass er sich mit dem Gewicht seines Körpers auf sein Opfer legte und dessen Arme festhielt. Möglich ist auch trotz des Bestreitens Haarmann's, dass er einzelne der jungen Leute bewegte, sich auf dem Bette fesseln zu lassen. Jedenfalls bekundet der Zeuge Kaluza, dass Haarmann ihm den Vorschlag gemacht habe, sich fesseln zu lassen, und namentlich die Zeugen Böhner und Kress, dass sie sich auch tatsächlich die Beine und einen Arm hatten fesseln lassen, dass sie dann aber, als nur noch ein Arm frei gewesen sei, es mit der Angst bekommen hätten und mit Lärm gedroht hätten. Haarmann habe sie darauf losgebunden. Die Glaubwürdigkeit dieser Zeugen ist jedoch nicht über allem Zweifel erhaben. Kress hat seine ursprünglichen Angaben vor seinem Anstaltsleiter, dem Zeugen Redepennin widerrufen, sie allerdings in der Hauptverhandlung unter Eid wieder aufrecht erhalten. Böhner hat trotz anfänglichen hartnäckigen Leugnens auf Vorhalt Haarmann's und Vorlegung des Fremdenbuches zugeben müssen, dass er bereits 1921 mit Haarmann zusammen in dem Gasthof »Fürst zur Lippe« gewohnt hat. Auch Kaluza, der weiter eine Äusserung Haarmann's bekundet, er habe seine Freude daran zu sehen, wie Gefesselte versuchten, sich aus den Stricken zu befreien, scheint zu übertreiben. Jedenfalls ist auf Grund dieser Zeugenaussagen eine sichere Feststellung darüber, dass Haarmann seine Opfer gefesselt habe, nicht zu treffen, wenn gleich die Wahrscheinlichkeit besteht, dass Haarmann auch diese Art der Wehrlosmachung angewendet hat. Dass Haarmann sich gegen ein Zurwehrsetzen seiner Opfer schützen wollte, geht auch daraus hervor, dass er in der Roten Reihe 2 die Stehlampe auf dem Tisch mit Draht befestigte, sodass sie vom sich etwa wehrenden Gegner nicht als Waffe benutzt werden konnte.

Danach ist als Art der Tötung die durch Biss oder Erdrosselung festgestellt, eine andere ist nicht erwiesen. Dem Zeugen Fromm hielt Haarmann freilich einmal ein Messer an den Hals mit der Frage, ob er sich fürchte. Der Zeuge hat dies aber als Scherz aufgefasst; eine Tötung durch Messerstiche würde auch andere Blutspuren hinterlassen haben, als sie tatsächlich in dem Zimmer Haarmann's bemerkt worden sind. In der Bettwäsche Haarmann's hat Frau Engel nie Blutspuren gesehen, ebensowenig Frau Alsdorf in der Leibwäsche. In der Wohnung Neuestrasse No. 8 sind nur an einem Bodenbrette des Wandschrankes wenige Tropfen Menschenblut festgestellt, und in der Roten Reihe No. 2 hat sich nur in dem Kitt der Fussbodenritzen Menschenblut nachweisen lassen. Blutflecke an dem Boden selbst wurden nicht bemerkt. An den zum Zerstückeln der Leiche benutzten Messern und an den zum Transport der Leichenteile gebrauchten Geräten ist Menschenblut nachgewiesen. Diese Tatsache ist aber für die Feststellung der Tötungsart ohne wesentliche Bedeutung.

Diese Tötungen hat der Angeklagte Haarmann nicht in einem Zustande von Bewustlosigkeit oder krankhafter Störung der Geistestätigkeit, durch welchen seine freie Willensbestimmung ausgeschlossen war, ausgeführt (51 StGB). Mit Rücksicht auf die verschiedenen früheren Gutachten über den Geisteszustand des Angeklagten ist Haarmann in dem jetzigen Verfahren monatelang von den beiden Sachverständigen Geheimrat Prof. Dr. Schultze und Medizinalrat Dr. Schackwitz untersucht (worden). Beide sind übereinstimmend zu dem Ergebnis gelangt, dass in vorliegender Sache in allen Fällen die Tötungen nicht in einem, der in 51 StGB angegebenen Zustände, ausgeführt sind. Diesem Gutachten der Sachverständigen folgt auch das Gericht.

Als Ursache einer etwaigen Bewustlosigkeit können bei Haarmann in Frage kommen, einmal Trunkenheit, und ferner ein epileptischer Krampfzustand. Erstere ist ausgeschlossen. Haarmann war im allgemeinen ein mässiger Trinker; er ist nur selten betrunken gesehen. In diesem Zustande hat er sich aber auf Geschlechtsverkehr nicht eingelassen, weil er dann nicht fähig war, sich geschlechtlich zu erregen. Unter dem Einfluss von Alkohol litt seine Geilheit stark. Auch Gründe für die Annahme einer epileptischen Erkrankung liegen nicht vor. Zwar nimmt das Gutachten des Garnison-Lazaretts Neu-Breisach schon im Jahre 1895 epileptisches Irresein an. Diese Annahme beruht aber auf einem Irrtum. Keiner der Zeugen, die über diesen Punkt gehört sind, hat über diesen Punkt etwas bekunden können, aus dem man auf das Vorhandensein einer Epilepsie schliessen könnte. Auch müsste Haarmann, wenn er tatsächlich seit 1895 Epileptiker wäre, bei der Fülle der Anfälle, die er gehabt haben will, geistig gelitten haben, und dies müsste sich in einer Erinnerungsschwäche äussern. Von einer solchen Schwäche ist bei ihm nicht das Geringste zu spüren, im Gegenteil, er besitzt ein ausserordentlich gutes Gedächtnis. Nun sind allerdings während seines Aufenthaltes in der Göttinger Anstalt nachts mehrfach eigenartige Zustände, die mit krampfartigen, schnell vorübergehenden Störungen verbunden waren, beobachtet worden, aber nur von den mit der Ueberwachung Haarmann's betrauten Beamten, und auch nur während Haarmann schlief. Diese Zustände sind nicht mehr bemerkt worden, nachdem ein Arzt im Verwahrungshause, in dem Haarmann untergebracht war, schlief. Sie können daher auf einer Sinnestäuschung beruhen, beweisen aber nichts für das Vorhandensein einer Epilepsie. Das abweichende Gutachten von Neu-Breisach ist auf eine, auf Hysterie gegründete, nicht hinreichend erkannte Erkrankung Haarmann's zurückzuführen. Die sexuelle Erregung, in der sich Haarmann befunden haben kann, bewirkt keine Bewustlosigkeit im Sinne des 51 StGB. Als krankhafte Störungen der Geistestätigkeit, durch die die freie Willensbestimmung des Angeklagten Haarmann ausgeschlossen ist, kommen zwei in Frage, Schwachsinn oder Hebephrenie. Haarmann ist während der ganzen Zeit der Untersuchung durch seine gute Beobachtungsgabe, seine schnelle Auffassung, durch die ungewöhnliche Anpassungsfähigkeit an die jeweilige Situation, durch die mannigfachen zutreffenden Kritiken aufgefallen. Er hat ein ungewöhnlich gutes Gedächtnis gezeigt und der lange dauernden, anstrengenden Hauptverhandlung mit Verständnis und Aufmerksamkeit folgen können. Von einem erheblichen Schwachsinn kann daher keine Rede sein. Intellektuell freilich steht Haarmann zurück, besonders tief steht er aber in moralischer Beziehung. Reue empfindet er garnicht, ebensowenig Mitleid mit den Eltern der Getöteten. Unbedenklich würde er einen Menschen töten, wenn er sich dadurch in den Besitz seiner Sachen setzen kann. Aber diese Stumpfheit liegt nur auf moralischem Gebiete, zur Annahme eines Ausschlusses der freien Willensbestimmung berechtigt sie nicht. Das kindische, läppische Wesen, das Haarmann zu Beginn der Untersuchung, und auch in den ersten Tagen der Hauptverhandlung zeigte, ist auf Situationspsychose zurückzuführen, wie sie häufig bei Untersuchungsgefangenen auftritt. Es ist denn auch später völlig verschwunden.

Als zweiter krankhafter Zustand kommt bei Haarmann die Hebephrenie in Frage, von der ebenfalls in früheren Gutachten die Rede ist. Aber auch eine solche liegt nicht vor, es fehlt das hauptsächlichste Merkmal, die Zerfahrenheit. Die Antworten des Angeklagten beweisen stets, dass er die Fragen erfasst hatte. Er reagierte auf sie so, wie auch ein anderer es getan haben würde. Ausserdem fehlen auch alle anderen Anzeichen einer Hebephrenie, die Sinnestäuschungen, Wahnideen, ungewöhnlichen Symptome, starre Züge und dergleichen.

Die abweichenden Gutachten sind namentlich, soweit sie von Militärärzten abgegeben sind, auf das Bestreben Haarmanns zurückzuführen, eine möglichst hohe Rente zu erhalten. Es kann daher ohne weiteres angenommen werden, dass Haarmann bei diesen Untersuchungen seine tatsächlich vorhandenen intellektuellen und moralischen Defekte erheblich übertrieben hat. Ebenso ist der Begriff des Schwachsinns früher zu weit gefasst. Haarmann kann überhaupt nur zutreffend beurteilt werden nach monatelanger Beobachtung.

Der Angeklagte Haarmann ist ein Mann, dessen Denken absolut egozentrisch eingestellt ist. Er sieht nur sich im Mittelpunkt seines Denkens, und das Wichtigste bei jeder Lage ist ihm, was er dabei für eine Rolle spielen kann. Er lebt nur für sich und die Befriedigung seiner sinnlichen Triebe. In Verbindung damit wird er beherrscht von einer masslosen Eitelkeit, deren Befriedigung in ihm die besseren moralischen Instinkte unterdrückt und ihn auch das Grässliche seiner Taten nicht wahrnehmen lässt. Er fühlt sich im Mittelpunkt des Prozesses stehen als den berühmten Mann, der in allen Zeitungen erwähnt wird. Obwohl intellektuell nicht besonders hochstehend, zeigt er doch ein grosses Schauspielertalent, ist schlagfertig und weiss sich in jede Lage schnell zu finden. Er beherrscht die Lage, behält die Zügel in der Hand und versteht es, die Schwächen der Anklage und der Beschuldigungen, die von ungünstig aussagenden Zeugen erhoben werden, geschickt auszunutzen. Unterstützt wird er dabei durch ein ausserordentlich gutes Gedächtnis, das ihn in den Stand setzt, den Zeugen bis ins Einzelne gehende Vorhaltungen zu machen, und ihnen die Unrichtigkeit ihrer Aussage nachzuweisen. Höhere geistige Interessen hat er nicht, und moralisch steht er ausserordentlich tief. Ihm ist zwar nicht jedes sittliche Gefühl fremd, aber tiefere Regungen dieser Art gibt es für ihn nicht. Liebe und Freundschaft existieren nur dann für ihn, wenn sie mit geschlechtlichen Gefühlen verbunden sind. Der Geschlechtstrieb überragt bei ihm alles; um ihn zu erregen gibt er trotz sonstiger Genauigkeit viel Geld aus und tötet schliesslich junge Leute, ohne das rein sittliche Verwerfliche dieser Tat einzusehen. Dabei nimmt sein widernatürlicher Geschlechtsverkehr quantitativ einen ungeheuren Umfang an. Fast jeder von den jungen Burschen, die als Zeugen vernommen sind, hat sich von Haarmann geschlechtlich gebrauchen lassen, und nennt noch eine Reihe von anderen jungen Leuten, bei denen dies ebenfalls zutrifft.

Als Gesamtbild Haarmann's ergibt sich darnach eine pathologische Persönlichkeit, ein Mensch von erheblicher moralischer Minderwertigkeit und mit ausgesprochenen intellektuellen Schwächen. Er hat sich aber zur Zeit der Ausführung der Tötungen weder in einem Zustande der Bewustlosigkeit, noch in einem Zustande krankhafter Störung der Geistestätigkeit befunden, durch welche seine freie Willensbestimmung ausgeschlossen war.

Bezüglich der einzelnen, dem Angeklagten Haarmann zur Last gelegten Fälle hat die Hauptverhandlung folgendes ergeben:

Haarmann räumt ein: Friedel Rothe (Fall 1 des Eröffnungsbeschlusses), Fritz Franke (Fall 2), Wilhelm Schulze (Fall 3), Roland Huch (Fall 4), Ernst Ehrenberg (Fall 6), Heinrich Struus (Fall 7), Paul Bronischewski (Fall 8), Richard Gräf (Fall 9), Wilhelm Erdner (Fall 10), Heinz Brinkmann (Fall 12), Adolf Hannappel (Fall 13), Ernst Spiecker (Fall 15), Heinrich Koch (Fall 16), Hermann Speichert (Fall 18), Alfred Hogrefe (Fall 19), Wilhelm Apel (Fall 21), Robert Witzel (Fall 22), Heinz Martin (Fall 23), Fritz Wittig (Fall 24), Friedrich Koch (Fall 26) und Erich de Vries (Fall 27) getötet zu haben.

Die Richtigkeit dieses Geständnisses wird im Einzelnen durch folgende Tatsachen gestützt:

Fall 1: Friedel Rothe:

Der am 17. Juli 1901 geborene Friedel Rothe war das einzige Kind der Eheleute Rothe, welche in Hannover Ecke Karl- & Ludwigstrasse eine Gastwirtschaft betrieben. Er hatte in der elterlichen Wohnung ein eigenes Zimmer und einen Hausschlüssel zu derselben. Während sein Vater im Felde stand, trieb Friedel Rothe sich oft abends bis spät in die Nacht hinein herum. Dabei hat er Haarmann kennengelernt. Er ist mit ihm beim Billardspiel zusammengetroffen, hat mit ihm in der Eilenriede Bucheckern gesucht, ist häufig in Haarmann's damaliger Wohnung in der Cellerstraße No. 27 gewesen, hat auch bei ihm genächtigt und geschlechtlich mit ihm verkehrt. Seine Mutter schritt gegen das nächtliche Herumtreiben energisch ein. Als sie ihn am 24. September 1918 sogar züchtigte, verliess er am 25. September 1918 die elterliche Wohnung und wohnte bei Haarmann. Er war damals im Besitze eines grösseren Geldbetrages, obgleich er nicht arbeitete. Am Nachmittage des 25. September 1918 forderte er den Zeugen Bohne vergeblich auf, mit ihm in der Eilenriede Bucheckern zu suchen. Am 27. September 1918 erhielt seine Mutter von ihm eine am gleichen Tage abgestempelte Postkarte aus Hannover, auf welcher er erklärte, er werde erst zurückkehren, wenn sie wieder gut geworden sei. Am 28. September 1918 ist er mit Haarmann am Wadersee-Denkmal in Hannover gewesen. Sein am 27. September 1918 auf Urlaub gekommener Vater hat sofort Schritte zur Ermittlung seines Sohnes unternommen. Diese führten dazu, dass die Wohnung Haarmann's am 6. und 12. Oktober 1918 von der Polizei durchsucht wurde. Beide Male wurde Haarmann mit einem Jungen nackt im Bette liegend betroffen. Haarmann wurde damals festgenommen, dann aber wieder entlassen. Von Friedel Rothe ist keine Spur mehr gefunden. Haarmann behauptet, den Kopf und andere Leichenteile des Friedel Rothe zum Stöckener-Friedhof gebracht und in einer Kindergrabstelle vergraben zu haben, während er die übrigen Teile in kleine Stücke zerschnitten und im Gebüsch der Eilenriede und anderen Anlagen versteckt hat. Er ist an die von ihm bezeichnete Stelle auf dem Stöckener-Friedhof geführt worden, doch sind dort weder ein Schädel noch sonstige menschliche Leichenteile gefunden. Aus diesem negativen Ergebnis der Ortsbesichtigung ist aber nicht der Schluss gerechtfertigt, dass Haarmann bezüglich des Verbleibs der Leichenteile unwahre Angaben macht, weil es sehr leicht möglich ist, dass Haarmann die richtige Stelle nicht hat wiederfinden können. Jedenfalls wird durch das Nichtwiederauffinden der Leichenteile nach Ablauf von beinah 6 Jahren unter Berücksichtigung des übrigen Beweisergebnisses das Geständnis des Haarmann in keiner Weise entkräftet.

Fall 2: Fritz Franke:
Der am 31. Oktober 1906 geborene Kaufmannslehrling Fritz Franke hat sich am 12. Februar 1923 aus der elterlichen Wohnung in Berlin-Lichterfelde entfernt. Er trug einen Stepphut, grauen Anzug, dunklen Schlüpfer, gelben gestreiften Wollschal und hellgraue Stoffgamaschen. Er hatte blondes Haar und weisse, gutgewachsene Zähne. Er spielte gut Klavier. Auf dem Bahnhof Lichterfelde hat er seine Armbanduhr verkauft und aus dem Erlöse für sich und den Zeugen Paul Schmidt Fahrkarten nach Hannover erstanden. Nach Ankunft der beiden in Hannover, hat Haarmann sie auf dem Bahnhof angesprochen und den gutgekleideten Fritz Franke mit in seine Wohnung genommen, während er den schlecht an-

gezogenen Paul Schmidt aufgegeben hat, in der Herberge zur Heimat auf seine und Franke's Rückkehr zu warten. Aber weder Haarmann noch Fritz Franke ist in der Herberge erschienen. Fritz Franke ist seitdem verschwunden. Zwar will der Zeuge Richard Schmidt ihn noch im Juni 1924 nachts gegen 1/2 12 Uhr an der Hauptkadettenanstalt in Lichterfelde etwa 50 m von einer Laterne entfernt gesehen haben. Diese Aussage vermag aber die Ueberzeugung, dass Haarmann den Franke getötet hat, nicht zu erschüttern. Denn abgesehen davon, dass unter den angegebenen Umständen eine Personenverwechslung sehr wohl möglich gewesen ist und der Zeuge bei seiner Vernehmung in der Hauptverhandlung in einem anscheinend alkoholisch bedingten Zustand erschien, der seine Glaubwürdigkeit in Frage zu stellen geeignet war, stehen folgende Tatsachen seiner Bekundung entgegen:

Haarmann hat dem Zeugen Paul Schmidt, der ihn 2 bis 3 Tage nach der Ankunft in Hannover nach dem Verbleib des Fritz Franke fragte, geantwortet, dieser sei nach Hause zurückgeschickt. Auf die weitere Frage Schmidt's, wo Franke genächtigt habe, hat Haarmann das Obdachlosen-Asyl bezeichnet. Als dann Paul Schmidt entgegnete, er habe dort selbst genächtigt, Franke aber nicht angetroffen, hat Haarmann geschwiegen. Ferner haben die Zeuginnen Dora Mrutzek und Emmi Schulz im Februar 1923 die beiden Angeklagten mit einem, genau wie der vermisste Franke aussehenden und gekleideten »Berliner« von 17 bis 18 Jahren getroffen. Die beiden Zeuginnen haben Franke nach dem ihnen vorgezeigten Lichtbild bestimmt als diesen »Berliner« wiedererkannt. Auf Veranlassung Haarmanns, der damals angab, Olfermann zu einer Besprechung zu erwarten, sind die genannten beiden Zeuginnen, der »Berliner« und Grans fortgegangen. Unterwegs flüsterte Grans der neben ihm gehenden und mit ihm den beiden anderen folgenden Mrutzek zu: »Der wird heute Abend gemacht.« Nachdem sodann die beiden Zeuginnen und der »Berliner« die Wirtschaft Schützenheim aufgesucht hatten, wo letzterer Klavier gespielt hatte, gesellte sich Grans wieder zu ihnen und alle vier begaben sich in Haarmann's Wohnung. Der »Berliner« blieb dort, als die Zeuginnen und Grans sich entfernten. Die Zeugen haben dann noch an demselben Abend Haarmann und den »Berliner« in der Spinnstube oder der Bauernschenke an der kleinen Packhofstrasse getroffen, von wo sich Haarmann mit dem »Berliner« unter dem Vorgeben Haarmann's entfernten, sie wollten in der »Eisbeinecke« zu Abend essen. Am folgenden Morgen sind die Zeuginnen Dora Mrutzek und Emmi Schulz gegen 8 Uhr bei Haarmann erschienen. Grans war schon anwesend, er zog sich, wie er selbst nicht in Abrede nimmt, gerade Strümpfe an. Der »Berliner« lag mit einem Hemde bekleidet der Wand zugewendet regungslos in Haarmanns Bett. Dieser gebot den Zeuginnen leise zu sein, damit der Junge nicht im Schlafe gestört werde. Die Zeuginnen entfernten sich dann auch nach etwa 10 Minuten, während Haarmann und Grans zurückblieben. Als die Zeuginnen gegen 5 Uhr nachmittags zurückkehrten, öffnete Haarmann die Tür seines Zimmers nur wenig und bestellte sie auf 7 Uhr. Als sie zur angegebenen Zeit wiederkamen, standen die Tür und das obere Fenster des Haarmann'schen Zimmers weit offen. Der Wandschrank war verschlossen, der Schlüssel desselben abgezogen. Auf dem Bette lagen die Kleider des »Berliners«, Hut und Schal desselben hingen an der Stubentür. Haarmann war sehr aufgeregt und fragte, ob schlechte Luft im Zimmer sei. Er schwitzte und sagte, er habe viel zu tun gehabt, und daher viel herumlaufen müssen, der »Berliner« sei abgereist, er, Haarmann, habe ihm anderes Zeug und Geld gegeben. Am folgenden, oder einem der folgenden Tage fanden die beiden Zeuginnen in dem inzwischen wieder offengelassenen Wandschranke eine mit Blut beschmierte Schürze der Zeugin Mrutzek. Sie riegelten darauf die Tür ab und durchsuchten das Zimmer. Sie fanden den Ring und die Zigarrenspitze des »Berliners« in der Tischschublade Haarmann's, sowie einen grossen Topf voll gekochtem Fleisch und Fleischbrühe. Die Fleischstücke hatten eine runde Form, sodass die Zeuginnen glaubten, sie stammten von menschlichen Armen oder Beinen. In dieser Annahme wurden sie dadurch bestärkt, dass sich auf den Fleischstücken Haare befanden, wie sie sie ihrer Ansicht nach an den Armen des »Berliners« gesehen hatten. Sie nahmen daher 2 Fleischstücke mit und brachten sie zum Kriminalkommissar Müller, der sich mit ihnen zu dem Gerichtsarzt Medizinalrat Dr. Schackwitz begab. Dieser erklärte die vorgezeigten Stücke für Schweinefleisch.

Grans hat von der erfolgten Tötung des Franke Kenntnis gehabt. Nach seinen eigenen, mit den Angaben Haarmanns übereinstimmenden Auslassungen ist Grans in der Nacht, als die Leiche Franke's noch nicht beseitigt war, mit einem jungen Burschen, der Schoress = Diebesgut bei sich hatte, zwei Mal zu Haarmann gekommen. Er ist aber nicht zu Haarmann in das Zimmer gegangen, obgleich es zu ebener Erde lag, und Grans als Mitinhaber des Zimmers dazu einen Schlüssel hatte, sondern er hat von draussen an das Fenster geklopft und gefragt, »ob er hereinkommen dürfe«. Das kann nicht anders gedeutet werden, als dass Grans genau wusste, Haarmann war mit dem Zerstückeln der Franke'schen

Leiche beschäftigt und durfte hierbei von einem Fremden nicht angetroffen werden.

Fall 3: Wilhelm Schulze:
Der am 31. August 1906 geborene Wilhelm Schulze war am Finanzamt in Burgdorf tätig. Er verliess den Dienst, trieb sich in Kiel, Hamburg und Hannover herum und wurde daher entlassen. Als sein Vater ihn deshalb strafte, entfernte er sich am 30. März 1923 und ist seitdem vermisst. Der Anzug, in welchem er sein Elternhaus verlassen hat, ist bei der Zeugin Engel beschlagnahmt worden. Dieser graublau kleinkarierte Anzug ist von der Mutter des Schulze, sowie von dem Schneidermeister Behrens, der den Anzug gefertigt hat, mit Bestimmtheit als dem vermissten Schulze gehörig anerkannt und zwar am Stoff, Futter und Knöpfen. Frau Engel hat den Anzug kurz vor Ostern 1923, also vor dem 1. April, von Haarmann erhalten, der ihr sagte, der Anzug stamme von einem plötzlich Verstorbenen, die Eltern wollten den Anzug nicht mehr sehen. Haarmann gesteht zu, den Anzug der Frau Engel gegeben zu haben, er ist auch voll geständig, Schulze getötet zu haben.

Fall 4: Roland Huch:
Der am 7. August 1907 geborene Schüler Roland Huch neigte zum Herumtreiben und war daher von seinem Vater streng bestraft worden. Am 23. Mai 1923 abends hat er sich aus der elterlichen Wohnung in Hannover entfernt und unterwegs dem Zeugen Richter gesagt, er wolle zum Bahnhof. Seitdem wird Huch vermisst. Der Anzug, den Roland Huch bei seiner Entfernung aus dem Elternhaus angehabt hat, ist von seinen Eltern, seinem Freunde Richter und von dem Schneidermeister Brüggemann, der den Anzug selbst gefertigt hat – von letzterem insbesondere an den Knöpfen, die seine Firma tragen – unter den in dem gegenwärtigen Strafverfahren asservierten Sachen mit Bestimmtheit wiedererkannt. Diesen Anzug hat Haarmann Ende Mai oder Anfang Juni 1923, also kurz nach dem Verschwinden des Roland Huch in dem Laden des Friseurs Wegehenkel, dem Kutscher Alexander Huth angeboten. Huth entsinnt sich dieser Zeit genau, weil er damals Bademeister in der Schrader'schen Badeanstalt war, und infolge der Kühle der Badebetrieb ein so geringer war, dass er häufiger in die Stadt gehen und sich bei Wegehenkel rasieren lassen konnte. Als Huth den Haarmann fragte, ob der Anzug auch reell sei, zeigte ihm Haarmann einen Ausweis mit Lichtbild vor, den der Zeuge für einen polizeilichen Ausweis hielt und in dem »Lasso-

Ausweis« nicht wieder erkennt. Huth kaufte den Anzug nicht, wohl aber die von ihm herbeigerufene Frau Bornemann, die den Anzug nach der Festnahme Haarmann's auf dem Polizei-Präsidium abgegeben hat.

Fall 6: Ernst Ehrenberg:
Der am 30. September 1909 geborene Schüler Ernst Ehrenberg, ein besonders grosser und kräftiger Junge, hat am 25. Juni 1923 im Auftrage seines in Hannover wohnhaften Vaters von einem Kunden für 1 Paar Schuhe 26.000 M abgeholt, ist aber dann nicht nach Hause zurückgekehrt. Am Abend des 29. Juli 1923 haben ihn seine Brüder Hans und Walter Ehrenberg im Vereinshause in der Limburgstrasse in Hannover getroffen. Er sagte, er sei in Seershausen bei Meinersen und habe dort für seine Mutter Holz gesammelt. Als seine Brüder ihm sagten, er möge nach Hause kommen, die Mutter werde gleich erscheinen, gab er ihnen einen leeren Rucksack und ging in Richtung des Bahnhofs davon. Hans Ehrenberg folgte ihm, verlor ihn aber aus den Augen. Seitdem wird er vermisst. Die Eltern des Ehrenberg haben unter den asservierten Sachen eine Schülermütze, ein Paar Hosenträger und zwei Stücke Tuch von dem Beinkleid, in welchem er sich entfernt hat, wiedererkannt und zwar die Hosenträger an einer von dem Vater des Ehrenberg daran ausgeführten Reparatur und die Tuchstücke an in ihrem Besitz befindlichen Reste von dem gleichen Stoff. Die Mütze hat Haarmann im August 1923, also bald nach dem Verschwinden des Ernst Ehrenberg, dem Zeugen Liebetreu mit dem Bemerken geschenkt, er habe sie einem Jungen weggenommen, der auf der Strasse Fußball gespielt habe. Die Stücke Stoff sind in der Wohnung Haarmann's vorgefunden worden, die Hosenträger hat Grans von Haarmann erhalten.

Fall 7: Heinrich Struss:
Der am 23. Juli 1905 geborene Heinrich Struss wohnte seit Februar 1923 bei seiner Tante Schaper in Leinhausen und fuhr von dort täglich zu seiner Arbeitsstelle bei dem Versicherungsbüro von Gottgetreu in der Herrenhäuserstrasse in Hannover. Am 20. August 1923 hat er seine Dienststelle eigenmächtig aufgegeben und ist am 24. August 1923 nicht nach Leinhausen zurückgekehrt. Seitdem wird er vermisst. Seine Eltern haben unter den asservierten Sachen ein Bund von 6 Schlüsseln, 1 Paar Stutzen (fusslose Wadenstrümpfe) und einen Selbstbinder als von ihrem Sohn zur Zeit seiner Entfernung getragene Sachen erkannt, und zwar die Schlüssel daran, dass sie zu der Haus- und Flurtür der Frau Schaper beziehungs-

weise zu einem Koffer, einem Geigenkasten und einer Aktentasche des Vermissten passen, und die Stutzen an einem mit grauer Wolle gestopften Loch an der Ferse. Die Schlüssel sind bei Haarmann beschlagnahmt. Die Stutzen hat Haarmann im Oktober 1923 dem Zeugen Schellhauer verkauft. Haarmann gibt an, er habe den Heinrich Struss lange gekannt, dieser habe ihn schon in der Neuenstrasse und dann auch in der Roten Reihe aufgesucht und mit ihm geschlechtlich verkehrt. In der Roten Reihe habe er ihn eines Nachts getötet.

Fall 8: Paul Bronischewski:
Der am 14. August 1908 geborene Dreherlehrling Paul Bronischewski ist mit Erlaubnis seiner in Bochum, also in dem damals von den Franzosen besetzten Gebiete wohnenden Eltern besuchsweise zu Verwandten nach Garz a.E., Kreis Jericho II gefahren. Er fürchtete die Rückreise, da er keinen ordnungmässigen Pass besass. Am 23. September 1923 verliess er die Verwandten in Garz, um von der Station Vulkan über Hannover nach Bochum zu fahren. Er trug eine Sportjacke aus grauem Cord, eine kurze Wanderhose aus Cord, hellgraue Stutzen mit grünem Rand und hatte unter anderem einen feldgrauen Tornister und ein Handtuch mit roten Längsstreifen bei sich. An Geldmitteln besass er etwa nur 60.000.000 M. Dieser Betrag reichte zur Bezahlung der Fahrt von Vulkan bis Bochum nicht aus. Paul Bronischewski ist bei seinen Eltern nicht eingetroffen und wird seit dem 24. September 1923 vermisst. Die vorgenannten, in seinem Besitz gewesenen Sachen sind von seinen Eltern unter den Asservaten erkannt und zwar die Sportjacke an dem Zeug, das genau zu der noch im Besitz der Eltern befindlichen dazugehörigen Sporthose passt, von der ein Riegel zu den Akten überreicht ist; das Handtuch, weil es von der Mutter selbst genäht und mit einem Aufhänger versehen ist, auch einige bestimmte Löcher hat; die hellgrauen Stutzen, weil sie von der Mutter selbst angestrickt und mit Strippen versehen sind.

Haarmann hat Ende September 1923, also kurz nach dem Verschwinden des Bronischewski, die Sportjacke an Frau Engel und den Tornister, die Stutzen und die Hose an den Zeugen Jetschmann verkauft. Das Handtuch ist bei Haarmann beschlagnahmt worden.

Fall 9: Richard Gräf:
Der am 13. Februar 1906 geborene Arbeiter Richard Gräf, dessen Eltern in Hannover gewohnt hatten, sich hatten scheiden lassen und fortgezogen waren, kam Ende September oder Anfang Oktober 1923 verstört

und abgespannt zu seinem im Hannover wohnhaften Bruder Otto und erzählte diesem, er habe vergeblich versucht, in die Schweiz auszuwandern. Vorher hatte Richard Gräf in Hannover bei dem Zeugen Dickhaut und auch ausserhalb Hannovers gearbeitet. Die Aufforderung seines Bruders zu essen und sich schlafen zu legen, lehnte er mit dem Bemerken ab, er habe um 9 Uhr auf dem Bahnhof eine Zusammenkunft mit einem Herrn, der ihm Arbeit auf dem Lande verschaffen wolle. Von dieser Verabredung sprach er auch zu dem Zeugen Dickhaut und der in Dickhaut's Hause wohnenden Frau Elisabeth Hoffmann. Er hat sich dann auch entfernt und wird seitdem vermisst. Er trug einen Schlüpfermantel, einen dunkelblauen Anzug mit blauen und rötlichen Streifen. Den Anzug und den Mantel haben die Zeugen Otto Gräf, Anna Weidehaus und Frau Wedekind unter den Asservaten bestimmt wieder erkannt. Den Anzug und den Mantel hat Haarmann Ende Oktober oder Anfang November 1923, also bald nach dem Verschwinden des Gräf, an Frau Wegehenkel verkauft.

Fall 10: Wilhelm Erdner:
Der am 4. Februar 1907 geborene Wilhelm Erdner wohnte in Gehrden bei seinen Eltern und war im Jahre 1923 bei der Hannoverschen Maschinenbau-Aktiengesellschaft als Dreherlehrling beschäftigt. Zur Fahrt nach seiner Arbeitsstelle benutzte er ein dunkelblau angestrichenes Fahrrad alten Modells (hoher Rahmen). Seit dem 15. Oktober 1923 hat er seine Arbeitsstelle nicht mehr aufgesucht, obgleich er nach wie vor morgens von Gehrden wegradelte. Auch am 19. Oktober 1923 ist er früh mit dem Rade fortgefahren. Er war unter anderem mit einer alten feldgrauen Hose, die seine Mutter geflickt hatte, bekleidet. Er ist nicht zurückgekehrt. Am 19. Oktober 1923 hat der Zeuge Johann Hartmann den Angeklagten Haarmann mit einem jungen Mann auf der Strasse gesehen, der ein blau angestrichenes Fahrrad bei sich hatte. Hinter beiden ging Grans. Am 20. Oktober 1923 hat der Zeuge Lunghuis den Wilhelm Erdner in Hannover mit Haarmann vom Hauptbahnhof nach der Altstadt gehen sehen. Als Lunghuis von dem Verschwinden Erdners erfuhr, fragte er Haarmann nach dem Verbleib dessen. Haarmann, der sich früher dem Lunghuis als »Kriminalbeamter« vorgestellt hatte, antwortete, er habe ihn auf dem Polizeipräsidium abgeliefert. Als diese Angabe sich nach Auskunft des Polizeipräsidums als unrichtig erwiesen hatte und Lunghuis Haarmann nochmals nach dem Verbleib Erdners fragte, erklärte Haarmann, er entsinne sich des Falles nicht. Dabei blieb er, trotzdem

Lunghuis den Erdner genau beschrieb und darauf aufmerksam machte, dass Erdner ein Fahrrad bei sich gehabt habe; Haarmann erklärte weiter, er habe jetzt keine Zeit, der Zeuge möge zwischen 7 und 1/2 8 Uhr in die Eisbeinecke kommen. Dort hat Lunghuis den Haarmann vergeblich erwartet.

Unter den Asservaten ist die Hose des Vermissten von den Eltern anerkannt und zwar insbesondere an einigen zerrissenen Stellen, welche die Mutter an dem Morgen, an dem der Vermisste die elterliche Wohnung zum letzten Male verliess, noch hatte flicken wollen. Diese Hose hat Haarmann im Februar oder März 1924 in der Wegehenkel'schen Wohnung der Zeugin Stille geschenkt. Das Fahrrad hat Haarmann zunächst dem Fahrradhändler Linke, und zwar durch den Ehemann Engel vergeblich angeboten. Dann hat er es zusammen mit Grans zu dem Zeugen Raupers gebracht, dem er sich früher in einer Diebstahlssache als Detektiv angeboten hatte. Raupers hat das Fahrrad gekauft und völlig umgearbeitet. Er hat jedoch den Bremshebel, der sich an dem Rade befunden hat, zurückbehalten und ihn nach der Verhaftung Haarmanns der Polizei übergeben. An dem Bremshebel befindet sich Aluminium-Bronze, und an dieser Bronze hat der Vater Erdner den Bremshebel mit Bestimmtheit als zu dem Fahrrad seines Sohnes gehörig wieder erkannt.

Fall 12: Heinz Brinkmann:
Die Mutter des am 20. Oktober 1910 geborenen Heinz Brinkmann hat diesen am 27. Oktober 1923 in Richtung des Bahnhofs Frankenscharnerhütte bei Clausthal begleitet, da er seinen bei der Reichswehr in Hannover stehenden Bruder Richard besuchen wollte; er sollte gegen 6 1/2 Uhr abends in Hannover eintreffen. Der Junge war so gross, dass er als 15 bis 16jährig gelten konnte. Er hatte ein starkknochiges, mageres Gesicht. Er trug einen braunen Manchesteranzug und hatte einen leeren Rucksack bei sich, den ihm seine Mutter für seinen Bruder Richard mitgegeben hatte. Seine Mutter und Richard Brinkmann haben unter den Asservaten diese Sachen bestimmt wieder erkannt, und zwar den Anzug an einem auf dem Rücken befindlichen Tintenfleck und an dem grünen Futter, die Mutter auch an einem aus Bettinlett hergestellten Streifen am Hosenbund.

Den Anzug hat Haarmann an Frau Wegehenkel im Sommer bezw. Herbst 1923 zu nicht genau festgestellter Zeit verkauft. Der Zeuge Otto hat im Oktober 1923 beobachtet, wie Haarmann und eine andere Mannsperson sich nachts zwischen 11 und 12 Uhr auf dem Hauptbahnhof in Hannover an 2 Jungens herangemacht haben, von denen der eine einen leeren Rucksack bei sich trug und wie der Vermisste aussah und gekleidet war.

Fall 13: Adolf Hannappel:
Der am 28. April 1906 geborene Adolf Hannappel, Sohn der Eheleute Zimmermann Jakob Hannappel in Düsseldorf, Birkenstrasse 117, ein grosser, kräftiger, guterzogener hübscher Junge, war Anfang 1923 an Bauchfelltuberkulose erkrankt und hatte seinen Beruf als Zimmermann aufgeben müssen. Im Oktober 1923 trat er deshalb bei dem Zeugen Dehne in Liesborn bei Lippstadt als Melker ein. Er wurde aber schon nach wenigen Tagen entlassen und war am 9. November 1923 zum Bahnhofe Bennighausen gegangen, um nach Hannover zu fahren, wo er sich eine neue Stellung suchen wollte. Er war auch nach Hannover gekommen, hatte aber eine Stellung nicht gefunden und sass eines Abends gegen 11 Uhr auf dem Bahnhofe im Wartesaal III. Klasse. Er war gut gekleidet und hatte bei sich eine Kiste, die er sich in Liesborn hatte machen lassen. Er war, wie der Zeuge Seidel bemerkt, traurig und niedergeschlagen, vermutlich weil er weder Arbeit noch Obdach hatte. Der Angeklagte Grans bemerkte ihn dort und sagte zu dem Angeklagten Haarmann, da drüben sässe ein hübscher junger Mensch, Haarmann solle einmal herkommen, vielleicht interessiere der ihn. Der junge Mann sitze hinten auf einer Kiste und habe so schöne Breecheshosen an, die möchte er, Grans, gerne haben. Darauf sprach Grans den Hannappel an. Dieser wehrte ihn zunächst ab, liess sich aber doch von ihm bestimmen, seine Kiste bei der Gepäckaufbewahrungsstelle abzugeben. Grans half ihm dabei. Als beide zurückkamen, machte Hannappel ein viel zufriedeneres und vergnügteres Gesicht. Grans gab ihm Zigaretten, bezahlte Bier für ihn, und versprach ihm schliesslich eine Unterkunft. Er machte dann dem Angeklagten Haarmann Zeichen, und dieser ging fort. Grans folgte ihm bald mit Hannappel, in der Schillerstrasse holten beide Haarmann ein, und nun ging Grans nach Hause, während Haarmann den Hannappel mit in seine Wohnung Rote Reihe 2 nahm. Die Nacht hindurch schlief Hannappel bei Haarmann, und dieser »pussierte« mit ihm. Schon am anderen Morgen früh kam Grans in die Wohnung Haarmanns und sah Hannappel dort noch am Leben. Er rief Haarmann heraus vor die Tür und sagte zu ihm: »Ich wollte die Breecheshose holen, der Mann kostet doch so viel, den kannst du nicht lange behalten.« Hannappel blieb dann noch 3 bis 4 Tage bei Haarmann. Arbeit, die er suchte, fand er

nicht. Während dieser Tage kam auch Grans öfter in die Wohnung von Haarmann. In einer Nacht, etwa am 12. November 1923 (genauer lässt sich das Datum nicht mehr feststellen), tötete dann Haarmann den Hannappel in der bereits angegebenen Weise. Am nächsten Tage kam Grans nachmittags gegen 4 Uhr zu ihm. Haarmann hatte sein Zimmer schon völlig von dem Schmutz und dem Blut gereinigt. Grans sagte nun zu Haarmann, sie wollten jetzt zum Bahnhof gehen und die Kiste holen. Gemeint war damit die von Hannappel auf der Gepäckaufbewahrungsstelle aufgegebene Kiste. Beide gingen dann auch hin, Grans löste die Kiste ein und brachte sie mit in die Haarmann'sche Wohnung. Die Sachen, die Hannappel bei sich getragen hatte, hatte Haarmann nach der Tötung an sich genommen. Grans brach die Kiste auf und nahm auch die Breecheshose des Toten, eine Hose aus silbergrauem Cord an sich. Welche Gegenstände die beiden Angeklagten im Einzelnen sich angeeignet haben, war nicht mehr festzustellen. Folgende Sachen, die dem Hannappel gehört hatten, hat Haarmann teils verschenkt, teils verkauft. Einen olivgrünen Hut mit dunkelgrünem Band nachgenähtem Schweissleder schenkte er dem Zeugen Kmitta. Ein Maccohemd verkaufte er durch den Theodor Hartmann im November oder Dezember 1923 für 3,50 M an den Zeugen Otto Krüger, ein anderes Maccohemd an Karl Friedrichs im November 1923 für 2,25 M. Die Hosenträger verkaufte er Anfang April 1924 an die Zeugin Frau Bertram zusammen mit anderen Sachen für 3 M. Ein Paar schwarze Boxcalfschnürstiefel verkaufte Theodor Hartmann in Haarmann's Auftrage im März 1924 an den Zeugen Breust. Eine alte lange, grüngraue Arbeitshose aus Cord veräusserte er im Jahre 1923 zu einer Zeit, als die Roggenscheine als Zahlungsmittel zuerst herausgegeben wurden, also im November 1923 an die Zeugen Eheleute Viertel zusammen mit anderen Sachen. Der Verkauf fand in der Wohnung der Frau Engel statt. Den blauen Sweater des Toten schenkte er Weihnachten 1923 der Zeugin Engel. Eine feldgraue Weste, ein schwarzer Rock, ein Karton mit Holzschrauben, den Adolf Hannappel von seinem Vater zum Bau eines Kaninchenstalles bekommen hatte, sowie der in Liesborn angefertigte Holzkoffer, wurden in der Wohnung Haarmann's beschlagnahmt. Die Breecheshose wurde bei Grans vorgefunden. Der Verbleib einer Wasserwaage, die Hannappel bei sich gehabt hatte, war nicht mehr festzustellen.

Die obengenannten Kleidungsstücke sind von den Eltern des Toten als ihrem Sohn gehörig anerkannt, namentlich an folgenden besonderen Merkmalen: Der Hut an dem nachgenähten Schweissleder, die beiden

Maccohemden an den von Frau Hannappel angefertigten neuen Bündchen, die Hosenträger an dem ausgebesserten Lederbesatz für die hinteren Strippen, der Sweater an Flicken aus dem Sweater des Bruders des Vermissten, die Weste an dem von der Frau Hannappel eingesetzten Rücken, die Boxcalfschnürstiefel an den von Hannappel selbst ausgeführten Ausbesserungen, die Breecheshose an der noch im Besitz der Eltern befindlichen Stoffprobe, die Arbeitshose an Ausbesserungen, die die Mutter daran vorgenommen hatte, so an der linken Tasche und unter dem hinteren rechten Knopf. Der Holzkoffer ist von dem Zeugen De..... wiedererkannt. Zu einem schwarzen Strumpf, der in Haarmann's Wohnung beschlagnahmt ist, besitzen die Eltern Hannappel's noch ein gleiches Paar.

Diese Tatsachen sind, soweit sie die erste Bekanntschaft mit Hannappel betreffen, im wesentlichen festgestellt auf Grund der Aussagen des Zeugen Seidel und der des Angeklagten Haarmann, die sich beide ergänzen. Der Angeklagte Grans bestreitet die Richtigkeit dieser Darstellungen. Er gibt an, nicht er habe den Hannappel angesprochen, sondern Haarmann habe ihn auf diesen aufmerksam gemacht. Haarmann sei in der Vorhalle des Bahnhofes zu ihm gekommen und habe ihm gesagt, im Wartesaal IV. Klasse sei ein junger Mann, der eine Holzkiste bei sich habe. Haarmann habe ihn gefragt, was er, Grans, von dem jungen Mann dächte, und ob ihm wohl die Breecheshose passe. Dann sei er, Grans, an's Buffet gegangen, um zu essen. In der Zwischenzeit habe Haarmann den jungen Mann angesprochen und mit ihm über das Aufgeben des Holzkoffers verhandelt. Es sei richtig, dass er, Grans, sich angeboten habe, dabei behilflich zu sein. Der Koffer sei dann aufgegeben, und sie alle drei hätten den Bahnhof verlassen. Unterwegs sei darüber gesprochen, dass Hannappel bei Haarmann schlafen solle. Es sei nicht wahr, dass er, Grans, am nächsten Tage zu Haarmann in die Wohnung gekommen sei, um die Hose abzuholen; er könne Haarmann auch keinen Vorwurf gemacht haben, dass der junge Mann zuviel koste. Einige Tage später habe er Haarmann zufällig auf der Strasse getroffen und dieser habe ihn aufgefordert, einen Koffer von der Bahn zu holen. Haarmann wollte den Koffer nicht allein holen wegen der auf dem Bahnhof befindlichen Kriminalbeamten, die ihn kannten. Er, Grans, habe deswegen angenommen, dass Haarmann sich vor den Beamten geniere, einen Koffer zu tragen, an eine strafbare Handlung Haarmann's habe er nicht gedacht. Haarmann habe ihm Geld zum Einlösen des Koffers gegeben, er habe den Koffer eingelöst und ihn als die Kiste des Zimmermanns erkannt, den Haarmann einige Tage vorher mit sich genommen hatte. Da der Koffer für eine Person zu schwer gewesen sei, wäre Haarmann hinzu gekommen und habe mit angefasst. Beide hätten dann den Koffer in die Wohnung Haarmann's gebracht. Dort habe er Haarmann gefragt, wo denn der junge Mann geblieben sei. Haarmann habe erwidert, der wäre abgereist und habe seine Sachen, auch die Breecheshose, zurückgelassen. Diese Hose habe an der Tür gehangen, Haarmann habe sie ihm sogleich für 5 oder 6 M verkauft und übergeben. Dann sei die Kiste geöffnet. In dieser hätten sich Kleidungsstücke, Wäsche, eine Wasserwaage und ein Paar Holzschuhe, auch eine Menge Papiere befunden. Als er diese Papiere aufgenommen habe, habe Haarmann sie ihm weggenommen und beiseite gelegt. Die Holzschuhe habe Haarmann ihm ebenfalls geschenkt, er habe sie aber über die Mauer des »Fürstenhofes« geworfen. Er sei der Ansicht gewesen, dass Haarmann den Hannappel »getrampelt« habe, das heisst, ihm durch irgendwelche Manipulation die Sachen abgenommen habe. Er habe aber nicht herauskriegen können, wie dieses geschehen sei.

Diese Darstellung von Grans wird durch die Angaben Haarmanns und durch die des Zeugen Seidel widerlegt. Die Glaubwürdigkeit des Zeugen wird nicht dadurch beseitigt, dass er zu dem Zeugen Döhring erklärt hat, er vermute, dass Grans den Hannappel dem Haarmann zugeführt habe. Seidel hat bei seinen gerichtlichen Aussagen unter Eid an seiner ursprünglichen Darstellung festgehalten, eine Veranlassung, gerade dem Zeugen Döhring seine ganze Kenntnis von der Sache mitzuteilen, hatte er nicht.

Fall 15: Ernst Spiecker

Der am 15. Juni 1906 geborene Schlosser Ernst Spiecker war seit Ende seiner Lehrzeit (April 1923) arbeitslos und nur aushilfsweise beschäftigt. Er war mit Haarmann bekannt, den der Zeuge Klussmann ihm bei Café Kröpke als Inhaber eine Cacaostube vorgestellt hatte. Am 3. Januar 1924 war Ernst Spiecker als Zeuge vor Gericht in Hannover. Er ist mit dem Sohne des Zeugen Guhrt vom Gericht fortgegangen und hat sich von diesem mit dem Bemerken getrennt, er wolle einen Freund besuchen. Seitdem ist er verschollen. Unter den asservierten Sachen sind von seinen Eltern folgende, als ihm gehörig erkannt:

1) ein neues blaues Oberhemd mit weichem Kragen, 2) eine blaugraue Sportmütze, 3) eine Stahluhr, 4) in Silber gefasste Hirschgrandeln, 5) ein Paar neue graugrüne Stutzen mit stahlblauen Streifen, 6) ein zweireihiger schwarzgrauer Mantel mit eingewebtem grauen Futter, 7) eine fast neue

Klubjacke, grau mit grüner Einfassung, 8) eine schwarze Unterjacke, 9) eine hellbraune Hose.

Die Unterjacke ist bei Haarmann beschlagnahmt, den Mantel hat Haarmann getragen und im April 1924 der Zeugin Ohlsdorf verkauft, der er schon im Januar 1924 die Klubjacke käuflich überlassen hatte. Die Hose hat Haarmann zu nicht festgestellter Zeit dem Zeugen Theodor Hartmann überlassen. Die sonstigen Sachen hat Grans erhalten und zwar spätestens im Februar 1924. Das Oberhemd trug Grans bei seiner Festnahme auf dem Körper. Die Stutzen hat seine Logiswirtin, Frau Krohne, nach seiner Verhaftung aus seiner Kommode genommen, und auf dem Polizei-Präsidium abgeliefert. Die Uhr hat Grans für 8 M an seinen Vater weiter veräussert, während er die Hirschgrandeln durch einen unbekannten jungen Mann an den Buffetier im Wartesaal III. Klasse des Hauptbahnhof, Germeroth, für 2 M hat verkaufen lassen.

Fall 16: Heinrich Koch:
Der am 22. September 1903 geborene Arbeiter Heinrich Koch aus Hannover war Ende 1923 arbeitslos, gelegentlich half er dem Zeugen Moshage Pantoffeln zu machen. Moshage hat ihn vor dem 15. Januar 1924 mit Haarmann zusammen gesehen. Als Heinrich Koch ihm später erzählte, er habe einen Herrn kennengelernt, der früher ein Zigarrengeschäft gehabt habe und jetzt Oberkellner am Reichshof sei, dieser wolle ihm eine Stelle beschaffen, hat Moshage ihm gesagt, dieser Herr sei kein anderer als Haarmann, und hat ihn vor demselben gewarnt. Koch hat bestätigt, dass es sich um Haarmann handele. Auch seinen Eltern hat Heinrich Koch von seiner Bekanntschaft mit einem Herrn aus dem Reichshofe erzählt und gesagt, dieser wolle ihm Arbeit und Wohnung verschaffen, und habe ihm 50 Zigaretten versprochen. Am 25. Januar 1924 ist Heinrich Koch mit dem Zeugen Tolle vormittags zusammengewesen und hat sich dann von ihm getrennt. Seit dem wird er vermisst. Seine Eltern und der Zeuge Tolle haben unter den asservierten Sachen folgende, als ihm gehörig gewesen, mit Bestimmtheit erkannt:

1) eine feldgraue, von der Mutter am Knie mit anderem Stoff geflickte Militärhose, 2) ein Paar von seiner Mutter gestrickte Stutzen aus grauer Wolle mit grünem Rand, 3) ein schwarzer, weiss- und graugestreifter Binder, 4) ein braunes Jacket und Weste; die dazu gehörige Hose befindet sich noch in dem Besitz der Eltern, 5) ein Paar schwarze H.K. gezeichnete Strümpfe, die dem Bruder Hermann des Vermissten gehörten und von diesem seit dem Verschwinden von Heinrich Koch vermisst werden.

Die Hose hat Haarmann Ende Januar oder Anfangs Februar 1924 durch den Zeugen Theodor Hartmann an den Schmied Karl Jung für 2 M, die Stutzen im Februar oder März 1924 an den Arbeiter Ernst Lohmann verkauft. Den Binder hat Haarmann mit einer Anzahl anderer Binder Frau Engel geschenkt, und er ist bei dieser beschlagnahmt. Die Strümpfe sind in Haarmann's Wohnung beschlagnahmt. Jacket und Weste hat der Zeuge Theodor Hartmann etwa Januar 1924 erhalten, der sie um dieselbe Zeit in der Wohnung des Arbeiters Bertram an den damals bei diesem wohnenden Händler Schmeling für etwa 4 M verkauft hat.

Fall 18: Hermann Speichert:
Der am 21. April 1908 geborene Hermann Speichert war 1923/24 Elektrotechniker-lehrling bei der Firma Mühr & Co. in Hannover. Im Januar 1924 stellte sein Vater fest, dass er 4 Wochen lang nicht zur Arbeit erschienen war. Auf Vorhalt erklärte Hermann Speichert seiner Mutter, er habe keine Lust zu der Arbeit und einen Freund, der ihn mit ins Ausland nehmen wolle. Er nahm aber doch die Arbeit wieder auf. Hermann Speichert hat sich öfter am Hauptbahnhof in Hannover aufgehalten und dem Zeugen Nolte erzählt, er hätte dort billig eine Uhr kaufen können, dort liefen immer »so welche« herum. Der Zeuge Brinkmann hat ihn auf der Georgstrasse mit Grans zusammen gesehen. Am 8. Februar 1924 hat er bei seiner Schwester, Frau Albrecht, in der Lavesstrasse zu Mittag gegessen und sich dann entfernt; er hatte einen Zirkelkasten bei sich. Seit dem ist er vermisst. Unter den asservierten Sachen sind von seinen Eltern mit Bestimmtheit als ihm gehörig erkannt:

1) eine Unterjacke, welche seine Mutter gestopft, und deren Aermel sie mit weiten Stichen vorn umgenäht hatte, 2) ein grauer Anzug, den sein Vater für ihn gekauft hatte, und den seine Mutter noch am Tage seines Verschwindens mit einem Knopf versehen hatte, 3) ein brauner Mantel, kenntlich an einem Zuckerfleck an der linken Tasche, 4) ein Vorhemd und ein weicher Kragen, die beide von seiner Schwester, Frau Albrecht, mit A.S. gezeichnet sind.

Die Unterjacke, der Kragen und das Vorhemd, sind in Haarmann's Wohnung, Rote Reihe 2 beschlagnahmt. Den Anzug hat der Zeuge Theodor Hartmann im Februar oder März 1924 in Haarmann's Auftrage an den Arbeiter Lohmann, den Mantel im April 1924 an den Arbeiter Schuck verkauft. Den Zirkelkasten hat Grans erhalten.

Fall 19: Alfred Hogrefe:
Der am 6. Oktober 1907 geborene Alfred Hogrefe war Mechaniker-Lehrling und fuhr täglich von Lehrte, wo seine Eltern wohnten, zu seiner Arbeitsstelle bei dem Fahrradhändler Tiemann in Hannover, Schlägerstrasse. Ende März 1924 hat er wiederholt die Gewerbeschule versäumt. Seine Eltern fuhren daher am 2. April 1924 nach Hannover, um bei dem Gewerbeschullehrer Erkundigungen einzuziehen. Alfred Hogrefe muss hiervon Kenntnis erhalten haben, jedenfalls verlies er am gleichen Tage gegen 2 Uhr mittags seine Dienststelle, begab sich nach Lehrte in die elterliche Wohnung, packte dort seine Sachen zusammen und entfernte sich unter Mitnahme derselben. Am 3. April 1924 hat er den Zeugen Wiese nach einer Schlafstelle gefragt, da er im Wartesaal des Hauptbahnhofs in Hannover nicht mehr schlafen könne. Der Zeuge Köhler hat ihn Anfang April 1924 an einem Tische im Wartesaal I. & II. Klasse des Hauptbahnhofs in Hannover mit Haarmann zusammen sitzen gesehen, und Hogrefe hat dem Köhler ein paar Tage später erzählt, er träfe sich jetzt mit dem »Kriminal Fritz« öfter. Dem Zeugen Farien hat Hofgrefe ferner mitgeteilt, er sei seinen Eltern entlaufen, er schliefe bei einem »Kriminal« in der Neuenstrasse, sein Gepäck, einen neuen Koffer, habe er auf dem Bahnhofe in Verwahrung gegeben. Unter den Asservaten sind folgende Sachen von dem Vater des Alfred Hogrefe und dem Zeugen Bauer und Köhler als dem Alfred Hogrefe gehörig gewesenen bestimmt erkannt: 1) ein grüner Schal mit hell- und dunkelbraunen Streifen an den Seiten, den der Vermisste von seiner Mutter zu Weihnachten geschenkt erhalten hat, 2) ein mit H. gezeichnetes Handtuch mit roten Streifen am Rande, das mit einem von den Eltern überreichten Gegenstück genau übereinstimmt, 3) eine Weste und ein braunes Jacket, welches die Mutter auf dem Rücken gestopft und an welchem sie die Knöpfe durchgenäht hat, 4) eine von dem Schwager des Vermissten, ihm geschenkte graue, gestreifte Breecheshose, 5) ein von der Mutter genähtes, weiss-rotgestreiftes Barchendhemd, 6) ein schwarz-weisser Selbstbinder aus Seidentrikot, 7) ein brauner Krimmermantel mit schwarzem Samtkragen, 8) ein Jacket aus graumeliertem Stoff mit Gürtel.

Schal und Handtuch sind in Haarmann's Wohnung beschlagnahmt. Jacket und Weste hat Haarmann im Frühjahr 1924 zu nicht näher festgestellter Zeit an den Maurerpolier Hildebrand für 3 M verkauft. Die Breecheshose und das Barchendhemd hat Haarmann etwa 2 Wochen vor Ostern 1924 (20. April 1924) an Frau Bertram veräussert. Den Bindeschlips hat er der Frau Engel geschenkt, bei der er beschlagnahmt ist.

Den Krimmermantel und die graumelierte Jacke hat Haarmann ebenfalls der Frau Engel überlassen, die sie weiter an Frau Bahlke gegeben hat.

Fall 21: Wilhelm Apel:
Der am 4. Juni 1908 geborene Kaufmannslehrling Wilhelm Apel war bei der Speditionsfirma Neldel in der Nikolaistrasse in Hannover als Lehrling tätig, während er in Leinhausen bei seinen Eltern wohnte. Um zu seiner Arbeitsstelle zu gelangen, benutzte er die Staatsbahn. Auch zum Mittagessen fuhr er in der Regel nach Hause, doch blieb er bisweilen im Wartesaal des Hauptbahnhofs in Hannover. Sein Vater hatte ihm das Zigarettenrauchen verboten. Als er trotzdem rauchte, und sein Vater ihm deshalb das Ausgehen untersagte, entfernte er sich am 17. April 1924 morgens zur gewöhnlichen Zeit und wird seitdem vermisst. Unter den Asservaten hat der Vater des Wilhelm Apel folgende Sachen erkannt:

1) eine zu einer Kniehose umgearbeitete Militärhose, 2) ein Paar von der Mutter gestopfte Stutzen, 3) ein gestrickter, seidener Bindeschlips, 4) eine Manchesterhose, die seine Mutter eingefasst und an der sie die Naht eines Hosenbeines nachgenäht und Knöpfe mit Stoff unterlegt hat.

Die Hose und der Binder sind bei Haarmann beschlagnahmt. Die Stutzen hat Haarmann der Frau Engel geschenkt, die genaue Zeit hat nicht festgestellt werden können. Die Manchesterhose hat Theodor Hartmann im Auftrage Haarmann's Mitte Juni 1924 an den Dreher Klenke verkauft. Haarmann ist, wie in den übrigen vorher genannten Fällen, voll geständig, Apel getötet zu haben.

Fall 22: Robert Witzel:
Der am 18. März 1906 geborene Robert Witzel trieb sich mit seinem Freunde, dem Zeugen Kahlmeyer, häufig an den Treffpunkten Homosexueller, insbesondere am Hauptbahnhofe in Hannover und beim Café Kröpke herum. Dort haben die beiden, und der Zeuge Willi Witzel, Bruder des Robert Witzel, Haarmann kennengelernt, der sie unter Anerbieten von Geld aufforderte, mit ihm geschlechtlich zu verkehren. Am 26. April 1924 erbat Willi Witzel von seiner Mutter 50 Pfge, um den Zirkus zu besuchen. Er zog sich einen guten Rock und Weste an, und entfernte sich dann auch; seitdem ist er vermisst. Am 25. April 1924 hatte Robert Witzel dem Kahlmeyer erzählt, er sei für den nächsten Tag von Haarmann zum Zirkusbesuch eingeladen, und zwar wolle er sich mit Haarmann um 4 Uhr nachmittags am Café Kröpke treffen.

Auf die seitens des Vaters Witzel an Kahlmeyer gerichtete Frage nach dem Verbleib des Robert Witzel hat Kahlmeyer zunächst geantwortet, er würde wohl in Berlin oder Hamburg sein. Als später der Vater des Vermissten die von Kahlmeyer erbetene Leihe eines Fahrrades von der Angabe des Verbleibs des Robert Witzel abhängig machte, räumte Kahlmeyer zögernd ein, der Vermisste sei mit einem »Kriminal« zum Zirkus gewesen. Haarmann hatte dem Kahlmeyer und den Brüdern Witzel gedroht, er werde sie »verschütt« gehen lassen, falls sie etwas sagten. Die Eltern des Vermissten und sein Bruder Willi haben unter den Asservaten folgende Sachen als dem Vermissten gehörig erkannt:

1) ein grau-weisskariertes Jacket mit Weste, an der Ausbesserung des Aermelfutters und daran, dass der Stoff zu demjenigen der zurückgebliebenen Hose passt, 2) ein Paar Stutzen und eine Kniehose aus Cord, letztere kenntlich, weil von dem Vermissten selbst bis zum ersten Knopfloch mit feldgrauem Garn zugenäht, 3) ein weicher Umlegekragen, weiss mit grünen Streifen, mit den Wäschezeichen »297« versehen, 4) einen Hausschlüssel, der zu dem Hause der Eltern passt, 5) ein Paar alte Schnürstiefel, die durch einen Schnitt im Oberleder des linken Stiefels und an aufgenähten Sohlen aus einem Gewebe von gummiertem Filz kenntlich sind.

Die Jacke und Weste hat Haarmann gegen Ostern 1924 an Theodor Hartmann für 5 M verkauft. Die Stiefel hat er dem Lithographen Topp geschenkt. Die Kniehose und Stutzen hat Theodor Hartmann in Haarmann's Auftrage an den Arbeiter Schattauer verkauft. Der Kragen und der Hausschlüssel sind in Haarmann's Wohnung beschlagnahmt worden. Schattauer hat in der Hose eine auf »Witzel« lautende Ausweiskarte der Excelsior-Werke gefunden. Eine solche Karte hat Robert Witzel, der bei den Excelsior-Werken gearbeitet hatte, bei seinem Verschwinden bei sich gehabt. Einer der asservierten Schädel hat mit Rillen versehene Schneidezähne und ein Loch in einem Backenzahn. Robert Witzel hat gerillte Schneidezähne gehabt, er ist auch beim Zahnarzt gewesen, um sich einen Backenzahn plombieren zu lassen. Der Zahnarzt hat den Zahn ausgebohrt, eine Plombe ist jedoch nicht hineingesetzt worden, weil Robert Witzel zu dem Zahnarzt nicht zurückgekehrt ist. Wenn nun gerillte Zähne auch keine allzugrosse Seltenheit sind, so erachtet das Gericht angesichts des weiteren Merkmales der Zahnbohrung die Ueberzeugung der Eltern, dass der vorliegende Schädel der des Vermissten sei, für gerechtfertigt.

Fall 23: Heinz Martin:
Der am 30. Dezember 1909 geborene und bei seiner in Chemnitz wohnenden Mutter wohnhafte Heinz Martin beklagte sich Freunden gegenüber, dass seine Mutter ihn streng behandele und ihn zur Verrichtung allerlei häuslicher Arbeiten anhalte. Anfang Mai 1924 nahm er die ihm zur Konfirmation gemachten Geldgeschenke, im ganzen 32 M, mit dem Vorgeben an sich, er wolle sie seinen Freunden zeigen. Als seine Mutter dann das Geld zurückverlangte, erklärte er ihr am 8. Mai 1924, das Geld befinde sich im Werkzeugkasten in der Fabrik. Seine Mutter stellte ihm die Nachprüfung dieser Angabe für den nächsten Tag in Aussicht. Am 9. Mai 1924 hat Heinz Martin nachmittags 2 Uhr seine Arbeitsstelle mit der unwahren Begründung verlassen, er wolle zu der am 10. Mai 1924 in Leipzig stattfindenden Beerdigung seiner Grossmutter fahren. Seitdem ist er vermisst. Er hat wiederholt die Ansicht geäussert, auf ein Schiff zu gehen, nachdem er in den grossen Schulferien 1921 und 1922 mit einer Anzahl von Mitschülern zur Erholung in Wremen bei Bremerhaven gewesen war. Es ist daher die Vermutung gerechtfertigt, dass er sich nach der See zu entfernt hat. Da jedoch seine Mutter später 20 M von dem Konfirmationsgeld gefunden hat, und er weitere als die 32 M nicht besass, so reichten seine Mittel zur Bestreitung der Reise nach Hamburg oder Bremen nicht aus, während er nach Hannover hat gelangen können.

Unter den asservierten Sachen hat die Mutter des Heinz Martin eine blaue Sportmütze mit dem Zeichen H.M., eine blaue leinene Schlosserjacke, ein weiss-rot gehäkeltes Hemd, und eine braune, grau-gefütterte Jacke erkannt. Die Mütze ist bei Haarmann beschlagnahmt, er behauptet, sie schon seit etwa Weihnachten 1922 im Besitz zu haben. Da er aber die sämtlichen übrigen oben erwähnten Sachen des Heinz Martin Anfang Juni 1924 der Zeugin Dorbrunz geschenkt, sich also im Besitze derselben befunden hat, vermag seine Angabe, die Behauptung der Zeugin Martin, dass die in Frage kommende Mütze die des Heinz Martin sei, nicht zu erschüttern. Haarmann sagt hier deshalb die Unwahrheit, weil er die Mütze, wie er selbst einräumt und die Zeugin Frau Engel bestätigt, getragen hat, und weil er den Schein vermeiden will, als habe er getötet, um in Besitz der Kleider zu gelangen.

Da Haarmann alsbald nach dem Verschwinden des Heinz Martin im Besitze der Sachen desselben gewesen sei, so ist die oben begründete Vermutung, dass Martin nach Hannover gefahren ist, zum Beweise verdichtet, und das Gericht erachtet das Geständnis des Haarmann, den Martin getötet zu haben, für wahrheitsgemäss.

Fall 24: Fritz Wittig:
Der am 25. November 1906 geborene Kaufmann (Reisende) Fritz Wittig, Sohn des Zeugen Kesselschmied Fritz Wittig in Cassel, ein leichtsinnig veranlagter, grosser, junger Mann, entfernte sich am 27. April 1924 aus dem Elternhause. Er fuhr nach Hannover und übernachtete in der Nacht zum 28. April 1924 in der Gastwirtschaft von Dissmer in der Heiligerstrasse. Am 30. April 1924 war er in der Süsswaren-Grosshandlung von Karl Zwanzig, wurde dort auch als Reisender angestellt, und trat die Stelle am 1. Mai 1924 an. Bei sich hatte er einen schwarzen Koffer. Am 2. Mai erschien er wieder bei Zwanzig und teilte mit, dass er nichts habe verkaufen können. Die Muster liess er da, weil er zum Besuch seiner angeblich schwer erkrankten Mutter nach Hause fahren müsse, eine Angabe, die sich als unwahr herausgestellt hat. Er liess sich auch sein Lehrzeugnis zurückgeben. Am Abend des 3. Mai 1924, einem Sonnabend, erschien er wieder bei Zwanzig und erklärte, dass er am Montag noch einmal versuchen wolle, Waren zu verkaufen. Den schwarzen Koffer und sein Lehrzeugnis hatte er nicht mehr bei sich. Am Montag, den 5. Mai 1924 stellte ihm Zwanzig eine umfangreiche Musterauswahl zusammen und übergab ihm hierzu seinen eigenen Koffer, sowie ferner einen flachen schwarzen Koffer mit einer Anzahl Mustergläser. Wittig entfernte sich mit den beiden Koffern und kehrte nicht wieder zu Zwanzig zurück. Er fuhr nach Bielefeld, jedenfalls lernte ihn dort der Zeuge Brinkmann kennen, und mit diesem Zeugen zusammen begab er sich nach Hannover zurück. Das letzte Lebenszeichen, das seine Eltern von ihm erhielten, war eine, mit dem Bahnpoststempel Hannover – Bebra am 14. Mai 1924 abgestempelte Postkarte.

In Hannover lernte Wittig den Angeklagten Haarmann in der Nähe des Café Kröpke kennen. Dort stand Haarmann zusammen mit dem Zeugen Richard Ruth, und dieser wurde von dem, ihm damals noch unbekannten Wittig um Feuer für seine Zigarette gebeten. Ruth und Wittig kamen miteinander ins Gespräch, Wittig erzählte dem Ruth, er sei arbeits- und obdachlos, und fragte, ob Ruth ihn nicht mitnehmen könne. Dieser erwiderte, das könne er wohl machen. Währenddessen war Haarmann fortgegangen, kam aber bald mit Grans zusammen zurück. Grans hatte ebenfalls den gutgekleideten Wittig bemerkt und sagte zu Haarmann, er müsse unbedingt den Anzug dieses jungen Mannes haben, da sein eigener an den Aermeln entzwei gehe. Haarmann und Grans traten dann auf die beiden zu und einer von ihnen, wahrscheinlich Haarmann, begann das Gespräch. Grans forderte alle auf mitzukommen und ein Glas Bier zu trinken. Die vier gingen nach der Gastwirtschaft »Alte Reichsbank« in der Packhofstrasse, wo sie mehrere Runden Bier und Schnaps tranken. Grans forderte immer von neuem zum Trinken auf, während Haarmann zur Mässigung mahnte. Nach Eintritt der Polizeistunde gingen sie fort. Ruth kam von den anderen ab, da ein Mädchen ihm den Hut vom Kopfe schlug. Er holte die anderen erst am Bahnhof wieder ein und traf, nachdem er dort ein Bedürfnis verrichtet hatte, nur noch Haarmann an. Auf seine Frage, wo die anderen geblieben seien, erwiderte Haarmann, der junge Mann sei mit Grans fortgegangen. Ruth meinte darauf, soviel er wisse, sei Grans doch gar nicht so, d. h. homosexuell veranlagt, und Haarmann sagte nun: »Jedenfalls hat Grans einen Bock auf ihn«. Ruth und Haarmann gingen dann noch zusammen ein oder zwei Mal die Bahnhofshalle auf und nieder, darauf verabschiedete Haarmann sich und ging auch sogleich nach Hause. Unterwegs gesellte sich Grans mit Wittig wieder zu ihm, und auf das Drängen von Grans nahm Haarmann den Wittig mit in seine Wohnung. Hier erzählte dieser, dass Grans ihm zugeredet habe, mit Haarmann zu gehen, er habe ihm auch gesagt, Haarmann wäre gut, bei dem bekäme er auch zu essen. Deswegen sei er auch nicht mit Richard Ruth gegangen. Haarmann onanierte dann mit Wittig und bemerkte dabei, dass dessen rechter Arm und rechte Hand etwas verkümmert waren, sodass er mit diesen nicht onanieren konnte. Dadurch wurde seine Misstimmung gegen Wittig (dieser war ihm zu »frech«) noch mehr gesteigert. Er hatte ohnehin an ihm keinen rechten Gefallen gefunden, ihn nur auf Drängen von Grans mitgenommen, und schickte ihn deswegen am nächsten Morgen fort. Bald darauf kam Grans zu Haarmann und sagte: Der Bengel lebt ja noch, ich kann doch mit dem Zeug nicht so laufen, der Bengel kostet ja doch so viel. Haarmann erwiderte: »Mensch, ich mag ihn doch nicht leiden.« Darauf meinte Grans: »Das kann man doch eher mit einem machen, den man nicht lieb hat.« In den nächsten Tagen kam Wittig dann noch mehrfach zu Haarmann, wo er auch übernachtete, immer wieder von Grans geschickt. Einmal und zwar zuvor des Nachts passten beide, Wittig und Grans vor der Wohnung Haarmann's auf, und als sie dort Licht sahen, riefen beide solange hinauf, dass Haarmann schliesslich den Hausschlüssel hinunterwarf, damit die Leute durch das Rufen nicht aufmerksam würden. Haarmann fand jedoch keinerlei Gefallen an Wittig in geschlechtlicher Hinsicht und schickte ihn regelmässig wieder fort. Grans dagegen drängte Haarmann immer auf's neue, er müsse auf jeden Fall den Anzug haben, er könne sich in seinem alten Anzug zu Pfingsten nicht sehen lassen. Haarmann sagte schliesslich zu der Frau Engel, wenn der junge Mann (Wittig) wiederkäme, solle sie ihm sagen, er, Haarmann, wäre nicht zu Hause. Er hatte der Frau Engel den Wittig als Verwandten von Grans vorgestellt. Grans dagegen hatte ihr auf ihre Frage gesagt, er kenne ihn nicht. Sie hatte dies Haarmann vorgehalten, er hätte ihr etwas vorgeschwindelt. Haarmann hatte darauf nichts erwidert, sondern nur gelacht. Frau Engel hatte auch Wittig zusammen mit Grans in dem Zimmer Haarmann's gesehen. Als Wittig nun wieder erschien und nach Haarmann fragte, erklärte ihm Frau Engel, Haarmann sei nicht zu Hause. Tatsächlich war er jedoch in seinem Zimmer. Wittig entfernte sich, kam mittags zurück und fragte erneut nach Haarmann. Dieser war jetzt nicht zu Hause, hatte aber für Wittig einen Zettel zurückgelassen, den Frau Engel diesem übergab. Wittig las ihn und kam dabei mit Frau Engel ins Gespräch. Er erzählte ihr, er würde jetzt nach Hamburg fahren, er habe auf der Deutschen Werft Arbeit gefunden. Frau Engel warnte ihn noch vor Hamburg und sagte ihm, dass sie dort eine Werft dieses Namens nicht kenne. Wittig ging fort, kam aber Abends mit Grans zusammen zurück. Beide fragten wieder nach Haarmann. Dieser befand sich gerade in der Engel'schen Küche und wollte sich in der Speisekammer verstecken, wurde aber von beiden bemerkt. Grans redete dem Haarmann erneut zu, den Wittig bei sich aufzunehmen, Haarmann lehnte dies aber ab, der Junge käme ihm zu teuer. Darauf sagte Grans so laut, dass Frau Engel es hörte: »Gib ihm doch 5 M und lass' ihn laufen.« Haarmann, Grans und Wittig gingen dann zusammen in Haarmann's Zimmer. Auf Drängen von Grans behielt Haarmann den Wittig die Nacht über bei sich und tötete ihn in der angegebenen Weise. Bestimmt dazu war er durch das fortwährende Drängen von Grans, er müsse den Anzug haben.

Wahrscheinlich während dieser Tage bemerkte der Zeuge Brinkmann, dass Haarmann, den er für einen Kriminalbeamten hielt, den Wittig ansprach und zu einem Glase Bier einlud. Brinkmann hat dann den Wittig noch mehrfach gesehen. Eines Tages sagte Haarmann zu ihm: »Ihr Freund (Wittig) ist verschütt gegangen!« Und auf die Frage Brinkmann's, was das bedeuten solle, sagte er, er mache nur Spass, er sei auf dem Raschplatz. Tatsächlich waren dort auch Wittig und Grans zusammen. Am anderen Morgen traf Brinkmann den Wittig noch einmal und ebenso nachmittags, Wittig erzählte ihm, dass Haarmann ihm gesagt habe, er solle hierbleiben, er werde hier Arbeit finden. Seitdem hat Brinkmann nichts mehr von Wittig gesehen.

Am Morgen nach der Tötung Wittigs war Haarmann gerade bei dem Zerstückeln der Leiche, als Grans bei ihm anklopfte. Haarmann, der ganz blutige Hände hatte, wusch sich diese notdürftig, trocknete den Fussboden ab und schob die Leiche, der er bereits die Beine abgetrennt hatte, so gut es ging unter das Bett, unter dem bereits ein oder auch zwei Koffer standen. Dann öffnete er die Tür. Grans sagte: »Was riecht denn hier so schlecht«, und gleich darauf: »Wo ist denn das Zeug?« Als Haarmann sagte, der Wittig ist nicht mehr da, begann er sogleich zu suchen. Hierbei sah er den am Fussende des Bettes stehenden Eimer mit samt dem blutigen Inhalt. Er sah auch die unter das Bett geschobene Leiche des Wittig, obwohl Haarmann sich davor stellte und ihm sagte: »Lass das.« Er gab ihm dann den Schlüssel zu der, von dem Zimmermann Hannappel (Fall 13) stammenden Kiste. Grans entnahm dieser den Anzug von Wittig, den Haarmann hineingelegt hatte, fiel Haarmann um den Hals, küsste ihn und sagte: »Fritz, du bist doch der Beste, auf dich kann ich mich immer verlassen.« Haarmann sagte ihm nun, er habe mit Wittig 40 M Unkosten gehabt und verlangte diese von Grans ersetzt. Grans wollte aber nur die Hälfte zahlen und Haarmann war damit einverstanden, verlangte aber sofortige Bezahlung, da er fürchtete, Grans werde ihn, wie so oft, um das Geld bringen. Grans besass jedoch nur 6 M, die er auch sofort bezahlte. Haarmann wollte ihm deswegen den Anzug nur geben, wenn Grans sich verpflichtete, bis zum Abend zu zahlen, oder den Anzug zurückzugeben. Um sich zu sichern, schrieb Haarmann einen Zettel folgenden Inhalts: »Gebe hiermit Herrn Hans Grans einen grauen Anzug in Kommission, selbiger muss bis Sonntagabend, den 26. Mai 1924 wieder in meinen Händen sein, widrigenfalls 40 Goldmark bis zum 26. Mai 1924 zu zahlen sind. Hannover, den 26. Mai 1924.« Auf Zureden von Grans änderte Haarmann dann die Zahl 40 in 20 und schrieb die Zahl 20 in Buchstaben. Bei diesen Verhandlungen sagte Grans zu Haarmann, als er nur 20 M zahlen wollte: »Da liege ich doch auch mit drinn, wir machen doch zusammen Kippe.« Nach dem Verbleib Wittigs fragte Grans nicht, als er sich den Anzug von Haarmann geben liess. Dieser Anzug wurde bei Grans beschlagnahmt, der Zeuge Schad erkennt ihn an Machart, Farbe und den durchgenähten Knöpfen wieder. Bei Haarmann wurde bei dessen Verhaftung ein in rotes Leder gebundenes Notizbuch aufgefunden, das dem getöteten Wittig gehört hat. Wittig hatte in dem Kalender dieses Buches die Tage bis zum 23. Mai 1924 durchstrichen, muss also den 24. Mai noch erlebt haben. Das Datum 26. Mai auf dem erwähnten, von Haarmann geschriebenen Zettel ist am Morgen nach der Tötung Wittigs angefertigt. Wittig ist danach in der Nacht zum 26. Mai 1924 getötet.

Grans war in den Tagen, in denen Wittig bei Haarmann war, sehr häufig zu Haarmann gekommen, sodass dies der Frau Engel aufgefallen war. Er befand sich auch zu jener Zeit (um Pfingsten herum) in abgerissenem Zustand und hatte nur schlechte Kleidung, wie die Zeugin Frau Krohne bekundet.

Dieser Sachverhalt ist im wesentlichen festgestellt auf Grund der Angaben Haarmann's und der Aussagen der genannten Zeugen. Die Darstellung von Grans ist wesentlich anders. Danach hat Haarmann zu ihm bei Kröpke abends gegen 11 Uhr mit Bezug auf den ihm bis dahin unbekannten Wittig gesagt, »da sei ein junger Mann, auf den habe er einen Bock.« Haarmann habe den Wittig angesprochen, dann seien sie in die »alte Reichsbank« gegangen und hätten dort einige Runden Bier und Schnaps ausgeknobelt. Er, Grans, habe nur zum fortgesetzten Knobeln aufgefordert, aber nicht zum Trinken animiert. Nachher seien sie zum Bahnhof gegangen. Wittig habe wohl bei Haarmann übernachtet, dies sei aber nicht auf seine, Grans, Veranlassung geschehen. Er habe auch nicht den Haarmann gedrängt, den Wittig bei sich aufzunehmen und ihm den Anzug zu verschaffen. Allerdings habe er Anfang Mai zu Haarmann gesagt, er brauche einen neuen Anzug. Zur Beschaffung dieses Anzuges habe er sich Geld von Haarmann leihen wollen. Haarmann habe ihm erwidert, er habe einen Anzug für ihn, der sei aber schon halb und halb an Engel's verkauft. Dieser ganze Vorgang habe sich aber nicht auf den Anzug Wittig's bezogen, er habe Wittig damals noch gar nicht gekannt. Wittig sei wohl 14 Tage bis 3 Wochen mit ihm und Haarmann zusammen gewesen. Die Darstellung Haarmann's über den Vorfall am Morgen des 26. Mai 1924 sei unwahr, er habe weder die Leiche gesehen, noch nach dem Anzuge gefragt. Haarmann habe ihm diesen angeboten, aber zuviel Geld verlangt. Er habe die 40 M nicht zahlen wollen, und Haarmann habe sich schliesslich mit 20 M einverstanden erklärt. Richtig sei, dass Haarmann ihm gegenüber den Wittig als frech bezeichnet habe, weil er versucht habe, ihn nachts zu veranlassen, die Tür zu öffnen, ferner auch, dass er mit Wittig zusammen nach Haarmann gekommen sei. Er sei aber nicht häufiger als sonst dort gewesen.

Diese Angaben sind durch das Zeugnis der erwähnten Personen widerlegt, das Gericht hält auch die Angaben Haarmann's aus den noch zu erörternden Gründen für richtig.

Fall 26: Friedrich Koch:
Der am 4. Mai 1908 geborene, in Hannover-Herrenhausen vor dem Fuhrenkamp 4 wohnhafte Schlosserlehrling Friedrich Koch fuhr regelmässig mit seinem Schulfreund Warnecke mit der Staatsbahn von Herrenhausen nach Hannover zur Arbeit. Wie Warnecke bekundet hat, zeigte Friedrich Koch ihm eines Morgens gegen Ende Mai 1924 einen Mann, den Warnecke als Haarmann wiedererkennt, und äusserte zu Warnecke, »das sei sein Freund«. Beide gingen dann auf Haarmann los, dem Koch den Warnecke vorstellte. Am 3. Juni 1924 ist Friedrich Koch mit den Zeugen Rubi und Böcker zu der Gewerbeschule durch die Burgstrasse in Hannover gegangen. Koch hatte in einer schwarzen Wachstuchtasche die Rechtschreibung von »Duden« bei sich. Am Tiefental schlug ihn ein Mann mit den Worten »kennst du mich nicht mehr« mit einem Spazierstock an das Bein. Koch blieb stehen und äusserte zu Haarmann – dieses war der betreffende Mann – »ach da bist du ja«. Als Rubi und Böcker sich nach Koch umsahen, ging dieser mit Haarmann ins Tiefental. Seitdem ist Koch verschwunden. In Haarmann's Wohnung ist ein Duden und eine schwarze Aktentasche beschlagnahmt. Der Duden trägt auf Seite 427 den Stempeldruck »Friedrich Koch Hannover-Herrenhausen, vor dem Fuhrenkamp 4«. Die bei den Asservaten befindliche Aktentasche haben die Zeugen Rubi und Böcker als diejenige anerkannt, welche Koch am 3. Juni 1924 bei sich hatte.

Fall 27: Erich de Vries:
Der am 17. März 1907 geborene Bäckergeselle Erich de Vries war in Celle tätig. Am 8. Juni 1924 ist er auf Urlaub zu seinen Eltern in Hannover gefahren. Er fand die Wohnung verschlossen, da seine Eltern einen Ausflug machten. Er begab sich zu seiner Tante de Vries in der Herschelstrasse, die ihm einen Schlüssel zur elterlichen Wohnung aushändigte. Die Eltern sind nachts um 12 Uhr zurückgekehrt und haben die Türkette vorgehängt. Erst am nächsten Morgen ist Erich de Vries bei ihnen erschienen. Er hat angegeben, er habe vergeblich geschellt und sei dann mit einem gleichaltrigen und mit einem älteren Mann durch die Lange Laube in die Altstadt spazieren gegangen. Am 10. Juni 1924 ging er mit seiner Schwester an die Ohe zum Baden, dort hat Haarmann ihn von un-

ten bis oben bemustert. Am 12. Juni 1924 sagte Erich de Vries seiner Stiefmutter, er habe einen Freund getroffen, der auch Bäckergeselle sei, mit diesem hätte er schon heute einen schönen Nachmittag haben können, wenn er nicht immer mit seiner Schwester zusammensein müsste; morgen wolle er mit dem »Freunde« ausgehen. Am 13. Juni 1924 hat Erich de Vries sich gegen 10 1/2 Uhr vormittags entfernt mit dem Vorgeben, er wolle wieder zum Baden gehen. Seitdem ist er vermisst. Unter den asservierten Sachen sind folgende von den Eltern und der Schwester des Erich de Vries als ihm gehörig bestimmt erkannt:

1) ein blauer Anzug, insbesondere kenntlich an einem kleinen Brandloch am linken Hosenbein, 2) ein Paar gestreifte Seidenflor Strümpfe, 3) ein von der Schwester ihm geschenktes Batisttaschentuch, 4) eine Brille mit starken in Nickel gefassten Gläsern im grauen Behälter, 5) ein zusammenklappbarer Taschenkamm von Elfenbein.

Den Anzug hat Haarmann einige Tage nach Pfingsten 1924 an den Händler Eichhorn verkauft. Die übrigen Sachen sind sämtlich in Haarmann's Wohnung Rote Reihe 2 beschlagnahmt. Haarmann hat angegeben, einige Teile der Leiche des Erich de Vries in den Georgengarten gebracht zu haben. Dort sind am 2. Juli 1924 in einem Teiche mehrere Menschenknochen gefunden worden, deren Gelenkflächen noch glitschig waren, die also noch nicht lange dort gelegen haben können und offenbar von Erich de Vries herstammen.

Aber nicht nur in diesen 21, von Haarmann zugestandenen, sondern auch in den folgenden 3 von ihm bestrittenen Fällen erachtet das Gericht seine Täterschaft für erwiesen.

Fall 5: Hans Sonnenfeld:
Der am 7. Juni 1904 geborene Hans Sonnenfeld trieb sich in Hannover, wo er bei seinen Eltern wohnte, viel herum. Als seine Eltern ihm darüber Vorhaltungen machten, kam er nur noch auf kurze Zeit nach Hause, und als seine Mutter ihm den Hausschlüssel entzog, blieb er Ende Mai oder Anfang Juni 1924 ganz fort. Schon vorher war er zu dem Zeugen Kaufmann Heinz Mohr, der ihn am Bahnhof kennenlernte, in homosexuelle Beziehungen getreten und mit diesem am 20. März 1923 nach Berlin und zurück nach Hannover gefahren. Nachher hat er sich von Mohr getrennt, da dieser seine geldlichen Ansprüche nicht mehr erfüllen konnte. Keiner der Zeugen hat Haarmann mit Sonnenfeld zusammen gesehen. Da sich Sonnenfeld aber ausweislich seiner Bekanntschaft

mit Mohr in homosexuellen Kreisen bewegt hat, die sich vorwiegend am Bahnhof und am Café Kröpke aufhielten, und da Mohr glaubwürdig bekundet hat, er habe Sonnenfeld am Bahnhof kennengelernt, so erachtet das Gericht für bewiesen, dass Sonnenfeld sich am Bahnhof häufiger aufgehalten hat. Da aber auch Haarmann beständig dort verkehrt hat, und selbst angibt, den Sonnenfeld schon seit etwa 2 Jahren gekannt zu haben, so ist festgestellt, dass die beiden zusammen gewesen sind. Nun haben die Eltern und die Schwester des Vermissten unter den asservierten Sachen folgende als ihm gehörig bestimmt erkannt:

1) ein Taschentuch, und zwar an blauen Punkten, an dem blauen, weisspunktiertem Rande und dem von der Mutter des Sonnenfeld hineingestickten Buchstaben H.S., 2) einen wollenen, hellgrünen-blauen Schal mit zwei schmalen und einem breiten Streifen an den Enden, 3) einen weissen Schlips mit grünen Querstreifen, der besonders daran erkenntlich ist, dass Schlipse dieser Art ausschliesslich für einen Sportverein angefertigt wurden, dem Sonnenfeld angehörte.

Diesen Schlips hat Haarmann im Herbst 1923 dem Zeugen Engel geschenkt. Den Schal hat er der Ehefrau Engel verkauft, und zwar, wie sie angibt, im Juli oder August 1924, vielleicht auch schon früher. Das Taschentuch hat Haarmann dem Grans überlassen und zwar nach Angabe des Grans im August 1923 oder erst Anfang 1924. Alles dies nimmt Haarmann nicht in Abrede. Dagegen leugnet er, den Mantel Sonnenfeld's, einen Schlüpfer, von der vorhandenen Probe gehabt oder getragen zu haben. Zwar habe er einen Schlüpfer getragen, diesen habe er aber schon im Jahre *1922* besessen und kurz vor Weihnachten *1923* dem Grans zum Verkauf übergeben, der ihn 3 bis 4 Tage getragen und dann an den Zeugen Algermissen veräussert habe. Demgegenüber hat das Schwurgericht auf Grund der Aussagen der Zeugen Mrutzek, Schulz, Weidemann, Frau Wegehenkel, ter Schmitten, Grote und Kleine festgestellt, dass Haarmann erst im Sommer 1923 einen Schlüpfer besessen und getragen hat, dass dieser Schlüpfer der des Sonnenfeld gewesen und Haarmann diese Tatsache dem Zeugen Grote gegenüber eingeräumt hat, indem er auf dessen Frage nach dem Erwerbe des Mantels angab, »er habe ihn von Sonnenfeld gekauft«.

Es ist ferner festgestellt, dass Haarmann diesen Mantel und die übrigen Sachen des Sonnenfeld im Wege der Tötung des Sonnenfeld erworben hat. Denn hätte er den Mantel von Sonnenfeld gekauft, so läge für ihn kein Grund vor, die von ihm dem Zeugen Grote gegenüber früher behauptete Erwerbsart jetzt in Abrede zu stellen. Hätte er ihn aber von einem Dritten erworben, so lag kein Grund vor, den Sonnenfeld als Vorbesitzer zu bezeichnen. Ausserdem müsste Haarmann in der Lage sein, nähere Angaben über Kauf und Verkäufer zu machen. Denn wenn er auch einen ausgedehnten Kleiderhandel gehabt hat, so kannte er doch den Sonnenfeld seit etwa 2 Jahren, und er kannte auch dessen Schlüpfer. Wäre dieser ihm also von dritter Seite angeboten worden, so hätte er ihn als den des Sonnenfeld erkannt. Überdies steht auf Grund der Aussage des Zeugen ter Schmitten fest, dass Sonnenfeld seine Sachen niemals zu veräussern pflegte. Die Annahme, dass Sonnenfeld nach Entfernung aus dem Elternhause in Not geraten und daher zu dem Verkauf des Mantels übergegangen sein könnte, wird durch die Erwägung widerlegt, dass er ausweislich des Falles Mohr die Kosten seines Lebensunterhaltes homosexuell veranlagten Männern abgenommen hat, und dass nicht ersichtlich ist, wie Sonnenfeld durch den Verkauf so geringfügiger Sachen wie des Schlipses, des Schals und des Taschentuchs seiner etwaigen Not hätte abhelfen wollen. Gerade die Tatsache, dass Haarmann auch diese kleinen Gegenstände besessen hat, lässt keinen Zweifel darüber aufkommen, dass er sie im Wege der Tötung des Sonnenfeld erworben hat.

Fall 17: Willi Senger:

Der am 8. Juli 1904 geborene, etwa 1,80 m grosse, besonders kräftige Willi Senger, trieb sich viel auf dem Bahnhof in Hannover und bei Café Kröpke herum. Er hat sich 5 bis 6 Tage vor der Einlieferung eines Onkels seiner Mutter in das Krankenhaus, nämlich am 7. Februar 1924, aus der elterlichen Wohnung in seinem besten Zeuge entfernt und wird seitdem vermisst. Etwa 2 Tage vor seinem Verschwinden hat er dem Zeugen Barkhoff gesagt, »er habe bei Haarmann geschlafen und Stangenwürste gegessen, er wolle sich mit Haarmann wieder treffen, dieser habe versprochen, ihm ein Paar neue Schuhe zu kaufen«. Haarmann räumt ein, den Senger seit Jahren gekannt zu haben. Er behauptet aber, sich mit ihm und dem mit Senger befreundeten Zeugen Barkhoff niemals eingelassen zu haben, da beide ihm zu robust und zu gewalttätig gewesen seien, und Senger ihn ausgenommen haben würde, wenn er sich mit ihm eingelassen hätte. Es ist jedoch auf Grund der Aussagen des Zeugen Barkhoff festgestellt, dass Haarmann wiederholt, und zwar im Januar 1924, also kurz vor dem Verschwinden des Senger, mit diesem gesprochen, und dass Haarmann auch den Zeugen Barkhoff angesprochen und sich nach seinem Ergehen erkundigt hat.

Nach dem Verschwinden Sengers hat Barkhoff Haarmann nach dem Verbleiben Sengers gefragt, Haarmann hat geantwortet, er kenne Senger nicht. Haarmann will die Tatsache, dass er diese Antwort gegeben hat, damit erklären, dass ihm nur der Vorname, nicht auch der Familienname Sengers bekannt gewesen sei. Es steht jedoch fest, dass Haarmann vor dem Verschwinden Sengers zu Barkhoff gesagt hat, er habe ihn oft mit »Senger« verwechselt. Er hat also schon damals den Familiennamen Sengers gekannt.

Ferner behauptet Haarmann, er könne Senger schon deshalb nicht getötet haben, weil er, Haarmann, bei einer nächtlichen Schlägerei am Kopfe schwer verletzt worden sei und ein Fingerglied verloren habe. Die Schlägerei hat in der Nacht vom 11. zum 12. Februar 1924, also 8 bis 10 Tage nach dem Verschwinden Sengers stattgefunden. Die von Haarmann dabei erlittenen Verletzungen hätten also nur dann ein Hinderniss für die Tötung des Senger gewesen sein können, wenn Senger frühestens am 12. Februar 1924 getötet worden wäre. Haarmann will dies als möglich hinstellen, indem er behauptet, er habe den Mantel Sengers erst nach der Schlägerei erworben. Diese Behauptung ist jedoch durch die mit den Angaben Grans sich deckende Aussage der Zeugin Engel, Haarmann habe den Mantel Sengers *bei* der Schlägerei getragen, widerlegt.

Haarmann hat den Mantel Sengers nicht nur vor der Schlägerei besessen, sondern er hat ihn schon mehrere Tage vorher gehabt. Denn die Zeugin Engel hat den Mantel Sengers auf Haarmann's Wunsch durch Entfernung des Rückenriegels abgeändert. Das erforderte Zeit. Ferner behauptete Haarmann, er müsse den Mantel »wohl am Bahnhofe« gekauft haben. Diese Angabe ist ebenso unrichtig wie die vorhergehende Behauptung. Denn wenn Haarmann auch einen umfangreichen Kleiderhandel betrieben hat, so bildete doch der Handel mit guten Mänteln nur einen ganz geringen Teil desselben. Und da ferner feststeht, dass Haarmann die von ihm selbst benutzten Mäntel regelmässig lange Zeit getragen hat, so hat die Herkunft eines Mantels, der so gut war, dass er ihn selbst trug, sich seinem Gedächtnis eingeprägt. Zumal sein Erinnerungsvermögen ein ganz besonders gutes ist. Hätte also Haarmann den Mantel gekauft, so wäre er imstande, wenigstens den Ort zu bezeichnen und die Personen zu beschreiben, von welchen er den Mantel erworben hatte. Wenn er statt dessen behauptet, »er müsse den Mantel wohl am Bahnhofe gekauft haben«, so ist das daher als unwahr anzusehen. Und da endlich nicht nur der Mantel Sengers, dessen Identität mit dem von Haarmann getragenen Mantel durch die Eltern des Senger, die Zeugin Engel und den abgetrennten Riegelknopf festgestellt ist, sondern auch der von Senger zur Zeit seines Verschwindens getragene Schlips in der Wohnung Haarmann's gefunden und von den Eltern erkannt ist, so könnte ein Zweifel daran, dass Haarmann den Senger getötet hat, nur noch angesichts der überlegenen Körperkräfte des Senger aufkommen. Aber dieser Zweifel wäre nur dann begründet, wenn Haarmann in jedem Falle durch den Biss in den Kehlkopf getötet hätte, das ist jedoch nicht der Fall: Die Möglichkeit, durch Zerbeissen der in Frage kommenden Nerven zu töten, setzt anatomische Kenntnisse voraus, deren Besitz bei Haarmann nicht anzunehmen ist. Und selbst wenn er sie besitzen sollte, würde er den Biss nicht mit der Sicherheit auszuführen vermocht haben, dass er in all' den 24 Fällen niemals fehl ging. Wäre er fehl gegangen, so würde ein Kampf zwischen Haarmann und seinem Opfer die Folge gewesen sein. Dass aber auch nur eins derselben sich ernstlich gewehrt habe, hat Haarmann nicht nur nicht behauptet, sondern in Abrede gestellt, und die Beweisaufnahme hat in dieser Hinsicht nichts Gegenteiliges ergeben. Das Gericht stellt daher fest, dass Haarmann mindestens nicht in allen Fällen die von ihm behauptete Tötungsart angewendet hat. Sind aber andere Tötungsmöglichkeiten gegeben, so steht die Körperkraft des Senger der Feststellung nicht entgegen, dass Haarmann Senger getötet hat.

Fall 25: Friedrich Abeling:
Der am 14. Dezember 1913 geborene Schüler Friedrich Abeling, ein grosser schlanker, auffallend hübscher Junge, dessen volles dunkelblondes Haar zur sogenannten Ponyfrisur geschnitten war, hat sich am 26. Mai 1924 morgens so zeitig aus dem Elternhaus begeben, dass er rechtzeitig in der Schule eintreffen konnte. Er ist dann zurückgekehrt mit der Behauptung, der Lehrer wolle mit der Klasse einen Ausflug machen. Seine Mutter hat ihm darauf 20 Pfge gegeben. Friedrich Abeling hat sich entfernt in Hose, Hemd mit Kragen und darüber gezogenen Swaeter. Seitdem wird er vermisst. Es steht fest, dass die Klasse, welcher Friedrich Abeling angehörte, am 26. Mai 1924 keinen Ausflug gemacht, und Friedrich Abeling sich überhaupt nicht zur Schule begeben hat.

Der Vermisste hat seine Mutter oft vom Bahnhof in Hannover abgeholt und auch dort mit anderen Kindern spielend sich aufgehalten. Dass Knaben im schätzungsweisen Alter von 12 Jahren auf dem Bahnhof mit Haarmann zusammen gewesen sind, steht auf Grund der Aussage der Zeugin Fobbe fest. Es ist daher anzunehmen, dass auch Friedrich Abeling sich unter diesen befunden hat, denn nach seiner Grösse konnte er als zwölfjährig gelten. Diese Annahme ist durch die Aussage der neben Haarmann im gleichen Stockwerk im Hause Rote Reihe 2 wohnenden Zeugin Linderer bestätigt, welche bekundet: »Sie sei am 5. oder 6. Mai 1924 nach Düsseldorf gefahren; etwa 8 bis 10 Tage vorher habe eines Mittags ein wie ein Mädchen aussehender, auffallend hübscher Schuljunge mit vollem dunklen Haar mit Ponnyfrisur ohne Kopfbedeckung bei ihr nach Haarmann gefragt.« Auf ihre Antwort: »Kind geh' nach Haus, der Onkel will nichts Gescheites von dir« sei der Junge errötend weggegangen.

Das Gericht stellt fest, dass dieser Junge Friedrich Abeling gewesen ist und Haarmann zu ihm in Beziehungen gestanden hat.

Unter den Asservaten haben die Eltern des Friedrich Abeling einen Sweater als den erkannt, den er bei seiner Entfernung getragen hat. Diesen Sweater hat Haarmann Ende Mai oder Anfang Juni 1924 der Frau Engel angeboten und dann an Grans verkauft. Er glaubt angeblich, ihn als Zugabe beim Kaufe eines Mantels erhalten zu haben. Diese Angabe ist unrichtig. Der Sweater war in gutem Zustande und daher für den *Alt*handel mit Kleidern keine Sache, die der Händler als wertlos angesehen und daher verschenkt hätte. Jedenfalls wäre eine Schenkung desselben so ungewöhnlich gewesen, dass Haarmann bei seinem ausgezeichneten Gedächtnis in der Lage sein müsste, den Mantel zu bezeichnen, mit welchem er den Sweater erhalten haben will. Zur Bezeichnung desselben ist er jedoch nicht in der Lage. Das Gericht ist daher auch davon überzeugt, dass der von Haarmann behauptete Erwerb unzutreffend ist. Und da Haarmann ferner bestreitet, den Friedrich Abeling zu kennen, obgleich das Gegenteil feststeht, so stellt das Schwurgericht ferner fest, dass Haarmann den Sweater unmittelbar von Friedrich Abeling erworben hat. Der Erwerb aber ist im Wege der Tötung erfolgt. Denn dass Friedrich Abeling tot ist, kann bei der langen Dauer, der seit seinem Verschwinden verstrichenen Zeit nicht zweifelhaft sein, und wird bewiesen durch den bei den Asservaten befindlichen Schädel. Auf diesen passt die Mütze des Friedrich Abeling, und da ein Eckzahn in der gleichen Weise vorsteht wie ein Eckzahn im Gebiss des Friedrich Abeling vorgestanden hat, so hat das Gericht die Identität des Schädels festgestellt. Nach alledem erachtet das Gericht für bewiesen, dass Haarmann den Friedrich Abeling getötet hat. Sein Leugnen ist lediglich der Ausdruck des Wunsches als ein Opfer seiner perversen Gefühle und als ein Mann zu erscheinen, der sich an *Kindern* nicht vergreift. Vielleicht hat er aber in diesem Falle noch den besonderen Grund, dass der asservierte Schädel des Friedrich Abeling am Hinterkopfe angebohrt ist, sodass der Gedanke einer Verwendung des Gehirns aufzukommen vermag.

Während in den vorgenannten 24 Fällen das Schwurgericht die Täterschaft Haarmann's für feststehend erachtet, ist es in den nachfolgenden 3 Fällen aus Mangel an ausreichenden Beweisen zur Freisprechung gelangt.

Fall 11: Hermann Wolf:
Der am 9. Juni 1908 geborene Hermann Wolf aus Hannover wird seit Oktober 1923 vermisst. In Haarmann's Wohnung sind 4 Stoffreste in der Grösse von Gesässflicken beschlagnahmt worden, welche die Eltern des Vermissten an den Nähten und an einem aufgesetzten Riegel mit Bestimmtheit als Teile eines von dem Vermissten getragenen, blaugefärbten Militärmantels erkannt haben. Haarmann behauptet, diese Stoffreste von Frau Stiller erhalten zu haben. Diese Behauptung ist jedoch durch die eidliche Aussage der Frau Stiller widerlegt, welche bekundet, nicht sie habe dem Haarmann die Flicken gegeben, sondern er habe sie ihr im Frühjahr 1924 etwa Ostern mit einem von ihm getragenen blauen Anzug zum Kauf angeboten. Hermann Wolf hat sich wiederholt auf dem Hauptbahnhof in Hannover aufgehalten, er hat auch seinen Eltern erzählt, er habe auf dem Bahnhofe einen »Kriminal« kennengelernt, der ihm gesagt habe, er müsse ein von ihm, dem Wolf, belauschtes Gespräch der Polizei anzeigen, dann bekäme er eine Belohnung.

Demnach ist Haarmann der Tötung des Hermann Wolf dringend verdächtig. Aber die Ueberzeugung von seiner Täterschaft hat das Schwurgericht nicht zu gewinnen vermocht. Denn angesichts der Kleinheit und Wertlosigkeit der Flicken ist die Möglichkeit, dass Haarmann sie bei irgend einem Kleiderkaufe als Zugabe, oder auch versehentlich erhalten hat, nicht ausgeschlossen. Diese Möglichkeit ist umsomehr gegeben, als Haarmann die Flicken erst gegen Ostern 1924 der Zeugin Stiller angeboten hat, sodass nicht festgestellt werden kann, dass er sie schon früher als ein halbes Jahr nach dem Verschwinden des Hermann Wolf im Besitz gehabt hat. Ferner haben die Eltern und der Bruder des Wolf früher angegeben, Hermann Wolf sei seit dem *25.* Oktober 1923 verschwunden, in der Hauptverhandlung dagegen haben sie als Tag des Verschwindens den *24.* Oktober 1923 bezeichnet. Die Möglichkeit, dass ihnen hier ein Irrtum unterläuft, mithin doch der 25. Oktober 1923 in Frage kommt, ist nicht als ausgeschlossen anzusehen. Der 25. Oktober ist der Geburtstag

Haarmann's. Unwiderlegt und unter Bestätigung seitens der Zeugin Engel hat er behauptet, er sei an diesen und den folgenden Tagen ständig betrunken gewesen. Da nun Haarmann ferner unwiderlegt behauptet, dass er im alkoholischen Zustande sich nicht homosexuell betätigte, so ist die Möglichkeit, dass Haarmann den Wolf nicht mitgenommen und daher auch nicht getötet hat, nicht ausgeschlossen.

Fall 14: Adolf Hennies:
Der am 10. November 1904 geborene Adolf Hennies hatte seine Arbeitsstelle bei der Firma Fritz Ahrberg in Hannover verloren und handelte am Bahnhofe mit Kleidern. Am 6. Dezember 1923 hat er sich gegen 7 Uhr abends von seiner Mutter entfernt und dann seinen Freund Ernst Franke vergeblich aufgefordert, mit ihm ins Kino zu gehen. Seitdem wird er vermisst. Sein Mantel ist in Haarmanns Besitz gewesen und von der Mutter des Vermissten und der Zeugin Jänicke unter den Asservaten erkannt. Grans hat diesen Mantel mit anderen Knöpfen versehen. Haarmann hat zunächst behauptet, er habe den Mantel in der Wirtschaft von Niclas gekauft. In der Hauptverhandlung hat er Grans und den Händler Wittkowski der Tötung des Hennies beschuldigt mit der Angabe, er habe den beiden eines Abends sein Zimmer im Hause Rote Reihe 2 zu einer Zecherei mit Hennies überlassen; als er am nächsten Morgen in seine Wohnung gekommen sei, habe Hennies tot dagelegen. Auf seine erstaunte Frage, wo die Leiche herkomme, hätten Grans und Wittkowski ihm geantwortet: »Das habe doch er, Haarmannn gemacht.« Kann demnach zwar als bewiesen angesehen werden, dass Hennies getötet worden ist, so steht doch die Täterschaft Haarmann's nicht ausser Zweifel.

Fall 20: Hermann Bock:
Der am 20. Dezember 1901 geborene Hermann Bock wird seit Mitte April 1924 vermisst. Früher hat er in der Regel alle 4 bis 5 Wochen, manchmal aber auch mit längerer Unterbrechung seiner in Uelzen wohnhaften Mutter geschrieben. Seit Mitte April 1924 fehlt jedoch jede Nachricht. Bock trieb sich viel in der Altstadt und auf dem Hauptbahnhof in Hannover herum. Er handelte dort mit Kleidern und verkaufte auch die Sachen, welche er selbst trug. Er war mit Haarmann bekannt. Haarmann hat dem Zeugen Siegert erzählt, er habe mit Bock geschlechtlich verkehrt. Dem Zeugen Kahmann hat Bock gesagt, er schliefe bei »Fritze«. Kahmann hat Haarmann und Bock häufig zusammen gesehen, insbesondere noch acht Tage kurz vor dem Verschwinden des Bock.

Auch der Zeuge Ulawsky hat Haarmann und Bock noch etwa 14 Tage vor Ostern 1924 zusammen gesehen. Damals trug Bock den bei den Asservaten befindlichen und von der Mutter des Bock, sowie den Zeugen Ulawsky, Siegert und Kirchhof als dem Bock gehörig erkannten Anzug, in welchem Haarmann festgenommen ist. Haarmann hat den Anzug bei dem Zeugen Schneidermeister Knaak abändern lassen, und zwar hat er ihn eine Woche vor Ostern, also am 20. April 1924, zu diesem Zeugen gebracht. Da Haarmann ferner die von dem Zeugen Siegert und der Mutter des Bock als dem Bock gehörig erkannte asservierte Aktentasche der Frau Engel geschenkt, mithin besessen hat, so ist Haarmann auch in diesem Falle der Täterschaft dringend verdächtig. Da aber Bock Kleider, die er selbst trug, verkauft hat, so erscheint es nicht als völlig ausgeschlossen, dass Haarmann, wie er behauptet, dem Bock den Anzug und die Aktentasche abgekauft hat.

Haarmann hat die sämtlichen Tötungen vorsätzlich und mit Ueberlegung ausgeführt. Er gibt zwar an, er habe die jungen Leute nicht töten wollen und sei am nächsten Morgen erschrocken gewesen, dass ein Toter neben ihm im Bett gelegen habe. Diese Angabe ist aber selbst in den zeitlich ersten Fällen nur insoweit richtig, als Haarmann zunächst nur die Absicht hatte, sich geschlechtlich zu erregen. Dabei wusste er aber ganz genau, dass diese geschlechtliche Erregung zu einer Tötung der jungen Leute führen würde, und er war entschlossen, auch diese Tötung auszuführen. Seiner eigenen Angabe nach war er schon, wenn er die jungen Leute mit sich nahm, sich darüber klar, dass in der Nacht etwas »passieren« würde, d.h. nach seinem Sprachgebrauch, dass er den jungen Mann töten würde. Dem steht nur scheinbar entgegen, dass er keineswegs alle jungen Leute getötet hat, die er mitnahm, dass vielmehr der grösste Teil lebend seine Wohnung verlassen hat, und dass selbst die später getöteten jungen Männer oft mehrere Nächte bei ihm waren, ohne dass Haarmann zur Tötung schritt. Denn die Tötung war nicht so einfach auszuführen, das Opfer bot nicht immer die günstige Lage, dass Haarmann den tötlichen Biss anbringen konnte. Ferner fand Haarmann nicht immer sogleich das geschlechtliche Gefallen an dem jungen Mann, das zur sexuellen Erregung bei ihm notwendig war; es bedurfte dazu einer, je nach der Eigenart des Opfers längeren oder kürzeren Bearbeitung, sei es durch Grans oder durch Haarmann selbst. Trafen diese Voraussetzungen aber zusammen, dann war Haarmann zur Tötung entschlossen. Außer geschlechtlicher Erregung war es ferner die Habgier nach den Kleidungsstücken des Opfers, die ihn namentlich im ersten Falle bei der damals herrschenden Knappheit an Kleidungsstücken den Entschluss zur Tötung fassen liess. Diesen Tötungsvorsatz setzte Haarmann mit grosser Ueberlegung in die Tat um. Bei allen seinen, zu seiner homosexuellen Einstellung gehörigen Taten, einschliesslich der Tötungen und der Beiseiteschaffung der Leichenteile hat Haarmann ein grosses Mass von Ueberlegung gezeigt. Innerhalb eines Zeitraumes von 1¹/₄ Jahren (von der Tötung Franke's an gerechnet) hat er 23 Menschen umgebracht, in kleinen Zimmern, in engbewohnten Häusern. Er ist mehrfach in den Verdacht geraten, Menschen getötet zu haben, und doch hat er sein Treiben lange Zeit hindurch fortsetzen können. Nachbarn und Hausbewohner waren misstrauisch geworden. Sie passten ihm auf, und doch verstand er es, sich allen Nachforschungen zu entziehen. Diese Tatsache ist zwar zum grossen Teil darauf zurückzuführen, dass Haarmann in der Altstadt auch Freunde hatte, der Hauptgrund ist aber, dass Haarmann mit grosser Verschlagenheit zu Werke ging.

Zunächst tötete er nicht wahllos jeden, an dem er geschlechtliches Gefallen fand. Die von ihm umgebrachten Menschen waren grossen Teils fremde junge Burschen, die auf gut Glück in die Welt hineingefahren waren, von denen die Angehörigen nicht wussten, wo sie sich aufhielten. Haarmann wusste auch dieses. Er pflegte sich bei seinen Opfern genau nach deren Familienverhältnissen zu erkundigen und sah daher voraus, ob eingehende Nachforschungen bei ihm zu erwarten waren oder nicht. Ein anderer grosser Teil der jungen Leute war mit ihrer Familie zerfallen, auch bei ihnen waren Nachfragen nicht zu befürchten. Sie waren für ihre Angehörigen im Strudel der Großstadt untergegangen. Wurden trotzdem Nachfragen an ihn gestellt, so gab Haarmann in der Regel an, der Betreffende sei verreist und werde schon wieder kommen. Auch hierbei sorgte er manchmal rechtzeitig vor. So veranlasste er den Zeugen Kurt Peters, sich mit neuen Kleidern, Koffer und anderen Ausrüstungsgegenständen zu versehen und an seine Eltern zu schreiben, er sei nach Berlin gefahren. Glücklicher Weise wurde dieser Zeuge auf dem Bahnhof von seinem Bruder entdeckt und mit nach Hause genommen. Wahrscheinlich wäre sonst auch er dem Angeklagten Haarmann zum Opfer gefallen. Verschwand er aber, so gingen die Nachforschungen auf Grund des Briefes nach Berlin. Zeugen aus den Kreisen der Homosexuellen fürchtete Haarmann nicht. Die meisten dieser jungen Menschen hatten kein reines Gewissen, sie vermochten nicht einmal, wie der Zeuge Willi Witzel beweist, ihren Eltern Aufklärung zu geben über das Verschwinden des eigenen Bruders, noch weniger natürlich der Polizei über das fremder Menschen. Dabei kam dem Angeklagten sehr zu statten, daß er sich als Kriminalbeamten gelten liess. Gegen einen solchen aufzutreten, hatten die meisten Angst wegen eigener Verfehlungen, auch drohte Haarmann, er werde sie »verschütt gehen lassen«. Eine gleiche Ueberlegung ist auch bei dem Zerstückeln der Leichen und dem Beseitigen der Leichenteile zu bemerken. Blutflecke wurden sorgfältig vermieden. Nur sehr wenige kleine Flecken haben sich in den Wohnungen Haarmann's an seinen Geräten und an einigen Kleidungsstücken feststellen lassen. Sie werden der Aufmerksamkeit Haarmann's entgangen sein. Einer Entdeckung durch seine Hauswirtin in der Roten Reihe 2 beugte Haarmann dadurch vor, dass er mit ihr von Anfang an vereinbarte, die Reinigung des Zimmers besorge er selbst. Die Wegschaffung von Fleisch und Knochen liess sich, wenn Haarmann dabei gesehen wurde, leicht mit dem Fleischhandel erklären, ebenso das Erscheinen der zahlreichen Kleidungsstücke mit dem Kleiderhandel, den Haarmann ausserdem bei der Polizei angemeldet hatte. Ueberall zeigt sich bei Haarmann ein wohlüberlegtes Handeln. Es wäre daher auffallend, wenn eine solche Ueberlegung gerade in dem Augenblick der zahlreichen Tötungen gefehlt haben sollte.

Tatsächlich ist dies auch nicht der Fall. Seine Vorbereitungen zur eigentlichen Tötung hatte Haarmann schon vorher umsichtig getroffen. Das Opfer wurde an die Wand gelegt, ein Fluchtversuch wurde dadurch vereitelt. Es wurde wehrlos gemacht, ein Kampf damit nach Möglichkeit ausgeschlossen. Was etwa als Waffe dienen konnte, wurde dem Griffbereich des Opfers entzogen, die Lampe an dem Tisch befestigt, sodass sie nicht als Waffe dienen konnte.

Haarmann war sich völlig darüber klar, dass seine Art des geschlechtlichen Verkehrs, zu dem hier auch das Beissen und Erdrosseln gerechnet wird, für den jungen Mann, den er dabei benutzte, tötlich war. Er wusste nicht nur in den späteren Fällen, sondern auch schon bei Friedel Rothe und Franke, dem Anfang einer langen Reihe von Tötungen, dass er mit seinem Beissen und Zusammendrücken der Kehle dem Opfer die Luft zum Atmen nahm, und dass der junge Mann daran starb. Aber er wollte sich geschlechtlich erregen, und um dies zu erreichen, wollte er sein Opfer töten. Auch dessen war er sich bewusst. Trotzdem liess er sich immer wieder auf einen derartigen Verkehr ein. Nach seiner eigenen Angabe war er zum mindesten in dem Augenblick, in dem er mit dem widernatürlichen Geschlechtsverkehr begann, mit sich darüber im Reinen, dass er bei Fortsetzung des Verkehrs sich geschlechtlich erregen und dann den jungen Mann töten würde. Zu dieser Zeit befand er sich nicht einmal in einem geschlechtlichen Rausche bei dem allenfalls eine Bewusstseinstrübung angenommen werden könnte, noch weniger in einem anderen Zustande, der ihm die klare Ueberlegung hätte nehmen können. Aber darüber hinaus hat der Angeklagte sich bei Ausführung des eigentlichen Tötungsaktes in genügend klarer Erwägung über den, zur Erreichung seines Zweckes gewollten Erfolg der Tötung befunden, ferner auch über die zur Herbeiführung des gewollten Erfolges erforderliche Tätigkeit. Um mit seinem Gebiss an den Kehlkopf des Opfers gelangen zu können, musste Haarmann dessen Kopf zurückbiegen. Er selbst musste seinen Mund in eine Art Querlage der Kehle des anderen bringen, und dies bedingte wieder, dass Haarmann seine bisherige, ihn etwa geschlechtlich erregende Lage längst des Körpers des jungen Mannes aufgab. Dies ist noch mehr der Fall, wenn der Biss misslang, und Haarmann sein Opfer, wie es mehrfach vorgekommen ist, mit den Händen erwürgte. Alle diese Handlungen hat Haarmann mit vollem Bewusstsein und in klarer Erwägung über ihren Zweck und Erfolg vorgenommen. Sie waren die überlegte Ausführung eines vorher wohlerwogenen Entschlusses.

Haarmann erwog schliesslich auch klar die ihn zum Handeln drängenden und von diesen abhaltenden Beweggründe. Zur Tötung bewogen ihn Gründe geschlechtlicher, namentlich sadistischer Natur und ferner Gewinnsucht, das Streben nach den Habseligkeiten des Opfers. Trotz seiner moralischen Stumpfheit sah der Angeklagte wohl ein, dass beide Gründe ein Menschenleben nicht aufwogen. Eine grosse Anzahl junger Leute hat das Zimmer Haarmann's lebend verlassen, und der Grund dabei war nicht nur das Fehlen günstiger Gelegenheiten für Haarmann, sondern auch seine Erwägung von der Tötung abzusehen, sei es auch nur, weil er Nachforschungen fürchtete, oder die Habseligkeiten des jungen Mannes nicht für wertvoll genug hielt. Aber nicht immer behielten die von der Tötung abhaltenden Beweggründe die Oberhand, dann führte Haarmann die Tötung aus.

Die Tötungen Haarmann's sind nicht auf einen einheitlichen Entschluss zurückzuführen. Er hat vielmehr jede Tötung nach besonderem Entschluss ausgeführt.

Danach ist festgestellt, dass Haarmann durch 24 selbständige Handlungen in Hannover:

Im September 1918 den Schüler Fritz Rothe (Fall 1),
im Februar 1923 den Lehrling Fritz Franke (Fall 2),

im März 1923 den Lehrling Wilhelm Schulze (Fall 3),
im Mai 1923 den Schüler Roland Huch (Fall 4),
im Mai 1923 den Arbeiter Hans Sonnenfeld (Fall 5),
im Juni 1923 den Schüler Ernst Ehrenberg (Fall 6),
im August 1923 den Bürogehilfen Heinrich Struss (Fall 7),
im September 1923 den Lehrling Paul Bronischewski (Fall 8),
im Oktober 1923 den Arbeiter Richard Gräf (Fall 9),
im Oktober 1923 der Lehrling Wilhelm Erdner (Fall 10),
im Oktober 1923 den Schüler Heinz Brinkmann (Fall 12),
im November 1923 den Zimmermann Adolf Hannappel (Fall 13),
im Januar 1924 den Schlosser Ernst Spiecker (Fall 15),
im Januar 1924 den Arbeiter Heinrich Koch (Fall 16),
im Februar 1924 den Arbeiter Willi Senger (Fall 17),
im Februar 1924 den Lehrling Hermann Speichert (Fall 18),
im April 1924 den Lehrling Alfred Hogrefe (Fall 19),
im April 1924 den Lehrling Wilhelm Apel (Fall 21),
Ende April 1924 den Lehrling Robert Witzel (Fall 22),
im Mai 1924 den Lehrling Heinz Martin (Fall 23),
in der Nacht vom 25. zum 26. Mai 1924 den Reisenden Fritz Wittig (Fall 24),
im Mai 1924 den Schüler Friedrich Abeling (Fall 25),
im Juni 1924 den Lehrling Friedrich Koch (Fall 26),
im Juni 1924 den Bäckergesellen Erich de Vries (Fall 27)

vorsätzlich getötet und die Tötungen mit Ueberlegung ausgeführt hat, Verbrechen gegen 211, 74 StGB.

Haarmann ist daher 24 Mal zum Tode zu verurteilen. Die Aberkennung der bürgerlichen Ehrenrechte auf Lebenszeit wird gerechtfertigt durch die rücksichtslose Art, mit der Haarmann zur Befriedigung seiner egoistischen kleinlichen Triebe Menschenleben getötet hat, ohne daran zu denken, wieviel Sorge und Kummer er in die Familien seiner Opfer brachte.

Dagegen ist dem Angeklagten nicht nachgewiesen, dass er im Oktober 1923 den Arbeiter Hermann Wolf (Fall 11), im Dezember 1923 den Arbeiter Adolf Hennies (Fall 14), und im April 1924 den Arbeiter Hermann Bock (Fall 20) getötet hat. Insoweit ist der Angeklagte daher freigesprochen.

Dem Angeklagten *Grans* wird zur Last gelegt, dem Angeklagten Haarmann in den Fällen Hannappel (Fall 13) und Wittig (Fall 24) zu den von ihm begangenen Morden angestiftet zu haben.

Die im vorstehenden Urteil festgestellten, den Angeklagten Grans belastenden Tatsachen beruhen zu einem sehr wesentlichen Teile auf den Aussagen des Angeklagten Haarmann. Nun hat Haarmann zwar während des ganzen Verfahrens immer erklärt, er wolle nicht, dass Grans hingerichtet werde, dazu sei er noch zu jung, seine Strafe solle er aber haben. Diesem Bestreben Haarmann's, Grans nach Möglichkeit zu schonen, widersprechen aber seine Aussagen über die Beteiligung von Grans. Die Aussagen Haarmann's waren schon in der Voruntersuchung ausserordentlich belastend für Grans, und im Laufe der Hauptverhandlung sind sie an Schwere immer mehr gesteigert, bis sie schliesslich in dem Falle Hennies (14) auf den Verdacht hinausliefen, Grans habe zusammen mit Wittkowski den Hennies umgebracht. Aber dabei ist zu beachten, dass Haarmann von der Anschauung aus ging, Grans könne nicht zum Tode verurteilt werden, wenn er sich nicht an einer der Tötungen selbst beteiligt habe. Ueber die strafrechtliche Bedeutung der Anstiftung, namentlich hinsichtlich des Strafmasses, war Haarmann völlig im Unklaren. Die dauernde Steigerung in der Schwere der Anschuldigung während der Hauptverhandlung geht letzten Endes auf Grans zurück, der sich weigerte, auch nur einen kleinen Teil seiner Schuld einzugestehen. Dies Verhalten empfand Haarmann als Unrecht. Er, Haarmann, hatte den wesentlichen Teil seiner strafbaren Handlungen zugegeben und erwartete nun auch von anderen, nicht nur von Grans, sondern auch von den Zeugen das Gleiche. Eine Reihe von Zeugen hat denn auch die Vorhaltungen Haarmann's als richtig zugeben müssen, und zum grossen Teil lag der Grund der Verschiedenheiten der beiderseitigen Angaben nur in einer verschiedenen rechtlichen Auffassung, wie dies besonders deutlich bei den Zeugen Olfermann und Grüne hervortrat. Es liegt daher kein Anlass vor, gerade die auf Grans bezüglichen Aussagen Haarmann's für unrichtig zu erachten. Abgesehen von dem noch gänzlich ungeklärten Falle Hennies, über den eine abschliessende Beurteilung nicht möglich ist, ist in der ganzen Hauptverhandlung nie ein Bestreben Haarmann's hervorgetreten, unrichtige Anschuldigungen zu erheben. Am wenigsten ist ein solches Bestreben anzunehmen gegenüber einem Menschen, an dem Haarmann auch jetzt noch immer hängt. Mit einer Eifersucht gegenüber Wittkowski, an den Grans sich angeschlossen hatte, ist ein solches Bestreben nicht zu erklären. Haarmann wusste seit langem, dass

Grans und Wittkowski Freunde waren, dass sie ein Zimmer zusammen bewohnten, dass sie gemeinsam auf den Handel gingen und miteinander verkehrten. War Haarmann wirklich eifersüchtig auf Wittkowski, so lag es nahe, sich an diesem zu rächen, nicht aber an Grans. Und ferner hatte Haarmann Gelegenheit genug, diese Eifersucht auch an Grans auszulassen, nachdem dieser Anfang August 1923 zu Wittkowski gezogen war. Aber während dieser ganzen Zeit ist von einer Eifersuchtshandlung gegenüber Grans nichts zu bemerken gewesen, im Gegenteil, Haarmann hat auch während dieser Zeit ausgiebig für diesen gesorgt.

Das gleiche Bemühen, die Wahrheit zu sagen ist bei Grans nicht hervorgetreten. Seine Angaben sind mehrfach durch Zeugen widerlegt. Im allgemeinen hat er sich damit begnügt, ihm unbequeme Angaben Haarmann's oder der Zeugen einfach als unwahr zu bezeichnen. Zur Aufklärung der Sache hat er nichts beigetragen, er war im Gegenteil bestrebt, diese zu verhindern. Als Haarmann und er sich noch im Polizeigefängnis befanden, versuchte er durch Zeichen auf Haarmann einzuwirken, nichts auszusagen, indem er den Finger auf den Mund legte, sodass der Zeuge Behning ihn zurechtwies, das zu unterlassen. Den Zeugen Johann Hartmann wollte er nicht kennen, bei der Gegenüberstellung gab er die Bekanntschaft zu. Auch diesem Zeugen machte er drohende Zeichen und legte den Finger auf den Mund, um ihn zum Stillschweigen bei seinen Vernehmungen zu veranlassen. Die Angaben von Grans können daher als gleichwertiges Gegengewicht gegenüber denen Haarmann's nicht dienen.

Grans will glauben machen, dass er und Haarmann nur *neben*einander hergelaufen seien, ohne dass sich einer viel um den anderen gekümmert habe, dass sie lediglich zeitweise in einer Wohnung zusammen gewohnt hätten. Diese Angabe ist unwahr. Bei dem nahen Verkehr der beiden Angeklagten miteinander ist es ausgeschlossen, dass Grans von dem Tun und Treiben Haarmann's nichts gewusst hat. Es ist bereits die Angabe Haarmann's erwähnt, dass er nach etwa 1jähriger Bekanntschaft dem Grans die Tötung des Friedel Rothe erzählt habe. Diese Angabe Haarmann's findet ihre Bestätigung in dem Seite 27 erwähnten Vorfall. Es ist nicht wahr, dass, wie Grans angibt, Haarmann ihm mit gezücktem Messer gegenüber stand, zwischen beiden Angeklagten war ein Raum von 20 bis 30 m. Eine unmittelbare Gefahr für Grans bestand also nicht. Wohl aber konnte das Rufen Haarmann's nach der Polizei zu einer Festnahme des Grans führen, und um Haarmann dann auch nicht leer ausgehen zu lassen, oder ihn wenigstens vor weiteren Rufen abzuhalten, rief

Grans ihm die Worte: »Du Mörder« als Drohung zu. Auch diese Worte sind in dieser Form gefallen, nicht etwa, wie Grans angibt, nur das Wort »Mörder« in Beziehung auf das gezückte Messer Haarmann's. Sie verraten, dass Grans von einer Tötung Haarmann's Kenntnis hatte, und dies kann nur der Mord an Friedel Rothe sein. Es mag sein, dass Grans damals betrunken war, dieser Zustand hindert nicht, die Wahrheit zu sagen.

Sodann erhält Grans Kenntnis von der Tötung Franke's. Der Zeugin Mrutzek »ist so«, als habe Grans auf dem Bett gesessen, indem der damals schon tote Franke lag, und habe sich die Strümpfe angezogen. Auf Vorhalt dieser Aussage erklärte Haarmann in der Hauptverhandlung, man möge zuerst Grans sich äussern lassen, er wolle sehen, ob er die Wahrheit sage. Diese Aufforderung Haarmann's, die Wahrheit zu sagen, war für Grans eine Drohung mit weiteren Enthüllungen. Unter diesem Druck erklärte Grans, es sei möglich, dass er auf dem Bett gesessen und sich die Strümpfe angezogen habe, er habe aber nicht gewusst, dass Franke tot gewesen sei. Nun bezeichnete Haarmann die von der Zeugin als ihr vorschwebend bekundete Tatsache als richtig, und steigerte sie nachher dahin, dass Grans geholfen habe, die Leiche in den Wandschrank zu legen. Damit erweiterte er seine ursprüngliche Angabe, Grans habe die Leiche im Schrank sehen müssen. Es kommt hier nur darauf an, dass Grans die Tötung Franke's gekannt hat. Aber es mag gleich bemerkt werden, dass bei der Schwierigkeit, Leichen zu transportieren, die Mithilfe eines anderen, und als solcher kam nur Grans in Frage, ausserordentlich wahrscheinlich ist. Grans hat aber auch tatsächlich gewusst, dass Haarmann die Leiche Franke's in seinem Zimmer hatte. Der Zeugin Mrutzek war während ihres, nur etwa 15 Minuten dauernden Aufenthaltes im Zimmer aufgefallen, dass der »Berliner« (Franke) sich nicht regte. Diese Regungslosigkeit musste dem Angeklagten Grans noch viel mehr auffallen. Ferner bestand er darauf, dass die Zeugin das Zimmer verliess. Und in der folgenden Nacht, als Haarmann bei dem Zerstückeln der Leiche war, brachte Grans gegen seine sonstige Gewohnheit den jungen Burschen nicht mit in das Zimmer, sondern klopfte am Fenster an. Dies Verhalten ist um so sonderbarer, weil der junge Mann Diebesgut zu verkaufen hatte. Ein solcher Handel wird möglichst versteckt, und er war hier unauffälliger in der Stube als auf der Strasse abzuschliessen, wo immerhin eine Ueberraschung möglich war. Die Erklärung Haarmann's, Grans habe gewusst, dass er gerade bei dem Zerstückeln der Leiche war, verdient daher vollen Glauben.

Es kommt hinzu, dass Grans in einer Reihe von Fällen (Franke 2, Erdner 10, Hannappel 13, Spiecker 15, Speichert 18, Wittig 24 und Abeling 25) Kleidungsstücke und andere Gegenstände im Besitz von Haarmann gesehen, oder von ihm zum Verkauf oder zum Geschenk erhalten hat, die, wie er wusste, jungen Leuten gehört hatten, die bei Haarmann gewesen und dann verschwunden waren. Grans erklärt, er habe angenommen, dass Haarmann diese Sachen durch »Trampeln«, d. h. durch betrügerische oder erpresserische Handlungen den Eigentümern abgenommen habe. Einzelheiten darüber, wie Haarmann »getrampelt« habe, habe er nicht herausbekommen. Den Begriff »Trampeln« legt Grans entgegen seinen früheren Angaben jetzt dahin aus, dass strafbare Handlungen dabei nicht notwendige Voraussetzungen seien. Haarmann könne den jungen Leuten die Sachen als Entgelt für Kost und Quartier abgenommen haben. Haarmann habe ihm auch öfter erklärt, dass er die Sachen in dieser Weise erhalten habe. Auch diese Art des Erwerbes will Grans unter »Trampeln« verstehen. Dieser Versuch von Grans, seine Handlungsweise zu erläutern, ist misslungen. Die jungen Burschen kamen zu Haarmann, um Geld für ihre sexuelle Hingabe zu erhalten, nicht aber um sich ausplündern zu lassen. Mochte auch ein grosser Teil von ihnen Furcht vor der Polizei im allgemeinen und dem angeblichen Kriminalbeamten haben, so ist es doch ausgeschlossen, dass nicht der eine oder andere zur Polizei gegangen wäre und Haarmann wegen dieses Ausplünderns angezeigt hätte. Ausserdem musste die Häufigkeit derartigen »Trampelns« auch Grans stutzig machen und tat dies auch, denn Grans erklärt, er habe die Angaben nur für richtig gehalten, weil gerade Haarmann sie ihm erzählt habe, einem anderen würde er sie nicht geglaubt haben.

Das Gericht erachtet danach die Angaben Haarmann's bezüglich der Handlungen von Grans für glaubwürdig und stellt fest, dass Grans von den Tötungen nicht nur Friedel Rothe's und Franke's, sondern auch später von denen anderer Opfer Haarmann's Kenntnis gehabt, und dass er auch in einer Reihe von Fällen die Leichen gesehen hat. Grans wusste ferner, dass Haarmann die jungen Leute tötete, um sich geschlechtlich zu erregen und nach der Tötung sich in den Besitz der Sachen zu setzen. Er beschloss, aus dieser Tätigkeit Haarmann's für sich Vorteil zu ziehen, namentlich sich an dem Gewinne zu beteiligen, also, in die Sprache beider übersetzt »Kippe zu machen«. Bezeichnend dafür ist die Tatsache, dass Haarmann den Preis für den Anzug Wittig's auf die Hälfte des ursprünglich geforderten heruntersetzt, also tatsächlich die von Grans erwähnte »Kippe« macht. Den schwierigeren Teil, wie beim früheren

Betteln und Stehlen erhielt auch hierbei Haarmann. Grans dagegen übernahm es, die jungen Leute, auf deren Zeug er es abgesehen hatte, über den Verkehr mit Haarmann zu unterrichten, damit auf jeden Fall eine geschlechtliche Erregung Haarmann's, und als Folge davon die Tötung des jungen Burschen eintrat. So hat der später getötete Wittig Haarmann gegenüber sich dahin geäussert, Grans habe ihm gesagt, er müsse Haarmann recht fest drücken und küssen.

Grans hat ferner gewusst, in welcher Weise Haarmann seine Opfer zu töten pflegte. Im Grunde genommen war es ihm einerlei wie dies geschah, wenn er nur seine gewinnsüchtige Absicht erfüllt sah. Er sah aber die von Haarmann getroffenen Vorbereitungen. Er rechnete mit der Möglichkeit und nahm in den Bereich seiner Vorstellungen auf, dass Haarmann mit Vorsatz tötete, und bei der Ausführung der Tat mit Ueberlegung handelte.

In dem Falle 13 (Hannappel) hat der Angeklagte Grans den jungen Hannappel dem Haarmann zugeführt, und ihn veranlasst, bei Haarmann zu übernachten. Sein Zweck war, die Gegenstände Hannappels, der eine schwere Kiste bei sich hatte, zu bekommen. Mit der Vermittlung der Bekanntschaft zwischen Haarmann und Hannappel, mit der Beschaffung einer Unterkunftsgelegenheit bei Haarmann für Hannappel hat er eine wesentliche Vorbedingung des später eingetretenen Erfolges, der Tötung Hannappels, geschaffen. Dabei wusste und wollte er, dass Haarmann den Hannappel umbrachte, und wollte diese Tätigkeit Haarmann's durch seine Handlungsweise unterstützen. Er handelte in klarer Voraussicht des kommenden Erfolges, und war enttäuscht, dass dieser nicht gleich in der ersten Nacht eingetreten war. Er hat auch durch Worte auf Haarmann einzuwirken versucht, Hannappel zu töten; es ist deswegen sehr wahrscheinlich, dass Haarmann dadurch bestimmt ist, den Mord an Hannappel auszuführen. Aber mit unbedingter Sicherheit lässt sich dies nicht feststellen. Hannappel war ein hübscher junger Mann, der dem Geschmacke Haarmann's entsprach. Es besteht daher die Möglichkeit, dass Haarmann den Entschluss zur Tötung selbständig gefasst hat. Danach kommt Anstiftung zum Morde nicht in Frage, wohl aber liegt Beihilfe zum Morde nach §§211, 49 StGB vor. Grans wusste, dass Haarmann die Tötung Hannappel's durch Mord ausführen wollte, zu mindesten rechnete er damit, dass dies durch ein Verbrechen nach 211 StGB geschah. Er leistete ihm dabei Hilfe, indem er Hannappel veranlasste, bei Haarmann zu übernachten, und er tat dies mit dem Bewusstsein, dass die Begehung der Straftat Haarmann's durch diese seine Tätigkeit gefördert würde.

Anders liegt der Fall Wittig (24). Bei der Beurteilung dieses Falles kommt es wenig darauf an, wer zuerst den Wittig angesprochen hat. Jedenfalls war Wittig von Haarmann wieder fortgeschickt, weil dieser kein geschlechtliches Gefallen an ihm fand. Trotzdem veranlasste Grans den Wittig immer auf's neue, zu Haarmann zu gehen und bei ihm zu übernachten. Er hatte ihn instruiert, wie er Haarmann geschlechtlich erregen könne, in der Erwartung, dass Haarmann dann den Mord ausführen werde. Haarmann war jedoch unzugänglich; trotz des Zuredens von Grans, das, d. h. das Töten, könne man doch auch bei einem machen, den man nicht lieb habe, konnte er sich nicht zur Tötung entschliessen. Er liess sich verleugnen, um Wittig nicht aufnehmen zu müssen. Aber Grans kam am letzten Tag vor der Tötung Wittig's mit diesem nochmals an. Bei dieser Zusammenkunft in der Küche der Frau Engel forderte er den Angeklagten Haarmann, der sich verstecken wollte, auf, Wittig noch einmal zu sich zu nehmen. Haarmann lehnte wieder ab, wie aus seiner Aeusserung, der Junge koste ihn doch so viel Geld, hervorgeht. Die Antwort von Grans, er solle ihm 5 M geben und ihn laufen lassen, war zur Irreführung der Frau Engel bestimmt. Grans wollte in Gegenwart von Zeugen alles vermeiden, was nachher so gedeutet werden könnte, als habe er Haarmann zur Aufnahme Wittig's veranlasst. Deswegen wurden auch die ersten Worte so leise gesprochen, dass Frau Engel sie nicht gehört hat. Haarmann, Grans und Wittig gingen dann zusammen in das Zimmer Haarmann's, und hier hat Haarmann sich bestimmen lassen, den Wittig nochmals bei sich aufzunehmen, und ihn zu töten. Nach seinem ganzen vorhergehenden Verhalten ist dieser Entschluss auffallend. Es liegt daher nahe, ihn auch ohne die bestimmte Bekundung Haarmann's auf den Einfluss von Grans zurückzuführen. In der folgenden Nacht hat dann Haarmann den Wittig getötet. Er war ursprünglich zu dieser Tötung nicht im mindesten geneigt, er ist aber dazu, den Entschluss zu fassen und die Tötung auszuführen, von Grans bestimmt. Grans handelte vorsätzlich. Sein Wille war darauf gerichtet, in Haarmann den Entschluss zu einer bestimmten Tat, der Ermordung Wittig's hervorzurufen. Er war sich dessen bewusst, zum mindesten rechnete er damit, dass sich die sämtlichen Tatbestandsmerkmale des Mordes nach § 211 StGB bei Haarmann erfüllen würden. Zur Bestimmung des Willens von Haarmann bediente er sich der Ueberredung und der Bitte, bestehend in dem fortwährenden Drängen, er müsse den Anzug haben,

Haarmann solle ihm diesen besorgen. Er rechnete nicht damit, dass Haarmann diesen Anzug durch sogenanntes »Trampeln« bekommen würde, sondern wusste, dass dies nur durch die Ermordung Wittig's geschah. Er hat dann auch erreicht, dass die von ihm gewollte Tat Haarmann's durch diesen ausgeführt ist, auch hierauf war sein Vorsatz gerichtet. Er hat den Willen Haarmanns bestimmt. Er hat sich daher in diesem Falle der Anstiftung zum Morde nach §§ 211, 48 StGB schuldig gemacht.

Beide Straftaten des Angeklagten Grans beruhen auf zwei selbständigen Entschlüssen.

Danach ist festgestellt, dass Grans in Hannover durch zwei selbständige Handlungen:

1) im November 1923 dem Angeklagten Haarmann zu dem von ihm begangenen Verbrechen des Mordes an dem Zimmermann Adolf Hannappel durch Tat wissentlich Hilfe geleistet hat,

2) im Mai 1924 den Angeklagten Haarmann zu dem von ihm begangenen Verbrechen des Mordes an dem Reisenden Fritz Wittig durch Ueberredung und Bitte vorsätzlich bestimmt hat,

Verbrechen gegen §§ 211, 48, 49, 74 StGB.

Die Strafe ist im Falle der Anstiftung zum Morde fest bestimmt, sie kann nur die Todesstrafe sein. In dem Falle Hannappel hat das Gericht eine Zuchthausstrafe von 12 Jahren, die gemäss § 44 StGB berechnet ist, für angemessen erachtet. Der Angeklagte ist ja zwar nur unerheblich vorbestraft, er ist auch noch jung. Gleichwohl hat er eine ausserordentlich niedrige Gesinnung an den Tag gelegt. Die Beweggründe, die ihn leiteten waren rein gewinnsüchtiger Natur. In kalter Berechnung hat er das seinige dazu beigetragen, dass ein junges, blühendes Menschenleben vernichtet ist, und das nur, um sich in den Besitz weniger, nicht einmal wertvoller Habseligkeiten zu setzen. Die ehrlose Gesinnung, die daraus spricht, rechtfertigt auch die Aberkennung der bürgerlichen Ehrenrechte gemäss § 32 StGB.

Gegen die Angeklagten ist sodann noch das Hauptverfahren eröffnet wegen der Anschuldigung:

1) Haarmann, in Hannover durch 27 selbständige Handlungen fremde, bewegliche Sachen, nämlich von seinen Opfern in seine Wohnung eingebrachten Sachen, welche er im Besitz hatte, sich rechtswidrig zugeeignet zu haben,

2) Grans, in Hannover durch 8 selbständige Handlungen seines Vorteils wegen Sachen, von denen er wusste, dass sie mittels strafbarer Handlungen erlangt waren, nämlich von Sachen der Ermordeten Franke, Son-

nenfeld, Ehrenberg, Erdner, Hannappel, Hennies, Spiecker, Speichert, Wittig und Abeling angekauft oder sonst an sich gebracht, oder zu ihrem Absatze bei anderen mitgewirkt zu haben, und zwar gewerbs- und gewohnheitsmässig,

Verbrechen gegen §§ 246, 259, 260 StGB.

Beide Strafverfahren sind auf Antrag der Staatsanwaltschaft nach § 154 StPO vorläufig eingestellt, es ist also im vorliegenden Falle nicht durch Urteil darüber zu entscheiden.

Die Kostenentscheidung beruht auf §§ 465, 466 StPO.

gez. Böckelmann, Kleineberg, Harten.

Angefertigt
Hastedt, Kanzleisekretär
als Gerichtsschreiber des Landgerichts.
Preuss. Landgericht Hannover

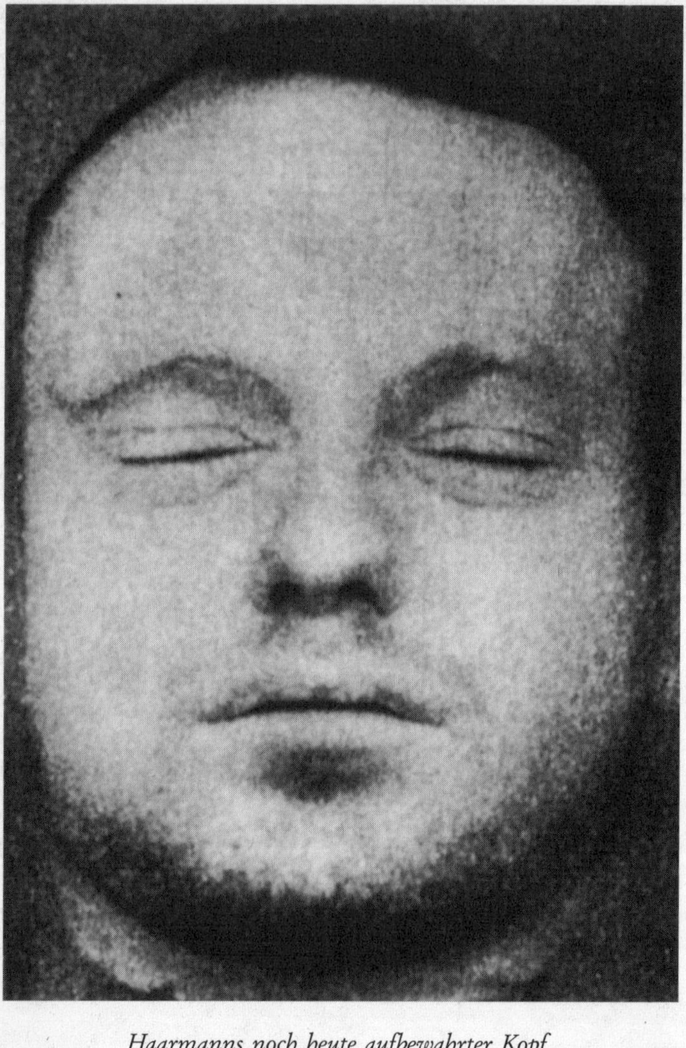

Haarmanns noch heute aufbewahrter Kopf

Teil 5

Rückblicke

Vier zeitgenössiche Bücher zum Fall Haarmann

Christine Pozsár
Psychiatrischer Kommentar zu den »Haarmann-Protokollen«

Ernst Schultze (1865–1938)

1. Der Gutachter

Die Provinzial-Heil- und Pflegeanstalt in Göttingen wurde 1866 gegründet. Nach Ludwig Meyer und August Cramer übernahm Ernst Schultze (1865–1938) im Dezember 1912 die Leitung der Heil- und Pflegeanstalt, in der damals etwa 500 Patienten betreut wurden. Wie seine Vorgänger hatte Schultze in Personalunion auch das Ordinariat für Psychiatrie und Neurologie an der Georg-August-Universität in Göttingen inne, ferner die Leitung der von Cramer begründeten »Klinik und Poliklinik für psychische und Nervenkrankheiten« in der Innenstadt von Göttingen.

Ernst Schultze stammte aus dem Rheinland. Sein Vater war als Kaufmann tätig. Laut Ewald (1939) sollte Schultze als Vorletzter einer langen Geschwisterreihe den Wunsch seines früh verstorbenen Vaters erfüllen, daß eines seiner Kinder ein Studium ergreifen möge. Er studierte in Bonn zunächst kurz Mathematik und Naturwissenschaften, dann Medizin. Nachdem er 1890 in Bonn mit einer Dissertation mit dem Titel »Über den Einfluß der Nahrung auf die Ausscheidung der amidartigen Substanzen« promoviert hatte, wurde er in der Psychiatrie tätig, und zwar zunächst als Anstaltsarzt in Bonn, dann in Grafenberg bei Düsseldorf und schließlich in Andernach. 1895 strebte er die Venia legendi für Psychiatrie und Neurologie in Bonn an. 1904 erhielt er einen Ruf als außerordentlicher Professor an die Universität Greifswald, der verbunden war mit der Aufgabe, die dort im Bau befindliche psychiatrische und Nervenklinik zu vollenden und ihre Direktion zu übernehmen, was 1906 mit dem Ordinariat des Faches verknüpft wurde.

Nach der Übernahme der Göttinger Heil- und Pflegeanstalt gab Schultze die Leitung des Sanatoriums »Rasemühle« bei Göttingen ab, das sein Vorgänger Cramer begründet hatte. Schultze galt auf dem Gebiet der forensischen Psychiatrie als besonders erfahren. Sein Nachfolger Ewald (1939) schreibt in seinem Nachruf auf Ernst Schultze: »Es ist wohl kein Zufall, daß sich die Interessen Schultzes sehr bald an das Gebiet der gerichtlichen Psychiatrie hefteten. Neben seiner gründlichen Anstaltsausbildung kam dem eine ganz ausgesprochen juristische Ader entgegen, die ihn zuweilen fast mehr als Jurist wie als Mediziner erscheinen ließ.«

1926 wurde auf seinen Vorschlag vom Ministerium und der Provinz der Heil- und Pflegeanstalt eine Enzephalitis-Station (Station für Patienten mit entzündlichen Gehirnerkrankungen) angeschlossen. Neben der Versorgung der Kranken sollten hier postenzephalitische Symptome

(Symptome nach abgelaufener Gehirnentzündung) wissenschaftlich erforscht werden. 1918/19 führte Schultze das Dekanat seiner Fakultät. 1928 richtete er in der Heil- und Pflegeanstalt einen Sektionsraum mit angeschlossenem Laboratorium für feingewebliche Hirnuntersuchungen ein. Einige Jahre war er im Vorstand der Gesellschaft Deutscher Nervenärzte tätig.

Aufgrund eines Ohrenleidens mit Schwindelsymptomen trat er 1933 das Direktorium der Heil- und Pflegeanstalt ab, 1934 das Ordinariat für Psychiatrie und Neurologie und die Leitung der Klinik für psychische und Nervenkrankheiten. 1938 verstarb er an den Folgen einer Lungenembolie. (Gruber 1956, Wellmann 1984)

2. Die Rahmenbedingungen

2.1. Die Psychiatrie zur Zeit Schultzes

Zur Zeit des beruflichen Wirkens Schultzes war die psychiatrische Systematik Emil Kraepelins (1856–1926) bestimmend, die durch dessen Lehrbuch, das seit 1883 in zahlreichen Auflagen erschien und schließlich bis auf vier Bände anschwoll, international verbreitet wurde und z. B. auch in Nordamerika Bedeutung erlangte. Kraepelin machte sich sehr um die Einteilung und Abgrenzung psychischer Erkrankungen verdient, zeigte hingegen eine »skeptische Einstellung gegenüber Einfühlung und Verstehen«. (Avenarius 1979) Er lehnte die von Freud (1856–1939) begründete Psychoanalyse (von Freud erstmals 1896 als solche benannt) strikt ab. Diese vermochte sich, trotz Unterstützung durch einige bedeutende Psychiater, denn auch vorerst nicht gegen die Kraepelinsche Konzeption durchzusetzen. (Janzarik 1974) Der Psychiater Bumke etwa, der Nachfolger Kraepelins als Lehrstuhlinhaber an der Universität München, der u. a. ein umfangreiches *Lehrbuch der Geisteskrankheiten* verfaßt hatte, behauptete 1931, daß Freuds Methode »den Untergang aller Wissenschaft, das Ende jeder Forschung« bedeuten würde, wenngleich es auch »gewisse Erkenntnisse« der Psychoanalyse als wertvoll erachtete. Als empfindliche Schwäche des Kraepelinschen Systems sieht Janzarik, der Kraepelin einen »biologiegläubigen Puritanismus« zuschreibt, ein beziehungsloses Nebeneinander der einzelnen Krankheitsformen. Weitere bestimmende psychiatrische Persönlichkeiten, deren Werk jedoch im wesentlichen, ebenso wie das Kraepelins, aus der Zeit vor 1914 stammte, waren Karl Jaspers (1883–1969) und Eugen Bleuler (1857–1939).

Ohne ein Vertreter der psychoanalytischen Schule zu sein, ragt der in Tübingen wirkende Nervenarzt Gaupp mit seinem eine psychische Fehlentwicklung sensibel und differenziert erfassenden Gutachten über den Hauptlehrer Wagner innerhalb der deutschen psychiatrischen Gutachtertradition heraus. (Gaupp 1914) Gaupp schildert unter Vornahme einer biographischen Analyse die Entwicklung eines sensitiven Beziehungswahns bei einer sexuell gehemmten Persönlichkeit, der darin gipfelt, daß Wagner seine Familie tötet, mehrere Brandstiftungen begeht und noch mehrere weitere Personen erschießt oder verwundet. Der Fachwelt wurde hier erstmals die Ableitbarkeit eines Wahns demonstriert. Seitens der Öffentlichkeit wurde nicht akzeptiert, daß der »Massenmörder« aufgrund von Zurechnungsunfähigkeit straffrei ausging. Gaupp gab der Entwicklung der forensischen Psychiatrie mit seiner Falldarstellung entscheidende Impulse. Etwa zur gleichen Zeit versuchten Kretschmer, Jaspers und Freud, Wahn aus dem Erleben des Kranken abzuleiten.

Während der Zeit der Weimarer Republik selbst wurden keine grundsätzlich neuen psychopathologischen und klinisch psychiatrischen Strömungen begründet, die gängigen Lehrmeinungen entstammten der Vorkriegszeit. (Pichot 1983)

Noch heute ist die deutsche Psychiatrie von der Kraepelinschen Systematik stark geprägt. Die zur Zeit von Schultzes beruflichem Wirken gängigen Diagnosenbegriffe sind uns noch im wesentlichen vertraut. Es standen Schultze damals bereits sämtliche diagnostischen Kategorien zur Verfügung, die aus heutiger Sicht speziell bei der Beurteilung Haarmanns von Bedeutung erscheinen. So lagen z. B. bereits sehr differenzierte Darstellungen der sexuellen Perversionen vor. (z. B. Moll 1912, Kronfeld 1923) Auch im Rahmen der »Kriminalpsychopathologie« (schon bei v. Krafft-Ebing 1886, später z. B. Birnbaum 1921) wurden die sexuellen Perversionen ausführlich berücksichtigt. Allerdings waren die ätiologischen (die Krankheitsursachen betreffenden) Akzente deutlich von den heutigen verschieden.

Inzwischen überwunden ist die in die damalige Psychiatrie noch hineinwirkende Degenerationslehre Morels (1809–1873). Morel definierte die Degeneration folgendermaßen: Die Degenerationen sind krankhafte Abweichungen vom normalen menschlichen Typ, sind erblich übertragbar und entwickeln sich progressiv bis zum Untergang. Das »Gesetz der Progressivität« bedeutet, laut Morel, daß die Degeneration von Generation zu Generation fortschreitet: Die erste Generation einer degenerierten Familie mochte nur nervös sein, die zweite neigte schon dazu, neurotisch, die dritte, psychotisch zu sein, die vierte war idiotisch und starb aus. (Ackerknecht 1967) Als Degenerationszeichen wurden bestimmte »Stigmata«, wie Veränderungen des Kopfes, des Auges, der Ohren, der Genitalien oder des Verhaltens und Fühlens gesehen.

Der italienische Psychiater Lombroso (1836–1909) interpretierte in seiner *Kriminalanthropologie* die Degeneration darwinistisch und sah Kriminelle als eine Art überlebende Urrasse. Der bedeutende forensische Psychiater Aschaffenburg beleuchtete in seinem Buch »Das Verbrechen und seine Bekämpfung« (1923) die Aussagekraft von »Degenerationszeichen« bei psychisch Kranken und Verbrechern zwar kritisch, sprach ihnen jedoch noch eine gewisse Bedeutung zu. Aus der Tradition der Degenerationslehre ist der in der psychiatrischen Literatur der Zwanzigerjahre häufig (auch von dem sonst eher fortschrittlich eingestellten Aschaffenburg) gebrauchte Begriff der »Minderwertigkeit« zu verstehen.

Die *Behandlung* in den psychiatrischen Institutionen der Weimarer Republik war – wie das damalige Leben überhaupt – von materieller Not geprägt. Man war bemüht, die Verhältnisse wieder auf den Stand von vor dem Krieg zu bringen. »Kohlennotstand« war zu beklagen: Schlafräume wurden nicht geheizt, der Warmwasserverbrauch wurde drastisch gekürzt. 1926 wurde die Dienstzeit des Pflegepersonals von 65 auf 60 Stunden pro Woche reduziert. Es gab Bemühungen in Richtung offener Formen psychiatrischer Betreuung, z. B. wurden »Außenfürsorgestellen« für die Betreuung entlassener Patienten eingerichtet. (Berger 1993) 1926 waren in der Provinzial-Heil- und Pflegeanstalt Göttingen neben Ernst Schultze für 550 Patienten lediglich vier Ärzte eingesetzt.

2.2. *Zeitströmungen*

Die Zeit nach dem Ersten Weltkrieg, in die die Straftaten Haarmanns fallen, war von Armut, Arbeitslosigkeit und dem Kampf des einzelnen um die Verbesserung seiner Lebensbedingungen bestimmt. Aus heutiger Sicht wird das damalige Bedürfnis nach Vergnügen und Zerstreuung, andererseits auch das Gewaltpotential als hoch eingeschätzt. Viele Flüchtlinge, Heimatlose, Arbeits- und Glückssuchende waren unterwegs. Zahlreiche Personen wurden als vermißt gemeldet (1923 annähernd 600 Personen im Deutschen Reich). Der wirtschaftliche Aufschwung in der Weimarer Republik vollzog sich erst zwischen 1924 und 1929. An sozialpolitischen Fortschritten fallen in diesen Zeitabschnitt die staatliche Armenfürsorge, die Arbeitslosenversicherung, Mieterschutz und kommunale Wohnungsbauprogramme.

O. und C. Bach (1993), die den Vorboten des Umgangs mit psychisch Kranken im Nationalsozialismus nachgingen, legen dar, daß der Prozeß der Dehumanisierung der Medizin nicht erst 1933 begonnen hat. Vielmehr sind die Grundüberzeugungen, aus denen sich das spätere Verhalten und Handeln entwickelte, einige Zeit vor dem Faschismus in die Medizin – und hier besonders die Psychiatrie – eingedrungen. Im Vorfeld des Nationalsozialismus erfolgte eine sozialdarwinistische Ausweitung naturwissenschaftlicher Erkenntnisse auf gesellschaftliche Prozesse, wobei der Wert des einzelnen nach seiner Nützlichkeit definiert wurde. Schließlich wurde in das sozialdarwinistische Grundkonzept die Rassenhygiene integriert. Das Vorgehen gegen »Entartung« und Krankheit wurde immer rigoroser. Etwa ab der Jahrhundertwende wurden zunehmend Stimmen laut, die für eine »Rassenhygiene« eintraten. 1921 erschien erstmals das zweibändige Werk »Grundriß der menschlichen Erblichkeitslehre und Rassenhygiene« von Baur, Fischer und Lenz. Im zweiten Band (»Menschliche Auslese und Rassenhygiene«) heißt es hier (und der Autor stellt dies wohl mit Genugtuung fest):

»Jene seelischen Anomalien, die sich in sexuellen Perversionen äußern, haben natürlich zu allen Zeiten eine starke Selbstausmerzung zur Folge gehabt. Ganz besonders aber ist das wohl in der Gegenwart der Fall, wo zumal die Homosexuellen durch eine große Werbetätigkeit von Ihresgleichen aufgeklärt werden. Die dadurch bedingte Abhaltung derartiger Personen von der Ehe dürfte auch auf eine allgemeine Abnahme psychopathischer Anlagen hinwirken.« (Die damalige Assoziierung von Homosexualität mit Psychopathie wird hier deutlich.)

1920 war bereits die Schrift *Die Freigabe der Vernichtung lebensunwerten Lebens* des Juristen Binding und des Psychiaters Hoche erschienen (der im übrigen u. a. – zunächst gemeinsam mit Ernst Schultze – ein Handbuch der gerichtlichen Psychiatrie herausgab), die völlig unverblümt für die Tötung Schwerkranker eintritt. So schreibt Binding:

»Daß es lebende Menschen gibt, deren Tod für sie eine Erlösung und zugleich für die Gesellschaft und den Staat insbesondere eine Befreiung von einer Last ist, deren Tragung außer dem einen, ein Vorbild größter Selbstlosigkeit zu sein, nicht den kleinsten Nutzen stiftet, läßt sich in keiner Weise bezweifeln.«

Und: »Da sie [Anm.: die »unheilbar Blödsinnigen«] großer Pflege bedürfen, geben sie Anlaß, daß ein Menschenberuf entsteht, der darin aufgeht, absolut lebensunwertes Leben für Jahre und Jahrzehnte zu fristen.«

Einen »Irrtum« bei der »Vernichtung lebensunwerten Lebens« hält Binding zwar für möglich, aber:

»Das Gute und das Vernünftige müssen geschehen trotz allen Irrtumsrisikos ... Nimmt man aber auch den Irrtum einmal als bewiesen an, so zählt die Menschheit jetzt ein Leben weniger. Dies Leben hätte vielleicht nach glücklicher Überwindung der Katastrophe noch sehr kostbar werden können: meist aber wird es kaum über den mittleren Wert besessen haben. Für die Angehörigen wiegt natürlich der Verlust sehr schwer. Aber die Menschheit verliert infolge Irrtums so viele Angehörige, daß einer mehr oder weniger wirklich kaum in die Wagschale fällt.«

Und abschließend:

»Auch bei allen anderen Handlungen des Mitleids ist der Irrtum und vielleicht ein übles Ende möglich. Wer aber möchte die Anwendung dieses schönsten Zuges menschlicher Natur durch den Hinweis auf solchen Irrtum beschränkt sehen?«

Hoches sich hieran anschließende »ärztliche Bemerkungen« entsprechen diesem Standpunkt. Es erstaunt, wie ausführlich der Arzt auf den wirtschaftlichen Aspekt eingeht. In diesem Zusammenhang schreibt er:

»Nehmen wir für den Einzelfall eine durchschnittliche Lebensdauer von 50 Jahren an, so ist leicht zu ermessen, welches ungeheure Kapital in Form von Nahrungsmitteln, Kleidung und Heizung dem Nationalvermögen für einen unproduktiven Zweck entzogen wird ... Unsere Lage ist wie die der Teilnehmer an einer schwierigen Expedition, bei welcher die größtmögliche Leistungsfähigkeit Aller die unerläßliche Voraussetzung für das Gelingen der Unternehmung bedeutet, und bei der kein Platz ist für halbe, Viertels- und Achtels-Kräfte.«

Hoche stellt bedauernd fest, daß es noch nicht gelungen sei, die Betreffenden, die er »Ballastexistenzen« und »Defektmenschen« nennt, von der Fortpflanzung auszuschließen. Er lebt in der Erwartung einer neuen Zeit:

»Es gab eine Zeit, die wir jetzt als barbarisch betrachten, in der die Beseitigung der lebensunfähig Geborenen oder Gewordenen selbstverständlich war; dann kam die jetzt noch laufende Phase, in welcher schließlich die Erhaltung jeder noch so wertlosen Existenz als höchste sittliche Forderung galt; eine neue Zeit wird kommen, die von dem Standpunkte einer höheren Sittlichkeit aus aufhören wird, die Forderungen eines überspannten Humanitätsbegriffes und einer Überschätzung des Wertes der Existenz schlechthin mit schweren Opfern dauernd in die Tat umzusetzen.«

Diese Ausführungen zweier geachteter Vertreter ihrer Fachgebiete stammen, wie gesagt, aus dem Jahre 1920. Sie fanden, neben einiger Kritik, auch viel Zustimmung, sogar unter Theologen. Diese Schrift und ihre zustimmende Rezeption geben Auskunft über Strömungen der damaligen Zeit, die den Umgang mit Haarmann und dem »Fall Haarmann«, in dem nur wenige Spuren einer Lobby für einen offensichtlich psychisch Kranken auszumachen sind, in einem spezifischen Kontext erscheinen lassen.

Zweifellos stand Schultze unter massivem Druck seitens der Justiz und der Öffentlichkeit. Als er aufgrund gesundheitlicher Probleme um eine Verschiebung des Termins der Hauptverhandlung bat, sandte ihm Oberstaatsanwalt Wilde am 18. 11. 1924 in das Sanatorium »Stefanie« in Meran ein Telegramm folgenden Inhalts:

»Termin 4. Dezember bleibt bestehen / Verlegung vom Gericht abgelehnt, da sonst Verhandlung im Dezember nicht mehr durchgeführt werden kann, dies aber mit Rücksicht auf Volksstimmung unbedingt notwendig ist / Brief unterwegs.« (83)

Laut Herbertz (1925) habe die Staatsanwaltschaft vor Prozeßbeginn erklärt, im Falle der psychiatrischen Zuerkennung von Unzurechnungsfähigkeit gegen die Wissenschaft ankämpfen zu wollen. (Herbertz versucht sich dem Phänomen der »Massenmörder« aus zeitgenössischer psychoanalytischer Sicht zu nähern, wobei er von einem »Kannibalismus« Haarmanns ausgeht.)

Auf die damalige Konstellation scheinen die Worte des analytisch orientierten Kriminalpsychologen Reiwald (1948) zuzutreffen:

»Wenn sich die öffentliche Meinung eines Falles bemächtigt hat, wenn in der Presse sich bereits die feste Überzeugung ausspricht, daß man es mit dem Schuldigen, und zwar dem wirklichen Schuldigen, zu tun habe, dann werden die Mitglieder des Gerichts, Richter wie Geschworene, sich nur sehr schwer der allgemeinen Erregung entziehen. Das Merkmal der

Massensituation ist die Verschiebung des Gleichgewichts zwischen bewußt und unbewußt. Die bewußte Persönlichkeit tritt zurück, das Unbewußte mit seiner Herrschaft der Affekte gewinnt die Oberhand. Der Talar und der erhöhte Sitz hinter dem Gerichtstisch sind kein ausreichender Schutz gegen den Einfluß der Masse.«

Ein sehr aktiver Kritiker an der Ermittlungsarbeit, am Ablauf des Verfahrens, dem Gutachten Schultzes (dessen Schlußfolgerungen er in seinem Buch »Haarmann: die Geschichte eines Werwolfs« (1925 / 1989) als ein von einem Aktenberg geborenes Mäuslein bezeichnet) und den Todesurteilen gegen Haarmann und Grans, war der als Hochschullehrer in Hannover tätige Philosoph und Psychologe Theodor Lessing. Er prangerte eine Mitschuld der Behörden daran an, daß Haarmann so spät überführt wurde und die Zahl der Opfer deshalb so groß werden konnte. Das Handeln von Haarmann und Grans führte er auf gesellschaftliche Prozesse zurück (»Unser aller Schuld«). Aufgrund seiner kritischen Anmerkungen wurde ihm die weitere Teilnahme als Prozeßbeobachter am elften Prozeßtag verboten. Es folgte ein Disziplinarverfahren. 1933 wurde Lessing von den Nationalsozialisten ermordet.

Der Psychologe Friedländer (1925) schrieb damals: »Ich glaube nicht, daß genaue Kenner der hier zu untersuchenden Fragen die Möglichkeit leugnen werden: Daß H. zur Zeit der Begehung der jeweiligen Mordtat sich in einem Zustande befand, welcher die freie Willensbestimmung aufhob oder minderte.«

Er wünschte sich eine Begnadigung Haarmanns zu lebenslanger Zuchthausstrafe, »um der Pychologie und Kriminalistik Gelegenheit zu geben, dieses außergewöhnliche Exemplar zu studieren, von ihm zu erfahren – *was es noch zu sagen hätte.«* Derartige Voten, wie auch die sich zu Wort meldender Anhänger der psychoanalytischen Schule, wurden juristischerseits nicht zur Kenntnis genommen.

Von kommunistischer Seite wurde der Fall Haarmann als Folge politischer Mißstände gesehen, die u. a. in einem Versagen der Polizei zum Ausdruck gekommen seien. Tatsächlich hat es offenbar schwerwiegende Versäumnisse der Polizei gegeben (s. z. B. Werremeier 1992). Der Fall Haarmann wurde in einer Flut von Zeitungsberichten, Schriften und Pamphleten aufgegriffen, die sich in der Anpreisung ihrer jeweiligen Authentizität zu überbieten suchten. In ihrer Differenziertheit sticht hier die »Kriminalistische Studie« von Hans Hyan (1924) heraus.

Schultze hatte in seinem Gutachten den Auftrag zu erfüllen, die Zurechnungsfähigkeit (im heutigen juristischen Sprachgebrauch: Schuldfähigkeit) Haarmanns zu beurteilen. Bei der Schuldfähigkeit geht es prinzipiell ausschließlich um die psychische Verfassung *zum Zeitpunkt der Tat* – nicht etwa um eine allgemeine bzw. überdauernde Befindlichkeit eines Straftäters – d. h. um die sog. »Tatzeitpersönlichkeit« und ihre Einsichts- und / oder Steuerungsfähigkeit. Die Entscheidung über die Frage der Schuld- bzw. Zurechnungsfähigkeit obliegt allein dem Richter, der die wissenschaftliche Überzeugungskraft des Gutachtens selbständig zu überprüfen hat, und nicht etwa dem Sachverständigen, wenngleich dessen Feststellungen für das richterliche Urteil von wesentlicher, oft ausschlaggebender Bedeutung sind. (Schreiber 1986)

Hinsichtlich der Zurechnungsfähigkeit galt damals § 51 des Reichsstrafgesetzbuches von 1871:

> Eine strafbare Handlung ist nicht vorhanden, wenn der Täter zur Zeit der Begehung der Handlung sich in einem Zustande von Bewußtlosigkeit oder krankhafter Störung der Geistestätigkeit befand, durch welchen seine freie Willensbestimmung ausgeschlossen war.

Zunächst war in Übereinstimmung mit den Strafgesetzen der meisten anderen deutschen Länder auch eine Bestimmung über die *verminderte Zurechnungsfähigkeit* vorgesehen. Von der Wissenschaftlichen Deputation für das Medizinalwesen war eine solche Vorschrift nachdrücklich empfohlen worden, weil eine scharfe Trennung der die Zurechnungsfähigkeit ausschließenden und begründenden Geisteszustände sich nicht durchführen lasse. Dann setzten sich jedoch Bedenken gegen den Begriff der verminderten Zurechnungsfähigkeit durch, der auch als widersinnig bezeichnet wurde: Der Mensch sei entweder zurechnungsfähig oder er sei es nicht, eine Zwischenstufe gebe es nicht. Es wurde die Gefahr einer »unerträglichen Sentimentalitätspraxis« gesehen mit unangemessener Zubilligung von Schuldminderungsgründen. (Lenckner 1972) Die Nichtberücksichtigung der verminderten Zurechnungsfähigkeit im Gesetzestext wurde seitens der forensischen Psychiater jedoch immer wieder kritisiert und eine entsprechende Reform der Strafgesetzgebung jahrzehntelang erwartet. Cramer spricht bereits 1899 im Vorwort zur zweiten Auflage seines Lehrbuches *Gerichtliche Psychiatrie* von einer »gegenwärtigen Bewegung zur Einführung einer geminderten Zurechnungsfähigkeit«. Weygandt vertritt in seinem Lehrbuch *Forensische Psychiatrie* (1908) die Ansicht, daß »die strenge Fassung des § 51« »der reichen Fülle der Möglichkeiten des wirklichen Lebens« nicht gerecht werde. Weygandt zählt zu den möglichen Faktoren, die eine verminderte Zurechnungsfähigkeit bedingen könnten, u. a. »manche Fälle sexueller Abnormität«. Andererseits äußert er die Auffassung, daß »partiell Unzurechnungsfähige, die nur leicht psychopathisch sind«, »unter dem Zusammentreffen schädigender Einflüsse sich in einem Zustand der *Ausschließung* der freien Willensbestimmung befinden können«. Zu diesen zählt er »auch Homosexuelle und andere sexuell Abnorme auf angeborener Grundlage in bezug auf die Betätigung ihrer perversen Veranlagung«. Kritisiert wurde vielfach die Praxis, angesichts der fehlenden Möglichkeit der Zuerkennung verminderter Zurechnungsfähigkeit einen Ausweg über die Zubilligung mildernder Umstände zu suchen. Es wurde psychiatrischerseits geltend gemacht, daß bei den Betreffenden eine qualitativ andere Behandlung unter dem Gesichtspunkt einer Besserung und Heilung angezeigt sei, nicht eine Minderung des Strafmaßes. Cramer (1908) hielt es in einzelnen Fällen für dem Gutachter erlaubt zu sagen, »wenn in dem Strafgesetzbuch der Begriff einer geminderten Zurechnungsfähigkeit vorgesehen wäre, so sei dies ein Individuum, dessen Geisteszustand unter diese Kategorie gehöre«. Nach Weygandts Schilderung fragten die Richter den Sachverständigen geradezu, ob er sich in dem jeweils vorliegenden Fall für verminderte Zurechnungsfähigkeit aussprechen würde. Laut Cramer habe sich eine Reichsgerichtsentscheidung aus dem Jahre 1890 dahin ausgesprochen, daß bei berechtigten Zweifeln an der Zurechnungsfähigkeit zugunsten des Angeklagten entschieden werden müsse. Und in einem Urteil des Reichsgerichtes aus dem Jahre 1900 habe es geheißen, daß eine Verurteilung nur dann hätte erfolgen können, wenn das *Nichtbestehen* der Voraussetzungen des § 51 StGB *nachgewiesen* worden wäre. Ganz wenige Psychiater sprachen sich gegen die Berücksichtigung einer verminderten Zurechnungsfähigkeit im Gesetzestext aus. Aschaffenburg (1934) schreibt: »Die lange Lebensdauer des § 51 in seiner bisherigen Fassung hat es mit sich gebracht, daß eine fast unübersehbare Reihe von Arbeiten sich mit seinen großen Mängeln auseinandergesetzt hat.« Vielfach wurden jedoch Befürchtungen hinsichtlich der Aufnahme derjenigen Personen, denen verminderte Zurechnungsfähigkeit zugebilligt werden würde, in die Heil- und Pflegeanstalten laut, da eine Verschlechterung des Behandlungsklimas durch die Betreffenden angenommen wurde. Derartige Befürchtungen äußerte auch Schultze (1922 b), wie sich dieser überhaupt an den psychiatrischen Diskussionen zum Strafgesetz und seiner Reform rege beteiligte. (s. a. Schultze 1922 a, 1926)

Erst am 1. 1. 1934 trat ein neues Gesetz in Kraft, nämlich das »Gesetz gegen gefährliche Gewohnheitsverbrecher und über Maßregeln der Besserung und Sicherung« vom 24. 11. 1933, das auch die Sicherungsmaßregeln einführte. Hier lautete der § 51, dessen zweiter Absatz sich auf die verminderte Zurechnungsfähigkeit bezieht, nun:

> Eine strafbare Handlung ist nicht vorhanden, wenn der Täter zur Zeit der Tat wegen Bewußtseinsstörung, wegen krankhafter Störung der Geistestätigkeit oder wegen Geistesschwäche unfähig ist, das Unerlaubte der Tat einzusehen oder nach dieser Einsicht zu handeln.
>
> War die Fähigkeit, das Unerlaubte der Tat einzusehen oder nach dieser Einsicht zu handeln, zur Zeit der Tat aus einem dieser Gründe erheblich vermindert, so kann die Strafe nach den Vorschriften über die Bestrafung des Versuchs gemildert werden.

An die aufgrund verminderter Zurechnungsfähigkeit verkürzte Freiheitsstrafe konnte sich nun eine zwangsweise Unterbringung in einer psychiatrischen Anstalt (§ 42 StGB) anschließen.

Heute gilt das zweite Strafrechtsreformgesetz vom 4. 7. 1969, das seit dem 1. 1. 1975 in Kraft ist. In den neuen Paragraphen 20 und 21 StGB wird nun der Begriff »Schuldfähigkeit« verwandt:

> § 20 StGB: Schuldunfähigkeit wegen seelischer Störungen:
>
> Ohne Schuld handelt, wer bei Begehung der Tat wegen einer krankhaften seelischen Störung, wegen einer tiefgreifenden Bewußtseinsstörung oder wegen Schwachsinns oder einer schweren anderen seelischen Abartigkeit unfähig ist, das Unrecht der Tat einzusehen oder nach dieser Einsicht zu handeln.
>
> § 21 StGB: Verminderte Schuldfähigkeit:
>
> Ist die Fähigkeit des Täters, das Unrecht der Tat einzusehen oder nach dieser Einsicht zu handeln, aus einem der im § 20 bezeichneten Gründe bei Begehung der Tat erheblich vermindert, so kann die Strafe nach § 49 Abs. 1 gemildert werden.

Man beachte die im Zuge der Änderungen am Gesetzestext zunehmende Differenzierung möglicher schuldausschließender bzw. schuldmindernder psychischer Zustände, die vom begutachtenden Psychiater in diagnostische Kategorien zu transformieren sind. Grundsätzlich neu hinzugekommen ist zuletzt das unglücklich formulierte Kriterium der »schweren anderen seelischen Abartigkeit«, das sich auf neurotische Störungen bzw. Persönlichkeitsstörungen (früher: »Psychopathien«) bezieht. Der Gesetzestext hat sich somit (wenn auch in unter Psychiatern nicht unumstrittener Form) gegenüber dem realen klinischen Spektrum mehr und mehr geöffnet. Dies ist eine weitere wichtige Entwicklung neben der Einführung der verminderten Zurechnungs- bzw. Schuldfähigkeit. Für Schultze gilt denn auch, daß ihm für die Beantwortung der gerichtlicherseits gestellten Fragen, die sich ja am Gesetzestext orientierten, im Vergleich zu den heutigen Gegebenheiten weitaus weniger Zuordnungsmöglichkeiten an die Hand gegeben waren.

Der zweite große »Massenmörderprozeß« der Weimarer Republik (1931) war der des Peter Kürten, des »Vampirs von Düsseldorf«. (s. hierzu Lenk u. Kaever 1974) Bei ihm lag ebenfalls eine schwere Perversionsbildung vor. Dies wurde von seinen beiden Gutachtern zwar gesehen, dennoch wurden die Voraussetzungen des § 51 StGB verneint. (Prof. Sioli: »Die Möglichkeit, daß der Geschlechtsrausch oder der pervertierte Geschlechtsrausch eine Bewußtseinsstörung mit Aufhebung der freien Willensbestimmung macht, lehnen wir im allgemeinen ab ...«) Kürten wurde wegen Mordes in 9 Fällen zum Tode, wegen Mordversuches in 7 Fällen zu einer Zuchthausstrafe verurteilt. Am 2.7.1931 wurde Kürten hingerichtet.

Erst am 27.11.1959 wurde erstmals durch ein Urteil des Bundesgerichtshofes die Beeinträchtigung der strafrechtlichen Verantwortlichkeit durch eine sexuelle Deviation anerkannt:

> Als krankhafte Störung der Geistestätigkeit können alle Störungen der Verstandestätigkeit sowie des Willens-, Gefühls- oder Trieblebens in Betracht kommen. Das gilt unter anderem für eine naturwidrige geschlechtliche Triebhaftigkeit, wenn ihr Träger ihr insbesondere infolge Entartung seiner Persönlichkeit nicht ausreichend widerstehen kann. Auf die Veränderung körperlicher Merkmale kommt es nicht an.

Damals war ja die »schwere andere seelische Abartigkeit« als De- oder Exkulpationsgrund noch nicht vorgesehen. Und erst 1971 wurde in einem Verfahren gegen einen Sexualstraftäter erstmals in Deutschland ein Psychoanalytiker mit der Erstattung eines Gutachtens beauftragt: Es handelte sich um den Revisionsprozeß gegen Jürgen Bartsch, der zwischen 1962 und 1966 vier Kinder getötet hatte. (Näheres s. Moor 1991)

3. Die Gutachtengespräche

3.1. Schultzes Zugang zu Haarmann

Am 23. Juni 1924 wurde Haarmann ins Gerichtsgefängnis eingeliefert. Im Rahmen der dortigen Vernehmungen begann er ab dem 29. Juni schrittweise zuzugeben, zahlreiche junge Männer getötet und deren Leichen zerstückelt und beseitigt zu haben. Am 1. Juli 1924 erblickte die Mutter des vermißten Robert Witzel im Flur des Polizeipräsidiums zufällig Theodor Hartmann, den Sohn der Wirtin Haarmanns in der Roten Reihe, Elisabeth Engel, und erkannte die Jacke ihres Sohnes, die Theodor Hartmann trug. Daraufhin wurde die Obdachlosenhalle im Hof des Polizeipräsidiums geräumt und Haarmanns sämtliche Habseligkeiten aus der Roten Reihe wurden auf einem »Basartisch« aufgebaut, auf dem auch die von zahlreichen Menschen in der Folge abgegebenen Kleider und Schuhe ausgestellt wurden, die sie Haarmann abgekauft hatten. Mehr und mehr Angehörige von Vermißten erkannten dort im Laufe der nächsten Tage Kleidungsstücke ihrer verschwundenen Söhne und Brüder wieder. Und Haarmann räumte nach und nach ein, die jungen Männer getötet zu haben.

Der Gutachter Ernst Schultze nahm die Explorationsgespräche bereits auf, als Haarmann sich noch in Hannover befand. Zunächst sollte die Frage der Notwendigkeit einer psychiatrischen Begutachtung abgeklärt werden. In der Göttinger Krankenakte sind Gespräche in Hannover an sechs Terminen zwischen dem 26. Juli und dem 9. August 1924 dokumentiert. Am 16. August wurde Haarmann zur Untersuchung seines Geisteszustandes in die Provinzial-Heil- und Pflegeanstalt Göttingen gebracht, wo er bis zum 25. September 1924 verblieb (sechswöchige Untersuchung gemäß § 81 StPO). Haarmann wurde in dem »Verwahrungshaus« für dissoziale bzw. kriminelle Kranke untergebracht, das auf Anregung Cramers errichtet und 1909 in Betrieb genommen worden war. Es diente der Behandlung dissozialer bzw. krimineller Kranker aus allen hannoverschen Anstalten. (Näheres zum »Verwahrungshaus« bei Aschaffenburg 1912) Die Gutachtengespräche fanden in der Zelle Haarmanns statt. Sie wurden von einem jungen Stenographen, der ständig zugegen war, mitstenographiert. Auf ihn beziehen sich verschiedene Bemerkungen Haarmanns. Offensichtlich gefiel ihm der junge Mann.

Die Göttinger Krankenakte enthält also die wörtliche Wiedergabe aller Gespräche, die die Grundlage der Begutachtung bilden. Wir erhalten unmittelbaren Einblick in Stil und Methodik der Explorationen Schultzes, in die psychiatrischen Schwerpunkte, die er setzte, und hiermit auch in sein Menschenbild.

Schultze spricht Haarmann mit »Sie« an, nennt ihn aber »Fritz«. Insgesamt fällt auf, daß nach der Aufnahme Haarmanns in die psychiatrische Klinik in Göttingen Schultze in den Explorationen sogleich wesentlich konfrontativer als noch in Hannover vorgeht und sich mit wertenden Äußerungen nicht zurückhält.

Fragen, die auf eine Wissensprüfung abzielen (z. B. in Religion, Geschichte und Politik) nehmen breiten Raum ein. Auch prüft Schultze immer wieder die Fähigkeit Haarmanns zu logischem Denken und stellt Rechenaufgaben, um eine möglicherweise bestehende Minderbegabung aufzudecken. Ein differenzierteres Untersuchungsinstrumentarium im Sinne der heute angewandten psychologischen Testverfahren stand Schultze damals nicht zur Verfügung, so daß er auf diese Untersuchungsmethode angewiesen war. Allerdings werden diese Fragen oft ganz abrupt gestellt, wobei Schultze praktisch jede Gelegenheit einer assoziativen Überleitung zu derartigen Testfragen zu ergreifen scheint, so z. B wenn von Kaffee die Rede ist und Schultze sogleich den Preis für verschiedene Kaffeemengen ausrechnen läßt. Die Bearbeitung eines Themas wird hierdurch unterbrochen und dann oft nicht wieder aufgenommen. Es entsteht sogar der Eindruck, daß die Vertiefung einzelner Themen durch das geradezu zwanghaft anmutende Einstreuen von Prüfungsfragen systematisch verhindert wird. Einmal äußert Haarmann dann auch: »Sie müssen das nicht immer so mitten 'raus nehmen, ich denke grade eben wo anders dran.«

Offensichtlich sind die religiösen Grundüberzeugungen Schultzes bei der Beurteilung Haarmanns und seiner Taten maßgeblich. Er versucht nicht, die Taten aus dem subjektiven Erleben Haarmanns abzuleiten, sondern unterzieht sie, ohne sich auf diese Ebene einzulassen, sogleich der moralischen bzw. religiösen Wertung. Das von vornherein gefällte moralische Werturteil teilt Schultze Haarmann ohne jede Zurückhaltung mit, z. B. in Äußerungen wie: *»Das ist doch eigentlich eine schreckliche Schweinerei.«* (310)

Sicher entgeht Schultze hierdurch einiges, was Haarmann ihm hätte erzählen können. So sagt Haarmann ihm auch einmal: »Nun fangen Sie wieder an zu schimpfen, wenn man die Wahrheit erzählt.« (356)

Schon am 20. 8. 1924 steht für den Gutachter fest:
»Für jeden Mord müßten Sie geköpft werden.« Und:
»Dann wird Ihnen das Lachen vergehen.« (318)

Am 22. 8. 1924 wirft Schultze Haarmann vor, daß er erst am 12. Tage nach der Verhaftung zugegeben habe, junge Leute ermordet zu haben. Im Anschluß hieran fällt Schultze völlig aus der Gutachterrolle und gebärdet sich als wütender Ankläger, was in der Äußerung gipfelt: *»Ein solches Schwein wie Sie habe ich überhaupt noch nicht gesehen.«* (333) Schließlich stellt er die zynische Frage (hinter der wahrscheinlich Hilflosigkeit steckt): *»Macht Ihnen das so viel Freude, daß Sie soviel umbrachten?«* (334) und meint: *»So einen Kerl muß man aus der Gesellschaft entfernen.«*

Über weite Strecken haben die Gutachtengespräche den Charakter eines Verhörs, nicht den einer ärztlichen Exploration. Es könnte sich ebenso um eine polizeiliche oder richterliche Vernehmung handeln. Dies wird z. B. in einer solchen Abfolge von Fragen deutlich:
»Von wem das Fleisch?«
»Haben Sie von den Jungens das Fleisch verkauft?«
»Die Knochen?«
»Wovon die viele Bouillon gemacht?«
»Man hat bei Ihnen 3–4 Liter gesehen.«
»Wozu so viel Gas verbraucht?«
»Auch im Sommer so viel Gas gebraucht?«
»Wieviel cbm gebraucht?«
»Wovon Sülze gekocht?«
»Das glaubt Ihnen alles kein Mensch.« (337)

Schultze geht mit Haarmann systematisch die umfangreichen Ermittlungsakten durch. Am 31. 8. 1924 exploriert er zu den einzelnen Opfern, später befragt er Haarmann über weite Strecken der Gespräche zu seinen früheren Verfahren. In erster Linie geht es ihm bei diesen Themen um die konkrete Beweislage, die vorliegenden Indizien und Zeugenaussagen und Haarmanns Stellungnahme hierzu, d. h. darum, was Haarmann (unter Umständen »auf Vorhalt«) »zugibt« oder »bestreitet«. Psychiatrische Aspekte treten hier kaum in Erscheinung. Einmal äußert Schultze, daß er »noch zwei (Zeugen) ermittelt« habe (489). Wohl nicht von ungefähr ist Haarmann die Rolle Schultzes nicht recht klar, er hält ihn für einen »Professor am Gericht« (316). Schließlich macht Schultze ihm ja auch »Vorhaltungen hinsichtlich § 175« (409).

Zu Lebensvorgeschichte, früheren Krankheiten und Beschwerden befragt Schultze Haarmann ebenfalls ausführlich. Hierbei unterstellt er ihm mehrfach Simulation in der Vergangenheit, so z. B. hinsichtlich der 1895 im Lazarett Neubreisach beschriebenen paranoiden Symptome (324) oder Haarmanns Angaben 1902 über Beschwerden gegenüber dem Stabsarzt Dr. Franz in Bitsch. Er ist überzeugt davon, daß Haarmann sich seine Invalidenrente erschwindelt hat (548). Wohl weil er von einer damaligen Simulation Haarmanns überzeugt ist, bemüht er sich kaum, die Beschwerdebilder aus aktueller Sicht zu rekonstruieren. Offensichtlich versucht er, auch Haarmanns Einstellung in diesem Sinne zu beeinflussen: »Früher hat man gesagt, Sie wären ein Idiot ... Ich glaube, daß Sie einen Idiot markiert haben.« (339) (Wer wollte schon darauf bestehen, ein »Idiot« (gewesen) zu sein?) Sehr deutlich bringt Schultze auch seine persönliche Einstellung zur Arbeit ein, indem er Haarmann mehrfach vorwirft, daß er sich vor Arbeit immer gedrückt habe (335).

Am 25. 8. 1924 erhebt Schultze eine eingehende Sexualanamnese. So kommen Selbstbefriedigung und die ersten hetero- und homosexuellen Erlebnisse ausführlich zur Sprache (343–353). Hierbei verzichtet Schultze zunächst auf eine Wertung und erhält detailreiche Angaben von Haarmann, der zu diesem Zeitpunkt offenbar Vertrauen zum Gutachter gefaßt hat (der scheinbar ein Gespür für den Umgangsstil, mit dem Haarmann gut zurechtkommt, besitzt). Haarmann geht hier auch auf das für ihn sicher sehr schwierige Thema des Einkotens in der Kindheit ein. Aber schließlich verfällt Schultze dann doch wieder in die wertende bzw. verurteilende Position: *»Ist doch alles Schweinerei.«* (350), *»Ist doch auch unnatürlich, das Polieren?«* (351), wodurch er eine weitere Vertiefung dieser zentralen Thematik zwangsläufig unmöglich macht.

Zu Schultzes früh gefälltem Urteil, daß Haarmann nicht krank ist (*»Geben Sie mal acht, wir wollen mal offen sein, ich glaube nicht, daß Sie krank sind.«*), worin Haarmann wiederum eifrig zustimmt, paßt nicht, daß Haarmann angibt, sich an die Tötungsdelikte nicht zu erinnern, woraus folgt: *»Deshalb müssen Sie wissen, wie das passiert ist.«* (540) Als Haarmann befürchtet, daß Schultze ihn für verrückt hält, weil er sich an die Taten nicht erinnert, und er dann in die gefürchtete Hildesheimer Anstalt geschickt werden könnte, versucht Schultze, Haarmann zu manipulieren: *»Sie kommen gerade dann erst recht nach Hildesheim, wenn Sie sagen, ich weiß das nicht.« (582)*

Im Laufe der sechswöchigen Untersuchung in Göttingen scheint die emotionale Beteiligung Schultzes abzunehmen, vielleicht hat sich auch irgendeine Form von Sympathie für Haarmann entwickelt – massiv entwertende Einlassungen des Gutachters kommen in den letzten Untersuchungstagen jedenfalls nicht mehr vor. Es ist jedoch seitens Schultze eine mangelnde Ernstwertung seines Gegenübers spürbar. So rät er Haarmann, als dieser fürchtet, vergiftet und dann womöglich scheintot begraben zu werden, doch an den Sarg zu klopfen (518). Auf die Schilderung eines mißlungenen Suicidversuches Haarmanns bemerkt Schultze: *»Unkraut vergeht nicht.«* (519) Im Zusammenhang mit dem Thema Kastration fragt Schultze: *»Sollen wir Ihnen das Ding nicht auch abschneiden?«* (525) Es können nur Vermutungen darüber angestellt werden, was sich Schultze dabei denkt, als er mit Haarmann darüber diskutiert, ob dessen verstorbene Mutter möchte, daß er nach der (von beiden Seiten als unausweichlich empfundenen) Hinrichtung in den Himmel kommt (577). Kurz vor der Rückverlegung nach Hannover gibt Schultze Haarmann mit auf den Weg: *»Wenn das Poussieren mit Mord endet, muß man das lassen.«* (584)

Es muß hierbei bedacht werden, daß derartige Einlassungen Schultzes wahrscheinlich nicht allein auf dessen Persönlichkeitseigenheiten beruhen, sondern daß dieser Interventionsstil auch Ausdruck seiner Gegenübertragung sein kann, also durch Haarmann bzw. dessen Beziehungsgestaltung in spezifischer Weise bei Schultze induziert wurde.

3.2. Angaben Haarmanns zur Vorgeschichte

In diesem Abschnitt sind wichtige Angaben Haarmanns zur Lebens- und Krankheitsvorgeschichte chronologisch bzw. thematisch geordnet wiedergegeben. Angaben aus anderen Quellen werden diesen gegenübergestellt. Die meisten zusätzlichen Informationen (eingerückt) entstammen Aktenauszügen, die sich im Göttinger Krankenblatt Haarmanns befinden und somit also neben den Explorationen ebenfalls eine Grundlage der Begutachtung durch Schultze bildeten. Diese Aufbereitung des Materials, das in den Protokollen in recht unübersichtlicher Form erscheint (wobei die Form selbst etwas über Haarmanns Problematik aussagt), soll die Orientierung bei der Lektüre erleichtern und eine bessere Einschätzung der Aussagen Haarmanns ermöglichen.

3.2.1. Vorerkrankungen und Beschwerden

Haarmanns Äußerungen hinsichtlich früherer *Krampfanfälle* (zu denen er von Schultze sachgerecht und ausführlich befragt wird) wirken glaubhaft und legen den dringenden Verdacht auf ein Anfallsleiden nahe. In Hannover berichtet Haarmann von Krämpfen während der Untersuchungshaft. Er leide hierunter, seitdem er im Zuchthaus gewesen sei. Aus seiner Schilderung geht hervor, daß er sich an die Anfälle selbst nicht erinnert. Unmittelbar nach den Anfällen könne er erst noch nicht richtig gehen, es tue ihm alles weh und er müsse sich langsam erholen. Insgesamt träten die Krämpfe alle 5–6 Wochen auf. Ein Beamter habe ihn nach einem Anfall einmal auf Schaum vor dem Mund aufmerksam gemacht. Mitunter habe er sich bei Anfällen auch auf die Zunge gebissen oder eingenäßt. Das Thema ist Haarmann offensichtlich unangenehm; er hat zuvor noch nicht darüber gesprochen (683). Später (26. 8. 1924) kommt es noch einmal zur Sprache, wobei Haarmann weitere wichtige Angaben zu seinen Krampfanfällen macht (367).

1918 sei Haarmann an einem Tripper erkrankt. Er macht unterschiedliche Angaben darüber, bei welcher Frau er sich angesteckt haben könnte. Er sei damals ärztlich behandelt worden.

Alkohol vertrage Haarmann kaum: »Zwei Glas Bier – das ist ganz schön – aber wenn ich Schnaps trinke, dann bin ich richtig krank – ein paar

Tage lang liege ich dann im Bett – in den letzten Jahren habe ich fast gar nichts getrunken – ganz früher – habe ich mal was getrunken ... Wenn zwei Glas Bier und großen Schnaps, dann ist es vorbei ...« (684) »Ich konnte nicht viel vertragen. Wenn ich mit Jungens poussierte, habe ich vorher nicht gekneipt, weil ich gleich betrunken war. Wenn ich getrunken hatte, war ich auch ein paar Tage krank.« (429)

Zu *aktuellen Beschwerden* gibt Haarmann an, daß er schlechter als früher rechnen, schreiben und lesen könne. Wenn er lange lese, bekomme er Kopfschmerzen »und dann läuft mir alles durcheinander.« (686) Er schlafe »immer gut« (408). Er träume nicht (366). Bei Erregung (z. B. beim Auseinanderschneiden der Leichen) müsse er würgen und dann komme ihm Blut aus Mund und Nase (414). Dies passiere mitunter alle acht Tage (424).

Unter der Inkontinenz, über die Haarmann im Zusammenhang mit seiner Kindheit berichtet, leidet er offenbar noch als Erwachsener. So sei es immer mal wieder vorgekommen, daß er die Unterhosen vollgemacht habe (382). (Offensichtlich auch unabhängig von Krampfanfällen, bei denen es typischerweise zu Harn- oder Stuhlabgang kommen kann). Haarmann meint, nicht richtig arbeiten zu können. Wenn er arbeite, sei er »gleich richtig krank« (495).

Des weiteren berichtet Haarmann über eine seit vielen Jahren bestehende Impotenz.

3.2.2. Lebensvorgeschichte

Friedrich (genannt Fritz) Heinrich Karl Haarmann wurde am 25. Oktober 1879 als Kind der Johanne Auguste Charlotte Haarmann geb. Claudius und des Lokomotivheizers Karl Friedrich Haarmann in Hannover geboren. Abgesehen von einem unehelichen Sohn, den die Mutter mit in die Ehe brachte, hatte Haarmann fünf ältere Geschwister (Adolf, Wilhelm, Minna, Henny und Emma). Die Mutter war bei der Geburt Fritz Haarmanns knapp 43 Jahre alt. Sie war sieben Jahre älter als ihr Ehemann Friedrich. Laut Lessing (1925 / 1989) habe dieser den Dienst wegen eines angeblich im Betrieb erlittenen Unfalles 1886 verlassen. Er habe bereits bald nach der Heirat mehrfach Maitressen ins Haus genommen und sei wegen seines unleidlichen Wesens bekannt gewesen.

Die Mutter sei seit der Geburt des sechsten Kindes »immer bettlägerig dahinkränkelnd« gewesen. Lessing schreibt: »Durch das ganze Leben zieht sich diese Feindschaft [Haarmanns] mit dem Vater. Die beiden beschuldigen und bedrohen einander ... Es kommt immer wieder zu Mißhandlungen und Schlägereien. Jeder behauptet, daß der andere ihm nach dem Leben trachte, ihn vergiften wolle, ihn beeinträchtige. Zwischendurch verbinden sie sich aber auch mal wieder zu gemeinsamen Betrügereien oder entlasten einander vor Gericht. Das Verhältnis Haarmanns zur Mutter dagegen ist von immer gleicher Schwärmerei. Sie ist die Einzige, von der er Gütiges zu erzählen weiß und stets mit sentimentalen Gefühlen spricht. Im übrigen ist die Familie heillos zerrüttet. Die Geschwister prozessieren unaufhörlich. Erst um das Erbteil der am 5. April 1901 verstorbenen Mutter; späterhin auch um das väterliche Erbe.« Der Vater verstarb am 25. Dezember 1921. Er sei an Syphilis erkrankt gewesen.

Die *Mutter* habe unter Asthma gelitten. Sie habe immer viel gebetet (692). An ihr hat Haarmann offenbar sehr gehangen. Häufig weist er auf ihre guten Eigenschaften hin. Er wirft dem Vater vor, ihr untreu gewesen zu sein. Im Zusammenhang mit dem immer wieder vorgebrachten Wunsch, geköpft zu werden, äußert Haarmann mehrmals die Vorstellung, in den Himmel zu seiner Mutter zu kommen, ja sogar, daß er deshalb hingerichtet werden wolle (734).

Das Verhältnis zu seinem Vater (geboren 1844) beschreibt Haarmann als von Beginn an sehr schlecht. Er weiß nichts Gutes über ihn zu berichten und glaubt, daß er die Mutter »nur des Geldes wegen« geheiratet habe. (Die Mutter besaß eine kleine Zigarrenfabrik). Er äußert sich überzeugt davon, daß der Vater den Sohn, den die Mutter aus einer früheren Verbindung hatte, umgebracht hat, ferner, daß er einen Kollegen, den Lokomotivführer Schröder, totgeschlagen und daß er die Mutter vergiftet hat. Außerdem habe der Vater einen Heizer namens Schnepf aus der Lokomotive geworfen, so daß ihm der Kopf abgefahren worden sei. Das verfügbare Material spricht gegen diese Versionen. Die Behauptungen Haarmanns machen aber deutlich, wie er zu seinem Vater stand. Nach der Heirat habe der Vater nicht mehr gearbeitet und geäußert, dies nicht mehr nötig zu haben. 1888 wurde er berentet. Lange Zeit habe er ein Verhältnis mit einer Frau Borghold gehabt, das über den Zeitpunkt des Todes der Mutter hinweg bestanden habe. Der Vater habe Haarmann als

Kind nicht mit anderen Kindern spielen lassen, er habe immer bei der Zigarrenherstellung helfen müssen: »… mein Vater aber wollte das nicht, daß ich spielte (unter Tränen) oder daß ich einen Freund hatte (schluchzt), die anderen Kinder durften spielen, ich mußte immer rein. – Er sagte immer zu mir, geh du man rein, du Hosenscheißer – wenn ich das auch getan habe, so konnte ich doch nichts dazu, das wollte ich doch nicht.« (552) Auch die Bildung seines Sohnes Fritz hat er nach dessen Darstellung eher unterdrückt: »Ich habe wenig gelesen – Robertson habe ich gelesen und dann so Märchenbücher. Ich durfte zu Haus aber nicht lesen. Wenn der Alte das gesehen hätte.« (429)

Mehrfach hat der Vater Familienmitglieder angezeigt (z. B. 471). Er sei selbst schwul gewesen: »Der Alte hatte immer 17–18jährige Bengels.« (485). Auch seinen Sohn Fritz habe er als Kind einmal sexuell belästigt (484). Allein auf Veranlassung des Vaters sei er in die Heil- und Pflegeanstalt Hildesheim gekommen: »Das hat der Alte gemacht, der hat mich doch immer wieder hinbringen wollen…« (390) Haarmann sei nicht zur Beerdigung des Vaters gegangen und habe auch noch nie sein Grab besucht (311).

Die Geschwister:

Adolf (geboren 1869), der älteste, sei verheiratet und habe 5–6 Kinder. Er sei »auf Continental Abteilungschef« und stehe finanziell gut da. Er sei »so ruhig, wie ein Pastor«. Ihn beschuldigt Haarmann, gemeinsam mit einem Komplizen an seiner Arbeitsstelle in großem Umfang Briefmarken gestohlen zu haben.

Wilhelm (geboren 1871) sei ebenfalls verheiratet und habe Kinder. »Der ist gerade so leichtsinnig wie mein Vater. Der hat auch mehrere Mädchen mit Kindern, deshalb mochte ich ihn nicht.« (677)

Etwa ab dem 6. Lebensjahr sei Haarmann täglich von seinem älteren Bruder Willy sexuell mißbraucht worden. Nach Haarmanns Darstellung war Willy bis in die jüngste Zeit homosexuell aktiv und ebenfalls im Bahnhofsmilieu bekannt (486). (*Wilhelm Haarmann wurde im übrigen im Juli 1898 wegen Vornahme unzüchtiger Handlungen an einem zehnjährigen Mädchen zu einem Jahr Gefängnisstrafe verurteilt* (6–9).)

Minna (geboren 1872) sei im Krieg (1918) verstorben. Sie habe »es immer mit dem Kopf gehabt«. Ihr Ehemann habe im Harz einen Gasthof besessen. Der Sohn Fritz sei »verrückt«, habe einen Wasserkopf (677).

Henny (geboren 1875) sei wie alle drei Schwestern geschieden worden.

Sie habe vier Kinder. Haarmann habe keinen Kontakt mehr zu ihr (seit sein Vater wieder Kontakt zu ihr aufgenommen habe).

Emma (geboren 1877) habe zwei Kinder. Ihr Schwiegervater sei Bürgermeister von Witzenhausen gewesen (678). Unter den Geschwistern habe Haarmann das beste Verhältnis zu dieser Schwester gehabt.

Es fällt auf, daß Haarmann die Schwestern immer mit ihrem Nachnamen bezeichnet (Frau Rüdiger, Frau Erfurdt und Frau Burschel).

Haarmanns Halbbruder *Karl* (ca. 1850 geboren), den Sohn der Mutter aus einer früheren Verbindung, habe sie nach der Eheschließung weggeben müssen, weil der Vater darauf bestanden habe. Karl sei damals etwa 12 Jahre alt gewesen. Er sei öfters zu Besuch gekommen und habe etwas Schönes mitgebracht. Erst später habe ihm Karl eröffnet, daß er sein Bruder sei (466–467). Es wird deutlich, daß Fritz Haarmann seinen Halbbruder gern hatte. Eines Tages sei Karl nach einer Auseinandersetzung mit dem Vater tot aus der Leine gezogen worden. Haarmann behauptet, sein Vater habe Karl umgebracht.

> Ostern 1886 wurde Haarmann in die Bürgerschule 4 am Engelbostelerdamm eingeschult. Er blieb zweimal sitzen (1888 und 1890). 1894 wurde er als Schüler der 3. Klasse in der Christuskirche von Pastor Hardelandt konfirmiert (Lessing 1925 / 1989).

Als Kind habe er gern andere durch Aufstellen von Figuren erschreckt: »Ich habe immer so für mich gespielt und mitunter einen Mann ausgestopft. Dann waren die alle bange.« (458)

Haarmann habe in der Schulzeit keine Kameraden gehabt, habe nur mit seiner Schwester Emma gespielt. Er habe nicht mit anderen Kindern spielen können, da er immer Tabakblätter habe abstrippen müssen (321).

In den Gutachtengesprächen wird deutlich, daß die noch in der Schulzeit bestehende Inkontinenz Haarmann sehr belastete. Er sei »Hosenscheißer« genannt worden. »Meine Mutter sagte, wenn ich einen neuen Anzug kriegte: ›Hast du ihn schon eingeweiht?‹ und faßte hinten hin.« (688)

Nach der Schulzeit habe Haarmann zunächst in der Zigarrenfabrik der Mutter geholfen (321). Von einer laut Unterlagen angefangenen und schnell wieder abgebrochenen Schlosserlehre weiß Haarmann bei der Befragung durch Schultze nichts.

Am 14.4.1895 wurde Haarmann in die Unteroffiziers-Vorschule der Garnison Neubreisach aufgenommen. Einen Tag nach einem anstrengenden Marsch bei starker Hitze mußte er am 3.9.1895 in das Garnisonlazarett eingeliefert werden. Bei der Aufnahme gab er an, daß er die Kantine gekauft habe und jetzt Bier machen müsse. Laut Aufnahmebefund wußte er nicht, daß er sich im Lazarett befand, glaubte im Kloster zu sein und hielt die Kranken im Garten für Pastore. Der erhobene neurologische Befund zeigte keine Auffälligkeiten. Bereits nach zwei Tagen normalisierte sich Haarmanns Befinden (bis auf »zuweilen noch etwas Kopfschmerzen«), und am 18.9.1895 wurde er »gesund« in die Schule entlassen (796–797). Jedoch wurde er am 11.10.1895 bereits wieder im Lazarett aufgenommen. In der Nacht zum 10.10.1895 sei er bei einer Belagerungsübung »als von der Fußartillerie heftig geschossen wurde und Feuerwerkskörper geworfen wurden« unter das Bett gekrochen und habe um Hilfe gebetet in dem Glauben, die Franzosen kämen und wollten ihn umbringen. Im Krankenblatt heißt es: »Am anderen Morgen zeigte er ein sehr aufgeregtes Wesen, war mürrisch und jähzornig und fing mit seinen Kameraden Streit an.« Auch diesmal fühlte sich Haarmann schnell wieder wohl, wurde jedoch am 3.11.1895 unter der Diagnose »epileptisches Irresein« als dienstunbrauchbar in die Heimat entlassen.

Über die Zeit in Neubreisach äußert Haarmann bei der Begutachtung: »Oh, da bin ich ein ganzes Jahr da gewesen. Die mochten mich alle gern haben. Da muß ich wohl gefallen sein – vom Querbaum – oder so was.« (679) Von einer nervlichen Störung will er auch bei wiederholtem Ansprechen des Themas bei der Begutachtung nichts wissen.

Nach dem Aufenthalt im Lazarett sei er nach Hannover zurückgebracht worden. Zu Hause habe er dann arbeiten müssen: »Den Hof gefegt, die Hühner gefüttert – wenn ich mal was holen mußte vom Kaufmann, habe ich das dann gemacht. Und dann – mit einem Male war ich in Hildesheim ... Die haben mich dahin gebracht – mein Vater – da mußte der mich doch nicht hinbringen, nach Hildesheim.« Auf Nachfragen zum Grund der Einweisung: »Das muß wohl mein Freund sein, mit dem ich gespielt habe. Dann haben wir öfter poliert – so mit der Hand gemacht – das nennt man auch onanieren.« (680) Nach etwa einem Jahr sei Haarmann dort »ausgekniffen«. In Langenhagen sei er auch gewesen, aber nicht lange. Ausgekniffen sei er von Hildesheim. Er sei nicht vom Gericht nach Hildesheim geschickt worden, sondern »da hat mich der Alte hingebracht – da wollte er mich jetzt wieder hin haben.« (680)

Laut Krankenakte der Hildesheimer Anstalt (776–777) und Gerichtsakten (900) hatte Haarmann im Juni und Juli 1896 zwei Schulknaben unter 14 Jahren in einen Keller gelockt und gegen Geld unzüchtige Handlungen an ihnen vorgenommen. Im Gerichtsurteil vom Dezember 1924 wird des weiteren ein Notzuchtsversuch an einem 5jährigen Mädchen erwähnt. Gemäß Beschluß des Landgerichts Hannover wurde Haarmann aus diesem Grunde vom 8.2. bis 25.3.1897 in der Provinzial-Heil- und Pflegeanstalt Hildesheim beobachtet. Nach dem dort erstellten Gutachten des damaligen Direktors, Herrn Sanitätsrat Dr. Gerstenberg, befand sich Haarmann zur Zeit der Begehung der strafbaren Handlungen in »einem Zustande krankhafter Störung der Geistestätigkeit, durch welche seine freie Willensbestimmung ausgeschlossen war.« (899–900)

Gegen den Willen seines Vaters (!) wurde Haarmann durch Verfügung des Polizeipräsidiums wegen Gemeingefährlichkeit am 25.3.1897 aufgrund eines Gutachtens des Stadtphysikus Medizinalrat Dr. Schmalfuß in die Abteilung für Geisteskranke des Stadtkrankenhauses III verlegt. Die dortige Aufnahmediagnose lautete »Dementia«. Der dort erhobene allgemein-körperliche und neurologische Befund war normal (777–780). Allerdings wurde später vermerkt, daß die rechte Pupille öfters weiter als die linke sei, auch sei die rechte Gesichtshälfte anscheinend schlaffer und weniger innerviert. Haarmann wurde als kräftig gebauter, gut genährter, für sein Alter sehr gut entwickelter Mensch von blühender Gesichtsfarbe beschrieben. Er mache einen schwachsinnigen, kindlichen Eindruck, habe von seiner Lage und von der moralischen Seite der ihm zur Last gelegten Handlungen kein Verständnis. Am 28.5.1897 wurde Haarmann »ungeheilt« in die Heil- und Pflegeanstalt Hildesheim zurückverlegt. Am 13.10.1897 entwich Haarmann von dort während der Gartenarbeit. Unter Schwierigkeiten wurde Haarmann am 16.10.1897 in der Wohnung seines Vaters verhaftet und am 18.10.1897 nach Hildesheim zurückgebracht. Ein Gesuch des Vaters an die Direktion der Anstalt im November 1897 wurde dort trotz Zustimmung des Magistrats der Stadt Hannover abgelehnt. Wegen Überfüllung der Anstalt wurde Haarmann am 21.12.1897 in die »Idiotenanstalt Langenhagen« verlegt, wo er bereits zwei Tage später entwich (782).

Zunächst sei Haarmann zu seiner Schwester Emma Burschel geflüchtet.

Daraufhin sei er allein in die Schweiz gereist. Die Schwester habe ihm die Papiere seines Schwagers mitgegeben. Die Mutter habe seinen Aufenthalt bezahlt bzw. Geld geschickt. Nachdem er zunächst bei Freunden seiner Mutter, der Familie eines Kunstmalers gewohnt habe (der nach Haarmanns Aussage bei der Hauptverhandlung bald an der Schwindsucht gestorben sei), sei er später bei einem Apotheker in Zürich untergekommen, für den er kleine Arbeiten verrichtet habe (Äußerung bei der Hauptverhandlung: »Ich hatte es dort gut, obgleich ich keinen Lohn bekam.«) (507). In Zürich habe er mit dem Kinderfräulein Verona »poussiert« (499). Haarmann habe sich etwa ein Jahr in der Schweiz aufgehalten und sei dann auf Geheiß seiner Mutter, die kein Geld mehr habe schicken wollen, wieder zurückgekehrt.

Nach einem späteren stabsärztlichen Bericht war Haarmann vom 7.5.1898 bis 30.3.1899 in der Schiffbaufabrik von Escher und Wyss in Zürich als Handlanger beschäftigt (806–807).

Nach der Rückkehr nach Hannover (im Frühjahr 1899) habe er seiner Mutter im Geschäft geholfen und sei dann Soldat geworden. Ein Jahr lang habe er im Hannoverschen Jäger-Bataillon Nr. 10 gedient. Dort sei »die alte Kopfgeschichte« wieder losgegangen (682). Haarmann kann seine damaligen Beschwerden nicht genau angeben. Vielleicht sei er ohnmächtig gewesen, vielleicht habe er auch Krämpfe gehabt (682). Später sei er vom Lazarett nach Hause gebracht worden. Er habe eigentlich gern bei den Jägern bleiben wollen (684).

Am 12.10.1900 wurde Haarmann im Hannoverschen Jäger-Bataillon Nr. 10 aufgenommen und kam als Ersatzrekrut nach Kolmar. Vom 9.11. bis 20.11.1901 wurde er unter der Diagnose einer nervösen Herzstörung im Garnisonlazarett in Bitsch behandelt (793–794), nachdem er laut den dortigen Angaben während des ersten Dienstjahres den Anforderungen des Dienstes geistig und körperlich gewachsen war. Während zweier Märsche im September 1901, beim Einsatz als Wachtposten sowie beim Exerzieren habe er jeweils Ohnmachtsanfälle erlitten. Am 4.12.1901 wurde er abermals im Lazarett aufgenommen. Im Aufnahmebefund wurde seine Intelligenz als »intakt« beschrieben. Im Januar 1902 gab er zu Protokoll, daß er, nachdem er mehrmals ohnmächtig geworden sei, bei jeder Anstrengung unter Kopfschmerzen, Schwindel und Erbrechen leide (795). Der neurologische Aufnahmebefund war normal. Im Verlaufe des Aufenthaltes im Lazarett wurden jedoch Übelkeit, Erbrechen, Schwindel, Müdigkeit, gesteigerte

Reflexe und unsichere Koordination beobachtet. Haarmann klagte über linksseitigen Kopfschmerz, Rückenschmerzen, Druckgefühl in der Herzgegend und Kribbelmißempfindungen der Haut. In einem Gutachten vom 14. 3. 1902 (802–805) nannte Stabsarzt Dr. Franz als Diagnose eine Nervenschwäche (Neurasthenie) und nahm innere Dienstbeschädigung an: »Es ist anzunehmen, daß bei dem neuropathisch durch Vorkrankheiten schwer belasteten, aber doch zur Zeit des Diensteintritts wieder genesenen Manne durch die Anstrengungen des Manövers seine jetzige Krankheit hervorgerufen ist.« Er empfahl eine Badekur, die vom Straßburger Generalkommando abgelehnt wurde.

Zur weiteren Abklärung und Prüfung eventueller Versorgungsansprüche wurde Haarmann am 14. 5. 1902 in das Garnisonlazarett I in Straßburg verlegt. Im dortigen Krankenblatt (807–809) wurde vermerkt: »Es liegt ein sicher schon lange bestehender Intelligenzdefekt vor, der allerdings nur bei systematischer Intelligenzprüfung zu Tage tritt, da H. sonst keinen schwachsinnigen Eindruck macht. Es scheint somit die höchste Wahrscheinlichkeit vorzuliegen, daß H. vor 7 Jahren an Hebephrenie [jugendliche Schizophrenie] erkrankte, sich an die akuten Erscheinungen ein erheblicher Schwachsinn anschloß, der eine angeborene Idiotie vortäuschte und allmählich eine gewisse Besserung wieder eintrat; also Heilung mit Defekt. Für den hebephrenen Charakter einer Psychose spricht auch ein gelegentlich deutlich zu Tage tretender alberner Zug in seinem Wesen.« Man kam zu dem Schluß, daß »das frühere Leiden durch die Eigentümlichkeiten des Militärdienstes, insbesondere durch die Anstrengungen des Militärdienstes erheblich verschlimmert worden« sei. Die Annahme innerer Dienstbeschädigung erscheine daher gerechtfertigt. Haarmann wurde für dauernd ganzinvalide und – zunächst zeitlich befristet – teilweise erwerbsunfähig erklärt (811–812).

Bei der Begutachtung schildert Haarmann einen *Suicidversuch* im Lazarett in Bitsch. Er habe versucht, sich mit Sublimat zu vergiften, nachdem sein Vater in einem Brief an das Lazarett geschrieben habe, daß er schon in Hildesheim behandelt worden sei und damit »alles verraten« habe (519).

Nach seiner Rückkehr nach Hannover habe er Geld aus dem Erbe der Mutter erhalten (1500 Mark) und ein Fischgeschäft an der Lutherkirche eröffnet (687). Er sei damals bereits mit Erna Löbert verlobt gewesen.

Beim ersten Geschlechtsverkehr seien beide 20 Jahre alt gewesen. Das Geschäft habe nur kurze Zeit bestanden, seine Verlobte habe ihn hierbei betrogen. Sie habe ihn nicht geheiratet, da sein Bruder Willy ihr erzählt habe, daß er in Hildesheim gewesen und »bei den Soldaten krank im Kopfe« gewesen sei. Obwohl sie zwischenzeitlich einen anderen geheiratet hatte, sei er ihr noch nachgelaufen, habe ihr Kind im Kinderwagen ansehen wollen, was sie jedoch verweigert hatte (697).

> Laut Lessing (1925 / 1989) habe in einem dem alten Haarmann gehörigen Hause in der Burgstraße ein Arbeiter namens Loewert (in den Explorationsgesprächen: Löbert) gewohnt. Haarmann und dessen Tochter Erna Löbert verlobten sich zu Weihnachten 1899. Die Familien der beiden hätten sich von der festen Bindung »eine Heilung für das Herumstreichertum des jungen Mannes« erhofft. Das Liebesverhältnis habe drei Jahre angedauert. Erna Löbert sei die nächste Freundin der Schwestern Haarmann geworden. Im Jahre 1901 sei sie von Haarmann schwanger geworden, das Kind sei jedoch durch eine Hebamme abgetrieben worden.

Bei der Hauptverhandlung berichtet Haarmann: »Ich wohnte bei den Eltern meiner Braut. Mein Vater und mein Bruder Willy haben mich dann immer bei ihr schlecht gemacht. Sie wollte dann nichts mehr von mir wissen und hat mit einem Studenten poussiert. Ich wollte mir das nicht gefallen lassen und dann hat sie mich rausgeworfen. Mich haben sie so um mein Geld betrogen. Das Geschäft ging dann nachher nicht gut und wurde bald aufgegeben.« (Anonym 1925)

> Ohne Erfolg verklagte Haarmann seinen Vater im Dezember 1902 auf eine vierteljährliche Unterhaltszahlung (830).
>
> Im Februar 1903 versuchte der Vater, eine stationäre psychiatrische Beobachtung seines Sohnes zu erwirken. Damals ging es u. a. um die Behauptung Haarmanns, sein Vater hätte den Lokomotivführer Schröder erschlagen und seine Frau, die Mutter Haarmanns, vergiftet. Es wurde im Auftrag des Polizeipräsidiums ein Gutachten über Haarmann erstellt (905–909). Hier wurden u. a. eine große Gemütsroheit, mangelhafte Intelligenz, Urteilslosigkeit und Leichtgläubigkeit diagnostiziert. Die »Minderwertigkeit« Haarmanns sei teils angeboren, teils durch schlechte Erziehung erworben. Ein Anlaß, Haarmann in einer Irrenanstalt unterzubringen, liege nicht vor.

Im Juli 1904 wurde seitens des Bezirkskommandos die Erwerbsunfähigkeitsrente für Haarmann fortgeschrieben (816–818). Im Bericht des untersuchenden Arztes heißt es: »Hat völlige Krankheitseinsicht, weiß, daß er damals geistesgestört war, hat im einzelnen aber keine Erinnerung. Seitdem kein Erinnerungsausfall, nur ab und zu Zustände von Aufregungen oder Verstimmung mit Selbstmordgedanken, Schwindel, Erbrechen. Kann ohne erregt zu werden nicht allein sein, bedarf steter Anwesenheit Angehöriger ... kennt die Provinzen nicht ... Monatsnamen rückwärts aufzuzählen ist unmöglich, einfache Rechenexempel werden richtig, wenn auch nach Fehlern gelöst.«

Laut Gerichtsurteil vom Dezember 1924 sei er etwa zur gleichen Zeit in Stellung bei der Ultramarinfabrik von Laux und Vaubel in Hannover gekommen. Dort habe er die ebenfalls dort beschäftigte Frau Guhlich kennengelernt. In der Firma habe er teils allein, teils gemeinsam mit Frau Guhlich Diebstähle begangen, die 1905 zu vier Verurteilungen führten.

Bei der Hauptverhandlung berichtet Haarmann, daß er 1905 erstmals homosexuell verkehrte. Er habe damals jemanden auf dem Jahrmarkt kennengelernt.

Zwischen 1905 und 1921 wurde Haarmann insgesamt 15 Mal verurteilt, davon 14 Mal zu Haftstrafen. Auf das Aktenmaterial zu den früheren Straftaten Haarmanns bezieht sich Schultze ausführlich im Rahmen der Gutachtengespräche. Allein zwischen 1905 und 1912 wurde Haarmann 9 Mal verurteilt. In 7 Fällen handelte es sich um Diebstahlsdelikte, teils in Verbindung mit Sachbeschädigung, in einem Falle um einen Betrugsversuch und in einem weiteren um Körperverletzung (gegen den eigenen Vater). Laut Urteil vom Dezember 1924 habe Haarmann 1911 durch Vermittlung seines Bruders Adolf zwischenzeitlich bei der Gummifabrik Continental gearbeitet. Ein während dieser Zeit gegen ihn anhängig gewordenes Strafverfahren wegen Diebstahls habe im November 1912 mit seiner Freisprechung geendet. 1913 wurde er schließlich wegen schweren Rückfalldiebstahls in zahlreichen Fällen – er war in einer wohlhabenden Wohngegend Hannovers immer wieder in Kellerräume eingebrochen und hatte Lebensmittel und Spritusen entwendet – zu fünf Jahren Zuchthaus, zehn Jahren Ehrverlust und Polizeiaufsicht verurteilt. Dem wurden 1913 noch zwei Monate Zuchthaus hinzugefügt wegen des offensichtlichen Versuches, den 13jährigen Otto Dörries zu sexuellen Handlungen zu bewegen. Allerdings waren seit 1896 keine homosexuellen Ambitionen Haarmanns mehr aktenkundig geworden. Haarmann befand sich zwischen 1905 und 1918 insgesamt etwa 9 Jahre in Haft.

Während der Kriegszeit, die Haarmann ausschließlich im Zuchthaus verbrachte, ist er nach seiner Schilderung im Rahmen der Haft in ein Kohlenbergwerk in Königslutter geschickt worden. Dort habe er »Krämpfe« bekommen, woraufhin er wieder ins Gefängnis geschickt worden sei (716–717).

Zuletzt war Haarmann in der westpreußischen Haftanstalt Rawitsch untergebracht. Nach der Haftentlassung hielt er sich noch kurz in Berlin auf und zog anschließend wieder nach Hannover, und zwar zunächst zu seiner Schwester Emma Burschel. Dann mietete er einen Laden mit Hinterzimmer in der Celler Straße 27. Laut Urteil vom Dezember 1924 habe er sich seinen Lebensunterhalt in dieser Zeit größtenteils durch den Handel mit Lebensmitteln, vor allem illegal erworbenem Fleisch, verdient.

1918 habe er mit der Tochter von »Schlachter-Karl« (von dem Haarmann angeblich Fleisch bezog, der aber nie ermittelt werden konnte) eine Beziehung gehabt und sich mit einem Tripper infiziert (501).

Auf Antrag des Vaters des 17jährigen Friedel Rothe, der bereits seit September 1918 vermißt wurde, wurde Haarmann im April 1919 wegen Beleidigung zu einer Gefängnisstrafe verurteilt. Es wurde ihm vorgeworfen, die Minderjährigen Friedel Rothe und Paul Montag zu unzüchtigen Handlungen verleitet zu haben. Es konnte Haarmann aber nicht nachgewiesen werden, etwas mit dem Verschwinden von Friedel Rothe zu tun zu haben. Ohne Erfolg machte er Unzurechnungsfähigkeit geltend, legte ebenso ohne Erfolg Revision gegen das Urteil ein und richtete später noch ein Gnadengesuch an das Gericht.

Ebenfalls seit September 1918 wurde der 16jährige Hermann Koch vermißt. Auch in seinem Falle führten Spuren zu Haarmann. Der Nachweis, daß Haarmann mit seinem Verschwinden etwas zu tun hatte, konnte jedoch nicht erbracht werden (Einzelheiten bei Werremeier 1992). Bei einer hiermit in Zusammenhang stehenden Hausdurchsuchung wurde Haarmann im Juni 1919 verhaftet, als man zwei junge Männer vorfand, die bei ihm übernachteten. Das Verfahren gegen ihn wurde eingestellt, da man ihm keine »widernatürliche Unzucht« nachweisen konnte. Im Rahmen des Verfahrens wurde Haarmann von Medizinalrat Dr. Brandt untersucht, der zu dem Schluß kam, daß Haarmann nicht geisteskrank und für seine Taten verantwortlich sei. Laut Urteil vom Dezember 1924 habe Haarmann bei der Untersuchung verschwiegen, daß er bereits in einer Irrenanstalt gewesen sei. In der Folgezeit zog Haarmann mehrfach um. Eine feste Arbeit habe er nicht gehabt. Gelegentlich habe er in dem Zigarrengeschäft seiner Schwester Emma Burschel geholfen, bei der er auch zeitweilig gewohnt habe.

1920 wurde Haarmann wegen Körperverletzung zu einer Geldstrafe, 1921 wegen Bettelns zu drei Wochen Haft verurteilt. Ende 1921 trat er eine Haftstrafe von 5 Monaten an wegen wiederholten Diebstahls von Wäschestücken, die im Freien zum Trocknen aufgehängt waren. Am 1.3.1922 wurde Haarmann aus dem Arbeitslager Jägerheide entlassen. Als er nach seiner Rückkehr feststellte, daß seine Wirtin Klara Rehbock (wegen der Gepflogenheiten seines Freundes Hans Grans, der während der Zeit seiner Abwesenheit in seiner Wohnung hauste) die Möbel ausgeräumt und die Wohnung versperrt hatte, kam es zu Handgreiflichkeiten Haarmanns gegenüber Fräulein Rehbock. Im August 1922 stellte Haarmann einen Antrag auf Erhöhung seiner Militärrente. Das hannoversche Versorgungsamt veranlaßte eine nervenärztliche Untersuchung durch Herrn Dr. Bartsch, der die Diagnose »Intelligenzdefekt, Urteilslosigkeit und eine hilflose Gutmütigkeit« diagnostizierte, woraufhin die Rente erhöht wurde. In dieser Zeit arbeitete Haarmann (und dies wahrscheinlich schon seit 1918) als Polizeispitzel, und zwar unter anderem auch für den Kriminalkommissar Heinrich Rätz sowie den Leiter des Diebstahlkommissariats, Kriminalkommissar Müller. Ende 1922 gründete Haarmann mit dem ehemaligen Polizeikommissar August Olfermann ein Detektivinstitut mit Namen »Lasso«. Er fertigte sich einen Detektivausweis an, mittels dessen es ihm z. B. offenbar gelang, sich Zugang zu den Wartesälen des Hauptbahnhofes zu verschaffen.

In den letzten Jahren hat Haarmann nach seiner Schilderung viel mit Fleisch gehandelt, von dem er wußte, daß es gestohlen war (413). Auch seine Schwester (Emma Burschel) habe gestohlenes Fleisch verkauft, das er illegal erworben hätte (439).

Im Februar 1924 habe er bei einer Schlägerei in einer Kneipe eine Verstümmelung seines linken Mittelfingers davongetragen. Er wisse nicht, wie dies genau passiert sei. Als Grund für die Schlägerei gibt er an: »Ich habe Kommissar Müller gesagt, die hätten Räder gestohlen, und dann sind sie ins Gefängnis gekommen, und wie sie wiedergekommen, haben sie mich verhauen.« (719–720) Aus Angst habe er davon abgesehen, Anzeige zu erstatten (420).

Aus einem Wohnungsverzeichnis (952) geht hervor, daß Haarmann seit seiner Entlassung aus dem Miliärdienst 1902 bis zu seiner Verhaftung im Juni 1924 31 verschiedene Wohnungen innehatte. Dazwischen liegen Zeiten, in denen Haarmann sich in Haft befand oder unbekannten Aufenthaltes war.

3.2.3. Sexuelle Entwicklung

Haarmann sei über lange Zeit regelmäßig von seinem Bruder Willy sexuell mißbraucht worden: »Wie ich das nachher nicht mehr machte, habe ich mir die Hose auch nicht mehr voll gemacht, bis ich zur Unteroffizierschule kam.« (486) Zuvor habe Willy versucht, sich seiner Schwester sexuell zu nähern.

Er schildert mutuelle Onanie mit einem Freund auf der Schulbank, später auch mit anderen Jungen. Der Mutter hätte er dies nicht erzählen können, die hätte ihn verhauen. Das »Polieren« findet er in Ordnung, »wenn man richtigen Freund hat.« (697–698) Den ersten Geschlechtsverkehr habe er gehabt, als er aus der Schule gekommen sei, da sei er in Braunschweig im Puff gewesen. Er sei schon früh reif gewesen (354).

Haarmann ist sich nicht sicher, ob er, bevor er nach Hildesheim eingewiesen wurde, nicht schon einmal einen Jungen umgebracht hat: »... meine Mutter hat doch immer gesagt, wie sie mich nach Hildesheim gebracht haben, wo ist der Junge ... das war kurz vor dem, als ich nach Hildesheim gekommen bin ... da habe ich mal gesagt zu meiner Mutter, welcher Junge, welcher Junge denn. Dann hat Frau Burschel immer aufgepaßt, wenn ich mal mit einem Jungen ging, dann hat sie immer gleich meiner Mutter Bescheid gesagt.« (390) Es sei hingegen nicht wahr, daß er in Hildesheim untergebracht worden sei, weil er Jungen in den Keller gelockt und an ihnen unzüchtige Handlungen vorgenommen habe (528).

Folgt man seiner Schilderung, so war Haarmann als junger Erwachsener noch heterosexuell orientiert (Beziehung in der Schweiz, Verlobte Erna Löbert). Später war er nach seiner Darstellung impotent aufgrund von »Krankheit«. Er habe es noch einmal versucht, sei im Puff gewesen, »da kam er so'n bißchen, da ging es nicht mehr ...« (351). Der Zeitpunkt, zu dem Haarmann impotent wurde, geht aus den Aufzeichnungen nicht hervor, so daß nicht deutlich wird, ob die heterosexuelle Aktivität Haarmanns mit dem Beginn der Impotenz endete bzw. genau hier der Wechsel zur homosexuellen Aktivität stattfand. Unklar muß bleiben, wie organische und psychische Faktoren bei der Impotenz Haarmanns gewichtet waren.

Erst nach dem Militär sei Haarmann durch den Einfluß bestimmter Leute »wieder darauf gebracht« worden und schwul geworden (486). Ersten Kontakt mit einem Homosexuellen habe er mit etwa 25 Jahren gehabt. Dieses Erlebnis habe ihm Angst gemacht, er habe den Kontakt jedoch fortgesetzt und später habe der Betreffende ihm gezeigt, wo er »Jungens« finden könne (347). Ihm ist die Feststellung sehr wichtig, nie Analverkehr ausgeübt zu haben, was er immer wieder betont: Er sei kein »Hinterpommer« (z. B. 708), Analverkehr empfindet er als »Schweinerei« und meint: »Da werden sie krank von.« (412) Er küsse so gerne. Auf die Frage, was er schöner finde, »Polieren« oder »Lutschen«, antwortet er: »Schöner ist im Arm hängen und küssen.« Und auf die Frage »Was muß der andere machen?«: »Dann spielen wir so – polieren – ein paar Stunden, dann poussieren wir so.« Dies hat sich wohl öfter tagelang mit einem Partner hingezogen (711). Sein Glied sei »schon lange nicht mehr« steif geworden (721). Nach ausgiebigem sexuellem Kontakt habe er »... immer ein paar Tage im Bett gelegen. Wenn ich dann wieder auf der Straße war, dann kamen die Jungens wieder angelaufen.« (421)

Bezüglich der Obergrenze des Alters der Jungen, mit denen er sexuell verkehrte und des Aussehens legt Haarmann strenge Maßstäbe an. Sie sollten etwa 16 bis höchstens 20 Jahre alt sein. Er äußert sich abfällig über Jungen mit körperlichen Unzulänglichkeiten, die als Sexualpartner für ihn nicht in Frage gekommen seien. Auch Brillenträger lehnt er ab (710). Die Jungen müßten »schön im Gesicht« sein (720). Haarmann verkehrte auch mit Theodor Hartmann, dem Sohn seiner Wirtin Frau Engel (409). Mit »Herren aus besseren Ständen« bzw. »Reichen« habe er nicht verkehrt (411).

Er habe Jungen mit nach Hause genommen, die nicht gewußt hätten, wo sie schlafen sollten: »Wenn es draußen kalt und schlechtes Wetter war, dann mußte ich die schon mitnehmen.« (711) Mehrfach wurde Haarmann wegen Unzucht verhaftet: »... haben sie mich immer erst nach dem Gerichtsgefängnis geschickt und dann freigelassen.« (417)

Nach der Schlägerei, bei der Haarmann das linke Mittelfingerendglied verlor, sei er »noch geiler« geworden (424).

Einmal äußert er, daß er außer den Jungen nicht viele Freunde gehabt habe. Erwachsene Leute seien ihm unsympathisch gewesen: »Die Erwachsenen haben mich doch gleich bemogelt, wo ich mit verkehrte ... Und die Jungens, die schließt man so in das Herz, die sind so lieb zu einem, da kann man sich schon mit unterhalten, das braucht nicht immer gerade ein Puppenjunge zu sein, – die habe ich mich immer gesucht, kleine Freunde, wo man mit spazieren ging, wo auch nichts mit passiert ist, die wollte ich immer haben – aber Erwachsene – die wollten immer – haben – haben – haben.« (580)

3.2.4. Die Tötungsdelikte

Haarmann meint, daß es nur bei den »geilsten« Jungen zu Tötungen gekommen sei (543), bei denen, die »selbst so leidenschaftlich« seien (375), und daß er nur die gebissen habe, die er am meisten geliebt habe (557). »Die waren so geil, so ähnlich wie Fromme, die nahmen mich so in den Arm (entsprechende Bewegung) und lutschten, das waren immer so welche, die so geil sind. Die sind meistens ein paar Tage da gewesen.« (393) Daß Haarmann erst in der letzten Zeit so viele Jungen getötet hatte, erklärt er sich so, daß er früher weniger Gelegenheit gehabt und daß Grans ihm zuletzt so viele Jungen gebracht habe (414). Er beschuldigt Grans, es darauf abgesehen zu haben, daß er Jungen tötete, um so an deren Kleidung zu kommen (456–457, 711). Grans sei habgierig und habe die Kleidung entweder »verkloppt« oder selbst angezogen (712). Grans habe den Jungen auch gesagt, wie sie mit Haarmann umgehen sollten (damit er sie dann tötete) (563). (Die Mitwisserschaft von Grans und die aktive Begünstigung der Delikte durch Grans hat Haarmann später wieder bestritten, s. u.).

Den meisten Jungen, mit denen er sexuell verkehrte, sei nichts zugestoßen: »Da sind vielleicht 100 Stück beigewesen, die wieder weggegangen sind, dann war es mal wieder passiert.« (421)

Die genauen Umstände der Tötungen lassen sich in den Gutachtengesprächen nicht erhellen. Haarmann gibt nachdrücklich an, sich an nichts zu erinnern. Er glaubt, seine Opfer durch Bisse in den Hals bzw. Würgen getötet zu haben: »Ich denke, ich habe sie zu fest gebissen, und dann werden sie wohl geschrien haben, und dann werde ich wohl zugegriffen (macht entsprechende Handbewegung) haben. Gebissen habe ich sie – das habe ich den andern Tag gesehen – hier« (zeigt auf Hals) (712). Daß er seine Opfer gebissen haben und hierdurch wohl getötet hat, zieht er als logischen Schluß aus dem Zustand, in dem er seine Opfer am nächsten Morgen aufgefunden habe (540). Er beschreibt Bißspuren am Hals seiner Opfer, die er regelmäßig festgestellt habe. Da sein Zimmer verschlossen gewesen sei, könne es kein anderer gewesen sein (722, 540). Haarmann selbst vermutet etwas »Tierisches« bei seinen Taten (z. B. 541). Auf die Frage, warum er die Jungen gebissen habe, antwortet er: »Wir haben uns geküßt.« (721) Offenbar versteht Haarmann das Beißen als etwas, das sich notwendig aus dem Küssen bzw. Lutschen am Hals entwickelt. Oft habe er geweint, wenn er einen Jungen am Morgen tot aufgefunden habe, besonders, wenn er hübsch gewesen sei. Er bestreitet entschieden, die Jungen gefesselt zu haben, auch als er mit verschiedenen Aussagen von Zeugen konfrontiert wird, die dies behaupten (384, 430, 533). Ebenso weist er den Verdacht zurück, das Blut seiner Opfer ausgelutscht zu haben.

Ansätze Haarmanns, den Delikten vorzubeugen, hat es wohl gegeben. Nach seiner Darstellung habe er sich immer wieder vorgenommen, keine Jungen mitzunehmen, es seien ihm jedoch immer wieder Jungen nachgelaufen bzw. Grans habe ihm Jungen zugeführt, so daß er schließlich nachgegeben habe. Im Zusammenhang mit dem Fall Hannappel schildert Haarmann, wie er diesen, bevor es zur Tötung gekommen sei, trotz des Drängens von Grans mehrfach wieder weggeschickt habe, denn: »Wenn einer so viel mit mir poussiert, dann passiert gewöhnlich etwas.«… »Und abends um 11 brachte ihn Hans mir wieder mit und da war es passiert. Ich war da so aufgeregt.« (435) Auch habe er sich schon in ein Militär-Asyl aufnehmen lassen wollen, um weitere Tötungen zu verhindern (459). Er habe sich dort gemeldet, aber wegen seines Vorlebens habe man ihn nicht aufnehmen wollen (560). Eine andere Vorstellung war, daß Grans heiraten solle und Haarmann mit dem Ehepaar zusammenleben würde: »… wenn man verheiratet ist und eine Frau ist im Hause, dann kann das nicht passieren.« (364) Letzlich führte ausgerechnet zu Haarmanns Verhaftung, daß er Fromme anzeigte, der immer wieder zu ihm gekommen sei, obwohl er ihn wiederholt weggeschickt habe, und bei dem er deshalb fürchtete, daß er ihn töten würde. Durch eine Verhaftung Frommes wollte er ihn endgültig von sich fernhalten. Aber: »Als ich ihn verhaften lassen wollte, wurde er gleich so frech und fing an von schwul u.s.w. und da haben sie gesagt, dann bleiben Sie auch gleich hier.« (416) Später bereut Haarmann wieder, daß er Fromme auf diese Weise schützen wollte (411). Er ist sich sicher: »Aber wenn ich heute rauskäme, in 4 Wochen wären wieder welche tot.« (411,525)

Von den *Opfern* wurden lediglich Knochen bzw. Knochenteile gefunden, die an den Gelenkflächen offensichtlich scharf abgetrennt worden waren. Nach dem Verschwinden zahlreicher Menschen und mehreren Knochenfunden hatte die beunruhigte Bevölkerung am Pfingstsonntag 1924 die Leine nach Knochen und Leichenteilen abgesucht. Die Leine wurde dann behördlicherseits abgesenkt und systematisch abgesucht, wobei sich über 500 Leichenteile von mindestens 22 männlichen Personen anfanden. Zeugen einer Tötung gab es nicht, so daß hinsichtlich der Tötungsart allein Haarmanns Angaben vorlagen, der ja wiederum Gedächtnislücken für die Zeitpunkte der Tötungen geltend machte.

Die 24 Jungen bzw. jungen Männer, aufgrund deren Tötung Haarmann im Dezember 1924 verurteilt wurde, waren bei ihrem Verschwinden zwischen 10 und 20 Jahren alt, die meisten zwischen 15 und 18 Jahren. Bei den Schilderungen der Lebenssituation der jungen Männer direkt vor ihrem Verschwinden im Urteilstext fällt auf, daß die Hälfte von ihnen unmittelbar zuvor aus dem Elternhaus – überwiegend im Streit bzw. nach Bestrafung – ausgezogen war. Auch andere unter ihnen werden sich in einer irgendwie labilen oder ratlosen Verfassung befunden haben, wie der 17jährige Paul Bronischewski, der über Hannover zurück zu seinen Eltern nach Bochum fahren wollte, dessen Geld jedoch für die Rückreise nicht ausreichte, der erst 13jährige Heinz Brinkmann, der aus seiner Heimat im Harz nach Hannover reiste, um seinen dort stationierten Bruder zu besuchen, oder der 17jährige Erich de Vries, der in Hannover seine Eltern besuchen wollte und die Wohnung verschlossen vorfand. Manchen hatte sich Haarmann schon eine Zeitlang vor ihrem Verschwinden genähert, wie dem jüngsten Opfer Friedrich Abeling.

Das *Zerlegen und Beseitigen der Leichen* schildert Haarmann auffällig ausführlich und detailliert und mit der ihm auch sonst eigenen lebhaften und anschaulichen Gestik. Eifrig beschreibt er alle Körperteile und deren Eigenschaften beim Abtrennen und Zerteilen. Er habe ein Beil und ein Kartoffelschälmesser benutzt. »Ich war jedesmal froh, wenn alles kaputt war. – Och, das ist eine furchtbare Arbeit.« Das Zerteilen habe bis zu eineinhalb Tagen gedauert. Danach sei er jedesmal »krank« gewesen, habe unter Übelkeit und Kopfschmerzen gelitten. »Die letzte Zeit war ich immer aufgeregt, krank, Kopfschmerzen.« (391) Wenn er der Polizei etwas gesagt hätte, wäre er nach Hildesheim gekommen (731). Daß er die Leichen in derart extrem kleine Stücke zerteilt hat, begründet er mit Vernunfterwägungen in dem Sinne, daß er sie so besser beseitigen konnte (z. B. 380). Besonders bemerkenswert ist die Schilderung der Beseitigung des ersten Opfers Friedel Rothe 1918. Die Leiche habe acht Tage in seiner Wohnung gelegen. Haarmann habe damals nicht mehr in seiner Wohnung schlafen wollen und sei zu seiner Schwester gezogen. Die Zerstückelung zog sich über einige Tage hin: »... ich bin manchmal weggegangen in meine Wohnung, habe was abgeschnitten und dann wieder weggeschmissen – das habe ich nach der Eilenriede gebracht.« Zuletzt habe er den Kopf beseitigt: »... da war die Polizei schon da, da lag der Kopf da noch, ich habe ihn versteckt und die haben ihn nicht gefunden (überlegen lächelnd). Den Kopf habe ich nachher in Stöcken beerdigt, richtig beerdigt (macht die Bewegung des Ausgrabens).« In dieser Zeit sei er »so krank« geworden (389).

Daß er das Fleisch gekocht bzw. verwertet habe, weist Haarmann nachdrücklich von sich (381). Er beharrt darauf, daß das Menschenfleisch nicht in seinen lebhaften Fleischhandel eingeflossen sei. Über »Haarmanns Würstchen« lacht er (386). Auch die Angaben der Prostituierten Dörchen und Emmi, die berichteten, daß sie verdächtige Fleischstücke bei Haarmann gesehen hätten, weist er zurück (425).

3.2.5. Die Beziehung zu Hans Grans

In der Anklageschrift der Staatsanwaltschaft vom 4. 11. 1924 heißt es:

> »... etwa im Oktober 1919 wurden die beiden Angeschuldigten Haarmann und Grans miteinander bekannt. Grans hatte angeblich von einem unbekannten jungen Manne erfahren, daß Haarmann ihm 20 Mark für Onanieren gegeben habe. Er verfolgte dar-

auf eines Tages Haarmann und bot sich ihm in der Friedrichstraße zum Geschlechtsverkehr an. Grans war damals 18 Jahre alt. – Sein Lebenslauf bis dahin:

Er hatte zunächst die Oberrealschule bis Quinta besucht und war dann in die Bürgerschule gekommen, aus deren ersten Klasse er Ostern 1915 konfirmiert wurde. Er war dann 3/4 Jahre als Handlungslehrling in der Metallwarenfabrik von Söhlmann, Kasernenstraße, beschäftigt, wurde dort aber entlassen, weil er Portokassenbeträge entwendet sowie mit gefälschten Quittungen versehene Rechnungen bei Kunden der Firma eingezogen und die erhaltenen Beträge für sich verbraucht hatte. Dann war er bis Ende 1918 in verschiedenen Fabriken in und bei Hannover sowie in Berlin als Arbeiter beschäftigt. Ende 1918 wurde er Aushelfer bei der Post, schied aber alsbald, angeblich auf eigenen Wunsch, wieder aus und trat beim Minenwerfer-Sturmdetachement Heuschkel ein. Hier wurde er etwa im Oktober 1919 wegen Unpünklichkeit im Dienste entlassen und kam nach Hannover zurück. Er spiegelte seinem Vater vor, daß er versuchen wolle, bei der Reichswehr anzukommen, tat das aber in Wahrheit nicht und blieb seitdem von Hause fort, da er erfuhr, daß sein Vater nachgeprüft hatte, ob er sich überhaupt bei der Reichswehr gemeldet habe. Er nächtigte in Gastwirtschaften der Altstadt und erwarb sich seinen Lebensunterhalt durch Handel mit alten Kleidungsstücken auf dem Bahnhofe. –

Haarmann ging auf das Anerbieten des Grans ein und nahm ihn mit in seine Wohnung Nikolaistraße 46 bei Kisserow. Er behielt ihn auch die nächste Zeit bei sich und bestritt völlig seinen Lebensunterhalt. Grans mußte zeitweise für Haarmann englische Zigaretten verkaufen. Wenn er mehr dafür erhielt, als sie ihm von Haarmann in Rechnung gestellt waren, behielt er den Mehrerlös für sich. Geschlechtlich verkehrten Haarmann und Grans nur etwa zwei- bis dreimal miteinander, indem sie wechselseitig onanierten, später nicht mehr, weil Haarmann an der starken Behaarung des Grans Anstoß nahm. Sie blieben von nun an ständig in nahem Verkehr …«

Laut einem Bericht des Kriminalkommissars Rätz über »persönliche Verhältnisse des Haarmann« (770–772) hätten Haarmann und Grans zusammen gebettelt, und Grans habe das Erbettelte – wie auch von Haarmann von Wäscheleinen gestohlene Wäsche – veräußert. Während Haarmann eine Haftstrafe wegen der Wäschediebstähle verbüßt habe, habe Grans in dessen Zimmer gewohnt und nach und nach seine sämtlichen Möbel verkauft, so daß Haarmann sich nach der Haftentlassung von seinem Bruder Adolf habe Geld leihen müssen, um sich neue Möbel anschaffen zu können. Und: »Als Grans erfuhr, daß Haarmann wieder entlassen und eingerichtet war, gesellte er sich wieder zu ihm.«

Im Rahmen eines Strafverfahrens 1921 gaben Haarmann und Grans an, 1920 gegenseitige Onanie betrieben zu haben. (896–898)

Haarmann bezeichnet Grans als »hellen Kopf« (»Ich sagte zu ihm oft, ich wollte, ich wäre so schlau wie du.«). Wenn er etwas zu schreiben oder zu rechnen gehabt hätte, habe Grans dies für ihn getan (454). Allerdings sei Grans faul. Wenn Haarmann nicht betteln gegangen sei, habe Grans ihn (!) herausgeschmissen. Hans habe ihn »losgeschickt«, damit er Wäsche stehle (493). Grans habe ihn ständig bemogelt und alles Geld mit Mädchen durchgebracht. Wenn Grans bei Haarmann mit Mädchen geschlafen habe, habe Haarmann sich auf die Erde legen müssen. Offensichtlich fügte er sich Grans immer: »Ich habe mich wohl geärgert, aber das half doch nichts, die machten doch, was sie wollten. Mitunter war die Stube so voll, daß ich mich nicht umdrehen konnte. Dann bin ich weggegangen und habe mich geärgert.« (705) Wenn er Grans 'rausgeschmissen habe, habe dieser ihn bald wieder umstimmen können: »... und wenn mich einer küßt, dann kann er alles von mir kriegen, dann bin ich gleich wieder gut. Ich küsse gern, das weiß Hans auch ganz genau.« (454) Es wird deutlich, daß der heterosexuelle Grans (der sich allerdings als Stricher betätigte) das Küssen, wie Haarmann es mochte, mit Berechnung einsetzte. Hans Grans habe Haarmanns gesamtes Geld durchgebracht (460). Ursprünglich sei geplant gewesen, daß Haarmann von dem erbettelten Geld ein Geschäft anfangen würde, Hans sollte heiraten und Haarmann habe sich im Alter bei ihm einmieten wollen (493). Auch an anderer Stelle erwähnt Haarmann, daß er sich vorgestellt hat, daß Grans im Alter für ihn sorgen würde (580). Haarmann war »froh, wenn einer bei mir war.« (339): »... ich hatte ja keinen, ich muß doch einen bei mir haben, ich habe ja keinen Menschen, einen muß ich haben.« (364) Der dissoziale Grans vermittelte Haarmann eine Geborgenheit, die er sonst nicht fand. Mehrfach wird in den Gesprächen deutlich, daß Haarmann Grans sexuell nicht besonders attraktiv fand und das sexuelle Moment in der Beziehung keine besondere Rolle bzw. zuletzt möglicherweise gar keine Rolle mehr spielte. So äußert Haarmann in seiner Vernehmung vom 24.7.1924: »Ich habe auch ein paar Mal mit ihm onaniert, dann aber nicht mehr, weil er mir zu haarig war.« (744)

> Auch folgende Äußerung Haarmanns in seiner Vernehmung am 30.7.1924 wirft ein Licht auf sein ambivalentes Verhältnis zu Grans: »Als ich nach der Roten Reihe umzog, machte Grans eine Gefängnisstrafe ab; auf sein Schreiben hin habe ich ihn bei seiner Entlassung aus dem Gefängnis abgeholt und ihn dann noch eine Zeitlang bei mir beherbergt, trotzdem ich ihn nicht mehr behalten wollte. Da er aber so quälte, habe ich ihn doch bei mir aufgenommen. Als er mich dann aber wieder bemogelte und betrog, habe ich ihm eines Tages auf dem Bahnhof gesagt, Hans, du bist ein Kuckucksei, du bist eine Natter an meinem Herzen, mit uns ist es jetzt Schluß. Er kam dann aber nach einigen Tagen immer wieder zu mir und wir haben uns dann auch vertragen. Ich bin nie hinter ihm hergelaufen, abgesehen davon, wenn ich mein Geld von ihm wieder haben wollte.« (748)

Bei der psychiatrischen Begutachtung beschuldigt Haarmann Grans wiederholt und nachdrücklich, durch ständiges Zuführen von Jungen, auf deren Kleidung er es abgesehen habe, bewußt die Tötungen begünstigt zu haben. Er habe darauf geachtet, daß die Jungen, die er Haarmann zuführte, gute Kleidung angehabt hätten (434). Grans habe wohl mehrmals Tote in Haarmanns Wohnung gesehen (459). Als Schultze schon bei der Begutachtung gegenüber Haarmann die Ansicht äußert, daß Grans hingerichtet werde, will Haarmann so weit allerdings nicht gehen: »Nein, das wollen wir nicht, der ist noch so jung, das war bloß leichtsinnig von dem.« (421) Haarmann scheint sich über die zu erwartenden Konsequenzen seiner Grans belastenden Aussagen für diesen zunächst nicht im klaren zu sein. So äußert Haarmann gegen Ende der Zeit in Göttingen, daß Schultze Grans doch auch ein paar Mark von dem aus einem Roman Schultzes über Haarmann erzielten Gewinn geben solle, damit er einen kleinen Laden aufmachen könne (570).

Bei der Gerichtsverhandlung fing Haarmann an zu weinen, als Grans nicht bestätigen mochte, daß Haarmann ihn ernährt habe:

> »Ich hatte alles für ihn getan, nur um einen Menschen zu haben, der sich um mich bekümmerte. Er hat meine Rente abgehoben, als ich in der Jägerheide saß und hat nicht einmal die Gasrechnung bezahlt. Als ich zurückkam, war er zerlumpt und verkommen, so daß ich ihm erst einen Anzug kaufen mußte. Er hat so viel Geld durchgebracht, daß er sich dafür ein Haus kaufen konnte. Er soll wenigstens soviel Ehre haben und zugeben, daß

ich ihn ernährt habe. Diese Lüge will ich nicht auch noch mit ins Grab nehmen. Alles andere gern.« (Anonym 1925)

Am 7. 2. 1925 warf Haarmann während einer Wagenfahrt einen an Grans' Vater gerichteten Brief aus dem Wagen, in dem er Grans wieder entlastete. Hier heißt es:

»Hans Grans, hat mich furchtbar die langen jahre Betrogen & Bestohlen, aber trotzdem konnte ich nicht von Ihm lassen, da ich keinen Menschen auf der Welt hatte. Grans sollte mir im Alter eine Stütze sein, da ich doch immer für Grans sorgte & ich hätte ein gutes Vermögen zusammen gebracht, wenn mir Grans nicht alles Fortgenommen hätte. Grans war nicht schlecht, aber sehr Leichtsinnig … Grans hatte überhaupt keine Ahnung das ich mordete hat nie etwas gesehen. Grans wußte nur das ich Pervers war und mit Jungen Leuten harmonirte. Wie nun meine Sachen entdeckt wurde betrefs Mord, so wurde ich durch die hiesige Polizei genötigt mit Gewalt durch Mißhandlungen Unwahrheiten zu sagen, aus Angst um das ich keine Mißhandlungen mehr haben wollte, sagte ich nachher zu allen ja & habe dann Grans, durch Unwahrheit belastet.« (Vollständiger Text s. Lessing (1925 / 1989))

1926 wurde in einem Wiederaufnahmeverfahren eine Umwandlung der über Grans verhängten Todesstrafe (siehe Urteil vom Dezember 1924) in 12 Jahre Zuchthaus beschlossen. Die Untersuchungshaft sollte nicht angerechnet werden. Grans wurde ins Zuchthaus Celle verbracht. Nach der Machtübernahme der Nationalsozialisten wurde er in das Konzentrationslager Sachsenhausen verbracht, so daß er sich insgesamt 22 Jahre in Haft und im KZ befand. Danach zog er nach Hannover zurück, wo er einen Kiosk geführt haben soll (Hoffschildt 1992).

3.3. Gefühlsstruktur und Verhalten Haarmanns

In diesem Abschnitt wird der Versuch einer einem psychischen Befund entsprechenden Darstellung unternommen. Wegen der engen Grenzen der verfügbaren Informationen ist dies lediglich in fragmentarischer Form möglich.

Während der gesamten Exploration ist eine situationsinadäquate gefühlsmäßige Einstellung Haarmanns spürbar, die in der Auseinandersetzung mit den ihm vorgeworfenen Straftaten am deutlichsten wird. So scheint seine ausführliche Schilderung der Beseitigung der Leichen kaum von einer emotionalen Regung begleitet. Auch wenn Haarmann mehrfach erzählt, wie er nach den ersten Tötungen geweint habe, teilt sich dem Leser keine wirkliche Betroffenheit mit. Mit den Opfern scheint er kein Mitleid zu haben: »Ooch, das waren doch alles Puppenjungens, die tauchten doch nichts.« (315)

Deutlich affektiv beteiligt ist Haarmann bei folgenden Themen: Seine Mutter (die er idealisiert), Haß gegen den Vater, das Einnässen und Einkoten in der Kindheit und die Reaktionen der Umwelt hierauf, seine Anerkennung als Soldat (Haarmann weint, wenn er betont, daß er ein tüchtiger Soldat gewesen sei), das Sich-verwahren gegen Analverkehr, den Vorwurf, er habe das Fleisch seiner Opfer verwertet sowie die Möglichkeit, daß er wieder in die Provinzial-Heil- und Pflegeanstalt Hildesheim eingewiesen werden könnte, die er mehr fürchtet als den Tod. Aufgeregt wird er auch, wenn der Gutachter ihm unterstellt, daß er schwindele. Wird Haarmann vom Gutachter unter Druck gesetzt (z. B. beim Rechnen), kann es passieren, daß er zu weinen anfängt.

Die dokumentierten spontanen mimischen, gestischen und verbalen Äußerungen und Reaktionen Haarmanns lassen auf eine ausgesprochen kindliche Gefühlsstruktur schließen. Dies wird auch in seiner Beziehung zum Gutachter deutlich: »Wenn einer freundlich zu mir ist, erzähle ich dem alles.« (431) (Diese einfache Formel bestätigte sich anscheinend bereits bei den polizeilichen Vernehmungen, nachdem deren zunächst offensichtlich rüder Stil gewechselt wurde.) Bezüglich des Ablaufes der Tötungsdelikte, an die Haarmann sich nicht zu erinnern angibt, bietet er dem Gutachter an: »Wenn Sie wollen, kann ich ja das sagen, was Sie wollen.« (580) Er wünscht sich, daß der Gutachter, den er auch als seinen Freund bezeichnet, bei seiner Hinrichtung anwesend ist (699). In seinem Mangel an Distanz lobt er sogar einmal die roten Wangen des Gutachters (» … wie Sie jung waren, waren Sie bildhübsch, das muß jede Frau sagen …« (458)) und umarmt und küßt ihn fast, als der Gutachter ihm Zigarren mitbringt (488). Er meint, daß der Gutachter hätte sein Vater sein müssen, dann wäre »das alles nicht passiert« (560). Aber er scheint Schultze mitunter auch bewußt reizen zu wollen. So berichtet er, daß er, als ihm das Bild eines hübschen Jungen gezeigt worden sei, geäußert habe: »Wenn ich den gehabt hätte, den hätte ich auch umgebracht.« Prompt reagiert Schultze entrüstet (333).

Das jeweils Thematisierte wird von Haarmann häufig in drastischer Weise gestisch unterstrichen. Um seine Impotenz deutlich zu machen, steht er mit den Worten »Will gar nicht mehr – ist alles schlapp.« auf und knetet an seinem Hodensack (707). Bei der Beschreibung seiner Opfer, wie er sie am nächsten Morgen vorgefunden hat, fletscht er die Zähne und bohrt mit dem Finger an seinem Hals. Wenn er über das Köpfen spricht, macht er anschaulich die Bewegung des fallenden Messers nach. Er bietet an, an einem Jungen das Töten (darstellend) zu zeigen (546), ja sogar die Leichenzerstückelung (725), wobei nicht klar wird, wie er sich das vorstellt.

In seinem kindlichen Geltungsbedürfnis möchte Haarmann einen Roman über sich schreiben, von dem er glaubt, daß er Millionen einbringen werde. Später überreicht Haarmann Schultze seine biographischen Aufzeichnungen. Er meint: »Wenn meine Freunde alle beerdigt werden, die Knochen alle, da kommt doch ein großes Denkmal drauf mit meinem Namen. Wenn es geht, soll noch ein Bild von mir drauf, aus Kupfer.« (446) Haarmann stellt sich also tatsächlich vor, daß auf dem Grabmal seiner Opfer ein Denkmal für ihn errichtet wird, das »in 100, in 1000 Jahren noch« besucht werden wird. Der erfolgreiche Einsatz eines Rechtsanwaltes bzw. eine Begnadigung würde seinen Vorstellungen völlig zuwiderlaufen, denn: »Wenn ich so gestorben wäre, dann wäre ich beerdigt und keiner hätte mich gekannt, so aber – Amerika, China, Japan und die Türkei, alles kennt mich.« (487) Auch vergleicht Haarmann sich mit Napoleon (z. B. 571). Lieber möchte er als Mörder berühmt werden als gar nicht: »Das wäre ich doch sonst nicht geworden, jetzt kennen sie mich allerwärts.« (359)

Mit seinem Äußeren ist Haarmann offensichtlich zufrieden: » … ich bin doch ein hübscher Mensch, das sagen sie alle (etwas eitel).« (424) Seine 45 Jahre sehe man ihm nicht an (457).

Bei der Besprechung seiner Biographie erinnert sich Haarmann an viele Einzelheiten nicht, die durch das Schultze vorliegende Aktenmaterial belegt sind, und von denen zum Teil eigentlich zu erwarten wäre, daß sie aufgrund ihres einschneidenden Charakters erinnert werden müßten. Hier ist allerdings schwer zu differenzieren, inwieweit sich Haarmann an bestimmte Ereignisse tatsächlich nicht mehr erinnert, sie aufgrund ihrer Schambesetztheit verdrängt hat oder gegenüber dem Gutachter bewußt verleugnet bzw. vortäuscht, sich nicht zu erinnern. Tatsächliche Schwierigkeiten hat Haarmann in der korrekten zeitlichen Zuordnung und der Bestimmung der Reihenfolge von Lebensereignissen.

Authentisch wirkt auch Haarmanns Ratlosigkeit, wenn es darum geht, daß er sich an seine Straftaten erinnern soll. Seine Äußerungen ergeben keine Anhaltspunkte für ein Vorschützen des Nichterinnerns. Er habe sich jedesmal gefreut, wenn er die Jungen morgens lebendig und freundlich vorgefunden habe (731). Einmal äußert er auf die drängenden Fragen des Gutachters sogar: »Dann sagen Sie doch mal, was ich getan habe, dann sage ich ‚ja'.« (541)

Die Antworten Haarmanns auf die gestellten Rechenaufgaben lassen eine extreme Rechenschwäche erkennen.

Es zeigt sich (z. B. bei der Erklärung von Sprichwörtern) ein kaum vorhandenes Abstraktionsvermögen. Haarmanns Auffassung ist dinglich und konkret. So stellt er sich den Himmel vor, wie es seine Mutter erzählt hat: »Das wäre ein großer Garten, da wären schöne Blumen und Bäume, da könnten wir schön spielen - und Musik ist oben - und da können wir singen.« Den lieben Gott könne man sehen, wenn man oben sei: »Der hat solch einen langen schönen weißen Bart.« Er fragt ängstlich, ob die, die er umgebracht habe, auch da oben seien und sorgt sich darum, daß er seinen Kopf mit in den Himmel bekomme (696). Er beruhigt sich damit, daß seine Opfer ihn im Himmel nicht wiedersehen könnten, da deren Köpfe nicht da seien (702).

Über wichtige Ereignisse in Geschichte und Politik erweist sich Haarmann als kaum orientiert. Über den Ersten Weltkrieg meint er: »Da haben wir doch ganz sicher gesiegt.« (693) Seine Antworten auch z. B. auf Fragen aus der Geographie lassen darauf schließen, daß praktisch keine Allgemeinbildung vorhanden ist. Haarmann weiß nicht einmal, wieviele Tage das Jahr hat und in welcher Himmelsrichtung die Sonne aufgeht.

Mitunter tut Haarmann so, als wenn er seine eigenen Straftaten kriminalistisch aufklären wollte: »Den Düsseldorfer haben wir aber jetzt auch, den wir immer nicht finden konnten.« (381), » ... aber die Stutzen, die beweisen das.« (398), »Ja, aber wie soll denn der (Zirkelkasten) da rein gekommen sein - der Junge hat doch einen bei sich gehabt - da habe ich gesagt: Ja, dabei geschrieben. – Schade, daß kein Bild da ist.« (399), »...den mit dem schönen Anzug habe ich gestern rausgefunden.« (407), »Wenn ich das gewußt hätte, hätte ich mir ein Buch angeschafft und alle aufgeschrieben, die ich umgebracht habe, dann wüßten wir das ganz genau.« (428) So geriert er sich – diesmal sich selbst auf den Fersen – einmal mehr als Detektiv bzw. Polizist, was ihn möglicherweise von dem Druck der Befragungen etwas entlastet.

Wenn Haarmann sich an einzelne Opfer, deren Tötung er verdächtig ist, nicht oder nicht genau erinnert, äußert er immer wieder einfach: »Schreiben Sie ihn dazu.« Er bemüht sich nicht mehr darum, sich über die ihm eindeutig nachgewiesenen Fälle hinaus zu verteidigen (»Ich mag da gar nichts mehr von hören – köppt mich doch.« (397)) Einmal äußert er sogar zu dem Verdacht, daß er das Fleisch seiner Opfer verkauft bzw. zu Wurst verarbeitet habe: »Die können das ja ruhig dabei schreiben, das ist ja jetzt egal.« (416)

Haarmann empfindet sich selbst als einen Menschen mit zwei Seelen, der »doch sonst so gut« sei (421) und sieht sich durch seine Veranlagung entlastet: » ... guckt mal, wenn ich nun so veranlagt bin, so pervers, das ist nicht so schlimm, aber diese Schweinehunde, die sich für so was hergeben, das sind Schweine – ich bin so veranlagt, das ist nicht schlimm.« In diesem Zusammenhang geht Haarmann sogar so weit, daß er meint, daß er noch mehr Jungen hätte umbringen sollen (422). Hinsichtlich seiner Exkulpation vor Gott ist Haarmann sich ganz sicher: »Meine ganze Beruhigung liegt da drin, wenn ich beim lieben Gott bin, dann muß der sagen, das hast du nicht wollen. Wenn ich vor der Mutter stehe und vor Christus, dann kann ich sagen, daß ich rein bin, daß ich das nicht habe wollen.« (456)

Ohne daß also eigentliche Merkmale einer Gewissensbildung erkennbar sind, empfindet es Haarmann doch als folgerichtig und notwendig, als »Mörder« hingerichtet zu werden: »Doch, gemordet habe ich, ich will auch geköpft sein.« (456) Unzählige Male äußert er den Wunsch, für seine Taten geköpft zu werden, wobei er der Welt auch etwas zeigen möchte: »Ja, aber ich bin jetzt alt genug geworden, jetzt nur noch einen Augenblick (macht die Bewegung des Köpfens), die denken alle, daß ich solche Angst dafür habe, die Blätter sollen mal schreiben, wie ich stolz dahin gehe, wenn die mich köppen. Dann sollt ihr mal alle sehen, daß

Fritze keine Angst hat – das ist für mich eine richtige Erlösung, dann bin ich bei meiner Mutter (salbungsvoll faltet er die Hände).« (422) Und: »Sie sollen sagen: ‚Fritz Haarmann ist mit einem furchtlosen, kolossalen, militärischen Mut auf's Schaffot gegangen', und zuletzt werde ich noch eine kleine Rede halten.« (561) Diese Phantasien lassen ihn konsequenterweise die Verteidigung durch einen Rechtsanwalt ablehnen. Als sich Rechtsanwalt Dr. Frey bei ihm vorgestellt hat, zittert, heult und schluchzt er (732). »Ich brauche doch keinen – ist doch Unsinn – sie sollen mich hinrichten...« (734). Der Wunsch, geköpft zu werden, wird ganz offensichtlich (wie die obigen Äußerungen schon deutlich machen) auch von seinem Geltungsbedürfnis genährt. So äußert er z. B. auch: »Wenn ich nicht geköppt werde, ist doch mein ganzer Roman umsonst, ich muß doch geköppt werden.« (550) Er hat Angst, anstatt geköpft von den Kommunisten totgeschlagen zu werden (362). Nicht zuletzt könnte ein Selbstbestrafungswunsch wirksam sein. Schließlich klingt auch mehrfach an, daß Haarmann, wenn er geköpft sei, endlich seine Ruhe habe, wobei deutlich wird, daß er seine deviante Veranlagung als quälend empfindet.

Einerseits sieht sich Haarmann durch das Nicht-gewollt-haben vor Gott entlastet. Im Zusammenhang mit der Frage der Zurechnungsfähigkeit gerät Haarmann jedoch in große Aufregung. Er sei richtig im Kopf, nur sein Herz sei krank. Auf keinen Fall will er wieder in die Anstalt nach Hildesheim, die für ihn mit dem Begriff »Unzurechnungsfähigkeit« unmittelbar assoziiert ist: »Da sind Verrückte, dann werde ich doch auch verrückt, das will ich nicht. Macht keine solche Geschichten, dann gehe ich ins Wasser, oder ich springe aus dem Auto, dann bin ich auch tot, das tue ich nicht gern – richtig köppen – köppen.« (423) Er verwahrt sich dagegen, geisteskrank gewesen zu sein, verwahrt sich somit z. B. auch gegen die im Lazarett in Bitsch dokumentierten paranoiden Symptome und möchte nichts mehr davon wissen, daß er in früheren Verfahren selbst Unzurechnungsfähigkeit geltend machte. Abgesehen davon, daß er das ersehnte »Köppen« nicht gefährdet sehen möchte und ihm deshalb die Feststellung seiner Geistesgesundheit wichtig ist, ist für ihn offenbar von großer Bedeutung, daß das Bild eines tüchtigen Soldaten, das er mit starker gefühlsmäßiger Beteiligung verteidigt, nicht durch Geisteskrankheit während seines Militärdienstes getrübt wird.

4. Das Gutachten

Das Gutachten Schultzes über Haarmann vom 1. 10. 1924 hat mit 25 Schreibmaschinenseiten bei einem Zeilenabstand von zwei Zeilen einen recht geringen Umfang.

Nachdem Schultze zunächst den Auftrag des psychiatrischen Gutachtens genannt hat, nämlich daß es sich über die Zurechnungsfähigkeit Haarmanns äußern soll, skizziert er unter Verzicht auf eine Zusammenfassung des Inhalts der Ermittlungsakten kurz die *Lebensgeschichte* Haarmanns. Er beginnt nicht mit Geburt, Familie und Kindheit Haarmanns, sondern mit seinem Eintritt in die Unteroffiziervorschule im April 1895. Somit kommen die erheblichen Auffälligkeiten in der Kindheit Haarmanns nicht zur Sprache. Schultze führt dann kurz die frühen stationären Behandlungen bzw. Unterbringungen Haarmanns auf, wobei er darauf hinweist, daß das in Hildesheim von Sanitätsrat Gerstenberg erstellte Gutachten sowie die Hildesheimer Krankengeschichte vernichtet oder nicht aufzufinden seien. Er nennt die früher gestellten Diagnosen, wie die einer Hebephrenie (jugendliche Schizophrenie) laut Krankenblatt des Garnisonlazaretts in Straßburg (1902), erwähnt jedoch nicht, was aus den ihm vorliegenden Unterlagen über die damaligen Symptome selbst hervorgeht.

Anschließend werden die *Vorstrafen* Haarmanns zusammenfassend aufgeführt. Schultze stellt diejenigen früheren Verurteilungen wegen Sittlichkeitsdelikten heraus, in denen die Zurechnungsfähigkeit Haarmanns bejaht wurde, dies u. a. auf das Gutachten des Gerichtsarztes Dr. Brandt hin, der dann allerdings im vorliegenden Verfahren den Antrag auf Anstaltsbeobachtung gemäß § 81 StPO stellte.

Im folgenden legt Schultze seine differentialdiagnostischen Überlegungen dar. Zunächst handelt er die Frage ab, ob Haarmann im Zustand der *»Bewußtlosigkeit«* gehandelt haben könnte. Neben der »krankhaften Störung der Geistestätigkeit« ist dies das erste der beiden im damaligen § 51 StGB genannten Merkmale, die zur Feststellung der Zurechnungsunfähigkeit zum Tatzeitpunkt führen konnten.

Dem Terminus »Bewußtlosigkeit« waren nach der Auslegungspraxis zum einen Bewußtseinsstörungen im Rahmen einer *Epilepsie* zuzurechnen. Schultze nennt »eigenartige Zustände« mit »krampfartigen Störungen«, die von aufsichtführenden Beamten in Göttingen bei Haarmann beobachtet worden seien. Als dann nachts im »Verwahrungshaus« ein Arzt geschlafen habe, seien diese Zustände niemals wieder aufgetreten: »ob zufällig, mag dahingestellt bleiben«, womit Schultze seine Skepsis hinsichtlich einer Krankheitswertigkeit der Zustände zum Ausdruck bringt bzw. eine mögliche Simulation Haarmanns in den Raum stellt. Schultze räumt zwar die Möglichkeit einer bestehenden Epilepsie ein, zumal 1921 ein Aufseher im Gerichtsgefängnis Haarmann bewußtlos und mit Schaum vor dem Mund aufgefunden hat und in Neubreisach die Diagnose »epileptisches Irresein« gestellt wurde, weist aber auf das Fehlen weiterer Zeugenbeobachtungen von Anfällen hin. Zu bemängeln ist hier, daß Schultze in keiner Weise auf Haarmanns eigene ausführliche und typische Schilderung von Krampfanfällen eingeht. Ein Motiv, warum Haarmann in dieser Hinsicht die Unwahrheit gesagt haben sollte, liegt nicht auf der Hand. Zum einen verteidigt Haarmann mit glaubhafter Leidenschaftlichkeit seine Zurechnungsfähigkeit (daß diese durch ein Anfallsleiden zeitweise beeinträchtigt sein könnte, ist Haarmann sicher bewußt), zum anderen bedeutete die Diagnose einer Epilepsie damals noch viel mehr als heute ein schwerwiegendes Stigma, so daß eher zu erwarten wäre, daß ein Betroffener vermeidet, über sein Leiden zu sprechen. So äußert Haarmann im Gespräch auf den Hinweis Schultzes, daß er von den Krämpfen früher nie etwas erzählt habe: »So was erzählt man doch nicht gerne. So was sieht doch nicht schön aus.« (683)

Worum es bei der Frage einer bestehenden Epilepsie unter forensisch-psychiatrischen Gesichtspunkten in erster Linie geht, sind jedoch nicht große Krampfanfälle mit Bewußtlosigkeit (die als solche ja völlige Handlungsunfähigkeit bedingen und während derer es somit nicht zu Staftaten kommen kann), sondern die Möglichkeit des Auftretens sogenannter epileptischer Dämmerzustände. Hierbei handelt es sich um Zustände von Bewußtseinseinengung oder Bewußtseinstrübung, nicht um Bewußtlosigkeit im engeren Sinne. Die epileptischen Dämmerzustände können im Anschluß an einen epileptischen Anfall oder auch unabhängig hiervon auftreten. Sie hinterlassen eine Erinnerungslücke (Amnesie) für den betreffenden Zeitraum. Aus forensischer Sicht bedeutsam ist der Umstand, daß es im Rahmen der epileptischen Dämmerzustände zu komplexen Handlungen und sogar Straftaten kommen kann, die der Amnesie anheimfallen. In einem solchen Falle wäre von Schuldunfähigkeit bzw. nach damaliger Terminologie von Zurechnungsunfähigkeit auszugehen.

Diese Zustände meint Schultze, wenn er die von Haarmann angegebenen, die Straftaten betreffenden *Erinnerungslücken* anspricht. Von daher rührt wohl Schultzes offensichtliche Tendenz in seinen gutachterlichen Ausführungen, in denen glaubhafte Angaben Haarmanns im Hinblick auf Krampfanfälle nicht wiedergegeben und andere entsprechende Hinweise in ihrem Gewicht angezweifelt werden: Er möchte die Frage epileptischer Dämmerzustände schon im Vorfeld aus der Diskussion halten. Zu Recht weist er darauf hin, daß Haarmann außer den ihm vorgeworfenen Straftaten selbst keine Handlungen angegeben hat, an die er sich nachher nicht mehr erinnern konnte (nach den Protokollen zu urteilen ist Schultze dieser Frage allerdings nicht intensiv nachgegangen). In der Tat ist es nicht wahrscheinlich, daß im Rahmen epileptischer Dämmerzustände immer wieder praktisch identische schwere Straftaten begangen werden. Im Zusammenhang mit den angegebenen Erinnerungslücken unterstellt Schultze, daß Haarmann bewußt die Unwahrheit sagt. Aufschlußreich in bezug auf die Einstellung Schultzes zu seinem Probanden ist die Äußerung im Gutachten, daß Haarmann bei den Vernehmungen »jede Schwäche des Gegners« (!) ausnutze. Insgesamt gibt Schultze die Möglichkeit zu, daß Haarmann an Epilepsie leide (tatsächlich spricht Schultze hier von »zugeben«), er sei jedoch nicht der Ansicht, daß Haarmann die Straftaten in entsprechenden Ausnahmezuständen begangen habe. Hier nimmt Schultze die Beweisführung des Gerichtes vorweg und setzt – zwei Monate vor der Hauptverhandlung – die Haarmann vorgeworfenen Straftaten als bereits erwiesen voraus.

Zur Frage der Bewußtlosigkeit erörtert Schultze dann die Möglichkeit des Einflusses von *Alkohol* im Sinne des sogenannten pathologischen Rausches. Ursache des pathologischen Rausches ist eine verminderte Alkoholtoleranz, zu der es z. B. im Rahmen einer hirnorganischen Schädigung kommen kann. Der pathologische Rausch, der auch unter geringer Blutalkoholkonzentration entstehen kann, ist durch ängstlich oder aggressiv getönte Erregung gekennzeichnet, in welcher Wutausbrüche und andere, persönlichkeitsfremde Handlungen auftreten (Poeck 1987) und hinterläßt ebenfalls Amnesie.

Schultze hält die Annahme, Haarmann könne im alkoholischen Ausnahmezustand gehandelt haben, für »nicht haltbar«. Er nimmt es Haarmann nicht ab, daß er Alkohol schlecht vertrage. Größeres Gewicht als Haarmanns eigene Angaben haben für ihn wiederum die Aussagen von »Zeugen«, wobei allerdings tatsächlich von Bedeutung ist, daß auch die

Zeugenaussagen keinen Anhalt für Alkoholkonsum in zeitlichem Zusammenhang mit sexuellen Kontakten Haarmanns ergeben.

Jedenfalls ist für Schultze klar: Wenn Haarmann sich bewußt gewesen wäre, daß er »die schwersten Straftaten, die es gibt« unter Alkoholeinfluß begangen hätte, wäre es seine »Pflicht« gewesen, »sich fortan des Alkohols zu enthalten«. Und: »Mit ähnlichen Erwägungen sind Einwendungen, die die Morde mit einer übergroßen sexuellen Erregung entschuldigen wollen, abzulehnen.« Und damit ist der Problembereich der sexuellen Störung bzw. Perversion auch schon abgehandelt, nämlich im Sinne der Formel: Wenn die sexuellen Kontakte Haarmanns zu Tötungsdelikten führen konnten, so hätte Haarmann diese Kontakte einfach unterlassen müssen.

Insgesamt schließt Schultze einen Zustand von Bewußtlosigkeit (im damaligen Sinne des Gesetzes) aus.

Nun geht Schultze auf die Frage eines Zustandes von *krankhafter Störung der Geistestätigkeit* ein. Unter diesen juristischen Terminus fiel damals noch der *Schwachsinn*, der mittlerweile gesondert im Gesetzestext aufgeführt wird.

Zu Recht möchte Schultze den überwiegend schlechten Schulnoten Haarmanns kein zu großes Gewicht beimessen, doch weist er auf das geringe Allgemeinwissen und die schwache Rechenfähigkeit Haarmanns hin. Es erstaunt, daß er den »erheblichen Schwachsinn« u. a. dadurch relativiert sieht, daß Medizinalrat Brandt (ein »erfahrener Gerichtsarzt«) in seinem Gutachten »nichts von so einem erheblichen Intelligenzdefekt« beschreibt.

Es handelt sich hier um ein Gutachten, das der Gerichtsarzt im Juni 1919 im Zusammenhang mit dem Verfahren gegen Haarmann wegen Beleidigung der Heranwachsenden Montag und Rothe (dessen Tötung Haarmann später zugegeben hat) erstellte. Laut Anklageschrift vom 4. 11. 1924 sei Brandt in dem Gutachten zu dem Schluß gekommen, daß Haarmann nicht geisteskrank und für alle Delikte unbedenklich verantwortlich sei. Haarmann habe damals allerdings verschwiegen, daß er in früheren Jahren in Irrenanstalten gewesen sei.

Schultze meint, daß sich Haarmann bei der Intelligenzprüfung bewußt »schwachsinnig gibt«. Schultze beruft sich hier wiederum auf die Angaben von Zeugen, für die Haarmann »ein gerissener und gewiegter, mit allen Hunden gehetzter Bruder« gewesen sei, der bei der Bezahlung seiner Zeche im Wirtshaus gut rechnen konnte und sich kenntnisreich über politische Fragen unterhielt. Auch nach seinen eigenen Beobachtungen weist Schultze ihm Fähigkeiten wie gute Beobachtungsgabe, schnelle Auffassung und ungewöhnliche Anpassungsfähigkeit zu und verneint das Vorliegen eines Schwachsinns bei Haarmann, der strafrechtlich von Bedeutung sein könnte.

Die gefühlsmäßig auffällig indifferente Verarbeitung der Straftaten wird von Schultze so gewertet, daß Haarmann »in moralischer Beziehung ungewöhnlich tief« stehe. Der »Ausfall auf sittlichem Gebiet« sei allerdings nicht so erheblich, daß er zur Annahme des Ausschlusses der freien Willensbestimmung berechtige, »vorausgesetzt, daß man vom klinischen Standpunkt überhaupt geneigt ist, mit derartigen Krankheitszuständen zu rechnen.«

Nach der älteren Terminologie wäre ein solcher Krankheitszustand eine Form von »Psychopathie«, im heutigen psychiatrischen Sprachgebrauch (nachdem der Begriff »Psychopathie« mittlerweile eine stigmatisierende Färbung erhalten hat) wäre er einer »Persönlichkeitsstörung« zuzuordnen, also einer krankheitswertigen Zuspitzung von Persönlichkeitsmerkmalen, wobei sowohl lebensgeschichtliche als auch anlagebedingte Faktoren eine Rolle spielen (s. u.). Abgesehen von seinem prinzipiellen Zweifel an einer derartigen diagnostischen Kategorie sieht Schultze, wie er darlegt, auch aus seiner persönlichen Anschauung keine relevante psychische Störung in diesem Sinne bei Haarmann, so daß es bei der bloßen (Ab-)Wertung seiner Person von einem »moralischen« Standpunkt aus bleibt.

Zu den »krankhaften Störungen der Geistestätigkeit« zählt auch die *Hebephrenie* (jugendliche Schizophrenie), eine Diagnose, die in früheren Untersuchungsberichten bzw. Gutachten mehrfach auftaucht, zuerst im Krankenblatt des Garnisonlazaretts Straßburg 1902. Damals wurde rückblickend davon ausgegangen, daß Haarmann schon 1895 (also in der Zeit, als er die Unteroffiziervorschule besuchte und ein »epileptisches Irresein« diagnostiziert wurde) an Hebephrenie erkrankte, an die sich eine »Heilung mit Defekt« anschloß.

Ein solches Zustandsbild, in das eine Psychose aus dem schizophrenen Formenkreis münden kann, wird heute als »Residualsyndrom« bezeichnet. Dieses kann z. B. in einer langfristigen oder bleibenden Veränderung des Erlebens und gefühlsmäßiger Reaktionen und einer Minderung von

Antrieb und Konzentrationsfähigkeit bestehen, wodurch die intellektuellen Fähigkeiten blockiert werden können.

Schultze hält diese Diagnose bei Haarmann weder früher noch zum Begutachtungszeitpunkt für zutreffend. Er meint, daß »unter dem außerordentlichen Einfluß der überzeugenden Lehre Kraepelins von der Dementia praecox« [Bezeichnung Kraepelins für die Krankheitszustände, die heute Schizophrenie genannt werden] die Diagnose früher zu häufig gestellt worden sei. Das 1902 in Straßburg niedergelegte Krankheitsmaterial genüge zur Stellung der Diagnose nicht. Leider setzt sich Schultze mit den geschilderten Symptomen nicht im einzelnen auseinander. Man muß ihm allerdings auch aus heutiger Sicht insofern rechtgeben, als die damaligen spärlichen Angaben zur Psychopathologie zwar auf das Bestehen einer gravierenden psychischen Problematik hinweisen, jedoch keine auch nur halbwegs zuverlässigen diagnostischen Schlußfolgerungen zulassen.

Schultze weist nun noch einmal auf das auffällige Verhalten Haarmanns hin, das »albern, läppisch, nicht im mindesten entsprechend der jetzigen Situation« sei. Haarmann trage demonstrativ ein kindliches Wesen zur Schau. Schultze äußert sich überzeugt davon, daß es zu solchem Verhalten erst nach der letzten Verhaftung gekommen sei. Er beruft sich hier u. a. darauf, daß ja sonst bei den früheren Verhandlungen jeder Richter Zweifel an Haarmanns Zurechnungsfähigkeit gehabt haben müßte und auch wieder auf das Gutachten Dr. Brandts, in dem entsprechendes nicht beschrieben worden sei. Eine kritische Auseinandersetzung mit früheren Beurteilungen Haarmanns erfolgt nicht. Bei der Schilderung des kindlichen Ausdrucksverhaltens Haarmanns unterläuft Schultze die Formulierung » … wenn er auf die ihm bevorstehende Todesstrafe zu sprechen kommt … «, die dem Grundtenor des gesamten Verfahrens entspricht, in dem das Todesurteil von Beginn an vorweggenommen ist.

Schultze diskutiert dann die Frage, ob es sich bei dem kindlichen Verhalten Haarmanns um Simulation handeln könne oder um eine vorübergehende geistige Störung im Sinne einer »Situationspsychose« oder »hysterischen Psychose« als einer Flucht vor der Realität. Aufgrund von Haarmanns »Neigung zum Schwindeln« und weil er »großes schauspielerisches Talent« habe, sei die Entscheidung, »was schon krankhaft, was noch geschwindelt« sei, schwierig. Schultze hält das Vorliegen einer solchen Störung bei Haarmann jedoch für möglich. Aber auch hier läßt sich Schultze in seinem Konzept nicht behindern: Haarmann habe die entsprechenden Auffälligkeiten – deren Krankhaftigkeit Schultze nicht ohne weiteres verneinen kann – erst nach (dieses Wort ist im Gutachten unterstrichen) Begehung der Straftaten gezeigt.

Der Begriff »Situationspsychose« ist heute nicht mehr gebräuchlich. Definitionsgemäß handelt es sich um eine in einer affekterregenden Lebenssituation oder durch seelische Erschütterungen auftretende psychotische oder psychoseähnliche Störung, die innerhalb von Tagen bis Wochen wieder abklingt (Peters 1984). Zum Begriff gehört die Annahme einer besonderen Disposition im Sinne der »Degeneration« (s. o.), d. h. einer »minderwertigen« Veranlagung.

Die körperliche Untersuchung bzw. die Frage einer organischen Gehirnerkrankung werden in einem einzigen Satz mit der Feststellung eines negativen Ergebnisses (also dem Fehlen von Auffälligkeiten) abgehandelt.

Abschließend teilt Schultze mit, daß er auf das Geschlechtsleben Haarmanns mit Absicht nicht des Genaueren eingehe, weil die Angaben Haarmanns in dieser Beziehung zu widerspruchsvoll und Schultze die Vernehmungen aller Zeugen noch nicht zugänglich seien. Somit entzieht sich Schultze dem zentralen Thema, um dann zu der Feststellung zu gelangen, daß Haarmann zwar eine pathologische Persönlichkeit sei, die Voraussetzungen des § 51 StGB auf ihn »nach dem mir vorliegenden Material« aber nicht zuträfen, was eine volle Zurechnungsfähigkeit Haarmanns bezüglich der ihm vorgeworfenen Straftaten bedeutet.

Zusammenfassend tritt die Person Haarmanns in dem Gutachten in keiner Weise plastisch hervor; ein eigentlicher psychischer Befund fehlt. Das Gutachten ist so aufgebaut, daß die psychischen Störungen, auf die die Exkulpationsmerkmale im Gesetzestext zu beziehen sind, nacheinander in dem Sinne abgehandelt werden, daß jeweils dargelegt wird, daß sie auf Haarmann nicht oder mit hoher Wahrscheinlichkeit nicht zutreffen. Der Bereich Sexualität wird völlig unterschlagen, der Begriff Perversion nicht erwähnt. Dieser war in der Psychiatrie schon lange etabliert. Bereits v. Krafft-Ebing hatte in seiner *Psychopathia sexualis* (1886) auf eine mögliche Aufhebung der Zurechnungsfähigkeit bei Sittlichkeitsverbrechen im Rahmen »psychopathischer Zustände« hingewiesen: »Periodische Wiederkehr des Aktes unter identischen Modalitäten, impulsive Art der Ausführung erwecken gewichtige Präsumptionen für eine pathologische Bedeutung. Die Entscheidung liegt jedoch in der Zurückführung der That auf ihre psychologischen Motive (Abnormitäten des Vorstellens und Fühlens) und in der Begründung dieser elementaren Anomalien als Theilerscheinungen eines neuropsychopathischen Gesammtzustands ...«

Die Ergebnisse der körperlichen Untersuchung werden nicht im einzelnen dargelegt, so daß auch nicht deutlich wird, welche Untersuchungen überhaupt durchgeführt wurden.

Es finden sich kaum die eigenen Angaben Haarmanns aus den Explorationsgesprächen wieder. Gründe hierfür könnten zum einen eine mangelnde Ernstwertung Haarmanns bzw. die Unterstellung von Simulation sein, zum anderen hätten die Ausführungen Haarmanns ja erhebliche Störungen deutlich werden lassen, woran Schultze sicher nicht gelegen war.

Daß bei Schultze die Lebensgeschichte Haarmanns im 16. Lebensjahr mit dem Eintritt in die Unteroffiziervorschule beginnt, zeigt, daß er (in der Tradition Kraepelins) biographischen Momenten kein hohes Gewicht beimaß.

Insgesamt ist also die Anamnese unvollständig bzw. im Hinblick auf das angesteuerte Gesamturteil »zurechnungsfähig« in auffällig tendenziöser Weise thematisch beschränkt. Psychiatrische Erwägungen treten hinter der persönlichen Wertung zurück, die bis hin zum »Verdammungsurteil« als probandenbezogene Abwehrhaltung (Heinz 1982) geht, das im Rahmen der Explorationsgespräche noch deutlicher zutage tritt und im schriftlichen Gutachten in etwas abgemilderter Form erscheint. Tatsachenerhebung und -bewertung sind vermischt. Der Versuch einer psychiatrischen Zugangsweise zu den Haarmann vorgeworfenen Straftaten wird nicht unternommen. Auch finden sich noch weitere Merkmale eines Fehlgutachtens, die Heinz (1982) als typische Fehlerquellen forensisch-psychiatrischer Gutachten herausgearbeitet hat, nämlich insbesondere das Verlassen gutachterlicher Neutralität und die Perzeption von Prozeßrollen im Sinne eines dem Gutachter nicht zustehenden anklagenden und tatermittelnden Interesses (man beachte hier insbesondere den Stellenwert eigener »Zeugenvernehmungen« für Schultze) bis hin zum tatrichtenden Interesse in der Form, daß Schultze die Todesstrafe als notwendig und unvermeidlich nahelegt. Wie die Untersuchung von Heinz läßt auch die Studie von Pfäfflin (1978) über Vorurteilsstruktur und Ideologie psychiatrischer Gutachten über Sexualstraftäter deutlich werden, daß sich noch in Gutachten aus jüngerer Zeit solch gravierende Mängel finden, wie sie das Gutachten Schultzes über Haarmann kennzeichnen, so z. B. Moralisieren, Parteilichkeit, strafrechtsnormative Wertung, Straf- und Kontrollorientierung oder auch das völlige Fehlen der Sexualanamnese, sogar bei unübersehbarer Sexualproblematik.

Schon im damals gültigen Gesetzestext des § 51 StGB wurde die bis heute nur gering modifizierte Wendung »zur Zeit der Begehung der Handlung« benutzt (s. o.). Somit ist eine zeitliche Koinzidenz von Tat und Schuld gefordert (Saß 1983). Vom Gesetz war und ist also kein Rückgriff auf eine Art »Lebensführungsschuld« gedeckt, durch die ein entsprechender psychischer Zustand herbeigeführt wurde. Hierauf hebt Schultze jedoch ab, wenn er zum Ausdruck bringt, daß Haarmann sich des Alkohols oder der Sexualität generell hätte enthalten müssen, wenn einer dieser Faktoren nach seiner Erfahrung zu Straftaten führte. Den Versuch einer positiven Klärung, in welcher Verfassung sich Haarmann zum Zeitpunkt der Straftaten befunden haben könnte bzw. aus welchen Gründen es zu derartigen Straftaten kam, unternimmt Schultze in seinem Gutachten gar nicht erst. Die Möglichkeit der Beurteilung dieser Fragen ist natürlich dadurch erheblich eingeschränkt, daß Haarmann zu den Tötungen selbst nichts sagt oder sagen kann und es offenbar niemals Zeugen gab. Aber auch eben dieser Umstand hätte von Schultze entsprechend gewürdigt werden müssen.

Laut Protokoll der Verhandlung vor dem Schwurgericht (anonym 1925) trug Ernst Schultze am zwölften der vierzehn Verhandlungstage vor dem Schwurgericht sein Gutachten vor. Der mündliche Vortrag entspricht inhaltlich im wesentlichen dem schriftlichen Gutachten. Schultze betont vor Gericht den hohen Aufwand bei der Untersuchung: »Ich habe damals gleichzeitig über 80 Zeugen vernommen und mindestens 100 Akten durchgesehen, um über das Vorleben des Angeklagten ein möglichst klares Bild zu erhalten. Während zweier Monate habe ich dem Angeklagten täglich mehrere Stunden gewidmet. Er selbst sagte mir einmal: ›Was machen Sie sich für Arbeit. Sie ruinieren dabei nur Ihre Gesundheit. Das ist wirklich nicht nötig.‹«

Noch deutlicher als im schriftlichen Gutachten vertritt Schultze jetzt die Überzeugung, daß Haarmann bei der Untersuchung Schwachsinn vortäuschte. Wissentliche Vortäuschung von Schwachsinn unterstellt er ihm auch bei seiner ersten Begutachtung 1895, wenngleich dieses Gutachten gar nicht mehr existiert.

Den »Eindruck, den Haarmann zuerst machte« (nämlich den einer schwer gestörten Persönlichkeit) ordnet Schultze, nachdem seine Darlegungen sich zuvor wiederum nur mit dem Ausschluß möglicher krankhafter Zustände befaßt haben, so ein: »Ich halte Haarmann für einen Hysteriker, der das Bild eines jungen, kindischen Menschen nachahmen wollte. Es liegt bei ihm hysterischer Infantilismus vor.«

Hysterie bedeutet in diesem von Schultze gemeinten Sinne, daß sich der Betroffene zwar zweckgerichtet, jedoch ihm selbst nicht bewußt, als etwas anderes darstellt, als er tatsächlich ist.

Schultze hebt das gute Gedächtnis und schauspielerische Talent Haarmanns hervor, wobei er ihn offensichtlich - wie schon im schriftlichen Gutachten anklingt - als einen starken Gegner erlebt: »Er weiß sehr geschickt alle Schwächen der Anklage und der Zeugen auszunutzen, und zwar mit einer ungeheuren Schlagfertigkeit. Er gibt auch nur das zu, was ihm bewiesen wird, alles andere streitet er ab. Sein Verteidiger wird es mir nicht verargen, wenn ich sage, daß Haarmann in seiner Selbstverteidigung ihm ein scharfer Konkurrent gewesen ist.« Letztere Anmerkung muß in dem Kontext zynisch anmuten, da Haarmanns »Verteidiger« Benfey ihn real in keiner Weise verteidigte.

Folgende Eigenschaften schreibt Schultze Haarmann zu: »Er ist ein großer Egoist und außerordentlich eitel ... In mancher Hinsicht ist er harmlos, naiv und kindlich, dabei ein primitiver, infantiler Mensch ... Wenn man den Menschen als eine Maschine mit vielen feinen Rädern und einem feinen Uhrwerk vergleicht, so ist Haarmann eine Maschine mit sehr wenigen groben Rädern ... Haarmann ist intellektuell und moralisch ein minderwertiger Mensch und stark erblich belastet. Er stammt aus einer Familie, die diesen Schluß zuläßt ... Es ist anzunehmen, daß Haarmann nicht allein durch Verführung homosexuell geworden ist, sondern daß diese Veranlagung schon von Haus aus bestand. Sein Körperbau und seine weibliche Stimme deuten darauf hin.« (Diese Äußerung weist in die Richtung der »Degeneration«.)

In der Zusammenfassung des Ergebnisses der Begutachtung, das die Annahme der Zurechnungsfähigkeit beinhaltet, spricht Schultze nicht, wie im schriftlichen Gutachten, von einer pathologischen Persönlichkeit, sondern es heißt nun: »Haarmann ist ein minderwertiger Mensch.«

Gerichtsmedizinalrat Dr. Schackwitz wurde ebenfalls mit der Begutachtung Haarmanns beauftragt. Schackwitz hatte im übrigen im Frühjahr 1923 Fleischstücke untersucht, die ihm von den Prostituierten Dora Mrutzek und Emmi Schulz gebracht worden waren, die sie in Haarmanns Abwesenheit aus einem Topf in seiner Wohnung genommen hatten. Sie hegten den Verdacht, daß es sich um Menschenfleisch handeln könnte. In dieser Zeit war der junge Franke verschwunden, dessen Kleidung sich, wie die Frauen bemerkten, noch in Haarmanns Wohnung befand. Ob Schackwitz der Sache sorgfältig nachgegangen ist, ist nicht bekannt. Er versicherte jedenfalls, daß es sich nicht um Menschenfleisch handelte.

Schackwitz schließt sich im Dezember 1924 dem Gutachten Schultzes im wesentlichen an. Laut Verhandlungsprotokoll führt er hierbei in noch massiverer Weise als Schultze Merkmale der »Minderwertigkeit« Haarmanns auf. Immerhin fällt jetzt der Begriff »perverse Handlungen«, wenngleich mit einer offenkundig eher abwertenden als diagnostischen Intention.

5. Das Ende

Die Hauptverhandlung erstreckte sich vom 4. bis 19. Dezember 1924. Das Urteil über Haarmann lautete: »Der Angeklagte Kaufmann Fritz Haarmann wird wegen Mordes in 24 Fällen unter Freisprechung von der Anklage des Mordes in 3 weiteren Fällen 24 Mal zum Tode verurteilt, auch werden ihm die bürgerlichen Rechte auf Lebenszeit aberkannt.«

Am Morgen des 15. April 1925 wurde das Urteil gegen Haarmann vollstreckt. In einem Brief vom 8. Mai 1925 schilderte Oberstaatsanwalt Dr. Wilde Professor Schultze die letzten Stunden Haarmanns (84):

> Haarmann ist bei der Hinrichtung durchaus gefaßt gewesen. Den Abend vorher sind ihm auf seinen Wunsch 1/2 Pfund abgekochter Schinken, 1/4 Pfund Butter und 3 Harzkäse mit Brot verabfolgt worden. Er hat alles mit größtem Appetit verzehrt, dazu 6 Zigarren geraucht und Bohnenkaffee getrunken. Den Genuß von Alkohol hat er ausdrücklich abgelehnt, weil er für die Hinrichtung frisch bleiben wollte. Nach Mitternacht hat er auf seinen Wunsch das Abendmahl empfangen und ist dann bis zur Hinrich-

tung wach geblieben. Auf meine unmittelbar vor der Hinrichtung an ihn gerichtete Frage, ob er noch etwas zu seinen Straftaten sagen wolle, erklärte er, er wolle den schweren Gang gehen und als Mann sterben. Als er schon auf die Fallschwertmaschine geschnallt war, rief er: »Auf Wiedersehen«.

6. Beurteilung aus heutiger Sicht

Eine Beurteilung der Person und des Falles Haarmann aus heutiger Sicht unterliegt zwangsläufig Einschränkungen. Zum einen sind diese dadurch bedingt, daß die Befunderhebung und -gewichtung Schultzes aus historischen Gründen wie auch Gründen der persönlichen Schwerpunktsetzung Schultzes – der wiederum sicher unter bestimmten Vorstellungen der auftraggebenden Behörde zum Gutachter im Haarmann-Prozeß ernannt wurde – nicht den heutigen Standards entsprechen. Auch sind die noch zur Verfügung stehenden Berichte über die früheren stationären Aufenthalte Haarmanns psychopathologisch wenig aufschlußreich. Zum anderen wären bei einer sich solcherart darstellenden Problematik heute Untersuchungsmethoden angezeigt, die damals noch nicht zur Verfügung standen.

Vorauszuschicken ist, daß der Jurist Fritz Hartung, leitender Beauftragter für das Scharfrichterwesen im Preußischen Justizministerium, nach der Hinrichtung Haarmanns veranlaßte, daß das Gehirn Haarmanns in München »im Kraepelinschen Hirnforschungsinstitut« von Professor Kraepelin und Professor Spielmeyer untersucht wurde (Hartung 1971). Dies hatte schon Schultze in einem Brief an Schackwitz vom 24. Februar 1924 (137) empfohlen. (»Es wäre sicher von Interesse, wenn sein Gehirn von einem Fachmann genau untersucht würde.«)

Wahrscheinlich wurde es für möglich gehalten, daß das Gehirn Haarmanns »Degenerationszeichen« aufwies. Die Untersuchung des Gehirns in München ergab dann Zeichen einer abgelaufenen Hirnhautentzündung.

Vor dem Hintergrund dieser Tatsache muß es umso mehr als Fehler erscheinen, daß Schultze die im Rahmen der Begutachtung vorgenommene körperliche Untersuchung im Gutachten lediglich pauschal erwähnte und ihre Ergebnisse nicht im einzelnen beschrieb. (»Insbesondere ist auch, vor allem nach dem negativen Ergebnis der körperlichen Untersuchung, eine organische Gehirnerkrankung auszuschließen.«) In dem uns vorliegenden Krankenblatt-Material finden sich keine internen Aufzeichnungen hierüber. Dies verleitet natürlich zu der Spekulation, daß es möglicherweise einzelne klinisch-neurologische Befunde gab, die nicht recht ins Bild paßten und mit der Wendung »negatives Ergebnis« unterschlagen wurden.

Durchgeführt wurde die Wassermann-Reaktion, eine Blutuntersuchung, die in früherer Zeit dem indirekten Nachweis einer Syphilis (Lues) diente. Die Syphilis kann das Nervensystem befallen. Die Wassermann-Reaktion ergab bei Haarmann jedoch keine Zeichen einer bestehenden syphilitischen Infektion.

Eine recht zuverlässige Möglichkeit, eine aktuelle Infektion des Zentralnervensystems nachzuweisen, ist die Untersuchung von Liquor (Nervenwasser), der im Bereich der Hals- oder Lendenwirbelsäule mittels einer Punktionsnadel entnommen wird. Bei einer Hirnhaut- bzw. Gehirnentzündung würde sich eine Vermehrung von Blutzellen und Eiweiß im Liquor finden. Diese 1891 eingeführte Untersuchung war damals durchaus schon gebräuchlich. Hierüber ist im Zusammenhang mit der Begutachtung Haarmanns nichts erwähnt. Es erscheint auch möglich, daß Haarmann, der ja in solchen Dingen sehr ängstlich war (wie die Beschreibung seines Verhaltens bei der Blutabnahme im Protokoll sowie in der mündlichen Mitteilung Schultzes bei der Gerichtsverhandlung deutlich macht), eine Liquorentnahme verweigerte.

Andere in einem derartigen Fall aufschlußreiche Untersuchungsmöglichkeiten, die uns heute zur Verfügung stehen, bestanden damals noch nicht. Die Elektroenzephalographie (EEG) hielt erst in den Dreißigerjahren Einzug in die klinische Routinediagnostik. Im Elektroenzephalogramm werden Potentialschwankungen an der Schädeloberfläche abgeleitet und als »Hirnströme« aufgezeichnet. Hiermit können z. B. indirekte Zeichen einer Hirnsubstanzschädigung erfaßt oder auch eine Krampfanfallsbereitschaft nachgewiesen werden. Mittlerweile ist die Bedeutung des EEG (das allerdings gerade bei Anfallsleiden noch immer einen hohen Stellenwert hat) durch neuere technische Untersuchungsverfahren, wie die Computertomographie und die Magnetresonanztomographie des Gehirns (beides sind bildliche Darstellungsverfahren) relativiert worden. Auch gab es in den Zwanzigerjahren noch keine ausgereiften psychologischen Testverfahren. Neben den bekannten Intelligenzprüfungen ist es mittels dieser z. B. möglich, typische Leistungsdefizite bei hirnorganischer Schädigung nachzuweisen.

Die 1895 geschilderten paranoiden Symptome können unterschiedliche Ursachen gehabt haben (z. B. tatsächlich »Sonnenstich« (Hirnödem), paranoide Reaktion in unbewältigter Lebenssituation, paranoide Symptome im Rahmen einer Epilepsie, einer Psychose aus dem schizophrenen Formenkreis oder auch einer entzündlichen Erkrankung des Zentralnervensystems). Im Stadtkrankenhaus III wurde 1897 bemerkt, daß die rechte Pupille Haarmanns öfters weiter als die linke sei und die rechte Gesichtshälfte schlaffer erschien. Während der Zeit im Hannoverschen Jäger-Bataillon erlitt Haarmann mehrere Ohnmachtsanfälle. Im Garnisonlazarett in Bitsch wurden 1902 somatische bzw. neurologische Auffälligkeiten beschrieben: Übelkeit, Erbrechen, Schwindel, gesteigerte Reflexe, unsichere Koordination, linksseitiger Kopfschmerz, Rückenschmerzen und Kribbelmißempfindungen. Den neurologischen Auffälligkeiten kann durchaus ein entzündlicher Prozeß im Zentralnervensystem zugrundegelegen haben. Jedoch wann genau bzw. im Rahmen welcher Grunderkrankung es bei Haarmann zu einer Meningitis gekommen sein könnte, ist im nachhinein nicht zu rekonstruieren.

Für eine bei Haarmann bestehende *hirnorganische Vorschädigung* (z. B. als persistierende Hirnsubstanzschädigung nach Entzündung) sprechen neben der Vorgeschichte und dem neuropathologischen Befund einer abgelaufenen Meningitis bzw. Meningoenzephalitis (Hirnhaut- und Gehirnentzündung) folgende klinische Auffälligkeiten, die einen entsprechenden Verdacht hätten erwecken können:

An erster Stelle sind hier die von Haarmann ausführlich und typisch geschilderten Krampfanfälle zu nennen, die Ausdruck einer erlittenen Hirnsubstanzschädigung sein können. Nach Haarmanns Schilderung sind diese erst im Erwachsenenalter aufgetreten, was gegen eine ausschließlich erbliche Bedingtheit spricht. (Allerdings besteht, wie oben bereits ausgeführt, keine Wahrscheinlichkeit dafür, daß die zahlreichen Tötungsdelikte jeweils im Zustand eines epileptischen Anfalls bzw. Dämmerzustandes begangen wurden.)

Weitere (natürlich nicht sehr zuverlässige, aber immerhin eine sorgfältige Abklärung nahelegende) Hinweise auf eine hirnorganische Störung sind die von Haarmann angegebenen Kopfschmerzen bzw. das »Kopfleiden« und die Alkoholunverträglichkeit, die ihm Schultze aufgrund von gegenteiligen »Zeugenaussagen« nicht abnimmt.

Dem Leser der »Protokolle« teilt sich die starke psychische Auffälligkeit Haarmanns unmittelbar mit. Verschiedenen Merkmale dieser Auffälligkeit lassen sich einem sogenannten »organischen Psychosyndrom« zuordnen, nämlich einer für organische Hirnschädigungen typischen Symptomenkonstellation. Zum einen handelt es sich hierbei um die Gedächtnisstörungen Haarmanns. Zwar schreibt Schultze Haarmann ein sehr gutes Gedächtnis für Einzelheiten aus seinem Leben zu, es wird jedoch deutlich, daß Haarmann große Schwierigkeiten hat, Lebensereignisse (die zwar als solche richtig geschildert werden) zeitlich bzw. in ihrem zeitlichen Verhältnis zueinander korrekt zuzuordnen. Dies wird »Zeitgitterstörung« genannt. Wenngleich Schultze Haarmann viel Raffinesse zuschreibt, so ist sein Denken doch auf wenige Themen eingeengt, und ein flexibler Wechsel des Standpunktes ist ihm nicht möglich. An typischen Störungen des Affektes zeigt sich bei Haarmann eine Affektinkontinenz, also eine Labilität in der Gefühlsäußerung: Er neigt sowohl zum überschwenglichen Ausdrücken seiner Freude oder pathetisch-sentimentaler Regungen als auch dazu, unvermittelt in Tränen auszubrechen, wobei die Wechsel sich schnell und heftig vollziehen. Hyan (1924) hat die Schwester Haarmanns, Emma Burschel, befragt, die eine starke Reizbarkeit und auffällige Stimmungsschwankungen ihres Bruders beschrieb.

Des weiteren ist mit diesen Affektstörungen eine Einbuße an kritischer Selbsteinschätzung und Mangel an Ernstwertung der eigenen Situation (Tölle 1988) assoziiert. An Persönlichkeitsveränderungen, die eine organische Grundlage haben können, sind Urteilsschwäche und Ich-Betonung mit der Neigung, eigenes Fehlverhalten auf die Umwelt zu projizieren, zu nennen. Die psychischen Prozesse wirken insgesamt vergröbert.

Hinsichtlich der Lokalisation einer möglichen hirnorganischen Schädigung wäre bei Haarmann an ein sogenanntes Stirnhirnsyndrom zu denken, d.h. eine besondere Symptomenkonstellation bei Betroffensein der frontalen Hirnregion. Zu diesem zählen speziell die bei Haarmann beobachteten, oben beschriebenen Störungen der Affektivität.

Die wenig modulierte Stimmungslage und das kindliche Gebaren Haarmanns können auch an ein Residualsyndrom nach einer Psychose aus dem schizophrenen Formenkreis denken lassen (s.o.), das nicht ausgeschlossen, dessen Vorliegen nach dem verfügbaren Material jedoch nicht sehr wahrscheinlich ist.

Die Bereitschaft zu einer psychodynamischen, verstehenden Betrachtungsweise psychischer Störungen führt unweigerlich zu einer intensiven Auseinandersetzung mit Kindheit und Jugend eines Patienten bzw. zu Begutachtenden. Wie bereits erwähnt, sind im Gutachten Schultzes Kindheit und Jugend Haarmanns praktisch nicht berücksichtigt.

Nach dem, was Haarmann Schultze berichtete, worauf dieser jedoch in seinem Gutachten in keiner Weise eingeht, weist Haarmanns frühe Lebensgeschichte schwerwiegende Auffälligkeiten auf: So war das Verhältnis zum Vater sehr schlecht, dieser ließ ihn seinen kindlichen Bedürfnissen nicht nachkommen und demütigte ihn z. B. im Zusammenhang mit dem persistierenden Einkoten (Enkopresis). Dieses wird, sofern keine körperliche Erkrankung zugrundeliegt, aus heutiger Sicht als Ausdruck einer kinderneurotischen Störung bei pathologischer Familienatmosphäre verstanden, wobei bei den betroffenen Kindern häufig erhöhte Schwierigkeiten im Umgang mit der eigenen Aggressivität auffallen (Strunk 1971). Der Vater habe Haarmann nach seinen Angaben sogar einmal sexuell belästigt. Sein älterer Bruder Willy habe ihn ab dem 6. Lebensjahr über längere Zeit regelmäßig sexuell mißbraucht. Die lebensgeschichtlichen Belastungen, die in den »Protokollen« zur Sprache kommen, haben bei Haarmann die Entwicklung einer Persönlichkeitsstörung mit dissozialen Zügen – man beachte die zahlreichen Verurteilungen – sowie auch der sexuellen Deviation bzw. Perversion zumindest begünstigt. Die zahlreichen Haftstrafen dürften Haarmanns kriminelle Identität noch gefestigt haben. (Zur Problematik dissozialer Persönlichkeiten s. Rauchfleisch 1981.)

Die Bezeichnung *»Persönlichkeitsstörung«* bezieht sich in verkürzter Definition auf durch eine neurotische Fehlentwicklung entstandene und wahrscheinlich durch Anlagefaktoren begünstigte charakterliche Abweichungen (z. B. der Affektivität oder der Willensbildung), die sich störend auf das soziale Leben auswirken. Die Übergänge zur »Normalität« sind fließend. Noch in jüngerer Zeit ist die Einbeziehung der Diagnose Psychopathie bzw. Persönlichkeitsstörung oder auch Neurose in forensisch-psychiatrische Erwägungen abgelehnt worden (z. B. Janzarik 1974).

Krankheitstheoretisch sind die *Perversionen* den neurotischen Symptombildungen bzw. Persönlichkeitsstörungen zuzurechnen. Perverse Symptombildungen sind psychoanalytisch deutbar als der (unbewußte)

Versuch, intrapsychische Ängste zu mildern, innere Konflikte zu bewältigen, Persönlichkeitsdefekte auszugleichen und vor allem, destruktive Impulse zu binden (Schorsch 1987). Durch den Abwehrmechanismus der Sexualisierung wird eine destruktive innere Dynamik an die Sexualität gebunden und dort thematisiert, wodurch die Persönlichkeit jenseits des Sexuellen durch diese Impulse nicht irritiert wird. Schorsch (1987) schreibt:

»Aus diesem Abwehrmechanismus resultiert die häufige, aber durchaus nicht regelhafte Beobachtung, daß Männer auch mit einer schweren sadistischen Perversionsbildung in ihrem sozialen Verhalten auffallend unaggressiv, sozial gut eingegliedert sind. Dies ist nicht eine geschickte Tarnung, kein Schafspelz für den Wolf, sondern Ausdruck dafür, daß die innere Problematik in der Sexualität, in der Perversionsbildung aufgesogen und in sie eingebunden, von ihr absorbiert ist.« Da es sich nicht um die Suche nach Lustgewinn und einem besonderen Vergügen handele, seien die Begriffe »Mordlust« und »Lustmord« unbrauchbar: »Daß diese Symptombildung mit sexueller Erregung und unter Umständen mit einem Orgasmus verbunden ist, liegt an dem Abwehrmechanismus der Sexualisierung. Und die ›Wahl‹ eines bestimmten Abwehrmechanismus, die ja nicht auf einer bewußten Entscheidung beruht, kann nicht als eine besondere Verwerflichkeit gewertet werden.«

Nach Morgenthaler (1974) beruhen Perversionen auf einer frühkindlichen Entwicklungsstörung, die durch eine symbiotische Mutter-Kind-Beziehung bedingt ist, nach Stoller (1979) durch Demütigungen hinsichtlich der Geschlechtszugehörigkeit durch die engsten Bezugspersonen mit hieraus resultierender brüchiger sexueller Identität. Nach Morgenthaler (1974) hat die Perversion die Funktion einer Plombe, die die Lücke schließt, die eine fehlgegangene narzißtische Entwicklung geschaffen hat und eine Überbrückungsstruktur im Selbst darstellt, die vor Gefühlen von Leere und Sinnlosigkeit schützt. Das Symptom hat somit eine stabilisierende, das psychische Gleichgewicht wiederherstellende Funktion. Häufig ist zu beobachten, daß die perverse Symptomatik in Lebenskrisen aktualisiert wird, was sich mit dieser Theorie gut vereinbaren läßt. Aus lernpsychologischer bzw. verhaltenstherapeutischer Sicht wäre eine sexuelle Deviation als gelerntes Fehlverhalten, also als durch einen Lernprozeß determinierte Reiz-Reaktionsabfolge zu verstehen. Eine umfassende, überzeugende Lerntheorie existiert für die sexuellen Deviationen bislang allerdings noch nicht.

Es bestehen Unterschiede in der Intensität einer perversen Symptomatik (die Skala reicht von sporadischen perversen Impulsen bis zu progredienten, »süchtigen« Entwicklungen und Verlaufsformen) und im Erleben der Ich-Nähe der Perversion. Hier existiert ein Kontinuum zwischen einer ich-syntonen Verarbeitung, also einer konfliktfreien Integrierung in das Selbstkonzept und positiver eigener Bewertung, und einer ich-dystonen Verarbeitung, wobei das stark negativ bewertete Symptom sogar als etwas gleichsam nicht zur Person Gehöriges erlebt werden kann (Schorsch et al. 1985).

Der Ausdrucks- und Bedeutungsgehalt eines perversen Symptoms kann in einer Demonstration von Männlichkeit liegen im Sinne eines Versuches, Kränkungen des männlichen Selbsterlebens kompensatorisch auszugleichen. Bei vielen Betroffenen verkörpern ihre Väter negative, bedrohliche oder übermächtige Aspekte von Männlichkeit, z. B. aus einem Neid der Väter auf eine enge Mutter-Kind-Beziehung heraus.

Bei Haarmann könnte man sich eine solche Reparation des Gefühls eigener Vollwertigkeit auch dadurch gewährleistet vorstellen, daß er sich grundsätzlich nur mit sehr viel jüngeren Partnern abgab, die in ihm kein Unterlegenheitsgefühl erzeugten und im übrigen seiner kindlichen Erlebnisstruktur entsprachen.

Der Ausdrucksgehalt einer perversen Symptomatik kann auch in einem regressiven Ausweichen vor reifer, genitaler Sexualität bestehen oder in Wut und Haß im Sinne einer Aggressionsproblematik. Schorsch et al. (1985) schreiben hierzu: »Dieser »Haß« drückt sich einerseits in der Entpersönlichung, der »Fetischierung« des in der perversen Phantasie oder Aktion auftauchenden Gegenübers aus, andererseits im Erleben des »Triumphes«, der in der Umkehr früherer Entwertungen besteht und der nach Stoller die spezifische Erlebnisqualität der perversen Lust ausmacht.«

Bei den Tötungen, die Haarmann beging, handelte es sich offenkundig um das Symptom einer Perversionsbildung, die Tötungen stellten also Durchbrüche seiner sexualisierten Destruktivität dar. Die zunehmende Häufigkeit von Tötungsdelikten in den letzten Wochen und Monaten vor der Verhaftung spricht für eine progrediente Verlaufsform der Symptomatik mit einem »Verfall an die Sinnlichkeit« (Giese 1962), d. h. spezifische Sinnesreize erhielten mehr und mehr Signalcharakter und initiierten die Tötungshandlungen. Daß Haarmann sich an die Tötungen selbst nicht erinnerte, könnte für eine ausgesprochen ich-dytone Verarbeitung sprechen, was jedoch für die sonstigen sexuellen Praktiken Haarmanns, über die er ausführlich berichtete, offensichtlich nicht gilt. Aus den Aufzeichnungen der Explorationsgespräche geht nicht hervor, inwieweit Haarmann ihm bewußte sexuelle bzw. destruktive, sadistische Phantasien hatte. Offensichtlich ist er zu dieser Frage auch nicht exploriert worden. Möglicherweise hat eine mangelnde Fähigkeit Haarmanns zur bewußten Phantasiebildung die Tendenz zum Ausagieren perverser Impulse begünstigt. Die penible, ritualisierte Zerstückelung der Leichen und die Ausführlichkeit, mit der Haarmann sie beschrieb, läßt den Eindruck entstehen, daß ihm die Zerstückelung selbst einen sexuellen Lustgewinn verschaffte bzw. später auch ihre wiederholte und eingehende Schilderung. Auf die analytischen Konzepte von Zerstückelung und kannibalistischer Einverleibung (die Haarmann allerdings nie bewiesen wurde) soll an dieser Stelle nicht näher eingegangen werden (s. hierzu z. B. Schorsch 1987).

Sowohl eine schwere Persönlichkeitsstörung als auch eine hirnorganische Störung können für sich genommen zu einer erheblichen Minderung oder gar Aufhebung der Einsichts- bzw. Steuerungsfähigkeit führen, wobei ein solcher Zustand meist erst bei Hinzutreten weiterer Faktoren (Alkoholeinfluß, affektive Erregung etc.) hervorgerufen wird. Auch können sich bei gleichzeitigem Vorliegen eine Persönlichkeitsstörung und eine hirnorganische Störung in ihren spezifischen Auswirkungen wechselseitig verstärken. In einem solchen Falle sind Persönlichkeitsauffälligkeiten, die im Sinne einer Persönlichkeitsstörung zu deuten sind, klinisch oft nicht klar von den Folgen einer hirnorganischen Schädigung abgrenzbar.

Aus heutiger psychiatrischer Sicht ist davon auszugehen, daß bei Haarmann bereits vorhandene pathologische Persönlichkeitsmerkmale durch eine hinzugetretene hirnorganische Beeinträchtigung akzentuiert wurden. Dies bedeutet, daß die schweren, durch die bestehende Perversion motivierten Straftaten Haarmanns durch einen hirnorganisch bedingten Verlust an Möglichkeiten der Impulskontrolle bzw. der Entwicklung von Techniken sozialverträglichen Auslebens konstelliert wurden. Trotz aller Einschränkungen der Möglichkeiten einer nachträglichen forensisch-psychiatrischen Beurteilung besteht aus heutiger Sicht kein Zweifel an einer bei Haarmann vorliegenden schwerwiegenden, komplexen Pathologie, die zumindest eine erhebliche Einschränkung seiner Steuerungsfähigkeit zum Zeitpunkt der Straftaten bedingte.

Eine weitere - juristische - Frage ist die, ob es sich bei den Straftaten Haarmanns tatsächlich jeweils um Mord, oder aber um Totschlag handelte. Noch heute wird unter Zuschreibung des Motives »zur Befriedigung des Geschlechtstriebes« bei sexuellen Tötungen vielfach zu unrecht von Mord ausgegangen. Schorsch (1987) legt überzeugend dar, daß es sich hierbei um ein rationales Konstrukt handelt, das auf einem simplen mechanistischen Verständnis von Sexualität basiert und diese auf ihren biologischen Aspekt reduziert, wobei die psychischen Hintergründe ausgeblendet werden und die Vielfalt nicht-rationaler Motive perverser Handlungen ignoriert wird. Sicher wird man Haarmann aber noch viel weniger gerecht, wenn man ihm Habgier als Tötungsmotiv unterstellt (Urteilstext: »Zur Tötung bewogen ihn Gründe geschlechtlicher, namentlich sadistischer Natur und ferner Gewinnsucht, das Streben nach den Habseligkeiten des Opfers«).

Selbst unter den Bedingungen eines im Vergleich zu heute schmaleren Instrumentariums diagnostischer Möglichkeiten und juristischer Kategorien und auch bei Verzicht auf psychodynamische Betrachtungsweisen mit Beschränkung auf eine beschreibende psychopathologische Ebene, hätte unter Ausschöpfung des damaligen psychiatrischen Wissensstandes an der Zurechnungsfähigkeit Haarmanns zum Zeitpunkt der Tötungsdelikte zumindest gezweifelt werden müssen. Entsprechend den oben erwähnten Reichsgerichtsurteilen, die bei berechtigten Zweifeln an der Zurechnungsfähigkeit eine Entscheidung zugunsten des Angeklagten bzw. den Nachweis des Nichtbestehens der Voraussetzungen des § 51 StGB forderten, wäre von der damals noch praktizierten Todesstrafe abzusehen gewesen. Gutachter, Justiz und Öffentlichkeit - und Haarmann selbst - kamen jedoch zu einem anderen gemeinsamen Schluß.

Offen bleibt, ob der Sachverständige Schultze die vorhandene Psychopathologie in ihrer Komplexität nicht erkannte oder ob er sich - letztlich wider besseres Wissen - dem Druck der öffentlichen Erwartung und dem dezidiert vorgetragenen eigenen Wunsch Haarmanns beugte.

Literatur

Ackerknecht, E. H.: Kurze Geschichte der Psychiatrie. 2. Aufl., Stuttgart 1967

Anonym: Haarmann, der 24fache Mörder, vor dem Schwurgericht. Hannover 1925

Aschaffenburg, G.: Die Sicherung der Gesellschaft gegen gemeingefährliche Geisteskranke. Leipzig 1912

Aschaffenburg, G.: Das Verbrechen und seine Bekämpfung. Heidelberg 1923

Aschaffenburg, G.: Strafrecht und Strafprozeß. In: A. Hoche (Hrsg.): Handbuch der gerichtlichen Psychiatrie. Berlin 1934

Avenarius, R.: Emil Kraepelin, seine Persönlichkeit und seine Konzeption. In: W. Janzarik (Hrsg.): Psychopathologie als Grundlagenwissenschaft. Stuttgart 1979

Bach, O. u. C.: Zwangssterilisation und Euthanasie – über die Wurzeln einer Entwicklung, die in den faschistischen Umgang mit psychisch Kranken führte. Psychiatrische Praxis, H. 2, S. 78–81, März 1993

Baur, E., E. Fischer, F. Lenz: Grundriß der menschlichen Erblichkeitslehre und Rassenhygiene. München 1923

Berger, E.: Einhundertfünfundzwanzig Jahre Niedersächsisches Landeskrankenhaus Osnabrück. Osnabrück 1993

Binding, K., Hoche, A.: Die Freigabe der Vernichtung lebensunwerten Lebens. Ihr Maß und ihre Form. Leipzig 1920

Birnbaum, K.: Kriminalpsychopathologie. Berlin 1921

Bumke, O.: Lehrbuch der Geisteskrankheiten. München 1918

Bumke, O.: Die Psychoanalyse. Eine Kritik. Berlin 1931

Cramer, A.: Gerichtliche Psychiatrie. 4. Aufl., Jena 1908

Ewald, G.: Ernst Schultze †. Zeitschrift für die gesamte Neurologie und Psychiatrie. Bd. 164, Berlin 1939

Friedländer: Der Massenmörder Haarmann. Die Umschau, H. 3., 19. Jg., 1925

Gaupp, R.: Zur Psychologie des Massenmörders Hauptlehrer Wagner von Degerloch. Berlin 1914

Giese, H.: Psychopathologie der Sexualität. Stuttgart 1962

Giesemann, H.: Vor 60 Jahren starb in Hannover Friedrich Heinrich Karl Haarmann unter dem Fallbeil. Norddeutsche Familienkunde. Neustadt / Aisch 1985

Gruber, G. B.: Zur Geschichte der Psychiatrie in Göttingen. In: Sudhoffs Archiv für Geschichte der Medizin und der Naturwissenschaften. Hrsg. P. Diepgen u. a., Wiesbaden 1956

Hartung, F.: Jurist unter vier Reichen. Köln 1971

Heinz, G.: Fehlerquellen forensisch-psychiatrischer Gutachten. Heidelberg 1982

Herbertz, R.: Verbrecherdämmerung. München 1925

Hoche, A.: Handbuch der gerichtlichen Psychiatrie. Berlin 1934
Hoffschildt, R.: Die bisher geheime Geschichte des Tabus Homosexualität ... in Hannover. Hannover 1992
Hyan, H.: Massenmörder Haarmann. Eine kriminalistische Studie. Berlin 1924
Janzarik, W.: Themen und Tendenzen der deutschsprachigen Psychiatrie. Berlin 1974
Kraepelin, E.: Psychiatrie. Ein Lehrbuch für Studierende und Ärzte. Bd. 1-4. 8. Aufl., Leipzig 1909-1915
Kockott, G.: Verhaltenstherapie bei sexuellen Deviationen - ein orientierender Überblick. Psychiatrische Praxis 10, 1983
v. Krafft-Ebing, R.: Psychopathia sexualis. Stuttgart 1886
Lenckner, T.: Strafe, Schuld und Schuldfähigkeit. In: Handbuch der forensischen Psychiatrie. Hrsg. v. H. Göppinger u. H. Witter. Berlin 1972
Lenk, E., R. Kaever: Leben und Wirken des Peter Kürten, genannt der Vampir von Düsseldorf. München 1974
Lessing, Theodor: Haarmann. Die Geschichte eines Werwolfs. Hrsg. v. R. Marwedel, Frankfurt am Main 1989, Erstveröffentlichung 1925
Moor, P.: Jürgen Bartsch: Opfer und Täter. Reinbek 1991
Morgenthaler, F.: Die Stellung der Perversionen in Metapsychologie und Technik. Psyche 28, 1974
Peters, U. H.: Wörterbuch der Psychiatrie und medizinischen Psychologie. München 1984
Pfäfflin, F.: Vorurteilsstruktur und Ideologie psychiatrischer Gutachten über Sexualstraftäter. Stuttgart 1978
Pichot, P.: Ein Jahrhundert Psychiatrie. Paris 1983
Poeck, K.: Neurologie. 7. Aufl., Berlin 1987
Rauchfleisch, U.: Dissozial. Göttingen 1981
Reiwald, P.: Die Gesellschaft und ihre Verbrecher. Neuausgabe Frankfurt am Main 1973, Erstveröffentlichung 1948
Schorsch, E. et al.: Perversion als Straftat. Berlin, Heidelberg, New York, Tokyo 1985
Schorsch, E.: Die juristische Bewertung sexueller Tötungen. In: Sexualwissenschaft und Strafrecht. Hrsg. v. H. Jäger u. E. Schorsch. Stuttgart 1987
Schreiber, H.-L.: Juristische Grundlagen. In: Psychiatrische Begutachtung. Hrsg. v. U. Venzlaff. Stuttgart 1986
Schultze, E.: Der Entwurf zu einem Deutschen Strafgesetzbuche 1919 vom Standpunkte des Psychiaters. Archiv für Psychiatrie und Nervenkrankheiten Bd. 66, H. 2, S. 161-217. 1922a
Schultze, E.: Psychiatrische Kritik der Maßregeln der Besserung und Sicherung im Entwurf zu einem Deutschen Strafgesetzbuch (1919). Archiv für Psychiatrie und Nervenkrankheiten Bd. 66, H. 2, S. 218-271. 1922b
Schultze, E.: Der amtliche Entwurf eines allgemeinen deutschen Strafgesetzbuchs vom Standpunkt des Psychiaters. Archiv für Psychiatrie und Nervenkrankheiten Bd. 78, H. 4, S. 429-509. 1926
Sigusch, V.: Therapie sexueller Störungen. Stuttgart 1980

Stoller, R. J.: Perversion. Die erotische Form von Haß. Reinbek 1979
Strunk, P.: Psychogene Störungen mit vorwiegend körperlicher Symptomatik. In: H. Harbauer, R. Lempp, G. Nissen, P. Strunk: Lehrbuch der speziellen Kinder- und Jugendpsychiatrie. Berlin 1971
Tölle, R.: Psychiatrie. 8. Aufl., Berlin 1988
Wellmann, W.: Der Bau des Niedersächsischen Landeskrankenhauses. Eine »Trutzburg« für menschenwürdiges Leben. Göttinger Monatsblätter, Mai 1984
Werremeier, F.: Haarmann: Nachruf auf einen Werwolf; die Geschichte des Massenmörders Friedrich Haarmann, seiner Opfer und seiner Jäger. Köln 1992
Weygandt, W.: Forensische Psychiatrie. Leipzig 1908

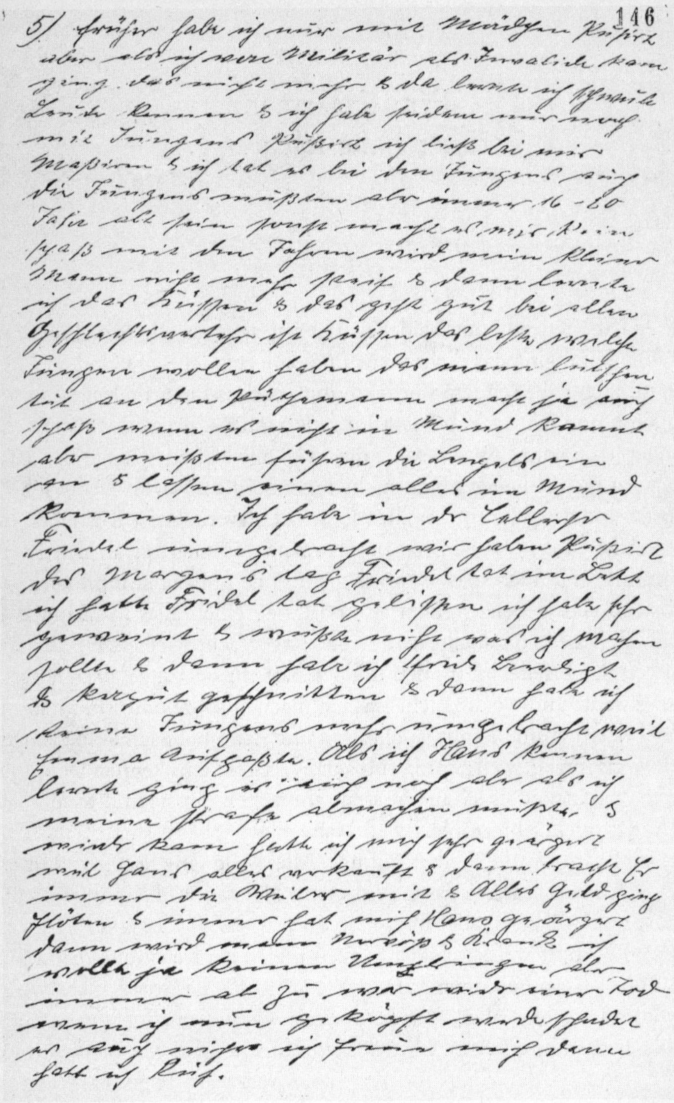
146

5/ früher habe ich nur mit Mädchen geküßt
aber als ich vom Militär als Invalide kam
ging das nicht mehr & da konnte ich schwache
Leute kennen & ich habe seitdem nur noch
mit Jungens geküßt ich biß bei mir
machen & ich tat es bei den Jungens auch
die Jungens müßten aber immer 16 - 20
Jahre alt sein sonst macht es mir kein
Spaß mit den Jahren wird mein kleiner
Mann nicht mehr steif & dann konnte
ich das küssen & das geht gut bei allen
Geschlechtsverkehr ist küssen das beste welche
Jungens wollen haben das man brutschen
tut an den Pitzemann mache sie auch
Spaß wenn es nicht in Mund kommt
aber müßten küssen die Lungels ein
an & lassen einen alles in Mund
kommen. Ich habe in der Cellerstr
Friedel eingebracht wir haben geküßt
des Morgens lag Friedel tot im Bett
ich hatte Friedel tot gebissen ich habe sehr
geweint & wußte nicht was ich machen
sollte & dann habe ich ihn beerdigt
& kurz geschnitten & dann habe ich
keine Jungens mehr eingebracht weil
Grans aufgepaßt. Als ich Hans kennen
lernte ging es auch noch aber als ich
meine Strafe abmachen mußte &
wieder kam hatte ich mich sehr geärgert
weil Hans alles verkauft & dann brachte er
immer die Weiber mit & alles Geld ging
flöten & immer hat mich Hans geärgert
dann wird man Nervös & denke ich
wollte ja keinen Umbringen aber
immer ab zu war wieder einer tot
wenn ich nun geköpft werde schadet
es auch nichts ich freue mich denn
hatt ich Ruh.

Faksimile eines Haarmann-Schreibens

Fritz Haarmann
»früher habe ich nur ...«

früher habe ich nur mit Mädchen Pussirt, aber als ich vom Militär als Invalide kam, ging das nicht mehr und da lernte ich schwule Leute kennen und ich habe seitdem nur noch mit Jungens Pussirt ich liess bei mir Massiren und ich tat es bei den Jungens auch die Jungens mussten aber immer 16–20 Jahre alt sein sonst macht es mir keinen Spass mit den Jahren wird mein kleiner Mann nicht mehr steif und dann lernte ich das Küssen und das geht gut bei allen Geschlechtsverkehr ist Küssen das beste welche Jungen wollen haben das mann lutschen tut an den Puthemann macht ja auch spass wenn es nicht in den Mund kommt aber meistens führen die Bengel einen an und lassen einen alles in Mund kommen. Ich habe in der Cellerstr. Friedel umgebracht wir haben Pussirt des Morgens lag Friedel tot im Bett und ich hatte Fridel tot gebissen ich habe sehr geweint und wusste nicht was ich machen sollte und dann habe ich Fridel Beerdigt und kaput geschnitten und dann habe ich keine Jungens mehr umgebracht weil Emma aufpasste. Als ich Hans kennen lernte ging es auch noch aber als ich meine strafe abmachen musste und wieder kam hatte ich mich sehr geärgert weil Hans alles verkauft [hatte] und dann brachte Er immer die Weiber mit und Alles Geld ging flöten und immer hat mich Hans geärgert dann wird mann Nervöss und Krank ich wollte ja keinen Umbringen aber immer ab und zu war wieder einer Tod wenn ich nun geköpft werde schadet es auch nichts ich freue mich dann habe ich Ruh. Ich wollte immer Hans sollte aufpassen das sowas nicht wieder vor kommen sollte aber als Hans merkte was mit mir los war da nutzte er dieses aus und Hans brachte immer dann Jungens erst recht mit und wenn dann wieder einer Tod war dann Verkaufte Hans das Zeug ich wollte mich ja in Acht nehmen aber die Jungens liefen hinter mir her und wollten immer mit oder Hans brachte welche mit und wenn die sich

Haarmanns Freund Hans Grans

satt gegessen hatten dann habe ich diese immer wieder fortgeschickt diese Jungens kamen aber immer wieder und wenn ich auch noch so schimpfte sie wollten bei mir schlafen oder Hans tat die jungens alles sagen wie sie mit mir Pussiren sollten und Küssen und wenn die Jungens so scharf waren dann wurde ich Krank denn manchmal 3–5 mal ist sehr viel Pussirt im Tage und wenn ich noch so bat lass mich in Ruh die kamen wieder und dann werde ich nervös und dann war wider was Passirt Hans holte das Zeug ich bin ein Guter Junge ich wollte es ja nicht aber es ist doch schrecklich diese Angst wenn einer Tod ist und wegbringen Hans ich bin doch ein Mensch mit zwei Selen habe ich dann gesagt wie ist dieses möglich Hans Küsste mich dann wieder ich weinte warum passte Hans aber auch nicht auf ich muss einen Freund haben der Aufpasst und nicht so leichtsinnig sein Du hast mich doch nur ausgenutzt hast mir alles genommen Geld und Gut und wenn ich Schimpfte Dich herausschmiss liesst Du mich keine Ruh ich meinte es Gut mit Dir und ich wollt einen Freund haben der in meinen Alter für mich sorgte damit die Kinder nicht alle hinterher liefen. Ich habe für Hans mein Herzblut gegeben Betteln und Stehlen gegangen und Du hast alles durchgebracht ich sterbe nun bald tue Busse ich bete für Dich Dich soll keiner was tuen denn Du hast ja keinen umgebracht tue andern ein treuer Freund sein und nicht so wie bei mir alles weg nehmen und stehlen hättest Du mann nach mir gehört und alles Geld gespart und nicht Verhurt lieber Hans sei lieb und Gut zu mir ich will auch alles für Dich tuen nur sei Ehrlich zu mir ich habe doch keinen Menschen als Dich aber Du warst mir ein Kuckucksei an meinem Busen eine Schlange das habe ich Dir doch schon oft gesagt Hans warum Verfolgst Du mich und richtest mich zu Grunde sei doch Ehrlich zu mir ich gab Dir doch alles nun geht es bald loss das Köppen dann bin ich bei Mutter ich freue mich ich bin doch berühmt so weit die Welt ist Emma ärgert sich und Adolf und Henny und Willi schadet nichts die haben mich auch um mein Mütterliches Erbteil gebracht. Ich schreibe Dir diese Tage einen Brief Hans oder ich komme mit Herr Retz nach Dir mal hin heute habe ich genug geschrieben ich weiss heute nicht mehr morgen fange ich wieder an. Ich könnte noch sehr viel schreiben aber Herr Professor will heute dies schreiben haben lebt alle wohl ich will von diesem Gelde ein Denkmal haben gross 4 bis 5 Meter hoch mit meinem Bilde auf den Stöckener Kirchhof darauf soll stehen zum Ewigen Andenken an den Massenmörder Fritz Haarmann und seinen Opfern die Knochen sollen alle mit Beerdigt werden und alle Welt soll noch in 1000 Jahren von mir sprechen. Ein guter

Mensch war Fritz doch die Bücher bringt Herr Professor zum Verkauf ich will auch eines davon haben zum Lesen wegen den dummen Briefe von Menschenfresser ist schlecht von Euch und Fliegen fangen schämt Euch und Aufhengen [Aufhängen] hättet Ihr wohl spass an wenn ich es machte Dummheit tut Ihr Euch doch Aufhengen Hans soll soviel Geld haben das Er ein Geschäft damit Anfängt von Herr Professor von den Büchern und soll jedes Jahr mir einen Kranz bringen auf mein Grab bloss Ihr sollt nicht alle so viel Lügen was nicht war [wahr] ist wär [wer] zu meiner Beerdigung kommen soll sage ich noch sagen nochmals Allen besten Dank für Alles Guter Herr Retz Herr Oberstaatsanwalt Herr Untersuchungsrichter Herr Professor und meine Herren Schweimler, Reich, Lange und Sermont Alle Alle habt Dank der Scharfrichter soll sein Messer scharf machen ich bin bereit Mutter ich komme zu Dir Du warst die beste Emma und Adolf Grüsse ich Ihr musstet so Ehrlich sein wie ich es zu Euch war ich hatte Bruder lieb zu Euch Ihr habt mich aber immer Belogen und Betrogen um mein Erbteil schämt Euch denn Ihr könnt es vor Gott nicht Verantworten das der Alte Haarmann so schlecht war zu mir wusstet Ihr und nachher habt Ihr mit Ihm unter einer Decke gesteckt das Pfluche ich Euch bis in Ewigkeit Amen.

Mit Gruss an Alle
Fritz Haarmann.

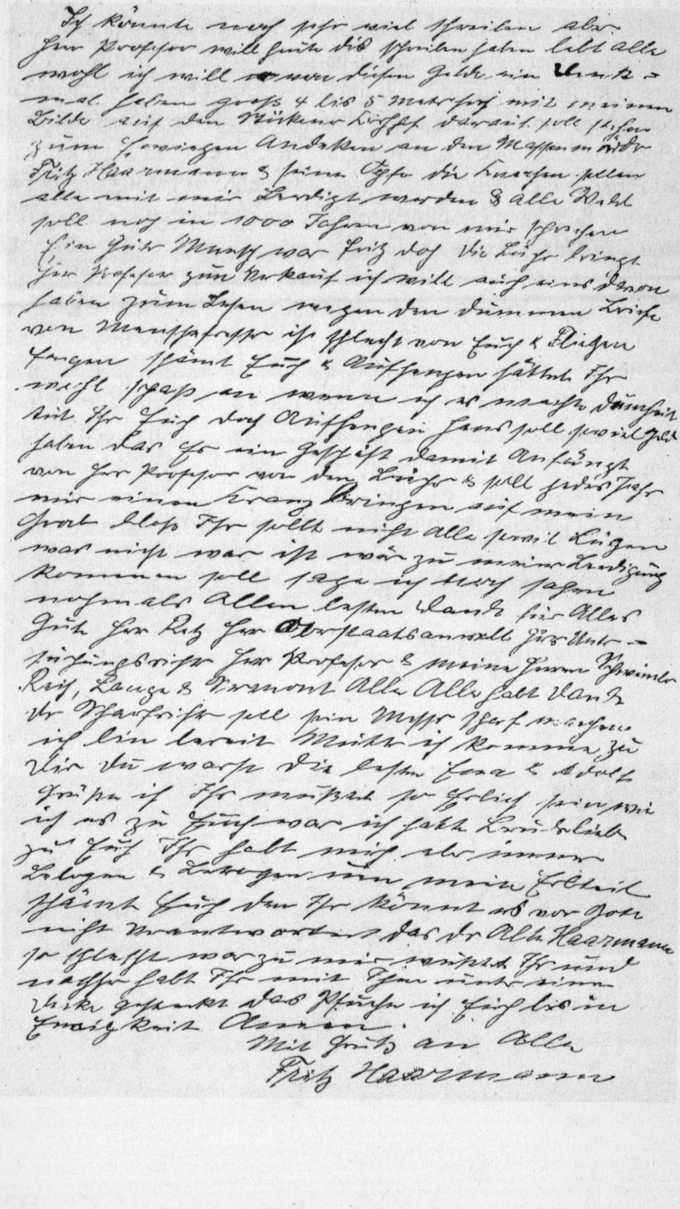
Ich könnte noch sehr viel schreiben aber
Herr Professor will heute dies schreiben haben lebt alle
wohl ich will von von diesen Gelde ein Denk-
mal haben gross 4 bis 5 Meter hoch mit meinem
Bilde auf den Rücken liegend darauf soll stehen
zum ewigen Andenken an den Massenmörder
Fritz Haarmann & seine Opfer die Leichen sollen
alle mit mir beerdigt werden & alle Welt
soll noch in 1000 Jahren von mir sprechen
Ein guter Mensch war Fritz doch Die Briefe bringt
Herr Professor zum Verkauf ich will auch eins davon
haben zum Lesen wegen den dummen Briefe
von Menschenfresser ich schlachte von Euch & Fleischern
fragen schämt Euch & Rissfangen hättet Ihr
wohl Spass an wenn ich es machte dumheit
tut Ihr Euch doch Rissfangen Haus soll soviel Geld
haben das Ihr ein Geschäft damit Anfängt
von Herr Professor von den Briefe & soll jedes Jahr
mir einen Kranz bringen auf mein
Grab bloss Ihr sollt nicht alle soviel Lügen
was nicht war ist was zu meiner Beerdigung
Kommen soll sage ich noch sagen
mehr als Allen besten Dank für Alles
Gute Herr Rat Herr Oberstaatsanwalt Herr Unter-
suchungsrichter Herr Professor & meine Herrn Schreiber
Reich, Lange & Vermont Alle Alle habt Dank
Der Scharfrichter soll sein Messer scharf machen
ich bin bereit Mutter ich komme zu
Dir Du warst die beste Hans & Adolf
grüsse ich Ihr müsstet so ehrlich sein wie
ich es zu Euch war ich hatte Kinderliebe
zu Euch Ihr habt mich aber immer
belogen & betrogen nun mein Erbteil
schämt Euch den Ihr könnt es vor Gott
nicht verantworten das der Alte Haarmann
so schlecht war zu mir verachtet Ihr und
machte habt Ihr mit Ihm nicht einen
Ecke geschenkt das schwöre ich Euch bis in
Ewigkeit Amen.
Mit Gruss an Alle
Fritz Haarmann